Fashion Design Drawing Super Reference Book

by Zeshu Takamura

ファッションデザイン画
ビギナーズ超速マスター

髙村是州 著

目次

The 1st week

ボディが
描けるようになろう

01 phase オリエンテーション

ファッションデザイン画とは

ファッションデザイン画とは衣服の設計図のことを指し、アパレルメーカーで使われます。
形態としては大きく分けてふたつあります。
ひとつは、服のデザインのみならず、全体のコーディネート（着回し）やスタイリング（着こなし）を伝えるために描いたデザイン画（別名：スタイル画、絵型）です。
もうひとつは、衣服そのもののシルエット、ディテールを伝えるために描いたアイテム画（別名：製品図、ハンガーイラスト、平絵）です。
ファッションデザイナーは、マーチャンダイザー（MD）からデザインする上でのコンセプト（概念）を聞き、シーズンごとに変わるテキスタイル（素材）や色、シルエット、ディテールといったトレンド（流行の傾向）を踏まえてアイデアを練ります。
その時デザイナーは、自らのアイデアを他人に伝えるためにファッションデザイン画を描くのです。
これをもとにパタンナーがパターンメイキングし、縫製仕様書を作り、縫製工場でソーイングされて製品になるのです。
また、ショップでは、ファッションデザイン画は商品カタログリストとしてとして接客に利用されることもあります。
つまりファッションデザイン画はアパレルメーカーの方向性を示す上で、とても重要なものなのです。

デザイン画は、細かく丁寧に描いたものからデフォルメした作品までバリエーションも多くどのように描き分けたらよいか分からない方も多いと思います。
ここでは実際に色々なデザイン画を見ながら解説してみましょう。

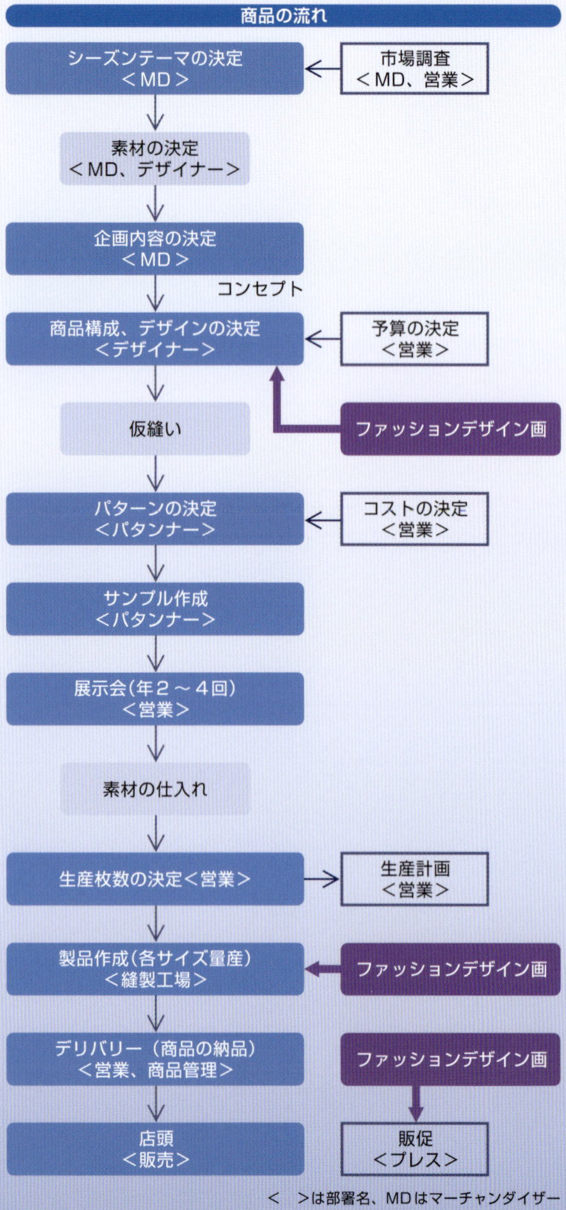
商品の流れ
シーズンテーマの決定＜MD＞
市場調査＜MD、営業＞
素材の決定＜MD、デザイナー＞
企画内容の決定＜MD＞
コンセプト
商品構成、デザインの決定＜デザイナー＞
予算の決定＜営業＞
仮縫い
ファッションデザイン画
パターンの決定＜パタンナー＞
コストの決定＜営業＞
サンプル作成＜パタンナー＞
展示会（年２～４回）＜営業＞
素材の仕入れ
生産枚数の決定＜営業＞
生産計画＜営業＞
製品作成（各サイズ量産）＜縫製工場＞
ファッションデザイン画
デリバリー（商品の納品）＜営業、商品管理＞
ファッションデザイン画
店頭＜販売＞
販促＜プレス＞

＜　＞は部署名、MDはマーチャンダイザー

図１：最も一般的なデザイン画の描き方。ユニフォーム業界でよく見られる。コンペ等では、見栄えをよくするためにデザイナーではなく、外注のファッションイラストレーターに描いてもらうことも多い（KDDIキャンペーン用コスチューム案）

図１、図２は最も一般的なファッションデザイン画です。中央にデザイン画があり、横にはデザイン画では見えない部分をアイテム画や小さなイラストで表現しています。
アパレルメーカーでの仕事は分業制です。マーチャンダイザー(MD)→デザイナー→パタンナー→縫製工場→ショップ……と、流れ作業で仕事が行われる場合は、１枚の絵でいかに細かく説明するかが大切になります。

コレクションのように、１から10まで自分でディレクションする場合は、図３のようにイメージ優先のデザイン画の方が雰囲気を伝えるのに適しています。コンテスト用のデザイン画も同様で、それぞれ思い思いのタッチで表現しています。
構造がしっかり分かるように、アイテム画はフロントスタイルとバックスタイル両方を描いてフォローしておくといいでしょう。

図２：インナー等見えないアイテムの着こなしについて、別途描く場合もある（シャネル　パルファン用ユニフォーム案）

図３：イメージ優先のデザイン画。コレクションやコンテスト作品等でよく見られる方法論（絵の具でドローイング-PCで加工）

図4：群像。プレゼン用のカンプ(企画編集ボード)で見られる。背景は一点透視法が使われている。
群像の場合はパース(遠近感)も大事になってくる。アイレベルをモデルの目に持ってきているので2人の目の位置は水平線上にある(絵の具でドローイング-PCで加工)

図4は群像になります。1人ではなく何人も登場させるとデザインの「韻」を踏むことができます。効果的に繰り返しデザイナーの意図を伝えることで、サブリミナル効果のように消費者の深層心理に訴えます。
ここまでヴィジュアル的な構成が凝ってくると、デザイン画というよりはファッションイラストと言われたりしますが、クライアントからの企画生産の権利をめぐって行われるコンペ(コンペティション＝数社競合)の企画プレゼンテーションでは、他のメーカーとの差別化をはかり、優位性を保つ上でも効果的な手法です。

図5は縫製仕様書です。アパレルメーカーと縫製工場を結ぶパイプとなるもので、規格寸法、素材、縫製方法等の情報が書いてあります。デザイナーがアイテム画を描き、パタンナーが作ります。

図6はプレス(広報)を通じて届いたアイテム画です。マスコミ各社からの取材に対してのメーカーサイドからの回答です。プレスはシーズンごとのテーマ、デザインの特徴を絵と文(言葉)で伝えていきます。自分でアイテム画を描いた経験があれば、デザイナーの描いたアイテム画の意味を正確に理解することができます。場合によってはプレス自身が補足で描きこむこともあります。デザイナーでないにせよ、服に関わる仕事であればプレスや販売といえど、絵が描けると描けないでは仕事の広がりが違ってきます。

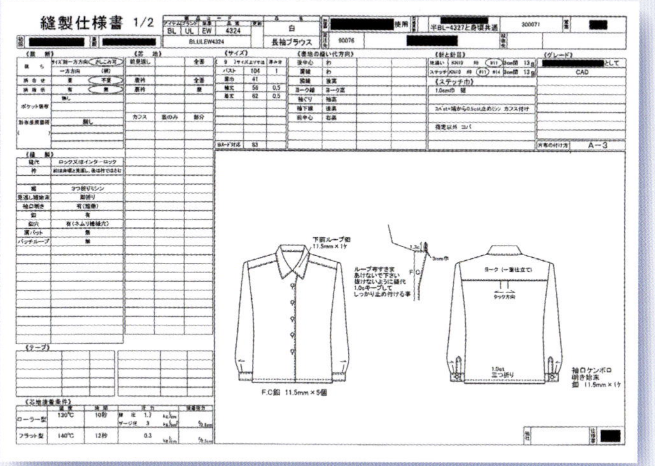

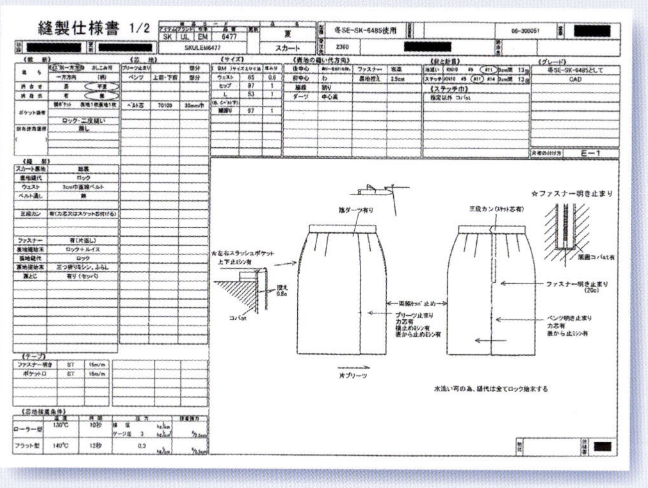

図5：縫製仕様書。服の構造のみならず、縫製方法まで事細かく描かれている

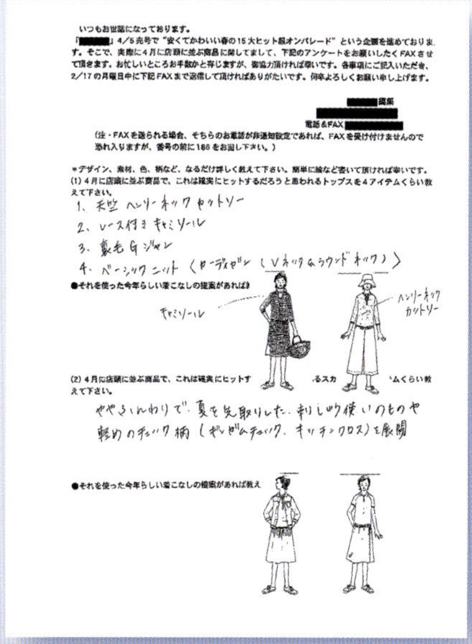

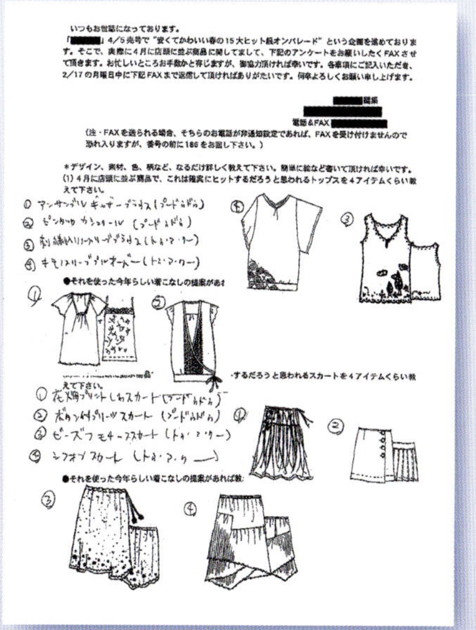

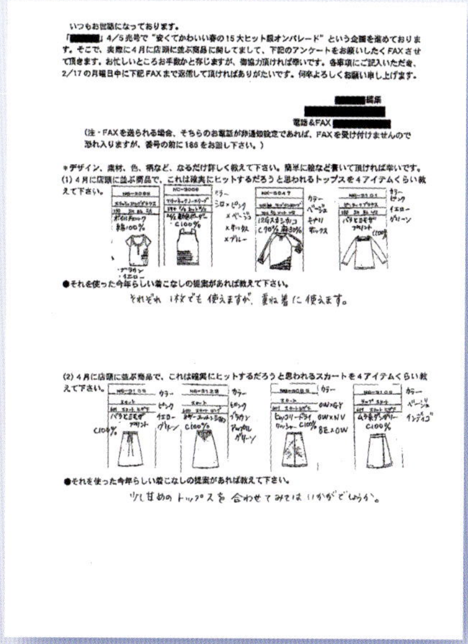

図6：マスコミ対応。各ブランド（アパレルメーカー）のプレスは、マスコミ各社の問い合わせにも細かく答え、自社のアピールを明確に行う

このように目的に合わせて表現の幅があるのですが、ファッションデザイン画を描く上で共通してこだわっている部分は「自分の頭の中にあるアイデアやイメージを正確に伝える」ということです。

そのためには……

・服を着てかっこいいバランスの人体とはどんなプロポーションなのかを理解する

・服の構造を理解し、どのようなバランスで着装、着色していくかを理解する

この２点を目標にファッションデザイン画を描いていきましょう。

フリーハンドの線描き

まずはフリーハンドで滑らかな線を描くことからはじめます。
直線と曲線はデザイン画の基本です。
この２種類の線を毎日10分練習すると１ヶ月できれいな線が描けるようになります。

直線はカッターで紙を切るように

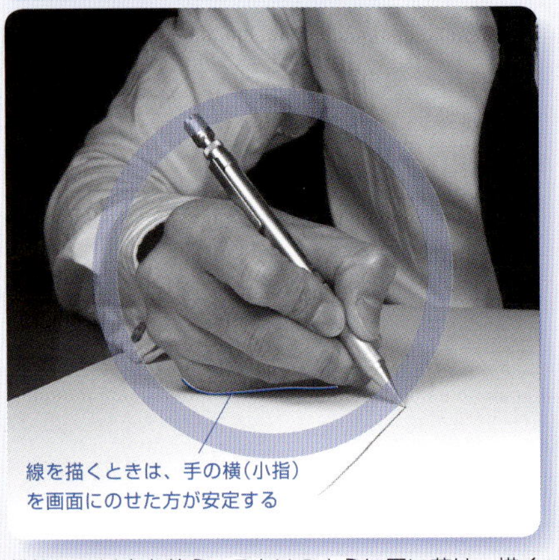

線を描くときは、手の横（小指）を画面にのせた方が安定する

01
鉛筆はＢ以上を使う。ＦやＨのように固い芯は、描くと用紙に溝ができてしまい凸凹になることがあるので注意。あまり力を入れすぎず、軽く線を引いてみよう

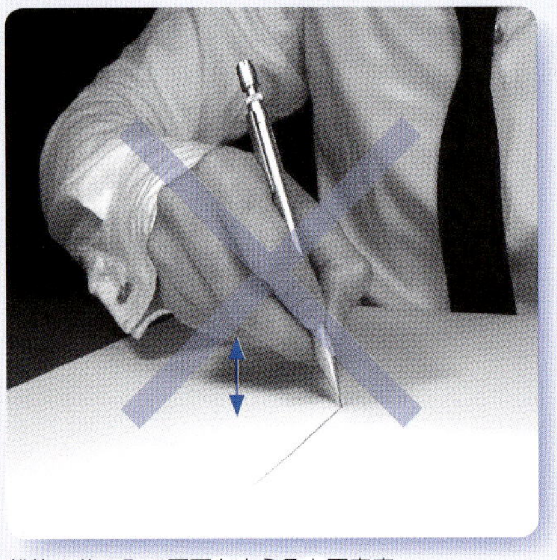

02
鉛筆の芯のみで画面を支えると不安定

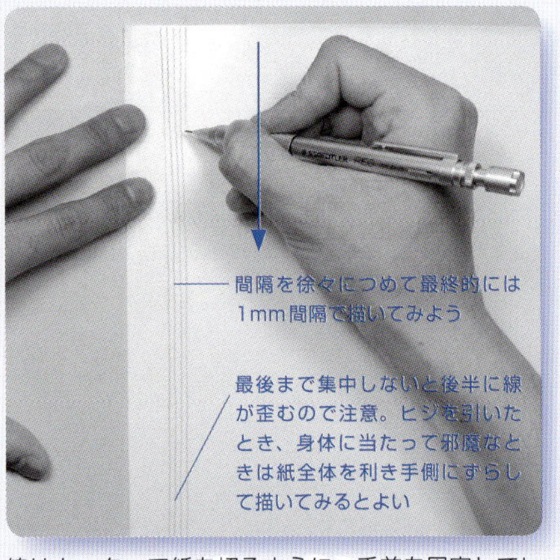

間隔を徐々につめて最終的には1mm間隔で描いてみよう
最後まで集中しないと後半に線が歪むので注意。ヒジを引いたとき、身体に当たって邪魔なときは紙全体を利き手側にずらして描いてみるとよい

03
線はカッターで紙を切るように。手首を固定してヒジを使って描いてみよう

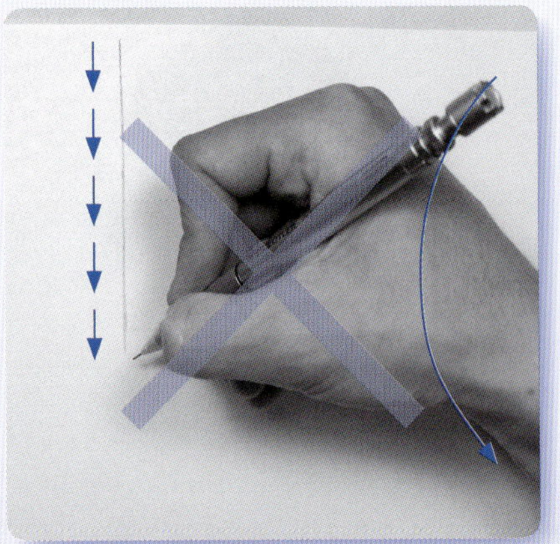

04
小刻みに描くのではなく長く１本の線で描こう。手首を使って描くと、短い曲線になるので気をつけよう

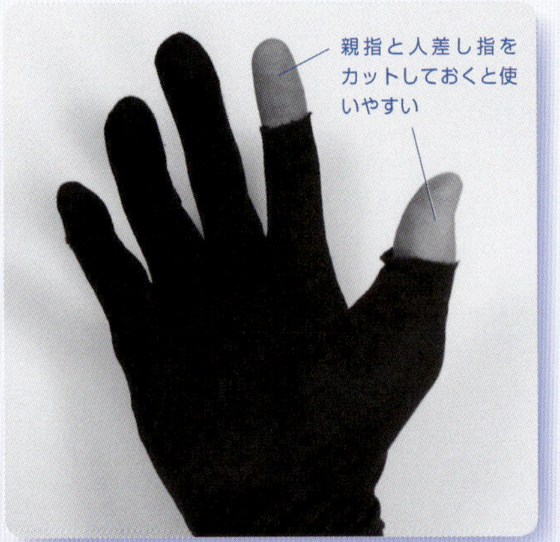

親指と人差し指をカットしておくと使いやすい

05
緊張すると汗をかいてすべりが悪くなる。そんなときは手袋を使うとよい。シルク製は通気性もすべりもよいのでオススメ

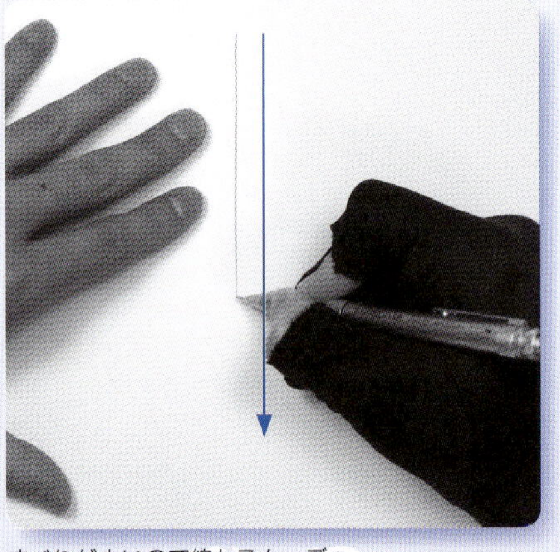

06
すべりがよいので線もスムーズ

曲線は半歩先を見ながら

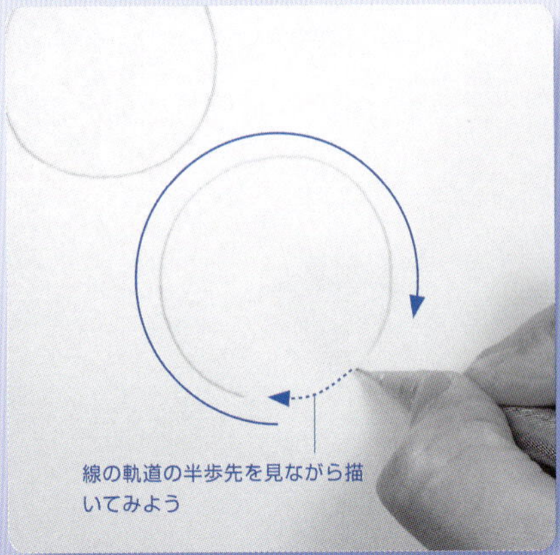

線の軌道の半歩先を見ながら描いてみよう

07
円は下から上に向かって描こう

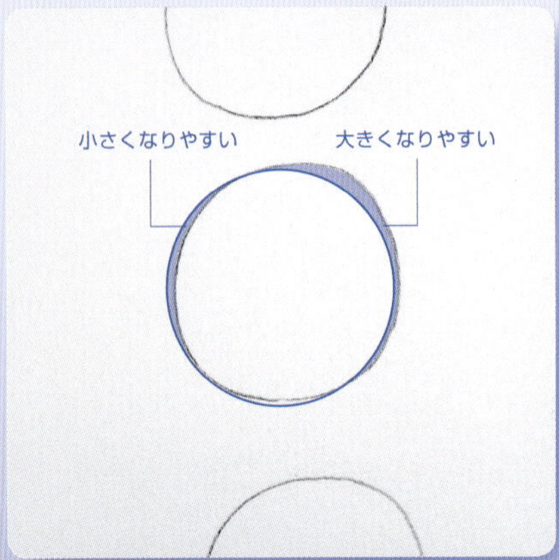

小さくなりやすい
大きくなりやすい

08
利き手側（右利きなら右半分）が大きくなってしまうので、利き手の反対側（右利きなら左半分）が大きくなるよう心がけよう

09
きれいな円にならなければ十字を切って案内線にしてみるとよい

【 phase01からphase12までの準備物 】

・B4サイズのクロッキー帳やレイアウトパッド。下絵が透ける紙であればなんでもよい
・B以上の鉛筆（シャーペンでも可）
・50cmと30cmの定規。直角、平行のわかりやすい方眼定規が使いやすい

直線と曲線は段階的に

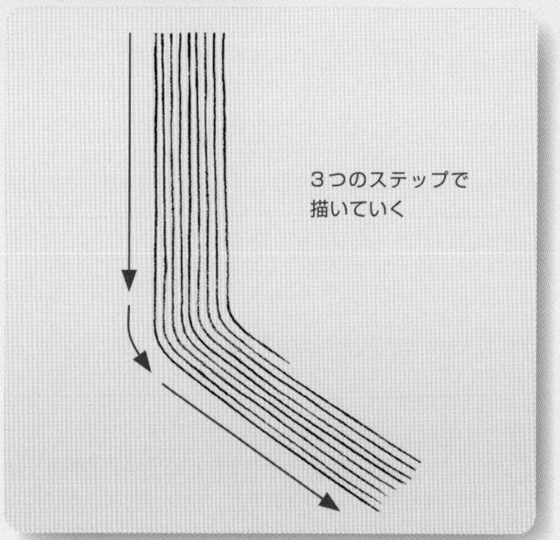
3つのステップで
描いていく

直線と曲線がある場合、線の向きが急激に変わるところでいったん紙からペンを離し、段階的に描いていく

10

直線部分を描く

11

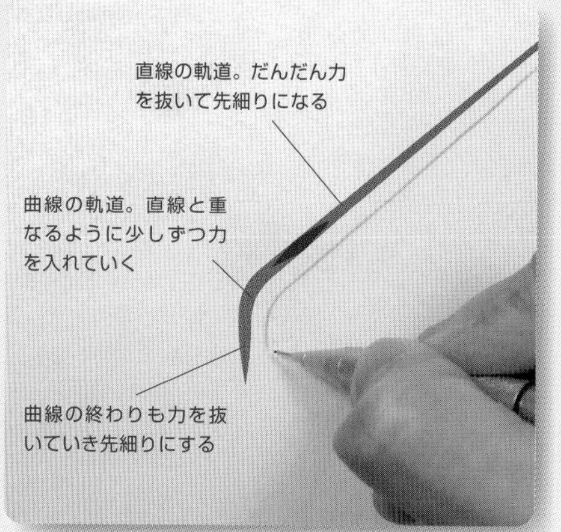
直線の軌道。だんだん力
を抜いて先細りになる
曲線の軌道。直線と重
なるように少しずつ力
を入れていく
曲線の終わりも力を抜
いていき先細りにする

曲線部分を描く

12

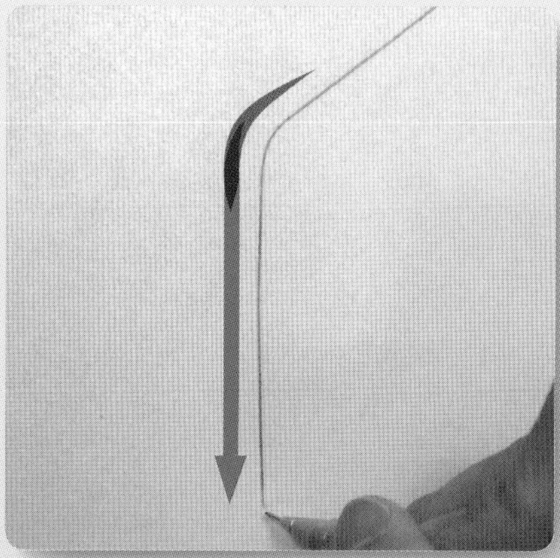

直線とつなぐ。曲線とつながるように少しずつ力を入れる

13

平行で等間隔になるよう何本も描いてみよう

14

波線は手首とヒジを同時に

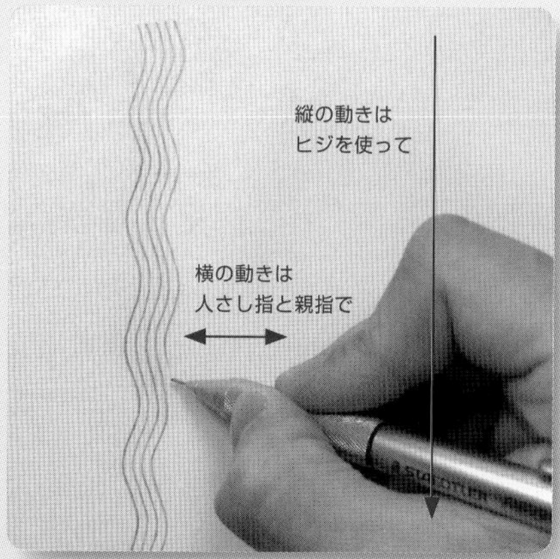
縦の動きは
ヒジを使って
横の動きは
人さし指と親指で

直線を引く要領で、左右の手首の運動を加えると波線になる

15

★ phase01の復習 ★

今回は初回なので線の練習のみです。以下の練習を繰り返しましょう

○ 線を描くときは手の横、小指を画面にあてて滑らせるように
○ 直線はヒジを使って
○ 直線と曲線は段階的に
○ 波線は縦動きに横の運動を加える

next !! ボディバランスを示すワクを描いていきます！

phase 02

8頭身のプロポーション

デザイン画を描く際、服を着ている中身(ボディ)を意識するとリアリティのあるデザイン画を描くことが可能になります。
いきなり描くと全体が紙の中にきれいなバランスで収まらなかったり、小さすぎて見にくかったりということが起きてしまいます。
細かい部分に気をもまれ、全体のバランスを欠いてしまっては元も子もありません。
全体のバランスをとらえながら、少しずつ「解像度」を上げてデザインを完成させていくことの大切さを学んで下さい。
また、一定のバランスのボディを描けるようになることで、流行とともに常に変化するファッションアイテムのデザインポイントをより明確にすることができます。
それらのデザインポイントを明確に表現するために、同じプロポーションのボディをあらゆる方向から自在に描けるようになることがデザイン画マスターの第一歩です。

ワク図を下敷きにしてボディを描くと常に一定のバランスに

P19の骨格の図を見ると分かるように、ボディは関節を支点に運動し、関節間にボディのパーツがあります。
そこで、関節の位置を中心にプロポーションを示したワク図を作っていきます。
このワク図を下敷きにしてボディを描けば、一定のバランスのボディが苦もなく何枚も描けるというわけです。

人体のプロポーションは人種を問わず一定

人類は地球の長い歴史から考えると、誕生してまだ間もない存在です。従って他の動物に比べて、進化による個体の差があまりありません。
例えば、鳥類ではペンギンとダチョウと鷹の骨格のバランスは全く異なりますが、人類の白色人種、黒色人種、黄色人種、混血人種は、肌や髪の色は違えど、骨格はほぼ同じ比率となっています。
このような個体差のない動物はある一定の法則を学ぶことにより表現することが可能になります。
ここでは、その法則について学びましょう。

人体のプロポーションはファッションモデルを参考に

ファッションショーでランウェイをウォーキングするモデルはどんな服もカッコよく着こなしています。
そんなモデルの体型の特徴といえば……
1：身体全体に対して顔が小さい
2：一般人よりもひと回りくらい細い
3：手足が長い
です。
実はこれらはすべてデザイナーの「意図」が組み込まれています
1の「顔が小さい」理由は、服のデザインをわかりやすく大きく見せるために相対的に顔が小さくなったということです。
2の「細い」理由は、媒体を考えてのことです。
我々はファッションの情報をテレビのモニターや雑誌といった平面(二次元)の媒体で目にします。立体である実物をモニターや紙といった平面で表現する場合、遠近感や奥行きがあいまいになるため、輪郭の陰影の部分を削ってひとまわり細く描かないと太って見えるのです。テレビの画面に写る有名人が実際より太って見えるのも画面が平面で奥行きがないからです。
3の手足が長い理由は、手足を動かしてポーズを作ったとき、ダイナミックな動きが表現されデザイン画が生き生きするのです。

以上のことを踏まえて人体のバランスの法則をまとめた「ワク図」を描いていきます。

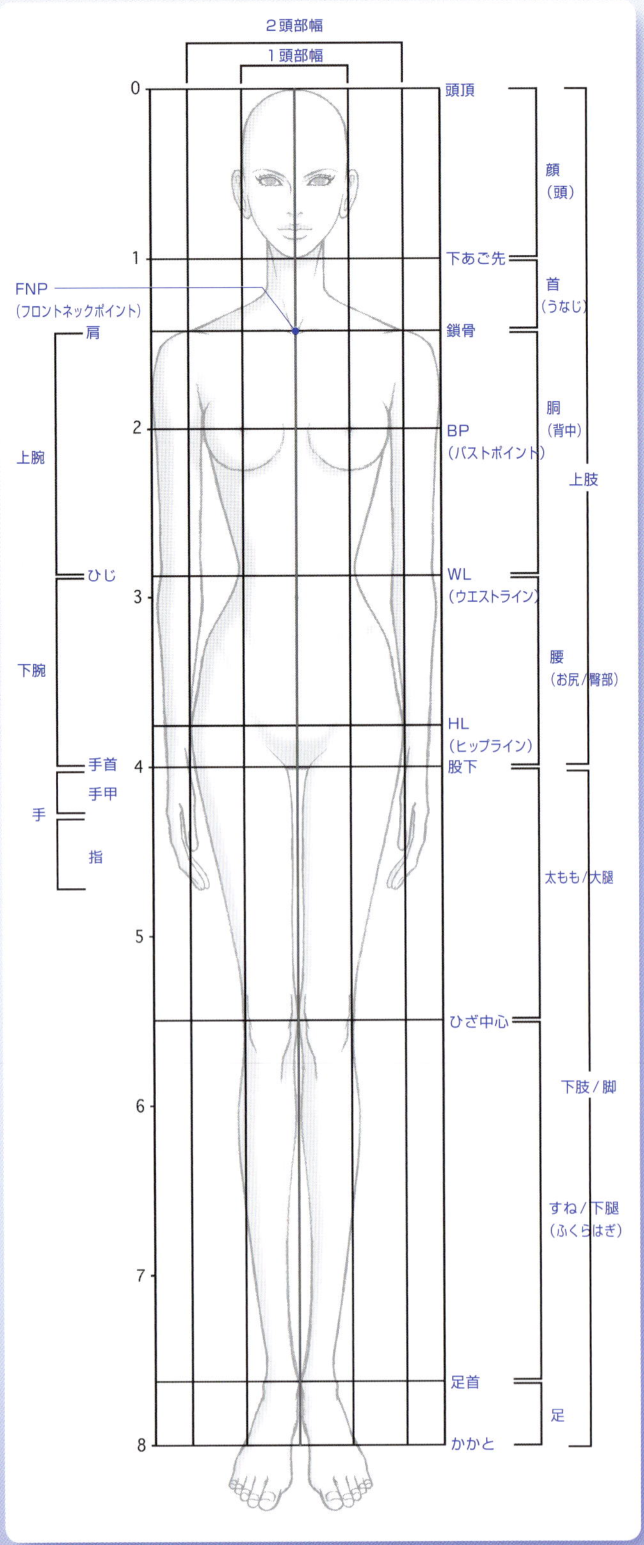

8頭身のプロポーションを示すワク図とボディの名称。
カッコ内は後部から見たときの名前

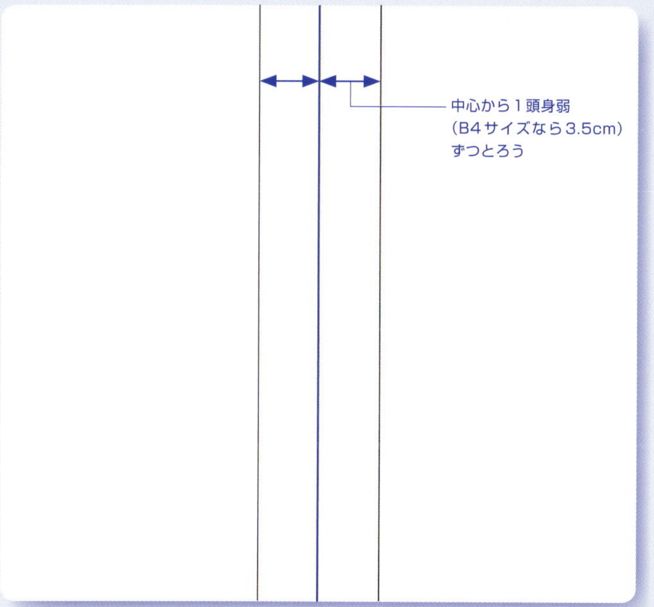
中心から１頭身弱
（B4サイズなら3.5cm）
ずつとろう

まず、重心線を描く。
体重のかかり具合を左右する線。紙のまん中に描こう。紙を二つ折りにして、折り目を定規で引くとよい。大事な線なので色をつけよう。次に横幅の最大は女性が２頭身弱（B4サイズなら7cm）

01

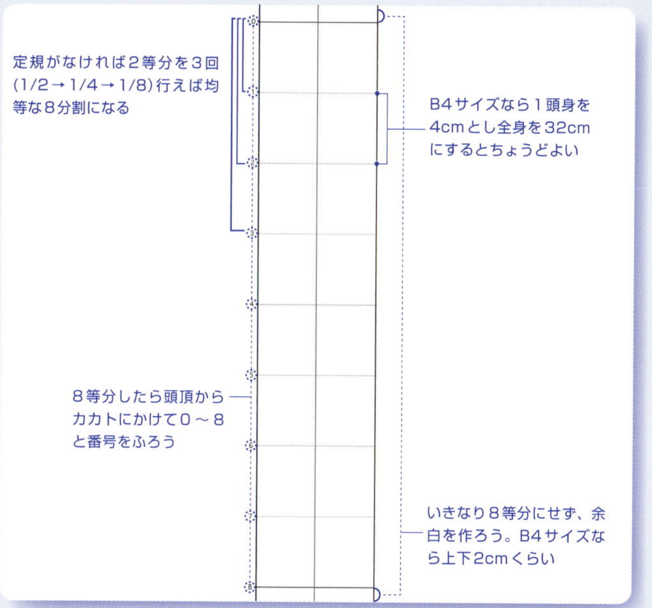
定規がなければ２等分を３回（1/2→1/4→1/8）行えば均等な８分割になる
B4サイズなら１頭身を4cmとし全身を32cmにするとちょうどよい
８等分したら頭頂からカカトにかけて０～８と番号をふろう
いきなり８等分にせず、余白を作ろう。B4サイズなら上下2cmくらい

全身は８頭身

02

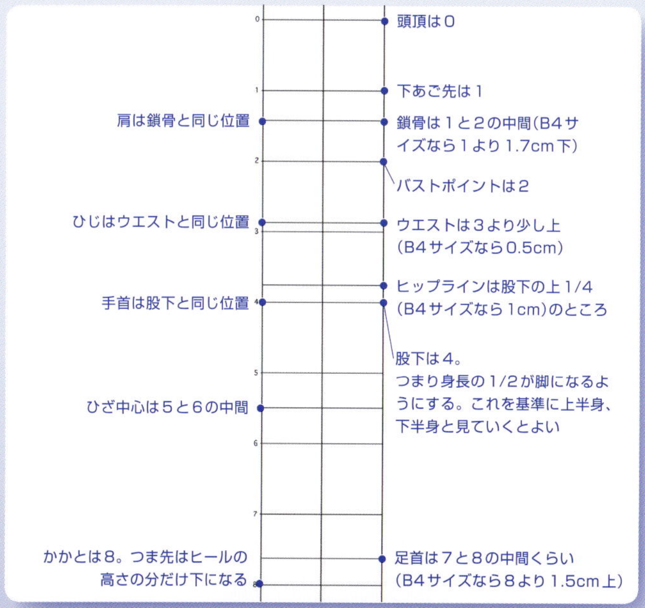
頭頂は０
下あご先は１
肩は鎖骨と同じ位置
鎖骨は１と２の中間（B4サイズなら１より1.7cm下）
バストポイントは２
ひじはウエストと同じ位置
ウエストは３より少し上
（B4サイズなら0.5cm）
ヒップラインは股下の上1/4
（B4サイズなら1cm）のところ
手首は股下と同じ位置
股下は４。
つまり身長の1/2が脚になるようにする。これを基準に上半身、下半身と見ていくとよい
ひざ中心は５と６の中間
かかとは８。つま先はヒールの高さの分だけ下になる
足首は７と８の中間くらい
（B4サイズなら８より1.5cm上）

各パーツの位置
関節を基準にした各パーツのバランスを見ていく。関節間の距離が分かれば骨（パーツ）の長さが分かる。股下を基準に見ていこう。カッコ内はB4サイズで描くときのサイズ

03

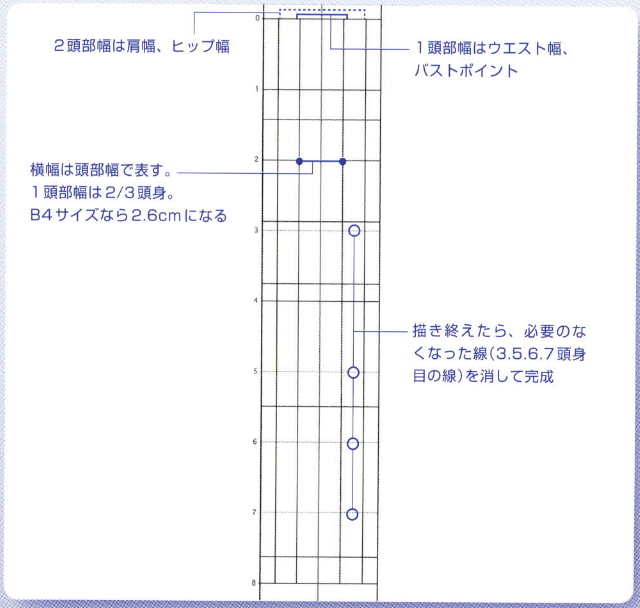
２頭部幅は肩幅、ヒップ幅
１頭部幅はウエスト幅、バストポイント
横幅は頭部幅で表す。
１頭部幅は2/3頭身。
B4サイズなら2.6cmになる
描き終えたら、必要のなくなった線（3.5.6.7頭身目の線）を消して完成

横幅のバランス

04

★ phase02の復習 ★

ボディのバランスを覚えよう

○頭１つ分の長さを１頭身とすると全身は８頭身　○体の半分は脚である　○１頭幅は2/3頭身

next !!

次回は正面向きのボディを描きます！

03 phase

正面直立ポーズの作り方

今回はボディを描いていきましょう。ボディは関節ごとにパーツを区切って描きます。
その方が人体の動かし方がよく分かります。何体描いても同じプロポーションで描けるように心がけましょう。
今回は最も基本の正面直立ポーズを描いていきます。

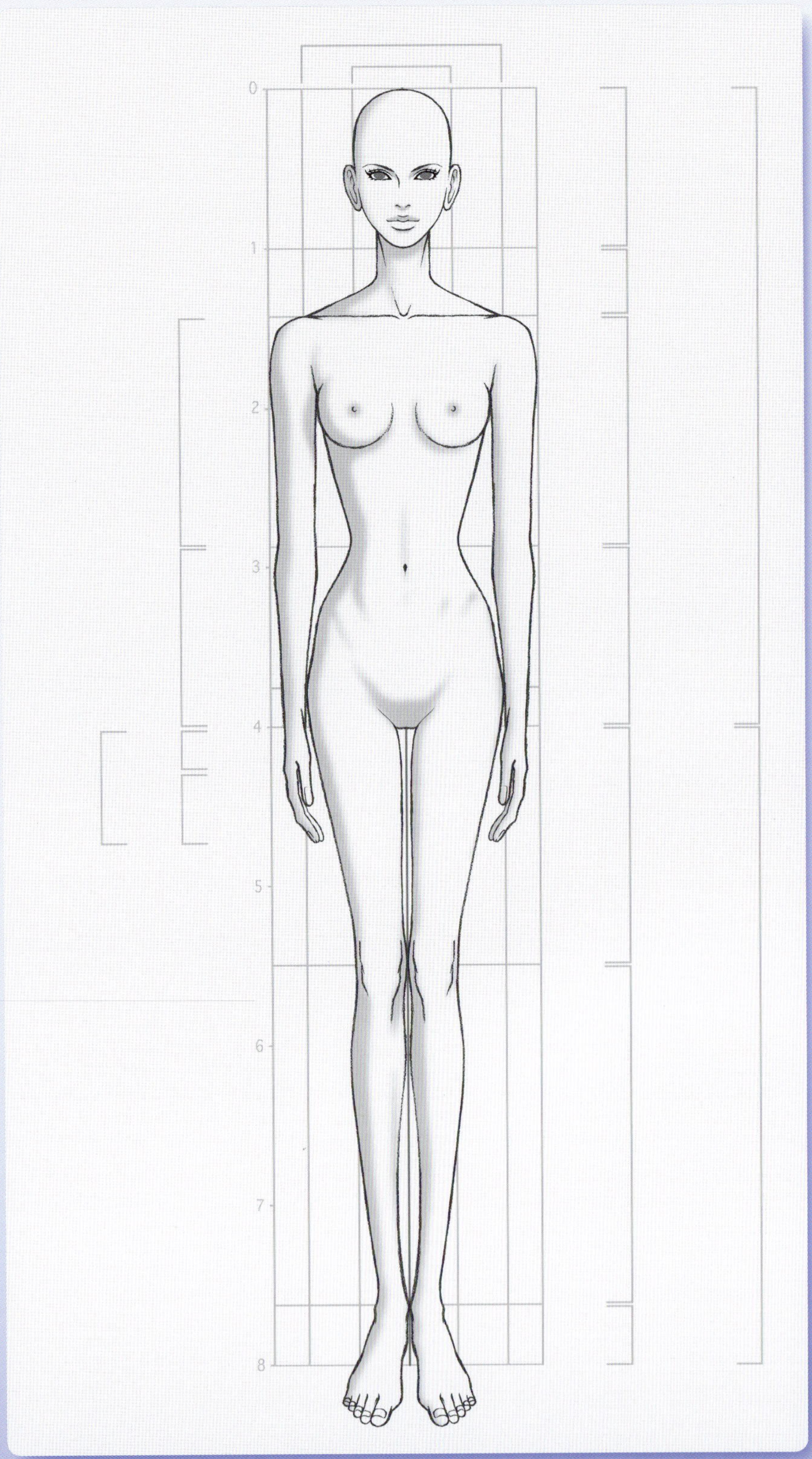

ワク図を使ってバランスを一定に

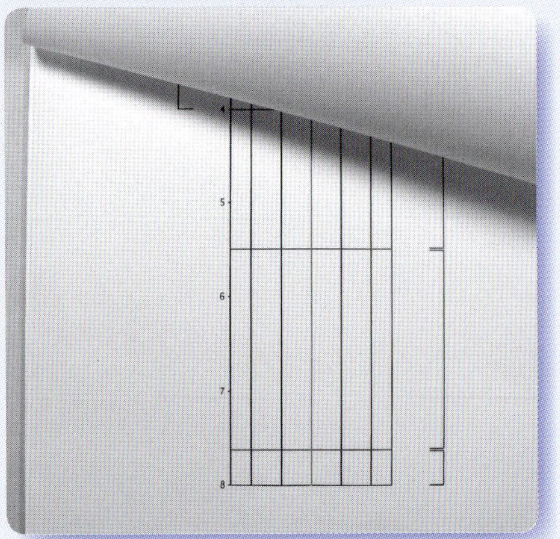

自分で作った「ワク図」、もしくは付録の「ワク図」をレイアウトパッドやクロッキー帳の下敷きにする

01

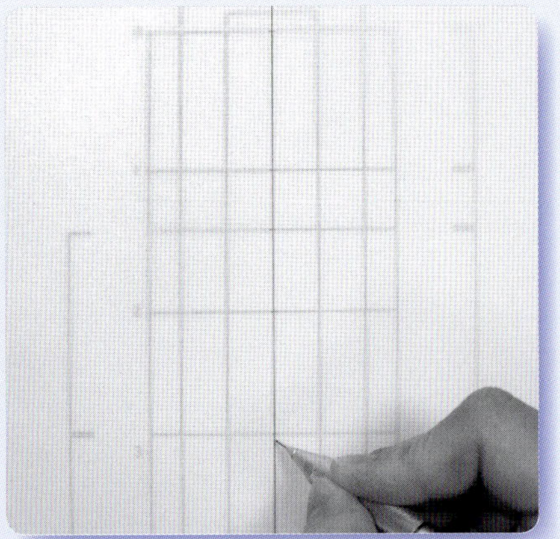

重心線と各パーツの位置を写す。重心線は重力のかかる方向なので真下に向かう

02

顔は卵型

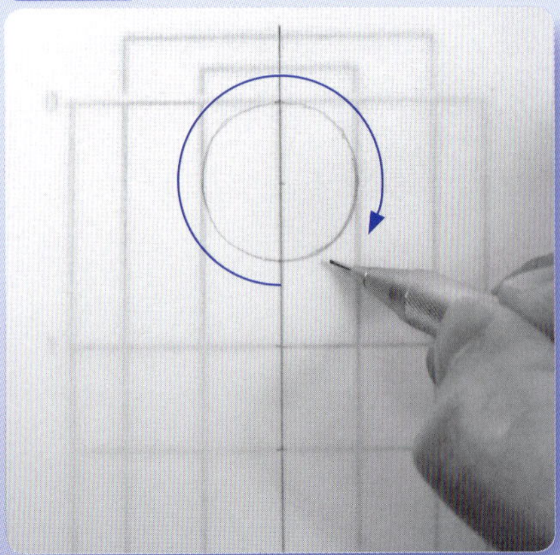

1頭身を三分割し、上二つ分に円を描く

03

首は前に倒れた円柱

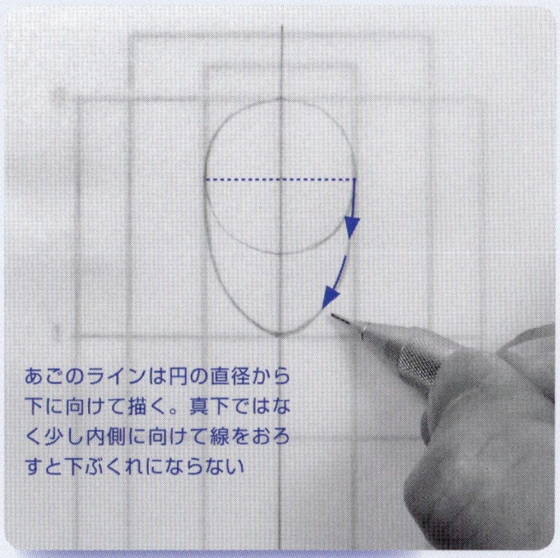
あごのラインは円の直径から
下に向けて描く。真下ではな
く少し内側に向けて線をおろ
すと下ぶくれにならない

下あごに向けて滑らかにつなぐと、きれいな卵形になる。左右対称になるように気をつけよう

04

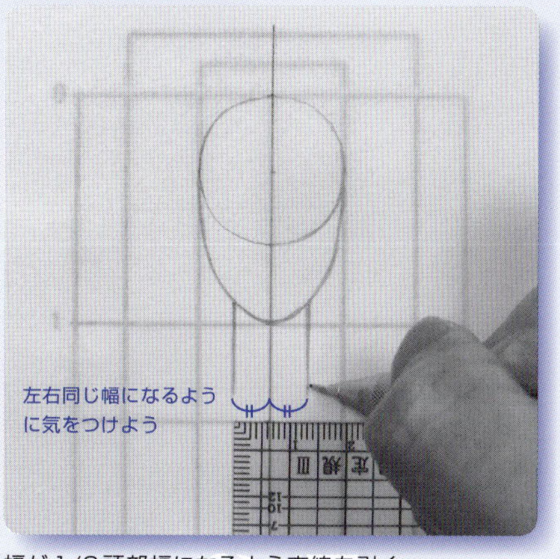
左右同じ幅になるよう
に気をつけよう

幅が1/2頭部幅になるよう直線を引く

05

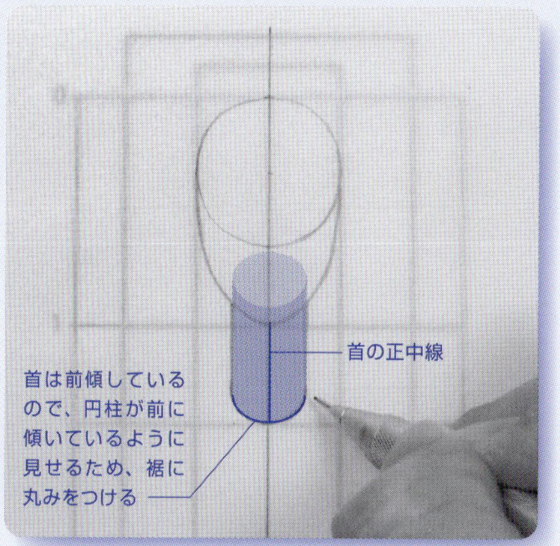
首の正中線
首は前傾している
ので、円柱が前に
傾いているように
見せるため、裾に
丸みをつける

首の裾は楕円

06

胴は胸と腹をひとつと考えたもの

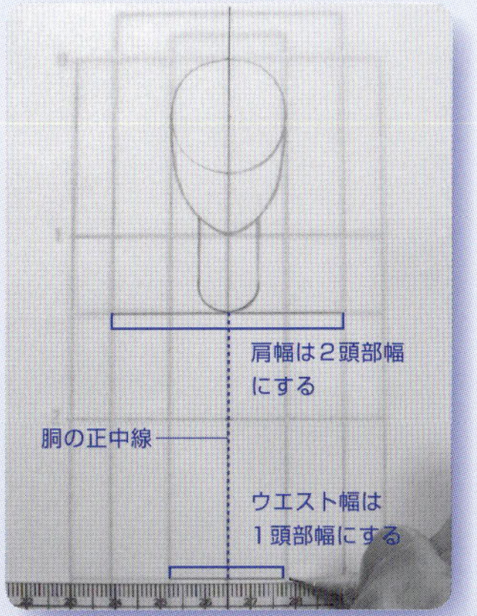
肩幅は２頭部幅
にする
胴の正中線
ウエスト幅は
１頭部幅にする

デザイン画では前屈ポーズはないので胸と腹はひとくくりにする

07

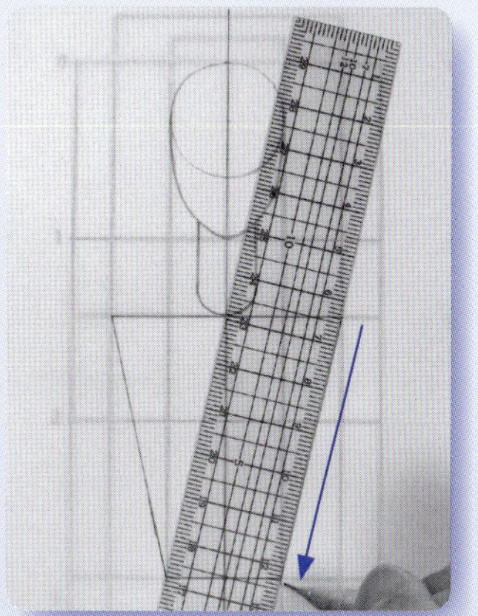

肩幅とウエスト幅のポイントを直線でつなぐ

08

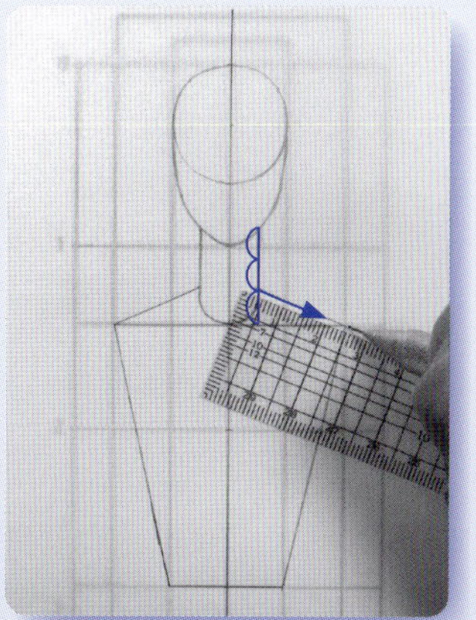

肩を描く。首の長さの1/3くらいのポイントから肩幅に向けて斜めに結ぶ(B4なら鎖骨から8mm上から)

09

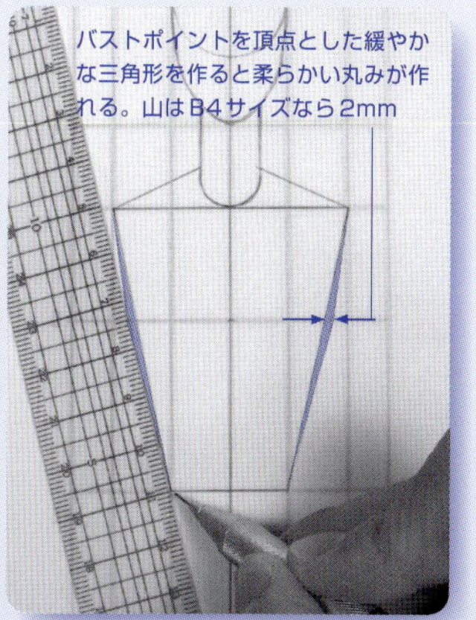
バストポイントを頂点とした緩やか
な三角形を作ると柔らかい丸みが作
れる。山はB4サイズなら2mm

パーツは基本的に全て紡錘形になっているので、ふくらみを入れていく。逆に言うとえぐれているところに関節があると考えるとよい

10

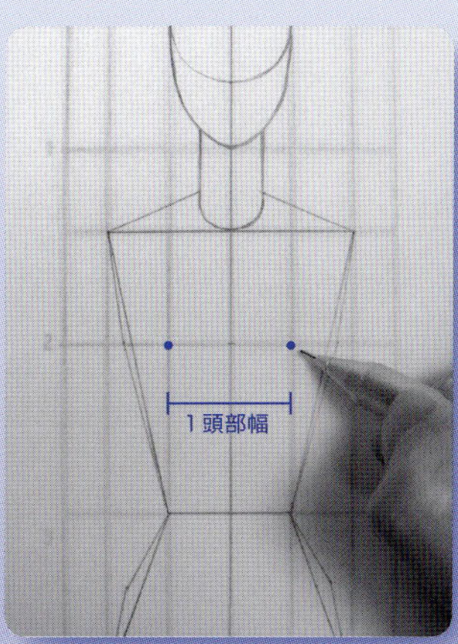
１頭部幅

バストポイントは１頭部幅

11

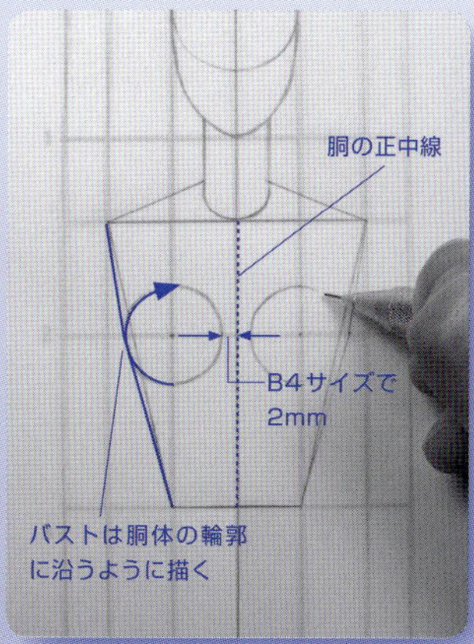
胴の正中線
B4サイズで
2mm
バストは胴体の輪郭
に沿うように描く

バストは円で表現。下着で矯正した状態を考えて描く。バストの直径は2cm

12

腰は大きな下着をはいてるように

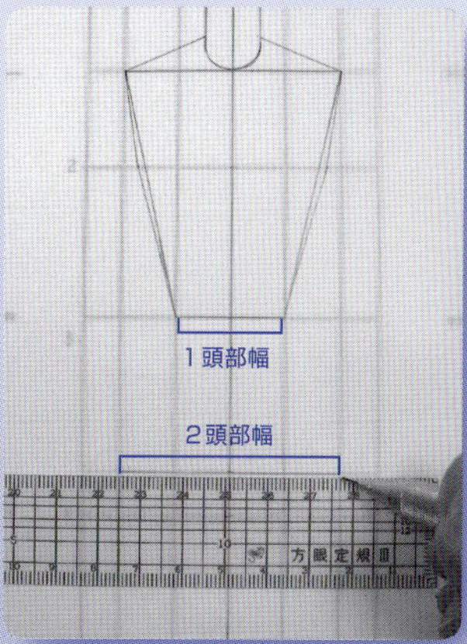
１頭部幅
２頭部幅

ヒップ幅は２頭部幅

13

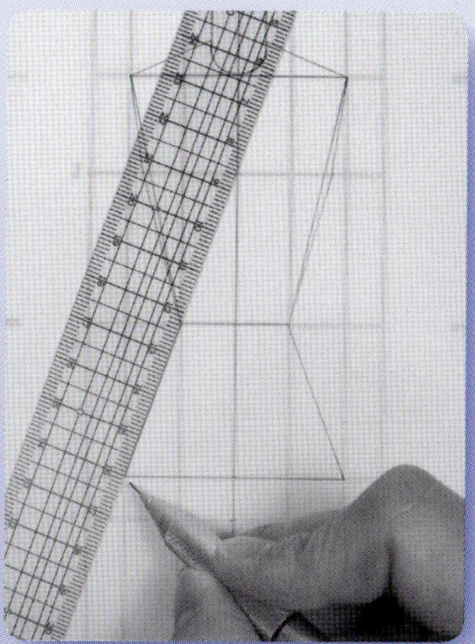

ウエスト幅とヒップ幅をつなぐ

14

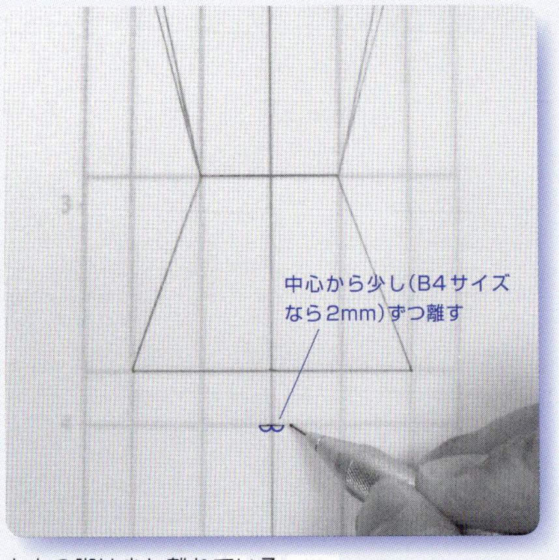
中心から少し(B4サイズなら2mm)ずつ離す

左右の脚は少し離れている

15

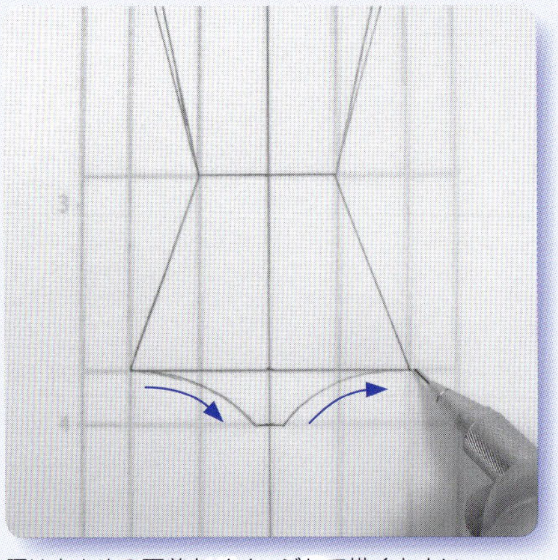

腰は大きめの下着をイメージして描くとよい

16

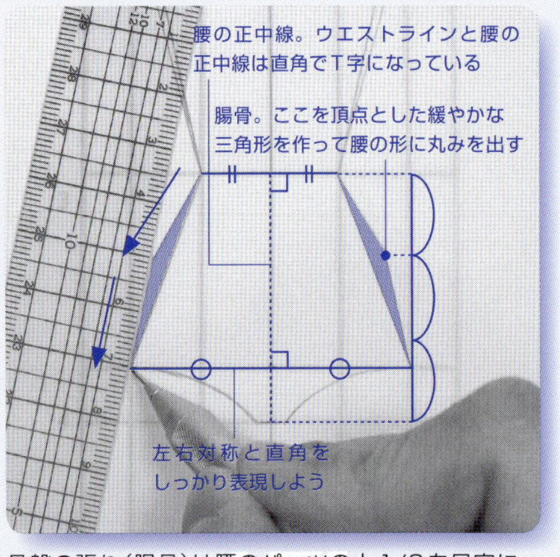
腰の正中線。ウエストラインと腰の正中線は直角でT字になっている
腸骨。ここを頂点とした緩やかな三角形を作って腰の形に丸みを出す
左右対称と直角をしっかり表現しよう

骨盤の張り(腸骨)は腰のパーツの上1/3を目安に

17

脚はＶ字

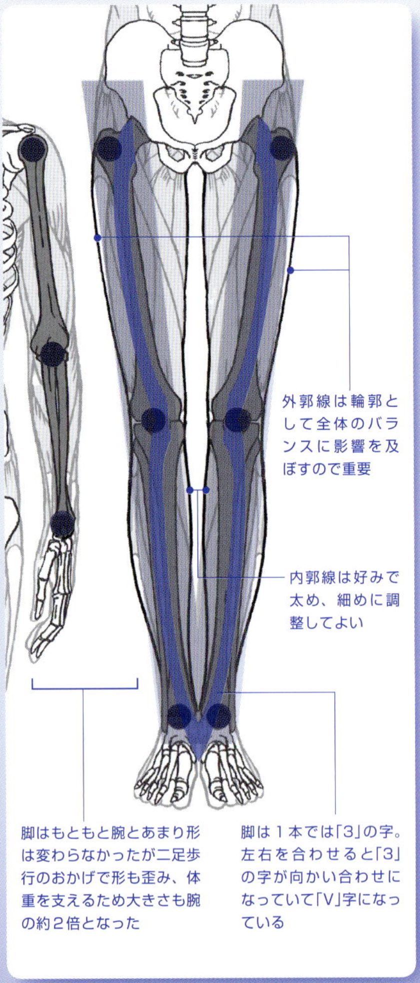
外郭線は輪郭として全体のバランスに影響を及ぼすので重要
内郭線は好みで太め、細めに調整してよい
脚はもともと腕とあまり形は変わらなかったが二足歩行のおかげで形も歪み、体重を支えるため大きさも腕の約2倍となった
脚は1本では「3」の字。左右を合わせると「3」の字が向かい合わせになっていて「V」字になっている

脚は形が複雑な上に露出が多いので最も重要。人類は、二足歩行を手に入れる際、微妙な曲線を使ってうまく重力の負担を逃がすことに成功した

18

脚の外郭線

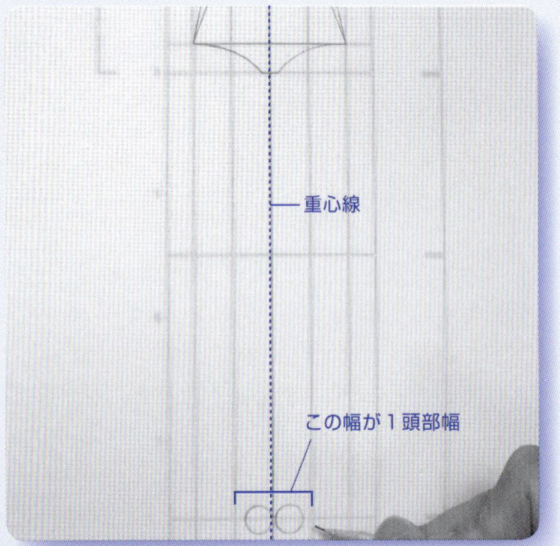
重心線
この幅が1頭部幅

足首の位置に○をつける。「気をつけ」をした直立ポーズなので重心線から左右対象に2つ○を描く
大きさは2/3頭部幅くらい

19

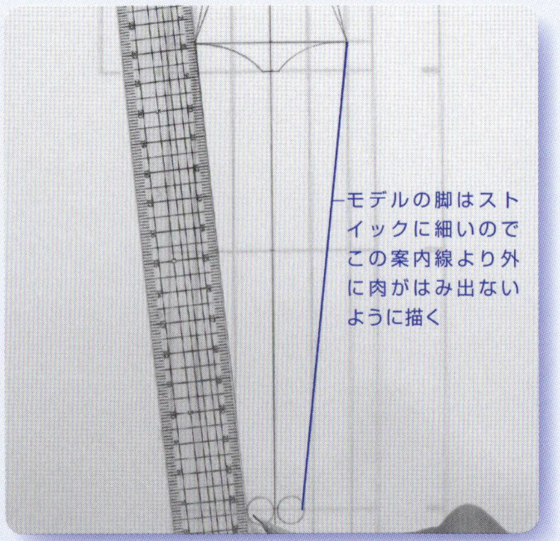
モデルの脚はストイックに細いのでこの案内線より外に肉がはみ出ないように描く

股関節(厳密には大転子＝大腿骨のつけ根)から足首まで一直線でつなぐ

20

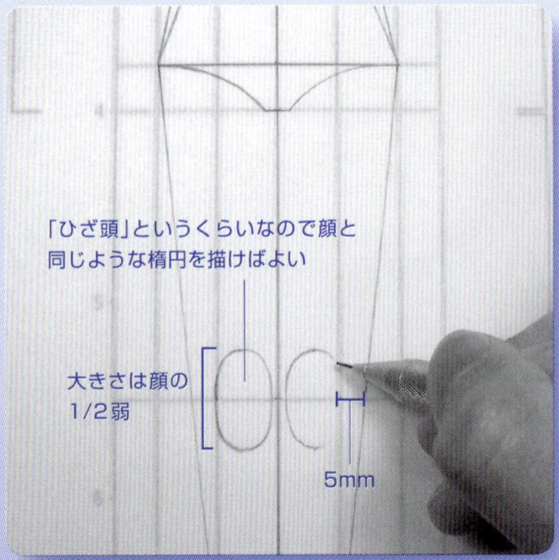
「ひざ頭」というくらいなので顔と同じような楕円を描けばよい
大きさは顔の1/2弱
5mm

ひざ頭を直線より少し(B4サイズなら5mm)内側に描く

21

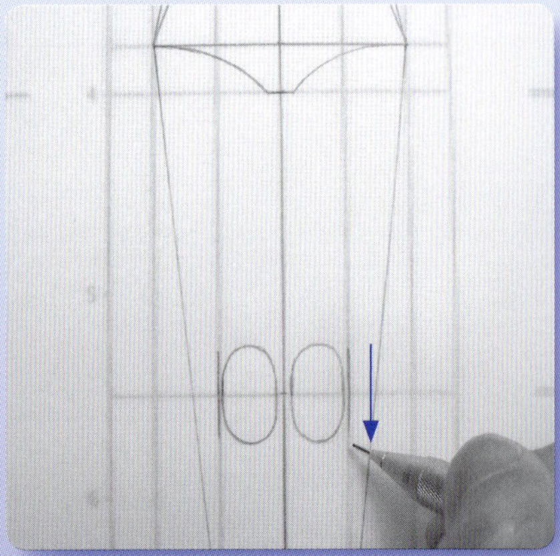

ひざの外郭線は直線

22

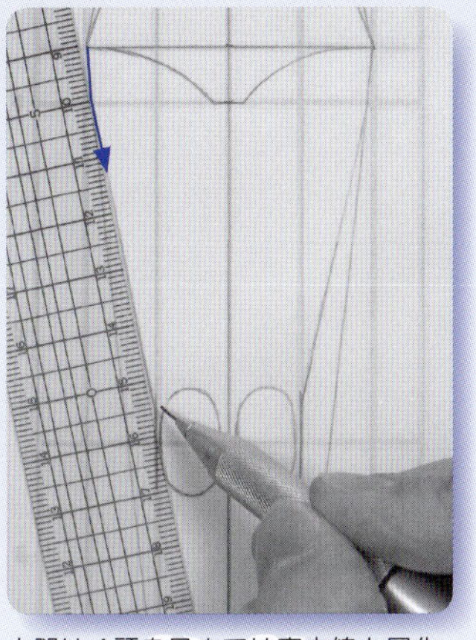

23 大腿は4頭身目までは案内線と同化、以降はひざに向かう直線となる

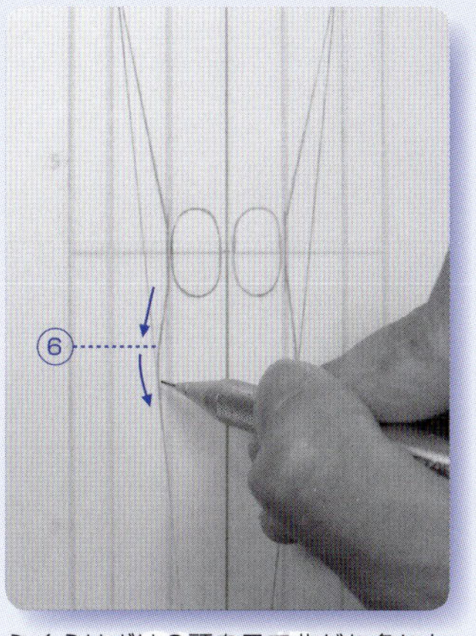
6

24 ふくらはぎは6頭身目で曲がり角になり、その後案内線と合流、同化する

脚の内郭線

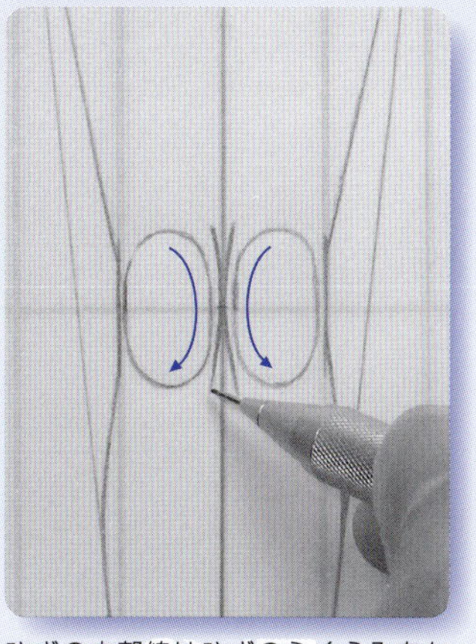

25 ひざの内郭線はひざのふくらみをなぞるように丸みをつける。これにより大腿骨が股関節からひざの内側に向かって来ている感じが出せる

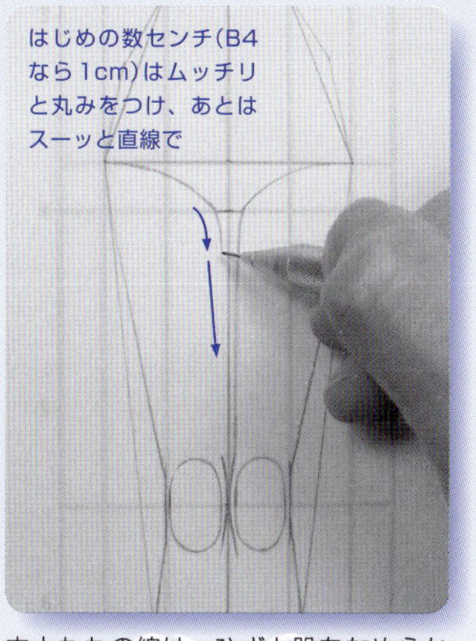
はじめの数センチ(B4なら1cm)はムッチリと丸みをつけ、あとはスーッと直線で

26 内太ももの線は、ひざと股をなめらかにつなぐ

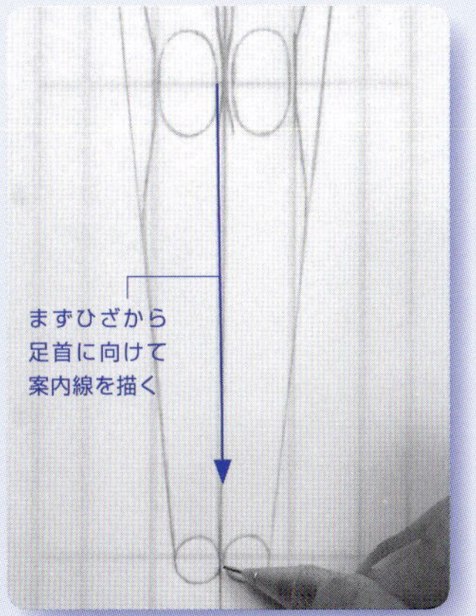
まずひざから足首に向けて案内線を描く

27 すねは露出の多いところなので脚の中で最も重要。重力によるゆがみを最も感じる部分で、湾曲し両脚をあわせるとV字になっている

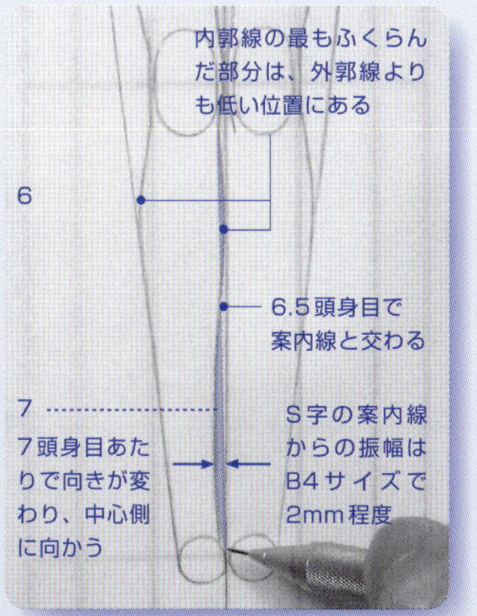
内郭線の最もふくらんだ部分は、外郭線よりも低い位置にある
6
6.5頭身目で案内線と交わる
7
7頭身目あたりで向きが変わり、中心側に向かう
S字の案内線からの振幅はB4サイズで2mm程度

28 案内線を基準になめらかなS字を描く

足は剣先

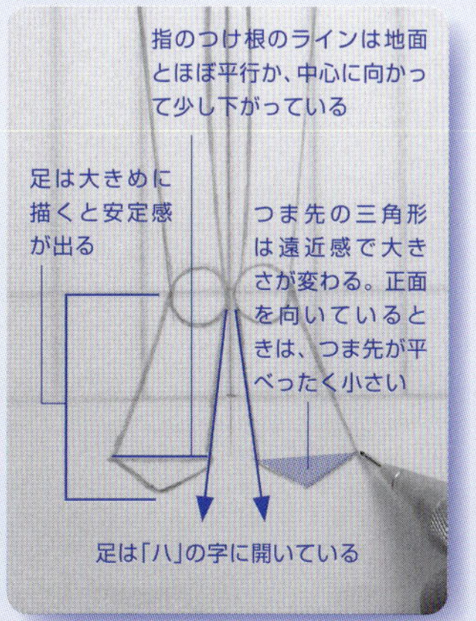
指のつけ根のラインは地面とほぼ平行か、中心に向かって少し下がっている
足は大きめに描くと安定感が出る
つま先の三角形は遠近感で大きさが変わる。正面を向いているときは、つま先が平べったく小さい
足は「ハ」の字に開いている

29 ネクタイの剣先のような形。指部分は三角形で表現

腕は肩の丸みがポイント

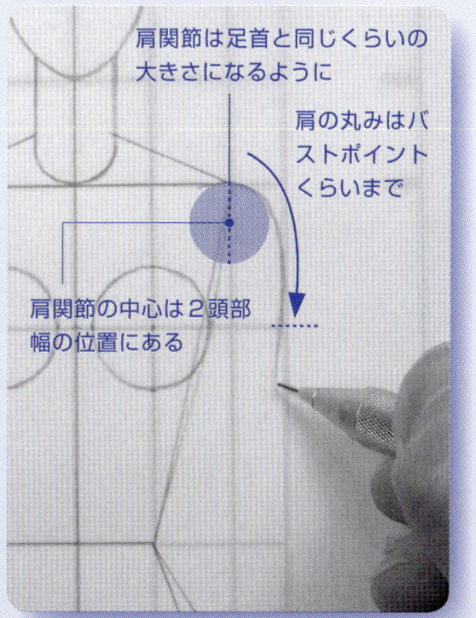
肩関節は足首と同じくらいの大きさになるように
肩の丸みはバストポイントくらいまで
肩関節の中心は2頭部幅の位置にある

30 肩の丸みを描く

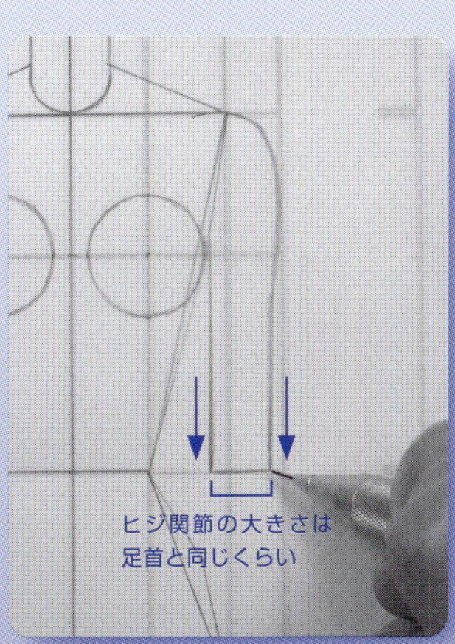
ヒジ関節の大きさは足首と同じくらい

31 上腕は直線。肩から下に向かって直線でつなぐ。内側の線は、腕の太さが首よりもひと回り細くなるようにバストポイントあたりからはやすとよい

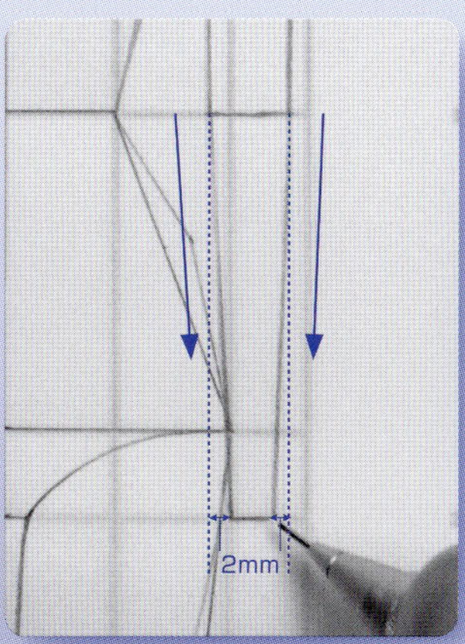
2mm

32 ひじから手首に向けて少し先細りになるように前腕を描く。B4サイズで左右で2mmずつくらいに細くする

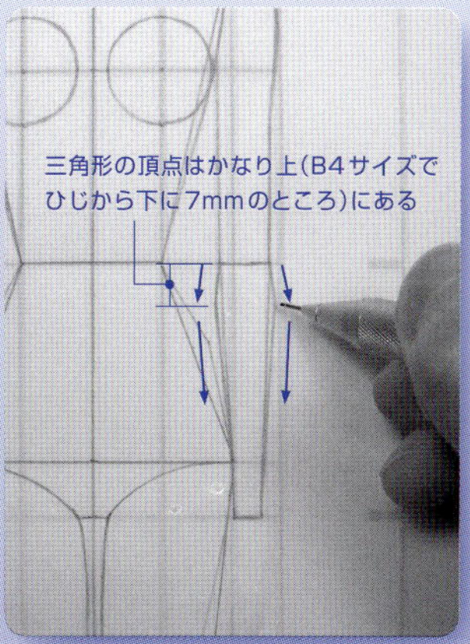
三角形の頂点はかなり上(B4サイズでひじから下に7mmのところ)にある

33 前腕に少しふくらみをつける

手は甲と指に分けて

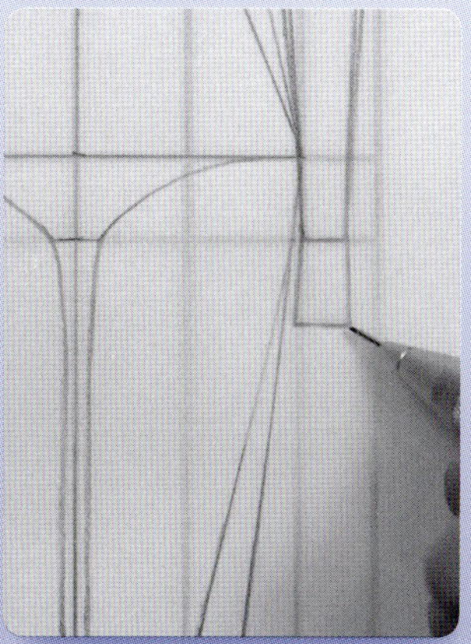

34 手の大きさは顔と同じくらい。甲と指に分けて描く。甲は四角形で。大きさは1/2頭身より少し小さめ

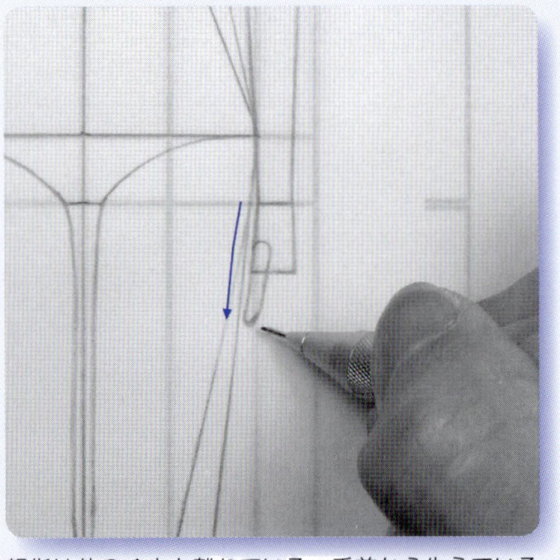

親指は他の４本と離れている。手首から生えているイメージで

35

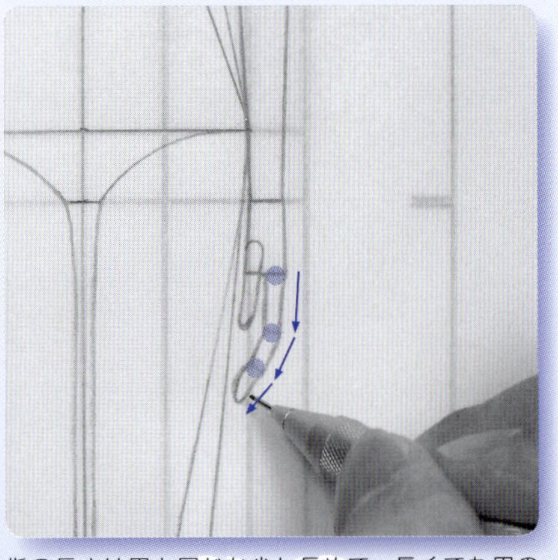

指の長さは甲と同じか少し長めで。長くても甲の1.5倍くらいまでにする。少し曲げておくと指らしくなる。関節は３つある

36

顔の描き方は P76-P98 で詳しく

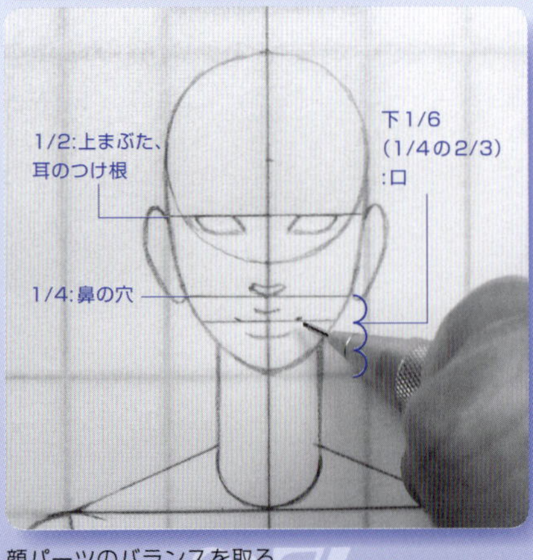
1/2:上まぶた、
耳のつけ根
下1/6
(1/4の2/3)
:口
1/4:鼻の穴

顔パーツのバランスを取る
顔の各パーツを描く

37

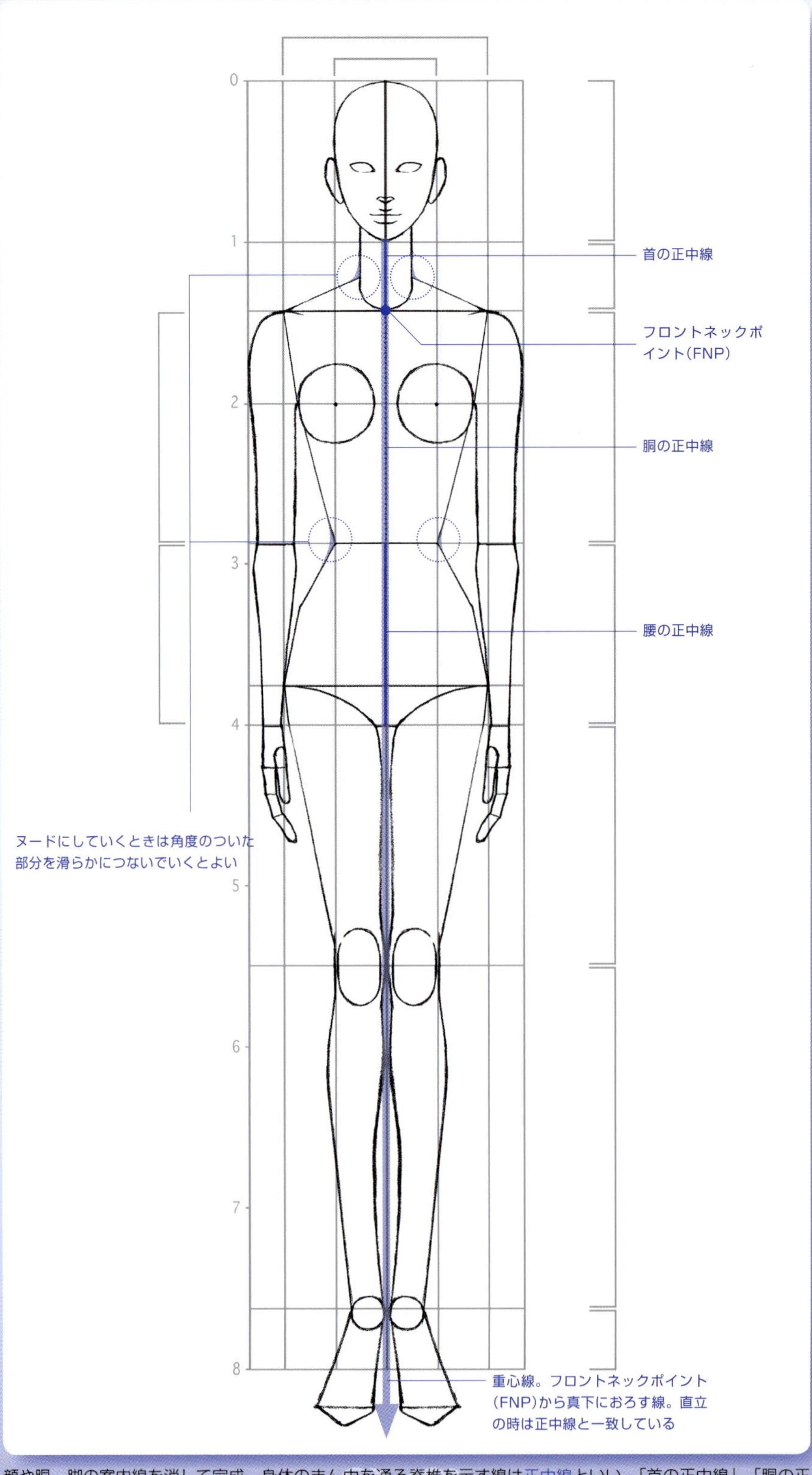
0
1
2
3
4
5
6
7
8
首の正中線
フロントネックポイント(FNP)
胴の正中線
腰の正中線
ヌードにしていくときは角度のついた部分を滑らかにつないでいくとよい
重心線。フロントネックポイント(FNP)から真下におろす線。直立の時は正中線と一致している

顔や胴、脚の案内線を消して完成。身体のまん中を通る脊椎を示す線は正中線といい、「首の正中線」、「胴の正中線」、「腰の正中線」の３本がつながっている。フロントネックポイントから真下におろした線は重力の方向を示す重心線という。正面向きの直立状態では重心線と正中線が一致している

38

クリーンアップしよう

完成したボディを下敷きにしてクロッキー帳やレイアウトパッドにヌードを描いてみる。首やウエストのカクカクした関節部分を滑らかに結んで人間らしい柔らかさを出す

39

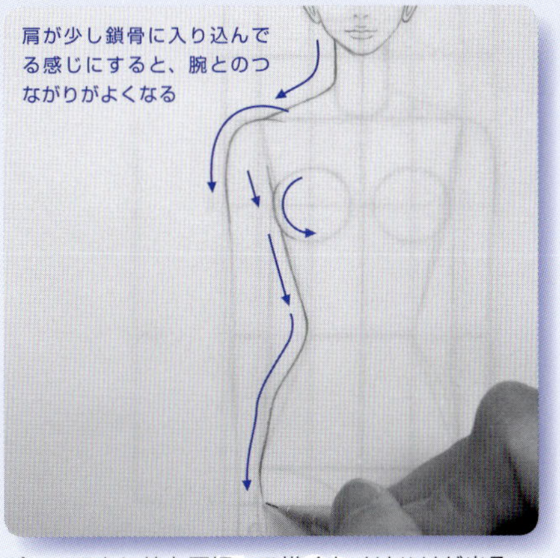
肩が少し鎖骨に入り込んで
る感じにすると、腕とのつ
ながりがよくなる

パーツごとに線を区切って描くとメリハリが出る

40

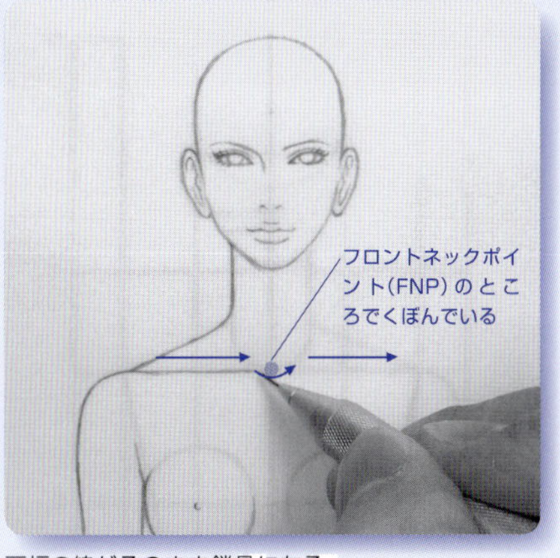
フロントネックポイ
ント(FNP)のとこ
ろでくぼんでいる

肩幅の線がそのまま鎖骨になる

41

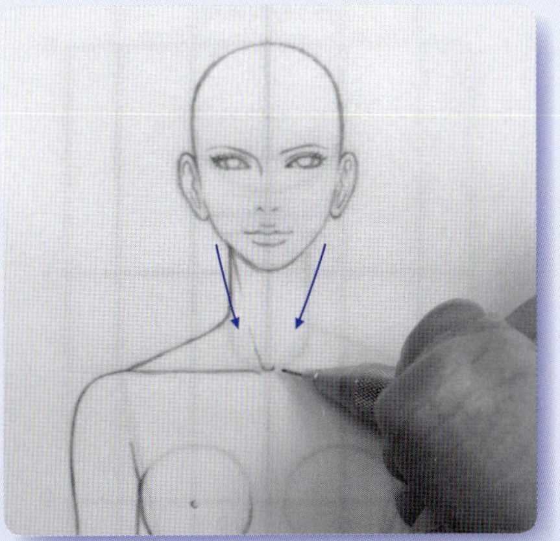

首筋を描くと首がシャープに見える

42

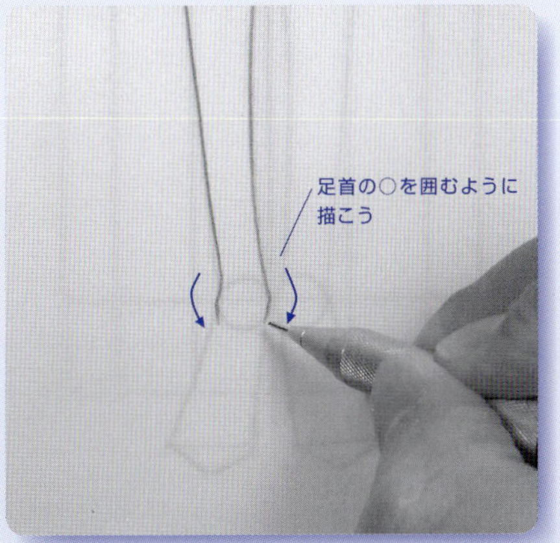
足首の○を囲むように
描こう

足首にはくるぶしがある

43

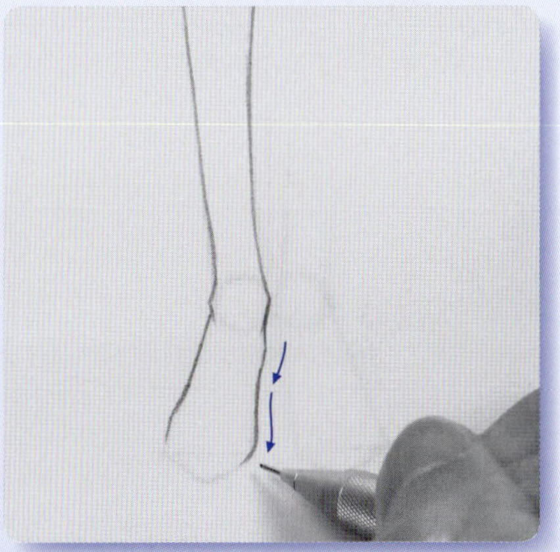

内側は土踏まずを意識して少しくぼみを入れる

44

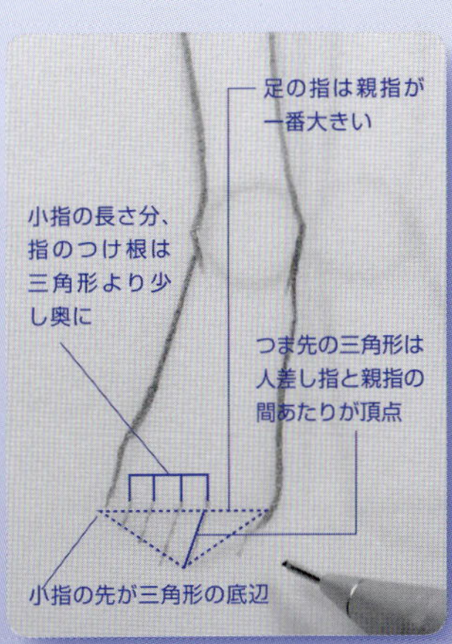
足の指は親指が
一番大きい
小指の長さ分、
指のつけ根は
三角形より少
し奥に
つま先の三角形は
人差し指と親指の
間あたりが頂点
小指の先が三角形の底辺

つま先を5分割し、足の指を描く

45

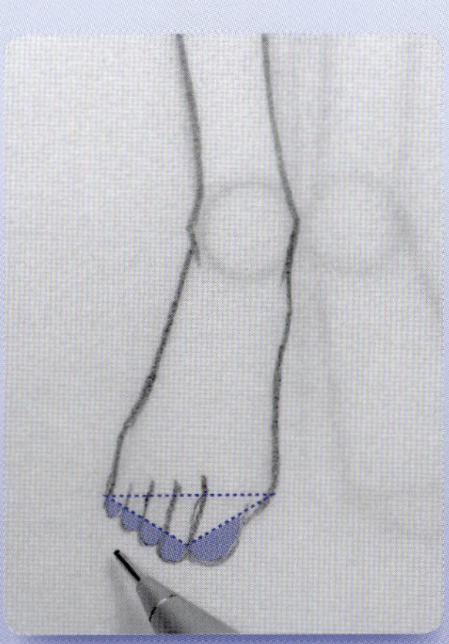

三角形からはみ出すように指の丸みをつけていく

46

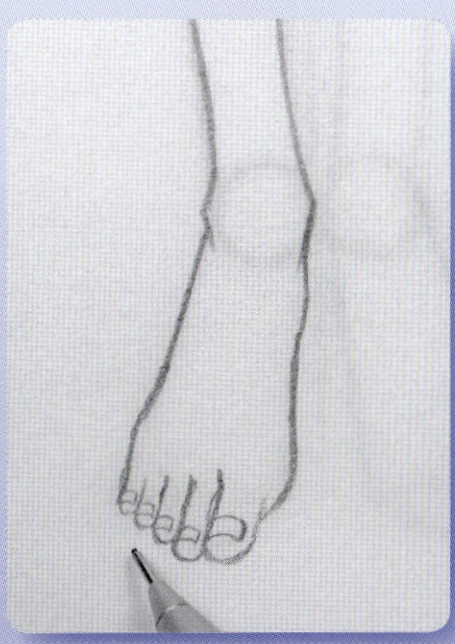

つめを描くと立体感が出やすい。瓦のような形を描くとよい

47

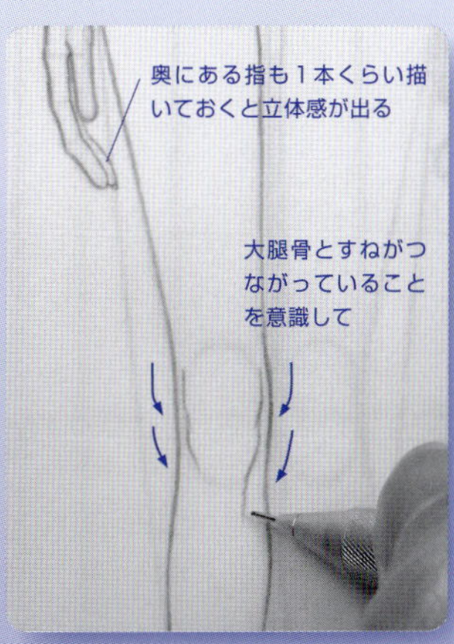
奥にある指も1本くらい描
いておくと立体感が出る
大腿骨とすねがつ
ながっていること
を意識して

ひざ頭を囲むようにひざのシワを描く

48

ボディを筒の集まりと考えて、シンプルに陰影を入れてみよう

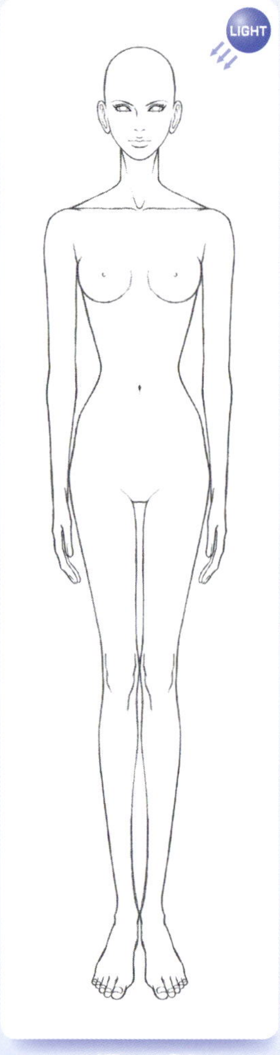

LIGHT

49

クリーンアップ完成。陰影を入れるために光源を設定する。光源は左上か右上にセットするのが一般的。本書では一貫して向かって右上にセットすることにする

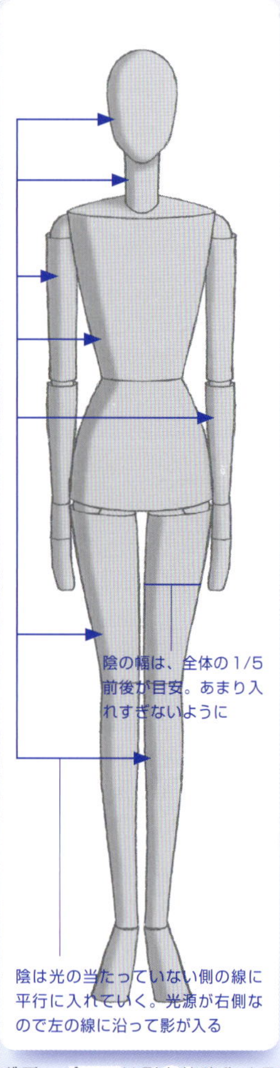

陰の幅は、全体の 1/5 前後が目安。あまり入れすぎないように
陰は光の当たっていない側の線に平行に入れていく。光源が右側なので左の線に沿って影が入る

50

ボディパーツは形を簡略化すると筒になる。
その筒ひとつひとつに陰を入れていく

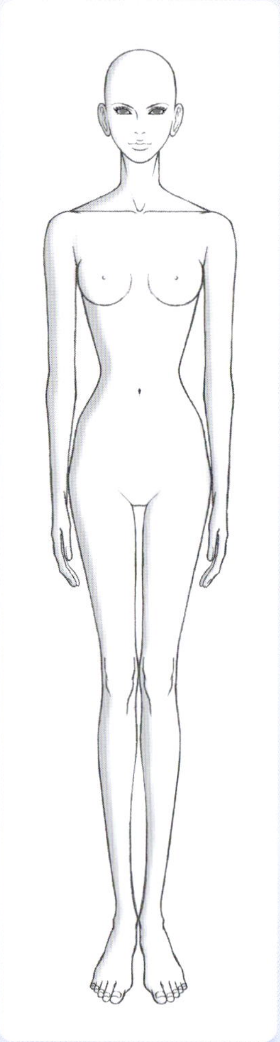

51

筒の陰影の入れ方を参考にボディに陰を入れてみた

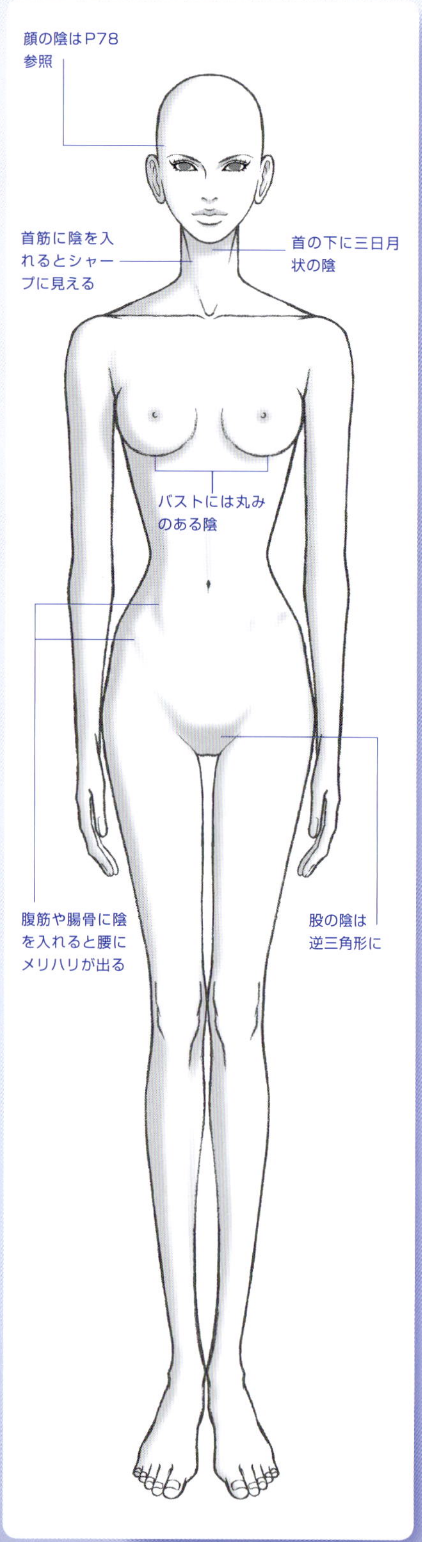

顔の陰はP78参照
首筋に陰を入れるとシャープに見える
首の下に三日月状の陰
バストには丸みのある陰
腹筋や腸骨に陰を入れると腰にメリハリが出る
股の陰は逆三角形に

筒として捉えきれない凸凹にも陰を入れて陰影完成

52

★ phase03の復習 ★

○身体のバランスは頭身で表現。全身で８頭身で身体の半分が脚になる
○脚の形は露出の多い部分なので要練習
○手足を大きく描くと安定感が出る
○何枚描いても常に同じバランスになるよう沢山描いて覚えよう

next !! このボディを動かしていきます！

04 *phase*

正面直立ポーズ(開脚)の作り方

人体のプロポーションを把握したところで、少しずつ手足を動かしてみましょう。
関節を支点に動かすことが大切です。動かしたパーツは、短くなったり小さくなったりする傾向がありますので、phase03で描いたボディを横に置いて比較しながら描いていきましょう。

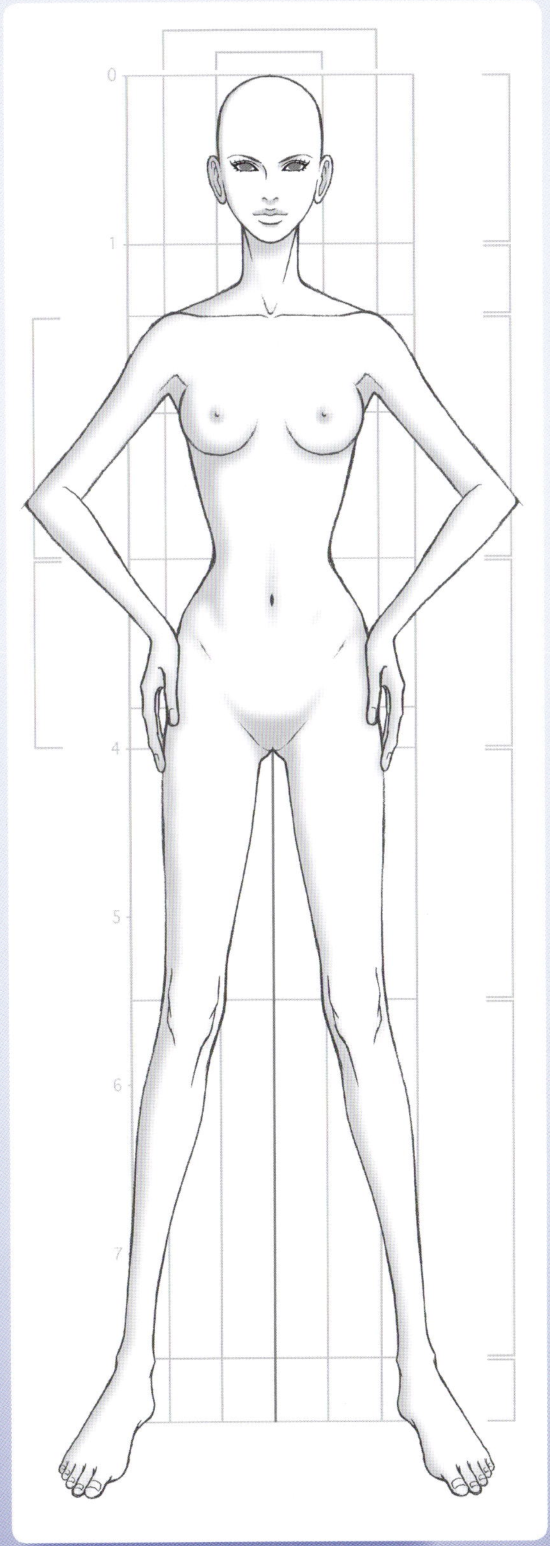

正面直立開脚ポーズ。立ちポーズが描けるようになるには、体重を支える下半身の動きを学ぶこと

覚えなければいけないポーズはたった2種類！！

デザイン画で使う立ちポーズはたった 2 種類です。
ひとつは左右の脚に同じだけ体重をかけたポーズで、「直立ポーズ」といいます。
これに対し、どちらか一方の脚に体重をかけたポーズを「片脚重心のポーズ」といいます。
ポーズを作るときは、どのように体重を支えて立つのかをしっかり表現することが、美しいポーズ作りの要(かなめ)となります。

直立ポーズは両脚に等しく体重のかかっているポーズです。
今回は直立ポーズの歩幅を広げて開脚ポーズにしてみます。

人体の骨格（正面）

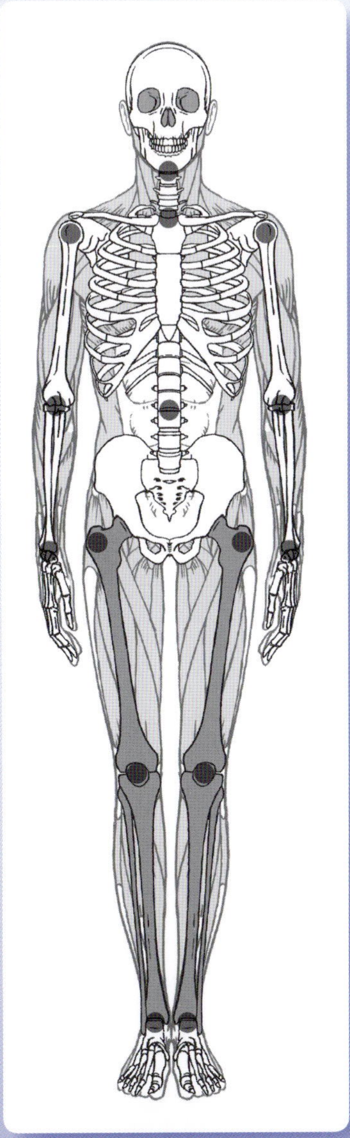

人体の骨格を見ると、関節を支点に身体のパーツが動く様子がうかがえる

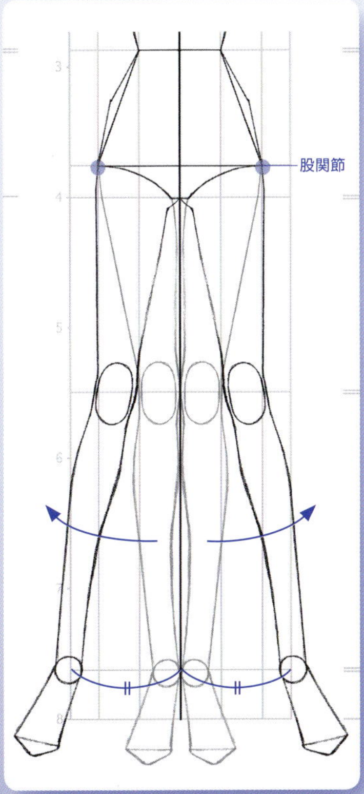

直立ポーズは股関節を支点に脚を動かすことができる。 重心線からの歩幅が左右等しくなっているのがポイント

上半身は動かさない

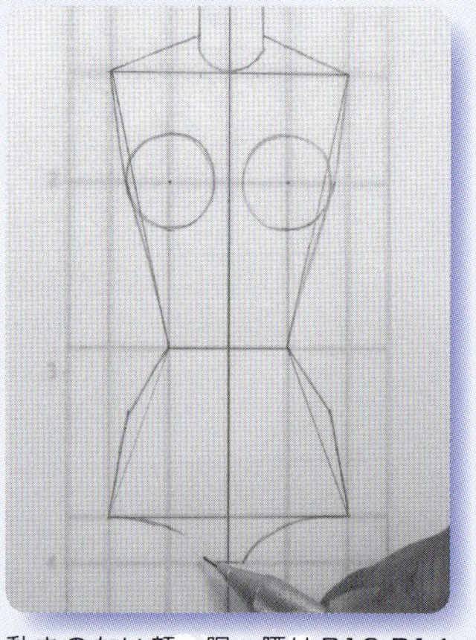

動きのない顔、胴、腰はP12-P14と同じプロセスで描ける。復習のつもりで描いていこう

01

開脚しても脚の形が変わらないように

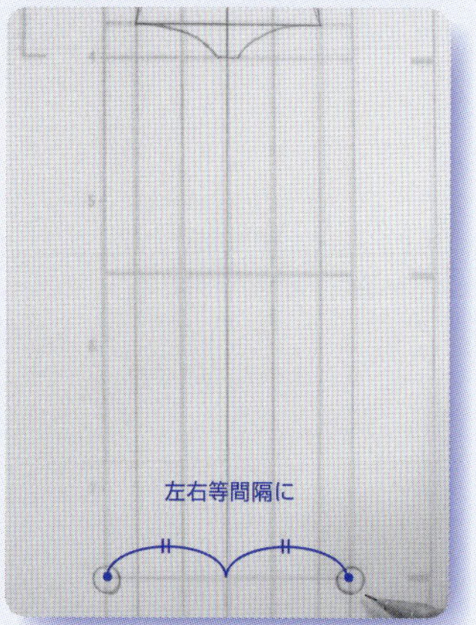
左右等間隔に

直立ポーズは「重心線からの歩幅が左右同じ」なので、重心線からの歩幅が等しくなるように左右の足首の位置を決め○をつける

02

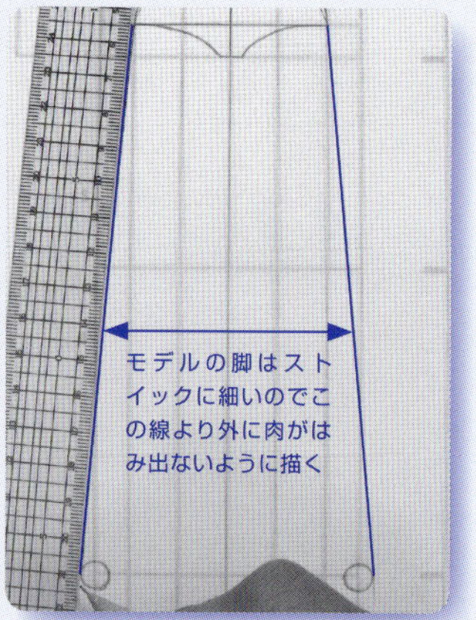
モデルの脚はスト
イックに細いのでこ
の線より外に肉がは
み出ないように描く

股関節（厳密には大転子＝大腿骨のつけ根）から足首まで一直線でつなぐ

03

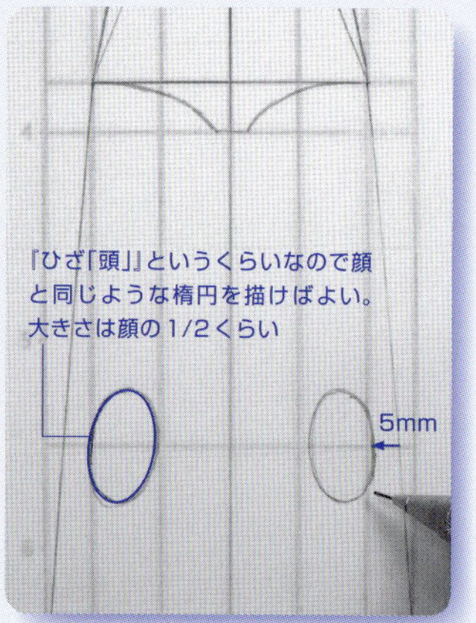
『ひざ「頭」』というくらいなので顔
と同じような楕円を描けばよい。
大きさは顔の1/2くらい
5mm

ひざ頭を直線より少し（B4サイズなら5mm）内側に描く

04

脚の外郭線

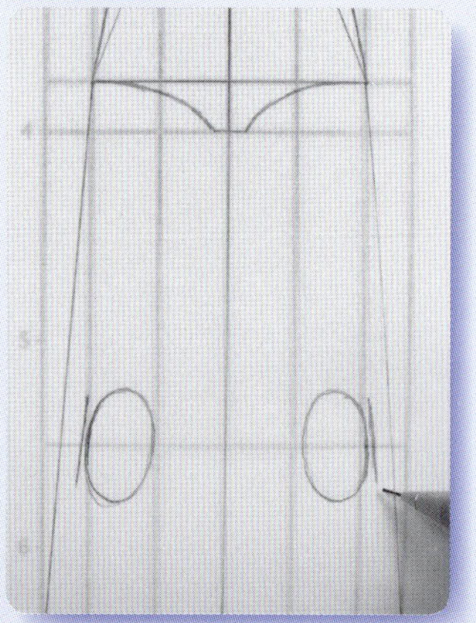

ひざの外郭線は直線

05

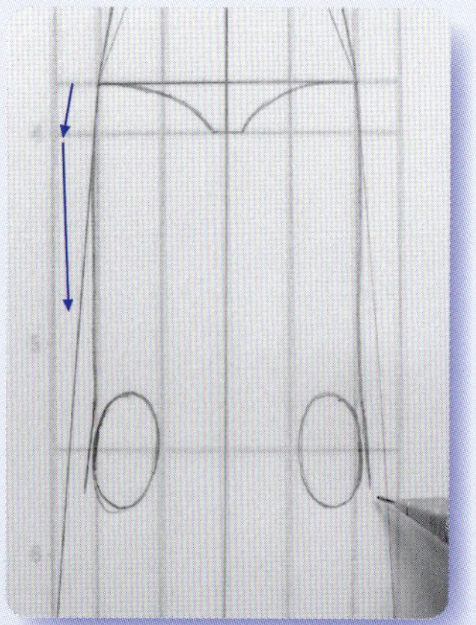

大腿は4頭身目くらいまでは直線と同化、以降はひざに向かう直線となる

06

ふくらはぎは6頭身目あたりで角度が変わり直線と合流、直線と同化する

07

脚の内郭線

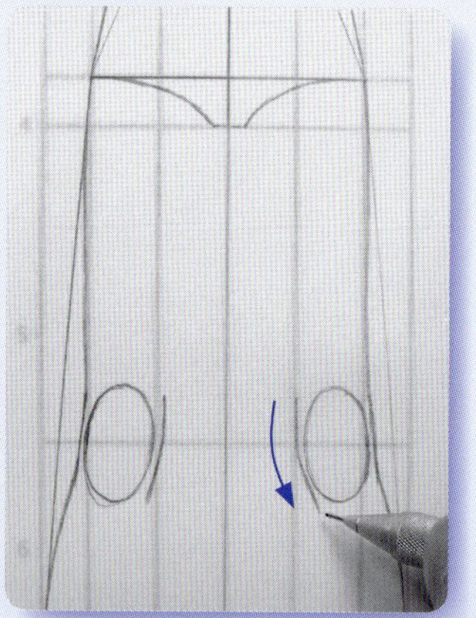

ひざの内郭線はひざのふくらみをなぞるように丸みをつける。これにより大腿骨が内側に向かって斜めに入っている感じが出せる

08

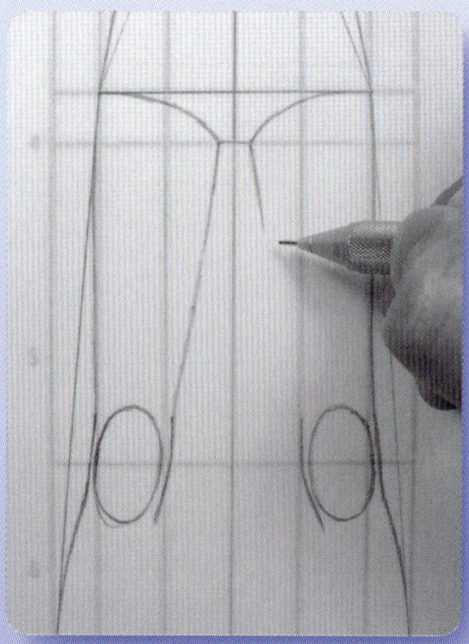

内太ももの線は、ひざと股をなめらかにつなぐ

09

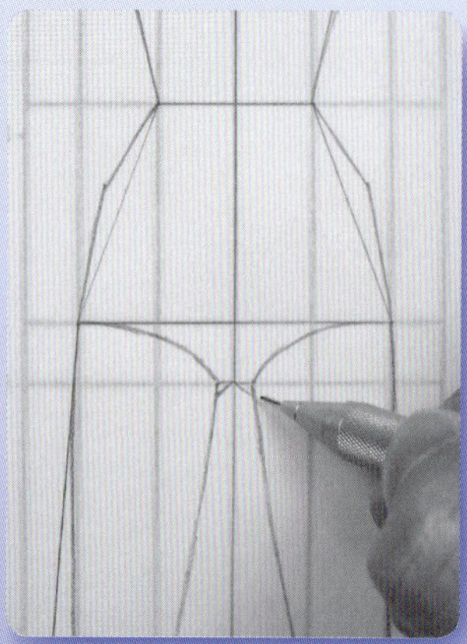

開脚すると、お尻の肉が見える

10

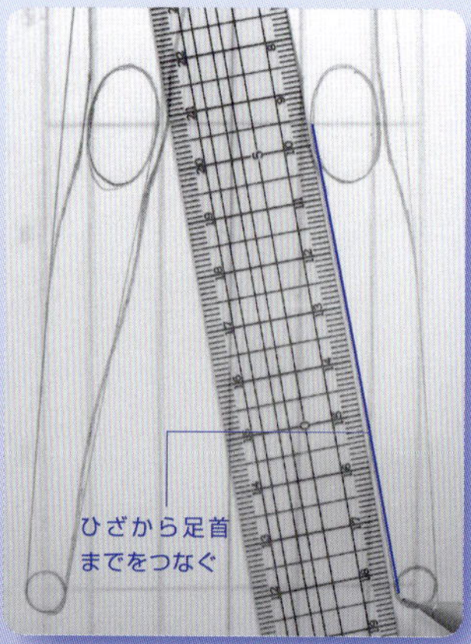
ひざから足首
までをつなぐ

すねは難しいので案内線を入れて描いてみよう

11

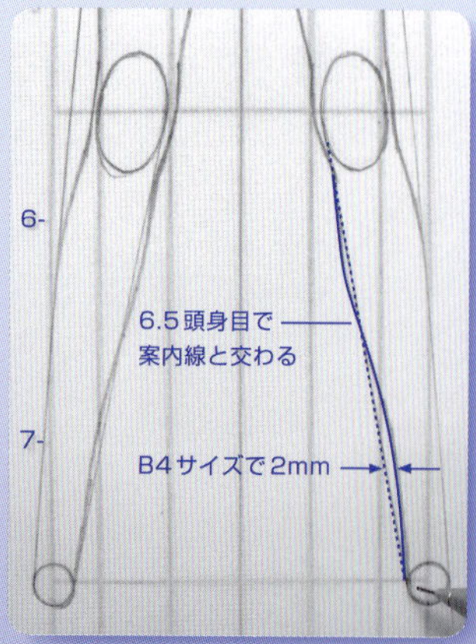
6-
6.5頭身目で
案内線と交わる
7-
B4サイズで2mm

案内線を基準になめらかなS字を描く。山はB4サイズで2mm

12

少し外向きの足は、かかとが見える

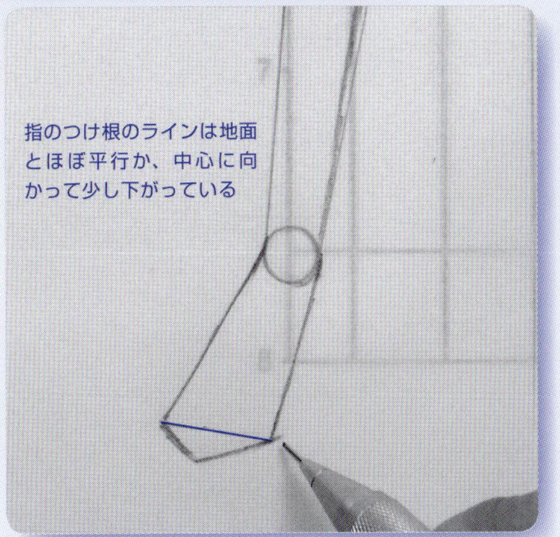
指のつけ根のラインは地面
とほぼ平行か、中心に向
かって少し下がっている

足はネクタイの剣先を描く感じ。まずは足の甲から

13

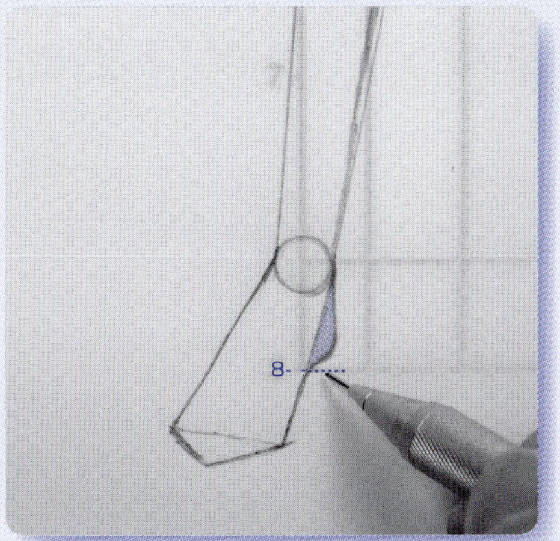
8-

かかとは三角形。「土踏まず」が８頭身目に来るように

14

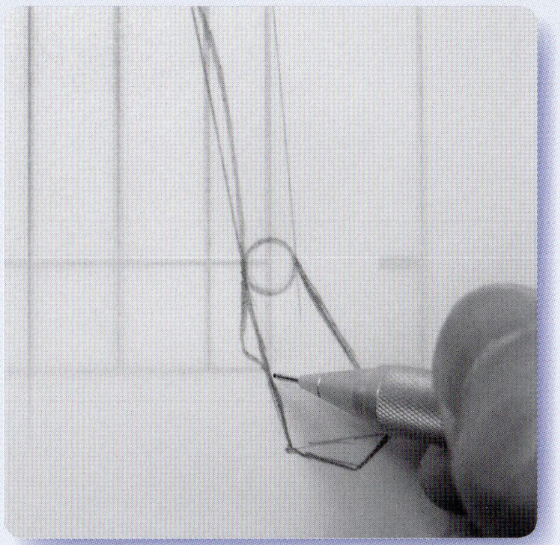

反対側の脚を左右対称に。苦手な方（利き手と反対側）から描くと左右揃いやすい

15

腕を開いてみよう

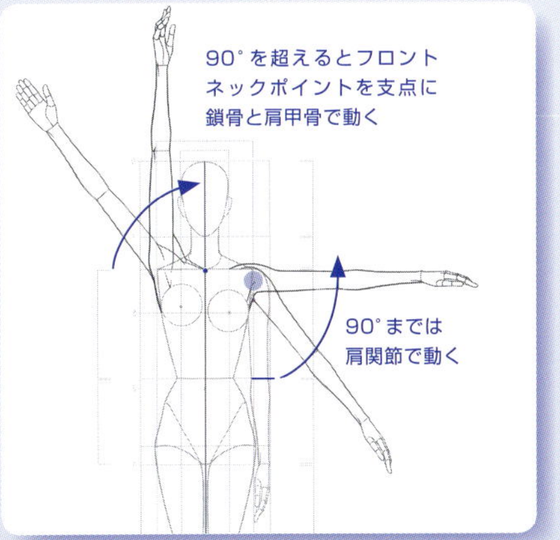
90°を超えるとフロント
ネックポイントを支点に
鎖骨と肩甲骨で動く
90°までは
肩関節で動く

腕の動き

16

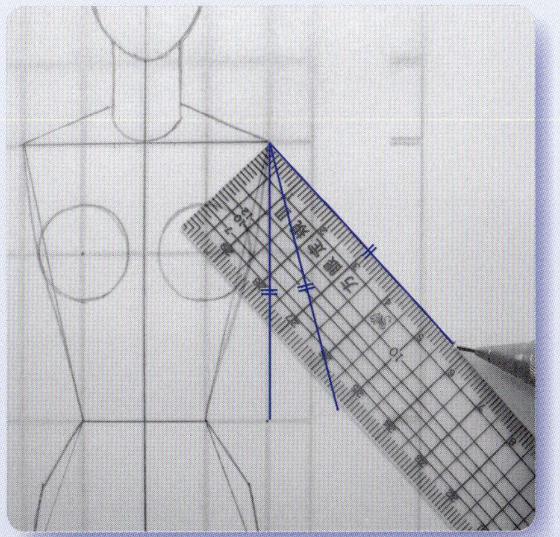

腕を動かしたときのひじの軌跡を見る。上腕の長さを測り、肩を支点に３カ所くらい同じ長さになるところに点を打つ

17

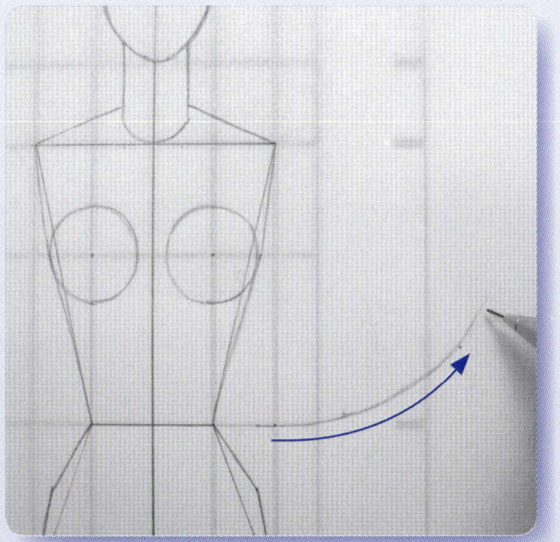

ひじの軌跡をつなぐと弧を描く。上腕は肩関節を中心に円運動をする

18

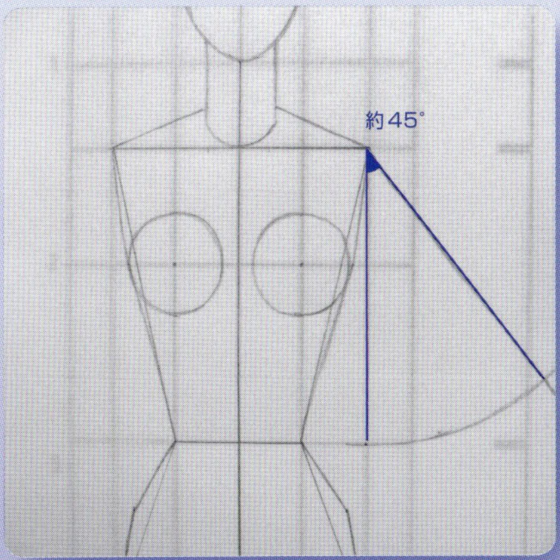
約45°

上腕の外線を描く

19

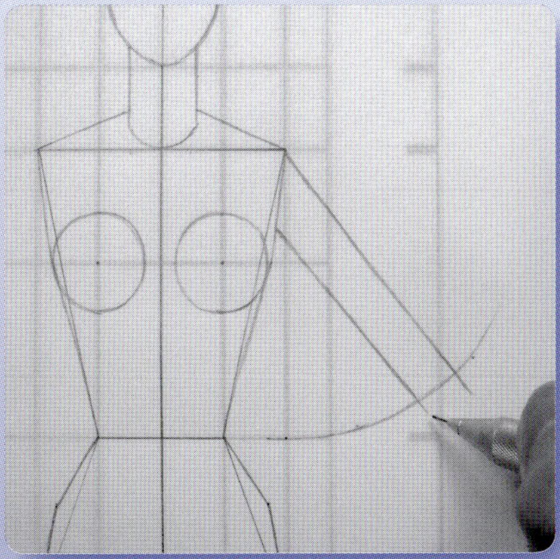

腕の内線を描く。下におろしたときと同じ太さになるように

20

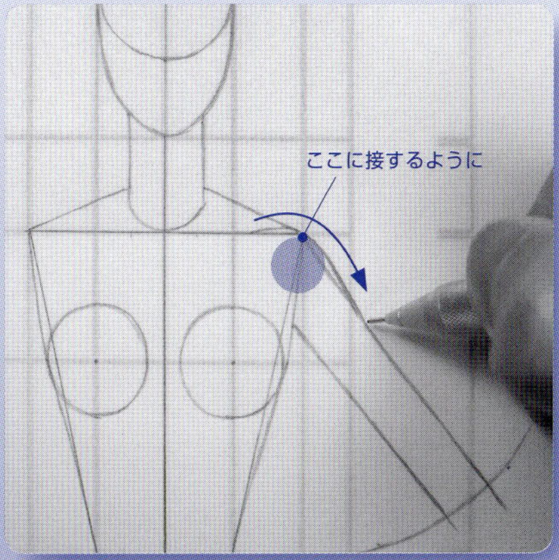
ここに接するように

肩の筋肉を描く。鎖骨にめり込み、肩関節を覆うように丸みをもたせて描く

21

手を腰に当ててみる。前腕を通り越して手から描こう

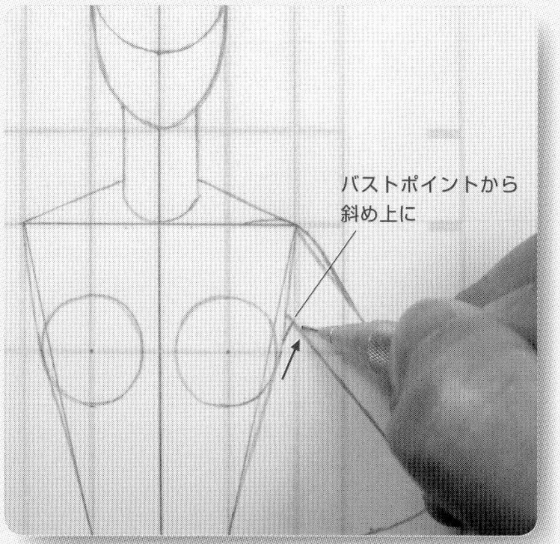

腕を開くと脇の下が見える。この線を描くと腕と胴のつながりがスムーズになる

22

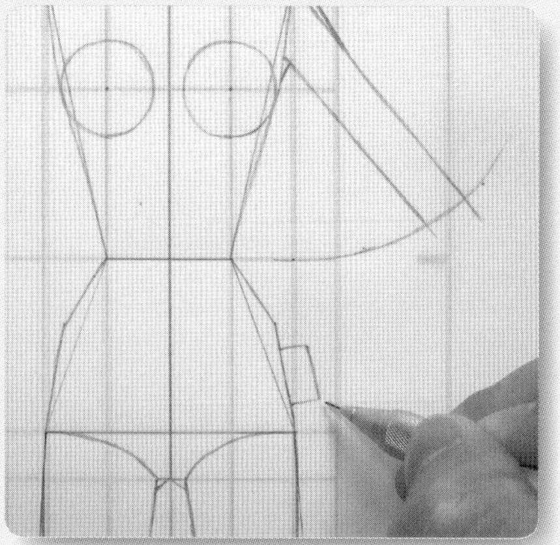

前腕は遠近感で長さの変わりやすいところ。前腕のゴール地点である「手」を先に描くとバランスを崩しにくい。手の甲を腰に添えるように描く

23

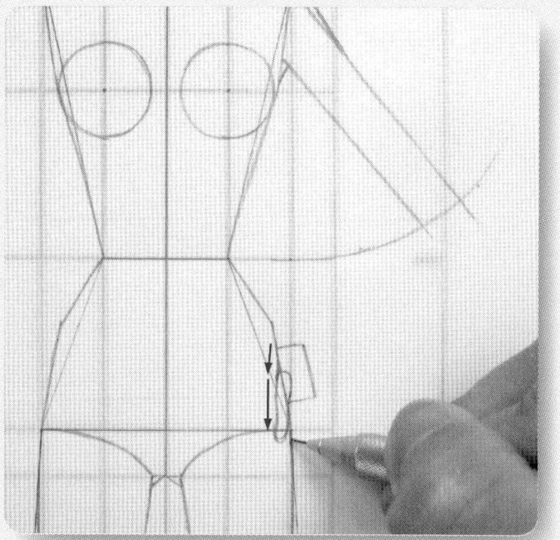

親指は腕のつけ根から

24

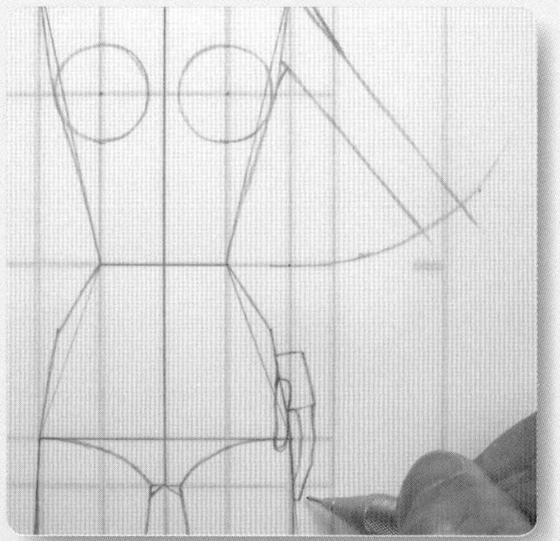

指を描く。直立の時と大きさが変わらないように気をつけよう

25

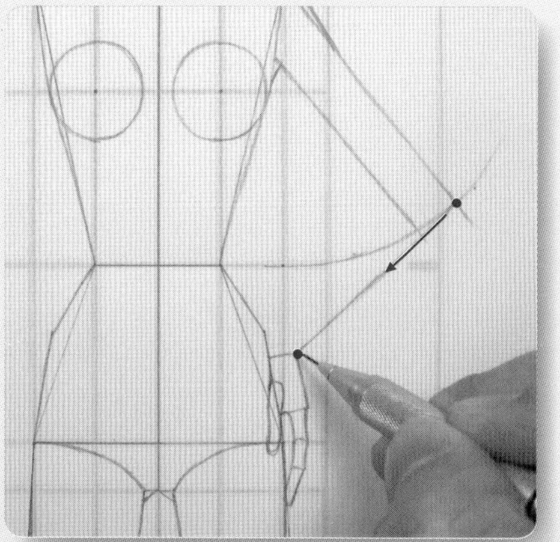

ひじと手首をつなぐ

26

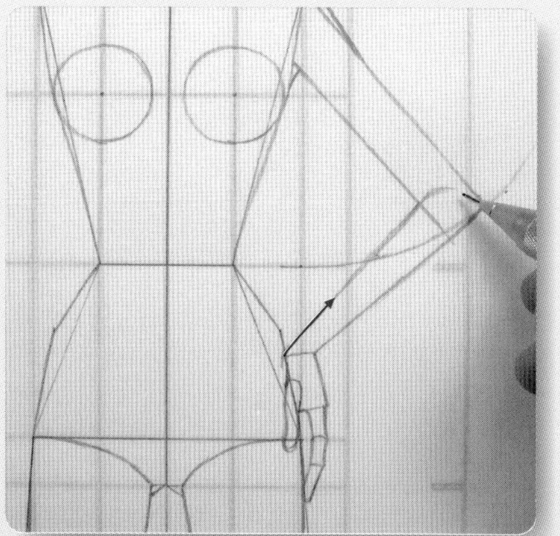

おろしたときと同じ太さになるように前腕の内線を描く。手首に向けて先細りするように

27

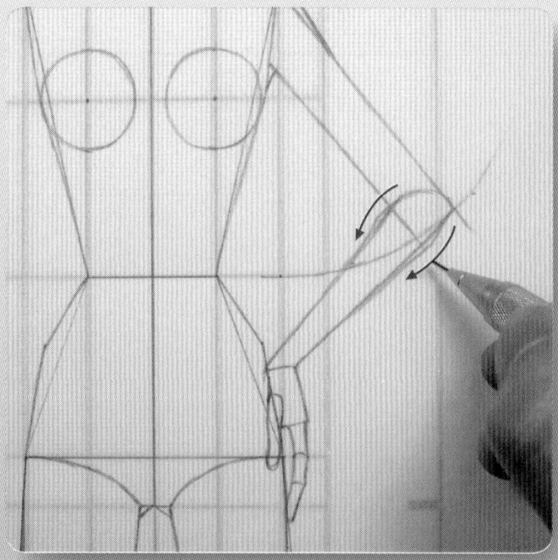

前腕の膨らみを入れる

28

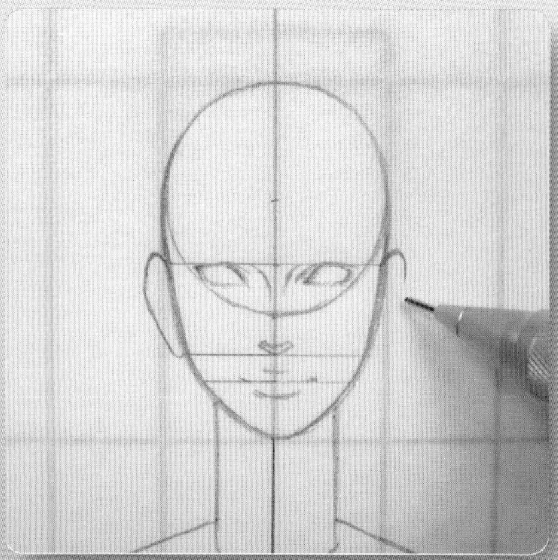

顔を描く

29

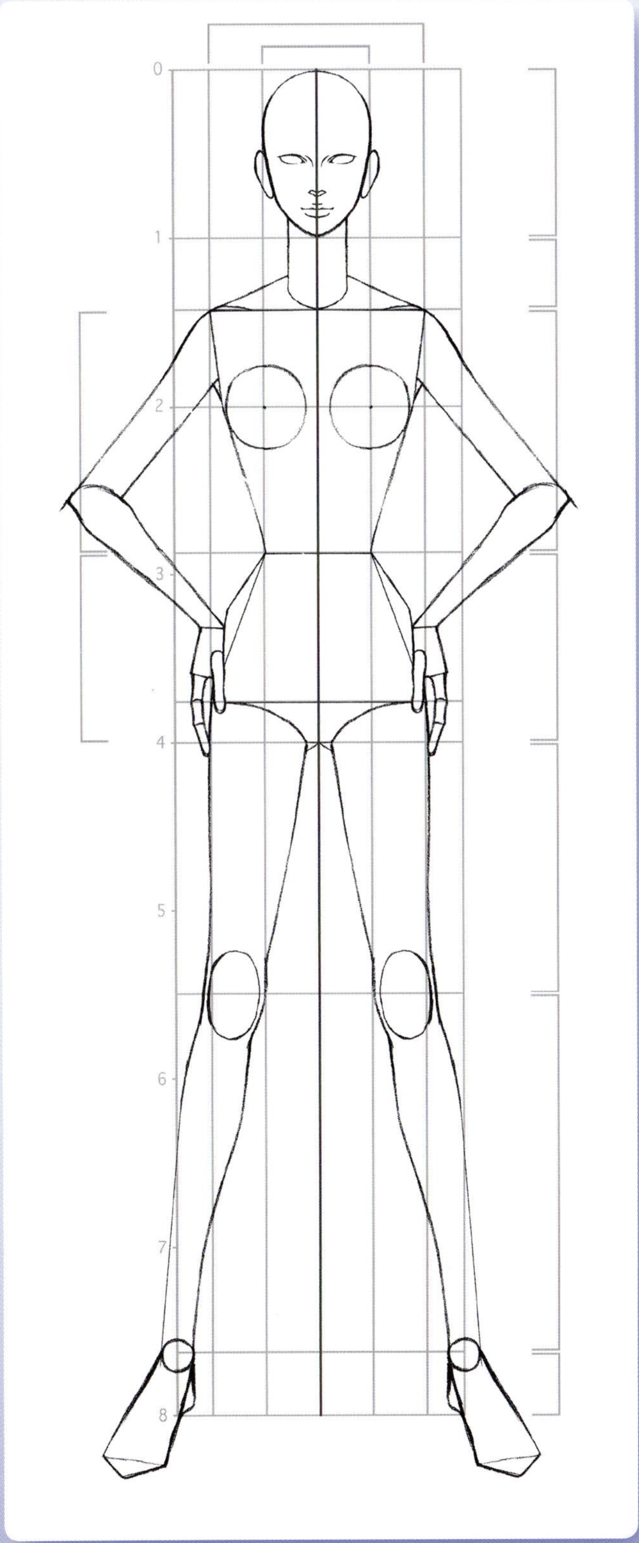
0
1
2
3
4
5
6
7
8

案内線を消してボディの完成

30

ヌードは線をなめらかにつないで

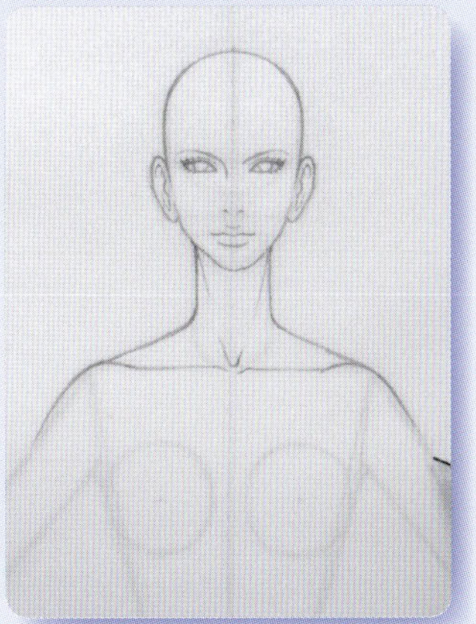

一枚紙をかぶせてクリーンアップ。ボディの線をなめらかにつなぐ。ボディに薄くて柔らかい皮膚をまとうようなイメージで

31

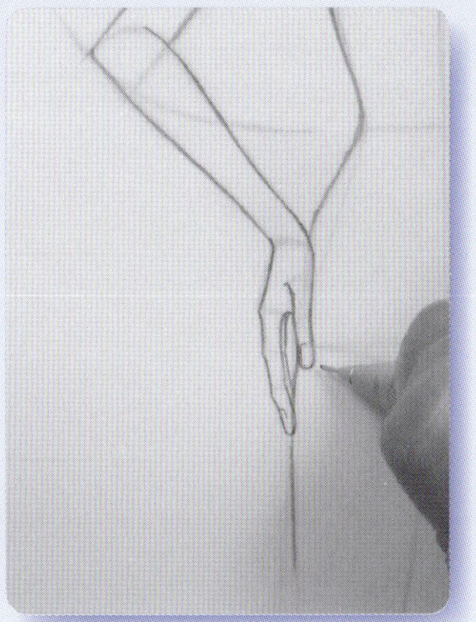

爪をかくと指の向きが分かってよい

32

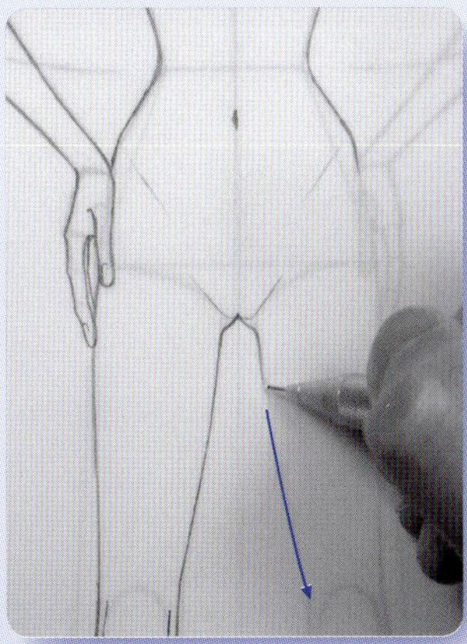

左右対称になるように。関節間を１本の線でサッと。多少線がはみ出しても勢いのある方がよい

33

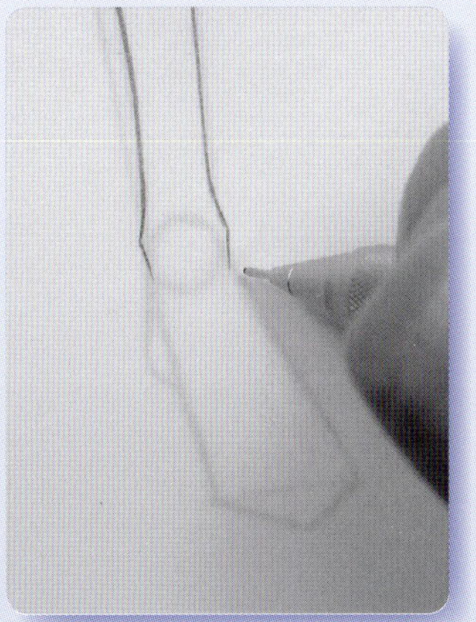

すねからくるぶしにかけては一気に

34

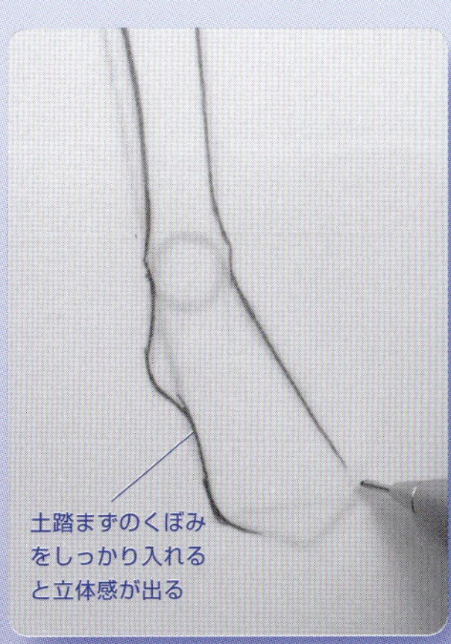
土踏まずのくぼみ
をしっかり入れる
と立体感が出る

足の輪郭を描く。体重のかかるかかとは力を入れて強く描く

35

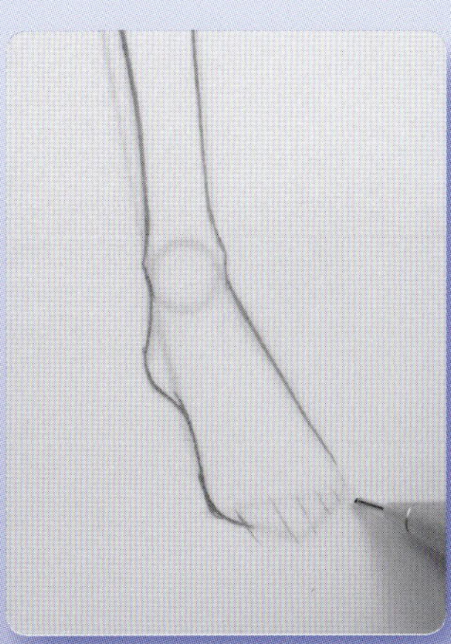

指の案内線。足の指は小指に行くほど小さくなる

36

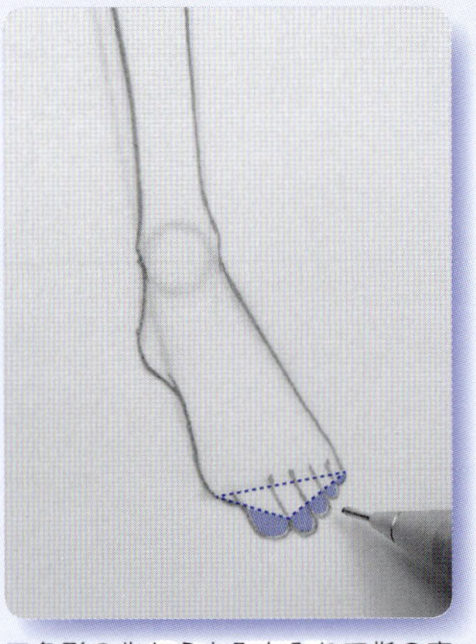

三角形の先から丸みを入れて指の完成

37

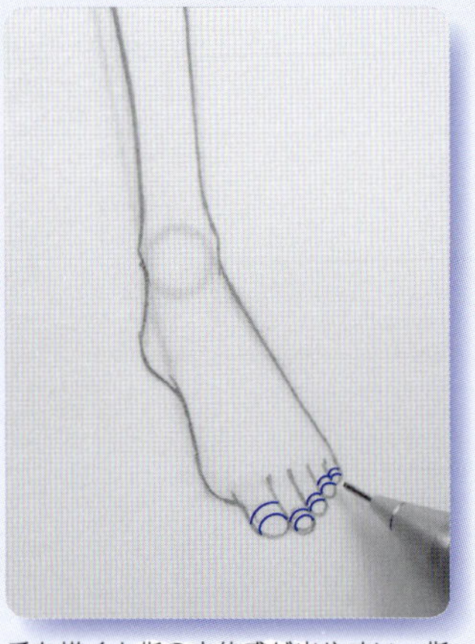

爪を描くと指の立体感が出やすい。指の丸みを考えながら瓦のような形で

38

★ phase04の復習 ★

○色んな歩幅の直立ポーズを描いてみよう

○パーツを動かすと、動いたパーツが自信のなさから小さくなってしまうことがある。ひざ、足、手が直立ポーズと同じ大きさになっているか確認しながら描いてみよう

○腕(特に前腕)は遠近感で見かけの長さが変わりやすいところ。先に上腕と手を描き、間を埋めるように前腕を描こう

○足の向きが斜めになるとかかとが見えてくる。身体を支えてるところなのでしっかり描こう

○何枚描いても常に同じバランスになるよう沢山描いて覚えよう

next !! モデル立ちに挑戦します！

陰影を入れてみよう

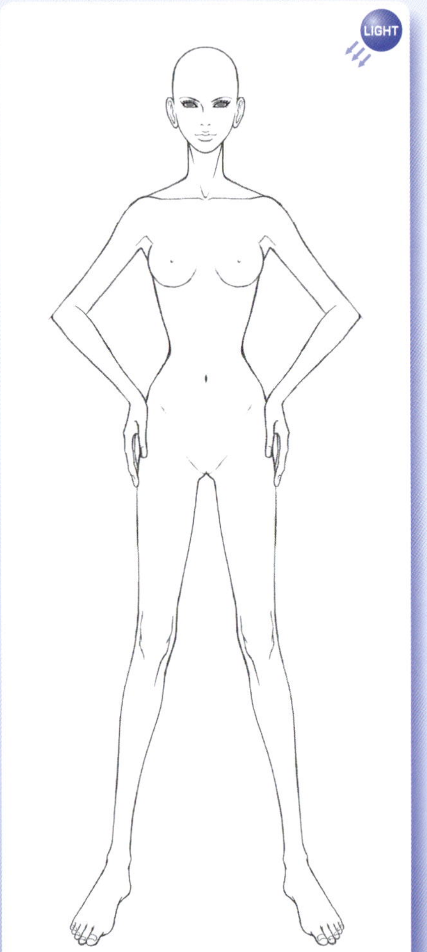

クリーンアップ完成。光源を右上に設定して影を入れていく

39

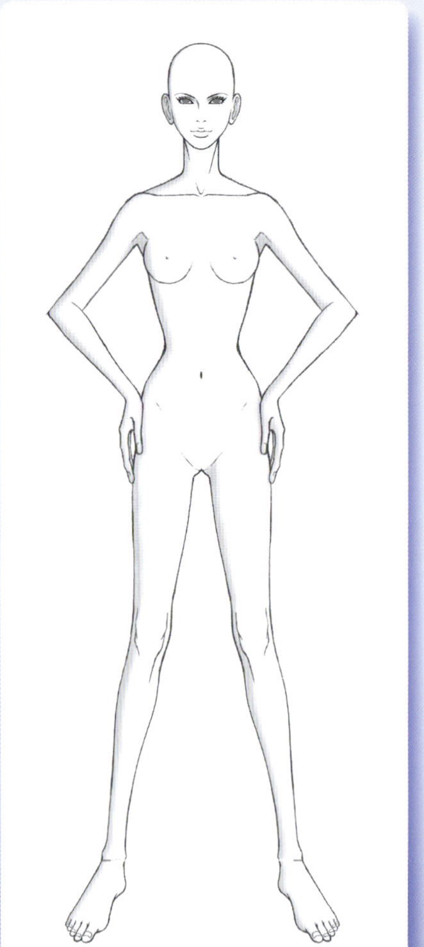

パーツひとつひとつに、影になる側の輪郭線に沿って陰影を入れていく

40

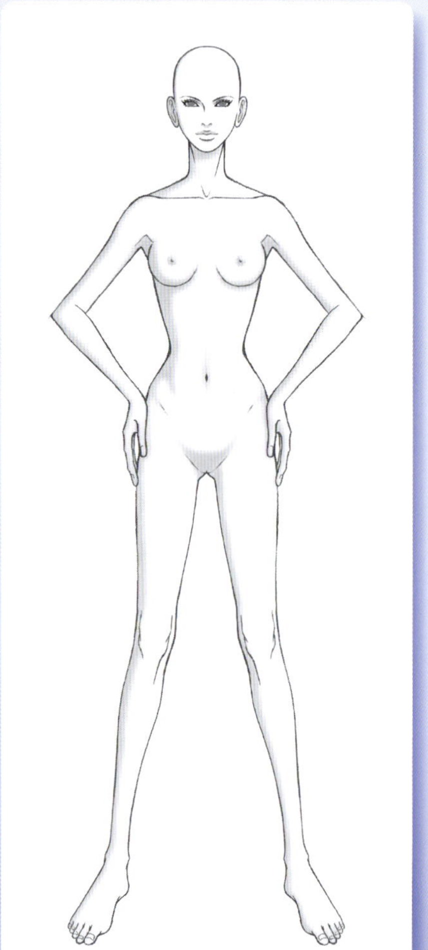

顔、バスト等の立体感を考えた影を追加して陰影完成

41

05 phase モデル立ちとウォーキング

片脚重心ポーズの作り方

モデルの立ちポーズがかっこよく見えるのには立ち方に秘密があります。モデル立ちは両脚に等しく体重をかけた「直立ポーズ」のように安定した立ち方ではなく、一方の脚に体重を全てかけることによって身体をうねり、骨格が持っているダイナミックなリズム感を存分に表現しているのです。片脚重心ポーズはデザイン画で最も重要なポーズです。

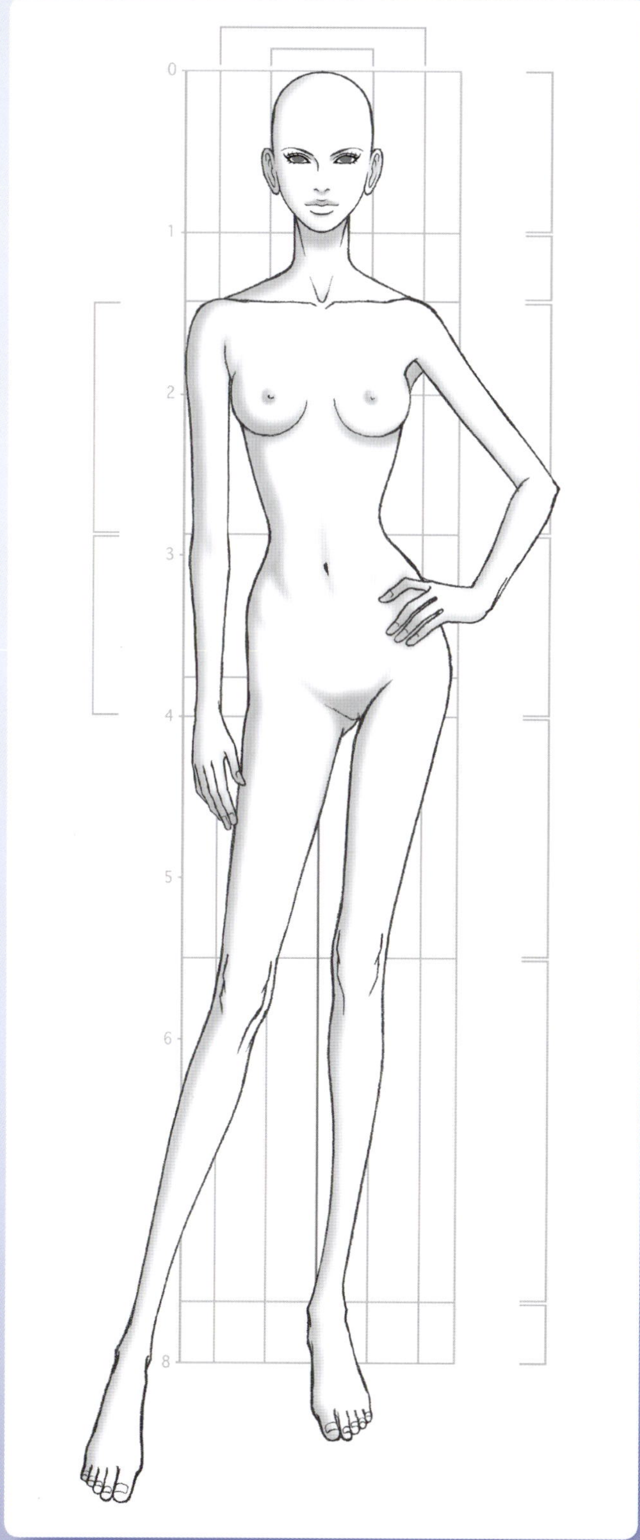

0
1
2
3
4
5
6
8

正面片脚重心ポーズ

各脚の名称

モデルが多用するポーズ。今までは両脚に等しく体重をかけてましたが、このポーズでは左右の脚の役割が違うので名称を付けます。

■ 体重のかかっている脚：支脚(しきゃく)もしくは軸脚(じくあし)
■ 体重のかかっていない脚：遊脚(ゆうきゃく)もしくは添脚(そえあし)

片脚重心の動き

直立ポーズから片脚重心ポーズに移行する際に、脚のみならず腰も回転運動する。この「回転して斜めになった腰」がうまくかけるかどうかが今回最も気をつけるところ

特徴

片脚重心ポーズの特徴は以下の2点

■ 軸脚の足首は重心線(FNPからまっすぐ下ろした線)付近に来る
■ 腰がWP（ウエストポイント)を中心に回転。WLは支脚側に上がった斜めの線になる

この2つの特徴を表現すると片脚重心ポーズとなります。

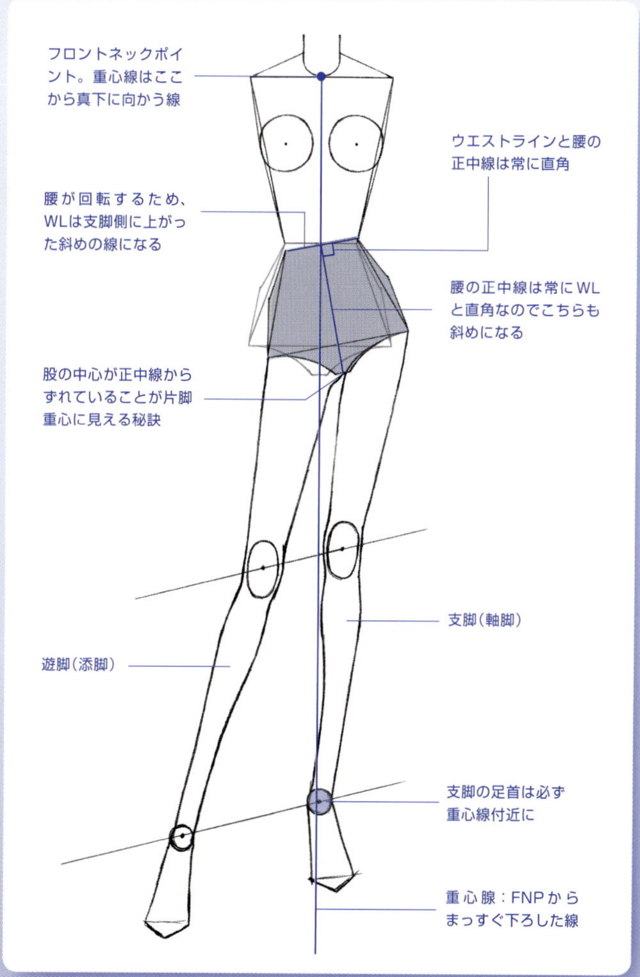

フロントネックポイント。重心線はここから真下に向かう線
ウエストラインと腰の正中線は常に直角
腰が回転するため、WLは支脚側に上がった斜めの線になる
腰の正中線は常にWLと直角なのでこちらも斜めになる
股の中心が正中線からずれていることが片脚重心に見える秘訣
支脚(軸脚)
遊脚(添脚)
支脚の足首は必ず重心線付近に
重心腺：FNPからまっすぐ下ろした線

上半身は今まで通り

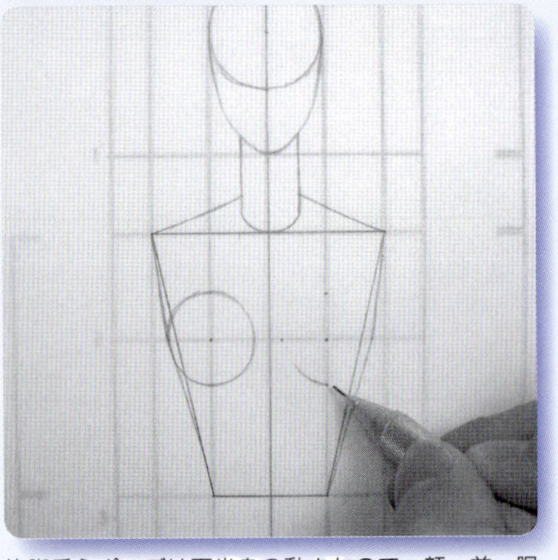

01 片脚重心ポーズは下半身の動きなので、顔、首、胴は今まで通りに描いていく

重要POINT

斜めに傾いた腰をゆがみなく描く

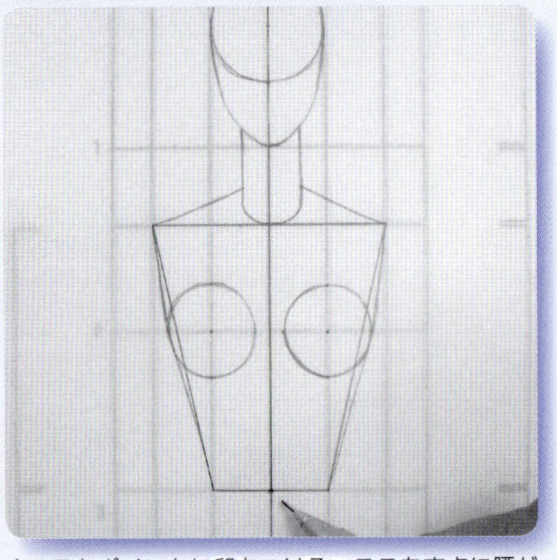

02 ウエストポイントに印をつける。ここを支点に腰が回転する

03 重心線は、斜めになる腰の正中線と紛らわしいので消しておこう

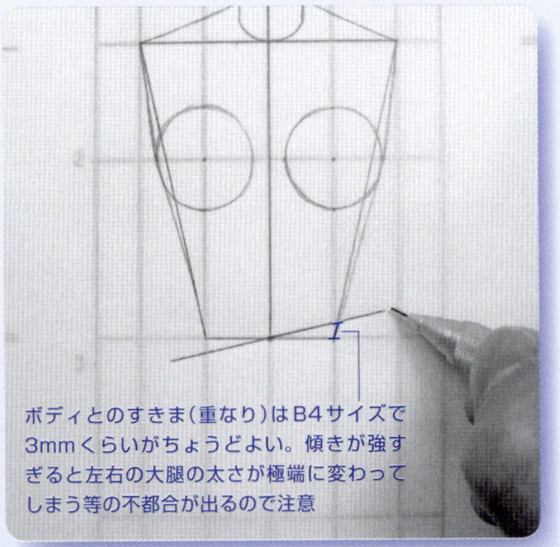

ボディとのすきま(重なり)はB4サイズで3mmくらいがちょうどよい。傾きが強すぎると左右の大腿の太さが極端に変わってしまう等の不都合が出るので注意

04 ウエストポイントを通るように斜めに傾いたウエストラインを描く。ウエストラインが上がっているほうが支脚なので、左脚(向かって右)が支脚となる

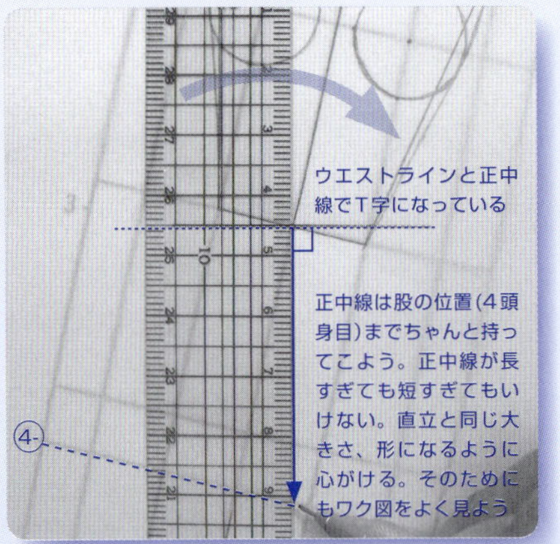

ウエストラインと正中線でT字になっている
正中線は股の位置(4頭身目)までちゃんと持ってこよう。正中線が長すぎても短すぎてもいけない。直立と同じ大きさ、形になるように心がける。そのためにもワク図をよく見よう
4-

05 腰の正中線を、ウエストラインに直角に描く
斜めになったウエストラインが水平になるように用紙を回して描くとよい。これにより水平、直角、左右対称がゆがみなく描ける。 重要POINT

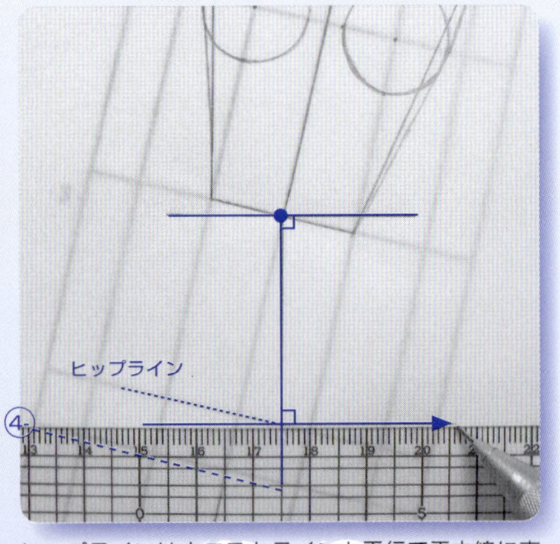

ヒップライン
4-

06 ヒップラインはウエストラインと平行で正中線に直角

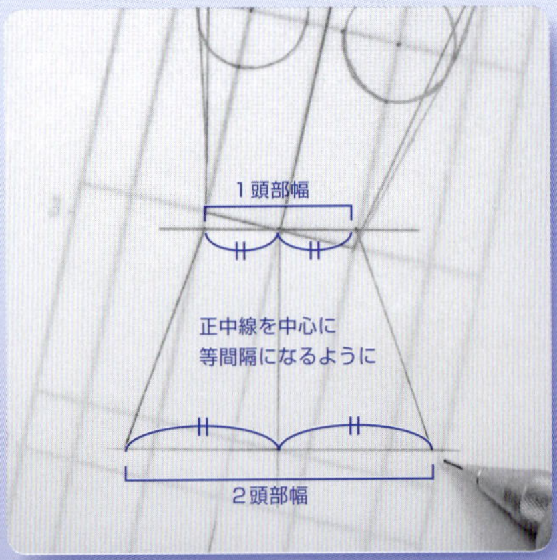

1頭部幅
正中線を中心に
等間隔になるように
2頭部幅

07 ウエスト幅、ヒップ幅をつないで輪郭を描く。左右同じ幅になるよう気をつけよう

08 股を描く。大きな下着をはいているような状態

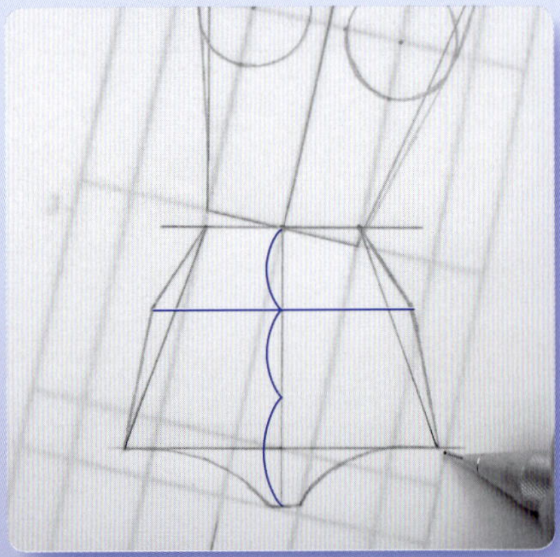

09 腰のふくらみを入れる。腰の張りは上1/3を目安に

支脚は体重を支えてるから力強く

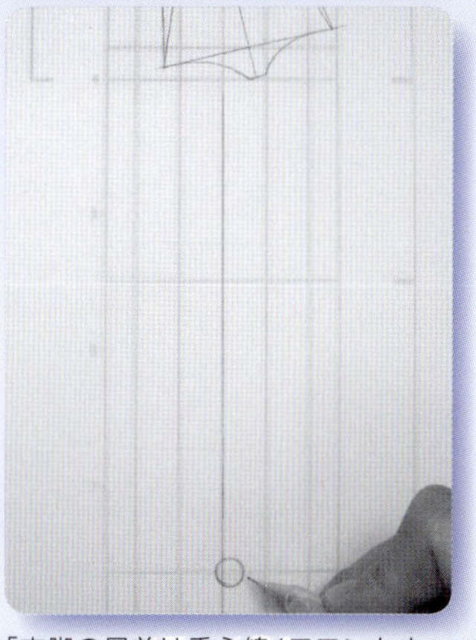

「支脚の足首は重心線(フロントネックポイントからまっすぐ下ろした線)付近に来る」ので、支脚側の足首を重心線付近に設定。○をつける

10

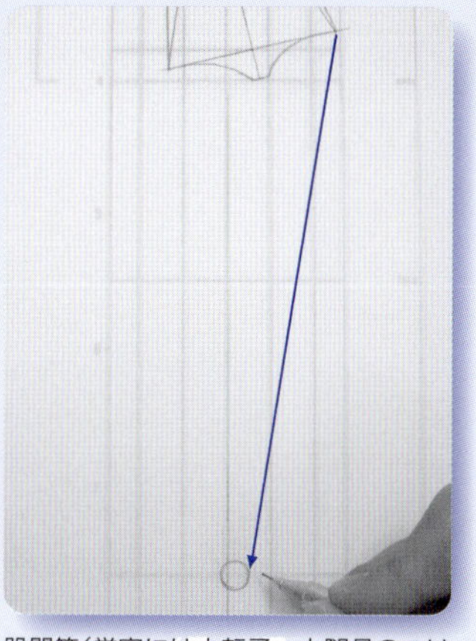

股関節(厳密には大転子=大腿骨のつけ根)から足首の縁までを直線でつなぐ。モデルの脚はストイックに細いのでこの線より外に肉がはみ出ないように描くこと

11

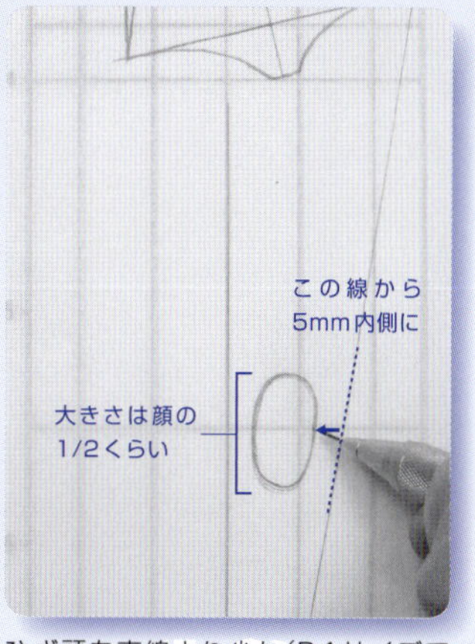
この線から
5mm内側に
大きさは顔の
1/2くらい

ひざ頭を直線より少し(B4サイズで5mm)内側に描く。『ひざ「頭」』というくらいなので顔と同じような楕円を描けばよい

12

ひざの外郭線は直線

13

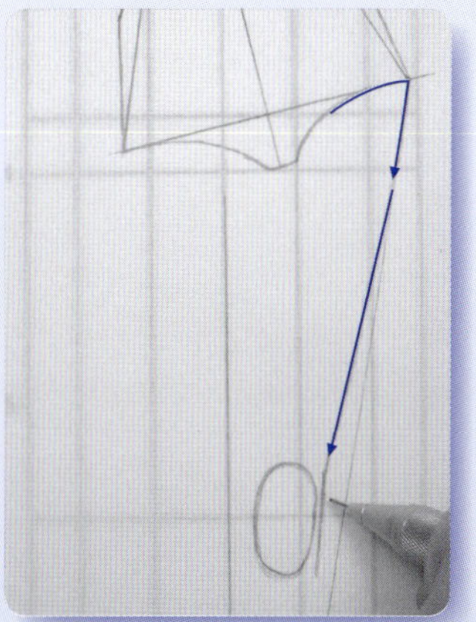

太ももは4頭身目までは案内線と同化、以降はひざに向かう直線となる

14

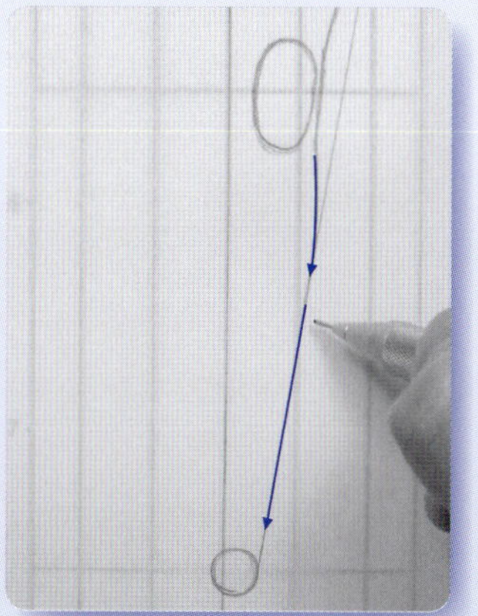

ふくらはぎは6頭身目で曲がり角になり、その後案内線と合流、同化する

15

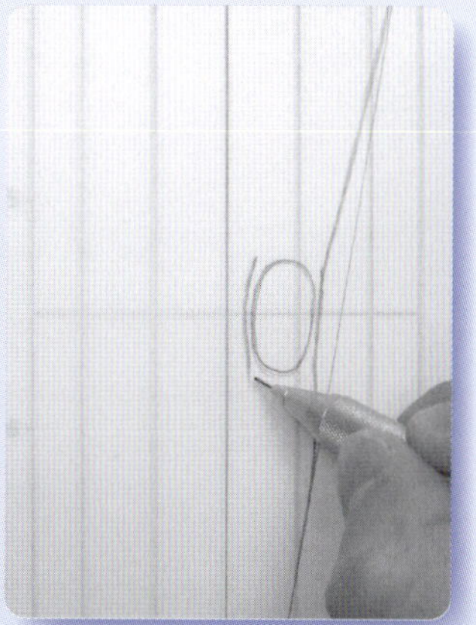

ひざの内郭線はひざのふくらみをなぞるように丸みをつける。これにより大腿骨が内側に向かって斜めに入っている感じが出せる

16

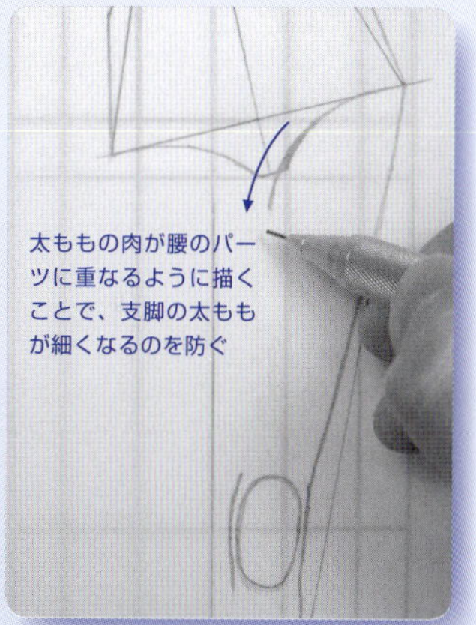
太ももの肉が腰のパーツに重なるように描くことで、支脚の太ももが細くなるのを防ぐ

内太ももは腰のパーツと重なる部分。むっちりと肉がはみ出すように描く

17

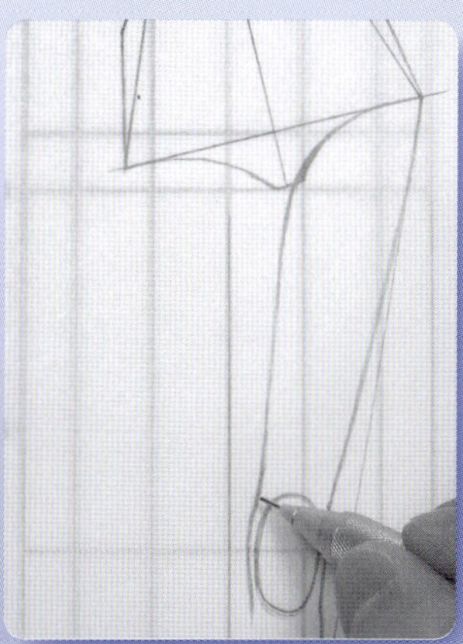

ひざと股をなめらかにつなぐ

18

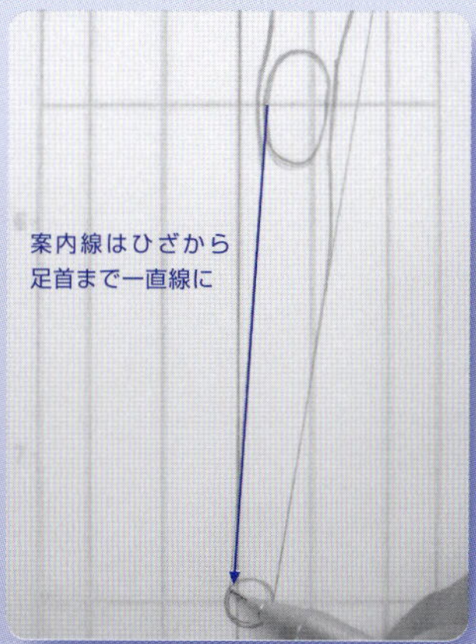
案内線はひざから
足首まで一直線に

すねの形は複雑なので案内線を入れる

19

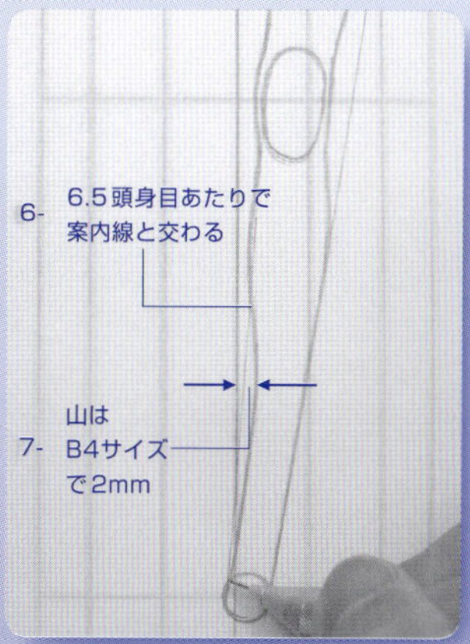
6-
6.5頭身目あたりで
案内線と交わる
山は
7-
B4サイズ
で2mm

案内線を基準になめらかなS字を描く。山はB4サイズで2mm

20

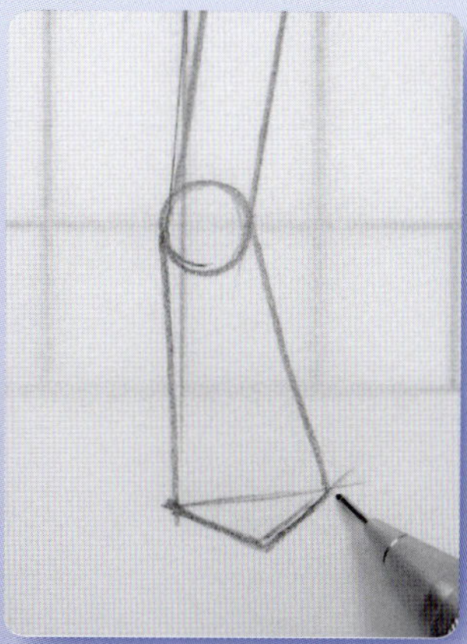

脚はネクタイの剣先のような形。指部分は三角形で表現。大きめに描くと安定感が出る

21

遊脚は大腿とすねを分けて描こう

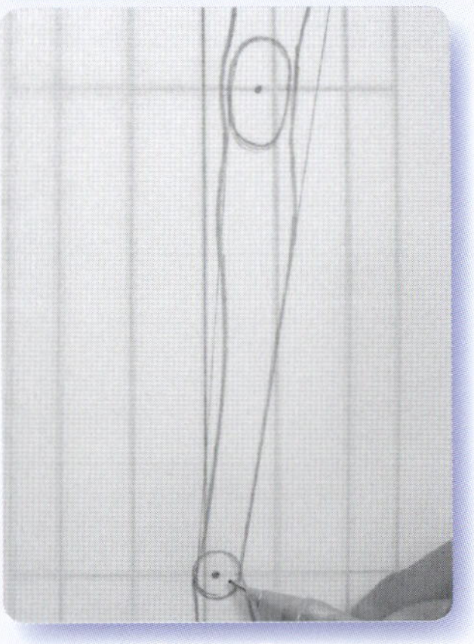

22

支脚のひざ、足首の中心に点を打つ

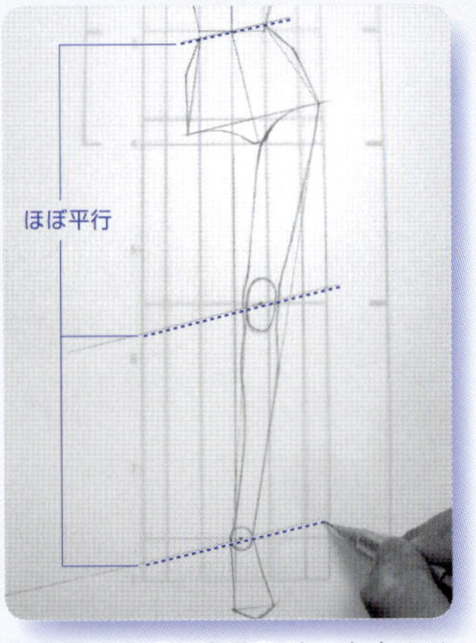

23

脚の長さをそろえるため、左右のひざ、足首を結んだ線をウエストラインに平行にする

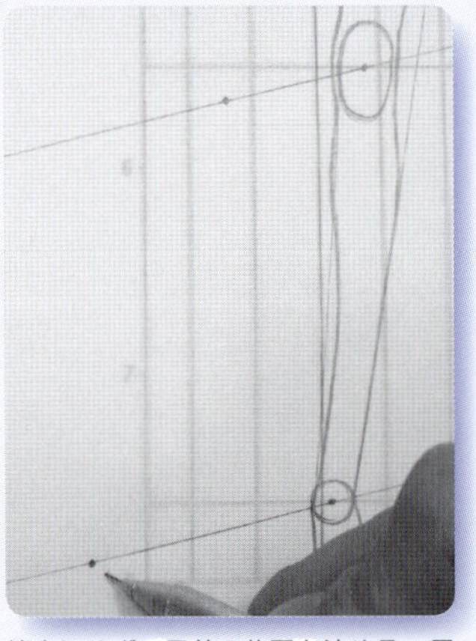

24

線上にひざ、足首の位置を決める。足首は重心線から少し離した方がそれらしく見える

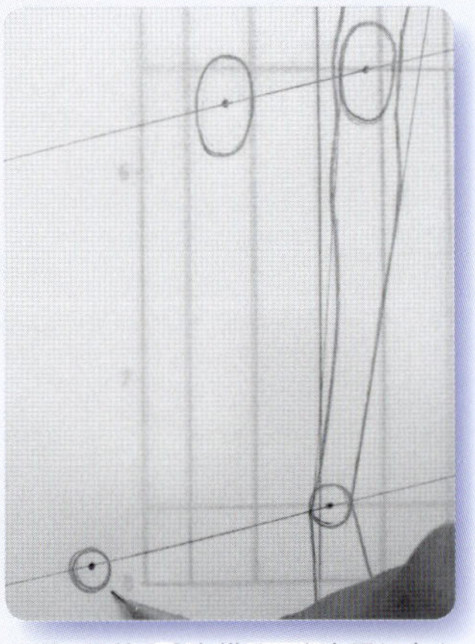

25

ひざ、足首の○を描く。左右同じ大きさになるように

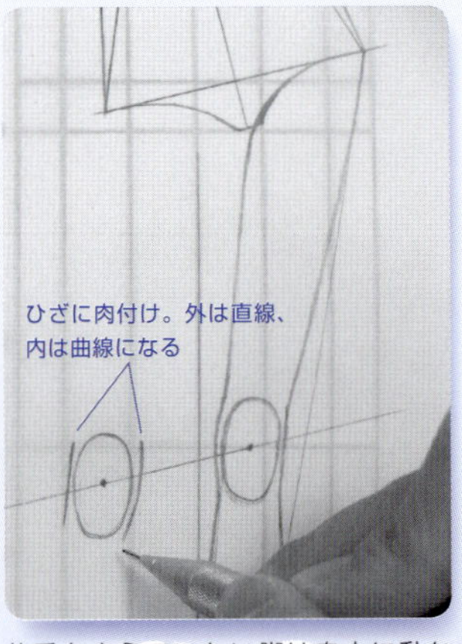

26

体重を支えていない脚は自由に動かせるので、腕と同じように「パーツごと」、つまり「大腿」と「すね」を別々に描いてよい

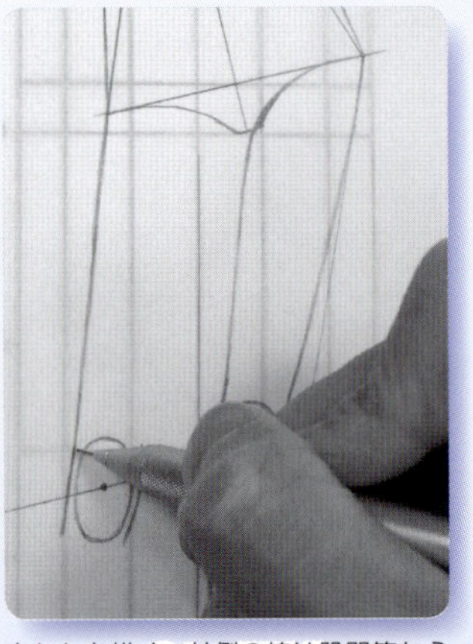

27

太ももを描く。外側の線は股関節からひざまでほぼ直線で

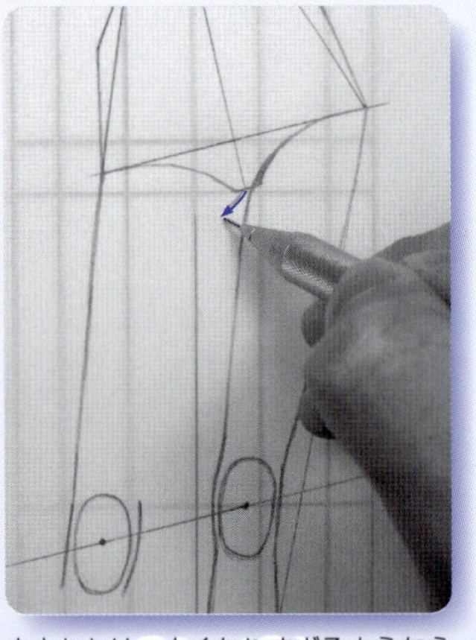

28

内太ももは、太くなりすぎるようならお尻のラインを入れて調整する。ただし、一般的に遊脚は支脚と比べて少し太い。これは体重を支えてない分、「肉」に緊張感が無くたるんでいるから

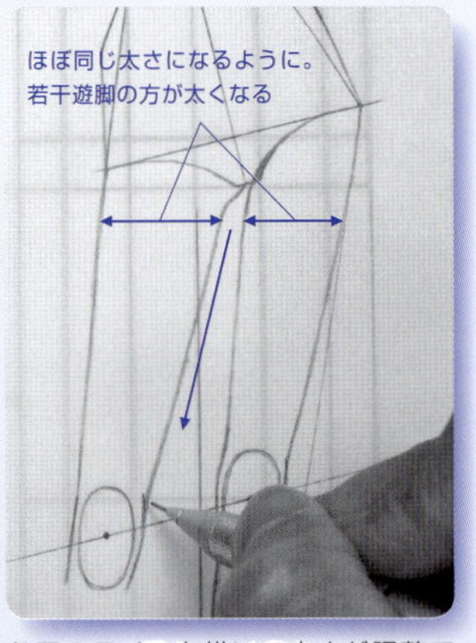

29

お尻のラインを描いて太さが調整できたらあとは直線でひざまでつなぐ

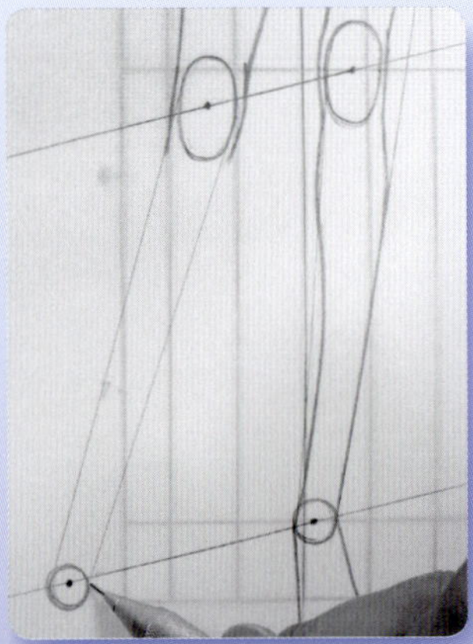

30

ひざから足首にかけて直線でつなぐ

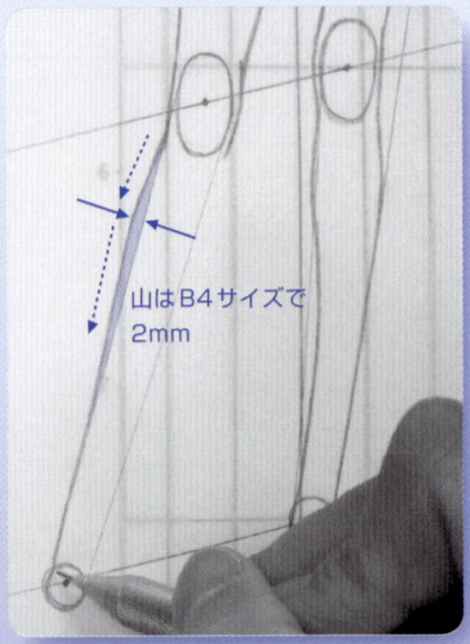

31

すねの外線は緩やかな山

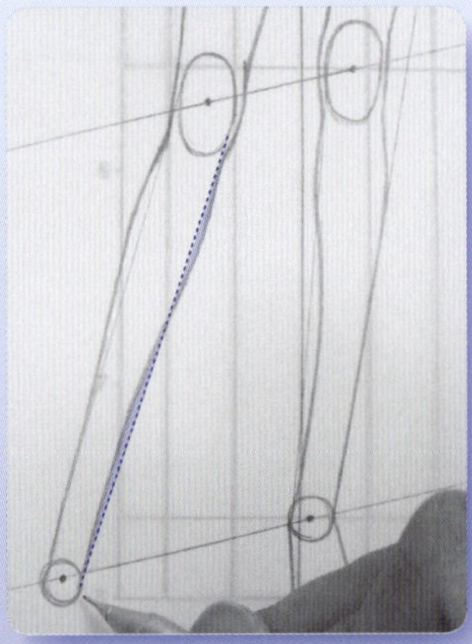

32

すねの内側は緩やかなS字。はじめは内にふくらんで、上1/3くらいからえぐれる感じ

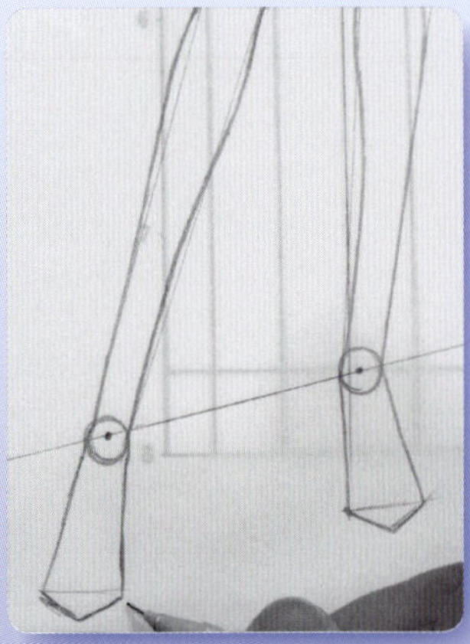

33

遊脚の脚は支脚より手前にあるので、遠近感で少し大きめに描くとよい

手を腰に当てた腕。前腕は最後に描くとよい

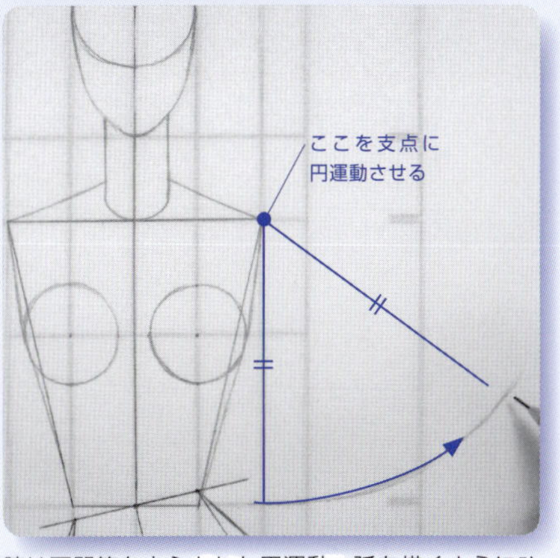
ここを支点に
円運動させる

腕は肩関節を中心とした円運動。弧を描くようにひじの軌跡を描く

34

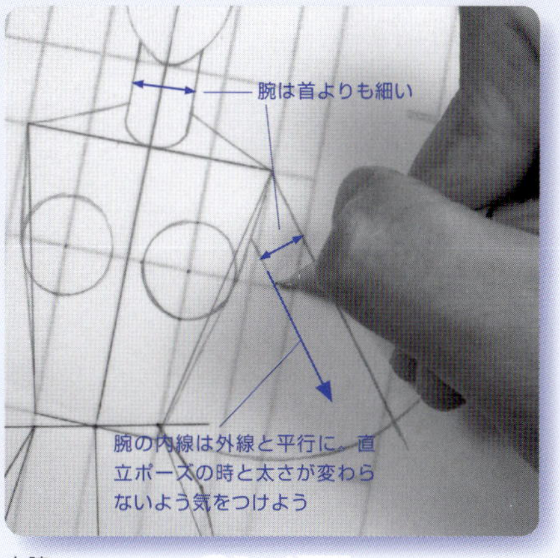
腕は首よりも細い
腕の内線は外線と平行に。直立ポーズの時と太さが変わらないよう気をつけよう

上腕

35

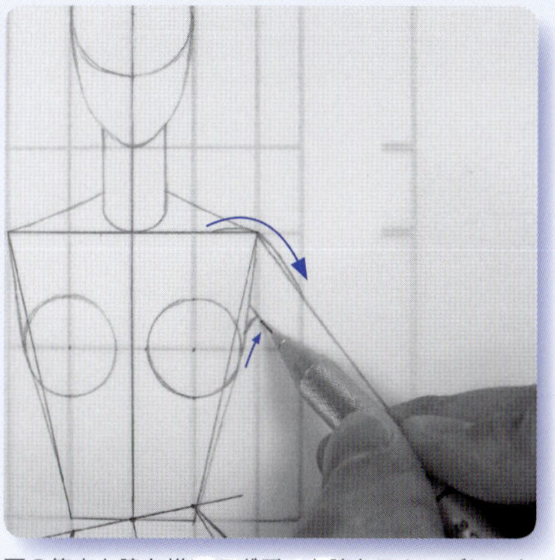

肩の筋肉と脇を描いてボディと腕をスムーズにつなぐ

36

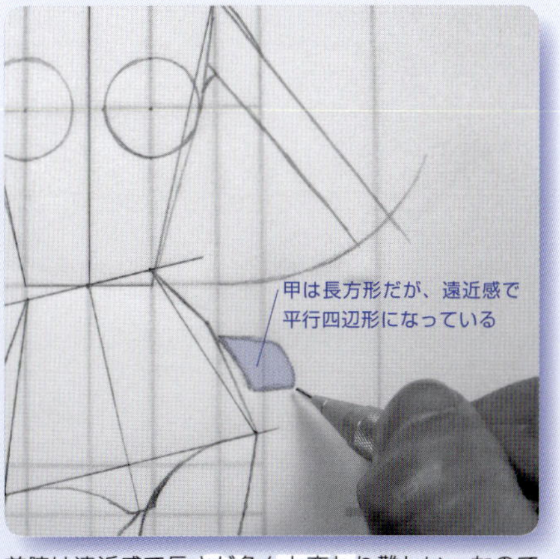
甲は長方形だが、遠近感で平行四辺形になっている

前腕は遠近感で長さが色々と変わり難しい。なので手から描く。まずは甲から

37

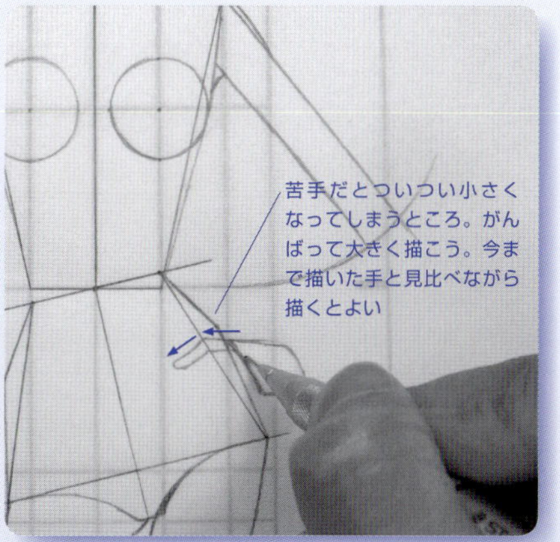
苦手だとついつい小さくなってしまうところ。がんばって大きく描こう。今まで描いた手と見比べながら描くとよい

物をつかんでる指は親指、人差し指、残りの３本の３つに分けると描きやすい。人差し指は甲から平行に出し、関節で曲げる

38

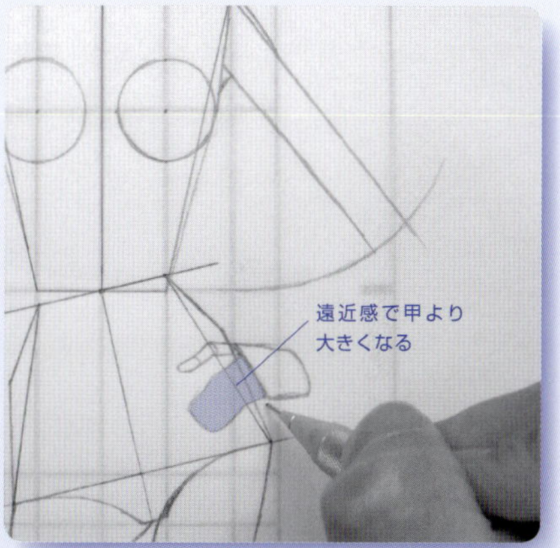
遠近感で甲より大きくなる

中指から小指までをまとめて描く。ミトンタイプの手袋を描く感じで

39

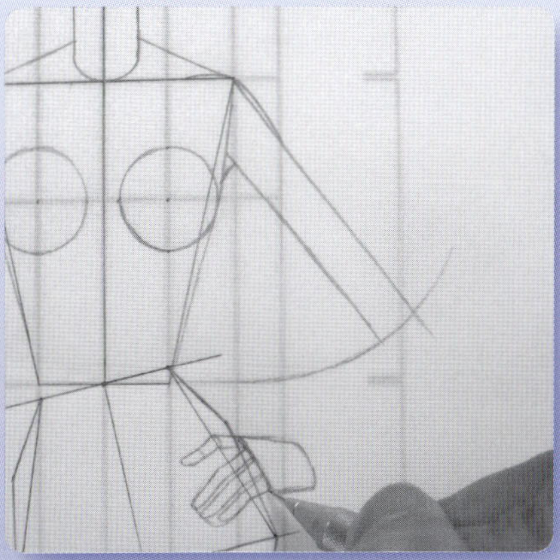

３本の指に分けていく。中指が一番長い

40

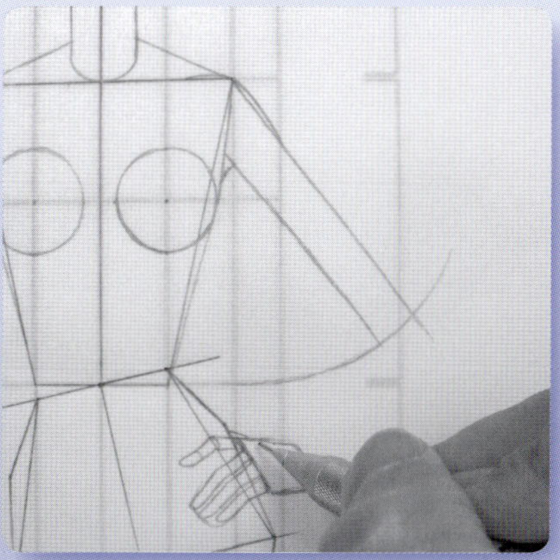

親指を描く

41

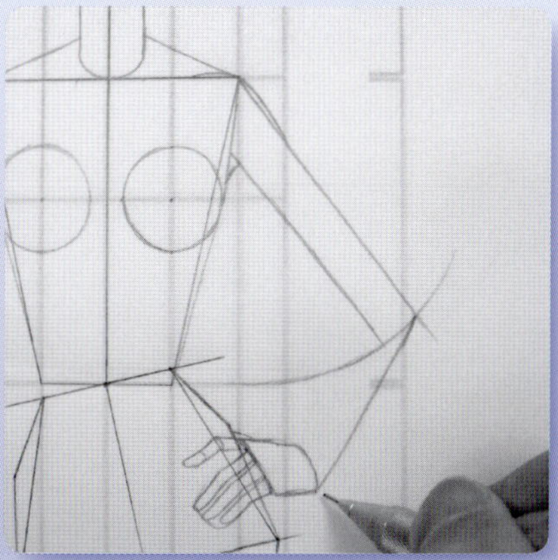

手首とひじをつないで前腕を描く。まずは外線

42

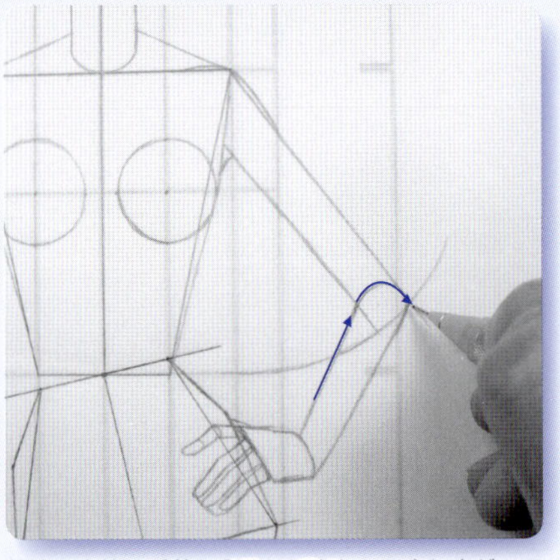

前腕の内線は手首からひじに向かって少し広がっている

43

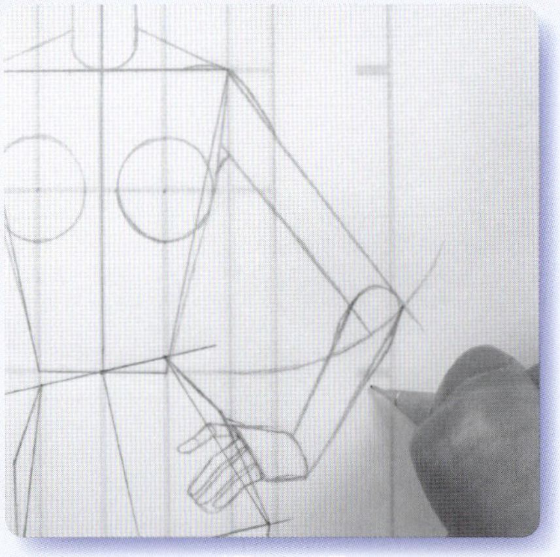

前腕の膨らみを描く

44

下におろした腕は今まで通り

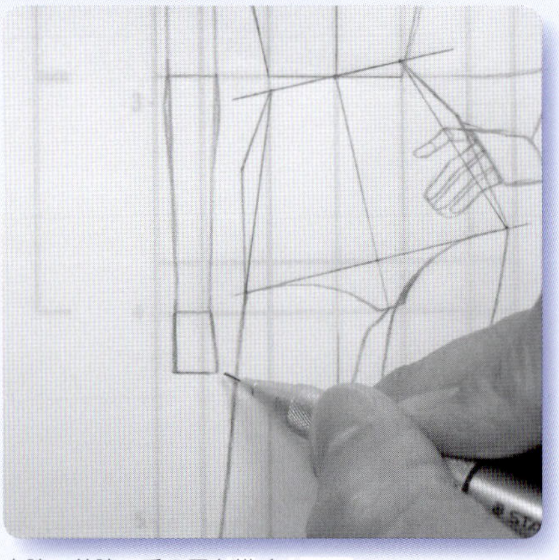

上腕、前腕、手の甲を描く

45

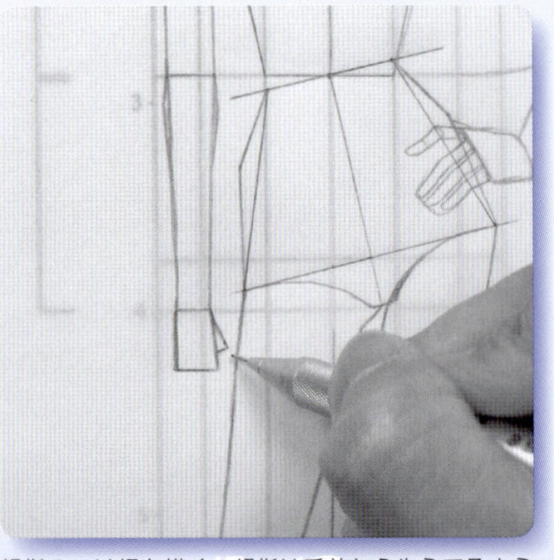

親指のつけ根を描く。親指は手首から生えてるように

46

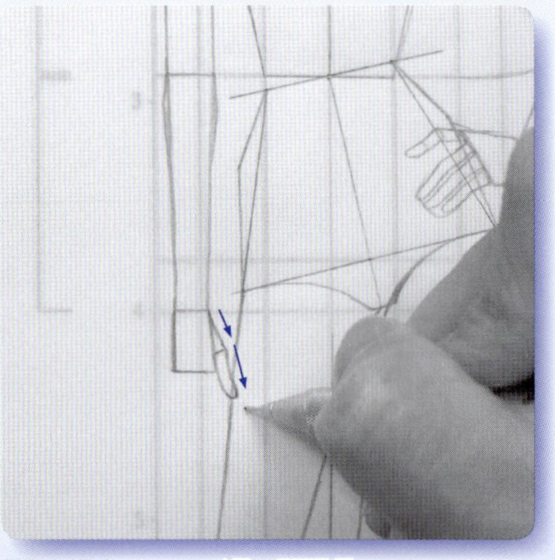

親指を描く

47

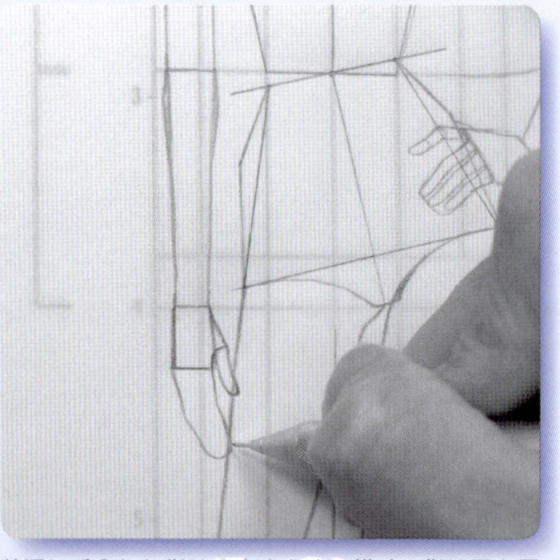

普通に垂らした指は４本まとめて描く。指は甲と同じか少し長めで

48

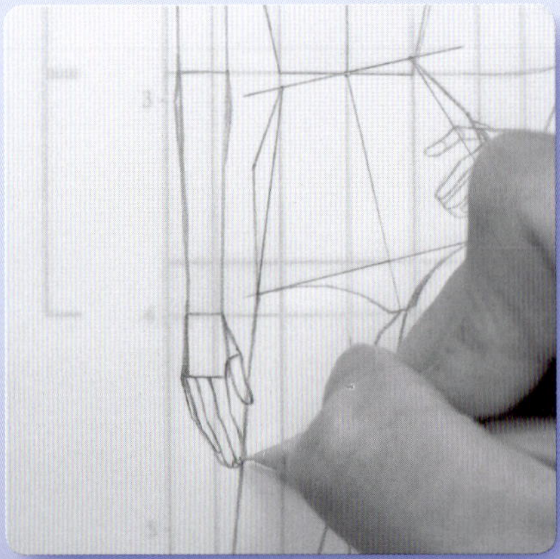

４分割する。中指が一番長い

49

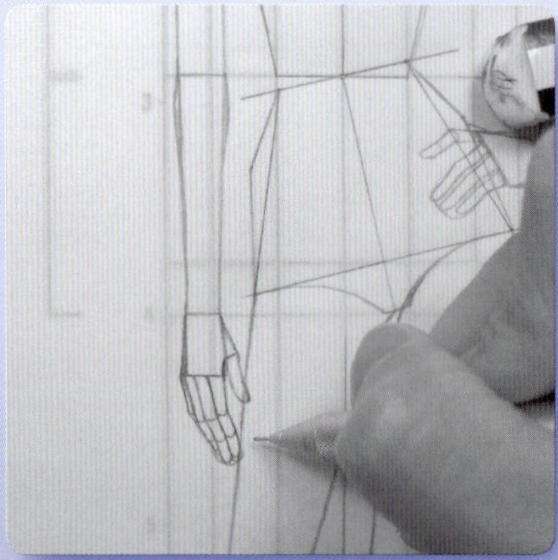

関節を入れる。指の関節は３つある

50

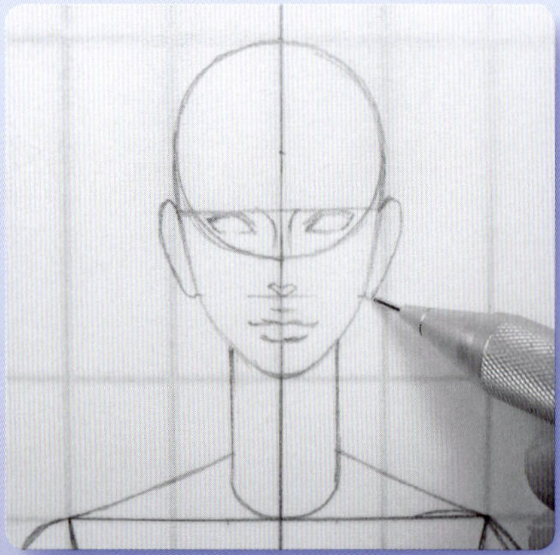

顔のパーツを描く

51

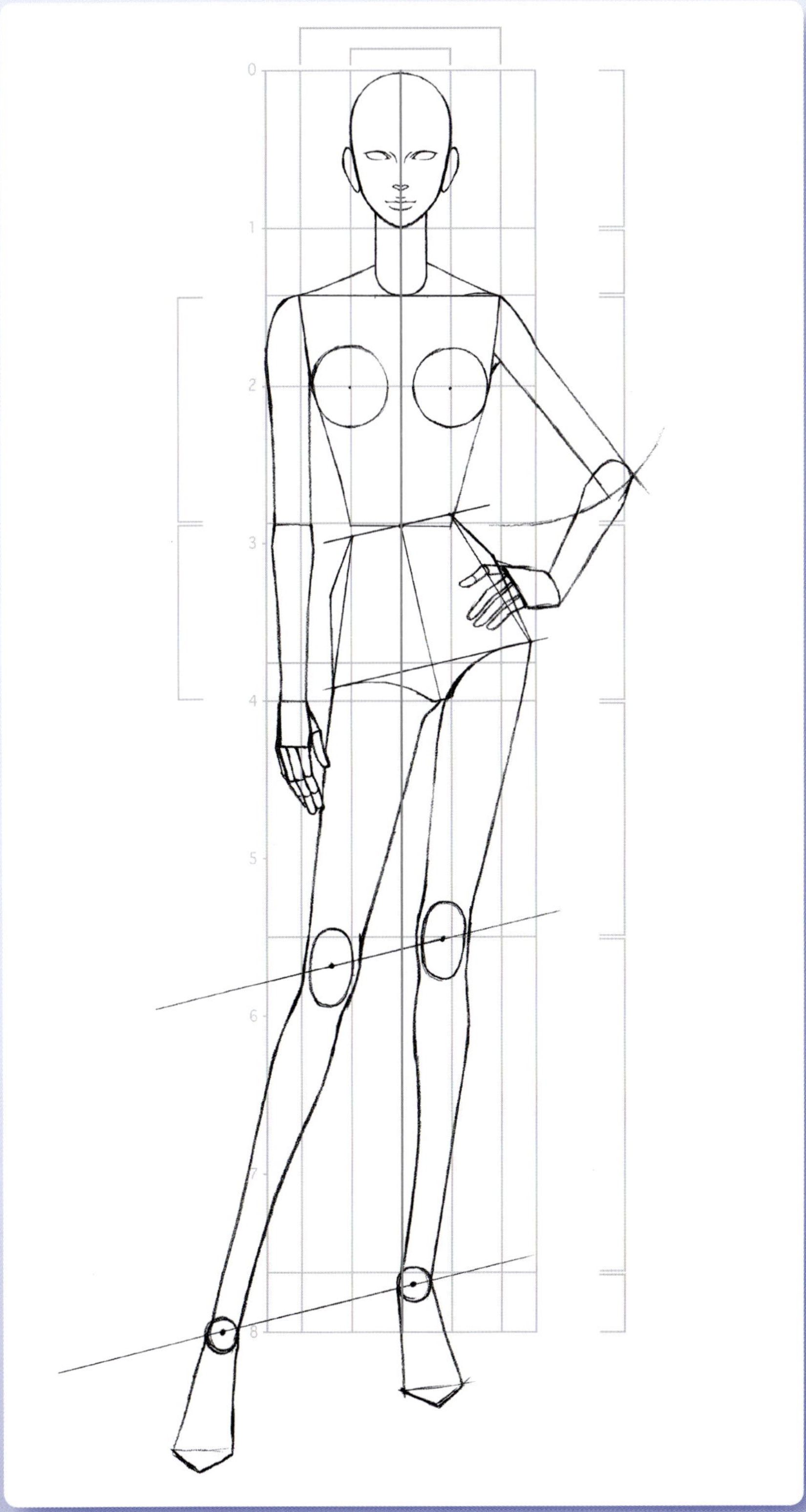

不要な線を消してボディの完成

52

ヌード

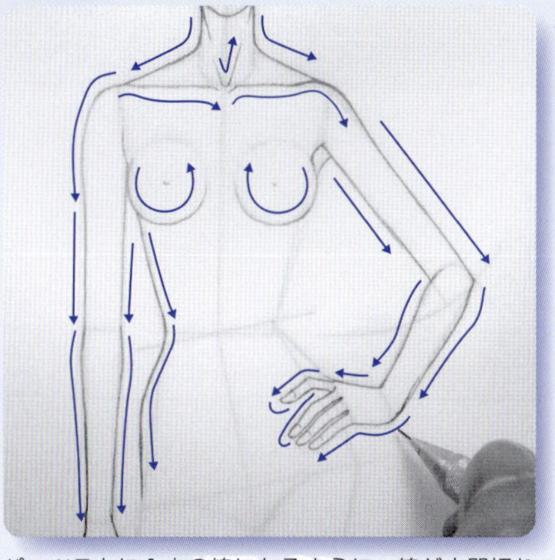

パーツごとに１本の線になるように、線が小間切れにならないようになめらかにつないでいく

53

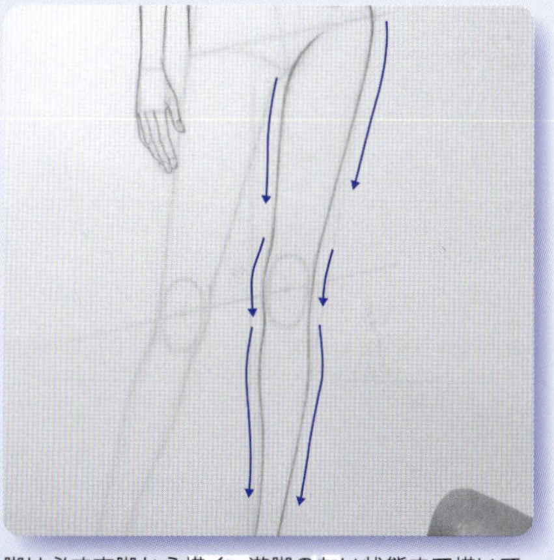

脚は必ず支脚から描く。遊脚のない状態まで描いて、安定感があるかを確認する

54

陰影

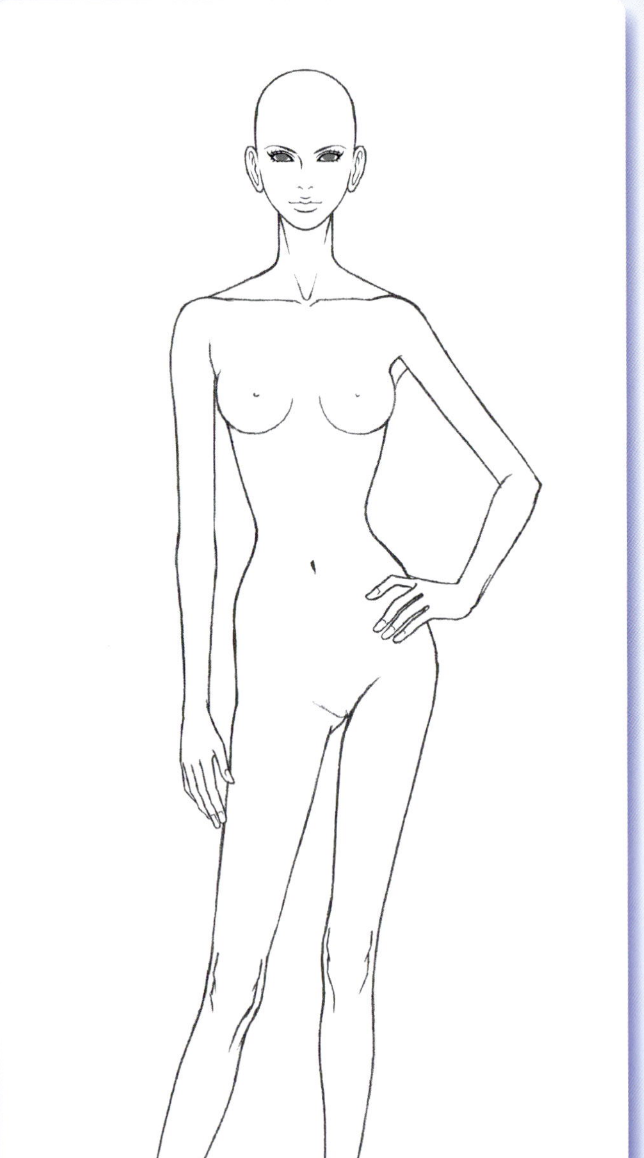

クリーンアップ完成。光源を右上に設定して陰影を入れていく

55

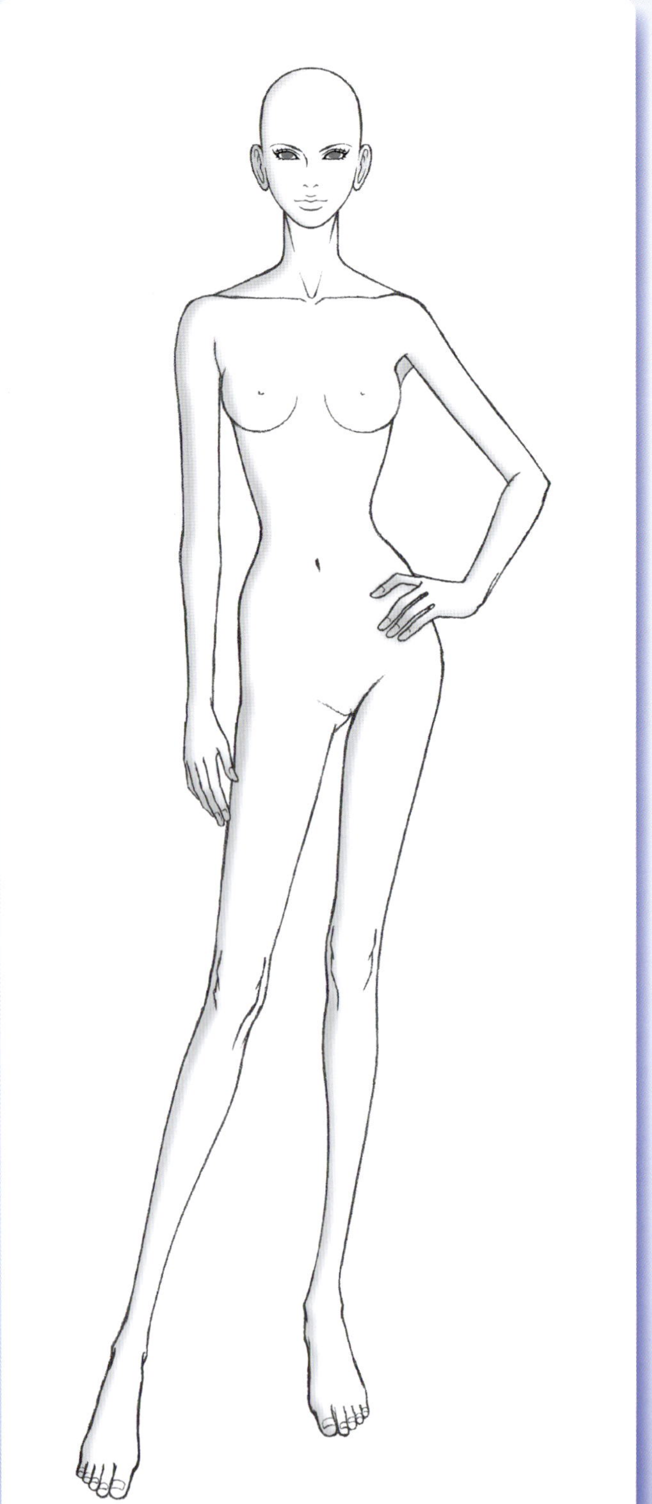

パーツひとつひとつに、影になる側の輪郭線に沿って陰影を入れていく

56

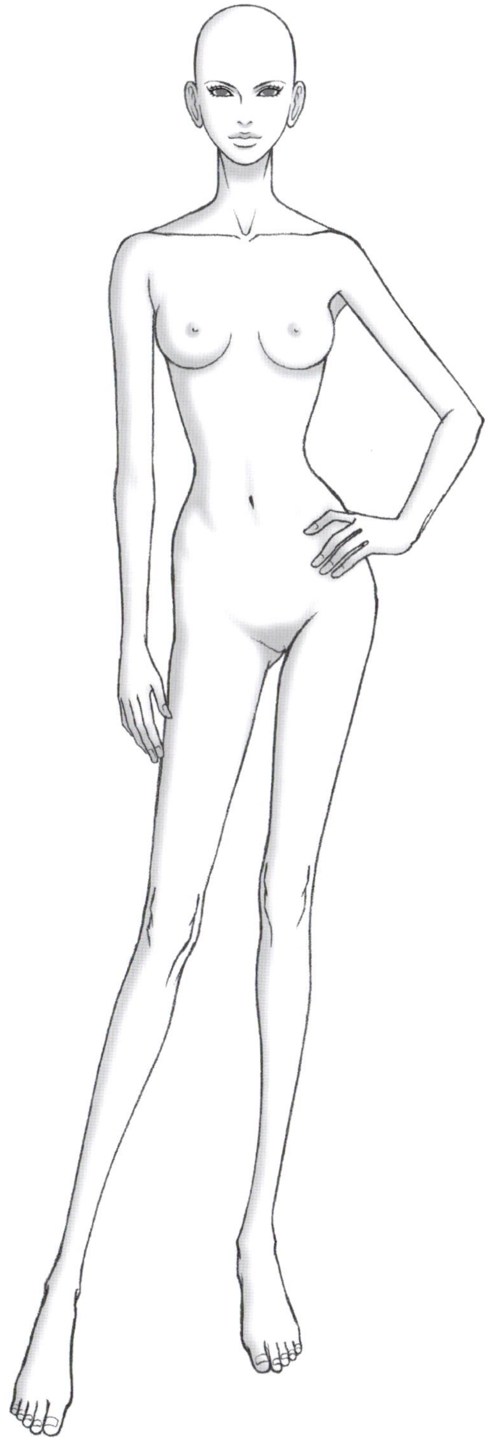

57

顔、バスト等の立体感を考えた影を追加して陰影完成

片脚重心ポーズのバリエーション

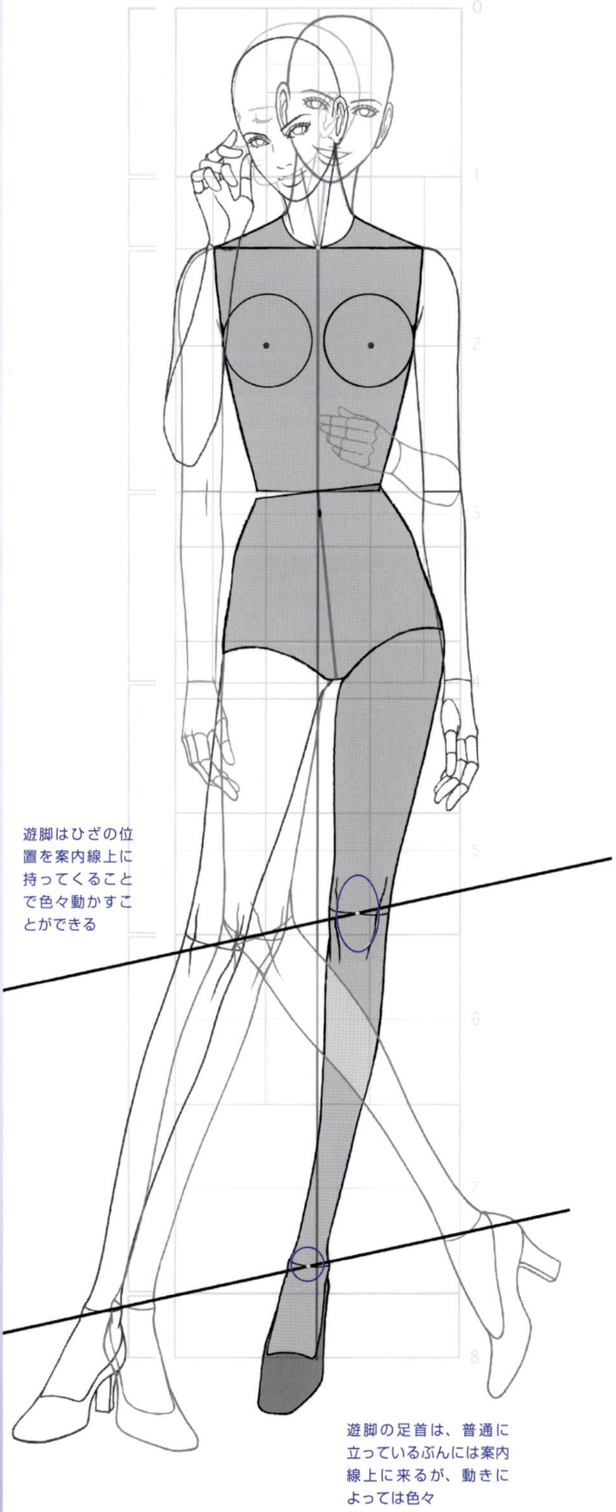
0
1
2
3
4
5
6
7
8
遊脚はひざの位置を案内線上に持ってくることで色々動かすことができる
遊脚の足首は、普通に立っているぶんには案内線上に来るが、動きによっては色々

58

腰の斜め具合と支脚のバランスを維持しながら他のパーツを動かせば色々なポーズを作ることができるので試してみよう。ひざの位置を案内線上に持ってくれば色々動かしても構わない。色んなポーズに挑戦してみよう

ウォーキング

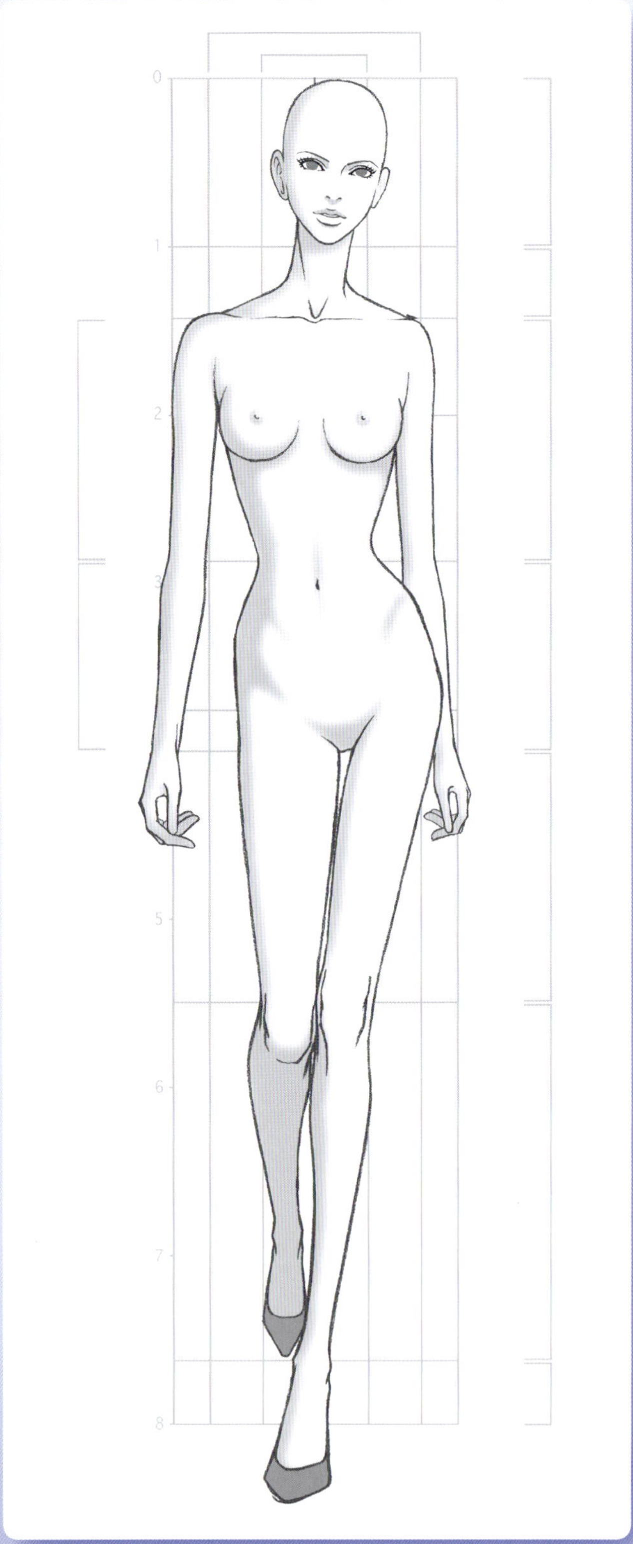

片脚重心の応用でウォーキングポーズも描ける。奥に蹴り上げた遊脚のすねの描き方がポイント

けり上げた遊脚は腕を描くように遠近感を考えて

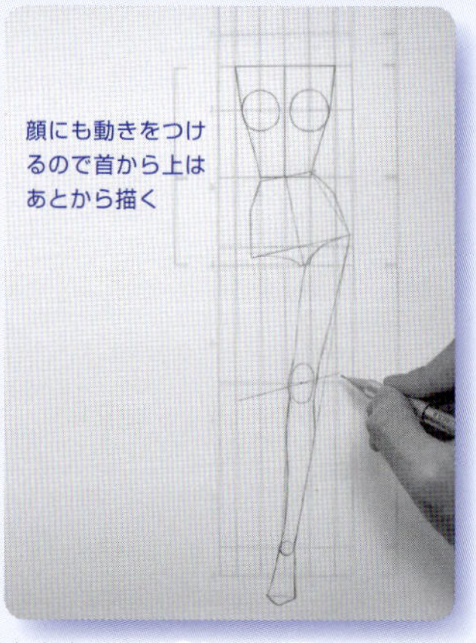
顔にも動きをつけるので首から上はあとから描く

01

上半身から支脚を描くところまではp26-27と同じ。復習のつもりで描いてみよう

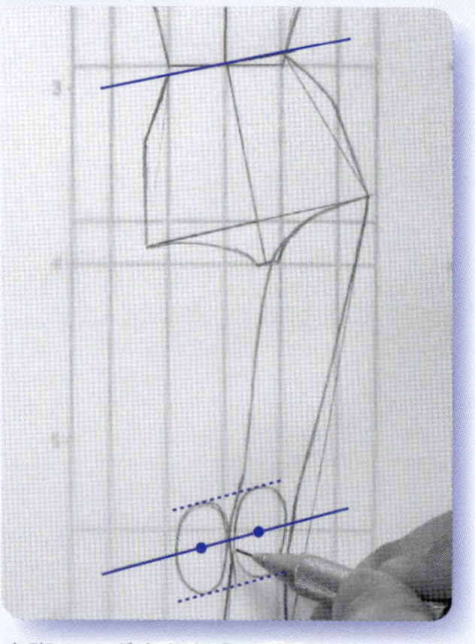

02

支脚のひざ中心から、ウエストラインと平行になる線を描いて、遊脚のひざの位置を決めて描く

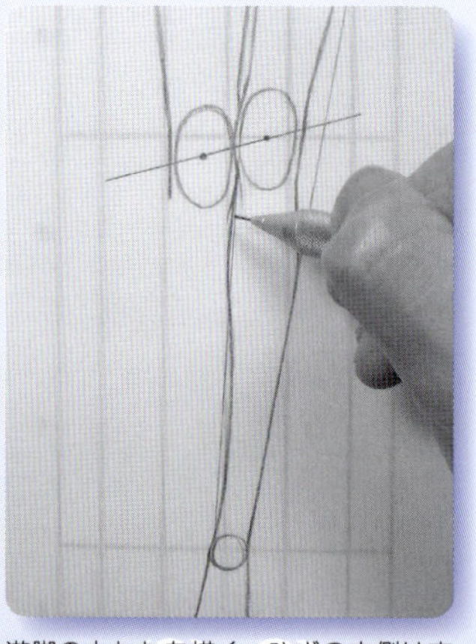

03

遊脚の太ももを描く。ひざの内側は支脚で少し隠れている

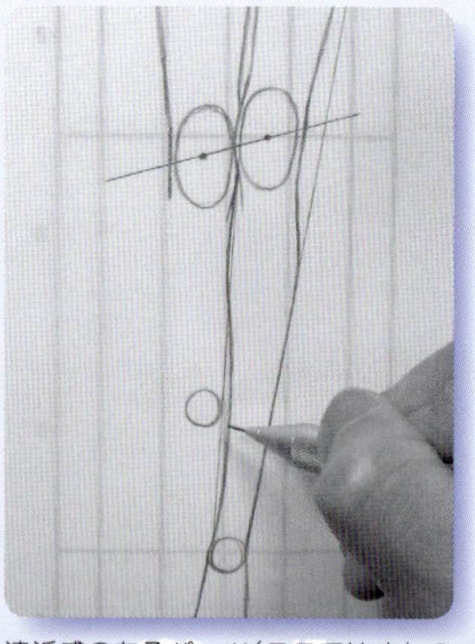

04

遠近感のあるパーツ(ここではすねのこと)を描くときは、先にゴールになる位置(足首の位置)を決める。手を腰に当てた前腕の時と同じ考え方

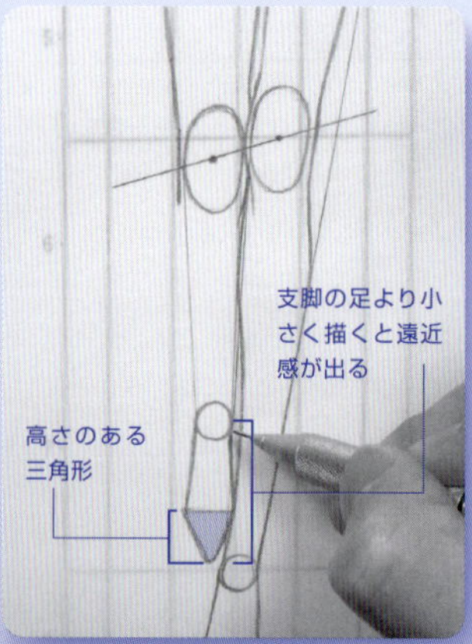
支脚の足より小さく描くと遠近感が出る
高さのある三角形

05

足を描く。足の甲を上から見るとつま先の三角形が長く見える

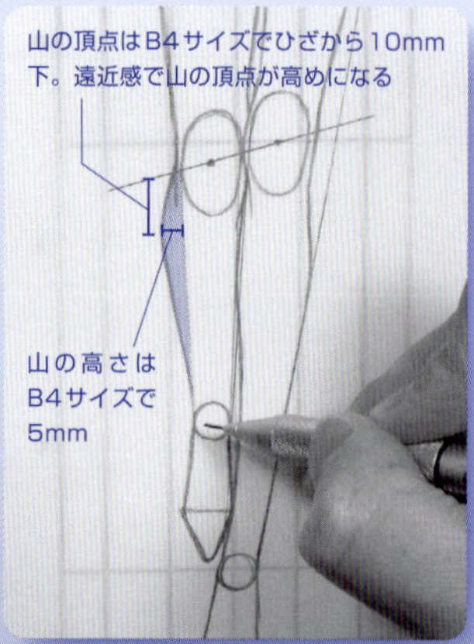
山の頂点はB4サイズでひざから10mm下。遠近感で山の頂点が高めになる
山の高さはB4サイズで5mm

06

すねの外線は外に山になっている。ひざから足首までを直線で結び案内線にすると描きやすい

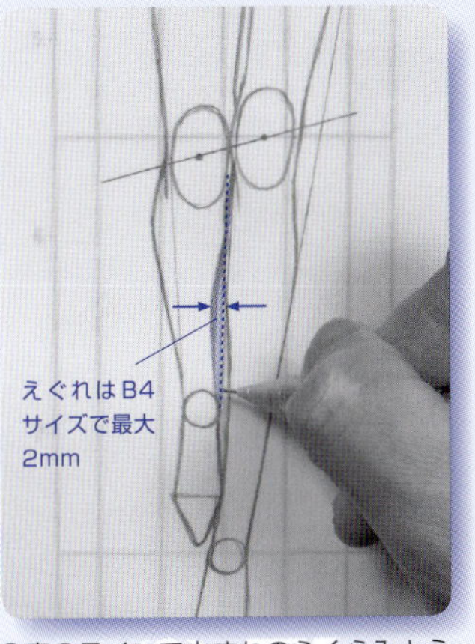
えぐれはB4
サイズで最大
2mm

S字のラインで内すねのふくらみとえぐれを描く

07

顔

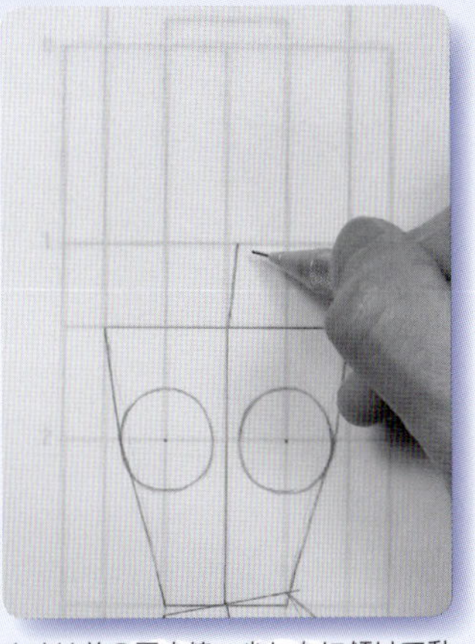

まずは首の正中線。少し右に傾けて動きを出すことにした

08

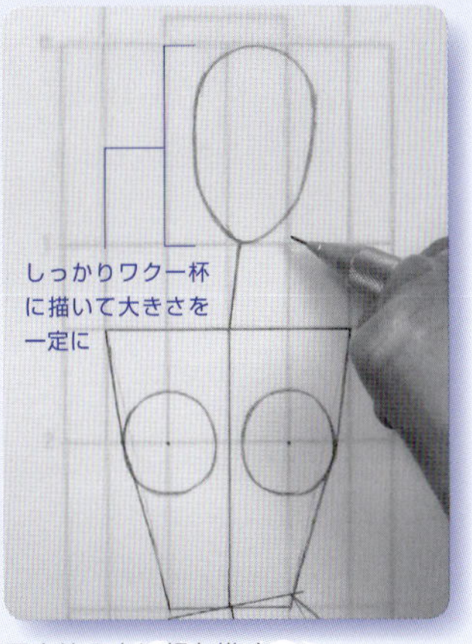
しっかりワク一杯
に描いて大きさを
一定に

正中線の上に顔を描く

09

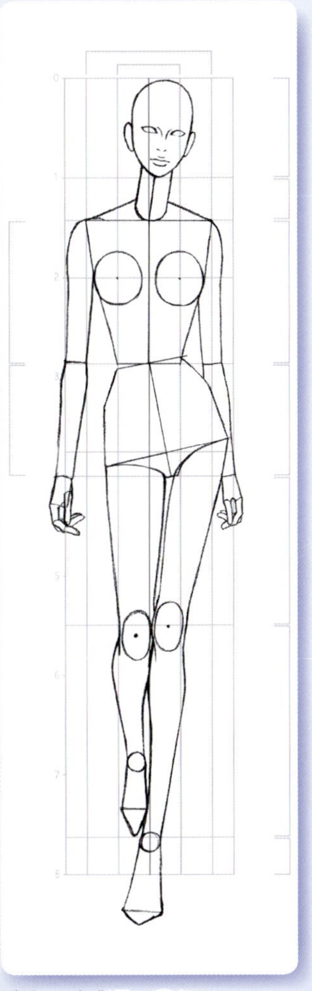

ボディの完成

13

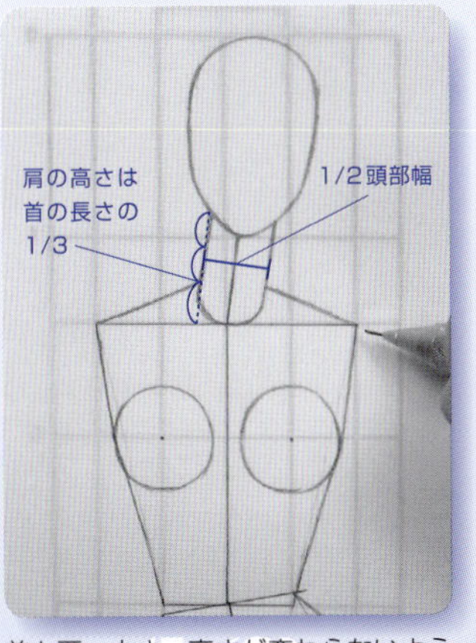
肩の高さは
首の長さの
1/3
1/2頭部幅

首と肩。太さ、高さが変わらないように

10

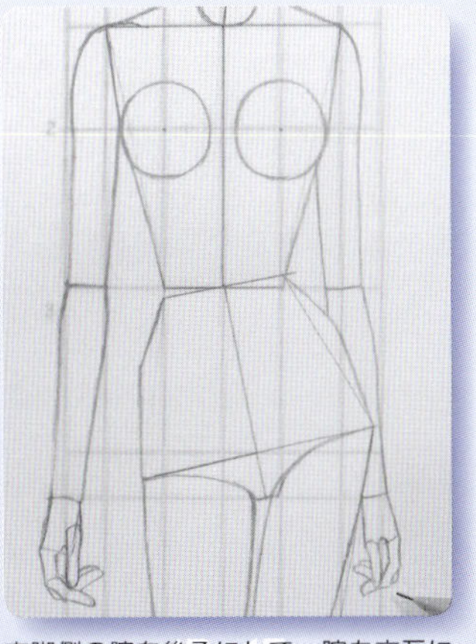

支脚側の腕を後ろにして、腕を交互に振っているように見せる

11

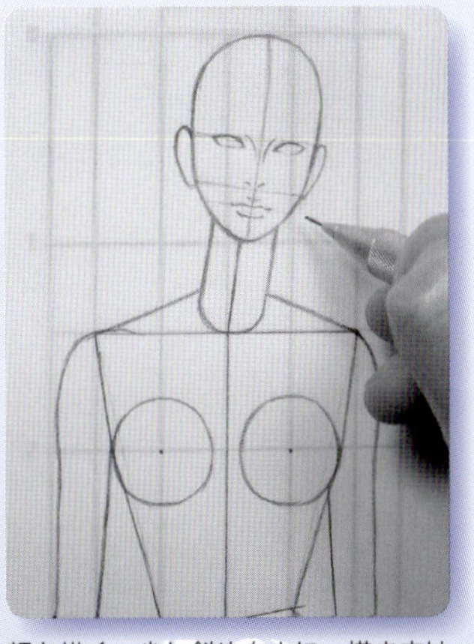

顔を描く。少し斜め向きに。描き方はP76-P98を参照

12

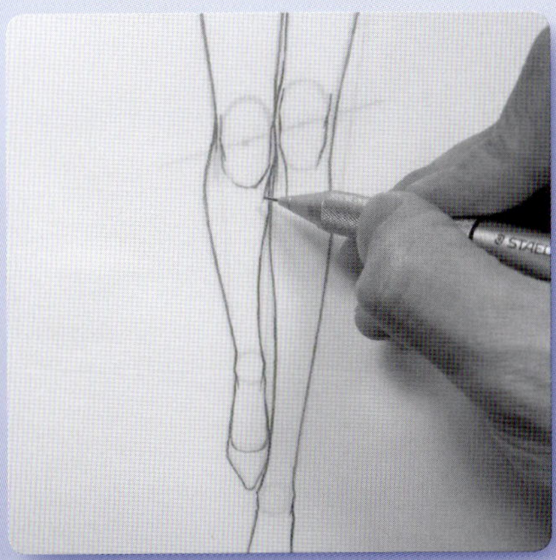

上に1枚紙をかぶせてヌードを描く。線をなめらかにつなぐのがポイント

14

★ phase05の復習 ★

○今回最も重要なのは傾いた腰。動かした腰が歪まないよう、ウエストライン、正中線、ヒップラインの「直角」、「平行」、「左右対称」、「長さ」の4点に気をつけ何度も練習しよう

○パーツを動かすと、自信のなさから小さくなってしまうことがある。今回は腰が小さくなる可能性が高いので注意しよう

○左右の脚の太さにあまり差が出ないよう注意しよう

○腕、顔を動かして色んなポーズを描いてみよう

○遊脚も、ひざの位置を支脚のひざ中心から出ている斜めの案内線上に持ってくれば色々動かしても構わない。腕、顔とともに動かしてさらに色んなポーズに挑戦してみよう

next !! ポーズはこれで一段落。次回は身体の向きを変えてみます！

06 phase

身体の向きによる変化

斜め向き直立ポーズの作り方

これまでに立ちポーズは直立と片脚重心の２種類しかない事を学びました。ここからは身体の向きによる変化について学びます。ボディは、眺めるアングルが変わると別の表情を見せます。正面向きでは左右対称だったボディも斜めから見るとそうではなくなるのです。

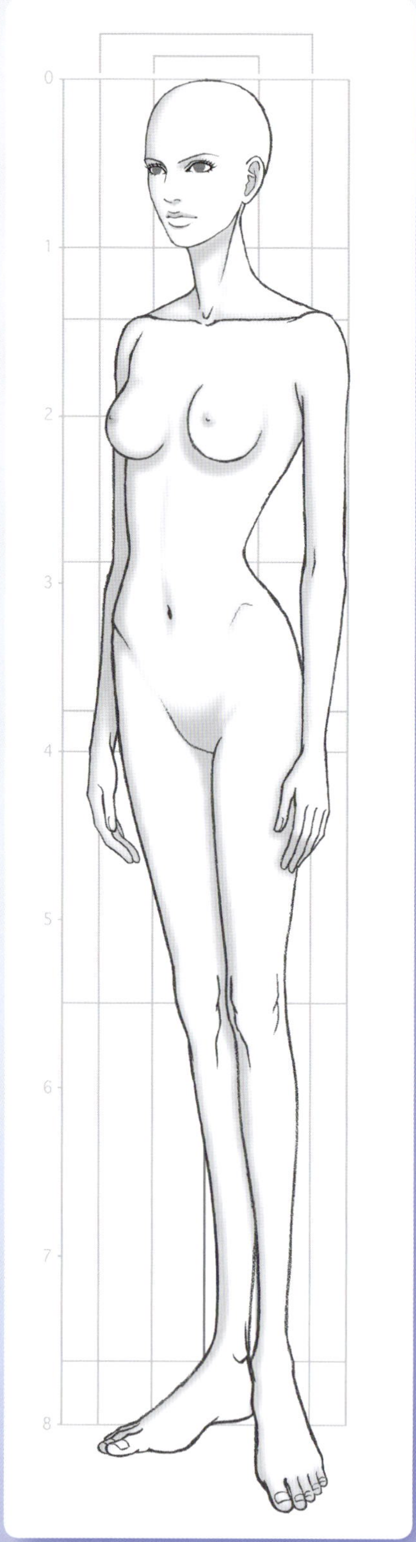
0
1
2
3
4
5
6
7
8

斜め向きボディ

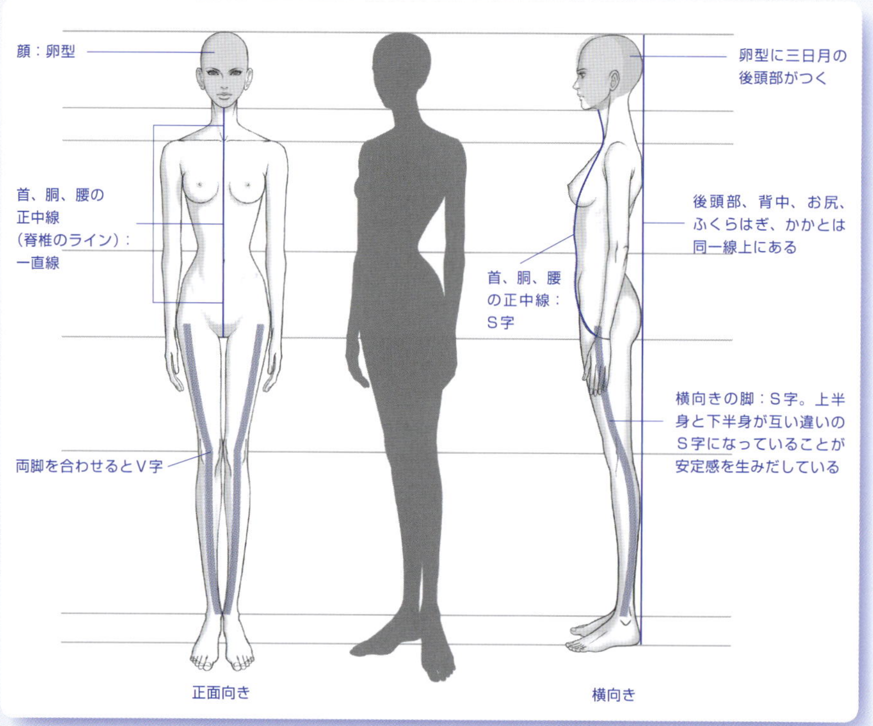
顔：卵型
首、胴、腰の
正中線
（脊椎のライン）：
一直線
両脚を合わせるとＶ字
正面向き
卵型に三日月の
後頭部がつく
後頭部、背中、お尻、
ふくらはぎ、かかとは
同一線上にある
首、胴、腰
の正中線：
Ｓ字
横向きの脚：Ｓ字。上半
身と下半身が互い違いの
Ｓ字になっていることが
安定感を生みだしている
横向き

まず正面向き横向きの特徴を見てみる。両方の特徴を中和させたものが斜め向きボディの特徴となる

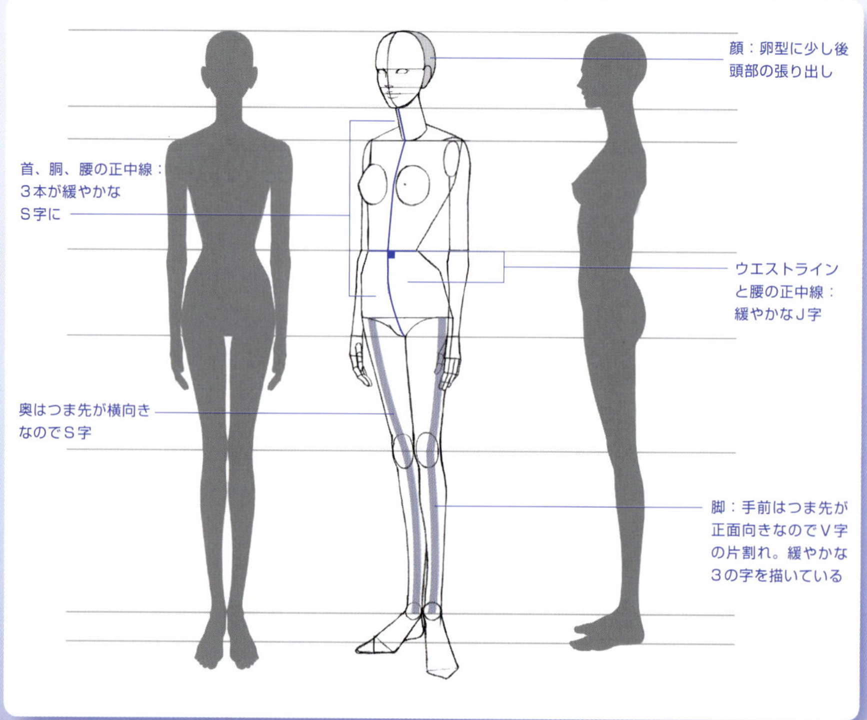
顔：卵型に少し後
頭部の張り出し
首、胴、腰の正中線：
３本が緩やかな
Ｓ字に
ウエストライン
と腰の正中線：
緩やかなＪ字
奥はつま先が横向き
なのでＳ字
脚：手前はつま先が
正面向きなのでＶ字
の片割れ。緩やかな
３の字を描いている

正面向きと横向きの特徴を中和させるとこのような特徴になる

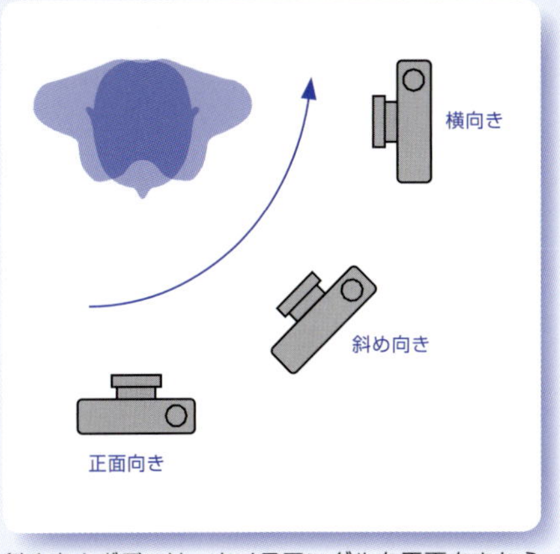

斜め向きボディは、カメラアングルを正面向きから横向きに移動する途中の向き。正面からは見えなかった後頭部や背中、お尻のラインが見えてきて身体が立体的に表現できる

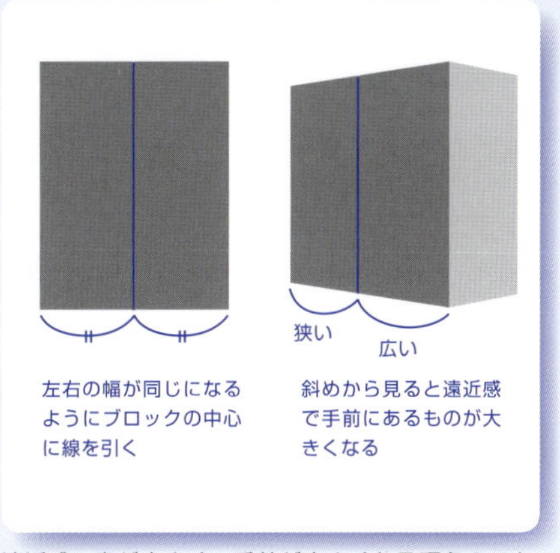

遠近感。奥が小さく、手前が大きくなる現象のこと

今まで直線だった正中線がS字の曲線に

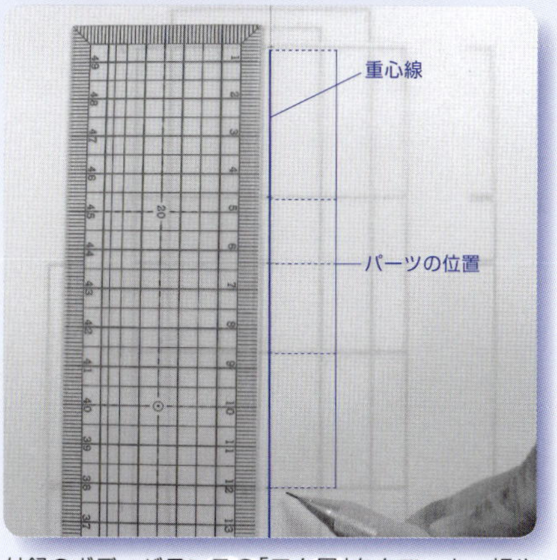

付録のボディバランスの「ワク図」をクロッキー帳やレイアウトパッドに写す

01

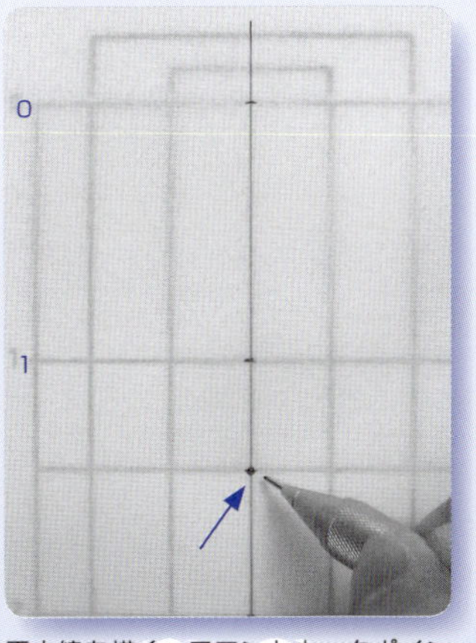

正中線を描く。フロントネックポイントに・をつける

02

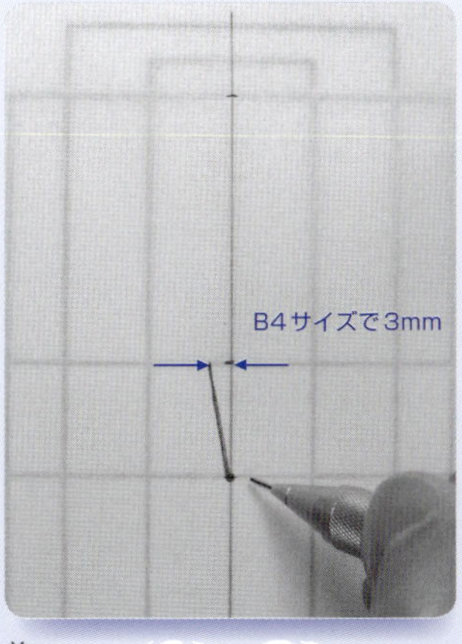

首。
フロントネックポイントから少し前倒しに描く

03

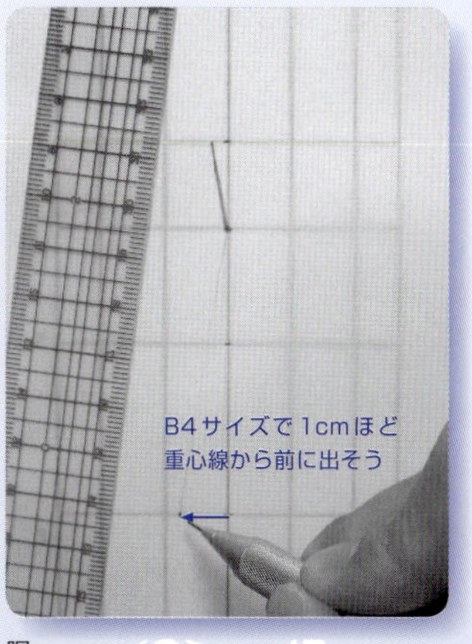

胴。
へそを前に突き出すように

04

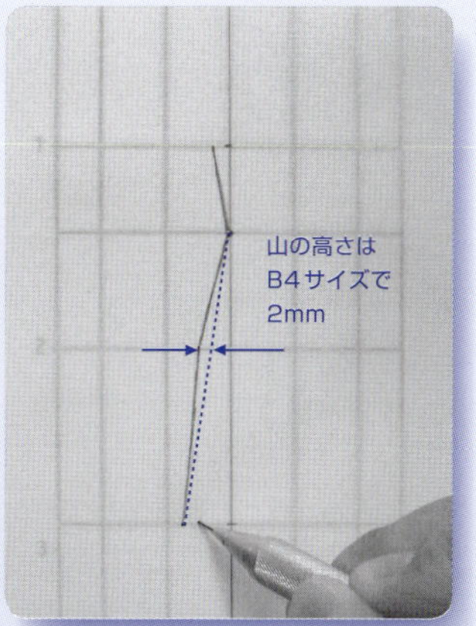

肋骨の丸みを考えてふくらみを出す。バストポイントあたりが山になる

05

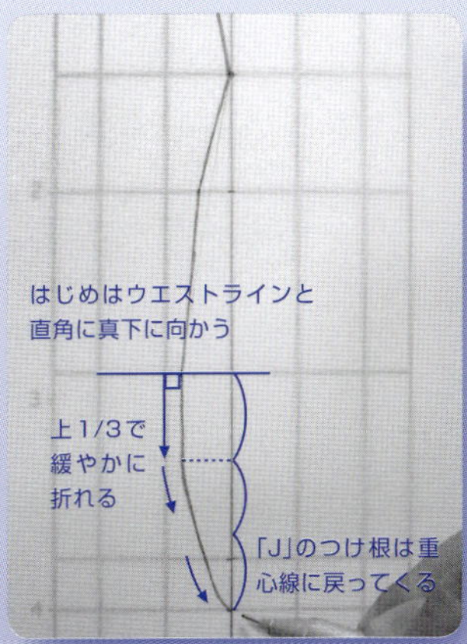

腰。
腰の正中線は「J」の字

06

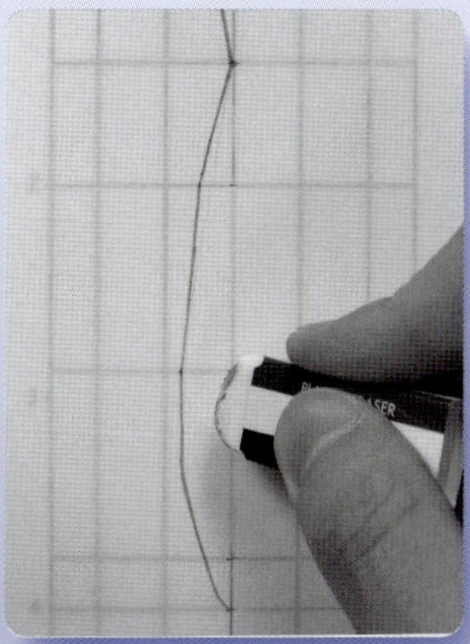

正中線を描き終えたら重心線を消そう。残しておくと紛らわしいことになる

07

顔は後頭部が命

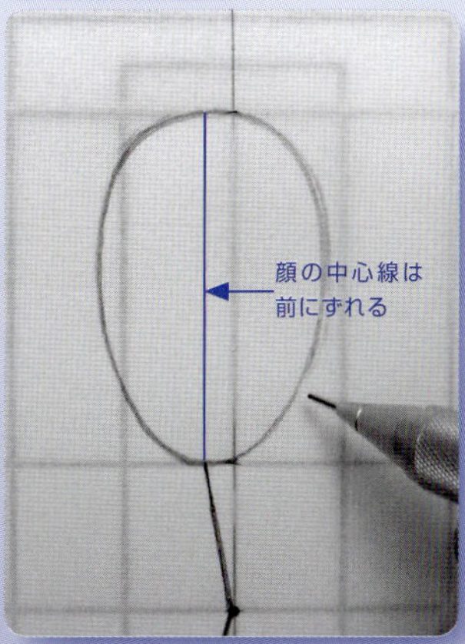

顔の正中線の上に卵型を描く

08

少し後頭部をつける。後頭部は三日月状に。上2/3に描く

09

首は前に傾いた缶のように

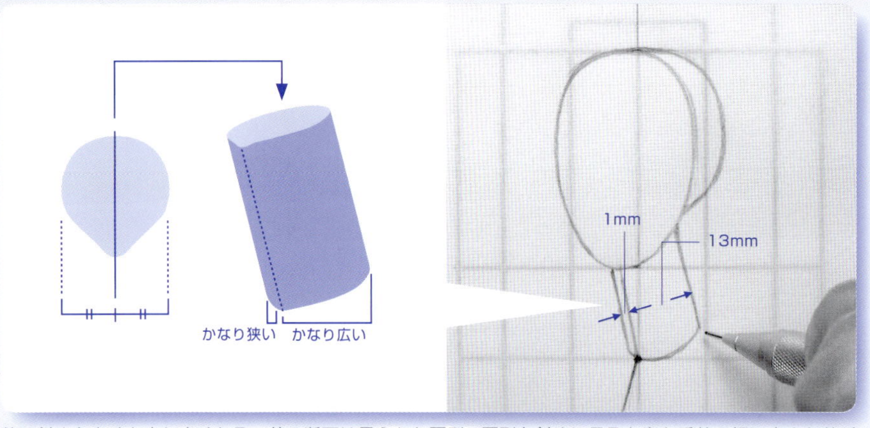
1mm
13mm
かなり狭い
かなり広い

10

首は斜めを向くと少し太くなる。首の断面は柔らかな扇型。扇型を斜めに見ると奥と手前の幅に大きな差がつく

胴はへそが突き出た感じに

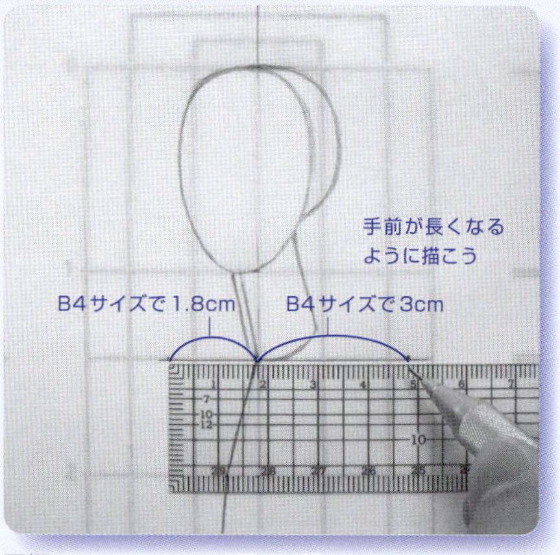
手前が長くなるように描こう
B4サイズで1.8cm
B4サイズで3cm

11

肩幅。
肩幅は正面から見ると2頭部幅だが、斜めから見ると2頭部幅より少し短くなる。B4サイズで4.8cmとした。正中線からの左右の幅が遠近感で変わってくるところがポイント

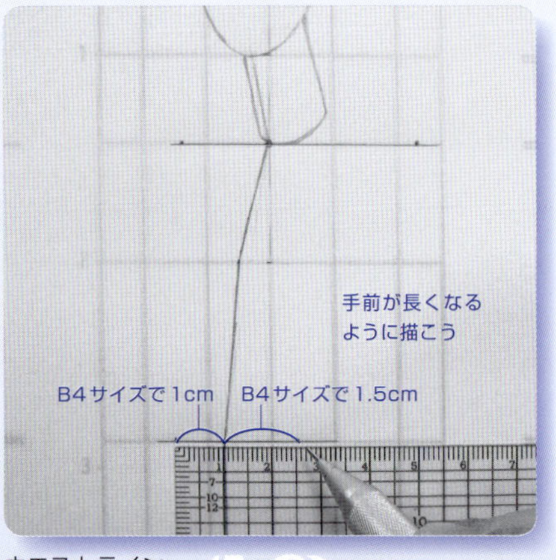
手前が長くなるように描こう
B4サイズで1cm
B4サイズで1.5cm

12

ウエストライン。
ウエスト幅は正面から見ると1頭部幅だが、斜めから見ると1頭部幅より少し短くなる。B4サイズで2.5cmとした。肩幅同様正中線からの左右の幅が遠近感で変わってくるところがポイント

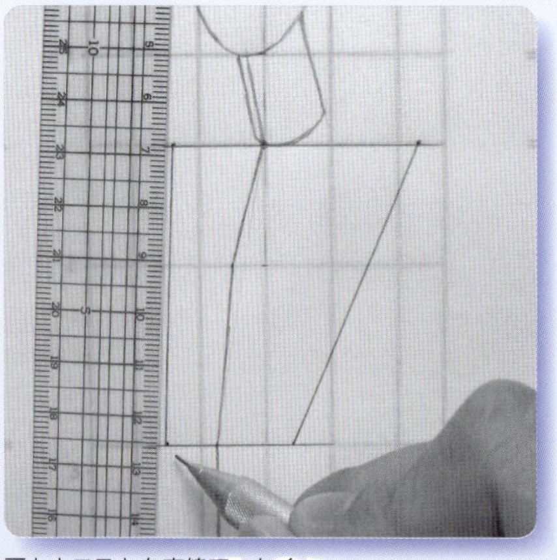

13

肩とウエストを直線でつなぐ

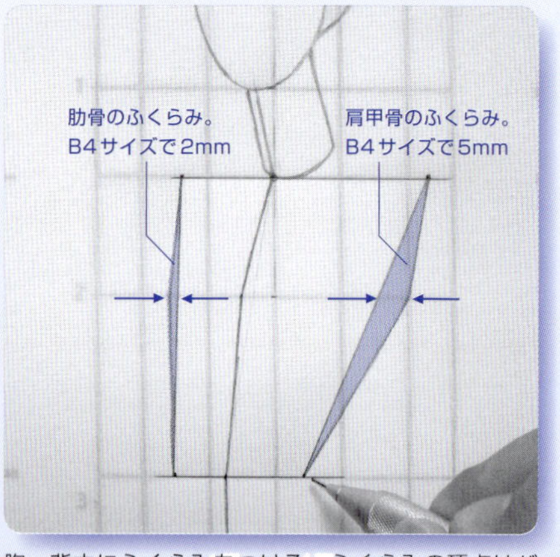
肋骨のふくらみ。
B4サイズで2mm
肩甲骨のふくらみ。
B4サイズで5mm

14

胸、背中にふくらみをつける。ふくらみの頂点はバストポイント

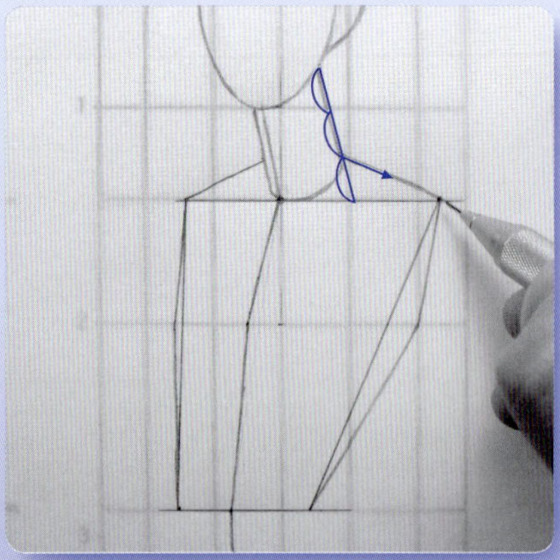

15

肩のラインは首の1/3から。B4サイズでは8mmに

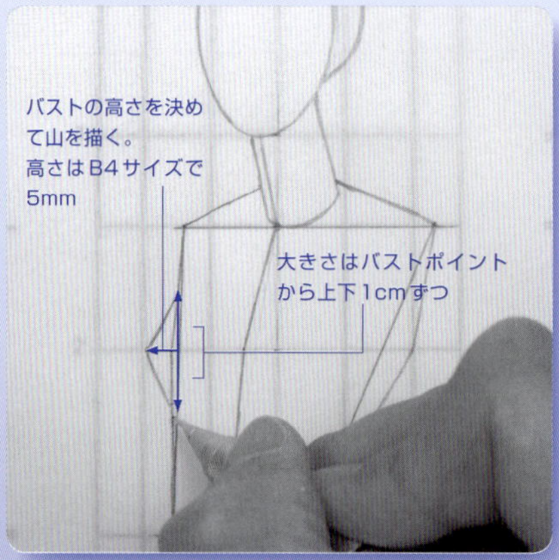
バストの高さを決めて山を描く。
高さはB4サイズで5mm
大きさはバストポイントから上下1cmずつ

16

バストの山を描く

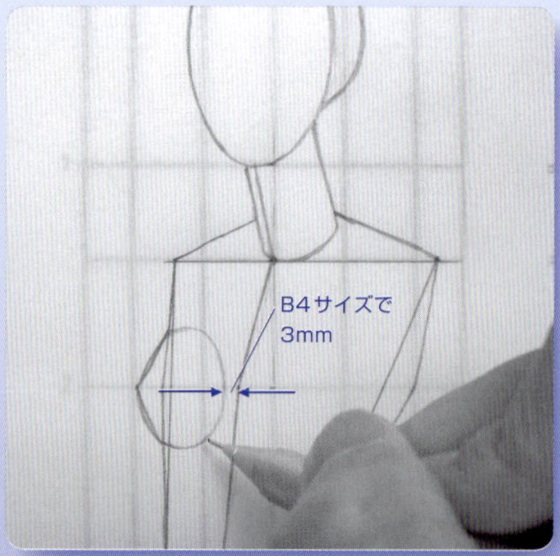
B4サイズで3mm

17

バストに丸みを。正面から見たら円になっているバストも、斜めから見ると遠近感で縦長の楕円に

俯瞰で見るとバストが外に広がってる様子がよく分かる
バストのふくらみで幅が小さくなっている。B4サイズで1mm
バストの基部

バストは、胸椎と呼ばれる中心からハの字に広がっている。なので斜めから見ると同じ形が２つ並ぶのではなく奥は横向き、手前が正面向きになっている

18

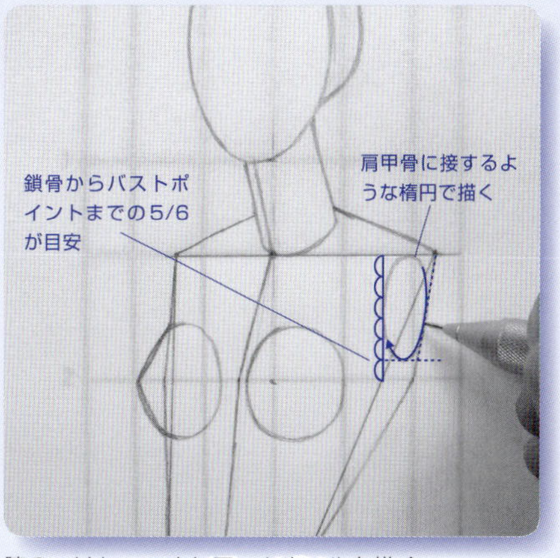
鎖骨からバストポイントまでの5/6が目安
肩甲骨に接するような楕円で描く

腕のつけね、つまりアームホールを描く

19

腰はお尻がモリッと突きだしているように

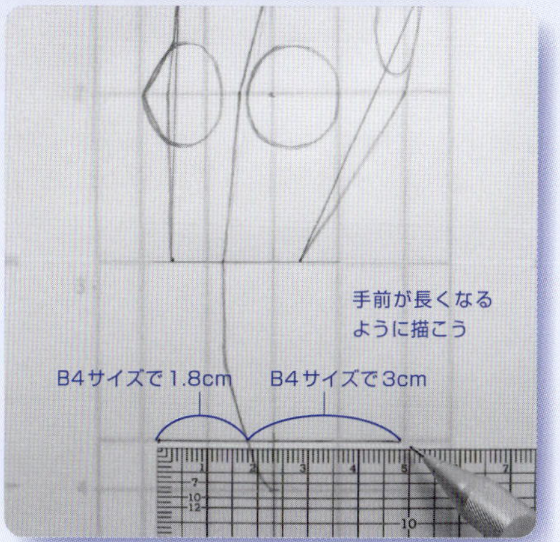
手前が長くなるように描こう
B4サイズで1.8cm
B4サイズで3cm

ヒップラインにヒップ幅をとる。ヒップ幅は正面から見ると２頭部幅だが、斜めから見ると２頭部幅より少し短くなる。B4サイズで4.8cmとした。肩幅、ウエスト幅同様に、正中線からの左右の幅が遠近感で変わってくるところがポイント

20

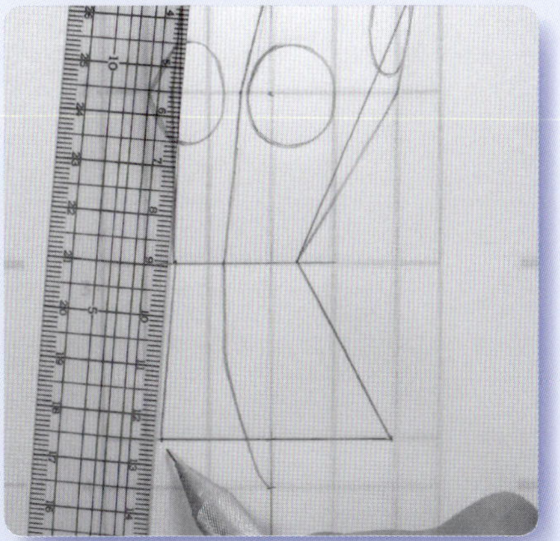

ウエスト幅とヒップ幅を直線でつなぐ

21

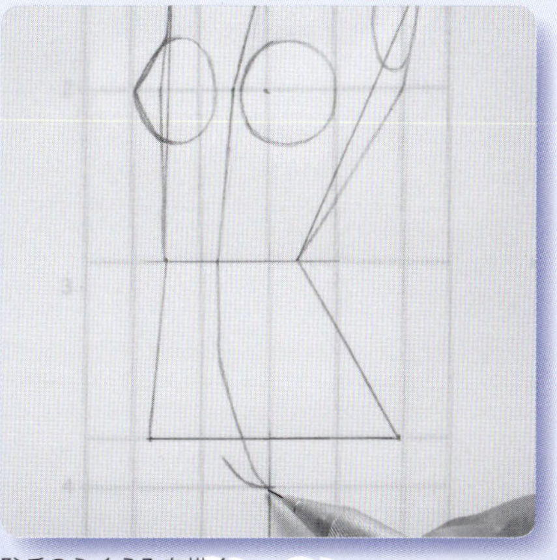

恥丘のふくらみを描く

22

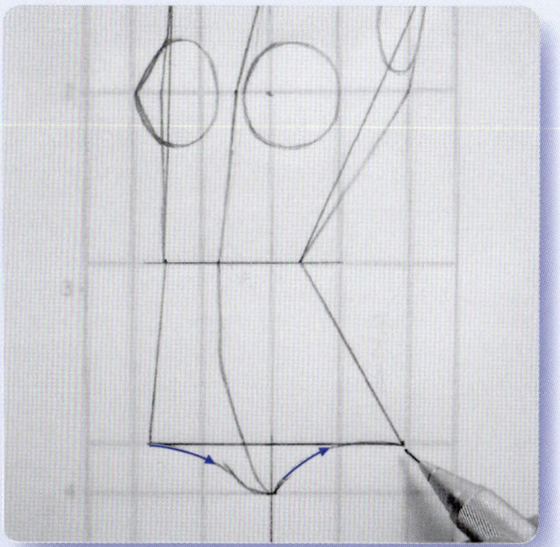

脚のつけねを描く

23

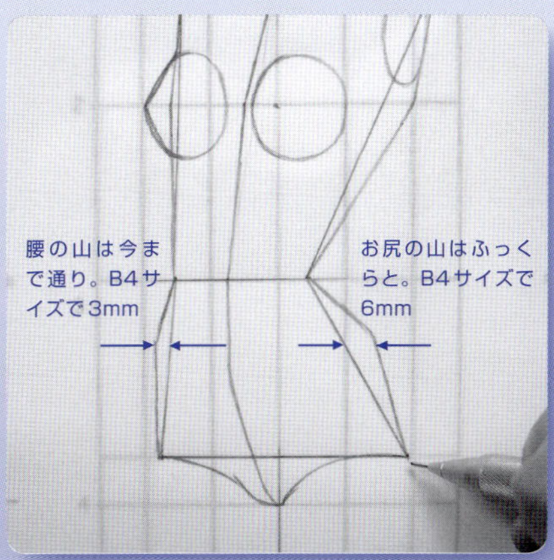
腰の山は今まで通り。B4サイズで3mm
お尻の山はふっくらと。B4サイズで6mm

腰とお尻のふくらみをつける

24

脚

足首の位置を決める。斜めから見ると奥の足首が重心線にかかるように描く

25

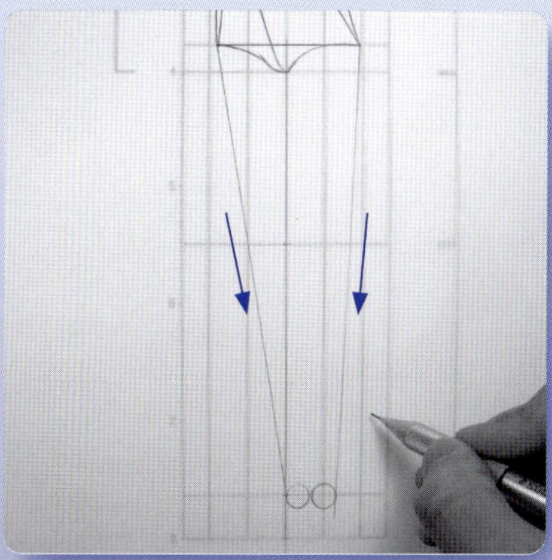

股関節（厳密には大転子＝大腿骨のつけ根）と足首を直線でつなぐ

26

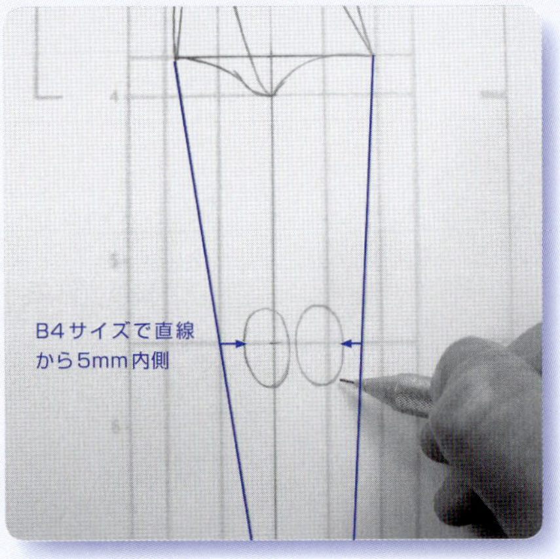
B4サイズで直線
から5mm内側

左右のひざ頭を描く

27

奥の脚はＳ字

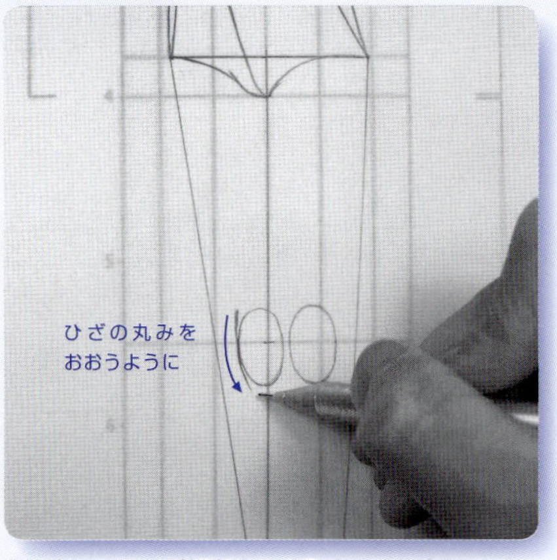
ひざの丸みを
おおうように

奥の脚はつま先が横を向いているのでＳ字型

28

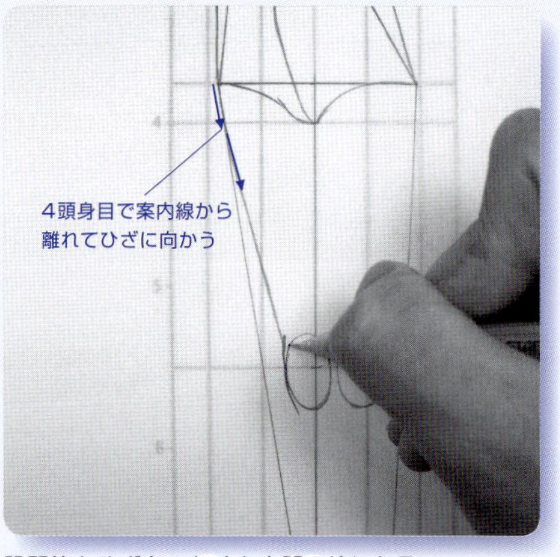
4頭身目で案内線から
離れてひざに向かう

股関節とひざをつなぐと大腿の線になる

29

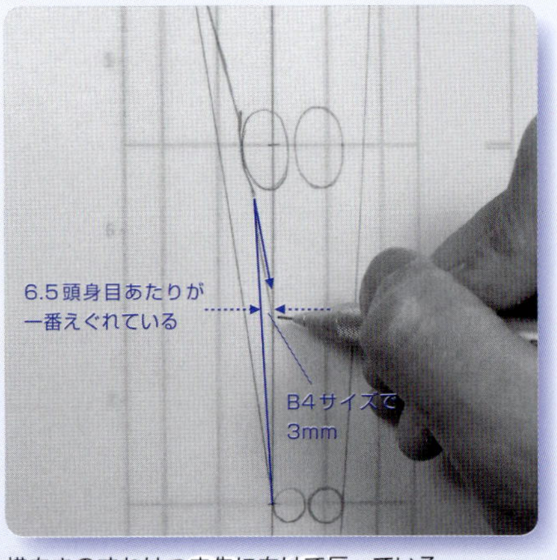
6.5頭身目あたりが
一番えぐれている
B4サイズで
3mm

横向きのすねはつま先に向けて反っている

30

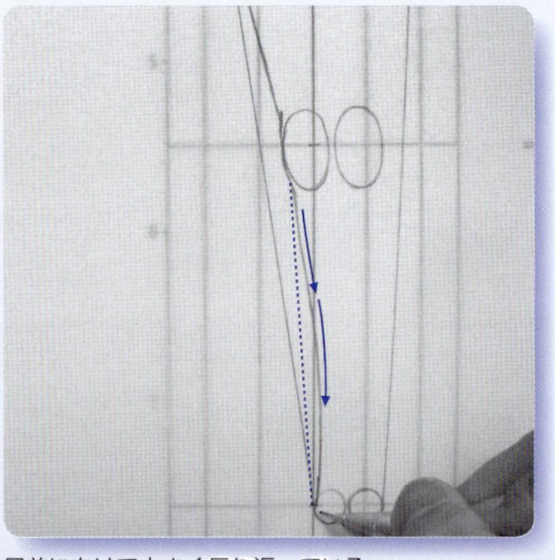

足首に向けて大きく反り返っている

31

横向きの足はかかととつま先が加わる

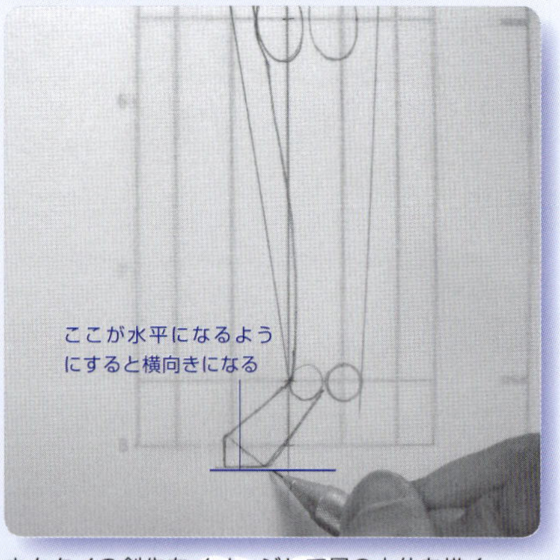
ここが水平になるよう
にすると横向きになる

ネクタイの剣先をイメージして足の本体を描く

32

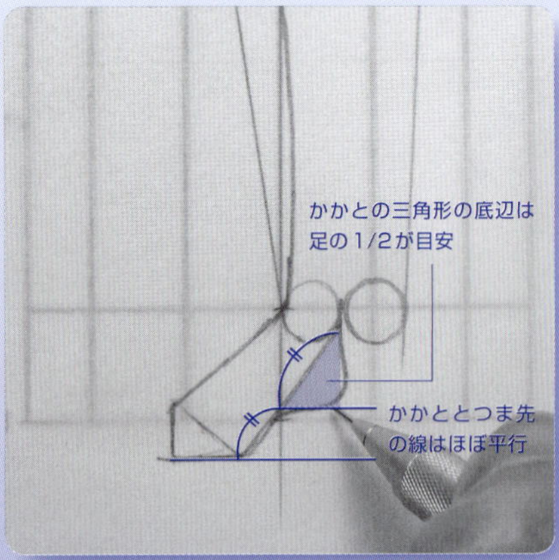
かかとの三角形の底辺は
足の1/2が目安
かかととつま先
の線はほぼ平行

かかとを描く

33

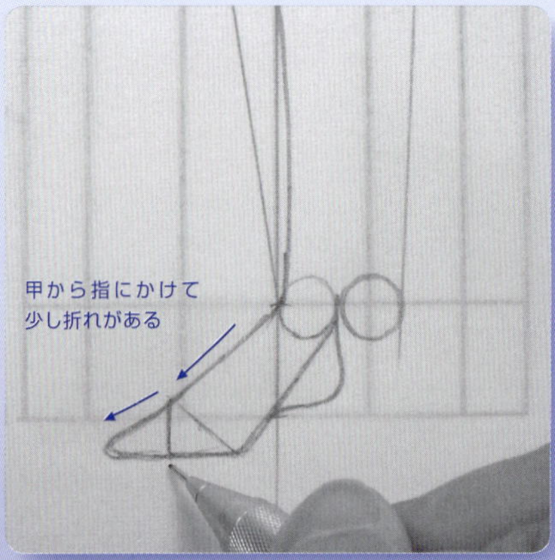
甲から指にかけて
少し折れがある

つま先を描く

34

手前の足はＶ字

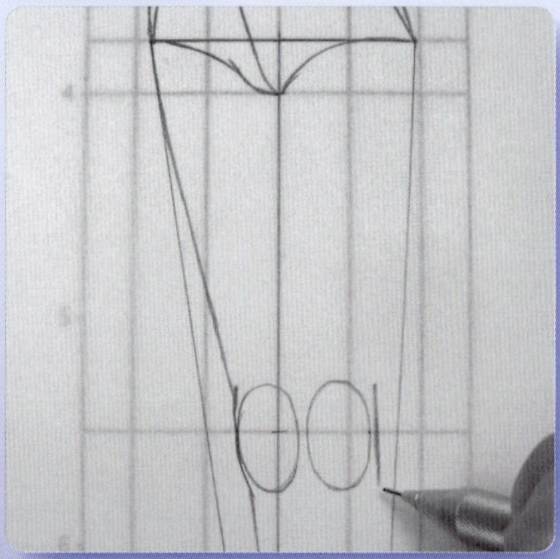

左脚のひざの外郭線を描く

35

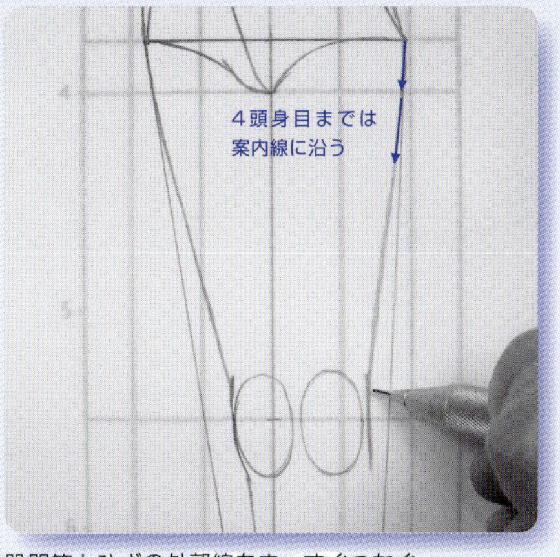
4頭身目までは
案内線に沿う

股関節とひざの外郭線をまっすぐつなぐ

36

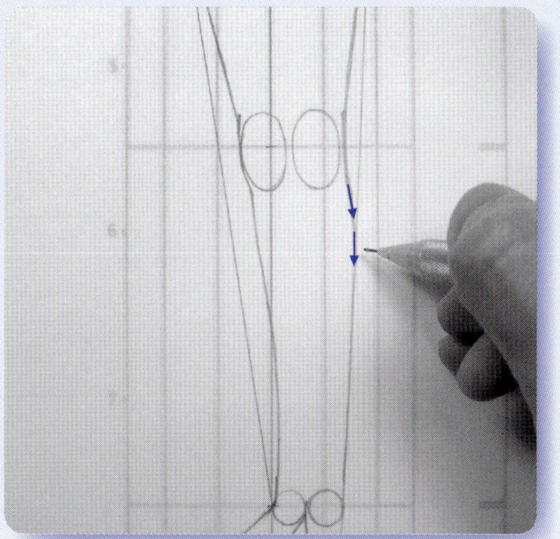

すねを描く。6頭身目で曲がり案内線と交わる

37

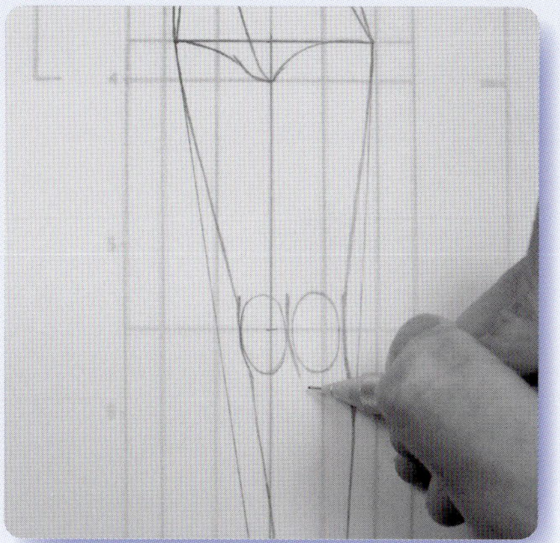

内郭線もひざから描いていく

38

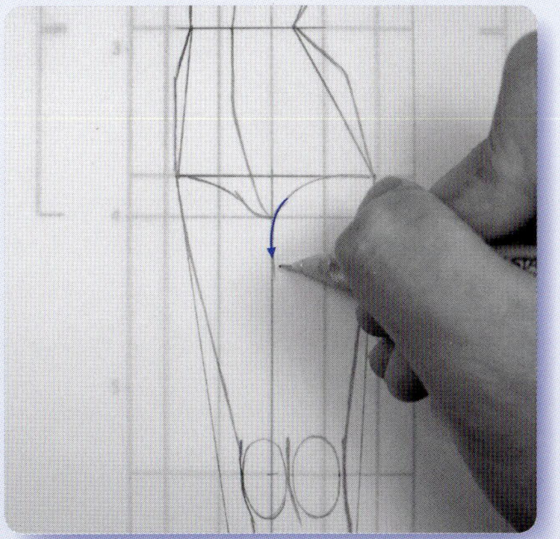

内太ももは、はじめの数センチ(B4なら1cm)ムッチリと丸みをつけたいので、脚のつけねのラインの延長で曲線にする

39

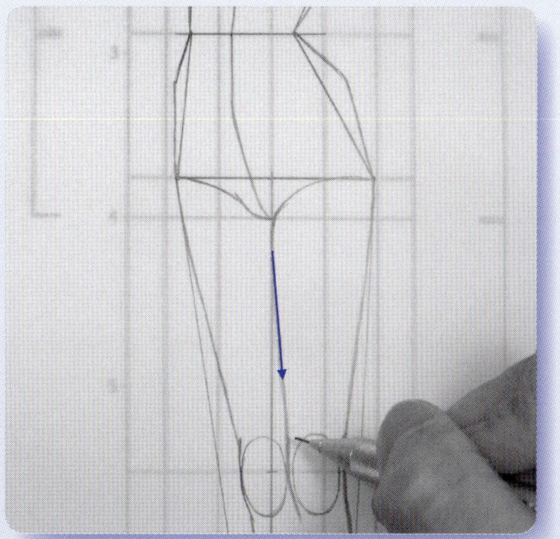

あとはほぼ直線

40

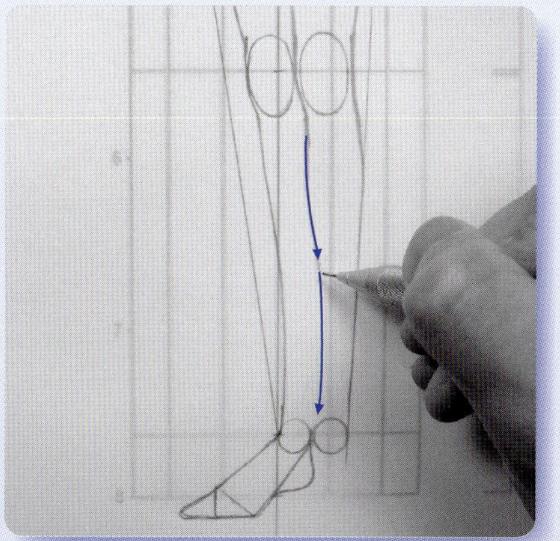

すねは6.5頭身目で案内線と交わる。内郭線の最もふくらんだ部分は、外郭線よりも低い位置にある

41

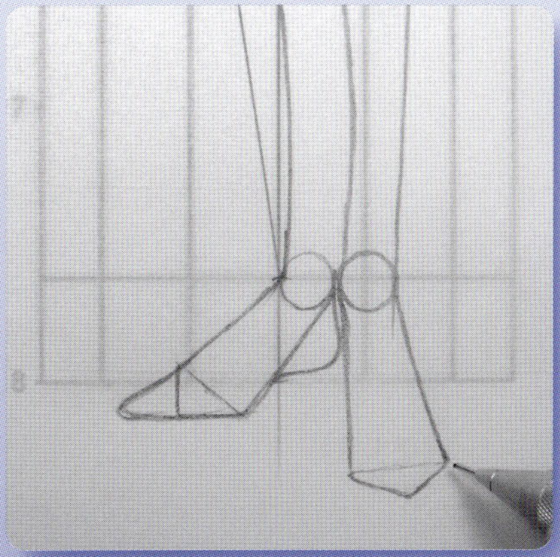

足はネクタイの剣先のような形。指部分は三角形で表現。足は大きめに描くと安定感が出る

42

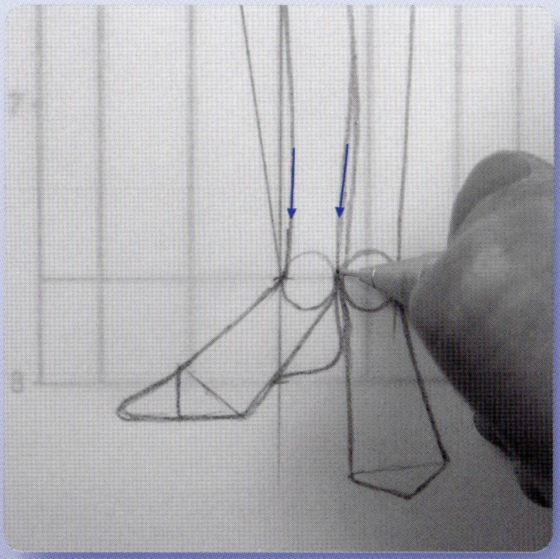

奥の足のふくらはぎ部分を描く。足首あたりのラインはすねとほぼ平行

43

手前の腕は身体にめり込むように

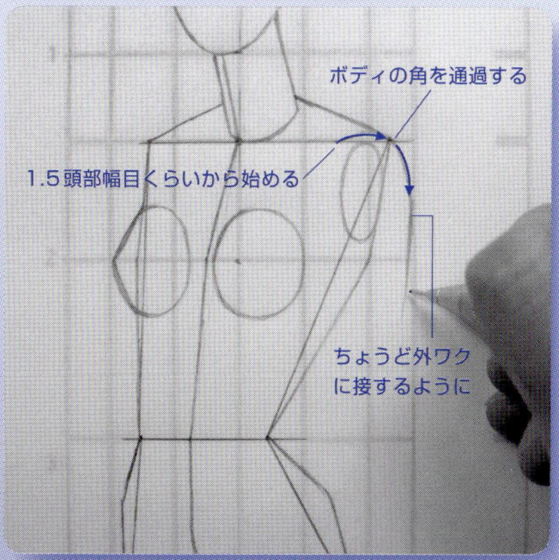
ボディの角を通過する
1.5頭部幅目くらいから始める
ちょうど外ワク
に接するように

まずは肩の丸み

44

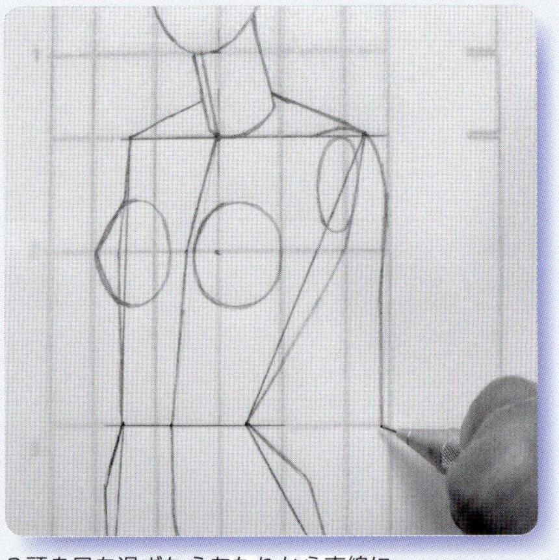

45

2頭身目を過ぎたらあたりから直線に

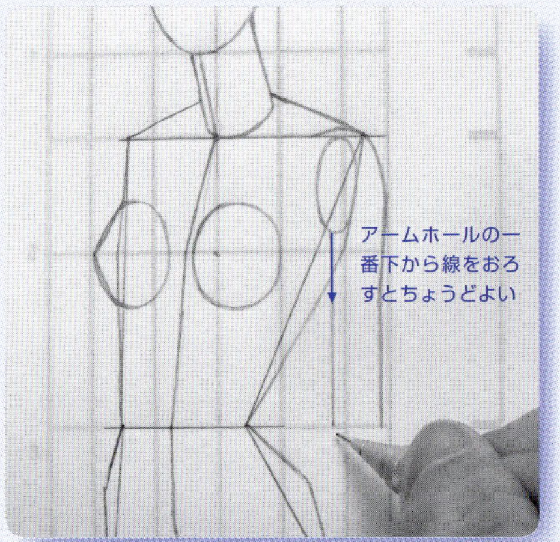
アームホールの一
番下から線をおろ
すとちょうどよい

46

内側も直線。正面向きの時と同じ太さになるように

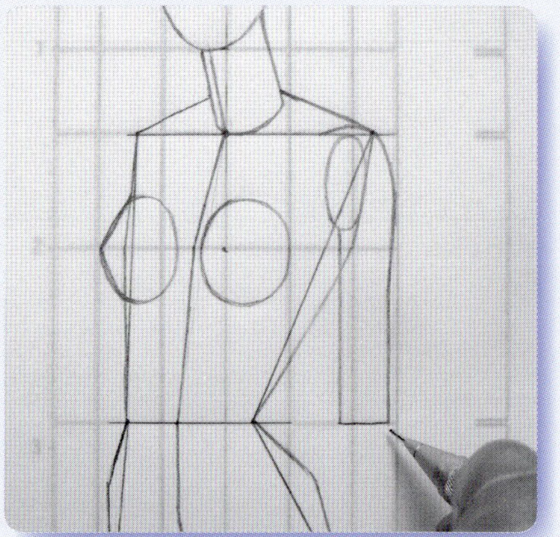

47

ひじ関節の位置で閉じる。関節の位置を把握しながら描くと動かしたときにバランスを崩さない。面倒くさいけどとても大事な作業

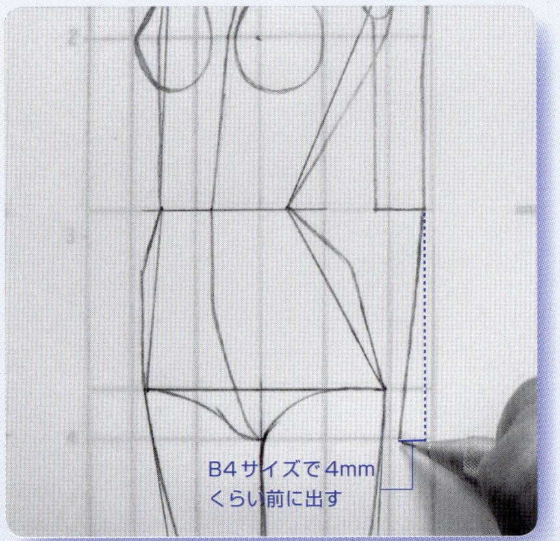
B4サイズで4mm
くらい前に出す

48

前腕は斜めから見ると少し前に曲がって見える

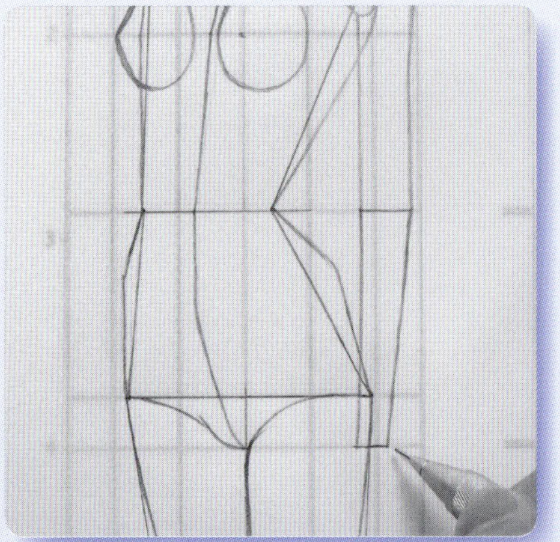

49

ひじから手首に向けて少し先細りになるように前腕を描く

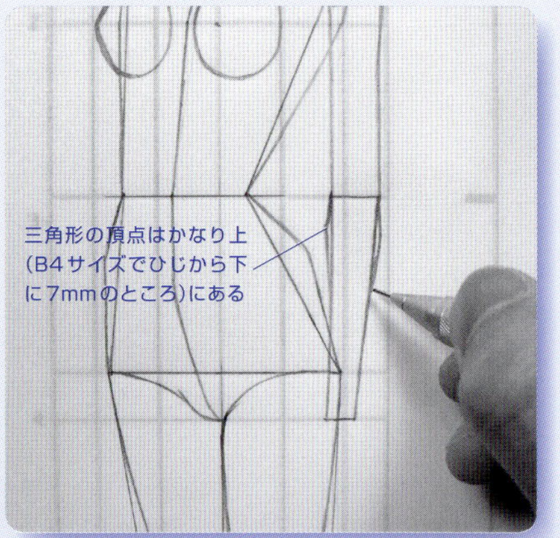
三角形の頂点はかなり上
(B4サイズでひじから下
に7mmのところ)にある

50

前腕に少しふくらみをつける

手は甲と指に分けて

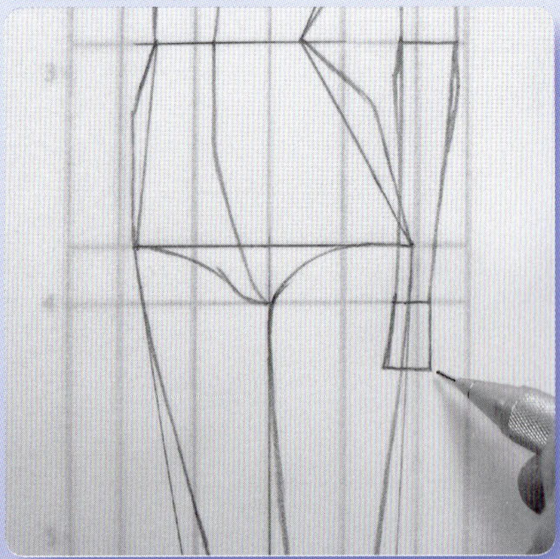

51

手の大きさは顔と同じくらい。甲と指に分けて描く。甲は四角形で。大きさは1/2頭身より少し小さめ

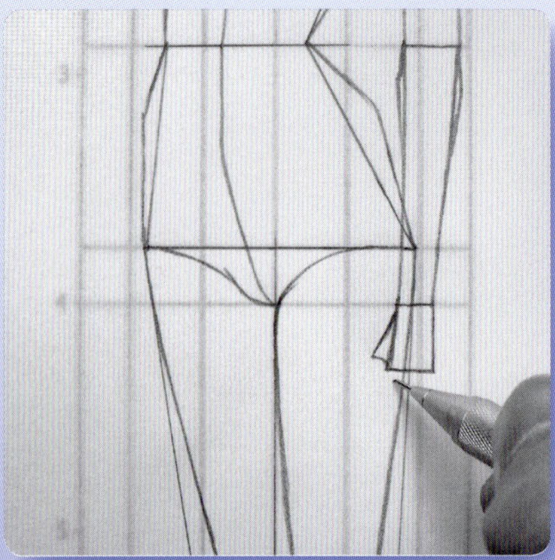

52

親指は手首から生えているイメージで

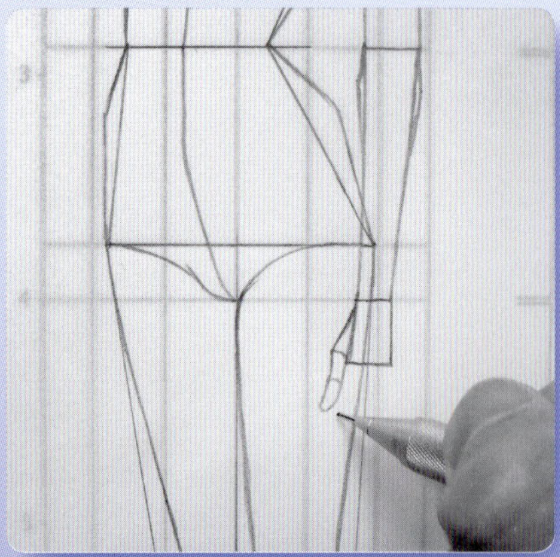

53

指を描く。関節はつけ根も入れて3つある

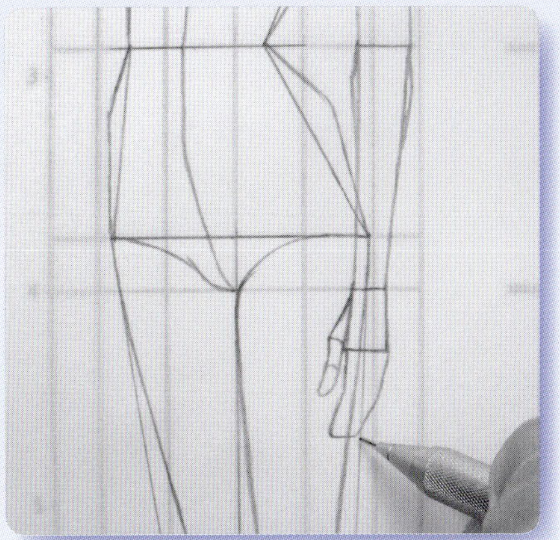

指の長さは甲と同じか少し大きめ。少し曲げておくと指らしくなる。まずはミトン状に４本の輪郭から

54

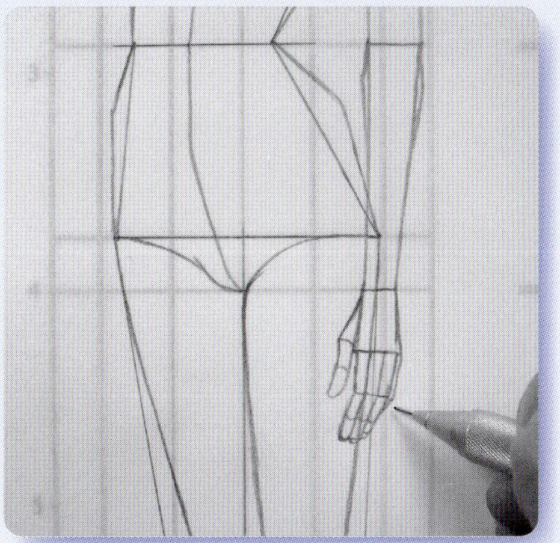

４本に分ける。中指が一番長い。関節はつけ根も入れて３つある

55

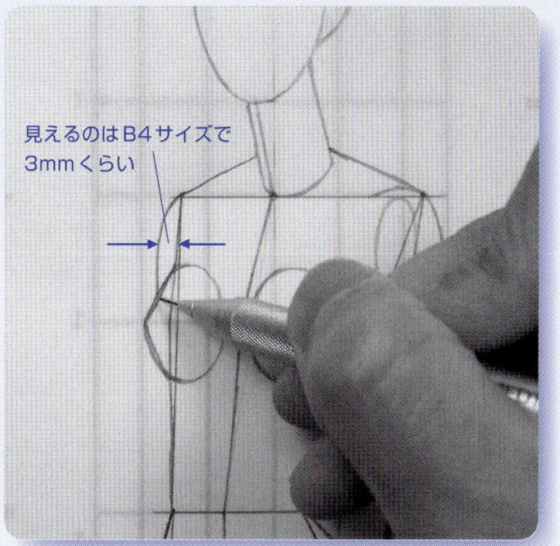

奥の手はほとんど隠れている。肩のふくらみから描く

56

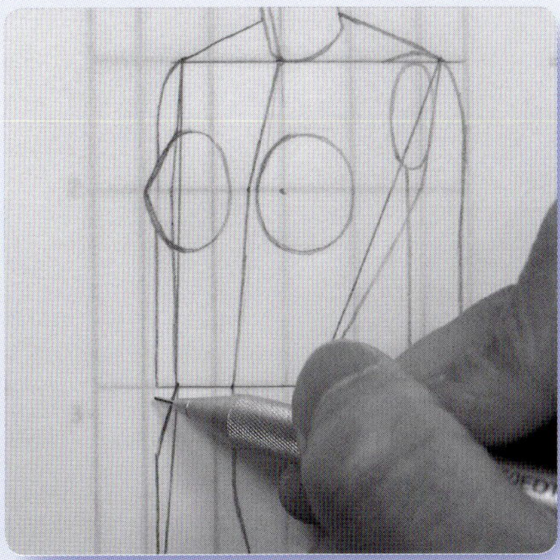

上腕はまっすぐ

57

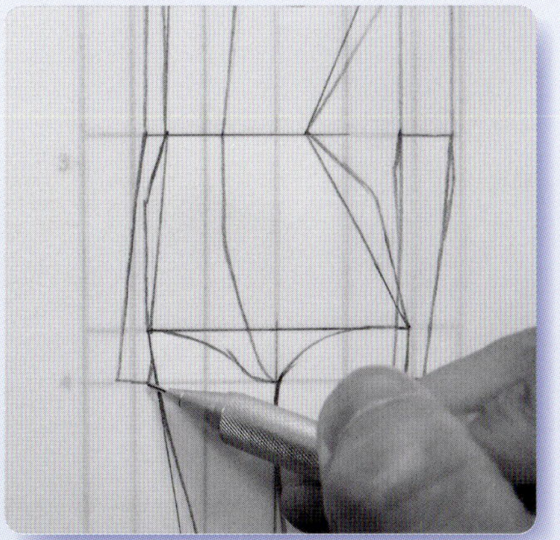

前腕は少し前に

58

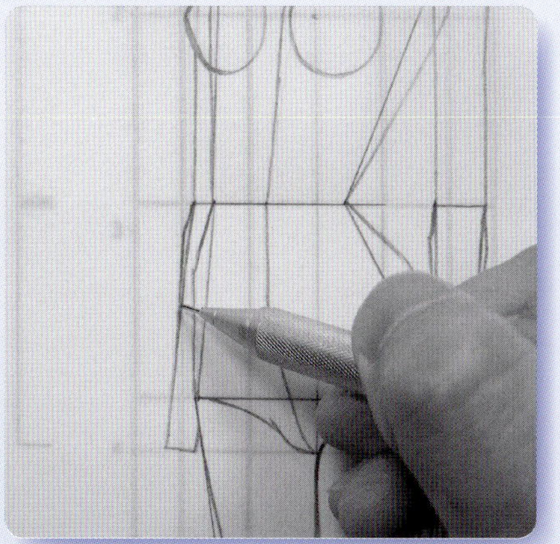

前腕のふくらみ

59

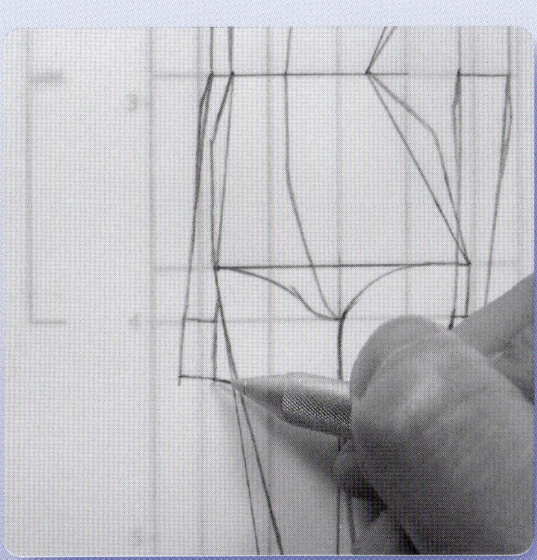

手の甲。手前の手より気持ち小さめ（B4サイズで1mm小さく）にすると遠近感が出る

60

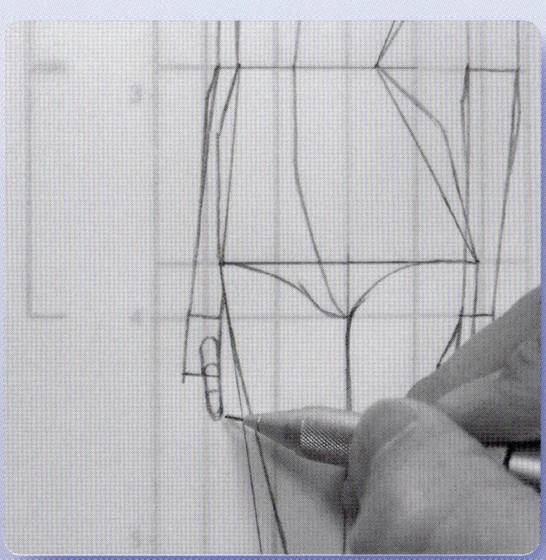

横向きの手の親指は甲の中に描く

61

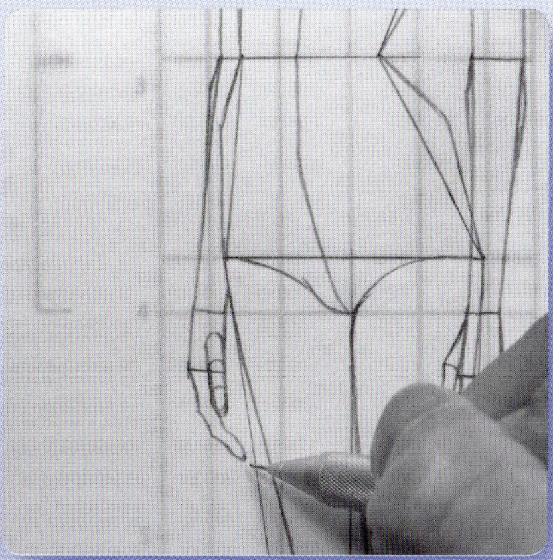

その他の指

62

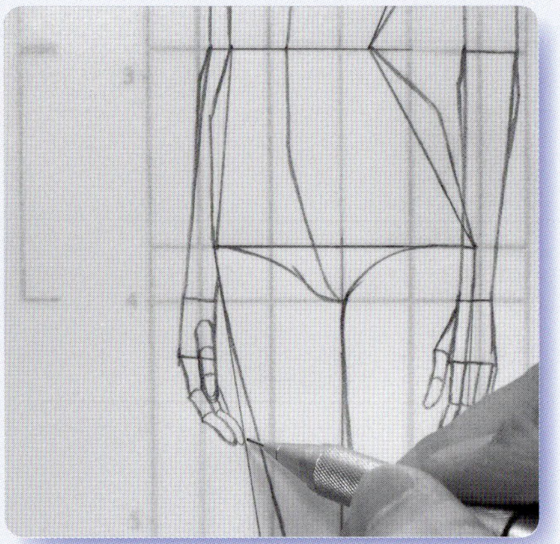

中指や薬指も少し見せると遠近感が出る

63

斜め向きの顔の描き方は P81-P87

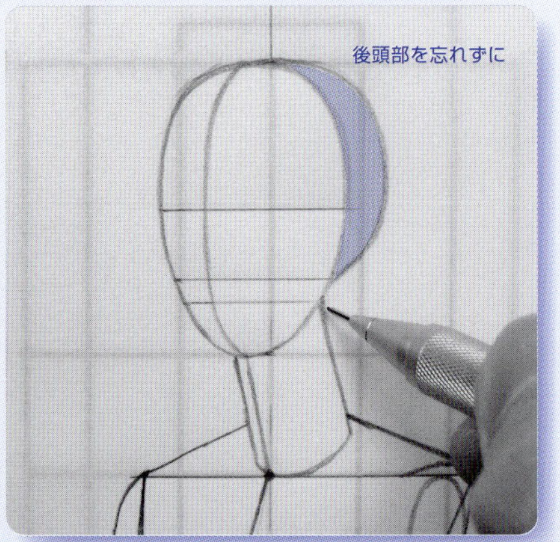
後頭部を忘れずに

顔パーツのバランスを取る

64

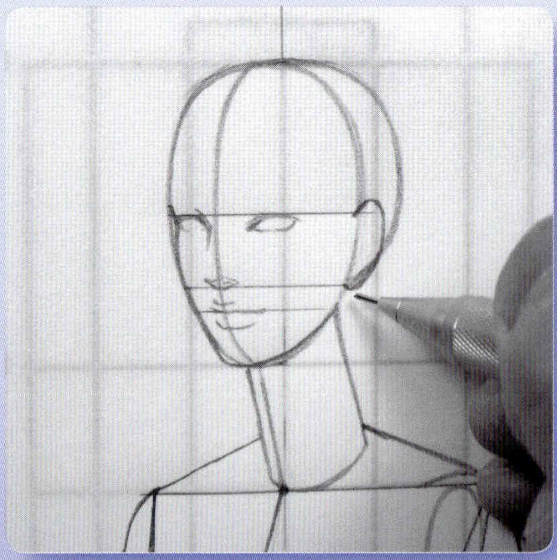

目、鼻、口を描く

65

ボディの完成

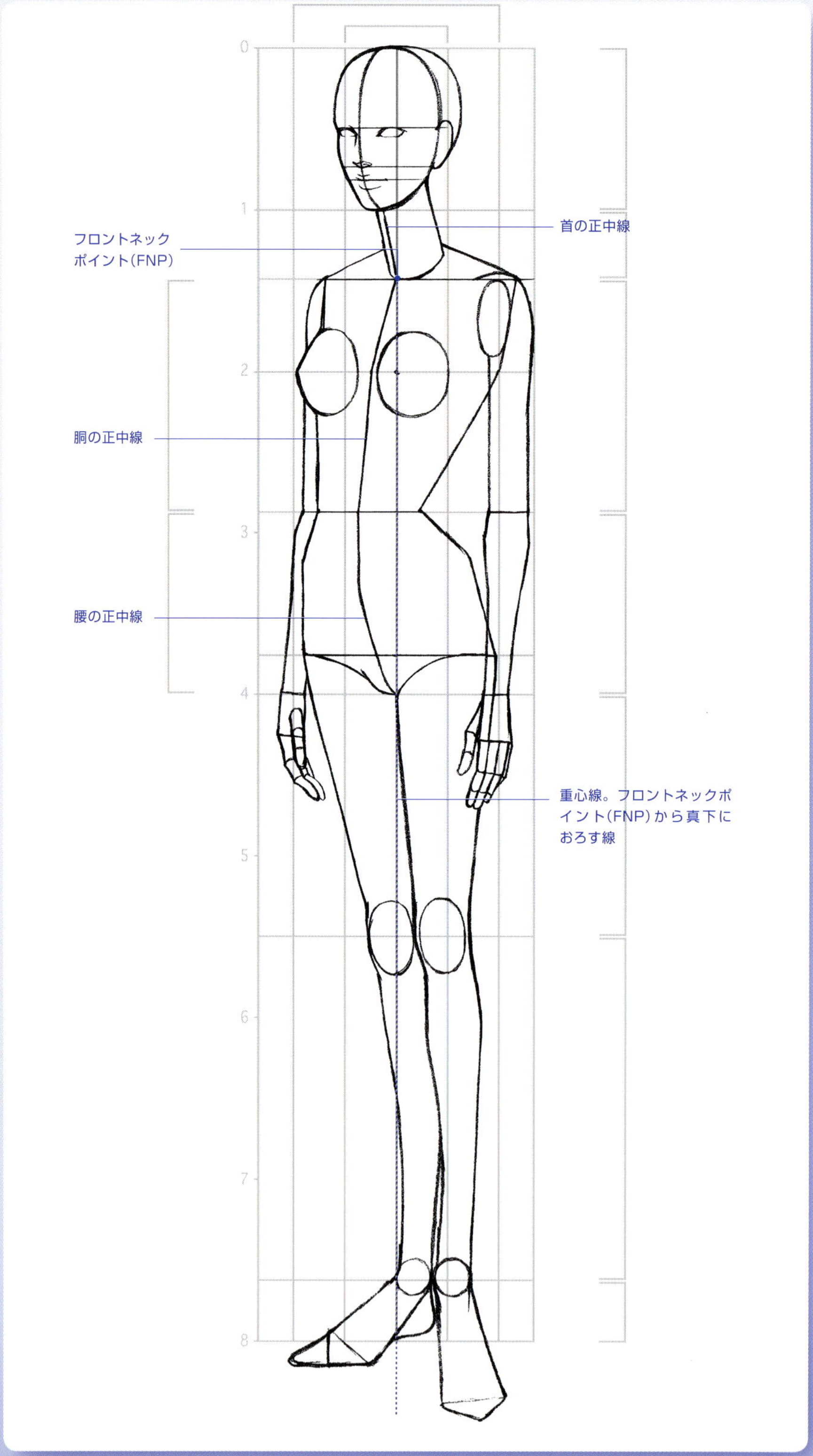
0
1
2
3
4
5
6
7
8
首の正中線
フロントネック
ポイント(FNP)
胴の正中線
腰の正中線
重心線。フロントネックポイント(FNP)から真下におろす線

顔や胴、脚の案内線を消して完成

66

クリーンアップしよう

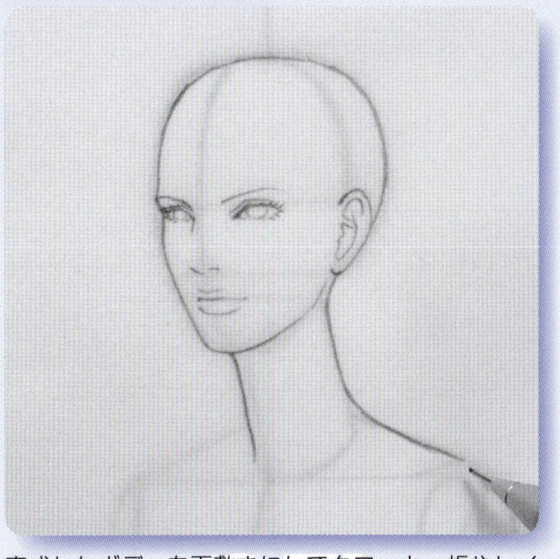

完成したボディを下敷きにしてクロッキー帳やレイアウトパッドにヌードを描いてみる。首やウエストのカクカクした関節部分を滑らかに結んで人間らしい柔らかさを出す

67

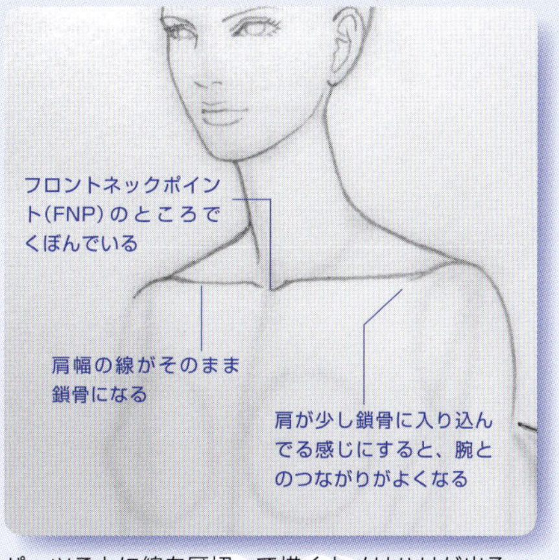
フロントネックポイント(FNP)のところでくぼんでいる
肩幅の線がそのまま鎖骨になる
肩が少し鎖骨に入り込んでる感じにすると、腕とのつながりがよくなる

パーツごとに線を区切って描くとメリハリが出る

68

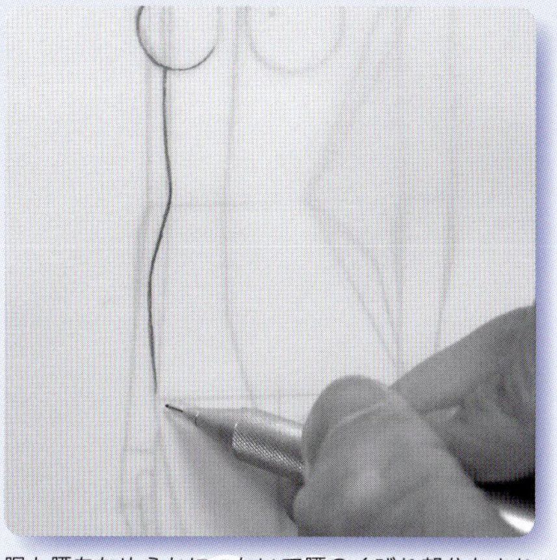

胴と腰をなめらかにつないで腰のくびれ部分をきれいに見せる

69

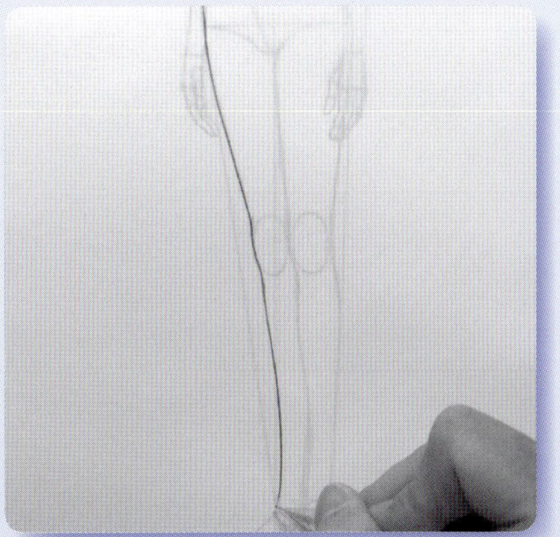

横向きの脚はそり具合がポイント

70

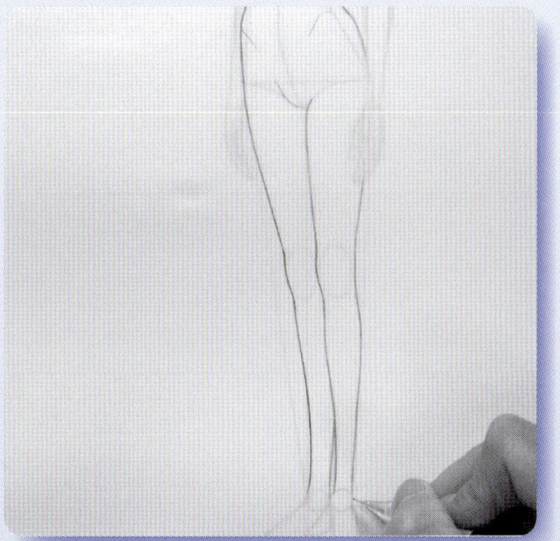

正面向きの脚はすねの形が大事。足首に向けてスッと細くなるとかっこいい

71

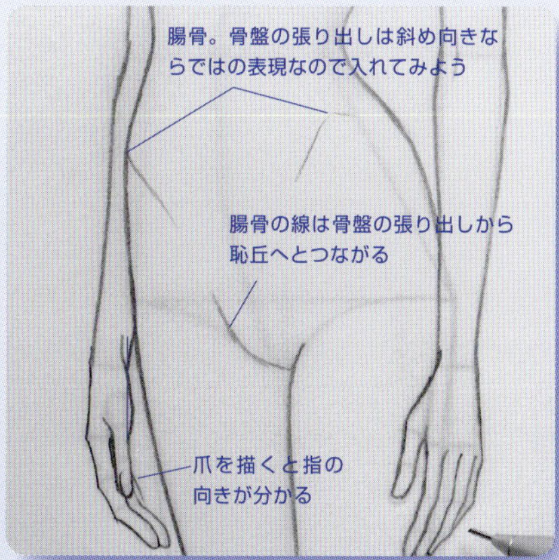
腸骨。骨盤の張り出しは斜め向きならではの表現なので入れてみよう
腸骨の線は骨盤の張り出しから恥丘へとつながる
爪を描くと指の向きが分かる

手を描く

72

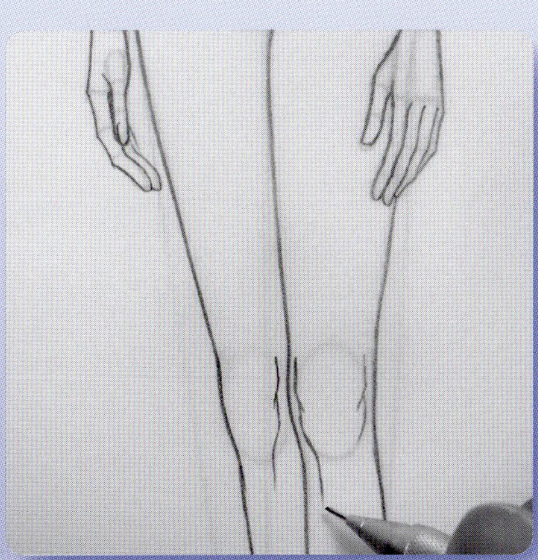

ひざのシワを描く

73

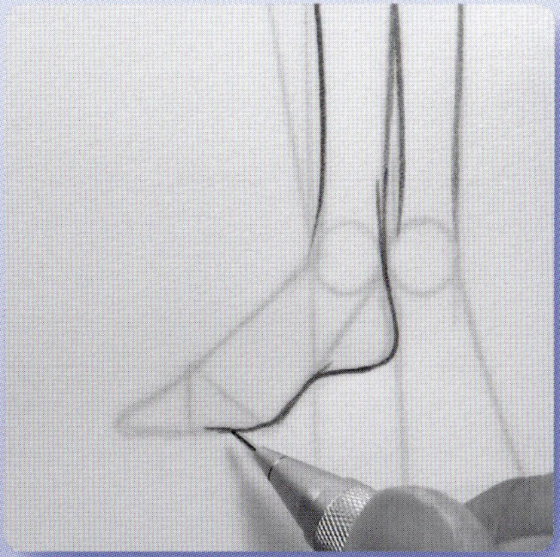

かかとと土踏まずを描く

74

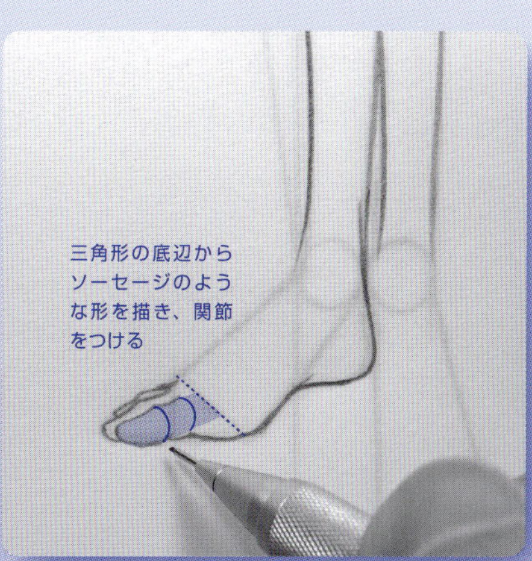
三角形の底辺からソーセージのような形を描き、関節をつける

横向きの指はほとんど親指しか見えない

75

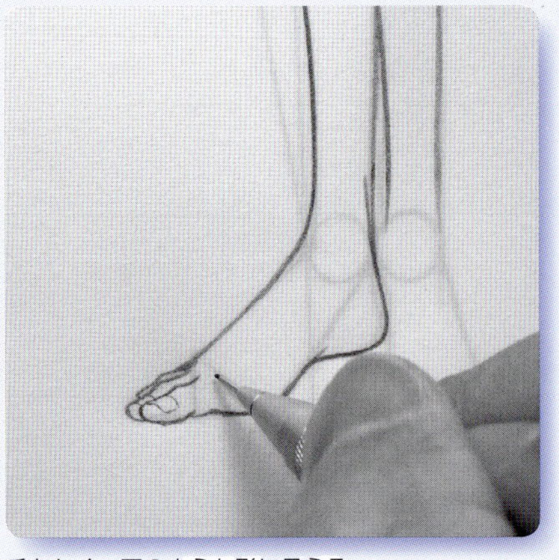

爪をかく。瓦のような形に見える

76

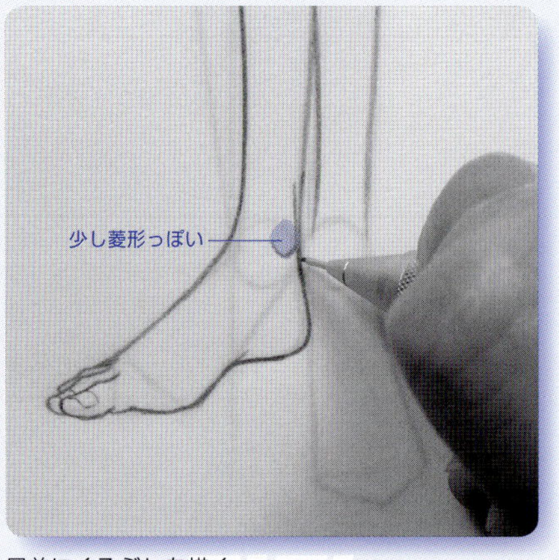
少し菱形っぽい

足首にくるぶしを描く

77

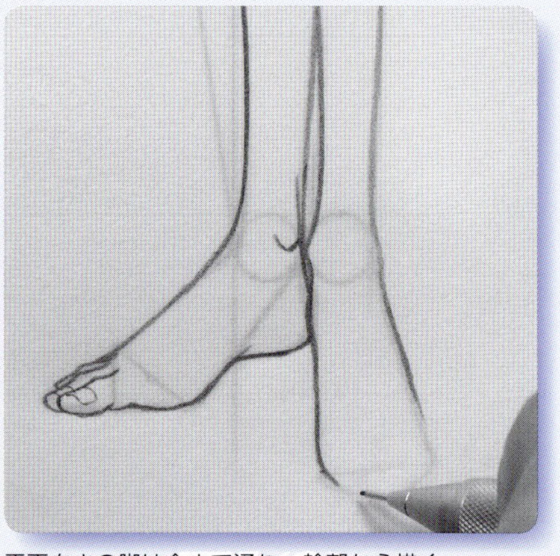

正面向きの脚は今まで通り。輪郭から描く

78

ボディを筒の集まりと考えて、シンプルに陰影を入れてみよう

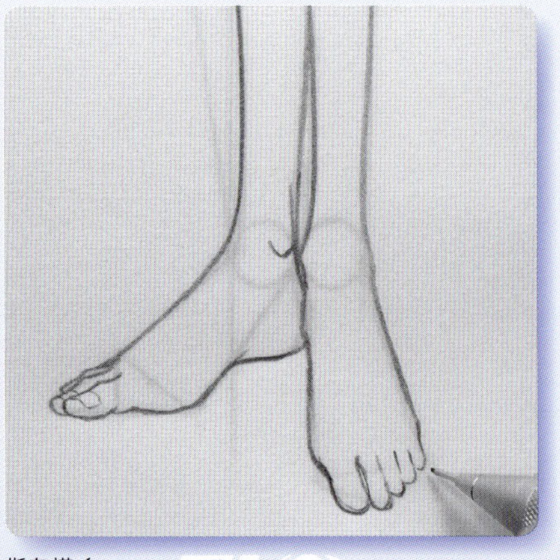

指を描く

79

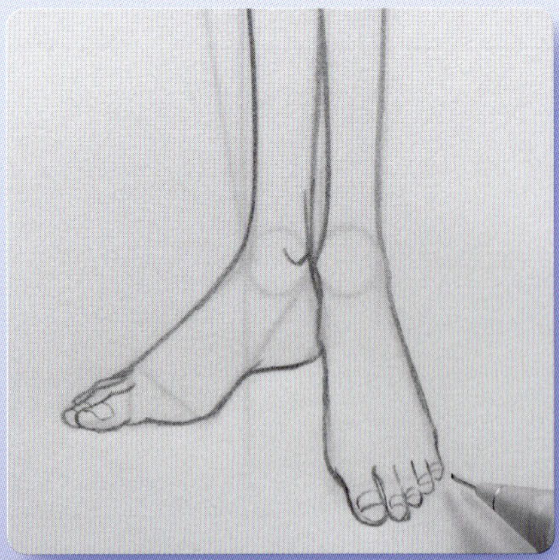

瓦のような指の爪を描いて、クリーンアップ完成

80

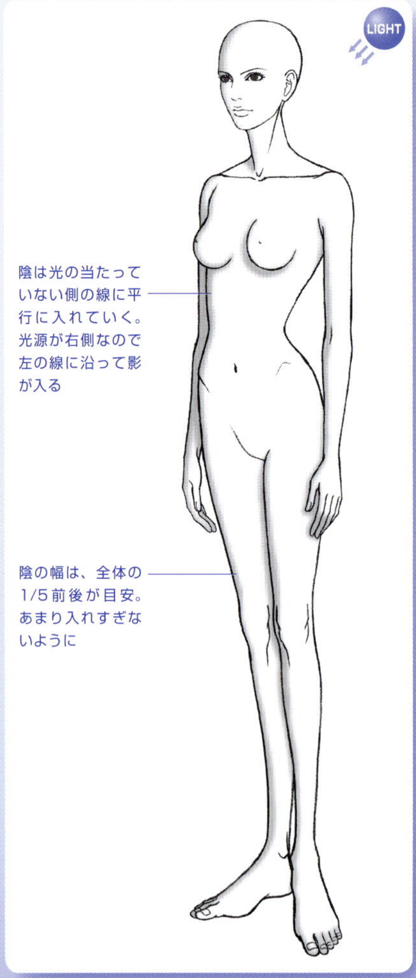
LIGHT
陰は光の当たっていない側の線に平行に入れていく。光源が右側なので左の線に沿って影が入る
陰の幅は、全体の1/5前後が目安。あまり入れすぎないように

陰影を入れるために光源を設定する。光源は本書では一貫して向かって右上にセット。今まで同様ボディパーツを筒と考え、その筒ひとつひとつに陰を入れていく

81

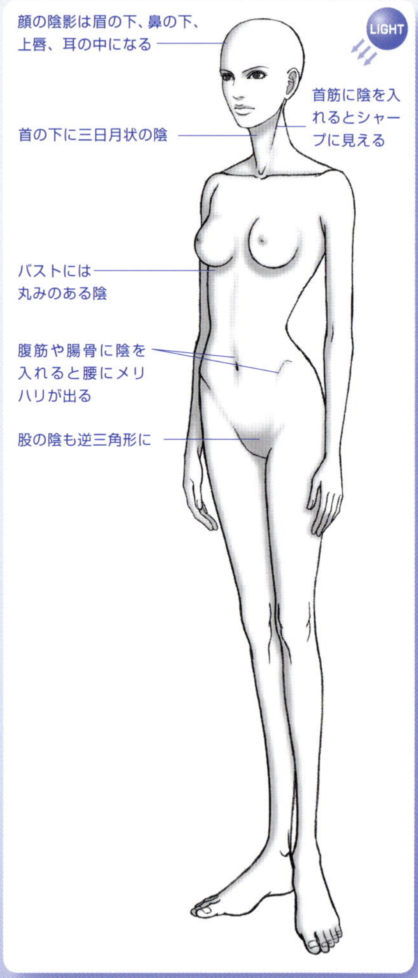
顔の陰影は眉の下、鼻の下、上唇、耳の中になる
LIGHT
首筋に陰を入れるとシャープに見える
首の下に三日月状の陰
バストには丸みのある陰
腹筋や腸骨に陰を入れると腰にメリハリが出る
股の陰も逆三角形に

筒として捉えきれない凸凹にも陰を入れて陰影完成

82

斜め向き直立ポーズ(開脚)の作り方

斜め向きの人体のプロポーションを把握したところで、関節を支点に手足を動かしてみましょう。動かしたパーツは、短くなったり小さくなったりする傾向があるので、さっき描いた斜め向きのボディを横に置いて比較しながら描いていきましょう。今回は歩幅を広げて開脚ポーズにしてみます。

0
1
2
4
5
6
7

斜め向き直立開脚ポーズ。正面向き同様、体重を支える下半身の動きを学ぶこと

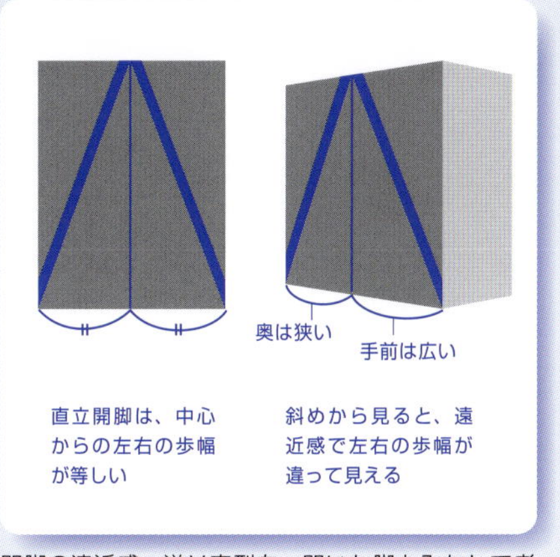
奥は狭い
手前は広い
直立開脚は、中心からの左右の歩幅が等しい
斜めから見ると、遠近感で左右の歩幅が違って見える

開脚の遠近感。逆V字型を、開いた脚とみなして考えてみる

上半身は動かさない

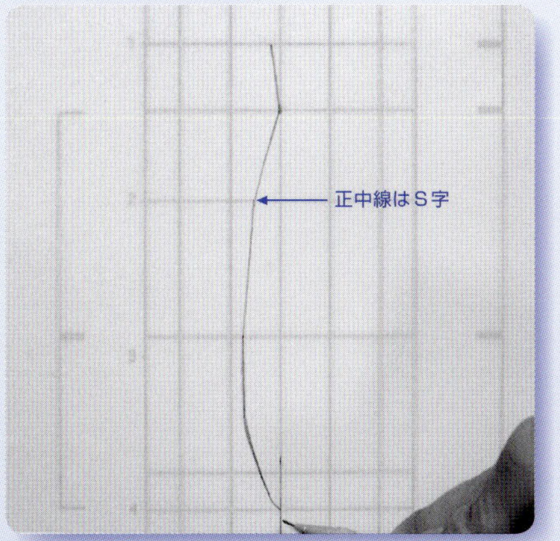
正中線はS字

付録のボディバランスの「ワク図」を下敷きにする。phase02で自分で描いたものでもよい。動きのない首、胴、腰はP37-P39と同じプロセスで描ける。復習のつもりで描いていこう

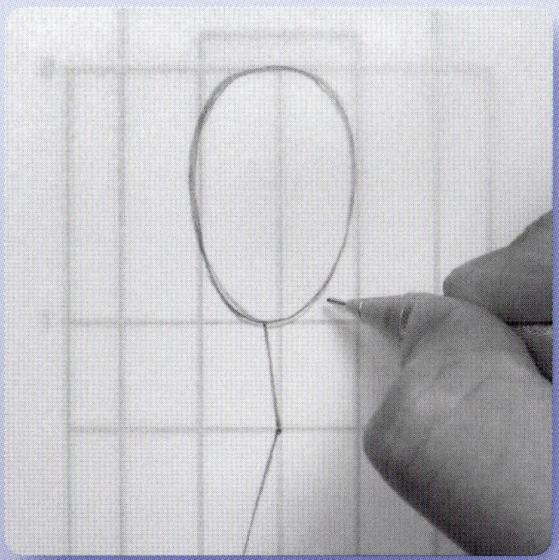

首の正中線の上に顔を描く。幅が2/3頭身になるよう忘れずに

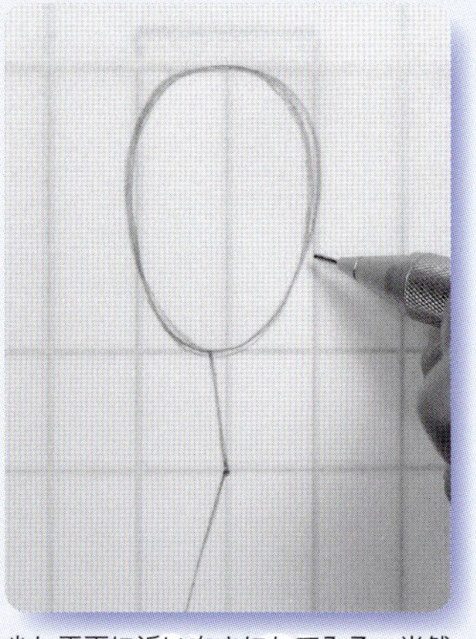

少し正面に近い向きにしてみる。当然後頭部もあまり見えない

03

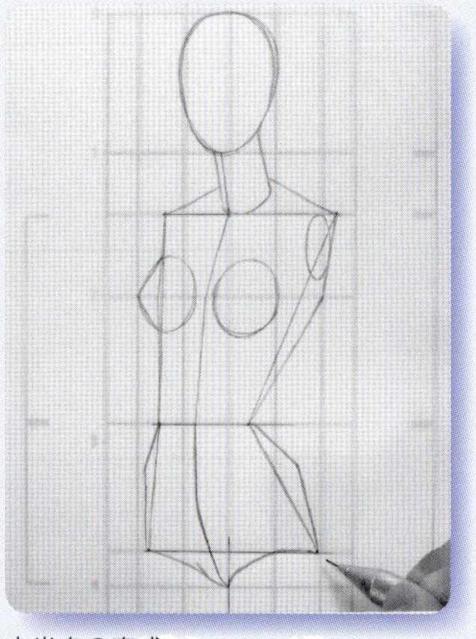

上半身の完成

04

開脚しても脚の形が変わらないように

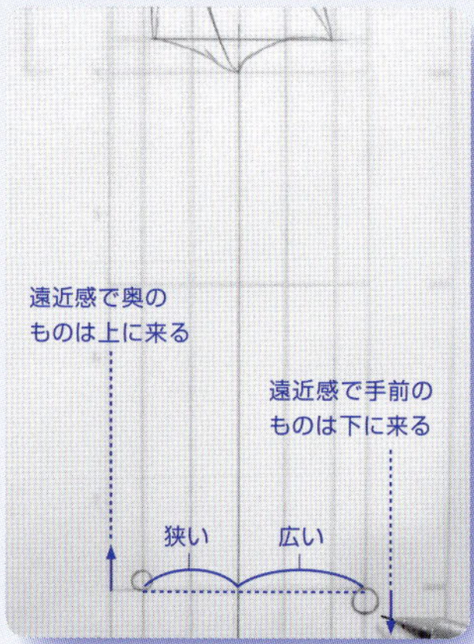

遠近感で奥の
ものは上に来る
遠近感で手前の
ものは下に来る
狭い
広い

足首の位置に○をつける。直立ポーズは「重心線からの歩幅が左右同じ」だが、遠近感で手前の方が広くなる

05

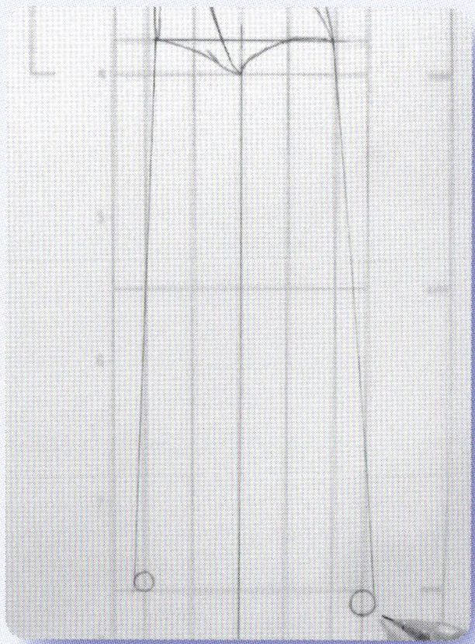

股関節（厳密には大転子＝大腿骨のつけ根）から足首まで一直線でつなぐ

06

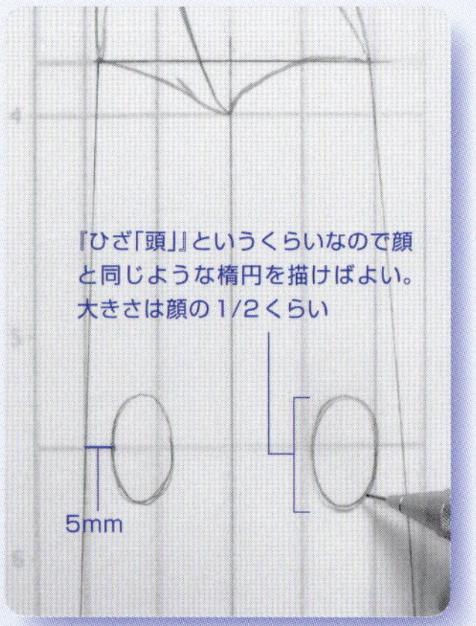

『ひざ「頭」』というくらいなので顔
と同じような楕円を描けばよい。
大きさは顔の1/2くらい
5mm

ひざ頭を直線より少し（B4サイズなら5mm）内側に描く

07

奥の脚はＳ字

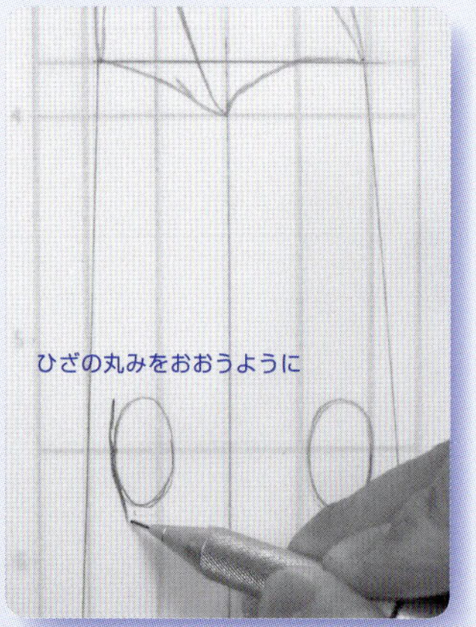

ひざの丸みをおおうように

奥の脚はつま先が横を向いているのでＳ字型

08

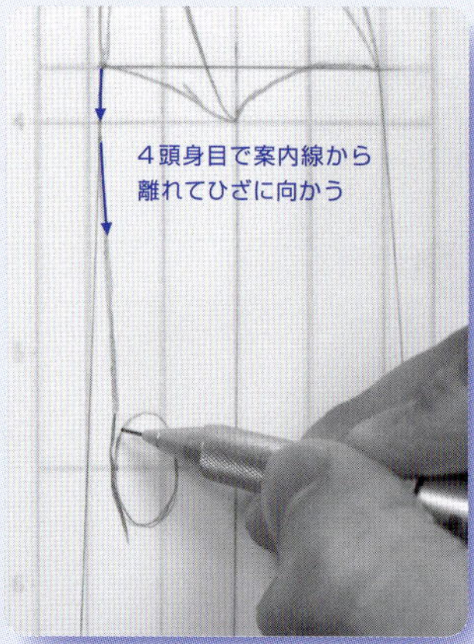

４頭身目で案内線から
離れてひざに向かう

股関節とひざをつなぐと大腿の線

09

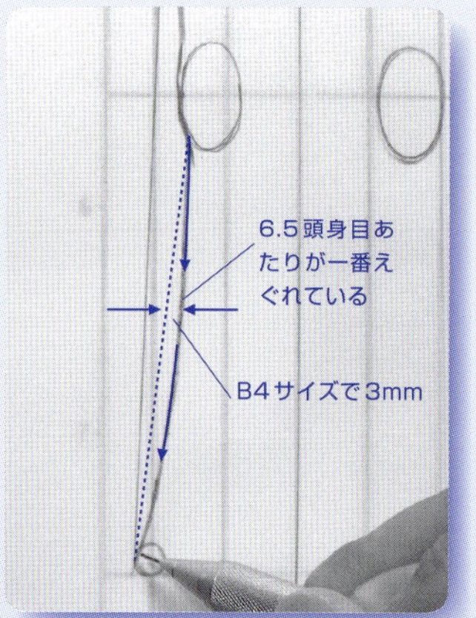

6.5頭身目あ
たりが一番え
ぐれている
B4サイズで3mm

横向きのすねはつま先に向けて反っている

10

横向きの足はかかととつま先が加わる

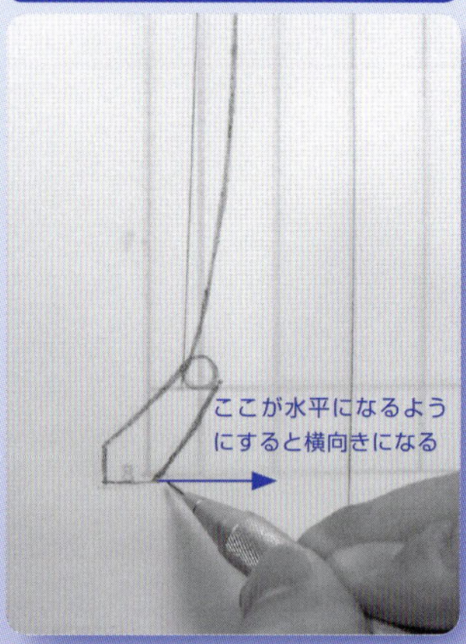

ここが水平になるよう
にすると横向きになる

ネクタイの剣先をイメージして足の本体を描く

11

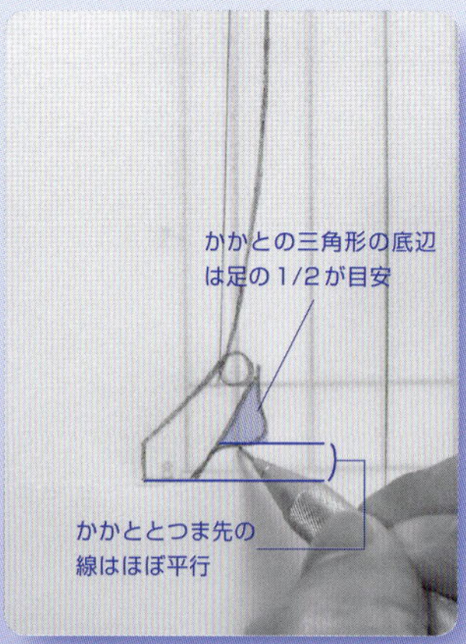

かかとの三角形の底辺
は足の1/2が目安
かかととつま先の
線はほぼ平行

かかとを描く

12

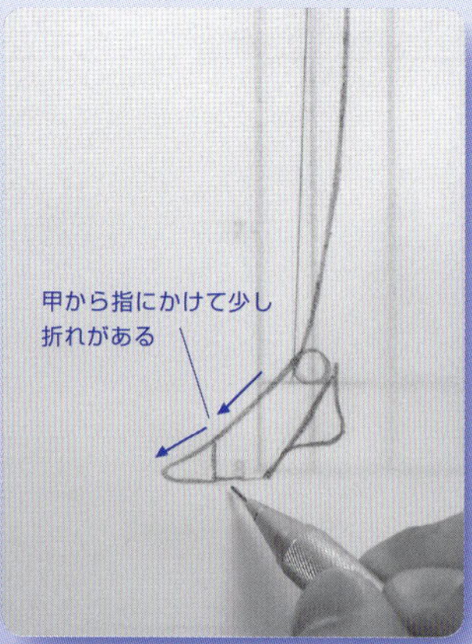

甲から指にかけて少し
折れがある

つま先を描く

13

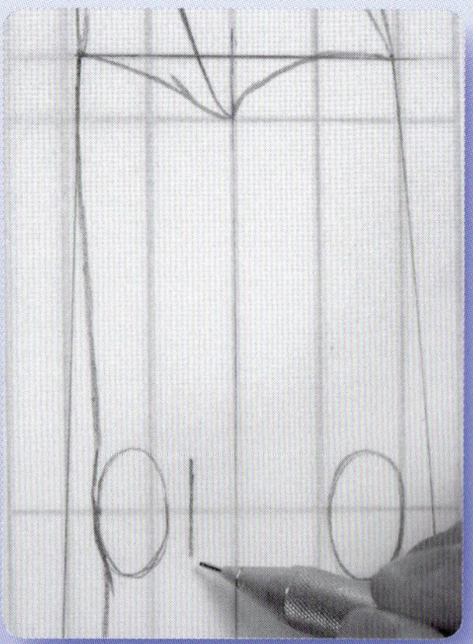

ひざの内側は横から見るとまっすぐに

14

太ももの断面をイメージ。
幅が左右同じになるように

内太ももは手前の脚と同じ太さになるよう調整しながら描く

15

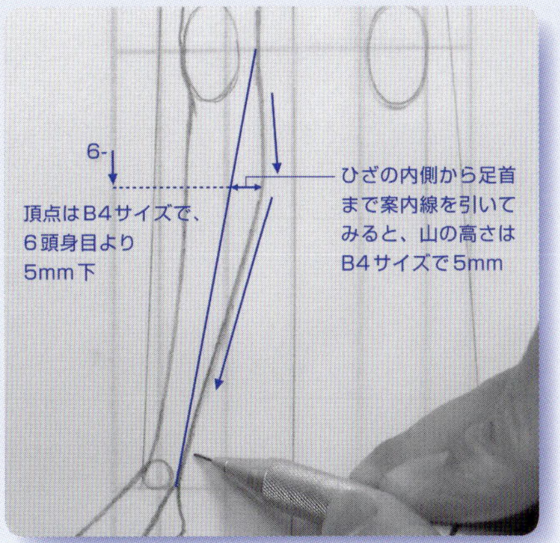
6-
頂点はB4サイズで、
6頭身目より
5mm下
ひざの内側から足首
まで案内線を引いて
みると、山の高さは
B4サイズで5mm

ふくらはぎを描く

16

手前の足はＶ字

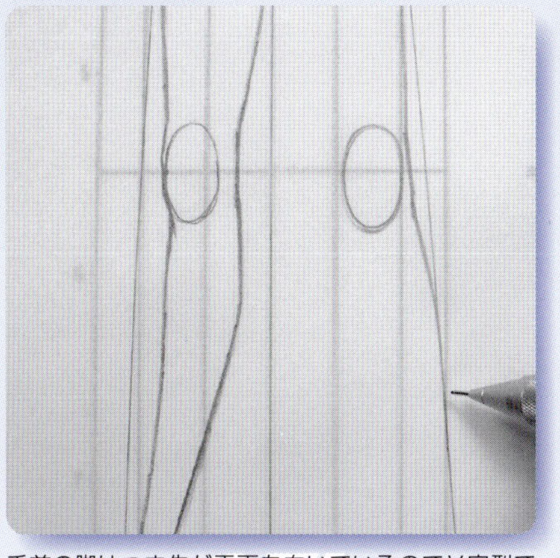

手前の脚はつま先が正面を向いているのでＶ字型で１本では「3」のような形になる。案内線を基準に、ひざ→大腿→すねの順に外郭線を描く

17

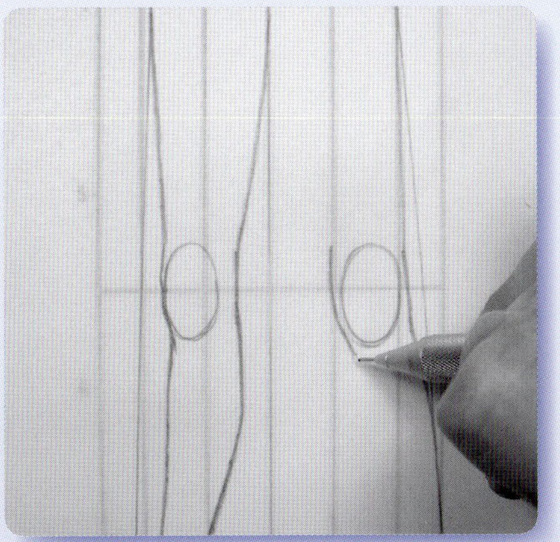

ひざの内郭線を描く

18

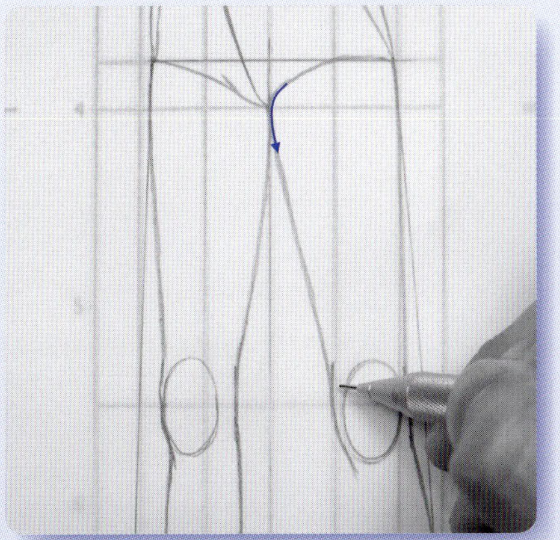

内太ももは、はじめの数センチ（B4なら1cm）ムッチリと丸みをつけたいので、パンツのはき口のラインの延長で曲線にする

19

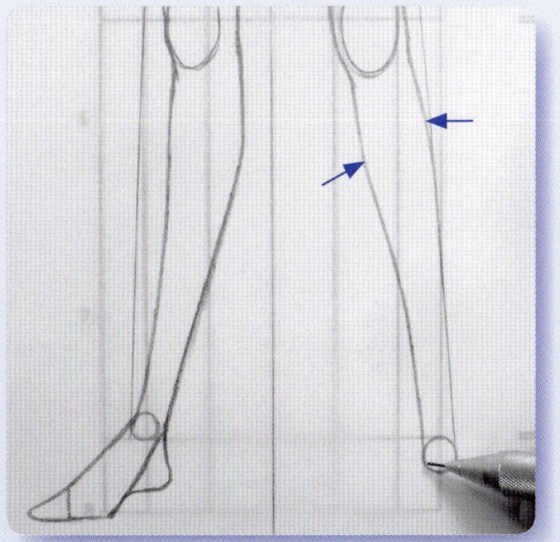

内郭線の最もふくらんだ部分は、外郭線よりも低い位置にある

20

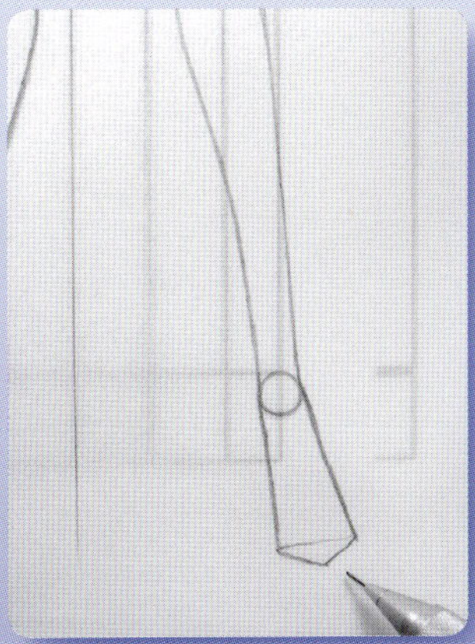

足はネクタイの剣先のような形。指部分は三角形で表現。足は大きめに描くと安定感が出る

21

腕を開いてみよう

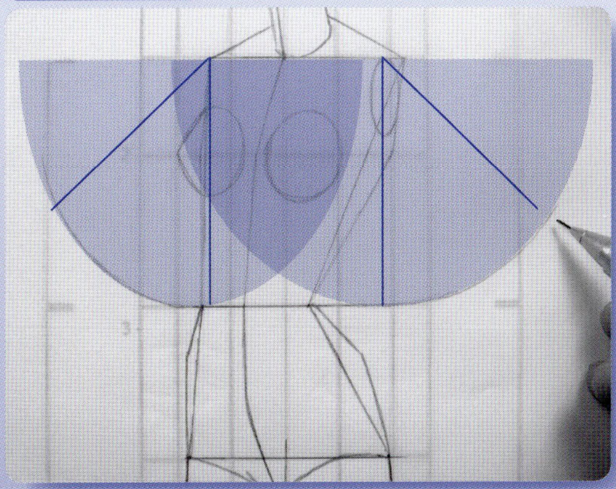

ひじの軌跡をつなぐと弧を描く。正面から見たら円運動だったが、斜めから見ると縦長の楕円運動になる

22

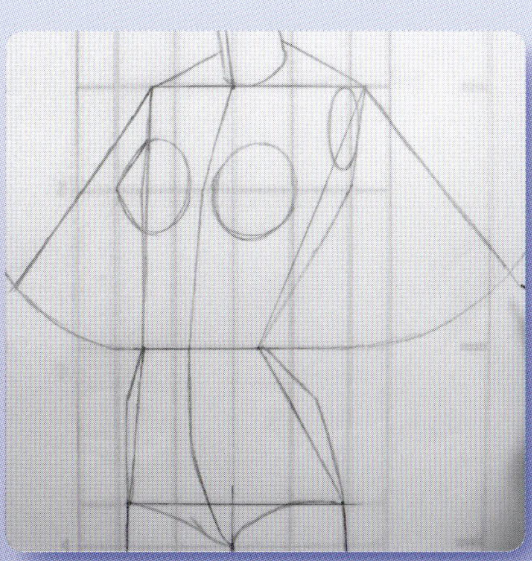

上腕の外郭線を描く。30°から45°のあいだが目安

23

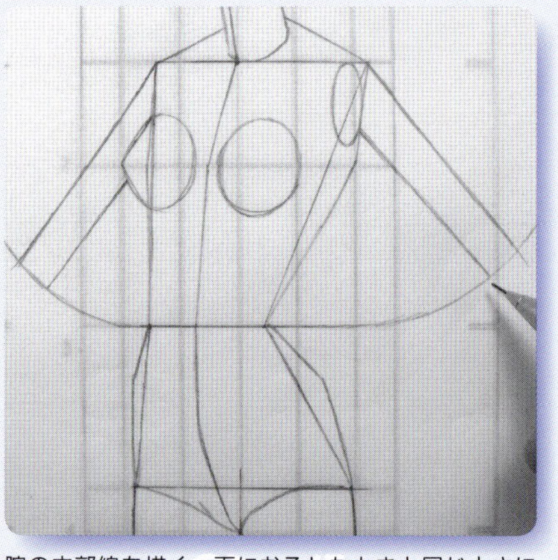

腕の内郭線を描く。下におろしたときと同じ太さになるように

24

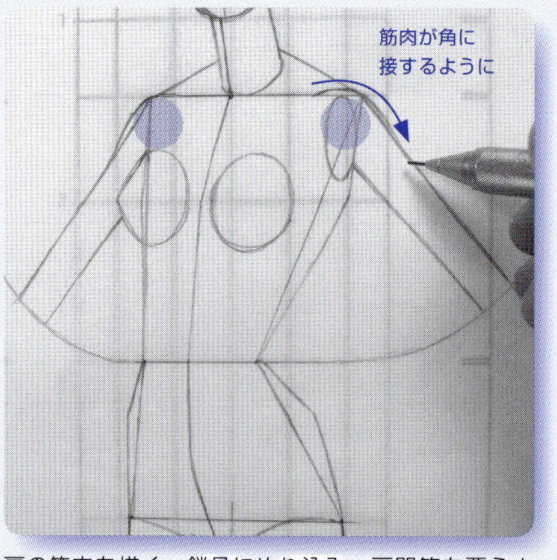
筋肉が角に
接するように

肩の筋肉を描く。鎖骨にめり込み、肩関節を覆うように丸みをもたせて描く

25

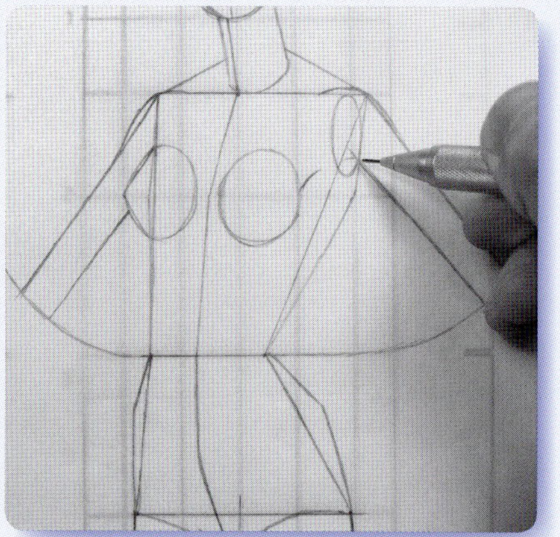

腕を開くと脇の下が見える。この線を描くと腕と胴のつながりがスムーズになる

26

手を腰に当ててみる。前腕を通り越して手から描こう

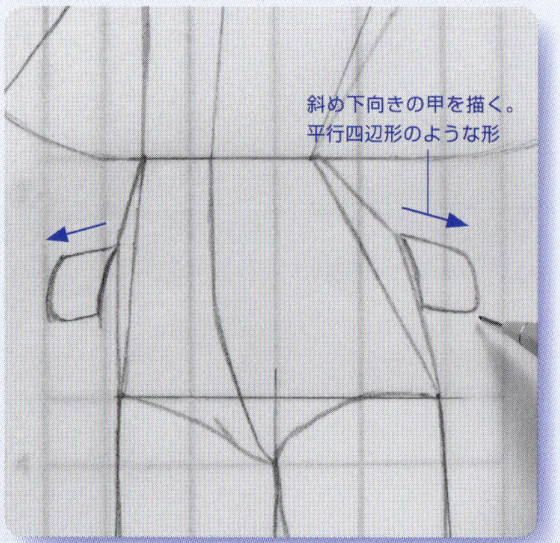
斜め下向きの甲を描く。
平行四辺形のような形

前腕は遠近感で長さの変わりやすいところ。前腕のゴール地点である「手」を先に描くとバランスを崩しにくい。手の甲を腰に添えるように描く

27

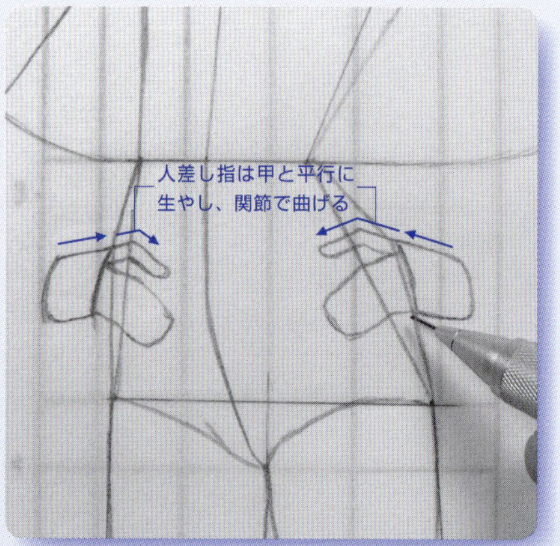
人差し指は甲と平行に
生やし、関節で曲げる

指を描く。中指から小指までは一緒に動くことが多いのでまとめる

28

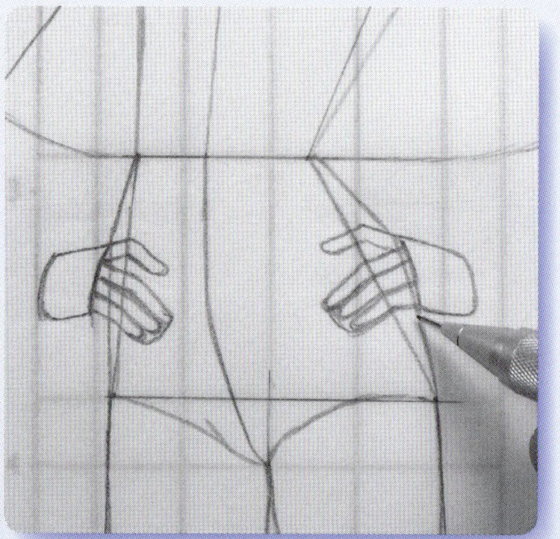

３本の指を分ける。中指から順に短くする

29

ひじと手首をつなぐ

30

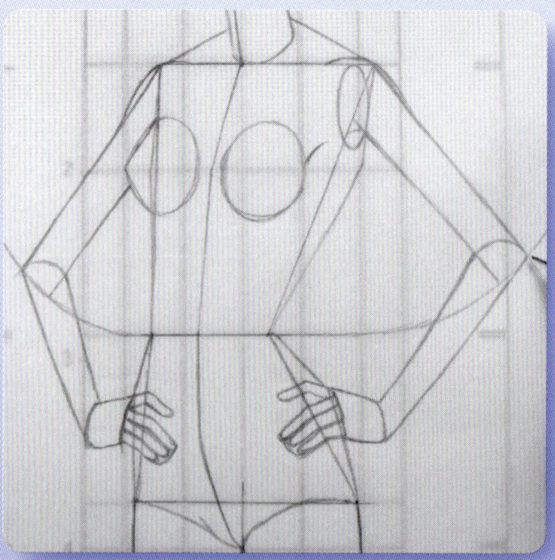

おろしたときと同じ太さになるように前腕の内線を描く。手首に向けて先細りするように

31

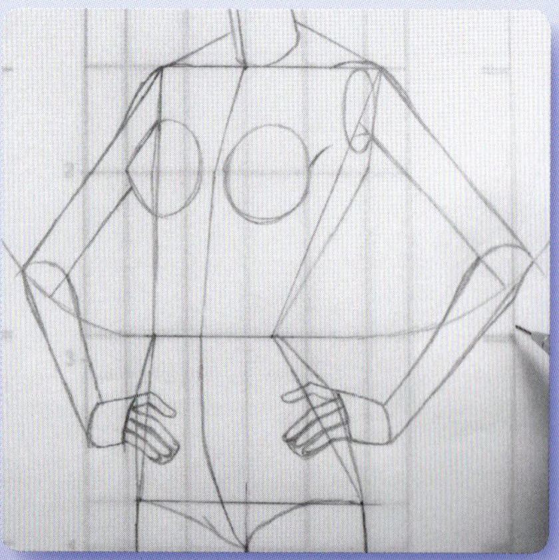

前腕の膨らみを入れる

32

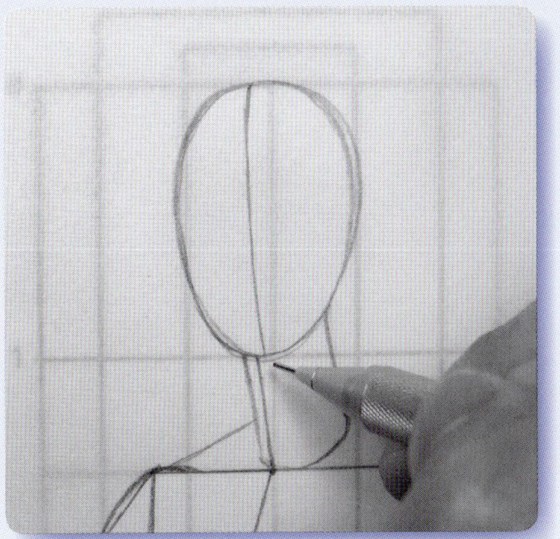

顔の中心線を入れる。ほんの少しの斜め向き顔なので中心線も少し曲線にするくらいでよい

33

案内線を入れる。詳しくはP76-P98で

34

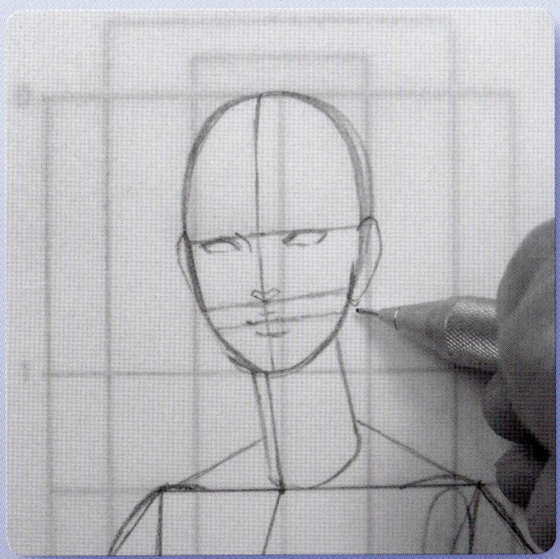

各パーツを描く

35

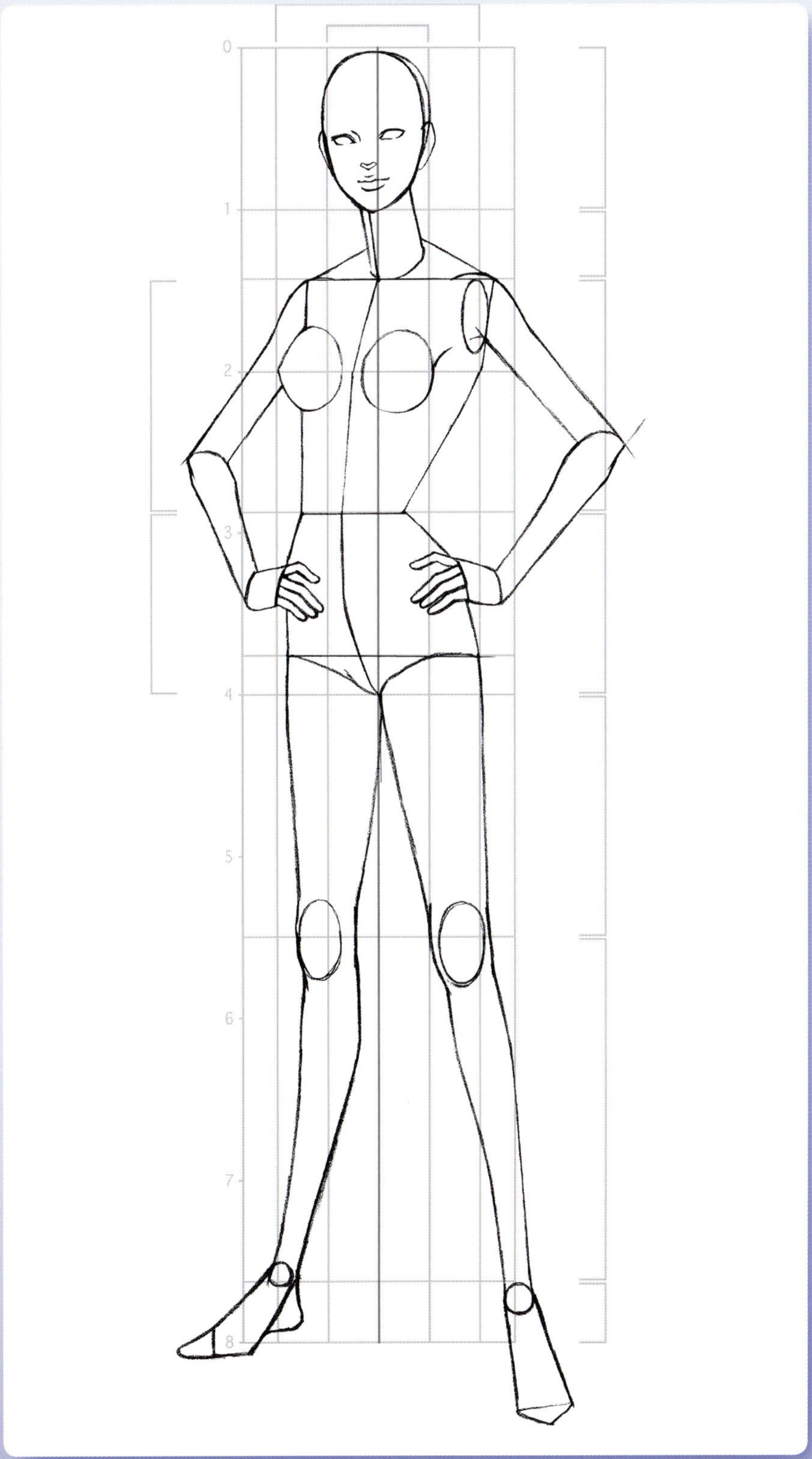

いらない線を消してボディの完成。脚の遠近感がポイント

36

ヌードは線をなめらかにつないで

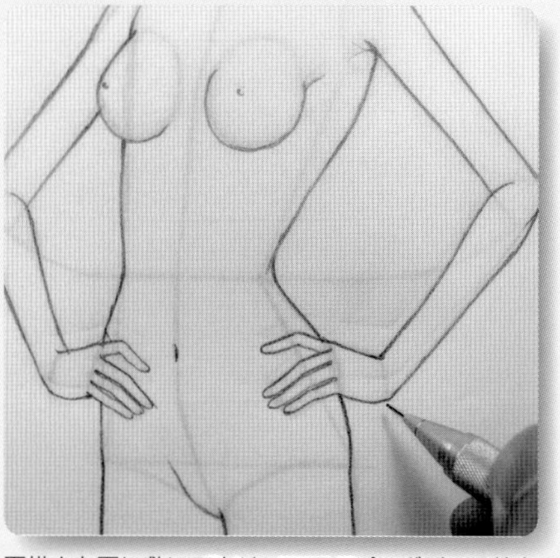

下描きを下に敷いてクリーンアップ。ボディの線をなめらかにつなぐ。ボディに薄くて柔らかい皮膚をまとうようなイメージで

37

陰影を入れてみよう

クリーンアップ完成。光源を右上に設定、顔、胴、腕、脚といったパーツひとつひとつに影になる側の輪郭線に沿って陰影を入れていく

38

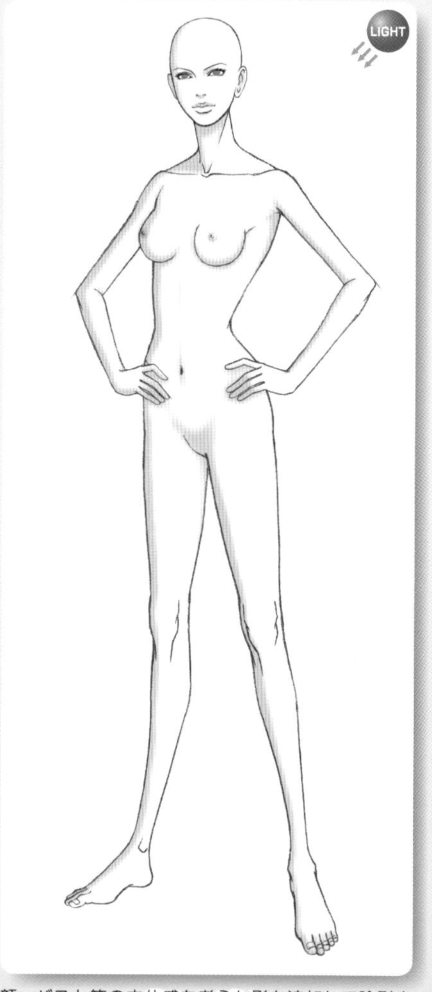

顔、バスト等の立体感を考えた影を追加して陰影完成

39

★ phase06の復習 ★

○斜め向きの正中線はＳ字
○横向きの脚はＳ字で正中線と互い違いになる
○顔に遠近感を出すには後頭部を描こう
○斜めから見ると腕は身体にめり込んでいる
○遠近感による大きさの変化に気をつけよう。遠くのものは小さく、近くのものは大きくなる
○何枚描いても常に同じバランスになるよう沢山描いて覚えよう

next !! 斜め向きのモデル立ちに挑戦します！

phase 07

斜め向きのモデル立ち

片脚重心ポーズ(支脚・奥編)

斜め向きボディのモデル立ち(片脚重心のポーズ)は斜め向きボディの直立ポーズを利用して描きます。手順は正面向きのものと全く同じです。ただし斜め向きのモデル立ちには支脚が「奥」にある場合と「手前」にある場合の2パターンがあります。今回は支脚が奥にある場合の片脚重心ポーズについて学びます。

斜め向き片脚重心ポーズ(支脚・奥)

phase05 でも触れましたが、片脚重心のポーズの特徴は以下の 2 点です。

- 軸脚の足首は重心線 (FNP からまっすぐ下ろした線) 付近に来る
- 腰が WP (ウエストポイント) を中心に回転。WL は軸脚側に上がった斜めの線になる

この 2 つの特徴を表現すると片脚重心ポーズとなります。

上半身は今まで通り

片脚重心ポーズは下半身の動きなので、顔、首、胴は今まで通りに描いていく

01

重要 POINT

斜めに傾いた腰をゆがみなく描く

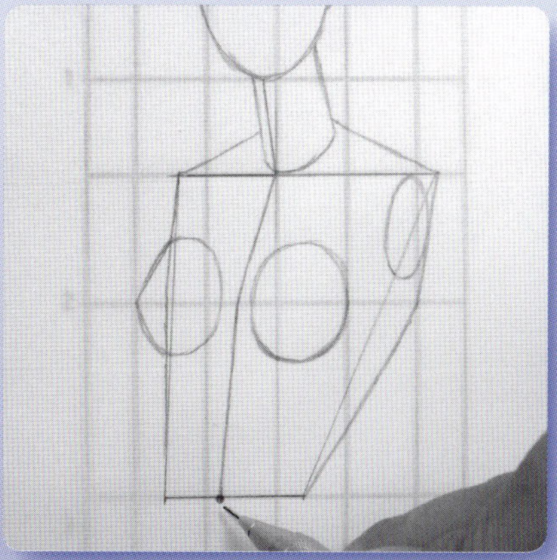

ウエストポイントに印をつける。ここを支点に腰が回転する

02

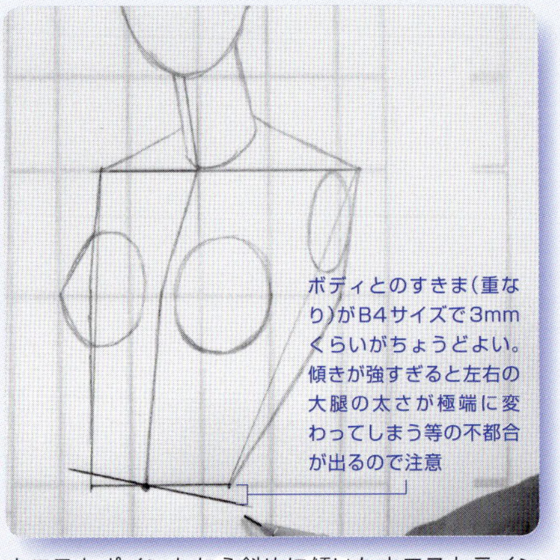
ボディとのすきま(重なり)がB4サイズで3mmくらいがちょうどよい。傾きが強すぎると左右の大腿の太さが極端に変わってしまう等の不都合が出るので注意

ウエストポイントから斜めに傾いたウエストラインを描く。ウエストラインが上がっているほうが支脚なので、右脚(向かって左)が支脚となる

03

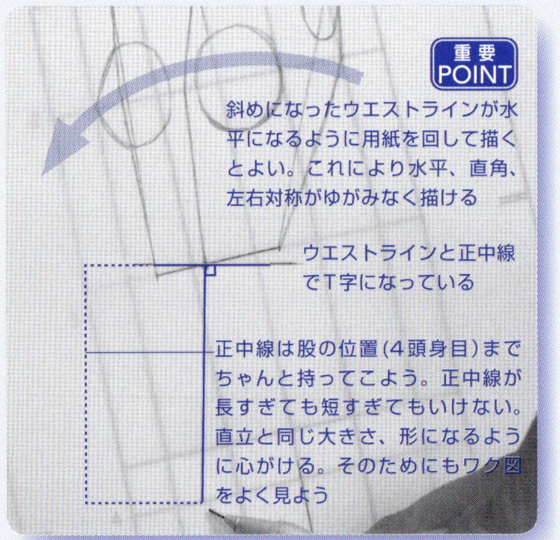
重要
POINT
斜めになったウエストラインが水平になるように用紙を回して描くとよい。これにより水平、直角、左右対称がゆがみなく描ける
ウエストラインと正中線でT字になっている
正中線は股の位置(4頭身目)までちゃんと持ってこよう。正中線が長すぎても短すぎてもいけない。直立と同じ大きさ、形になるように心がける。そのためにもワク図をよく見よう

腰の正中線を、ウエストラインに直角に描く

04

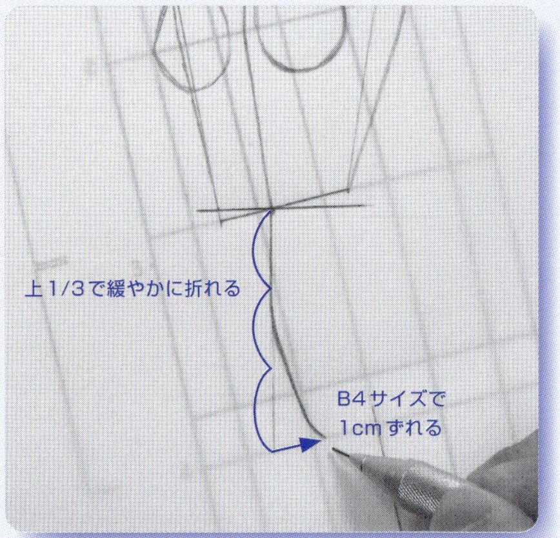
上1/3で緩やかに折れる
B4サイズで1cmずれる

腰の正中線は「J」の字。はじめはウエストラインと直角に真下に向かうが、途中で緩やかに折れる

05

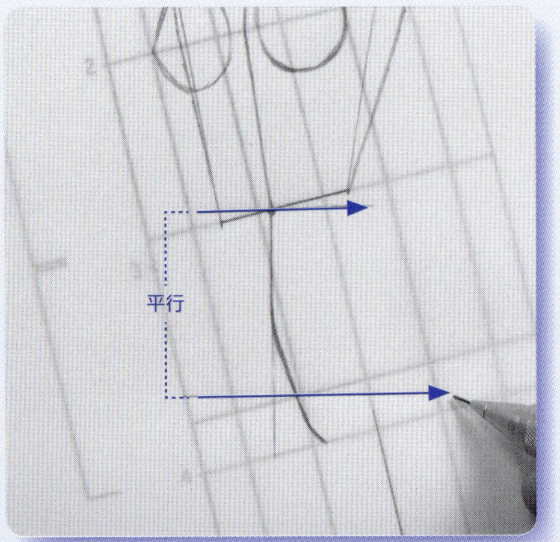
平行

ヒップラインはウエストラインと平行

06

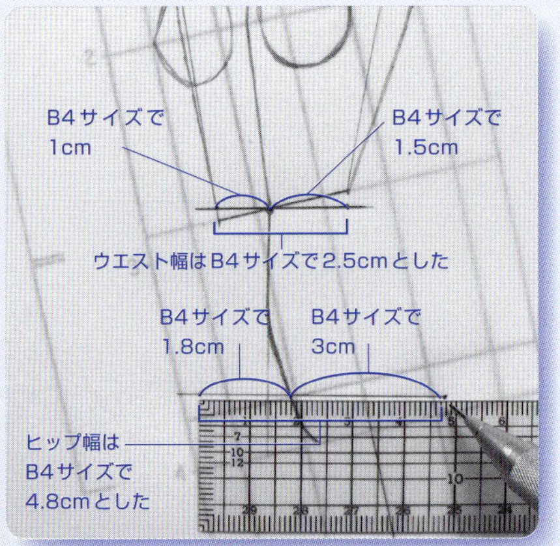
B4サイズで1cm
B4サイズで1.5cm
ウエスト幅はB4サイズで2.5cmとした
B4サイズで1.8cm
B4サイズで3cm
ヒップ幅はB4サイズで4.8cmとした

ウエスト幅、ヒップ幅を入れる

07

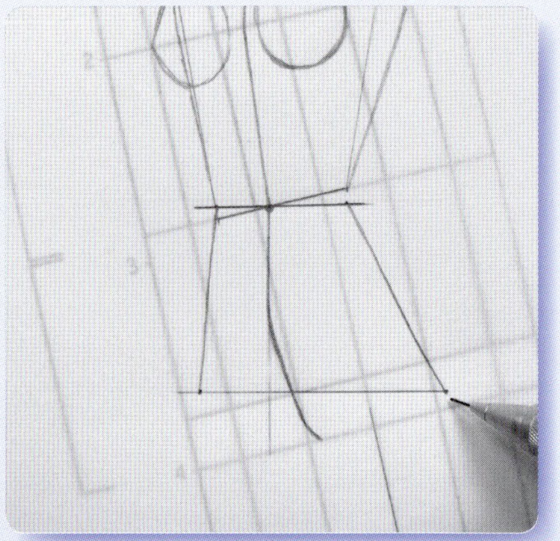

ウエスト幅とヒップ幅を直線でつなぐ

08

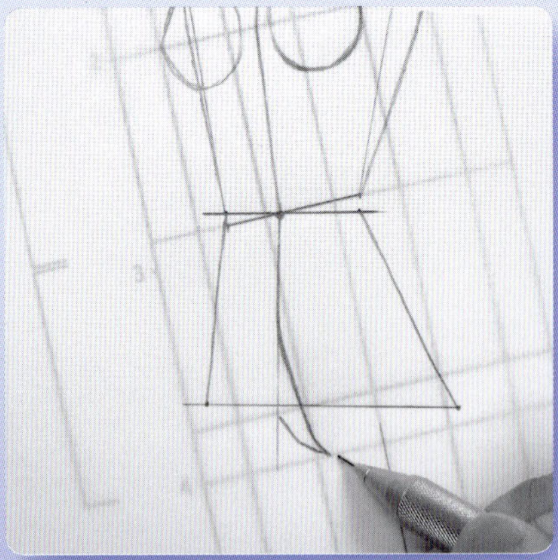

恥丘のふくらみを描く

09

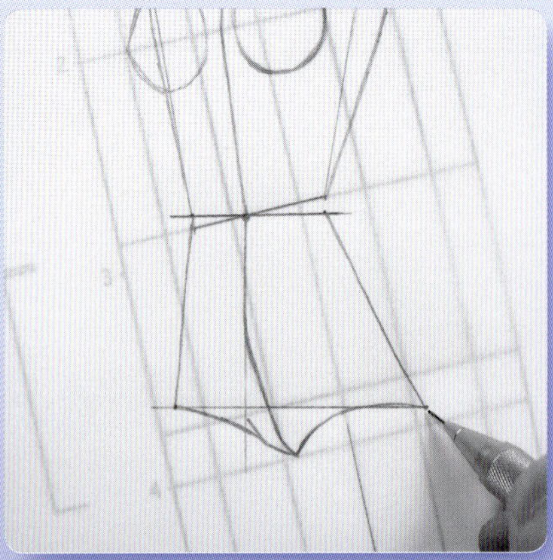

脚のつけねを描く

10

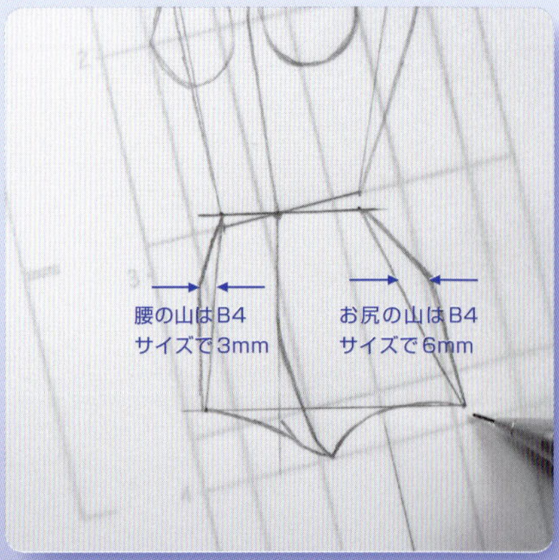
腰の山はB4サイズで3mm
お尻の山はB4サイズで6mm

腰とお尻のふくらみをつける

11

支脚は体重を支えてるから力強く

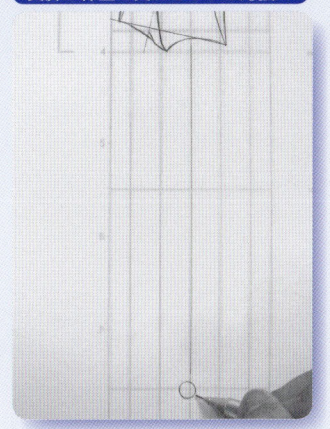

12

「支脚の足首は重心線（フロントネックポイントからまっすぐ下ろした線）付近に来る」ので、支脚側の足首を重心線付近に設定。○をつける

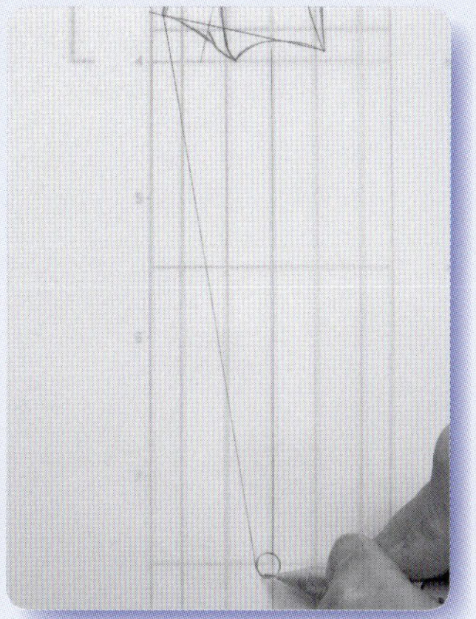

13

股関節（厳密には大転子＝大腿骨のつけ根）から足首の縁までを直線でつなぐ。モデルの脚はストイックに細いのでこの線より外に肉がはみ出ないように描くこと

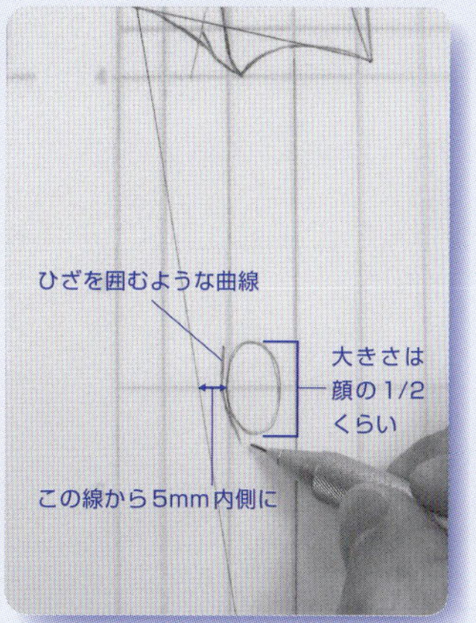
ひざを囲むような曲線
大きさは顔の1/2くらい
この線から5mm内側に

14

支脚を描いていく。横向きなのでS字の脚になる。ひざ頭を直線より少し（B4サイズで5mm）内側に描き、さらにひざの外郭線を描いていく

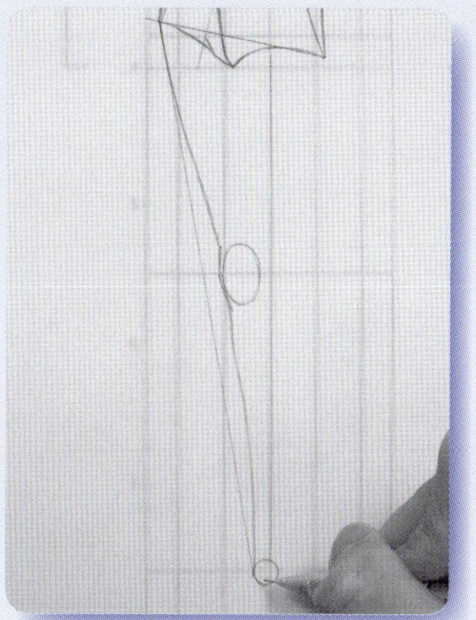

15

大腿、すねの外郭線を描いていく。すねのそり具合がポイント。詳しくはP48を参考に

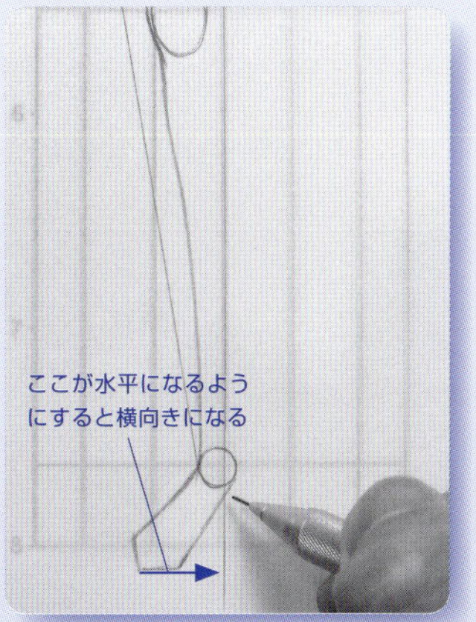
ここが水平になるようにすると横向きになる

16

ネクタイの剣先をイメージして足の本体を描く

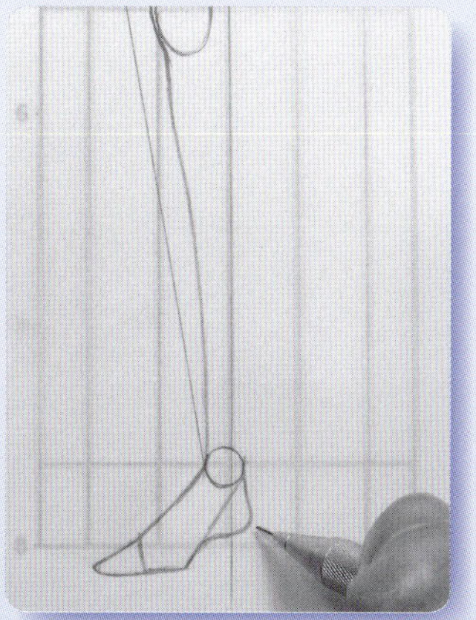

17

かかと、つま先を描く

遊脚は大腿とすねを分けて描こう

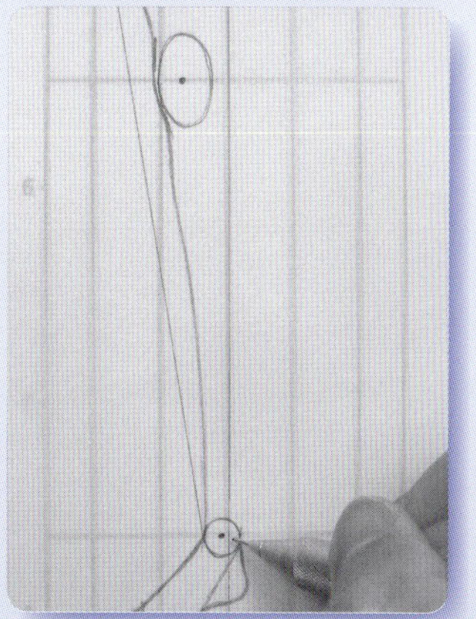

18

支脚のひざ、足首の中心に点を打つ

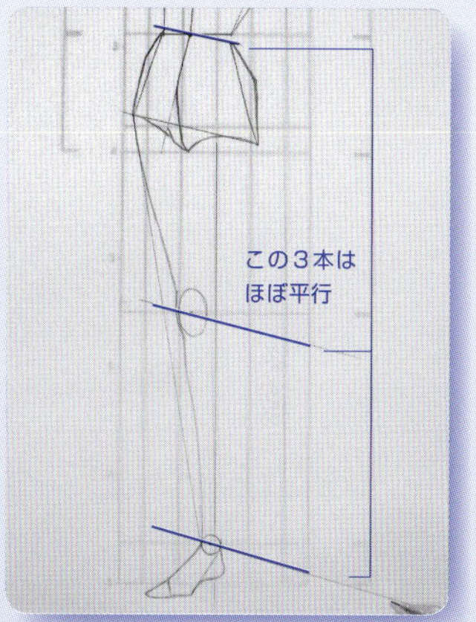
この3本はほぼ平行

19

脚の長さをそろえるため、左右のひざ、足首を結んだ線をウエストラインと平行にする

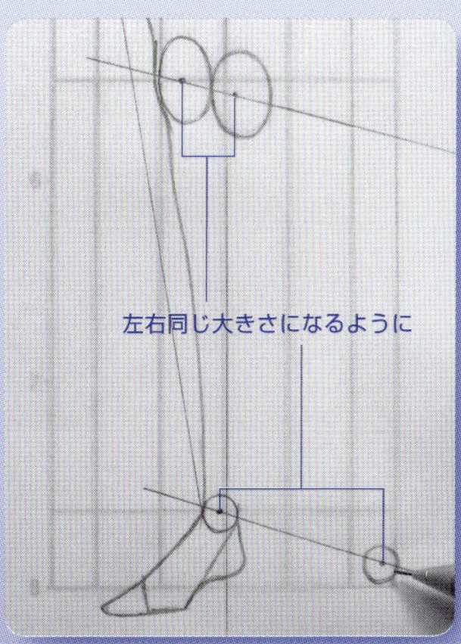
左右同じ大きさになるように

20

線上に遊脚のひざ、足首の位置を決める。足首は重心線から少し離した方がそれらしく見える

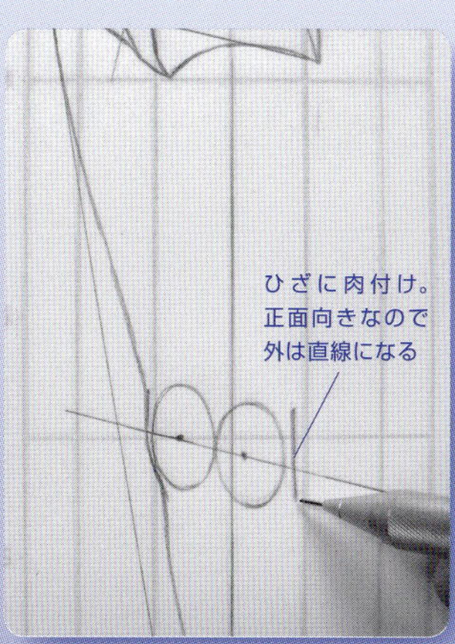
ひざに肉付け。正面向きなので外は直線になる

21

体重を支えていない脚は自由に動かせるので、腕と同じように「パーツごと」、つまり「大腿」と「すね」を別々に描いてよい

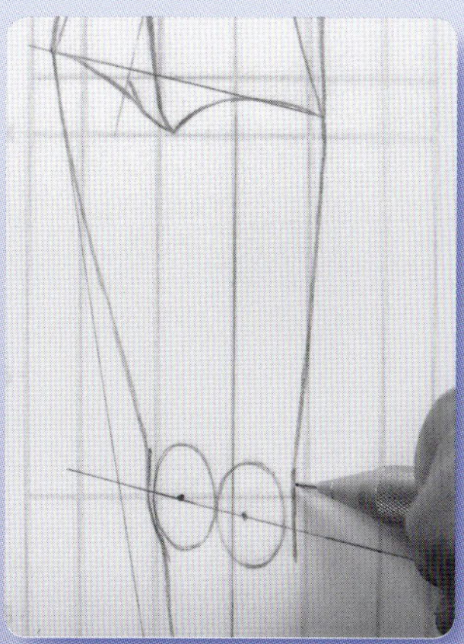

22

大腿を描く。外郭線は股関節からひざまでほぼ直線でシャープに

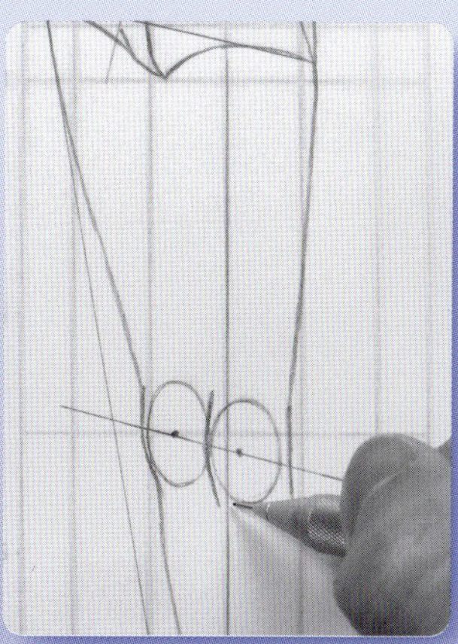

23

内ひざはひざ頭をおおうような曲線

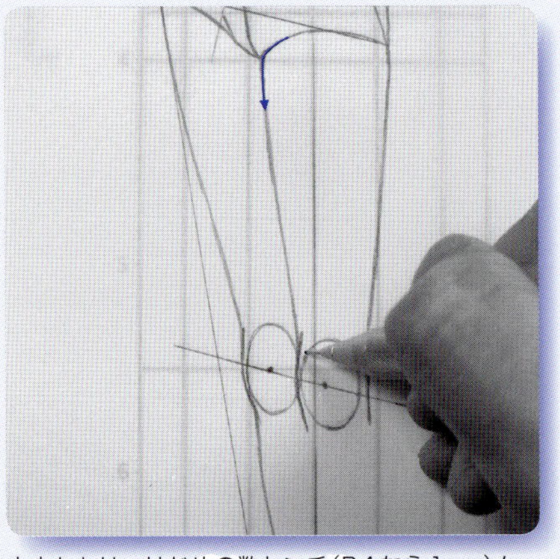

内太ももは、はじめの数センチ(B4なら1cm)ムッチリと丸みをつけたいので、脚のつけねのラインの延長で曲線にする

24

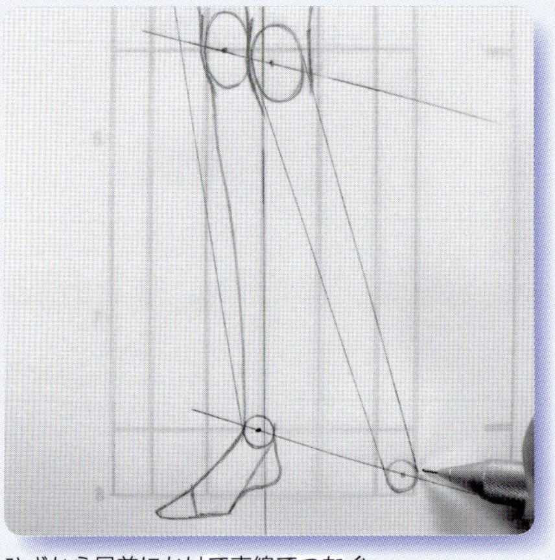

ひざから足首にかけて直線でつなぐ

25

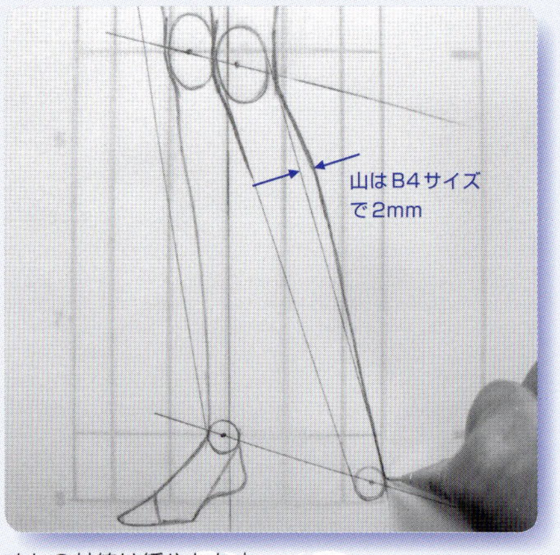
山はB4サイズ
で2mm

すねの外線は緩やかな山

26

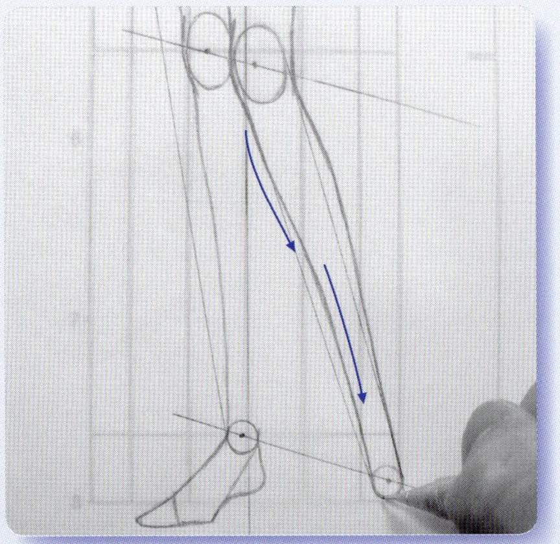

すねの内側は緩やかなS字。はじめはふくらんで、上1/3くらいからえぐれる感じ

27

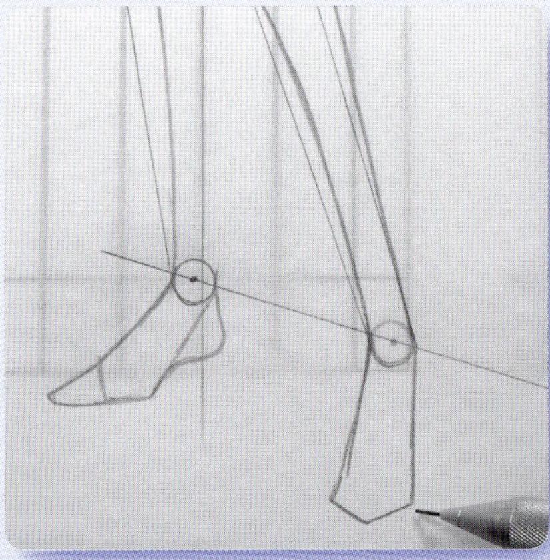

遊脚の脚は支脚より手前にあるので、遠近感で少し大きめに描くとよい

28

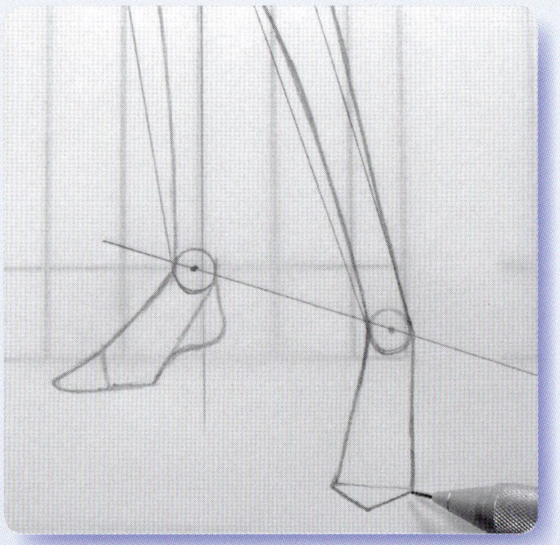

指のつけ根の線を入れる

29

ちょっと横向きにしたいので小さくかかとを描く

30

小さくつま先を入れる

31

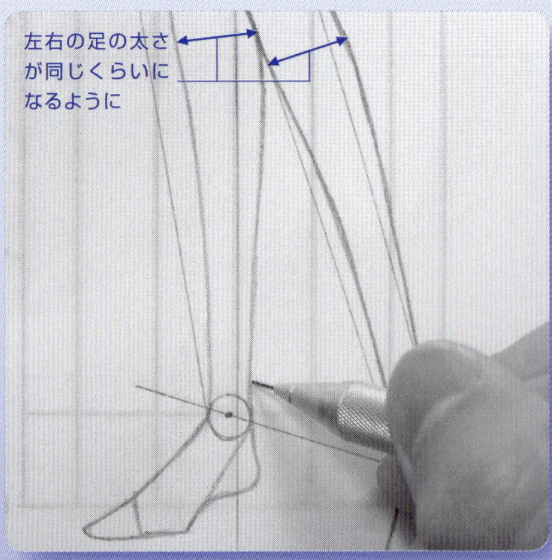
左右の足の太さ
が同じくらいに
なるように

ふくらはぎを描く。足首に向けて先細りしている

32

手を腰に当てた腕。前腕は最後に描くとよい

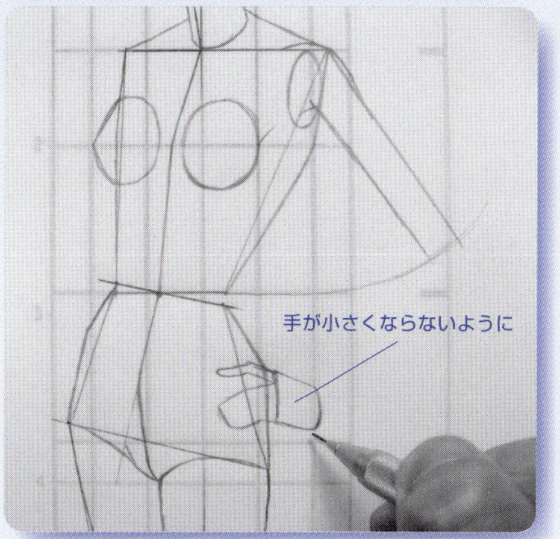

手前の腕は前回同様、腰に当ててみる

33

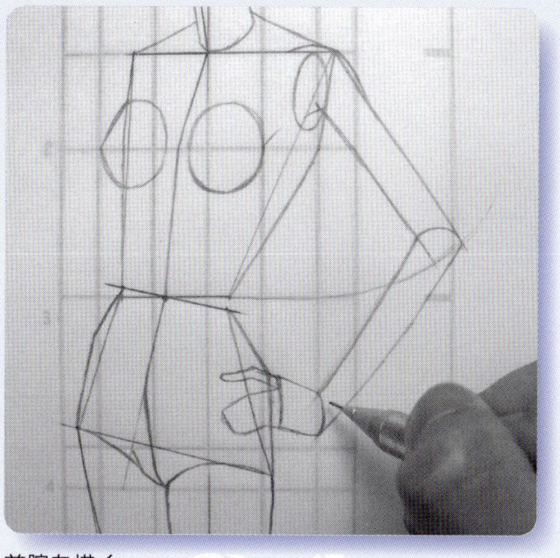

前腕を描く

34

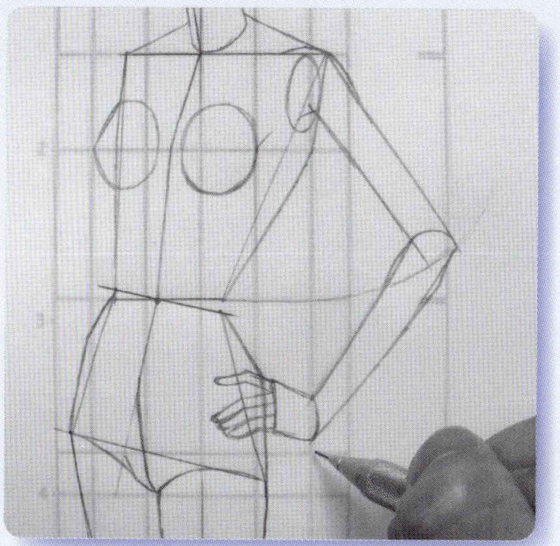

指を分けていく

35

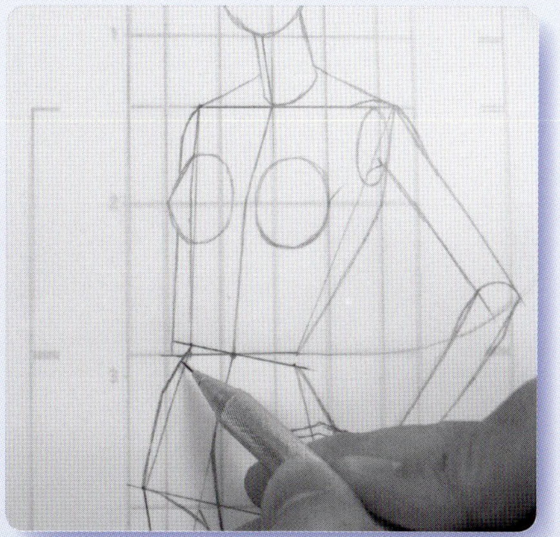

奥の手は下におろす

36

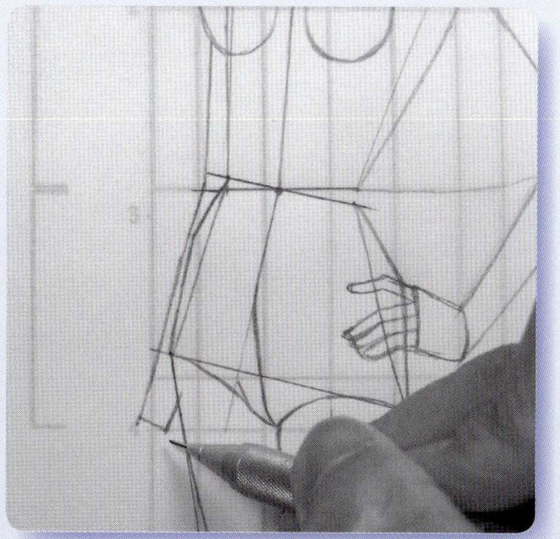

前腕は少し前に曲げる。曲げが小さい場合は上腕→前腕→手の順に描いても構わない

37

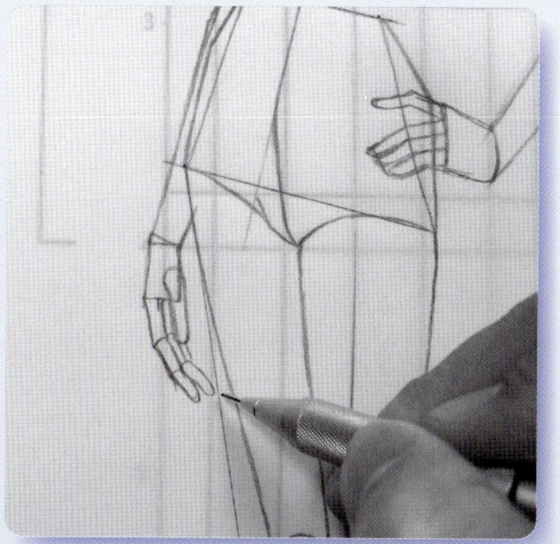

指を描く。小さくならないように気をつけよう

38

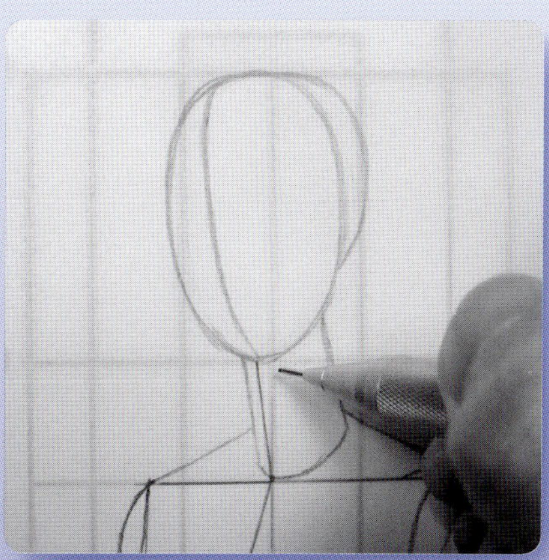

顔の中心線を描く。斜め向きなので曲線

39

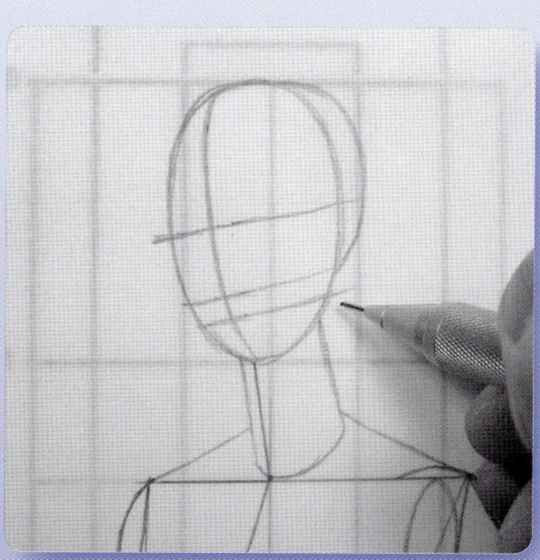

顔のバランスを示す案内線を描く。詳しくはP76-P98で

40

案内線にあわせて顔の各パーツを描く

41

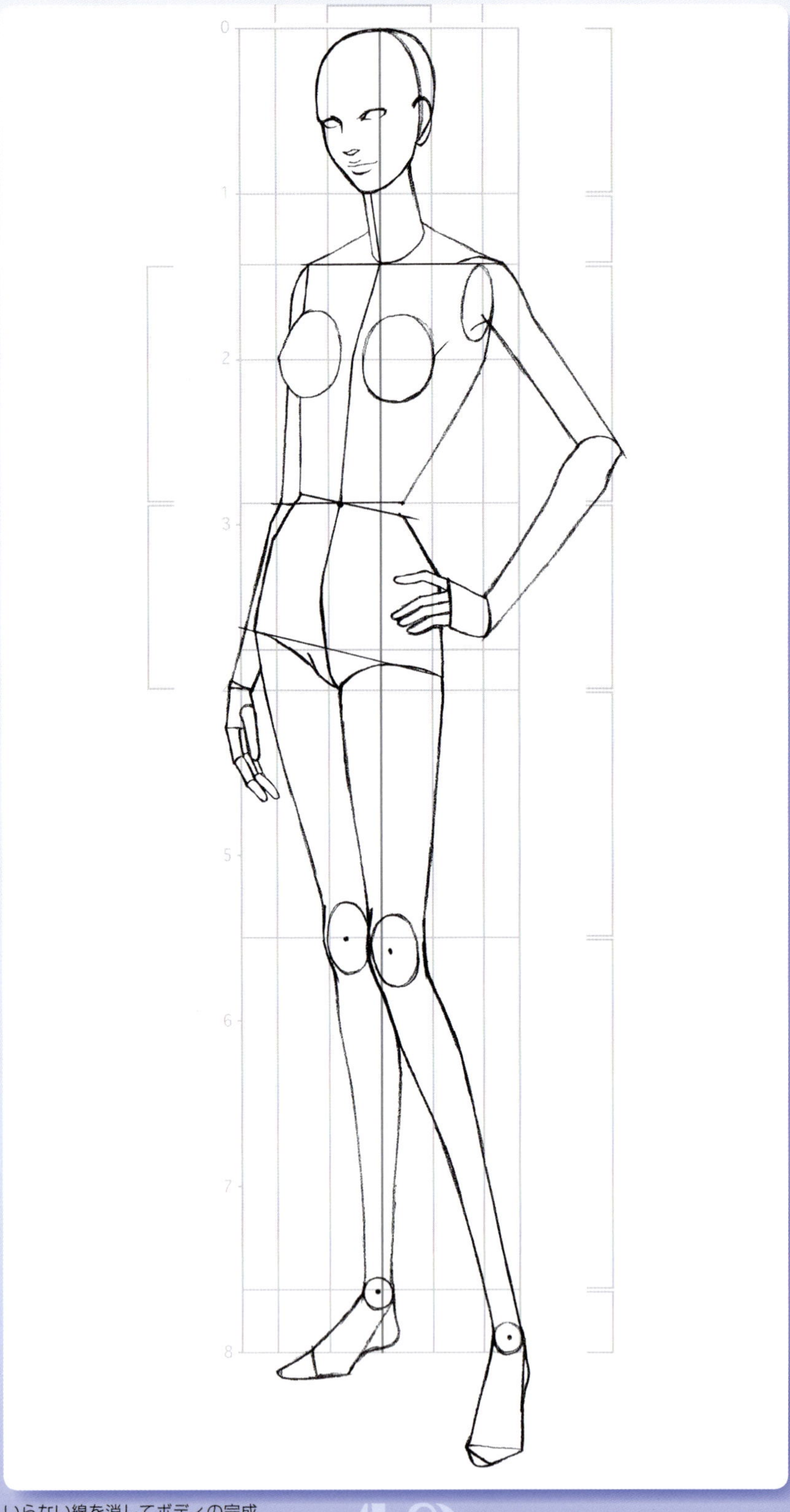

いらない線を消してボディの完成

42

ヌード

パーツごとに１本の線になるように、線が小間切れにならないようになめらかにつないでいく

43

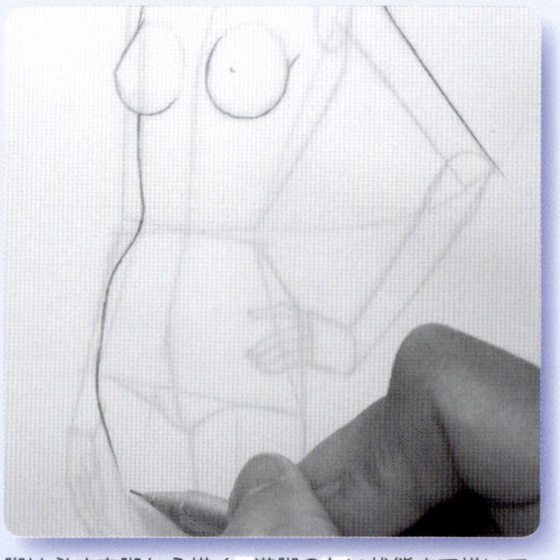

脚は必ず支脚から描く。遊脚のない状態まで描いて、安定感があるかを確認する

44

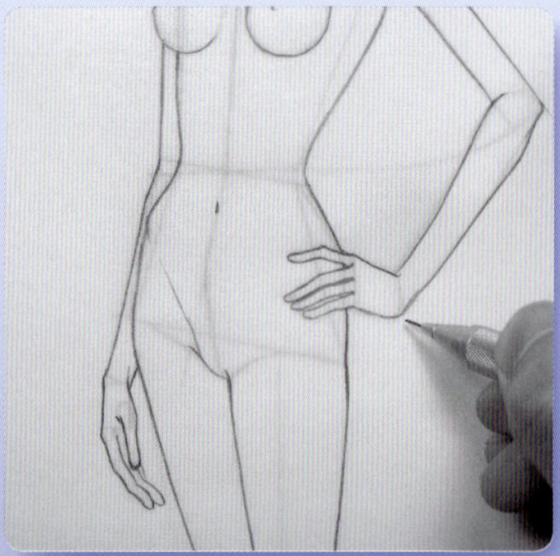

左右の手の大きさが同じになるよう心がけよう

45

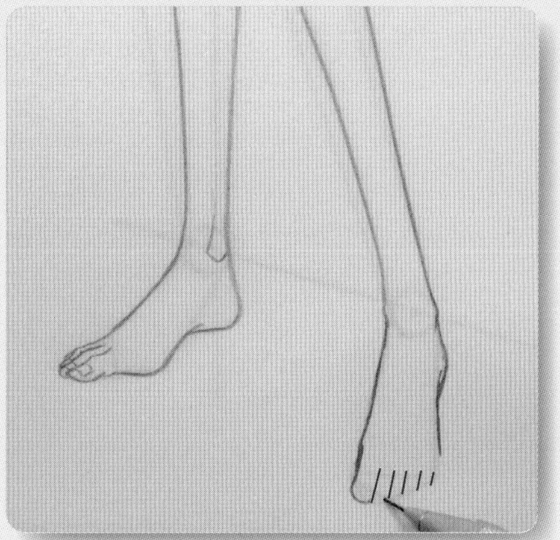

親指の向きに会わせて残りの４本の向きと大きさを決めていく

46

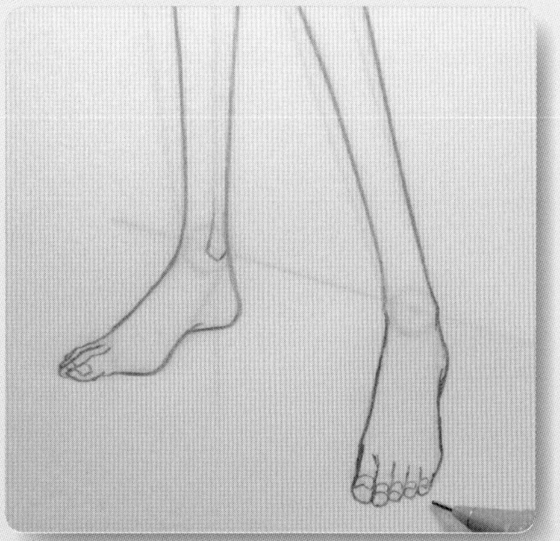

足の指は、足の向きを表す大事な要素。しっかり描きこもう

47

陰影

クリーンアップ完成。光源を右上に設定してパーツひとつひとつに、影になる側の輪郭線に沿って陰影を入れていく

48

顔、バスト等の立体感を考えた影を追加して陰影完成

49

片脚重心ポーズ(支脚・手前編)

今回は支脚が手前にある場合の片脚重心ポーズについて学びます。

斜め向き片脚重心ポーズ(支脚・手前)

遊脚の遠近感

手前に支脚がある場合は、左右の足首の位置関係が、遠近感の問題で今までと違った配置になります。

今までは左右のひざ、足首を結んだ線はウエストラインにほぼ平行でしたが、これは一歩前に遊脚が踏み出していたからでした。一歩前に踏み出すと、遠近感で奥の脚よりも下になっていたのです。(図 1)

しかし、支脚が手前にあるときは、遊脚は前に一歩踏み出すのではなく水平に横へスライドするように見えるのです。(図 2) つまり、左右の足首は水平線上にあるのです。(図 3)

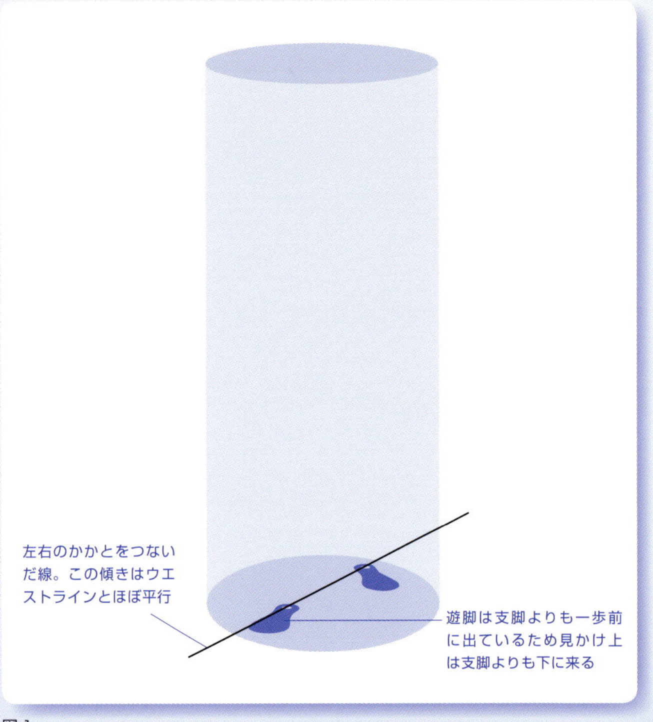

左右のかかとをつないだ線。この傾きはウエストラインとほぼ平行
遊脚は支脚よりも一歩前に出ているため見かけ上は支脚よりも下に来る

図 1

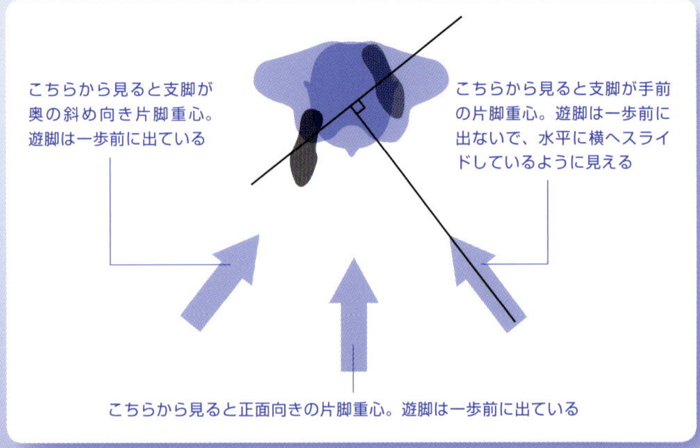

こちらから見ると支脚が奥の斜め向き片脚重心。遊脚は一歩前に出ている
こちらから見ると支脚が手前の片脚重心。遊脚は一歩前に出ないで、水平に横へスライドしているように見える
こちらから見ると正面向きの片脚重心。遊脚は一歩前に出ている

図2

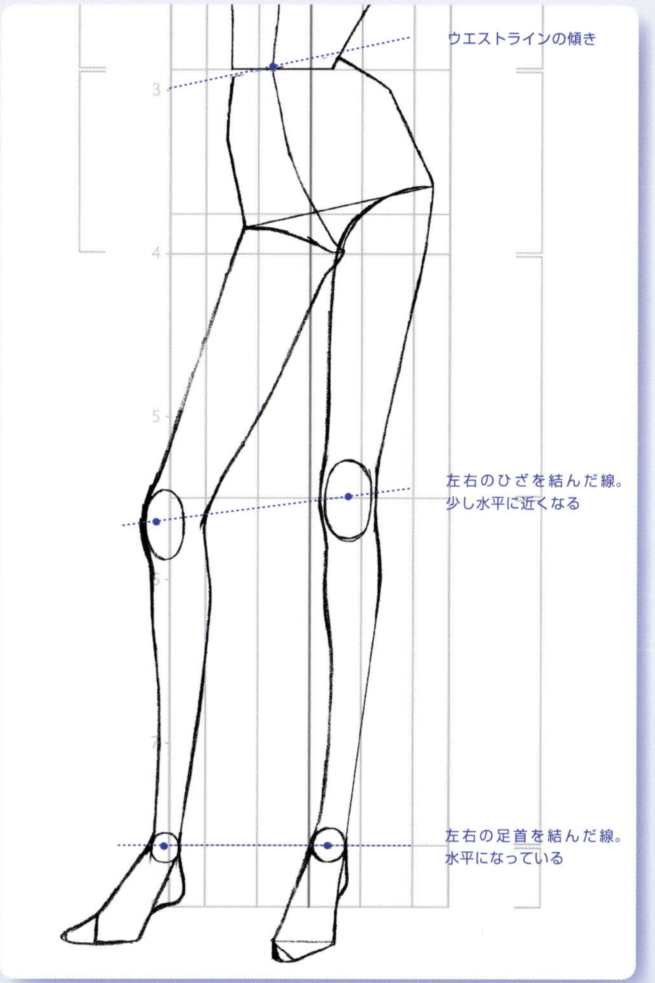
ウエストラインの傾き
左右のひざを結んだ線。少し水平に近くなる
左右の足首を結んだ線。水平になっている

図３

上半身は今まで通り

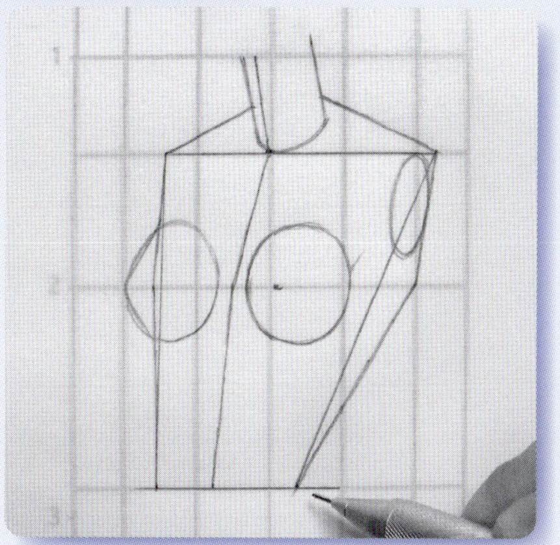

片脚重心ポーズは下半身の動きなので、顔、首、胴は今まで通りに描いていく

01

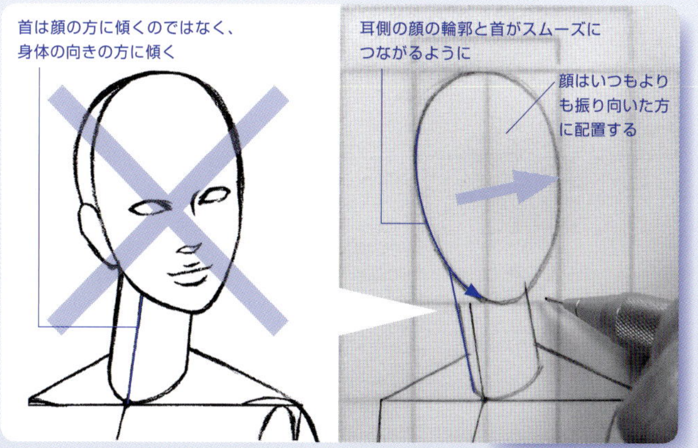
首は顔の方に傾くのではなく、身体の向きの方に傾く
耳側の顔の輪郭と首がスムーズにつながるように
顔はいつもよりも振り向いた方に配置する

振り向いた顔を描く。まずは卵型

02

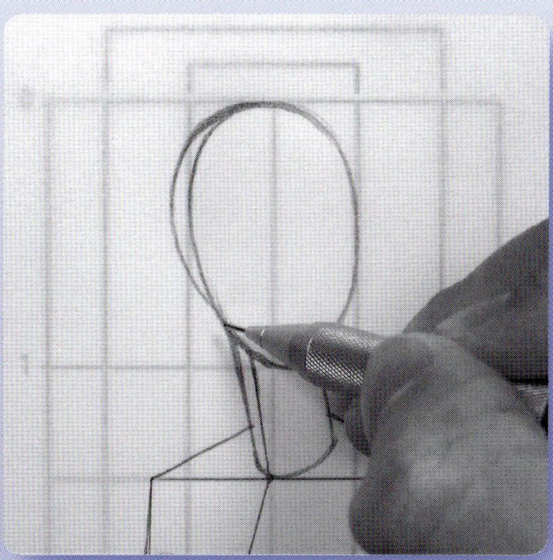

後頭部を描く。上2/3に三日月状に

03

重要 POINT

斜めに傾いた腰をゆがみなく描く

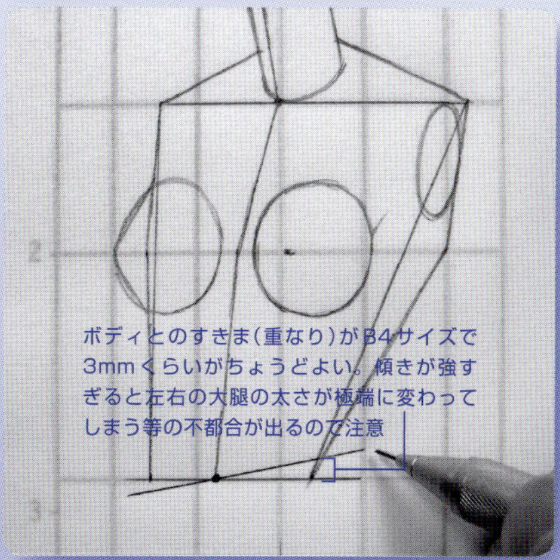
ボディとのすきま(重なり)がB4サイズで3mmくらいがちょうどよい。傾きが強すぎると左右の大腿の太さが極端に変わってしまう等の不都合が出るので注意

ウエストポイントに印をつけ、そこから斜めに傾いたウエストラインを描く。ウエストラインが上がっているほうが支脚なので、左脚(向かって右)が支脚となる

04

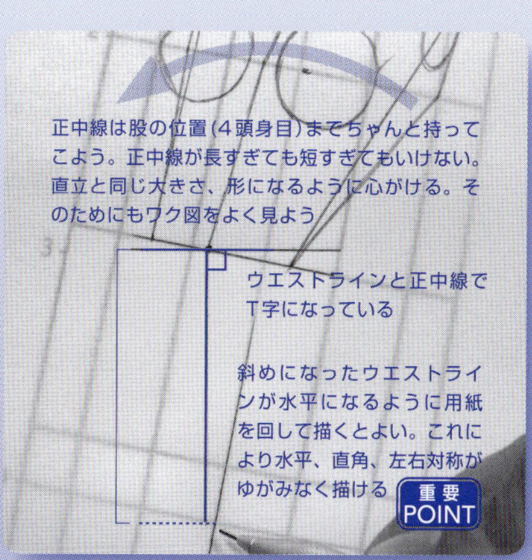
正中線は股の位置(４頭身目)までちゃんと持ってこよう。正中線が長すぎても短すぎてもいけない。直立と同じ大きさ、形になるように心がける。そのためにもワク図をよく見よう
ウエストラインと正中線でT字になっている
斜めになったウエストラインが水平になるように用紙を回して描くとよい。これにより水平、直角、左右対称がゆがみなく描ける
重要 POINT

腰の正中線を、ウエストラインに直角に描く

05

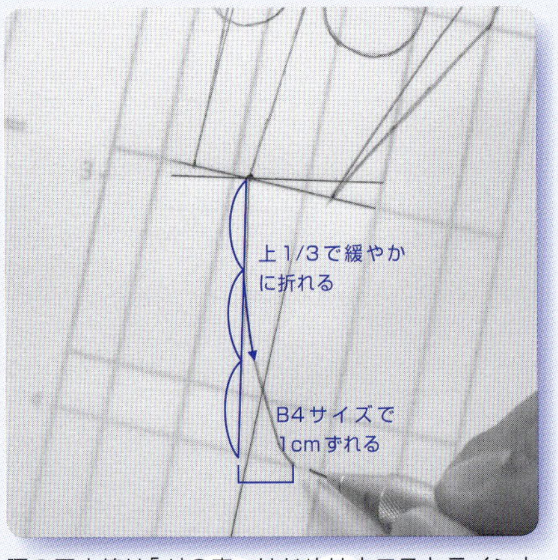
上1/3で緩やかに折れる
B4サイズで1cmずれる

腰の正中線は「J」の字。はじめはウエストラインと直角に真下に向かうが、途中で緩やかに折れる

06

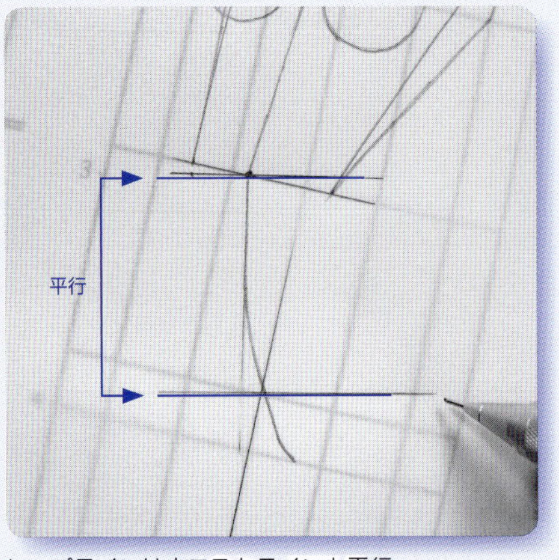
平行

ヒップラインはウエストラインと平行

07

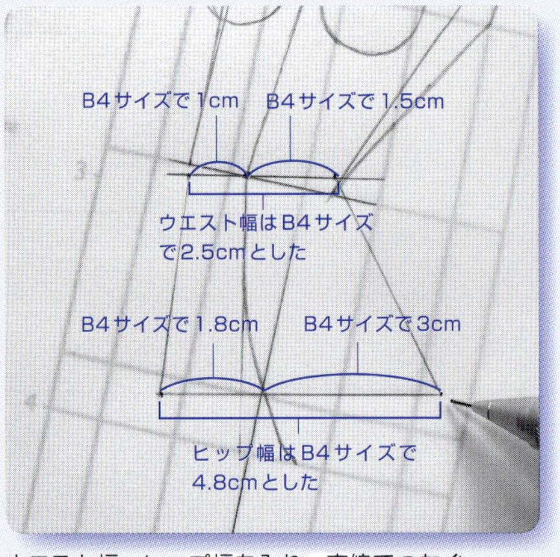
B4サイズで1cm
B4サイズで1.5cm
ウエスト幅はB4サイズで2.5cmとした
B4サイズで1.8cm
B4サイズで3cm
ヒップ幅はB4サイズで4.8cmとした

ウエスト幅、ヒップ幅を入れ、直線でつなぐ

08

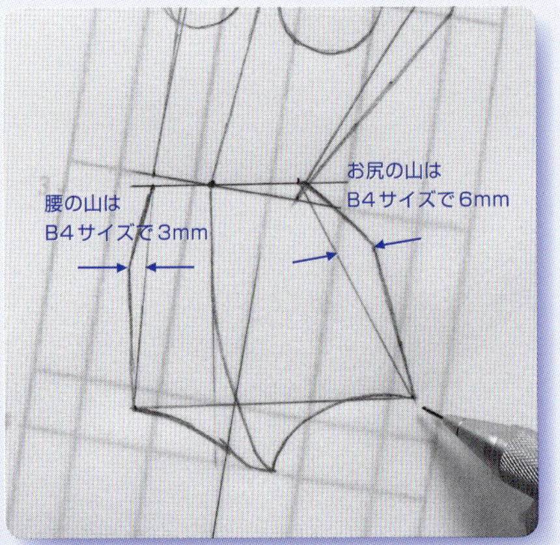
腰の山はB4サイズで3mm
お尻の山はB4サイズで6mm

恥丘のふくらみ→脚のつけ根→腸骨の張りの順で腰を描く

09

支脚は体重を支えてるから力強く

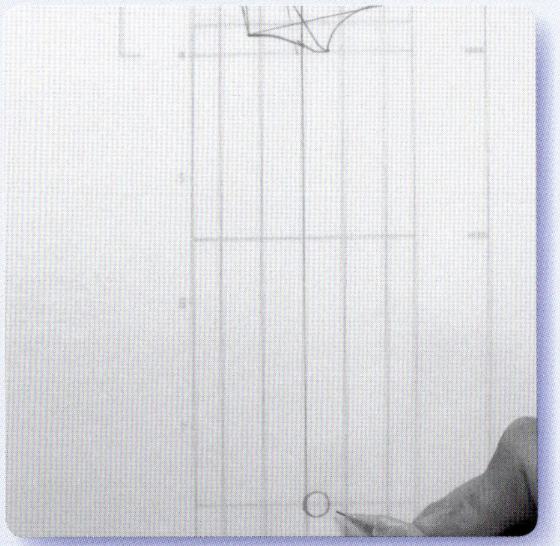

「支脚の足首は重心線(フロントネックポイントからまっすぐ下ろした線)付近に来る」ので、支脚側の足首を重心線付近に設定。○をつける

10

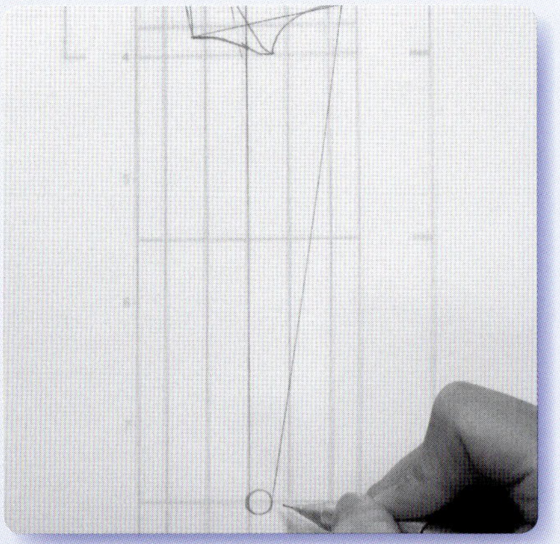

股関節(厳密には大転子＝大腿骨のつけ根)から足首の縁までを直線でつなぐ。
モデルの脚はストイックに細いのでこの線より外に肉がはみ出ないように描くこと

11

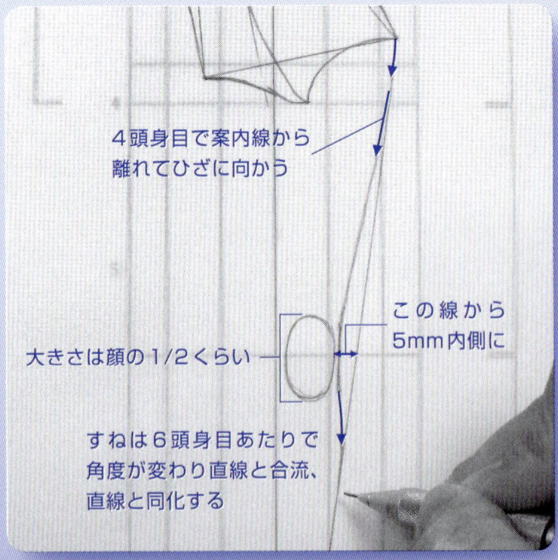
4頭身目で案内線から離れてひざに向かう
この線から5mm内側に
大きさは顔の1/2くらい
すねは6頭身目あたりで角度が変わり直線と合流、直線と同化する

支脚を描いていく。正面向きなのでV字の脚に、一本では「3」の字のようになっている。ひざ頭を直線より少し(B4サイズで5mm)内側に描き、さらにひざの外郭線→大腿→すねの順で外郭線を描いていく

12

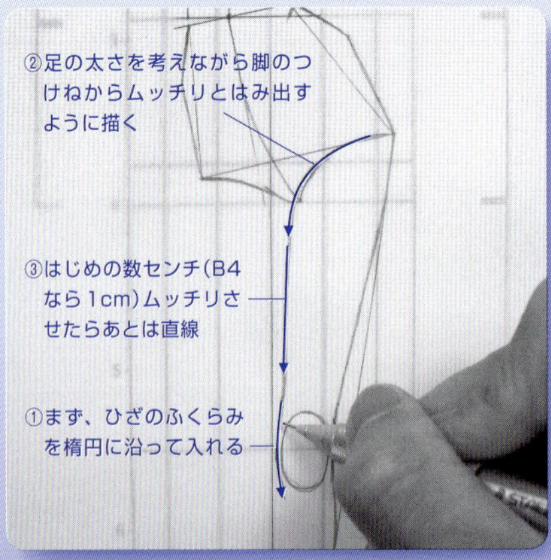
②足の太さを考えながら脚のつけねからムッチリとはみ出すように描く
③はじめの数センチ(B4なら1cm)ムッチリさせたらあとは直線
①まず、ひざのふくらみを楕円に沿って入れる

大腿の内郭線を描く

13

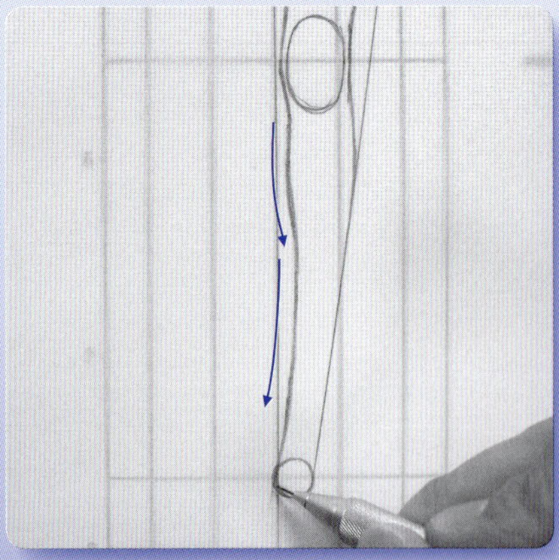

すねの内側のラインはなめらかなS字

14

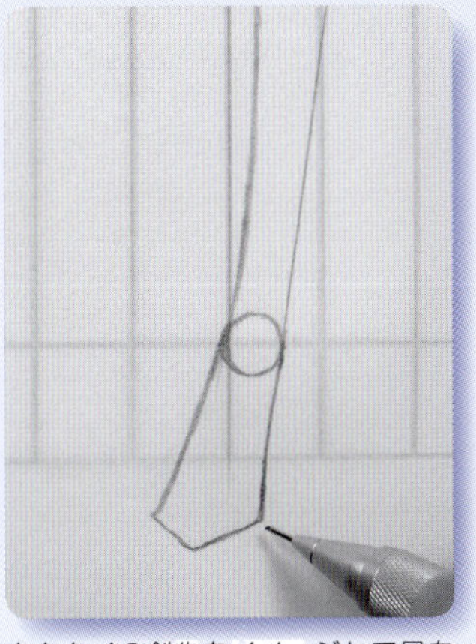

15 ネクタイの剣先をイメージして足を描く

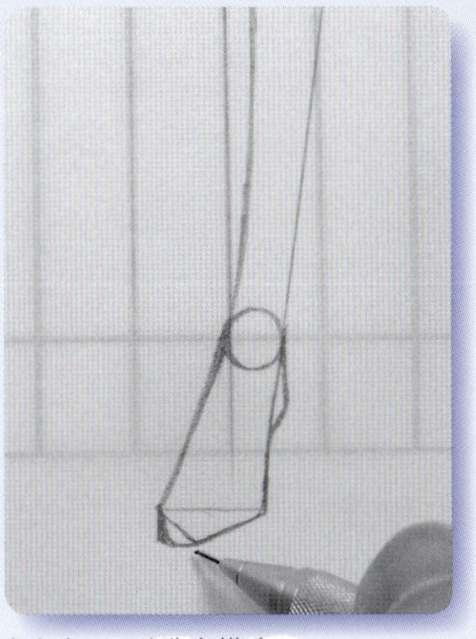

16 かかと、つま先を描く

遊脚は大腿とすねを分けて描こう

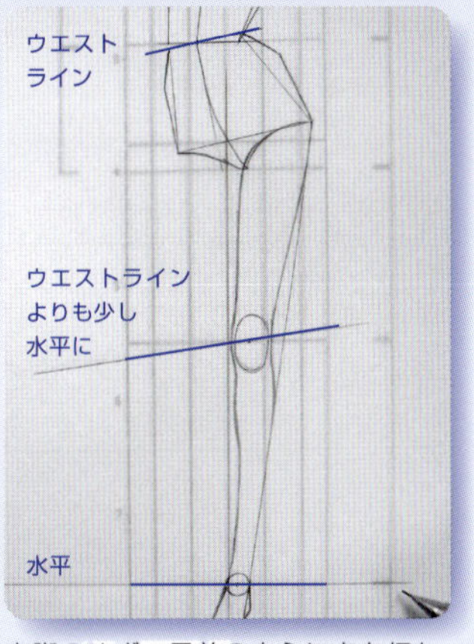
ウエスト
ライン
ウエストライン
よりも少し
水平に
水平

17 支脚のひざ、足首の中心に点を打ち、案内線を入れる。今回は遊脚が横にスライドしているので左右のひざを結んだ線はウエストラインより水平に近い斜めの線に、左右の足首を結んだ線は水平になる

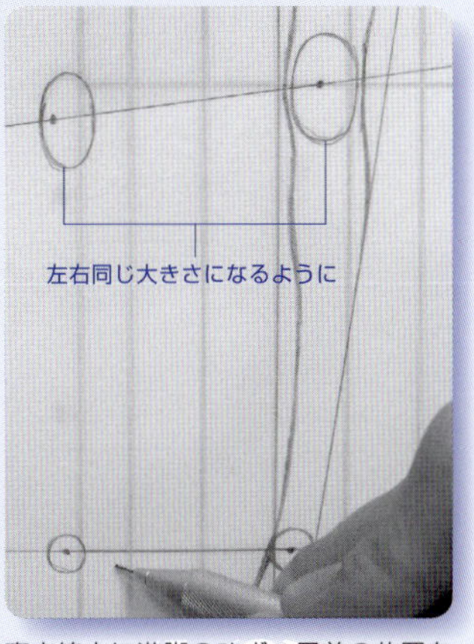
左右同じ大きさになるように

18 案内線上に遊脚のひざ、足首の位置を決める。足首は重心線から少し離した方がそれらしく見える

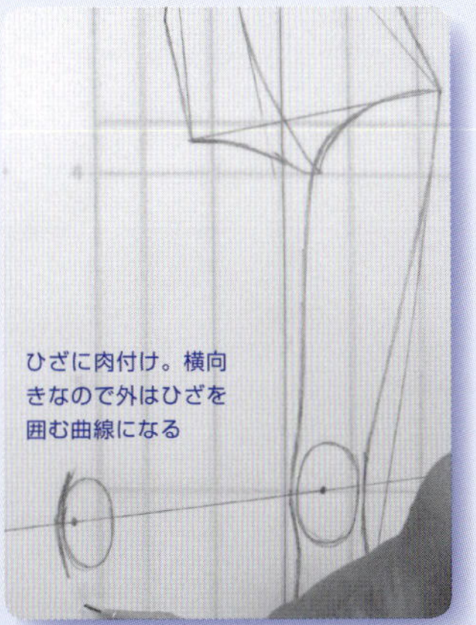
ひざに肉付け。横向
きなので外はひざを
囲む曲線になる

19 体重を支えていない脚は自由に動かせるので、腕と同じように「パーツごと」、つまり「大腿」と「すね」を別々に描いてよい

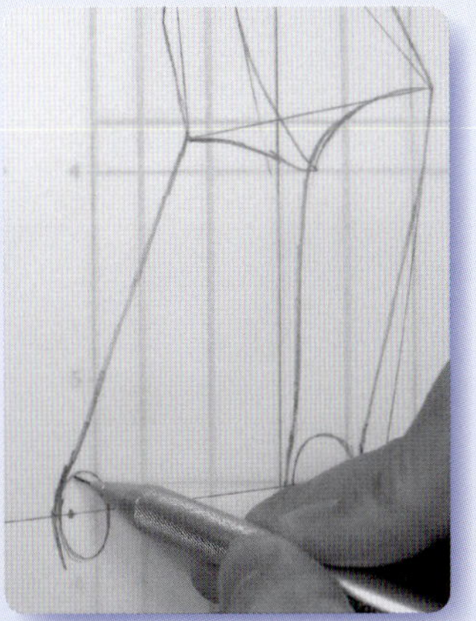

20 大腿を描く。ほぼ直線でシャープに

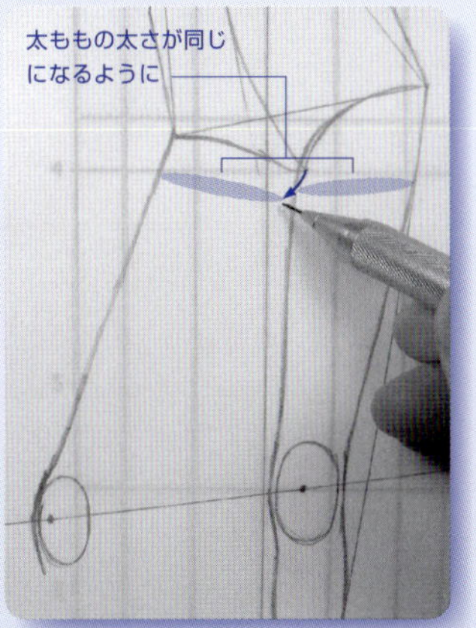
太ももの太さが同じ
になるように

21 お尻の丸みを描いて足の太さを調整

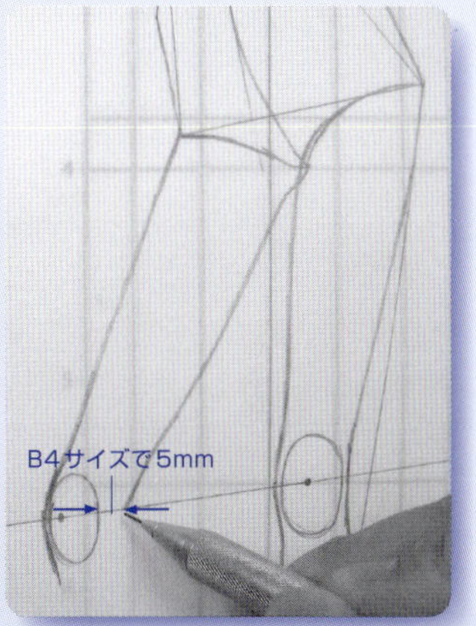
B4サイズで5mm

22 内ももはB4サイズでひざから5mmのところへ向かう

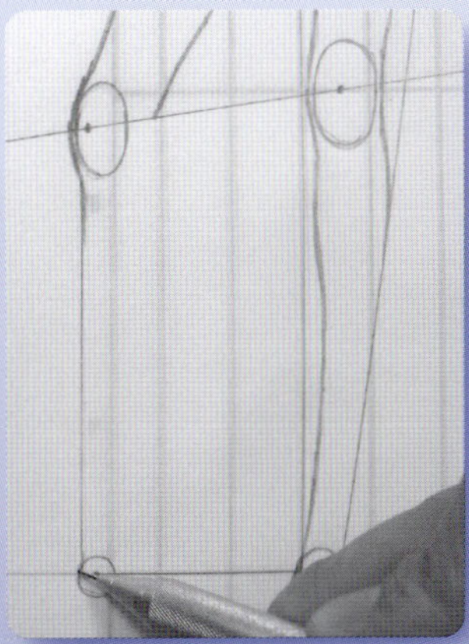

23 ひざから足首に向けて直線を描く

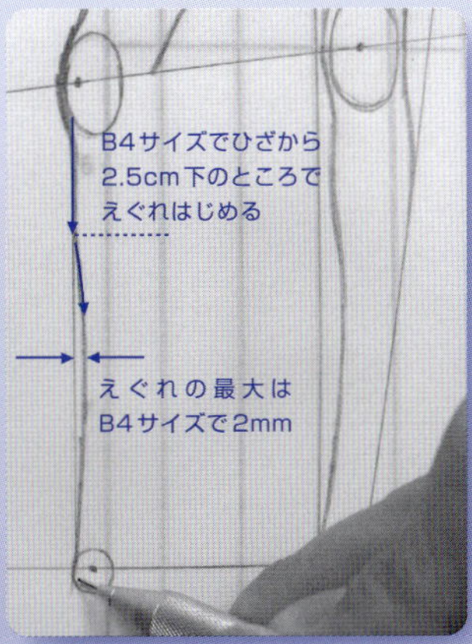
B4サイズでひざから
2.5cm下のところで
えぐれはじめる
えぐれの最大は
B4サイズで2mm

24 直線を案内線にすねの反った感じを出していく

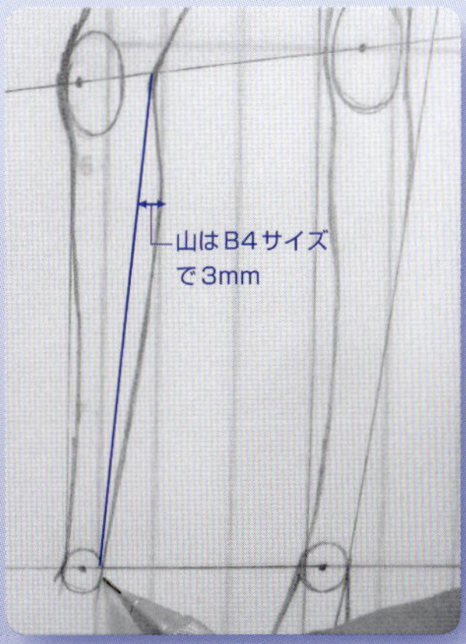
山はB4サイズ
で3mm

25 ふくらはぎ緩やかな山

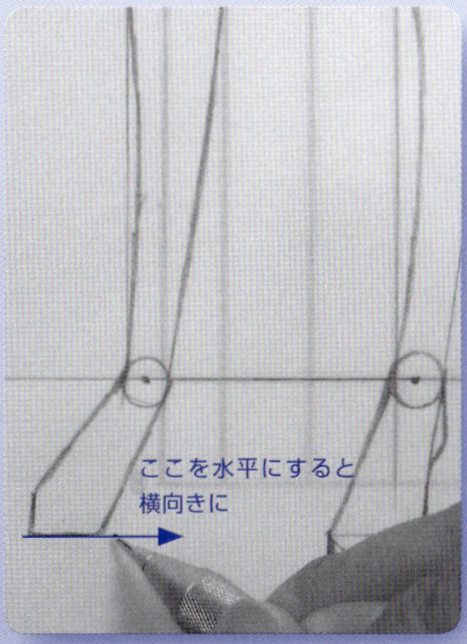
ここを水平にすると
横向きに

26 足はネクタイの剣先をイメージ

手を腰に当てた腕。前腕は最後に描くとよい

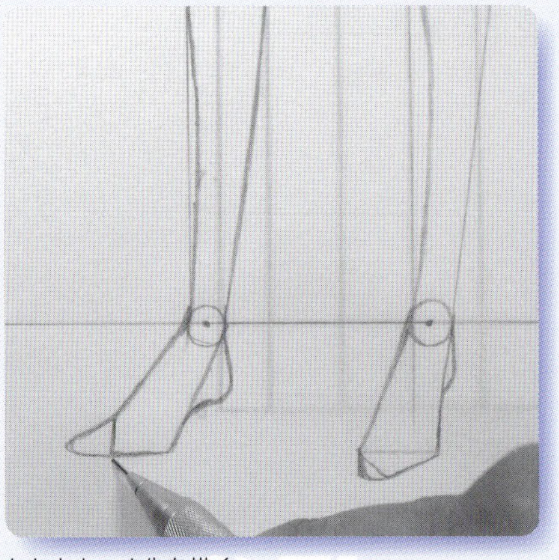

かかととつま先を描く

27

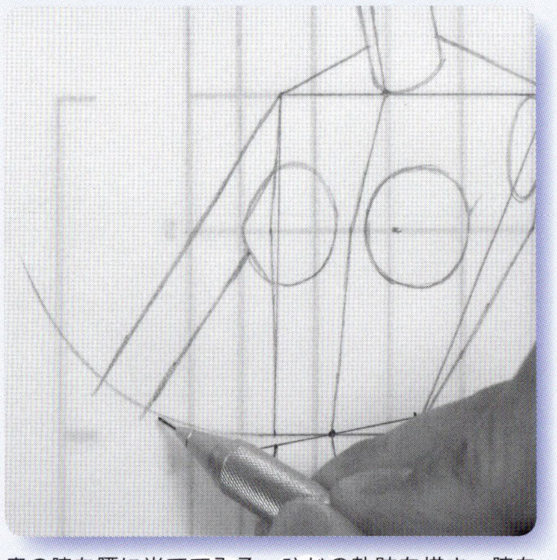

奥の腕を腰に当ててみる。ひじの軌跡を描き、腕を外線、内線の順で描く

28

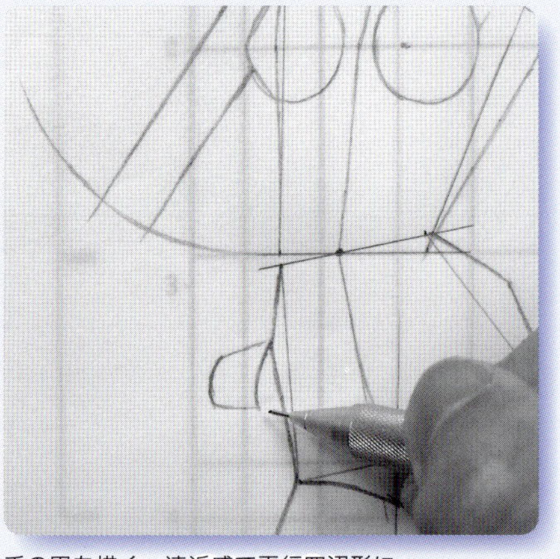

手の甲を描く。遠近感で平行四辺形に

29

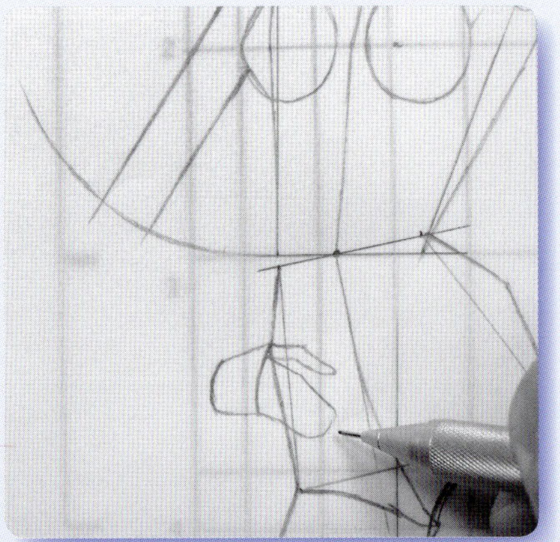

指を描く。人差し指と残りの３本は分けて描く。小さくならないように気をつけよう

30

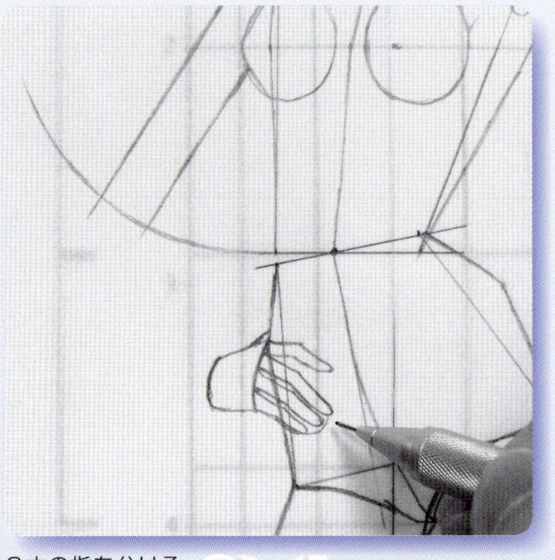

３本の指を分ける

31

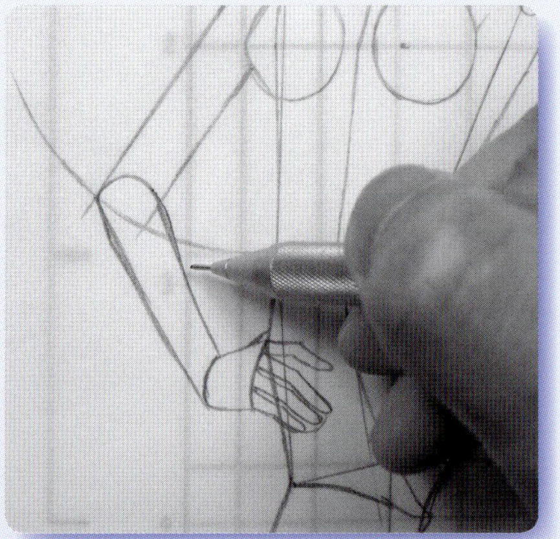

前腕を描く。手首に向かって先細りにし、ふくらみをつける

32

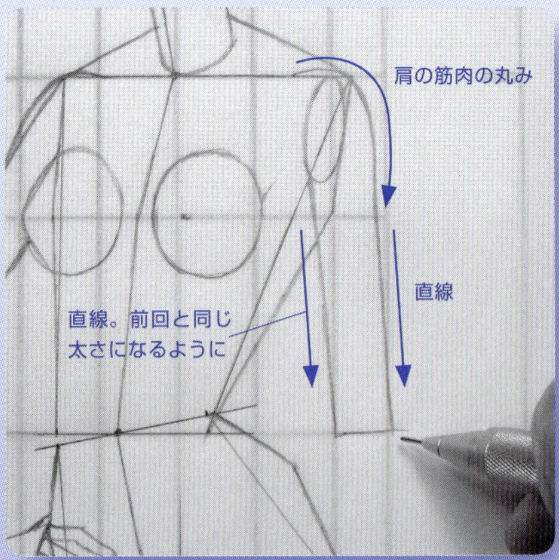

肩の筋肉の丸み
直線
直線。前回と同じ
太さになるように

アームホールから上腕を描く

33

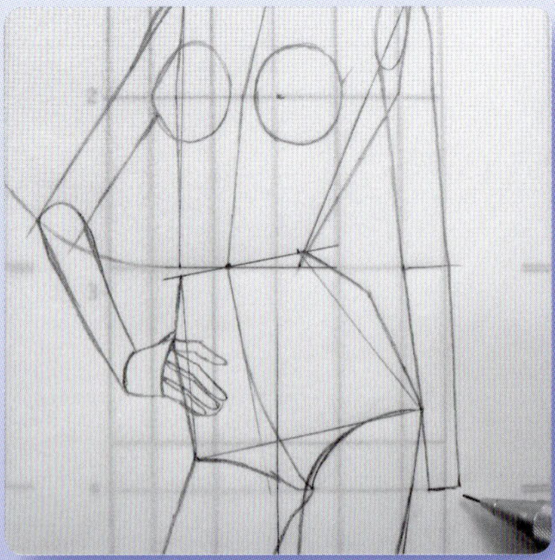

前腕は先細り

34

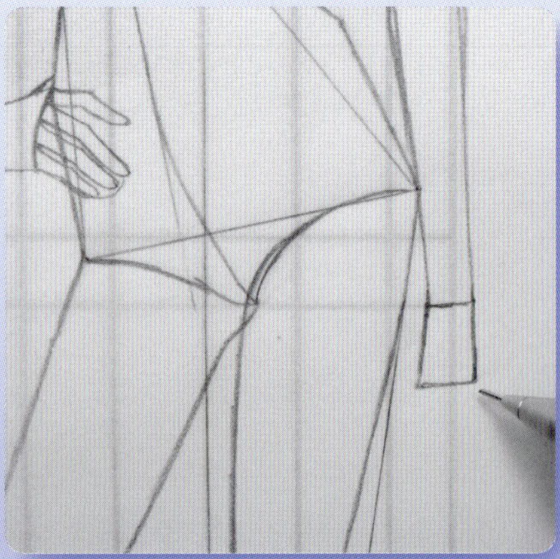

手の甲

35

親指は手首から生える感じで

36

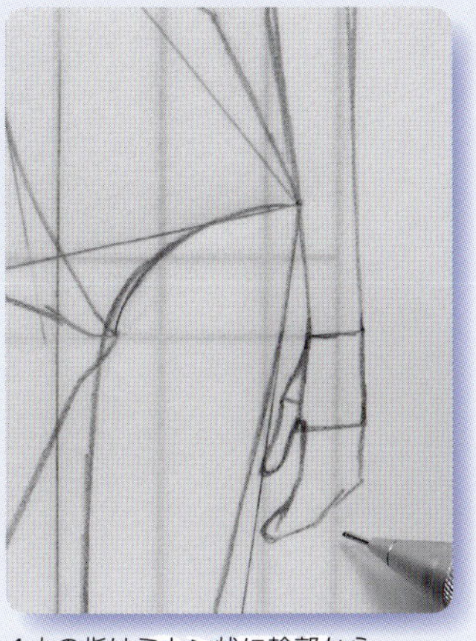

４本の指はミトン状に輪郭から

37

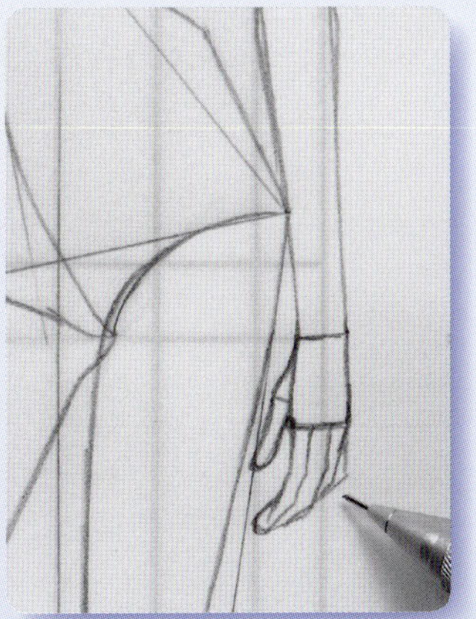

指を４本に分ける

38

振り向いた顔

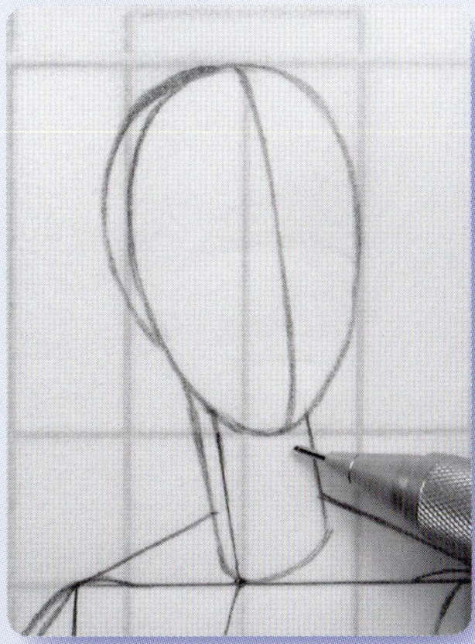

顔の中心線を描く

39

顔のバランスを示す案内線を入れる

40

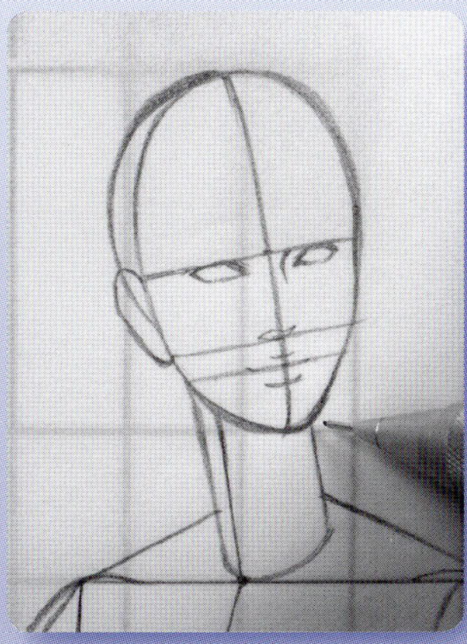

案内線にあわせて顔の各パーツを描く

41

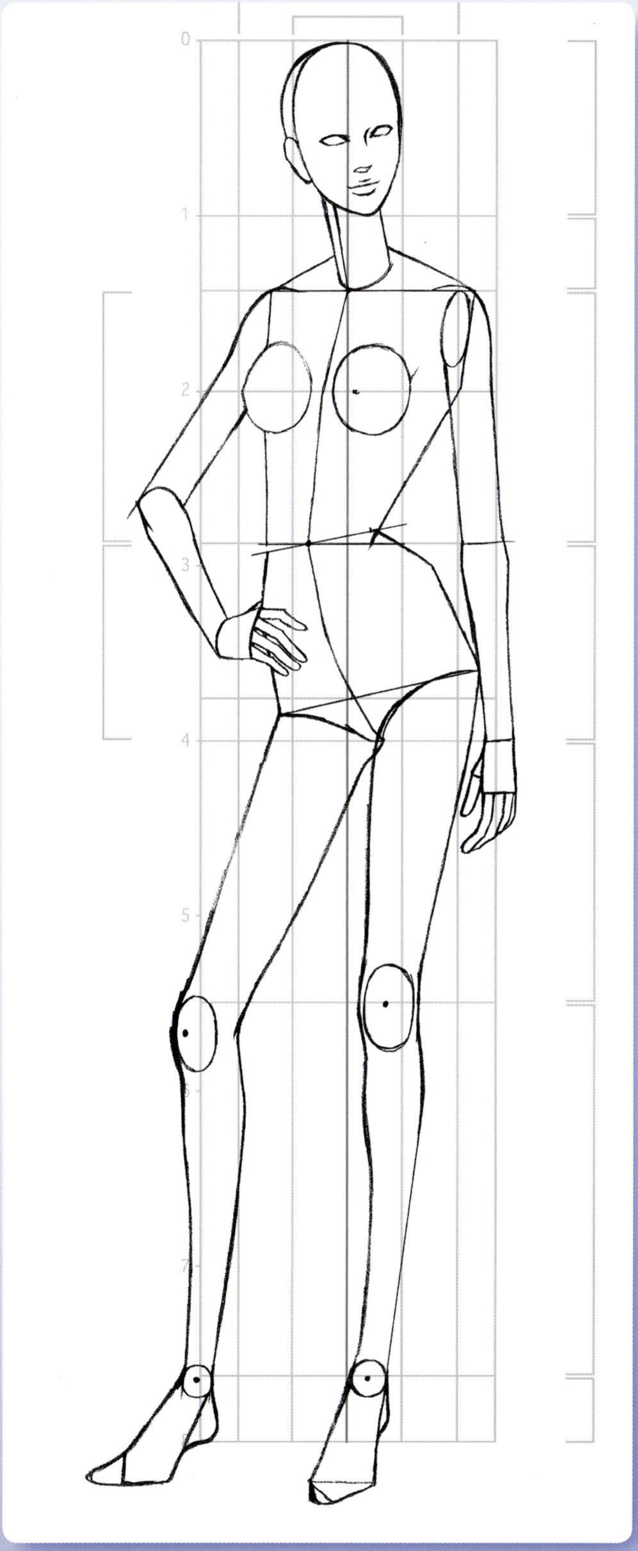

いらない線を消してボディの完成

42

ヌード

43
パーツごとに1本の線になるように、線が小間切れにならないようになめらかにつないでいく

44
脚は必ず支脚から描く。遊脚のない状態まで描いて、安定感があるかを確認する

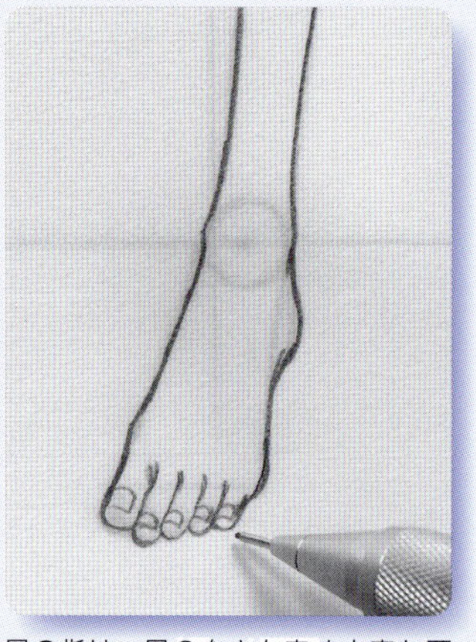

45
足の指は、足の向きを表す大事な要素。しっかり描きこもう

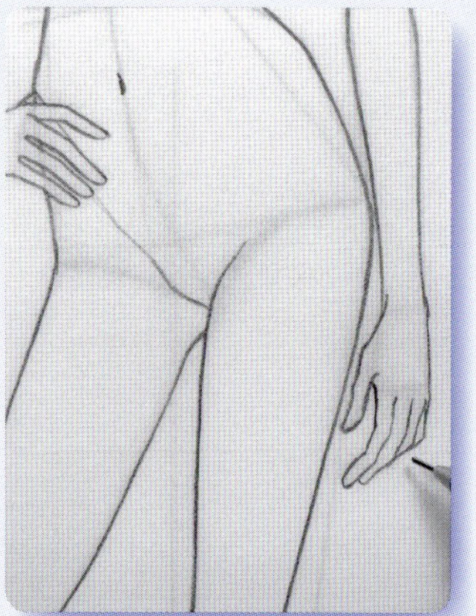

46
指をきれいに描くとポーズが引きしまる

陰影

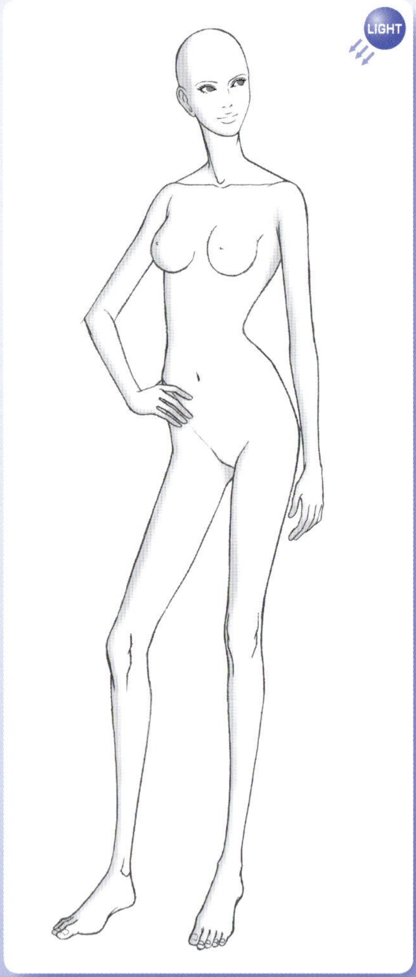

47
クリーンアップ完成。光源を右上に設定してパーツひとつひとつに、影になる側の輪郭線に沿って陰影を入れていく

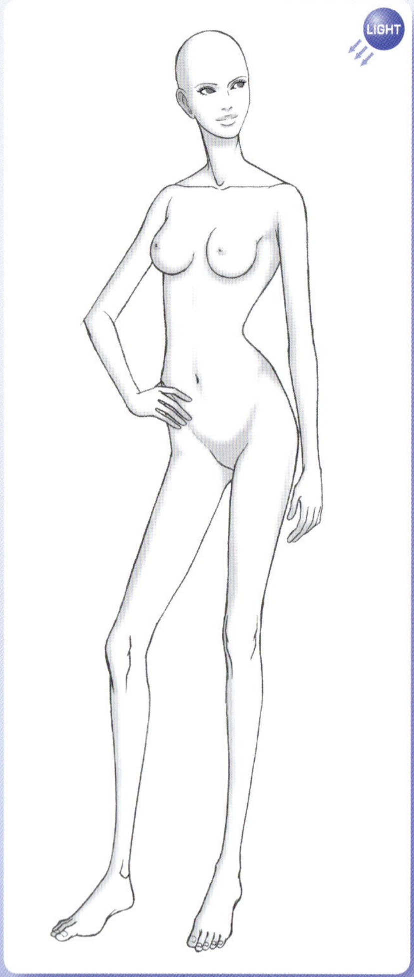

48
顔、バスト等の立体感を考えた影を追加して陰影完成

★ phase07の復習 ★

○今回最も重要なのは傾いた腰。動かした腰が歪まないよう、ウエストライン、正中線、ヒップラインの「直角」、「平行」、「長さ」の3点に気をつけ何度も練習しよう
○パーツを動かすと、自信のなさから小さくなってしまうことがある。今回は腰が小さくなる可能性が高いので注意しよう
○左右の脚の太さにあまり差が出ないよう注意しよう
○腕、顔を動かして色んなポーズを描いてみよう
○遊脚は、ひざの位置を支脚のひざ中心から出ている斜めの案内線上に持ってくれば色々動かしても構わない。腕、顔とともに動かしてさらに色んなポーズに挑戦してみよう

next !!
次回は上半身を動かします！

The 2nd week

ボディのパーツと服のアイテムを
描けるようになろう

08 phase 色々なポーズの作り方

上半身の動き

今までは上半身を固定し、下半身の動きについて学んできました。
しかし実際には上半身も動かせます。
ここでは上半身を動かすことによりポーズの幅がより広がることを学びます。

上半身の動きのある正面向き片脚重心ポーズ

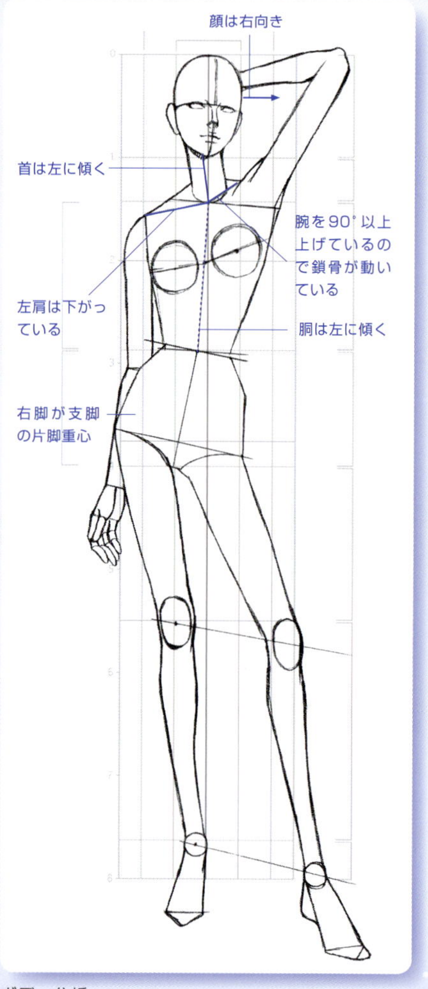

顔は右向き
首は左に傾く
腕を90°以上上げているので鎖骨が動いている
左肩は下がっている
胴は左に傾く
右脚が支脚の片脚重心

ボディ分析
このポーズは各所さまざまに動いているので、描く前にどこが動いているか確認してみよう

上半身の動きは正中線が命

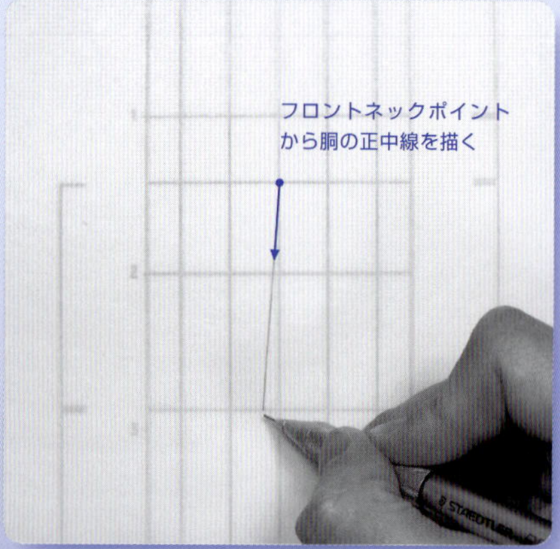

フロントネックポイントから胴の正中線を描く

立ちポーズが重心線を基準に書かれていることを考えると、重心線の始点となっているフロントネックポイントを中心に考えると描きやすい

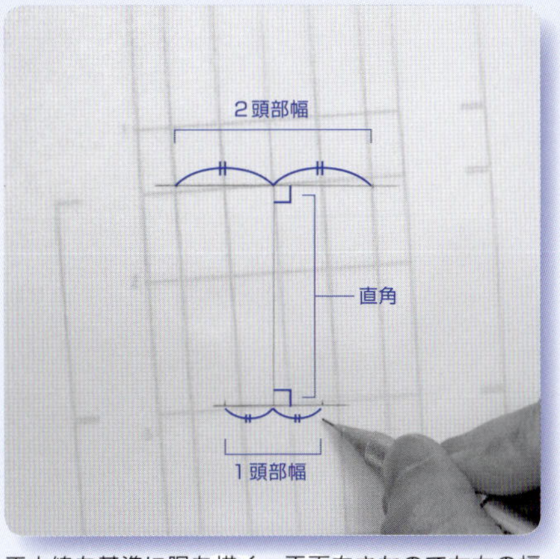

正中線を基準に胴を描く。正面向きなので左右の幅が同じになるように

02

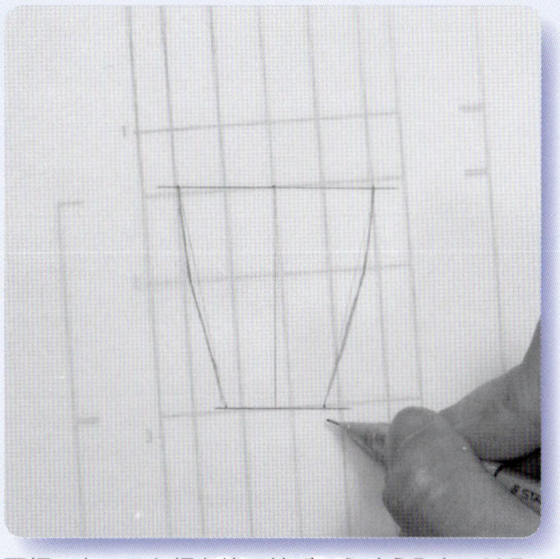

肩幅、ウエスト幅を線で結び、ふくらみをつける。斜めになっていても形が崩れないように

03

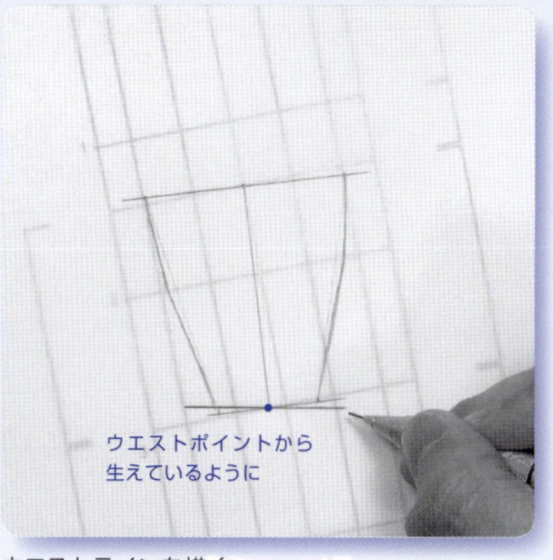

ウエストラインを描く

04

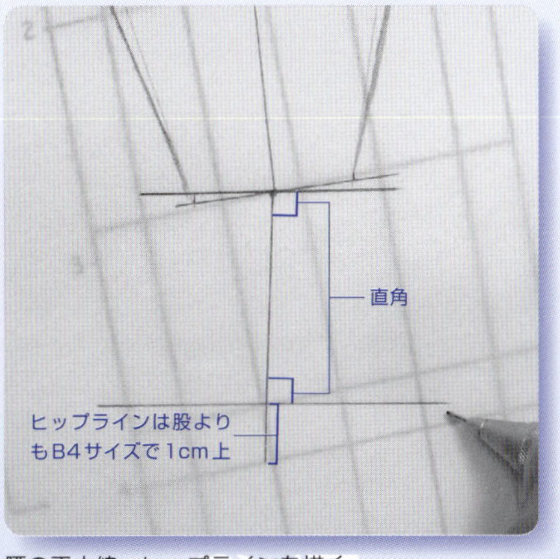

腰の正中線、ヒップラインを描く

05

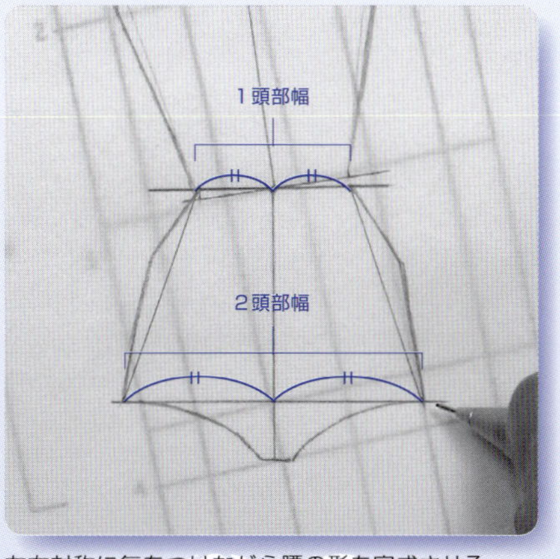

左右対称に気をつけながら腰の形を完成させる

06

支脚遊脚は今まで通り

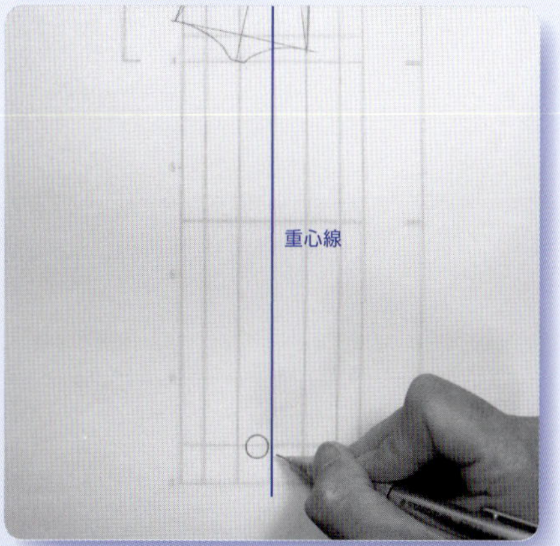

支脚の脚の位置を決める。支脚は必ず重心線付近になる

07

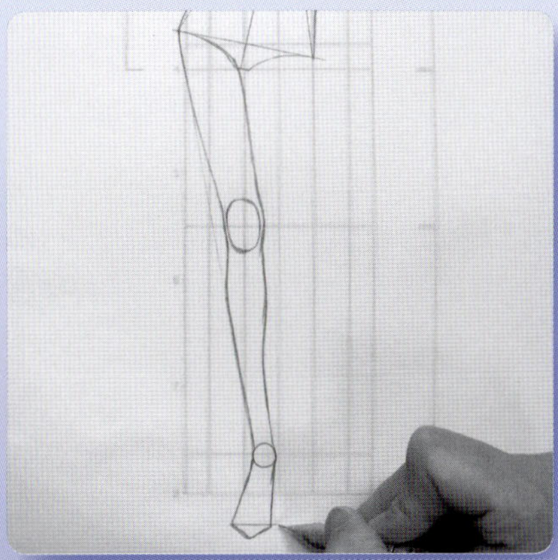

支脚を描く

08

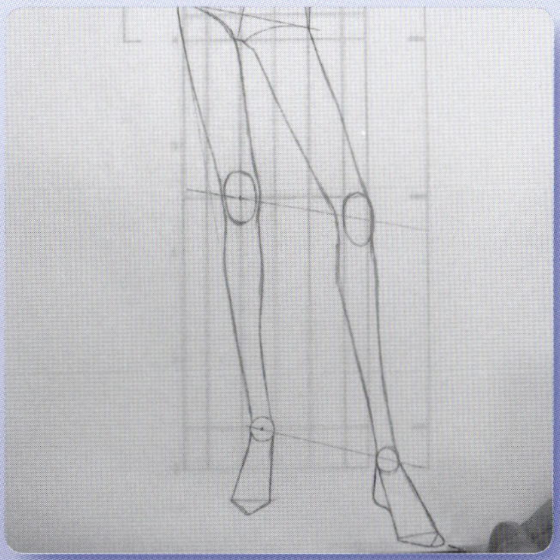

ひざ、足首の位置を決めて遊脚を描く

09

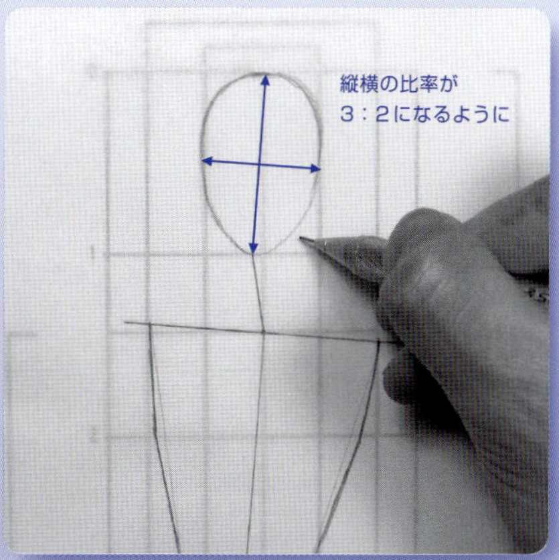

首の正中線の上に顔を描く

10

90°以上あげた腕は、鎖骨ごと動く

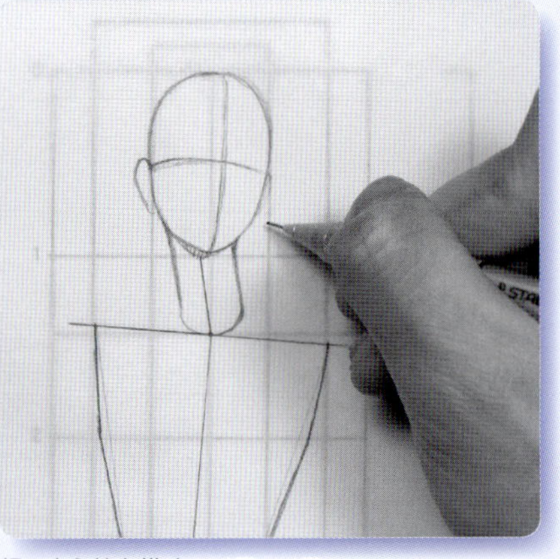

11
顔の中心線を描く

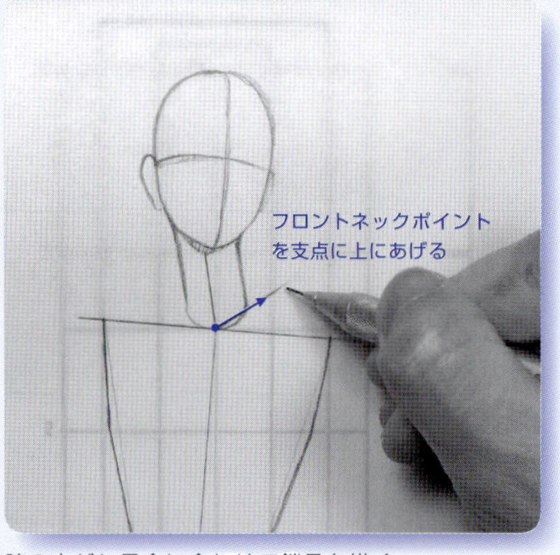
フロントネックポイント
を支点に上にあげる

12
腕の上がり具合に会わせて鎖骨を描く

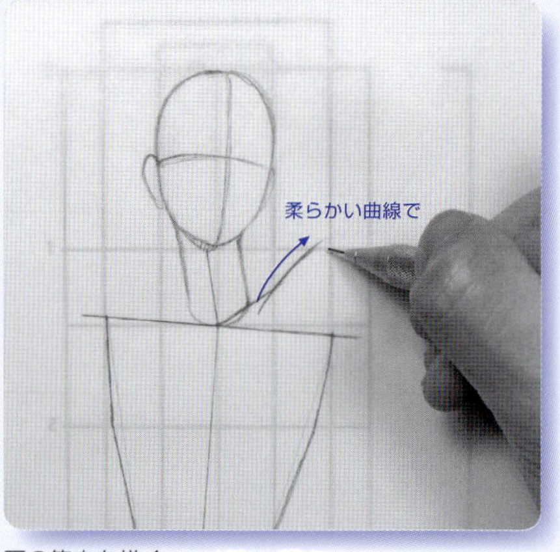
柔らかい曲線で

13
肩の筋肉を描く

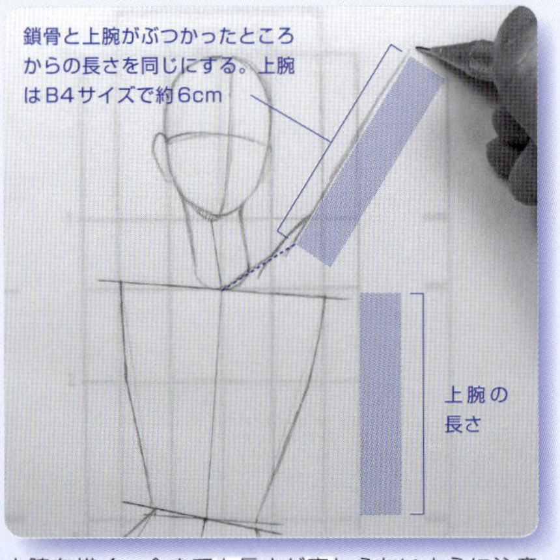
鎖骨と上腕がぶつかったところ
からの長さを同じにする。上腕
はB4サイズで約6cm
上腕の
長さ

14
上腕を描く。今までと長さが変わらないように注意しよう

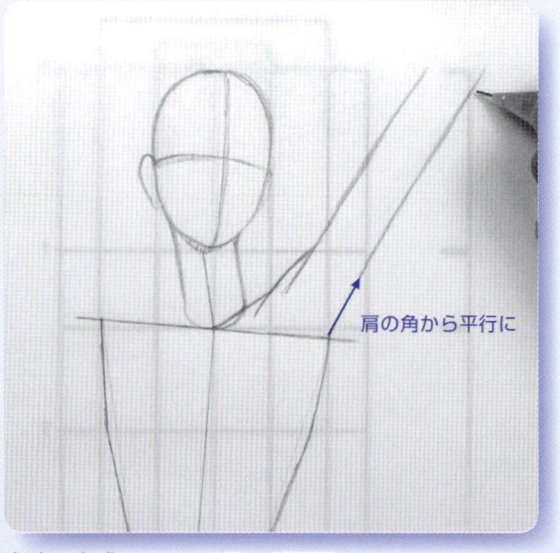
肩の角から平行に

15
上腕の完成

16
前腕を描く。先細りになるように

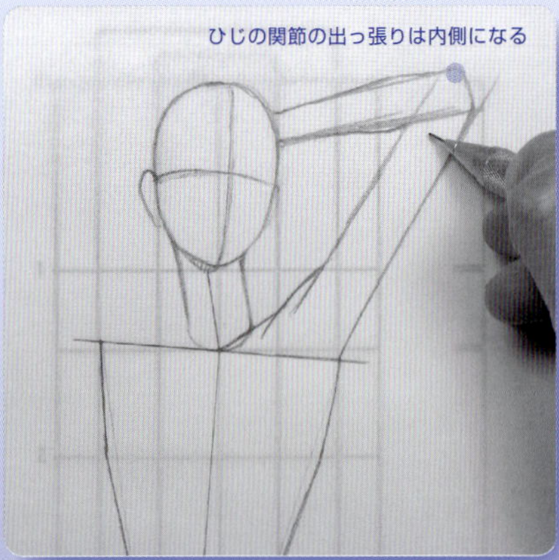
ひじの関節の出っ張りは内側になる

17
腕のふくらみを描く

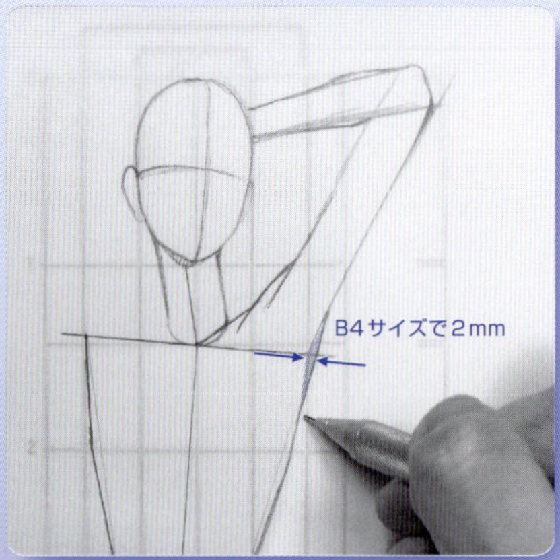
B4サイズで2mm

18
腕を上に上げると肩甲骨が見える

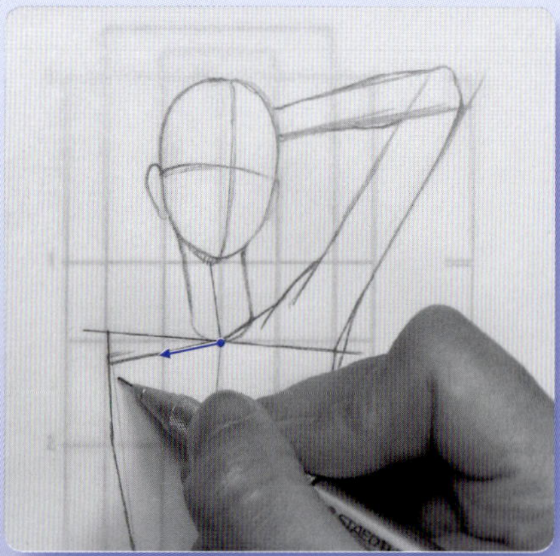

19
右手の腕は下がっている。フロントネックポイントを支点に下がった鎖骨を描く

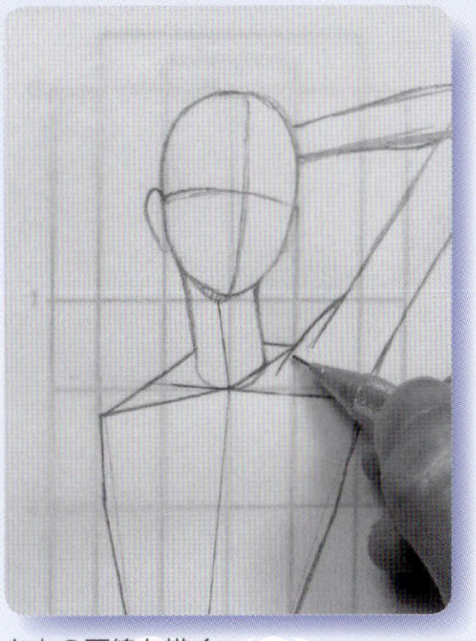

左右の肩線を描く

20

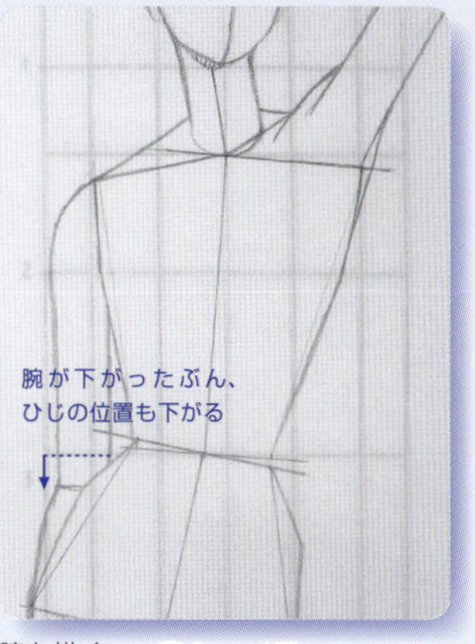
腕が下がったぶん、
ひじの位置も下がる

腕を描く

21

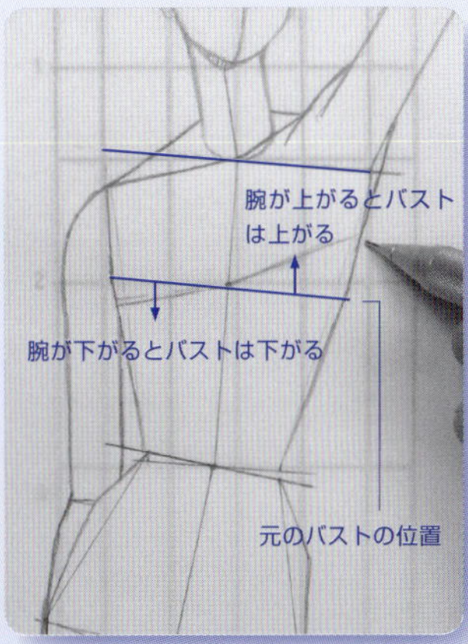
腕が上がるとバスト
は上がる
腕が下がるとバストは下がる
元のバストの位置

バストは腕の動きに連動して上下する

22

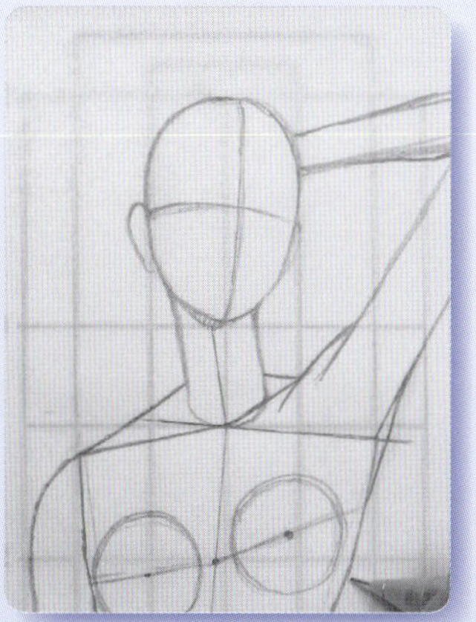

新しい基準線をもとにバストを描く。左右同じ大きさになるように

23

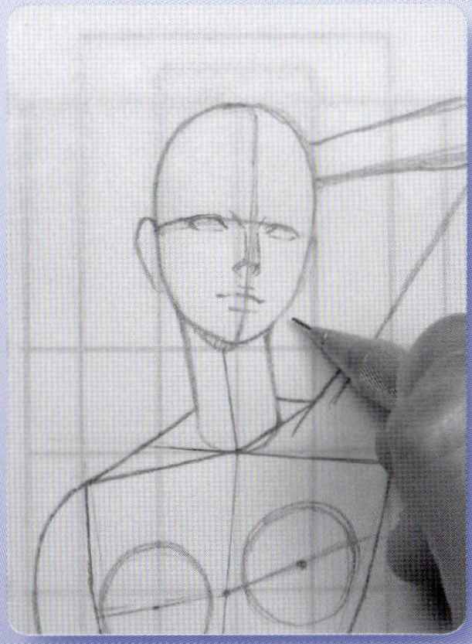

顔を描く。詳しくはP76-P98まで

24

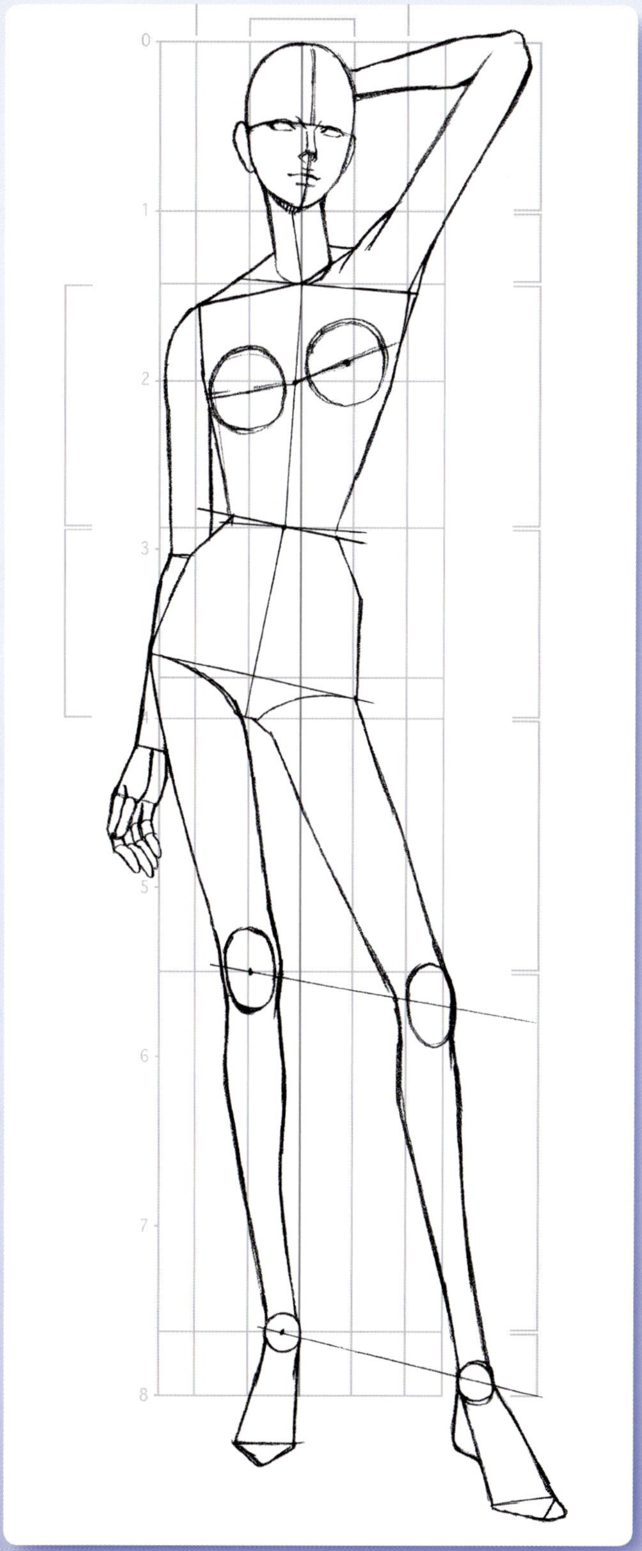

ボディの完成。このあとクリーンアップして陰影を入れたらヌードが完成する

25

後ろ姿

服の中には背中やヒップにデザインポイントがあるものも少なくありません。
ここでは後ろから見たボディについて学びます。

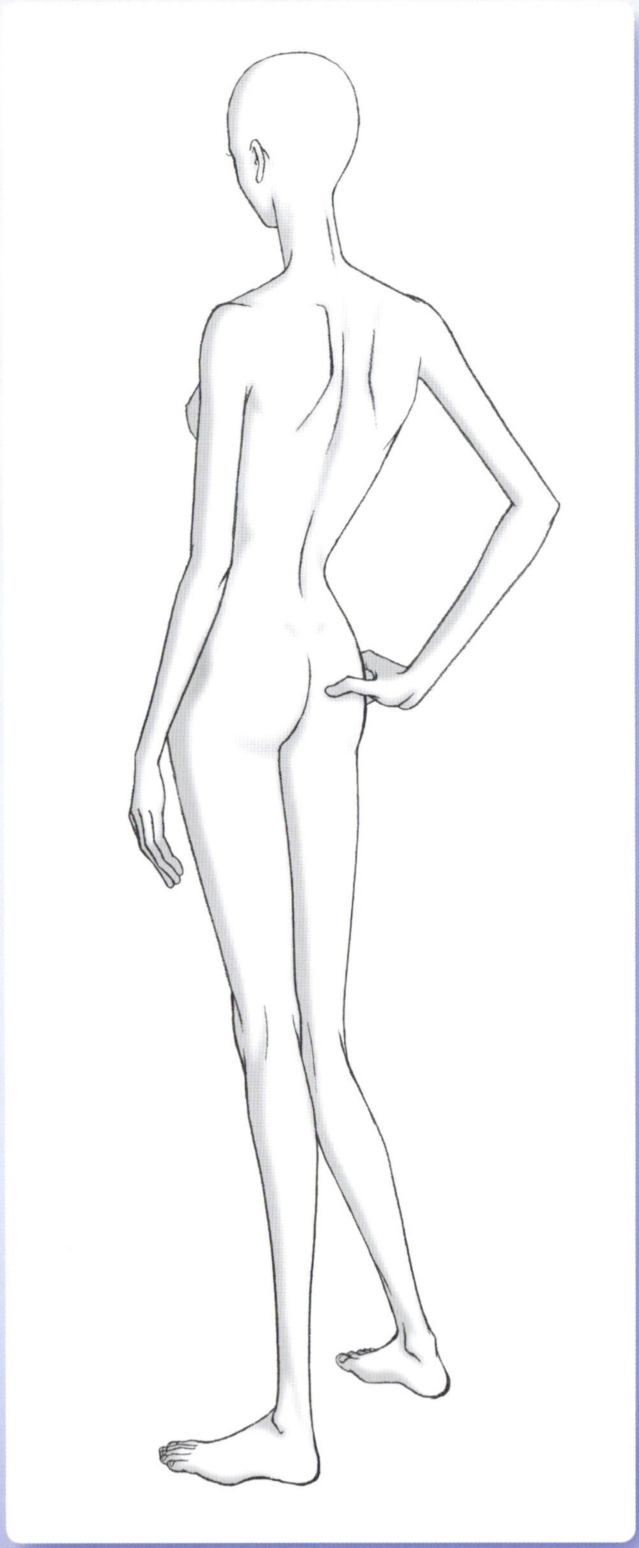

後ろ姿ボディ

前後のシルエットはほぼ同じ

今回は斜め向きモデル立ち（支脚・奥）のボディを使う。ボディは前からでも後ろからでもシルエットはほぼ同じなので、そのまま写す

01

後ろ正中線は、前正中線と向かい合うように

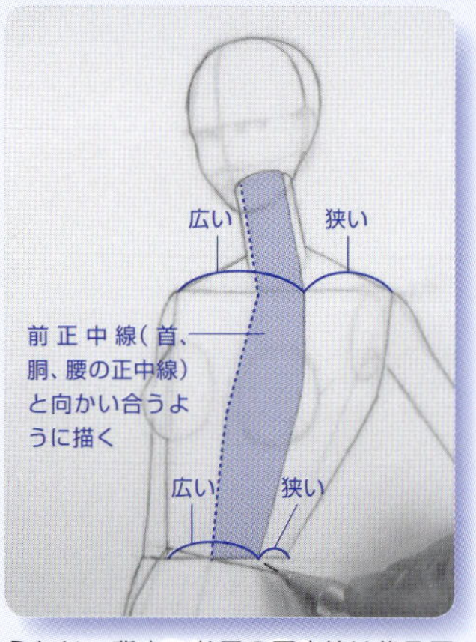
広い
狭い
前正中線（首、胴、腰の正中線）と向かい合うように描く
広い
狭い

うなじ、背中、お尻の正中線は後ろ正中線という。これを描いていく

02

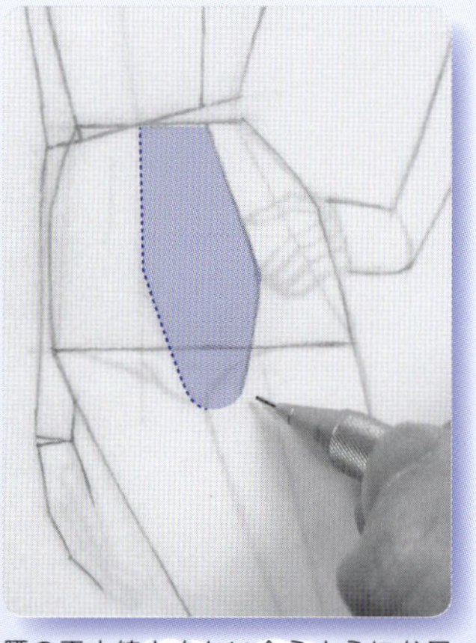

腰の正中線と向かい合うようにお尻の正中線を描く

03

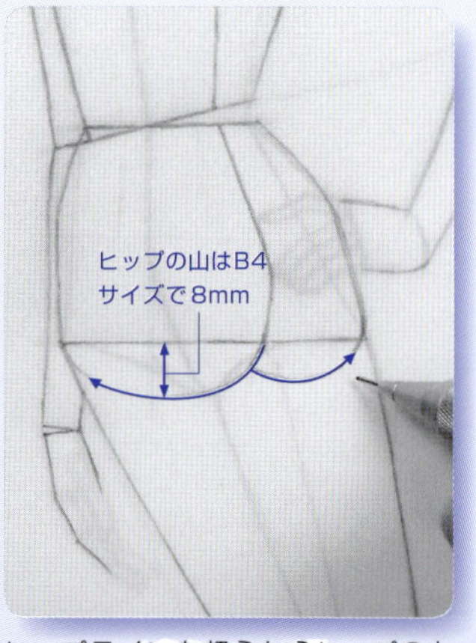
ヒップの山はB4サイズで8mm

ヒップラインを超えたらヒップの丸みを描く

04

下半身は変化のある足の描き方がポイント

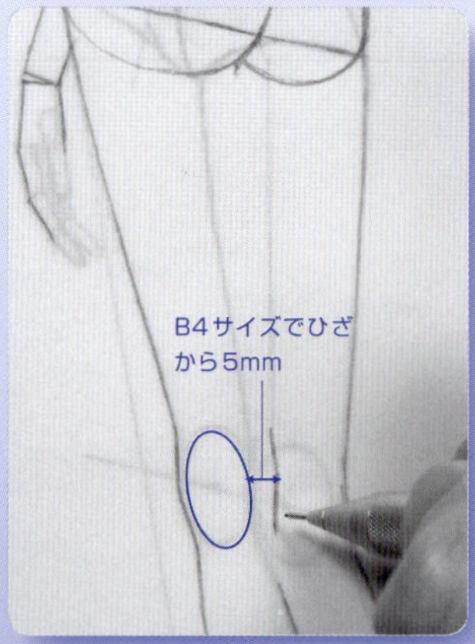
B4サイズでひざから5mm

ひざの厚みを決める

05

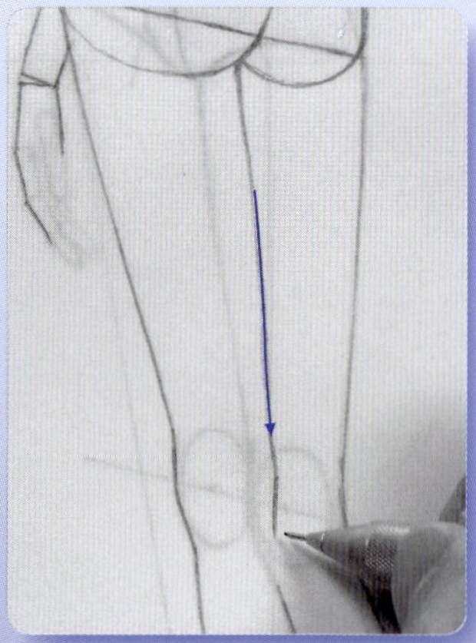

大腿の線はほぼ直線

06

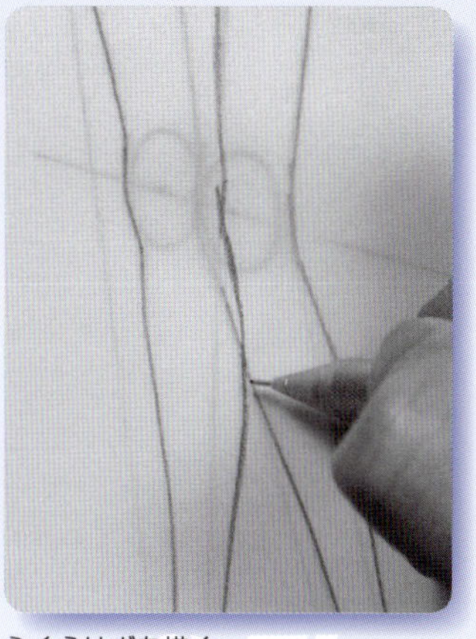

ふくらはぎを描く

07

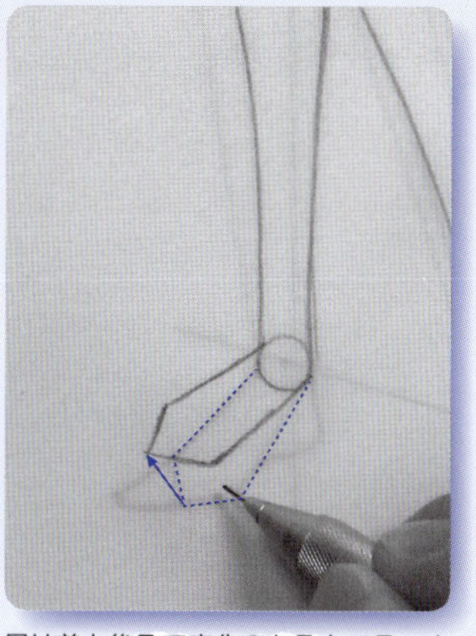

足は前と後ろで変化のあるところ。まずは足本体を描く。少し上向きにする

08

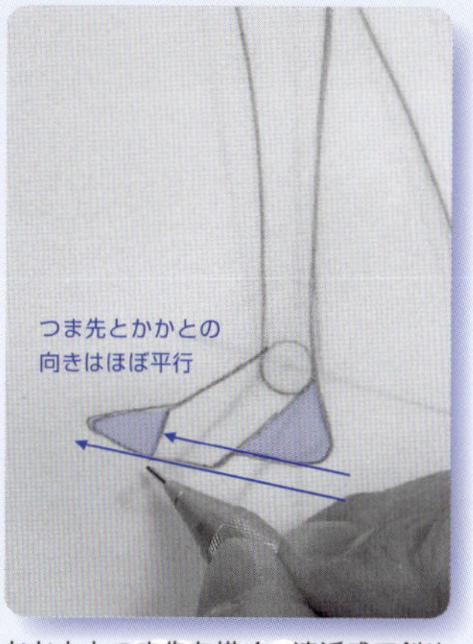
つま先とかかとの
向きはほぼ平行

かかととつま先を描く。遠近感で斜め上に向かうように

09

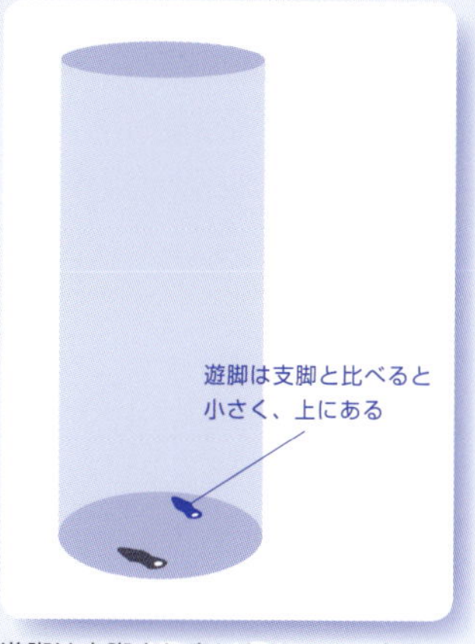
遊脚は支脚と比べると
小さく、上にある

遊脚は支脚より奥にあるので、支脚より上にあり、さらに小さくなる

10

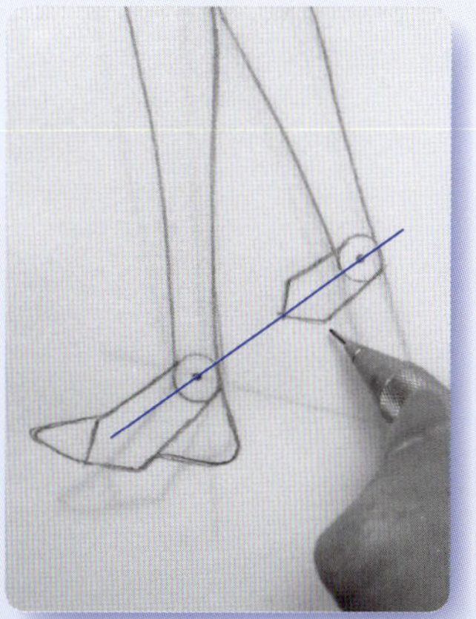

遊脚を描く

11

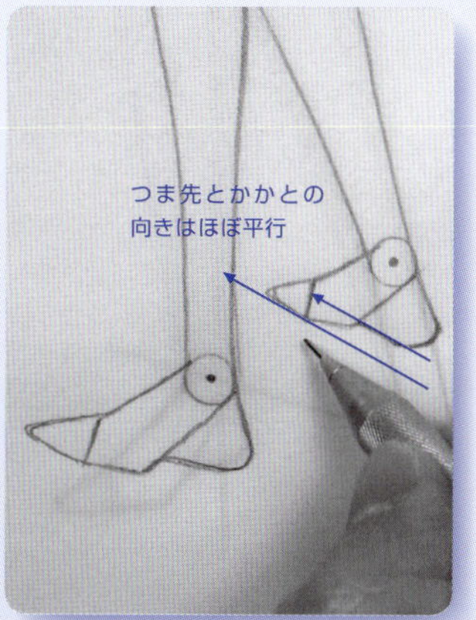
つま先とかかとの
向きはほぼ平行

かかと、つま先を描く

12

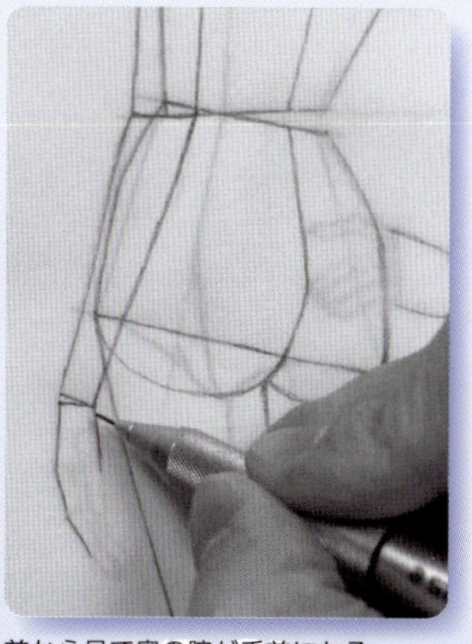

前から見て奥の腕が手前になる

13

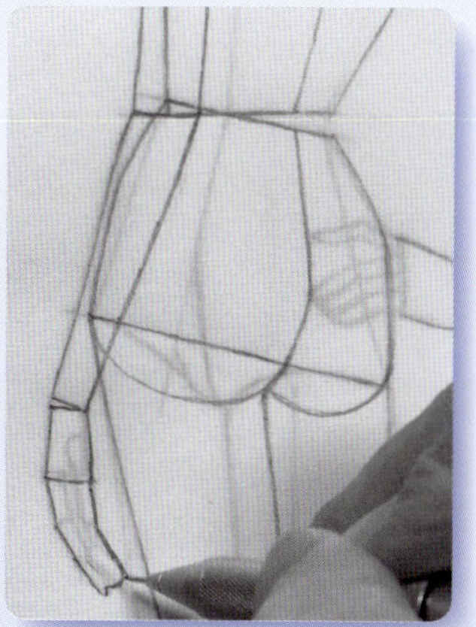

指の輪郭をなぞる

14

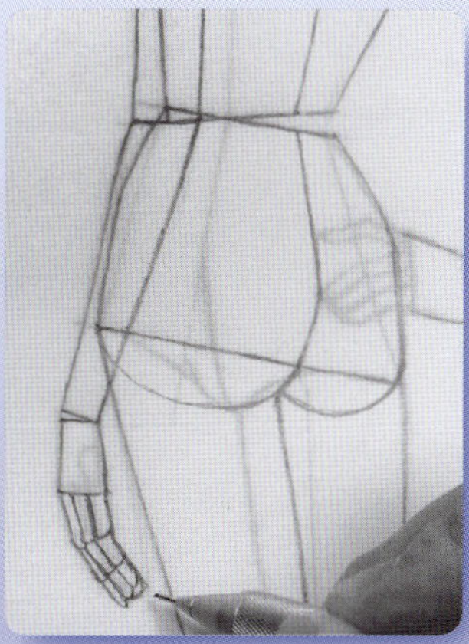

後ろから見ると小指が手前になり、親指は隠れる

15

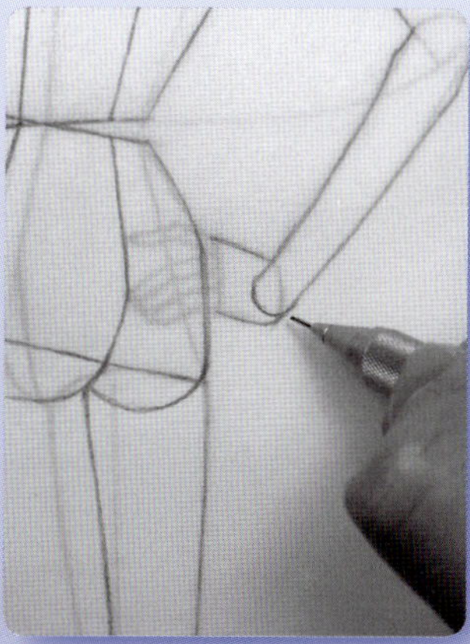

前から見て手前の腕が奥になる

16

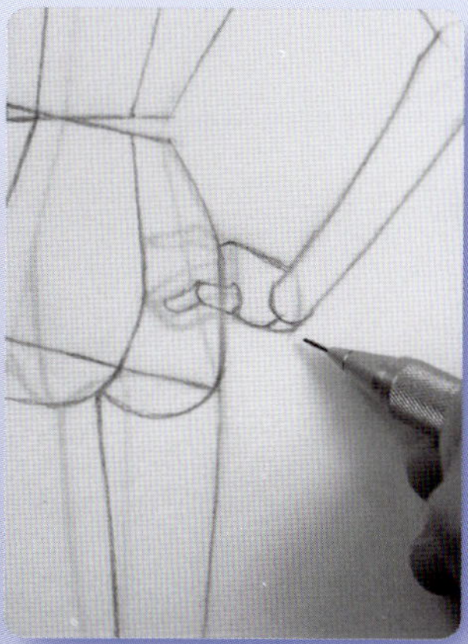

親指が手前になる

17

頭は耳とまつげで表現

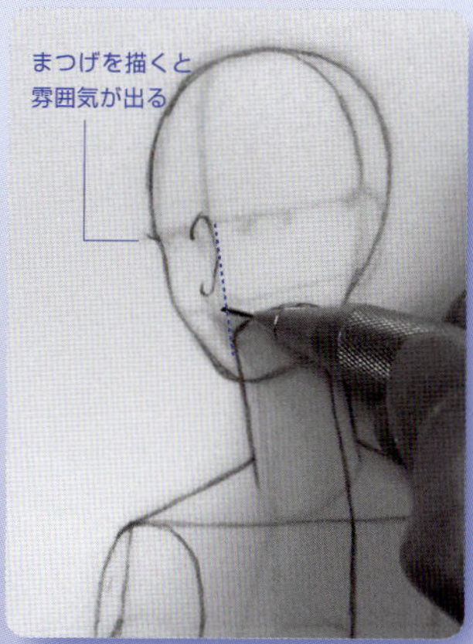
まつげを描くと
雰囲気が出る

首の延長線に接するように耳をかく

18

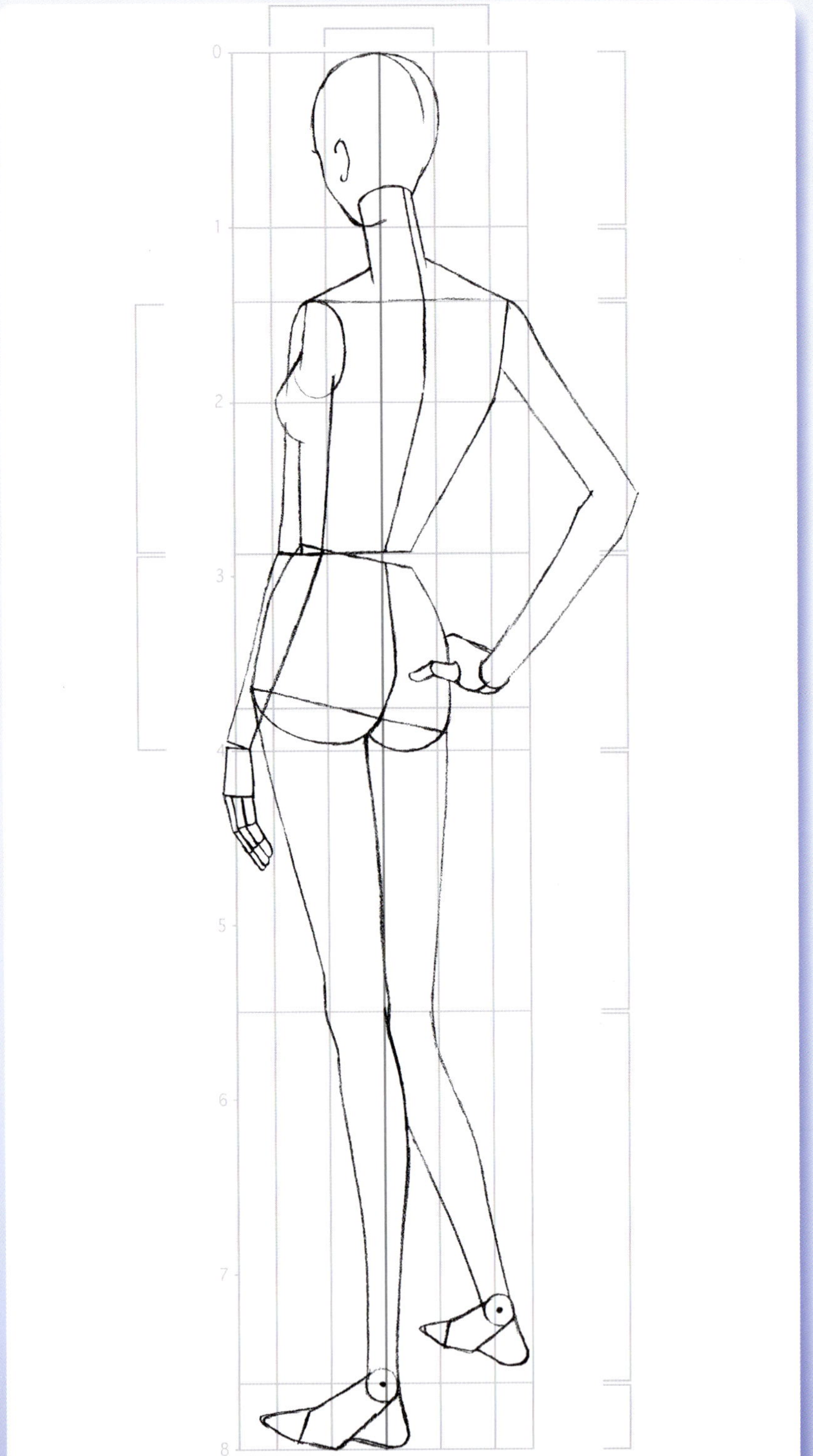

ボディの完成

19

クリーンアップしよう

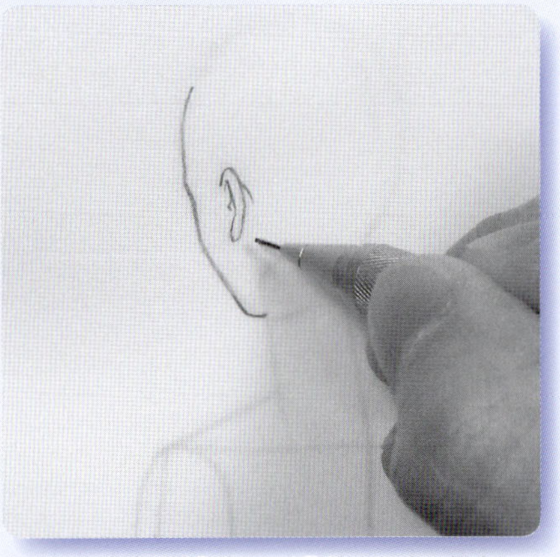

完成したボディを下敷きにしてクロッキー帳やレイアウトパッドにヌードを描いてみる。首やウエストのカクカクした関節部分を滑らかに結んで人間らしい柔らかさを出す

20

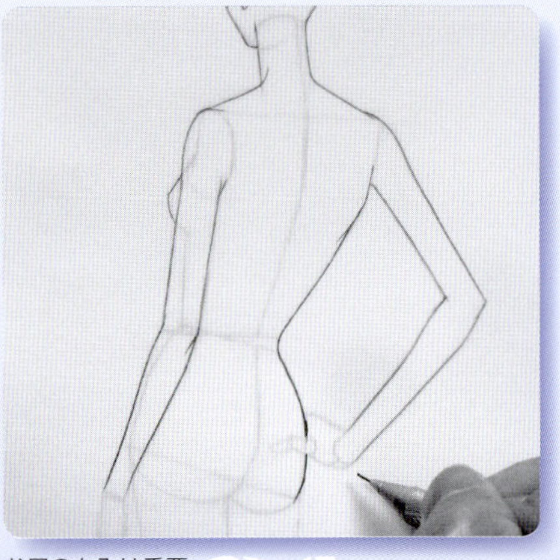

お尻の丸みは重要

21

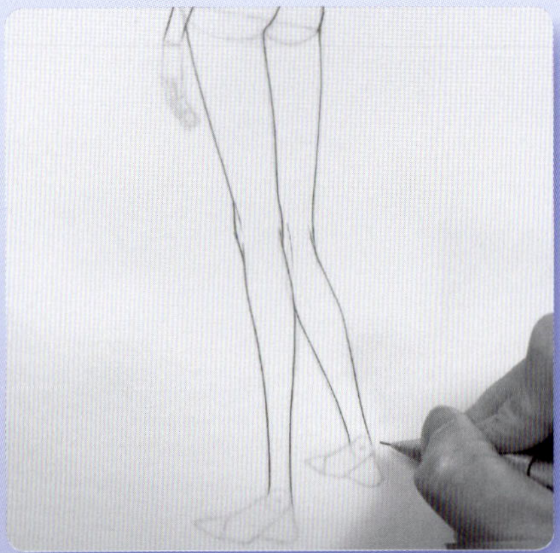

遊脚は奥になるので支脚より気持ち細く描く

22

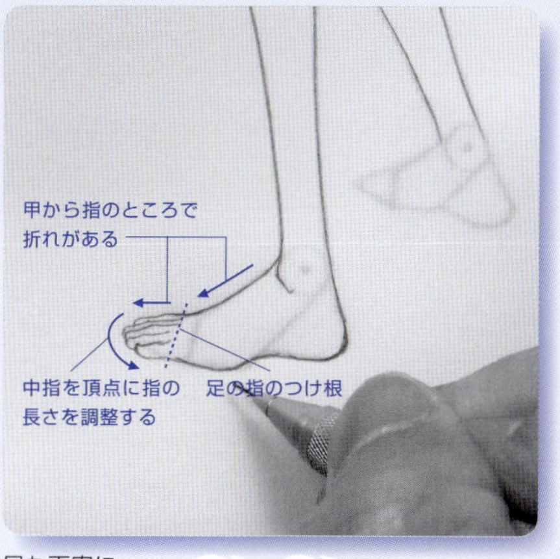
甲から指のところで
折れがある
中指を頂点に指の
長さを調整する
足の指のつけ根

足も丁寧に

23

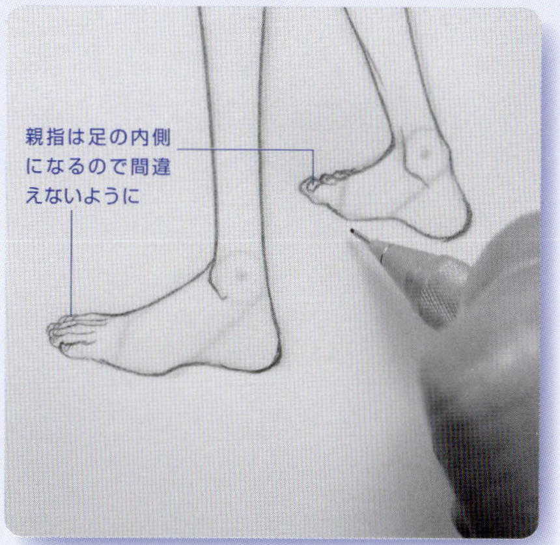
親指は足の内側
になるので間違
えないように

爪も描くと立体感が出る

24

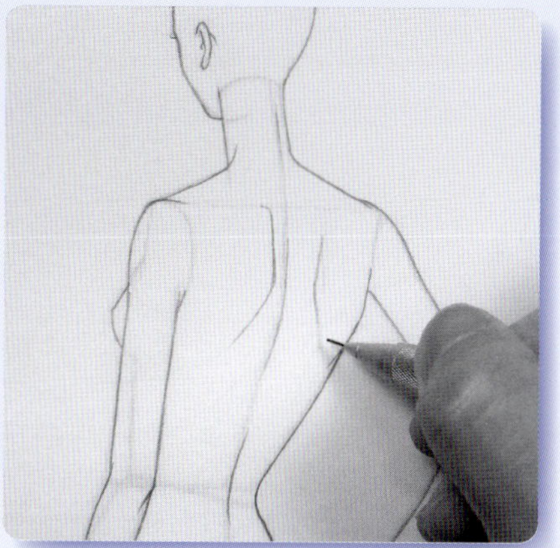

肩甲骨はバックスタイルならではの表現なのでしっかりと

25

陰影

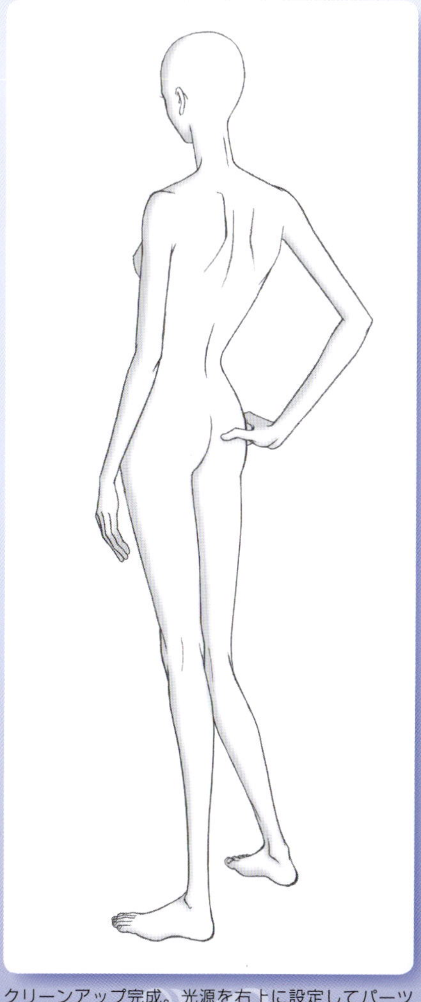

クリーンアップ完成。光源を右上に設定してパーツひとつひとつに、影になる側の輪郭線に沿って陰影を入れていく

26

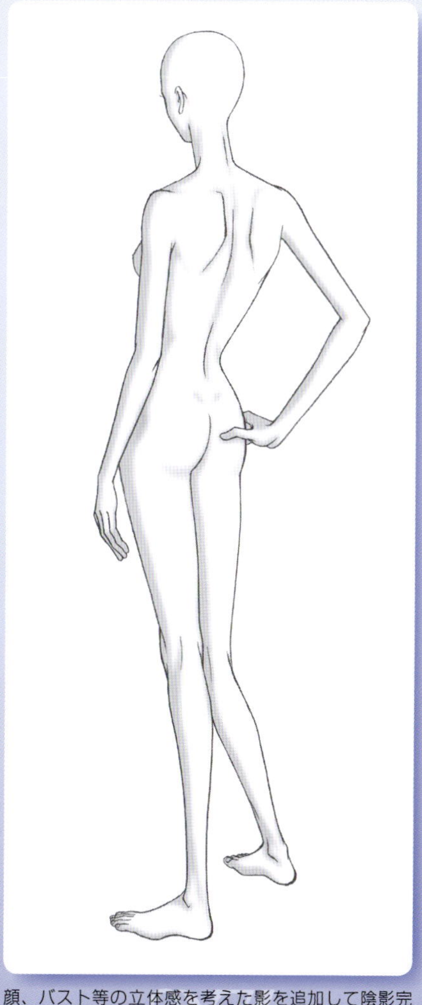

顔、バスト等の立体感を考えた影を追加して陰影完成

27

★ phase08の復習 ★

- ○上半身の動きは正中線が命。正中線の動きを見極めよう
- ○腕は独立可動。フロントネックポイントを支点に鎖骨ごと動かすことができる
- ○バストは鎖骨の上下に連動して上下する
- ○前と後ろはシルエットは同じ。足の向きだけ気をつけよう

next !! 顔を描いていきます！

09 phase

顔の描き方

顔の向きによる変化

顔には色んなパーツがあるので、それぞれの位置関係をしっかり覚えましょう。

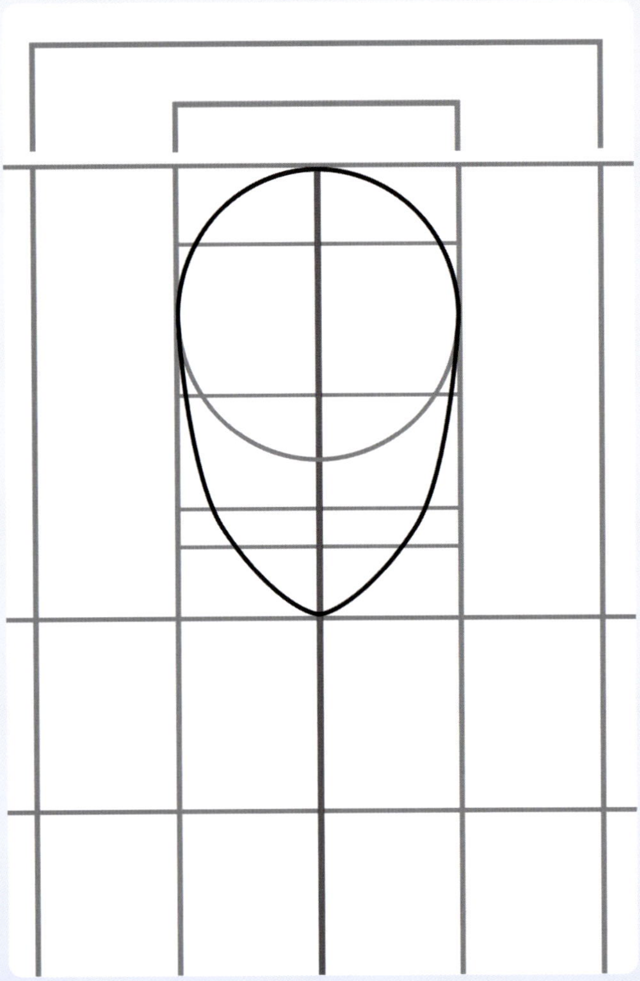

顔の練習用のワク：各パーツの位置が描いてある。コピーして下敷きにしよう。
顔は全て6cmの大きさで描いていく。練習用に少し大きめになっている

真正面向きの顔の描き方

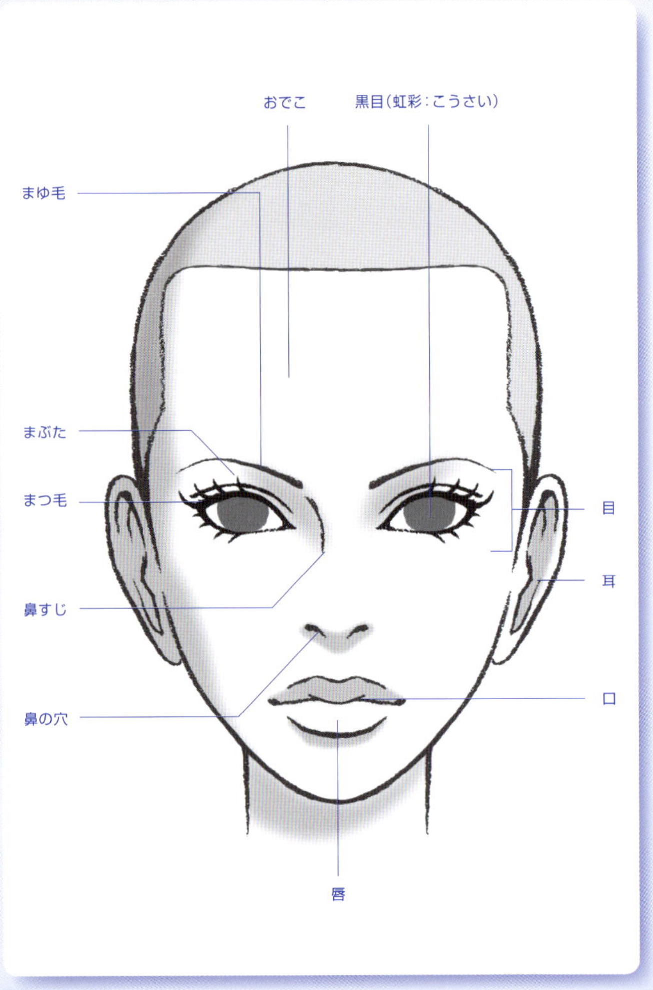

おでこ
黒目(虹彩：こうさい)
まゆ毛
まぶた
まつ毛
目
耳
鼻すじ
鼻の穴
口
唇

正面向きの顔

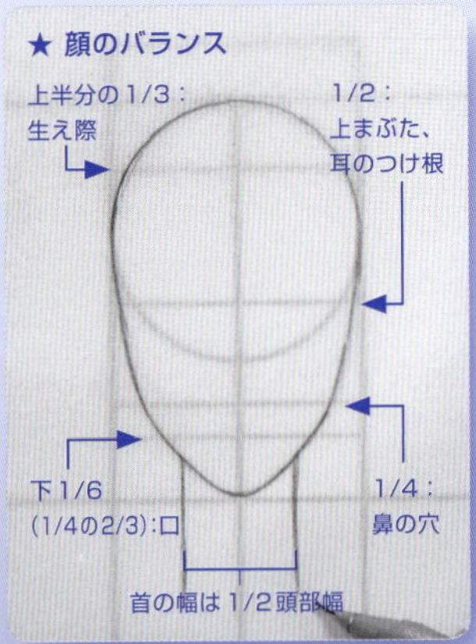

★ 顔のバランス
上半分の1/3：
生え際
1/2：
上まぶた、
耳のつけ根
下1/6
(1/4の2/3)：口
1/4：
鼻の穴
首の幅は1/2頭部幅

顔の輪郭を描く

01

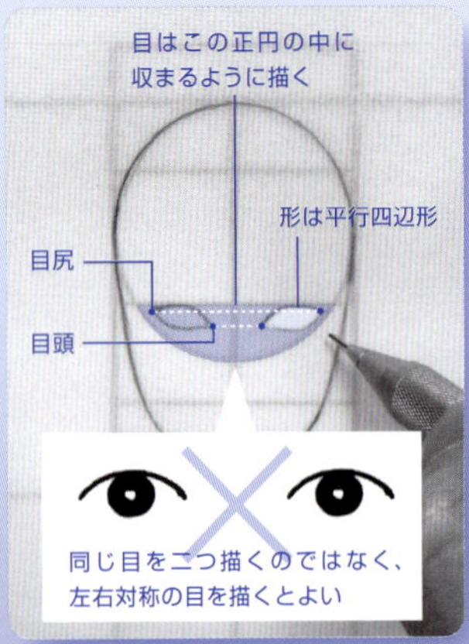

目はこの正円の中に
収まるように描く
形は平行四辺形
目尻
目頭
同じ目を二つ描くのではなく、
左右対称の目を描くとよい

上まぶたが接するようにまぶたを描く。目は左右対称。苦手な方(利き手じゃない方)から描くと左右の形を合わせやすい

02

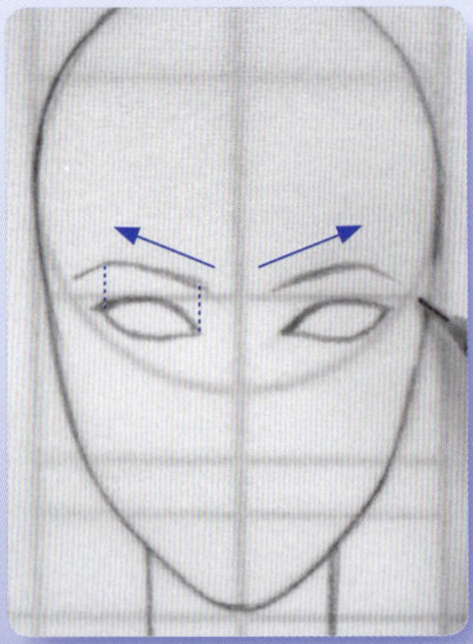

眉毛はまぶたより長く「へ」の字に

03

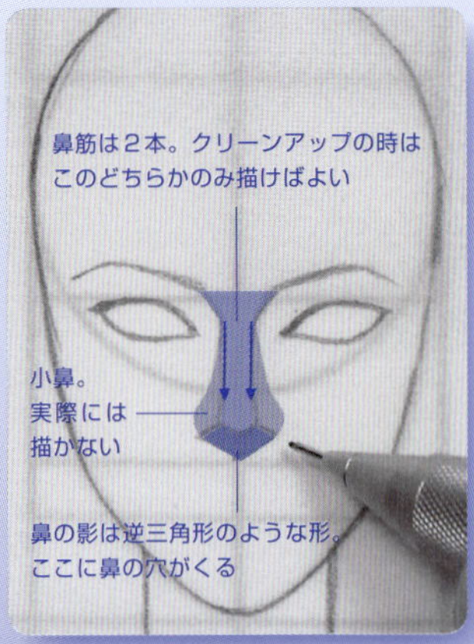

鼻筋は2本。クリーンアップの時は
このどちらかのみ描けばよい
小鼻。
実際には
描かない
鼻の影は逆三角形のような形。
ここに鼻の穴がくる

顔の中央に鼻を描く

04

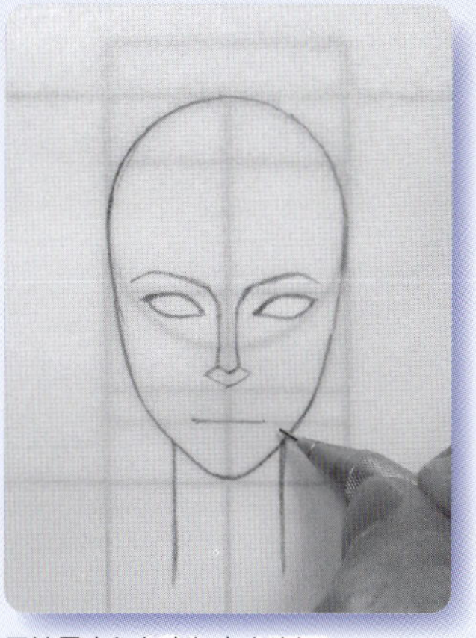
口は目よりも少し大きめに
05

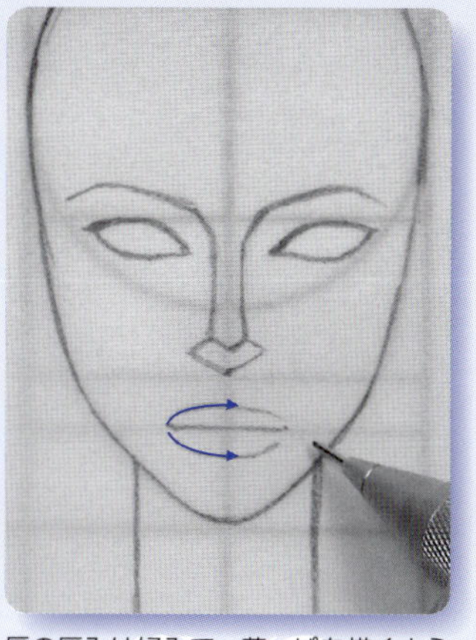
唇の厚みは好みで。葉っぱを描くように
06

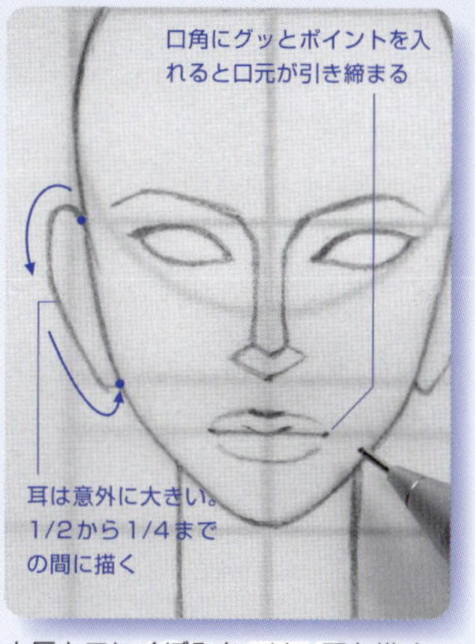
口角にグッとポイントを入れると口元が引き締まる
耳は意外に大きい。1/2から1/4までの間に描く
上唇と口にくぼみをつけ、耳を描く
07

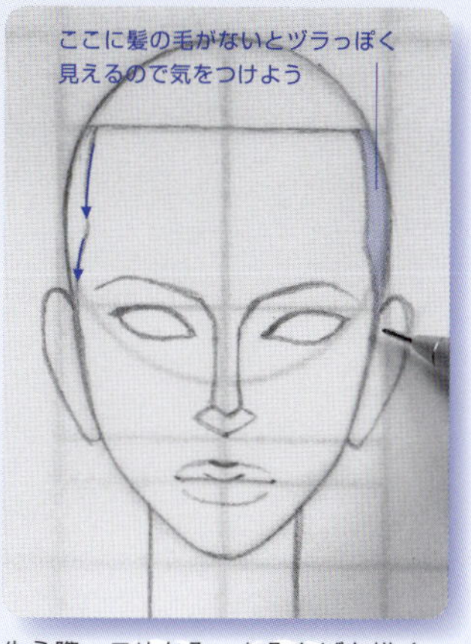
ここに髪の毛がないとヅラっぽく見えるので気をつけよう
生え際、こめかみ、もみあげを描く
08

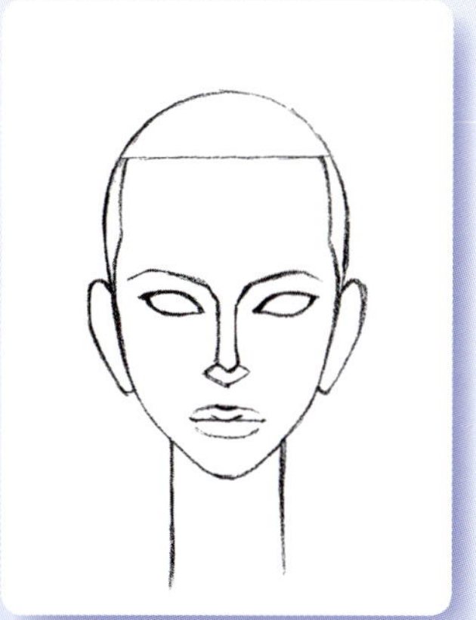
顔のバランス完成
09

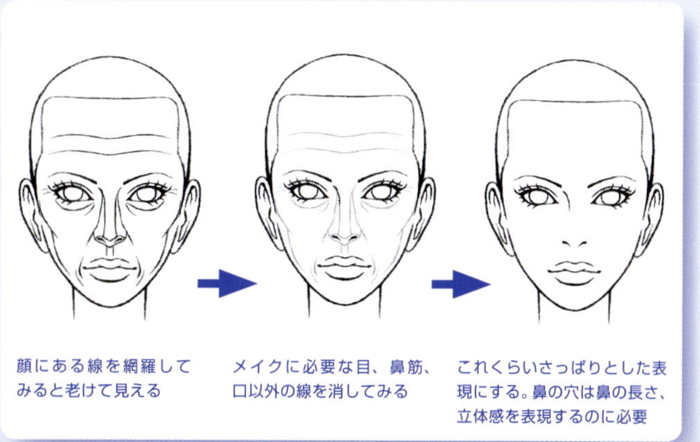
顔にある線を網羅してみると老けて見える
メイクに必要な目、鼻筋、口以外の線を消してみる
これくらいさっぱりとした表現にする。鼻の穴は鼻の長さ、立体感を表現するのに必要
顔はメイクするとき必要な線のみを描くこと。つまり、目、鼻筋、口のみでよい。シワやクマ、小鼻等、「メイクしないところ」、もしくは「メイクで隠すところ」は描かないようにする
10

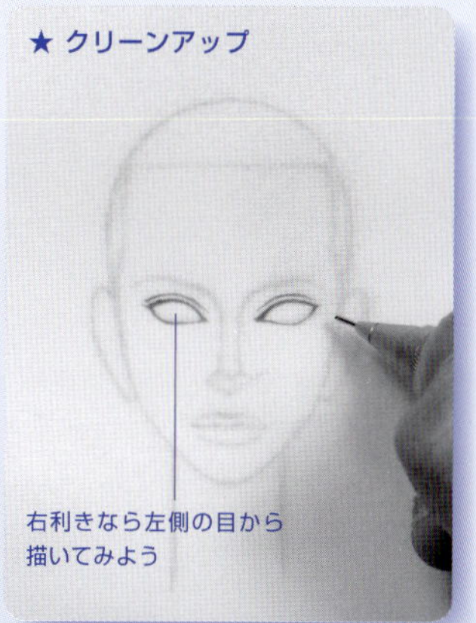
★ クリーンアップ
右利きなら左側の目から描いてみよう
まぶたを描き二重にする。利き手側の方がきれいに描けるので、逆に苦手な側から描くと左右の形がそろいやすい
11

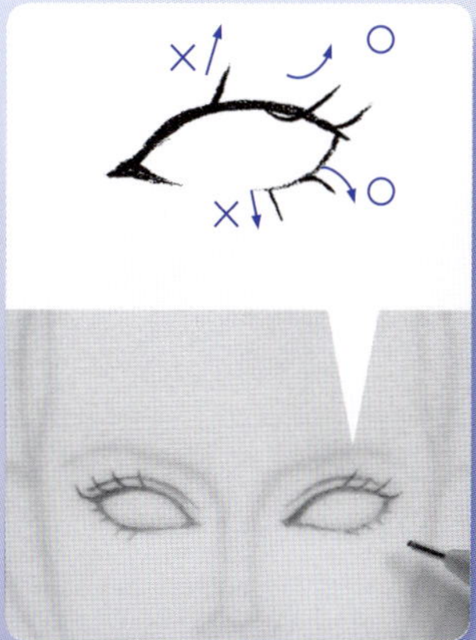
まつげを描く。メイクするとき、まつげはビューラーで上に向ける。このことからも分かるとおり本来下向きになっている。なのでいったん下向きにしておき、はねるように上に向けるとよい
12

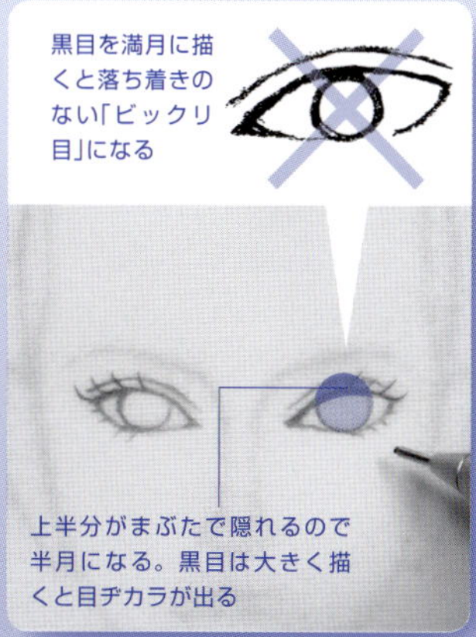
黒目を満月に描くと落ち着きのない「ビックリ目」になる
上半分がまぶたで隠れるので半月になる。黒目は大きく描くと目ヂカラが出る
黒目（虹彩）は半月
13

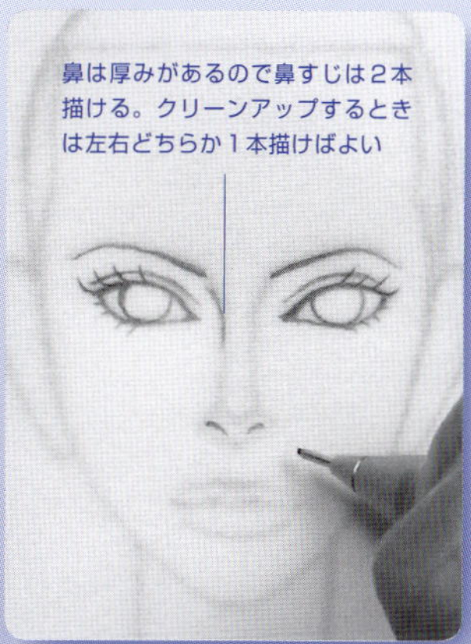
鼻は厚みがあるので鼻すじは２本描ける。クリーンアップするときは左右どちらか１本描けばよい
鼻の穴は逆「ハ」の字
14

口を描く。口角、真ん中のくぼみがポイント
15

唇の厚みを描く

16

顔の輪郭をつなぐ

17

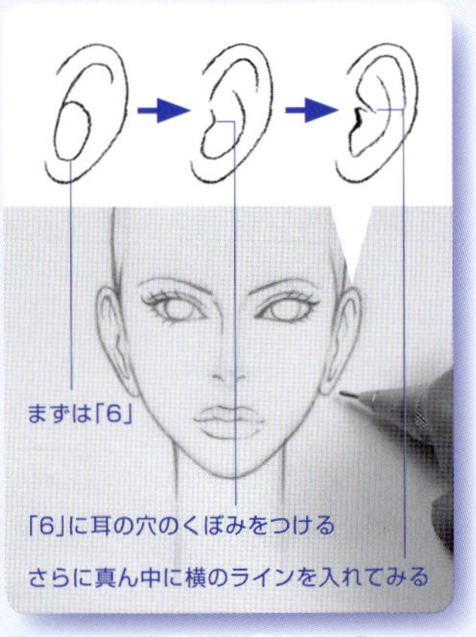

まずは「6」
「6」に耳の穴のくぼみをつける
さらに真ん中に横のラインを入れてみる

耳の穴は段階的に描いていこう。これで完成

18

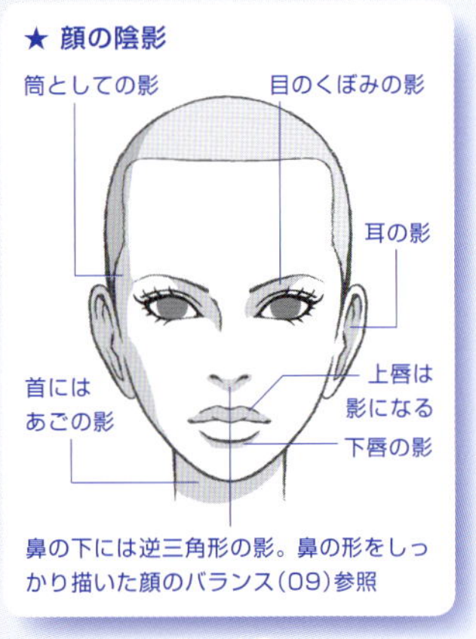

★ 顔の陰影
筒としての影
目のくぼみの影
耳の影
首には
あごの影
上唇は
影になる
下唇の影
鼻の下には逆三角形の影。鼻の形をしっかり描いた顔のバランス(09)参照

顔には色々な影ができやすい。わかりやすくぼかさないで入れてみた

19

正面上向きの顔の描き方

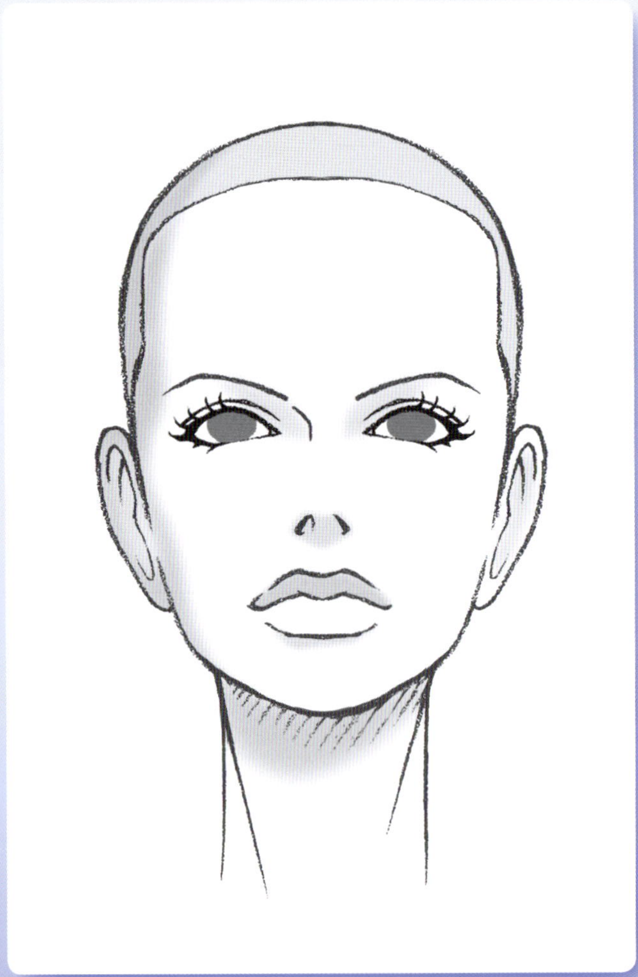

上を向くと目が耳より上になり、あごが短くなるのが特徴

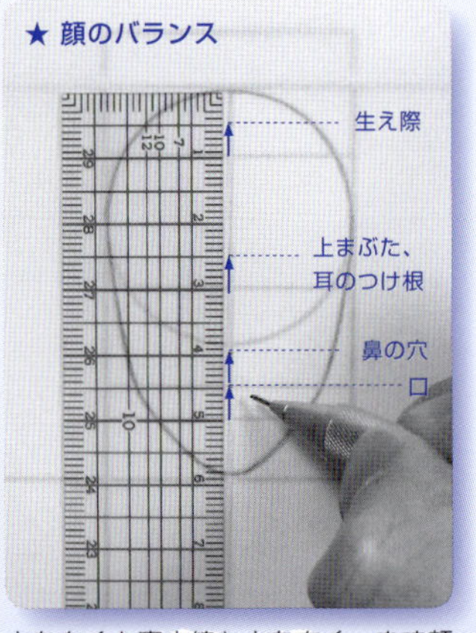

★ 顔のバランス
生え際
上まぶた、
耳のつけ根
鼻の穴
口

上を向くと案内線も上を向く。まず顔の輪郭を描いたら、各パーツの位置を元の位置より3mmずつ上にする

01

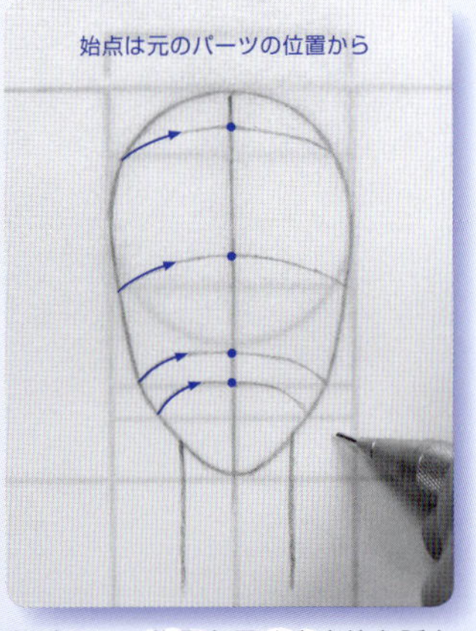

始点は元のパーツの位置から

各パーツの位置を示す案内線を弧を描くように描く

02

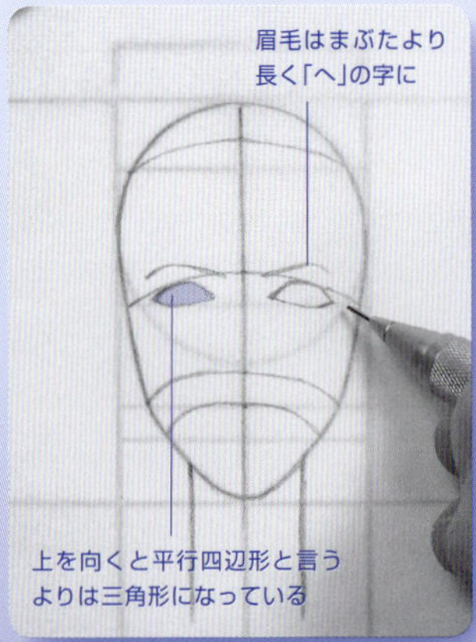

眉毛はまぶたより
長く「へ」の字に
上を向くと平行四辺形と言う
よりは三角形になっている

新しい案内線に上まぶたが接するようにまぶたを描く。目は左右対称。苦手な方(利き手じゃない方)から描くと左右の形を合わせやすい

03

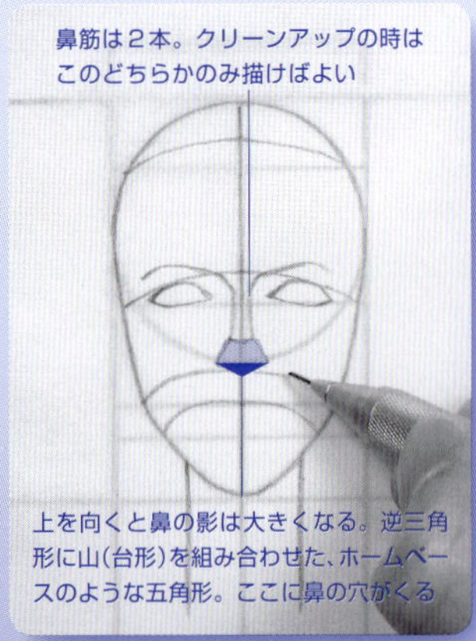

鼻筋は2本。クリーンアップの時は
このどちらかのみ描けばよい
上を向くと鼻の影は大きくなる。逆三角
形に山(台形)を組み合わせた、ホームベー
スのような五角形。ここに鼻の穴がくる

顔の中央に鼻を描く

04

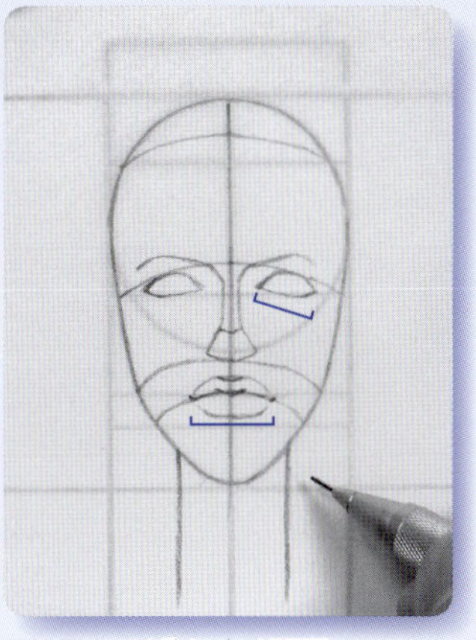

口は目よりも少し大きめに

05

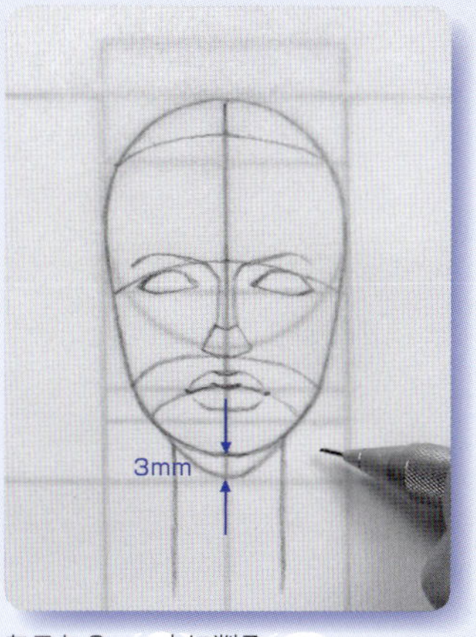
3mm

あごも3mm上に削る

06

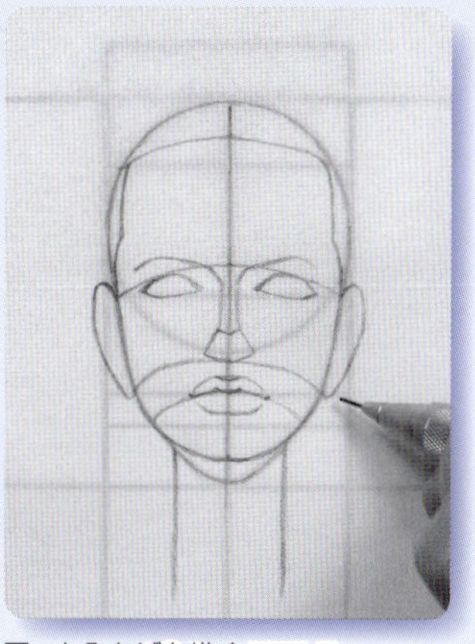

耳、もみあげを描く

07

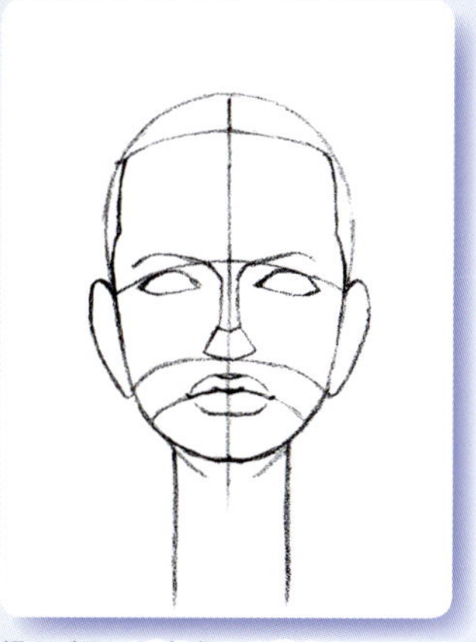

顔のバランス完成

08

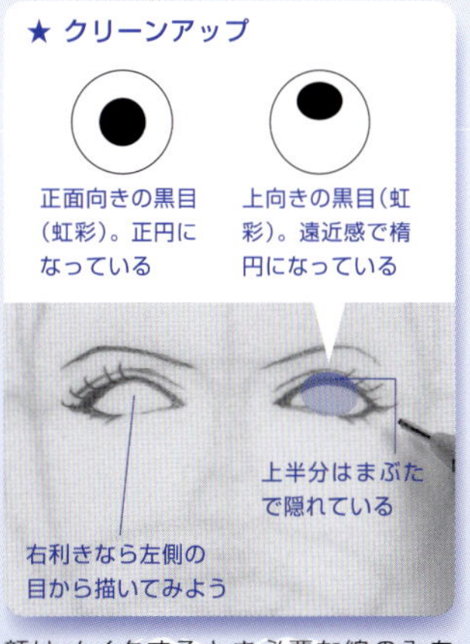
★ クリーンアップ
正面向きの黒目(虹彩)。正円になっている
上向きの黒目(虹彩)。遠近感で楕円になっている
上半分はまぶたで隠れている
右利きなら左側の目から描いてみよう

顔はメイクするとき必要な線のみを描くこと
まずは目を描く。黒目(虹彩)は上を向くと遠近感で楕円になる

09

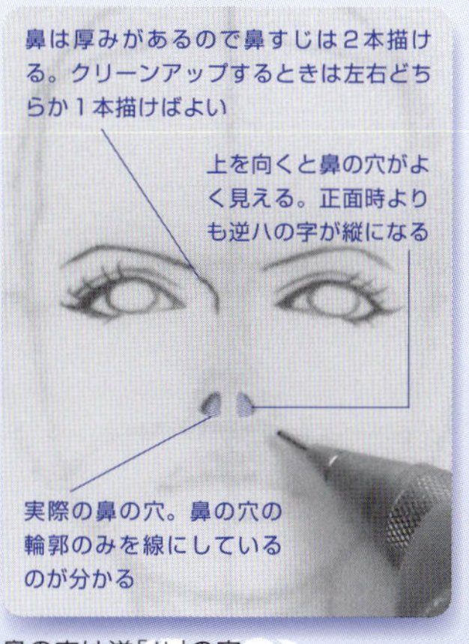
鼻は厚みがあるので鼻すじは２本描ける。クリーンアップするときは左右どちらか１本描けばよい
上を向くと鼻の穴がよく見える。正面時よりも逆ハの字が縦になる
実際の鼻の穴。鼻の穴の輪郭のみを線にしているのが分かる

鼻の穴は逆「ハ」の字

10

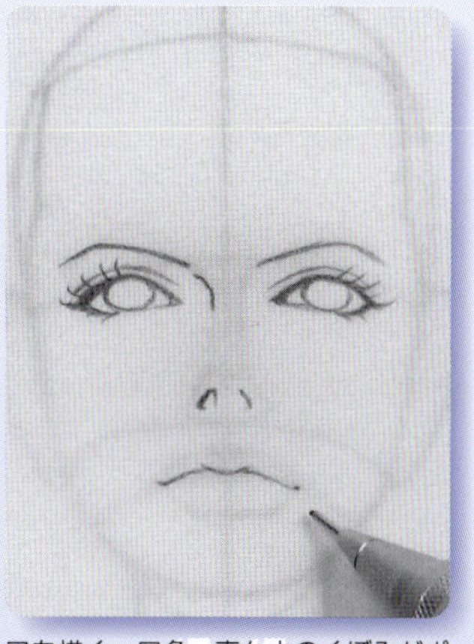

口を描く。口角、真ん中のくぼみがポイント

11

唇の厚みを描く

12

顔の輪郭をつなぐ

13

首を描く

14

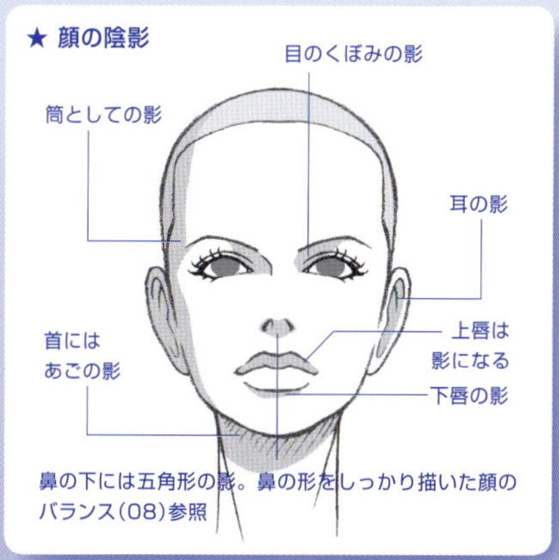
★ 顔の陰影
目のくぼみの影
筒としての影
耳の影
首にはあごの影
上唇は影になる
下唇の影
鼻の下には五角形の影。鼻の形をしっかり描いた顔のバランス(08)参照

顔には色々な影ができやすい。わかりやすくぼかさないで入れてみた

15

正面下向きの顔の描き方

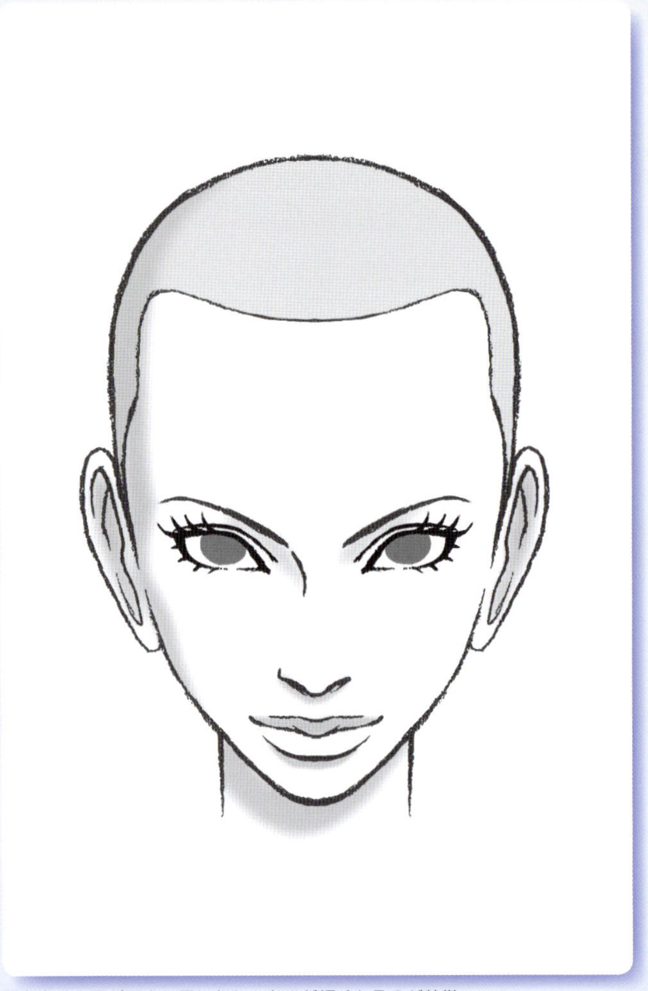

下を向くと目が耳より下になり、あごが短くなるのが特徴

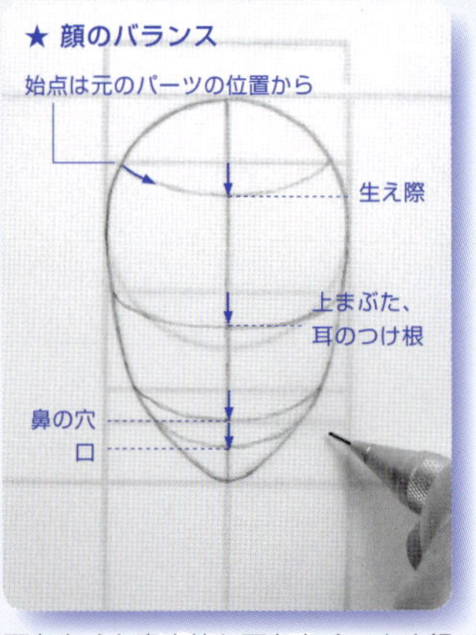
★ 顔のバランス
始点は元のパーツの位置から
生え際
上まぶた、
耳のつけ根
鼻の穴
口

下を向くと案内線も下を向く。まず顔の輪郭を描いたら、各パーツの位置を元の位置より3mmずつ下にし、弧を描くようにつなぐ

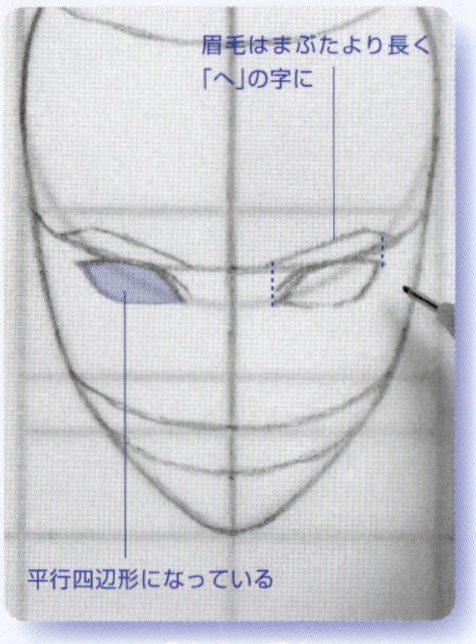
眉毛はまぶたより長く
「へ」の字に
平行四辺形になっている

新しい案内線に上まぶたが接するようにまぶたを描く。目は左右対称。苦手な方(利き手じゃない方)から描くと左右の形を合わせやすい

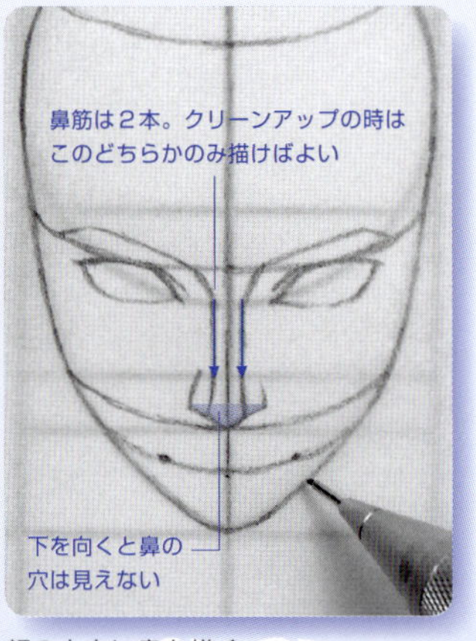
鼻筋は2本。クリーンアップの時は
このどちらかのみ描けばよい
下を向くと鼻の
穴は見えない

顔の中央に鼻を描く

03

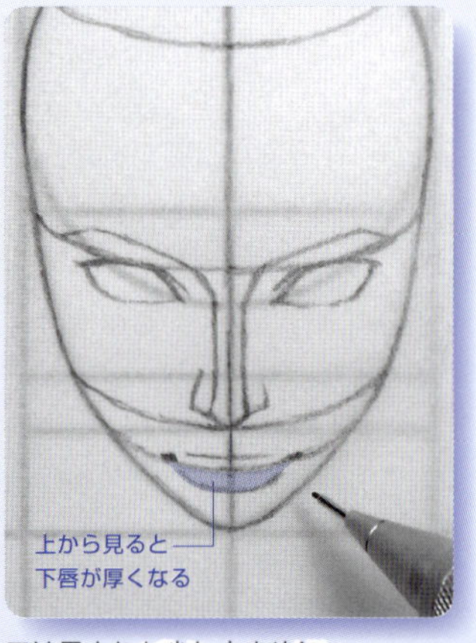
上から見ると
下唇が厚くなる

口は目よりも少し大きめに

04

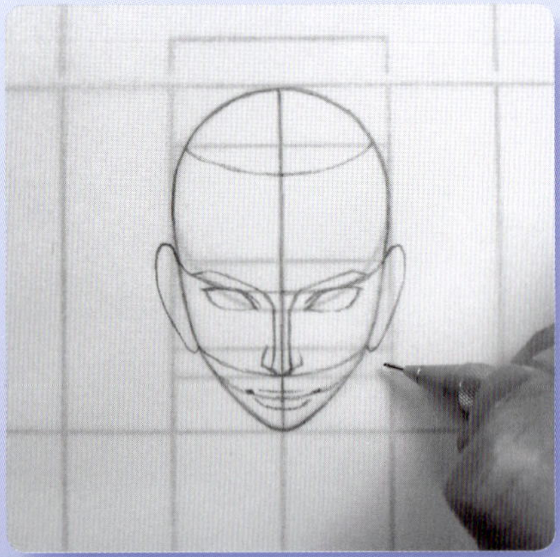

耳、もみあげを描く

05

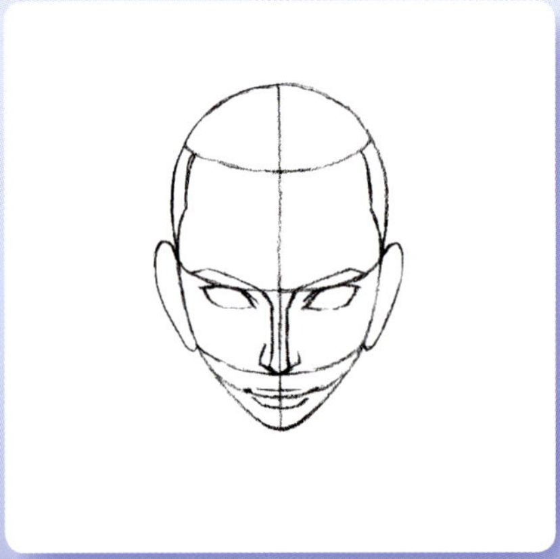

顔のバランス完成

06

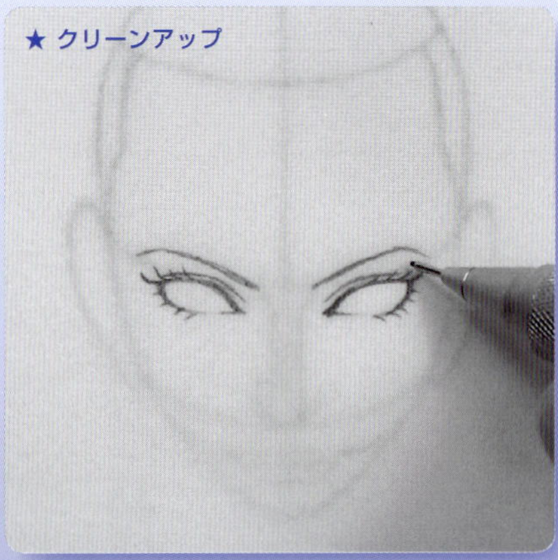
★ クリーンアップ

顔はメイクするとき必要な線のみを描くこと。まずは目を描く

07

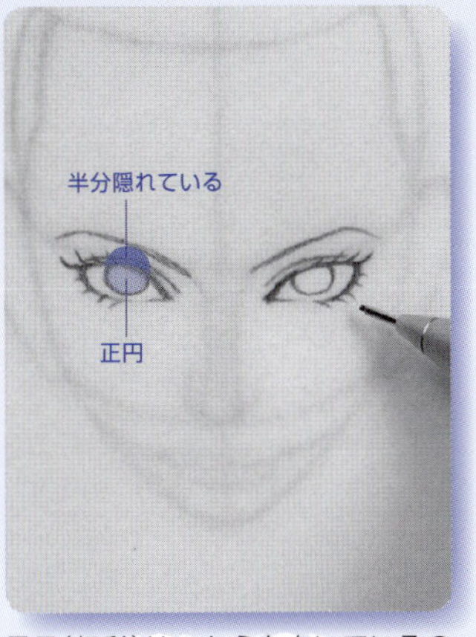
半分隠れている
正円

黒目（虹彩）はこちらを向いているので正円で。ただし上半分が隠れた半円になる

08

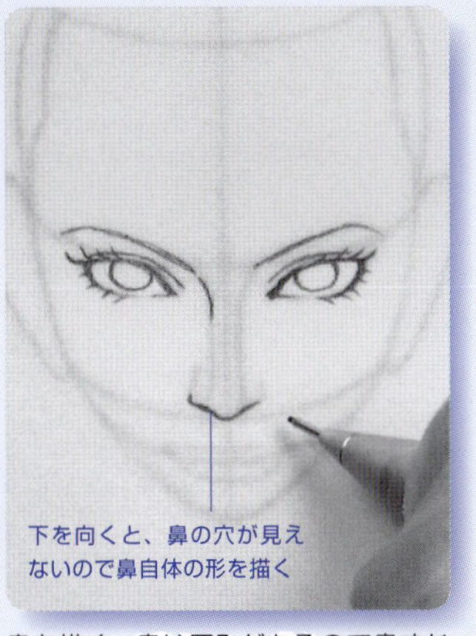
下を向くと、鼻の穴が見えないので鼻自体の形を描く

鼻を描く。鼻は厚みがあるので鼻すじは２本描ける。クリーンアップするときは左右どちらか１本描けばよい

09

口を描く。口角、真ん中のくぼみがポイント

10

唇の厚みを描く

11

顔の輪郭をつなぐ

12

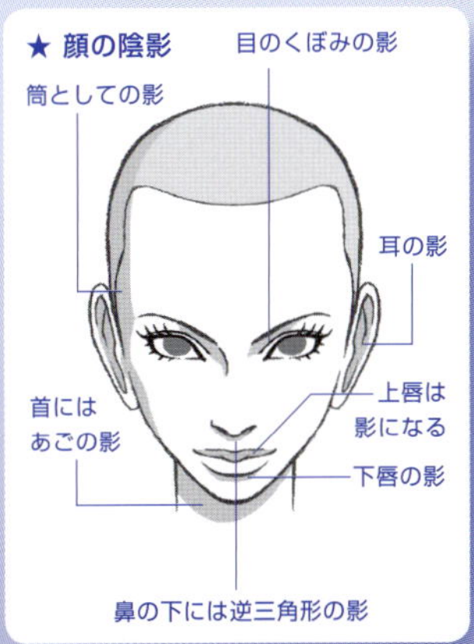
★ 顔の陰影
目のくぼみの影
筒としての影
耳の影
首にはあごの影
上唇は影になる
下唇の影
鼻の下には逆三角形の影

顔には色々な影ができやすい。わかりやすくぼかさないで入れてみた

13

斜め向きの顔の描き方

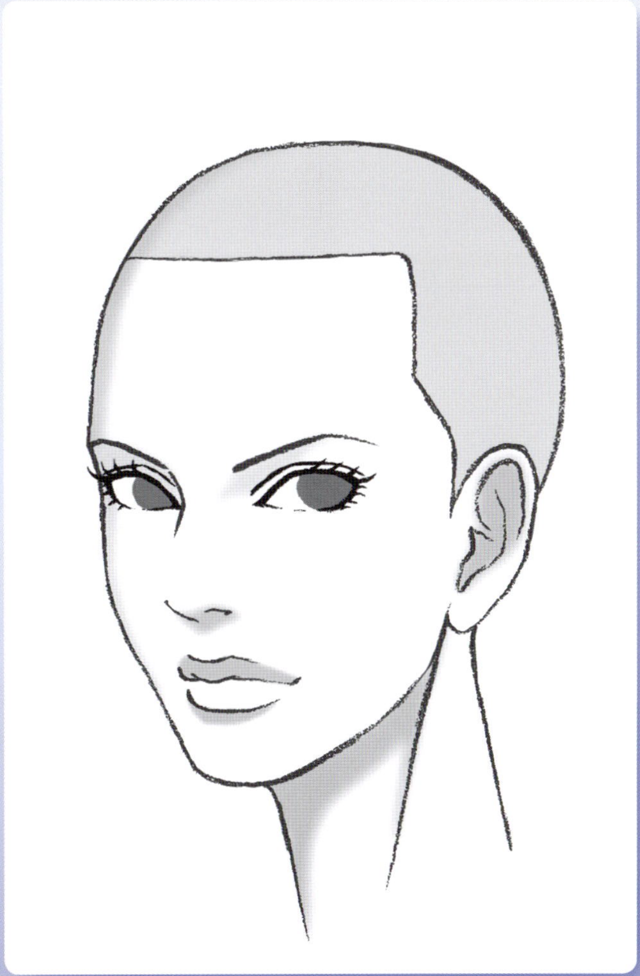

斜めを向くとパーツに遠近感がでる。よく鼻だけ横に向けてあとは正面向きの形のままで表現する学生がいるが、目、鼻、口、輪郭それぞれに遠近感を出してみよう

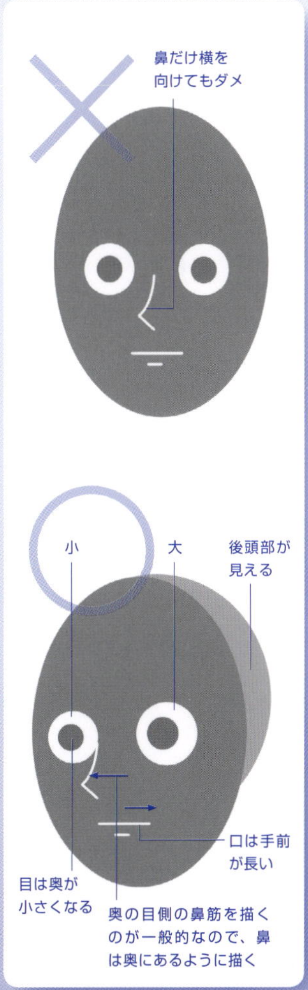
鼻だけ横を向けてもダメ
小
大
後頭部が見える
口は手前が長い
目は奥が小さくなる
奥の目側の鼻筋を描くのが一般的なので、鼻は奥にあるように描く

斜め向きの遠近感

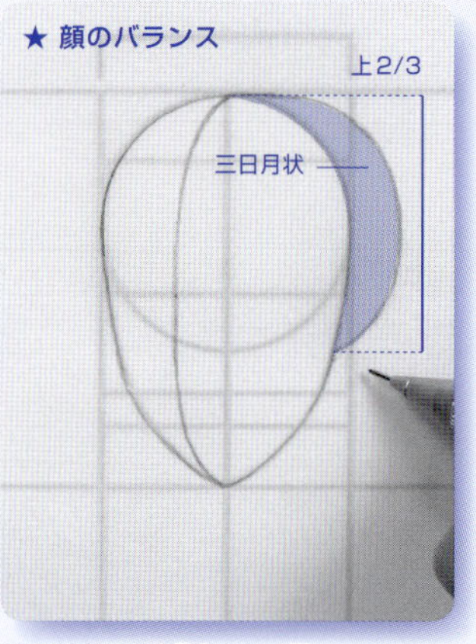
★ 顔のバランス
上2/3
三日月状

顔の輪郭に後頭部を加える

01

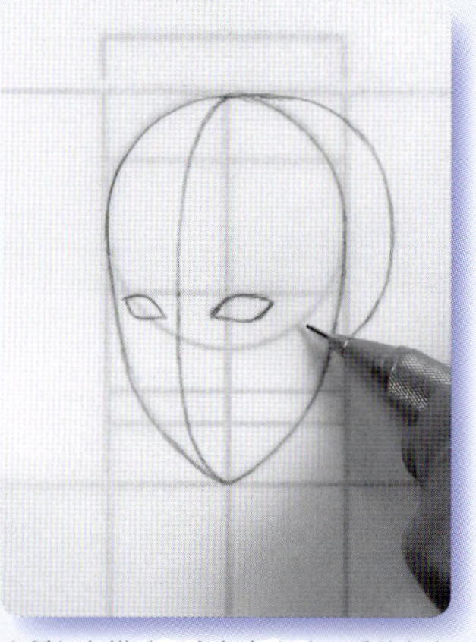

まぶたを描く。奥を小さく、手前を大きく描く

02

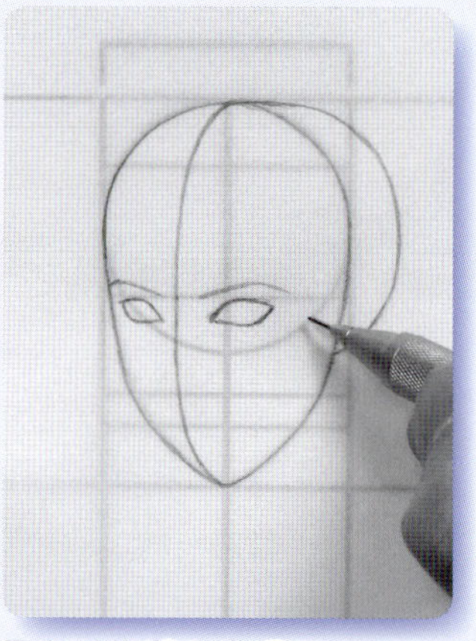

眉毛も手前が大きくなるように

03

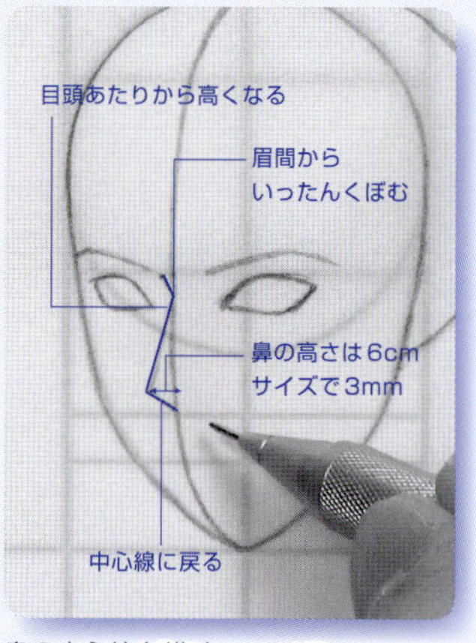
目頭あたりから高くなる
眉間から
いったんくぼむ
鼻の高さは6cm
サイズで3mm
中心線に戻る

鼻の中心線を描く

04

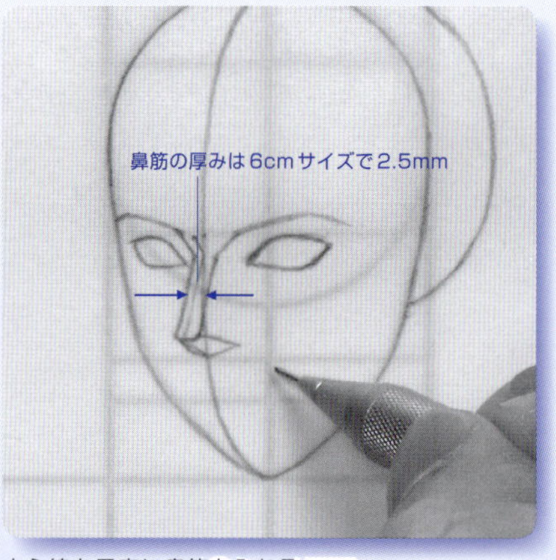
鼻筋の厚みは6cmサイズで2.5mm

中心線を目安に鼻筋を入れる

05

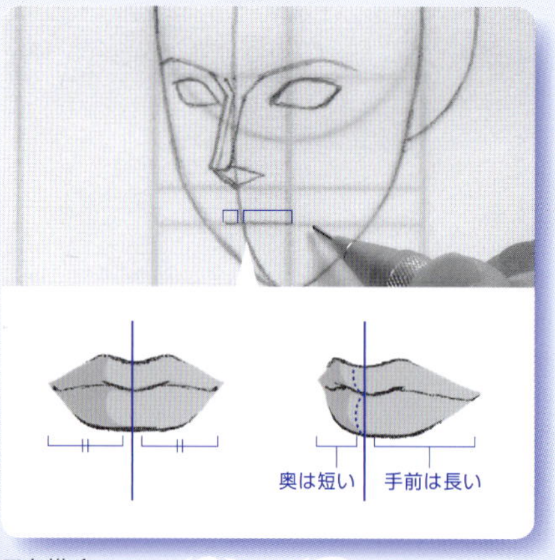
奥は短い
手前は長い

口を描く

06

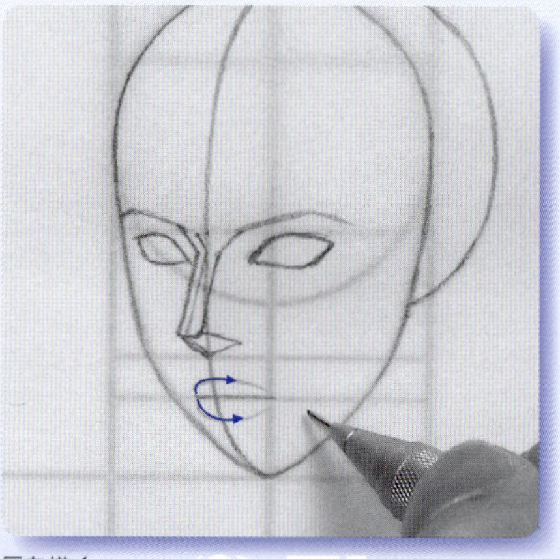

唇を描く

07

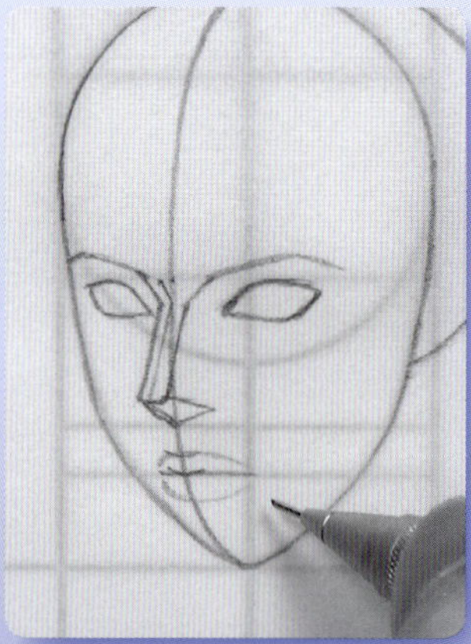

口と唇にくぼみを入れる

08

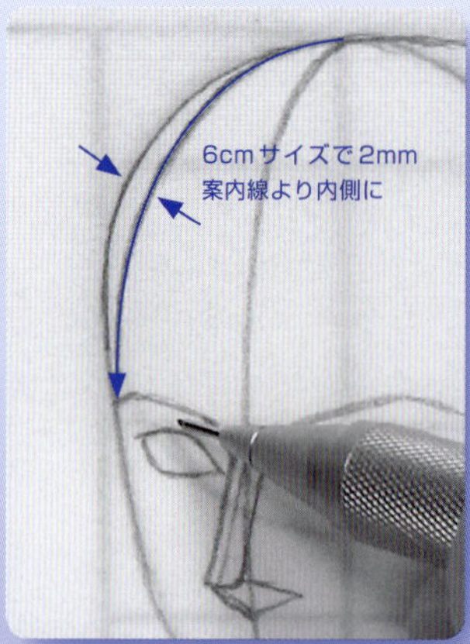
6cmサイズで2mm
案内線より内側に

おでこを描く

09

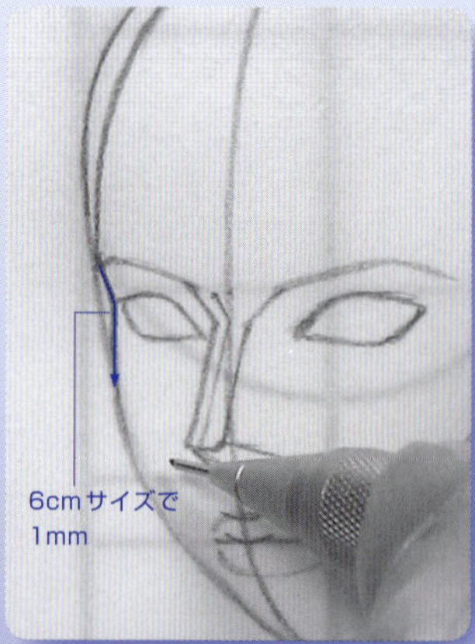
6cmサイズで
1mm

目のくぼみを描く

10

口あたりで
案内線から離れる
6cmサイズで
6mm

あごを描く

11

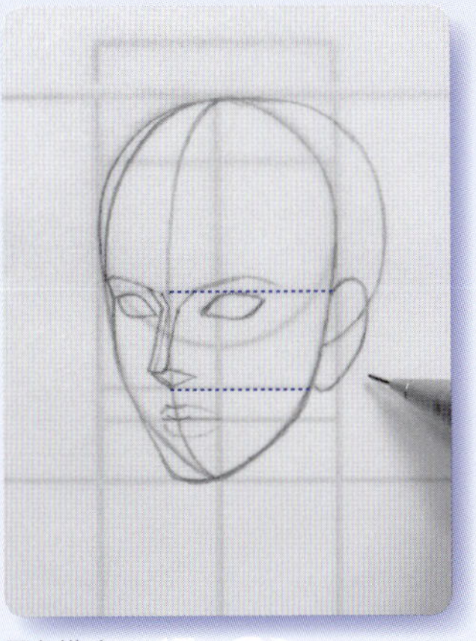

耳を描く

12

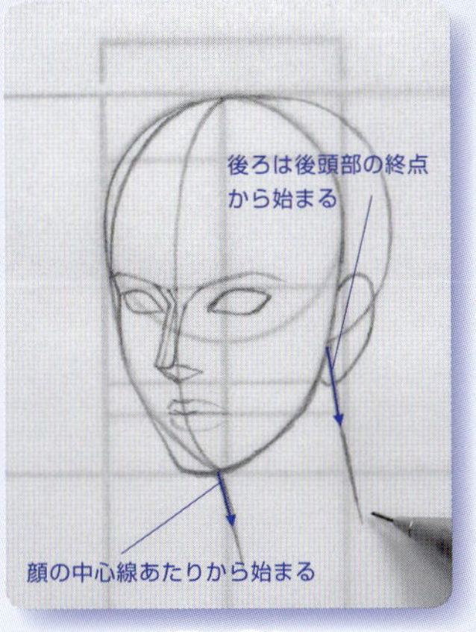
後ろは後頭部の終点
から始まる
顔の中心線あたりから始まる

首を描く

13

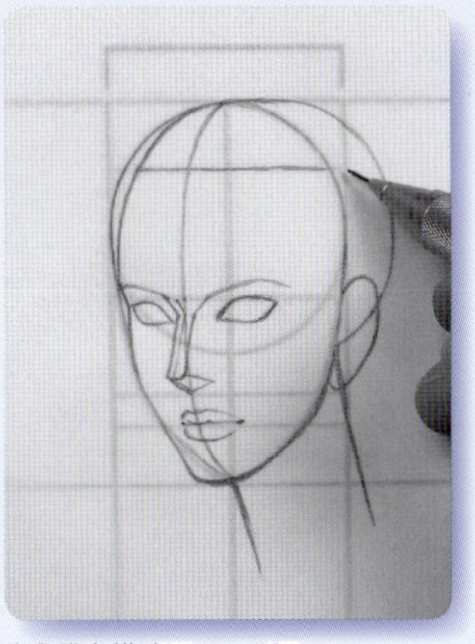

生え際を描く

14

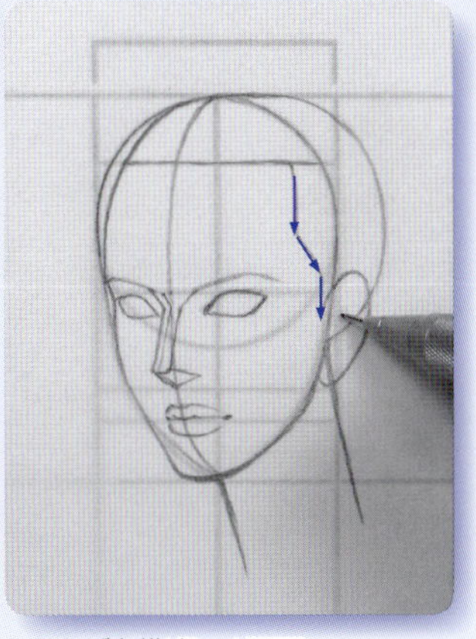

もみあげを描く

15

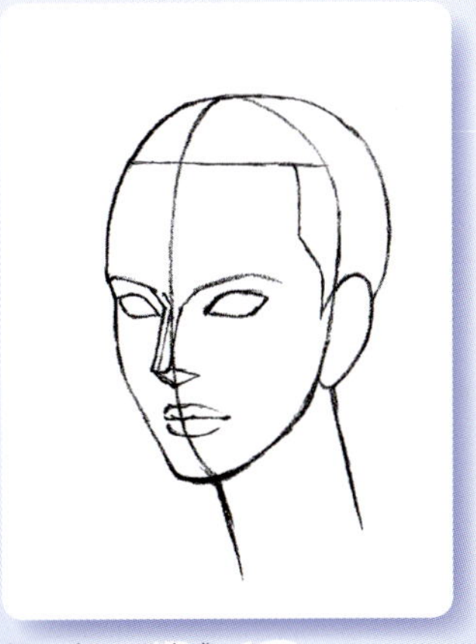

顔のバランス完成

16

★ クリーンアップ

顔はメイクするとき必要な線のみを描く。まずはまぶたを描く。利き手側の方がきれいに描けるので、逆に苦手な側から描くと左右の形がそろいやすい

17

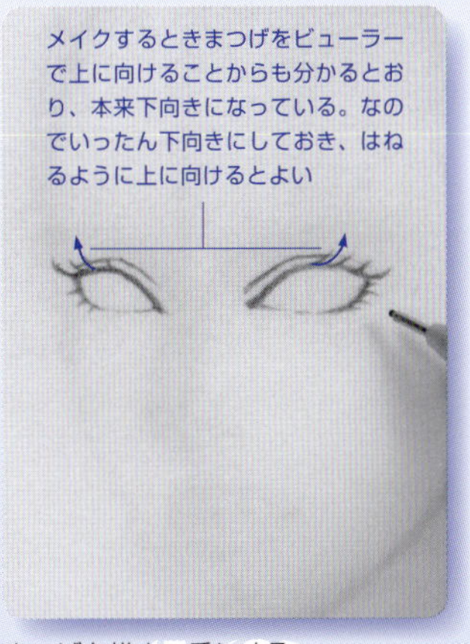
メイクするときまつげをビューラー
で上に向けることからも分かるとお
り、本来下向きになっている。なの
でいったん下向きにしておき、はね
るように上に向けるとよい

まつげを描き二重にする

18

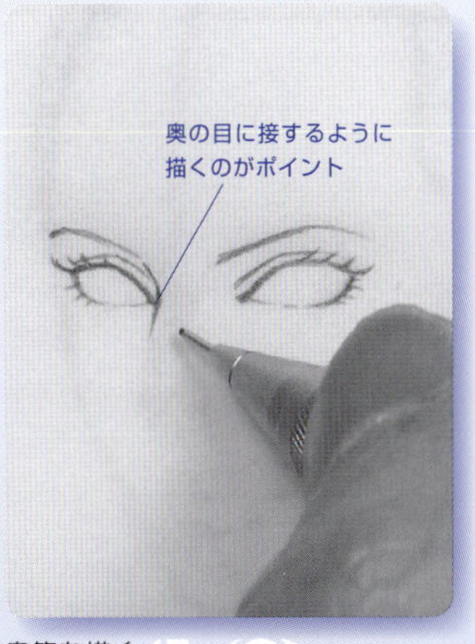
奥の目に接するように
描くのがポイント

鼻筋を描く

19

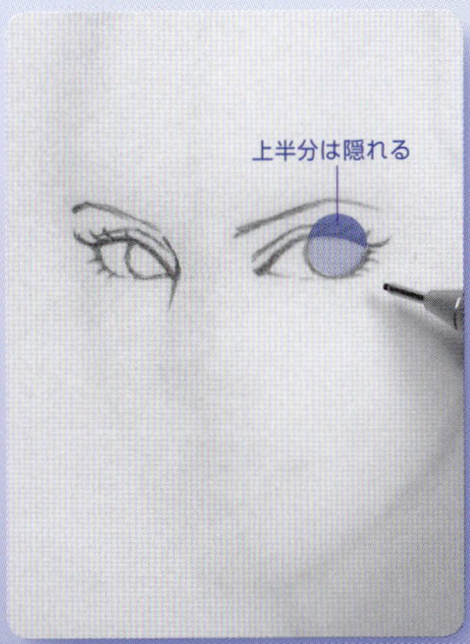
上半分は隠れる

黒目(虹彩)を描く。こちらを向いているので正円で

20

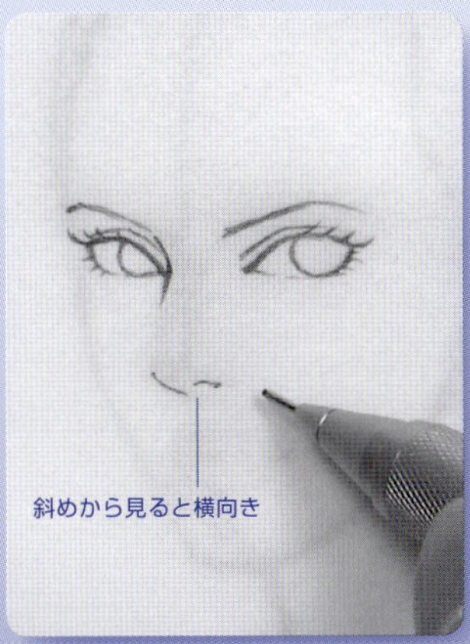
斜めから見ると横向き

鼻の穴を描く

21

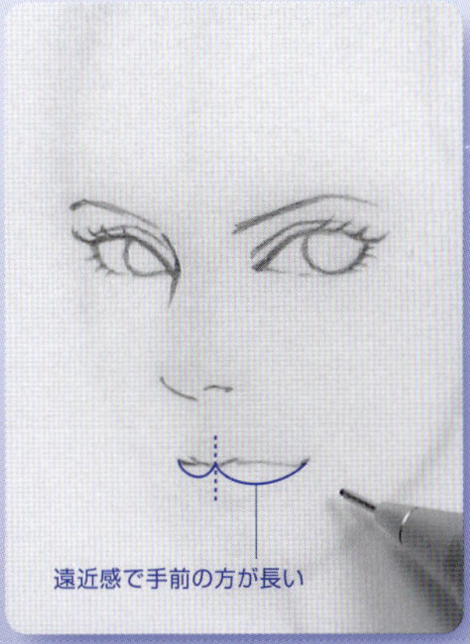
遠近感で手前の方が長い

口を描く

22

唇を描く

23

おでこからあごまでのラインを一気につなぐ

24

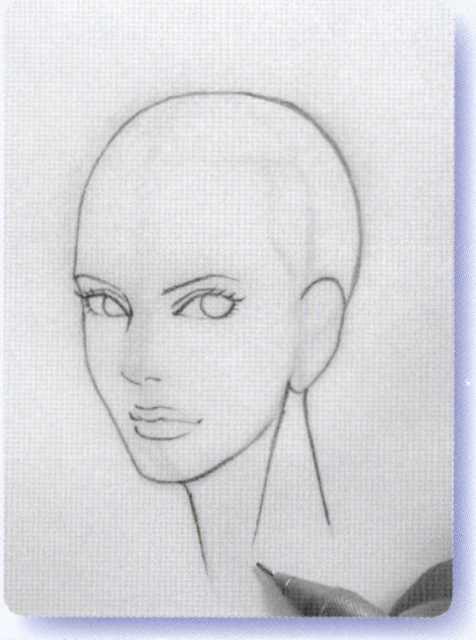

耳、首を描く

25

耳の中、生え際を描いて完成

26

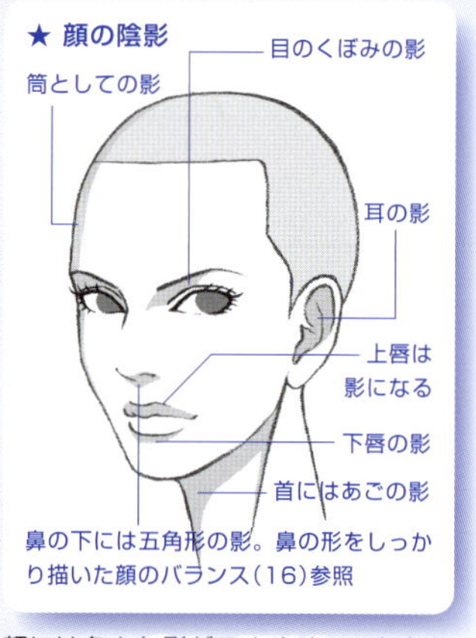
★ 顔の陰影
目のくぼみの影
筒としての影
耳の影
上唇は影になる
下唇の影
首にはあごの影
鼻の下には五角形の影。鼻の形をしっかり描いた顔のバランス（16）参照

顔には色々な影ができやすい。わかりやすくぼかさないで入れてみた

27

斜め上向きの顔の描き方

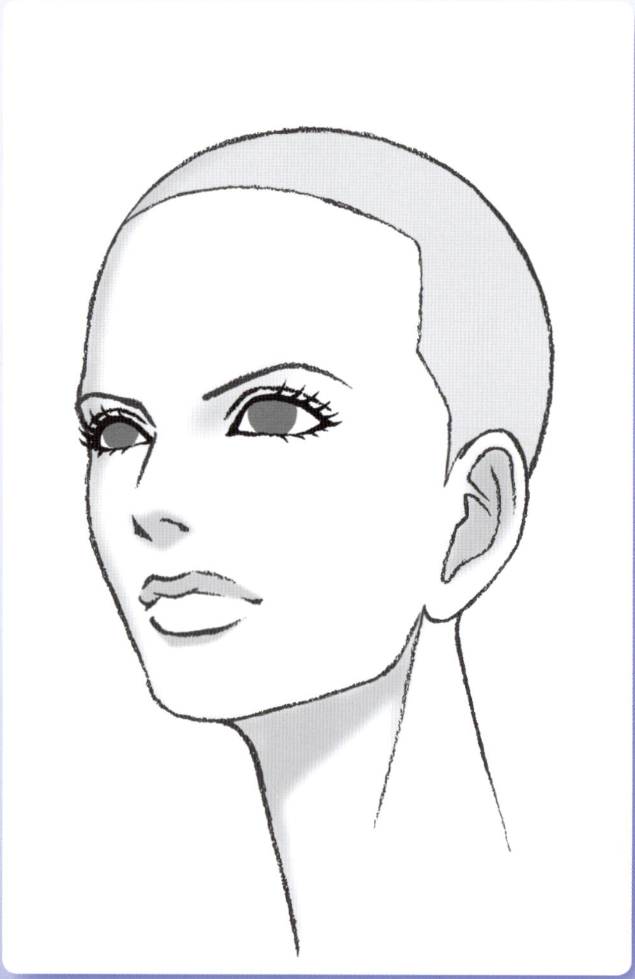

上を向くと目が耳より上になり、あごが短くなるのが特徴

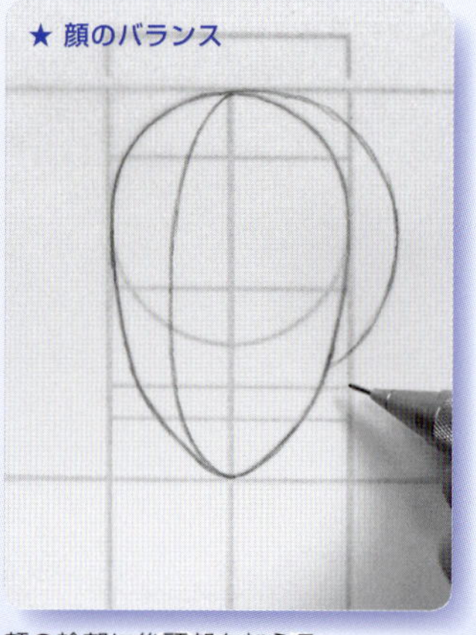
★ 顔のバランス

顔の輪郭に後頭部を加える

01

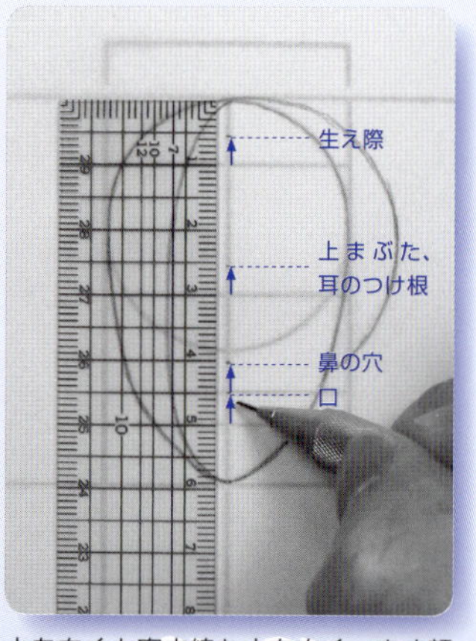
生え際
上まぶた、耳のつけ根
鼻の穴
口

上を向くと案内線も上を向く。まず顔の輪郭を描いたら、各パーツの位置を元の位置より3mmずつ上にする

02

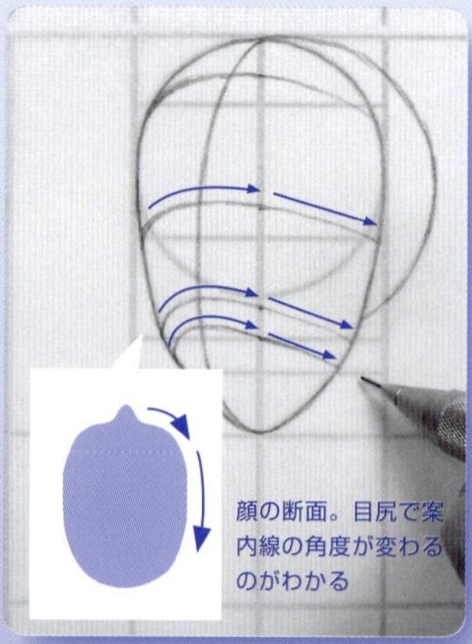
顔の断面。目尻で案内線の角度が変わるのがわかる

案内線を描く

03

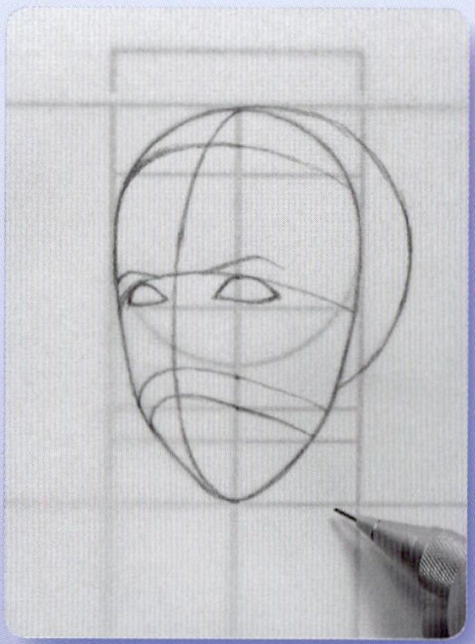

まぶた、まゆ毛を描く。奥を小さく、手前を大きく描く

04

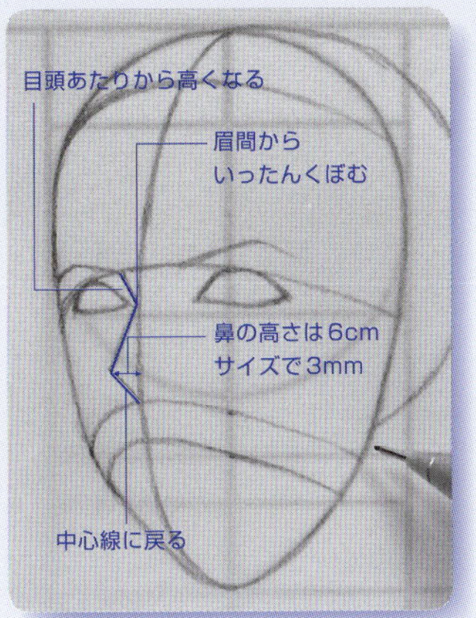
目頭あたりから高くなる
眉間から
いったんくぼむ
鼻の高さは6cm
サイズで3mm
中心線に戻る

鼻の中心線を描く

05

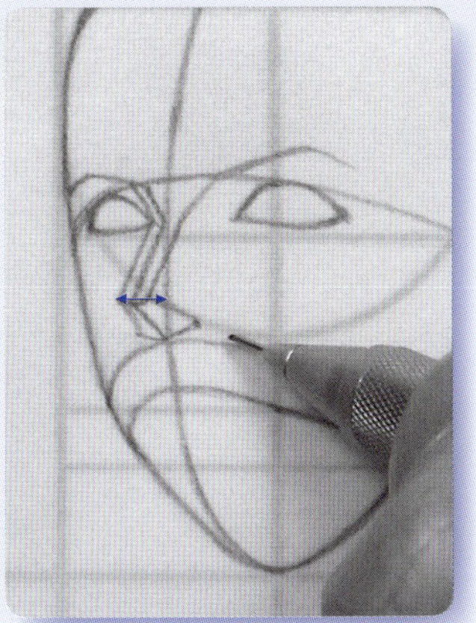

中心線を目安に鼻筋を入れる。鼻筋の厚みは6cmサイズで2.5mm

06

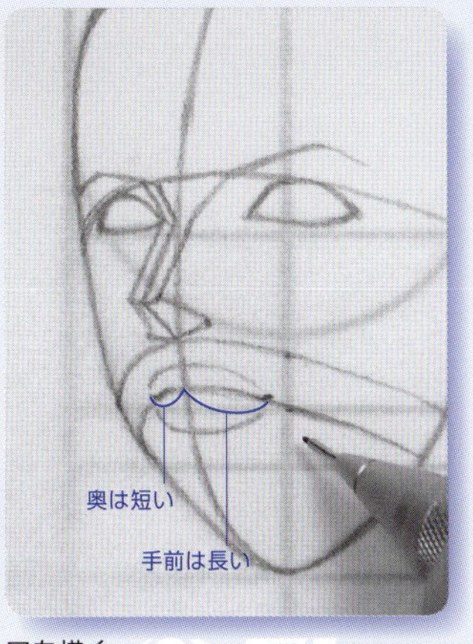
奥は短い
手前は長い

口を描く

07

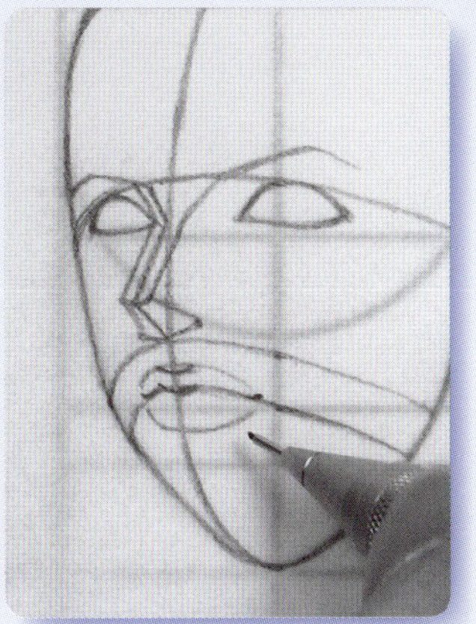

口と唇にくぼみを入れる

08

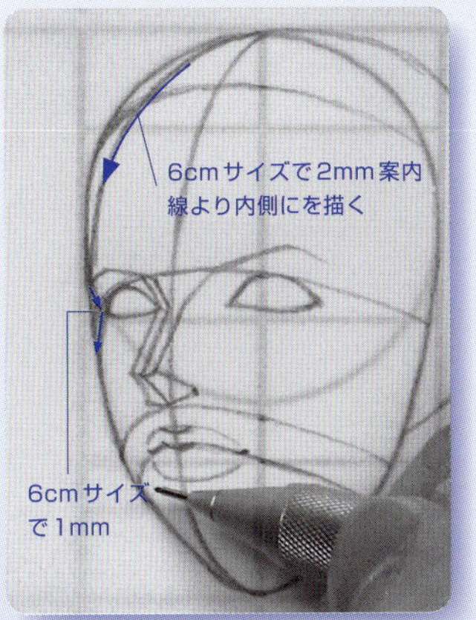
6cmサイズで2mm案内
線より内側にを描く
6cmサイズ
で1mm

おでこ、目のくぼみを描く

09

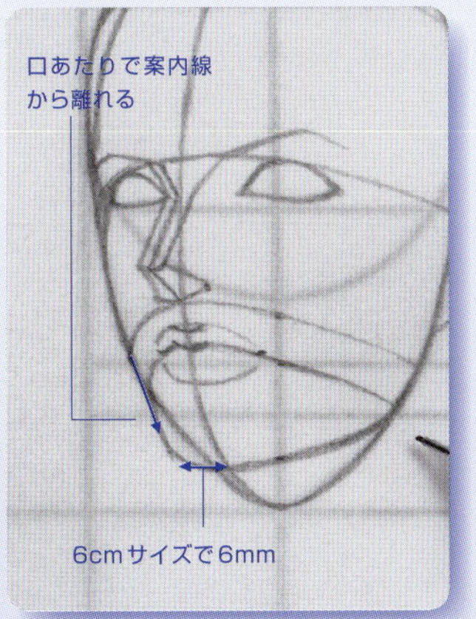
口あたりで案内線
から離れる
6cmサイズで6mm

あごを描く

10

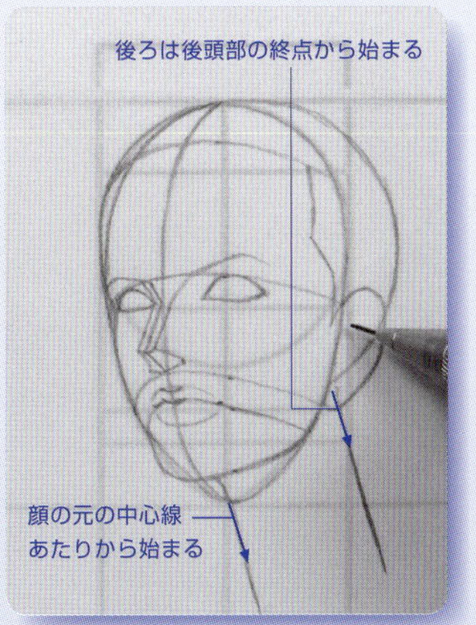
後ろは後頭部の終点から始まる
顔の元の中心線
あたりから始まる

もみあげ、耳、首を描く

11

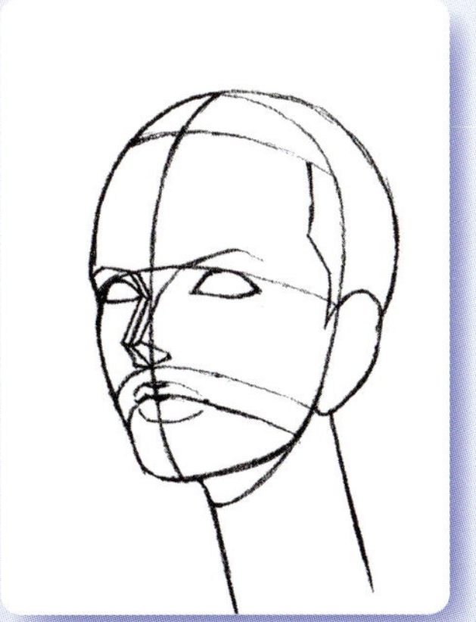

顔のバランス完成

12

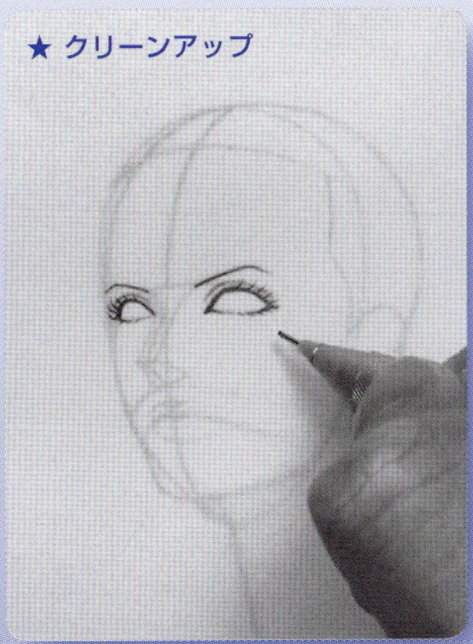
★ クリーンアップ

顔はメイクするとき必要な線のみを描く。まずは目を描く。利き手側の方がきれいに描けるので、逆に苦手な側から描くと左右の形がそろいやすい

13

黒目(虹彩)を描く。黒目は遠近感で楕円に

14

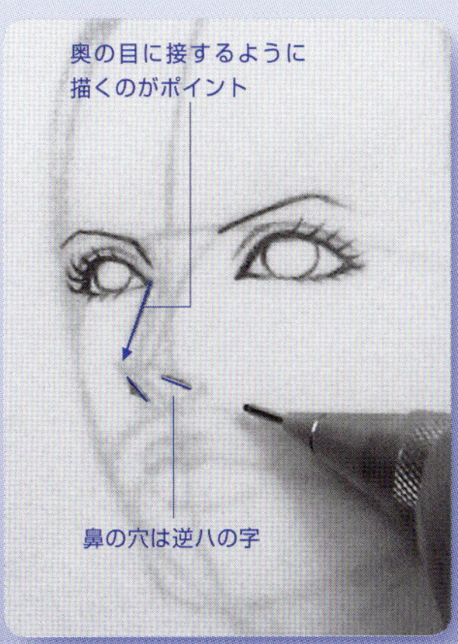
奥の目に接するように
描くのがポイント
鼻の穴は逆ハの字

鼻筋を描く

15

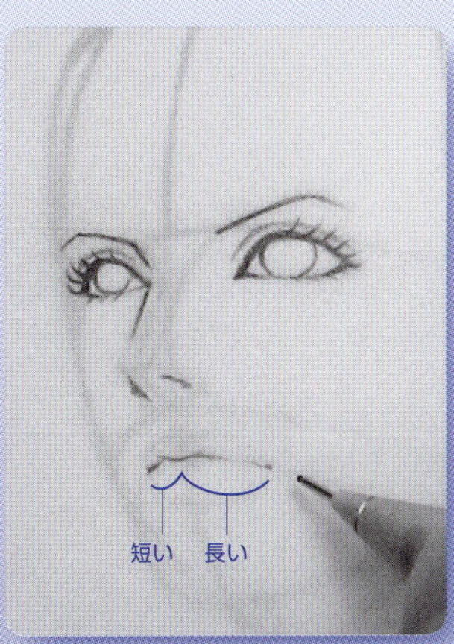
短い
長い

口を描く。遠近感で手前の方が長い

16

17 唇を描く

18 おでこからあごまでのラインを一気につなぐ。耳、生え際を描いて完成

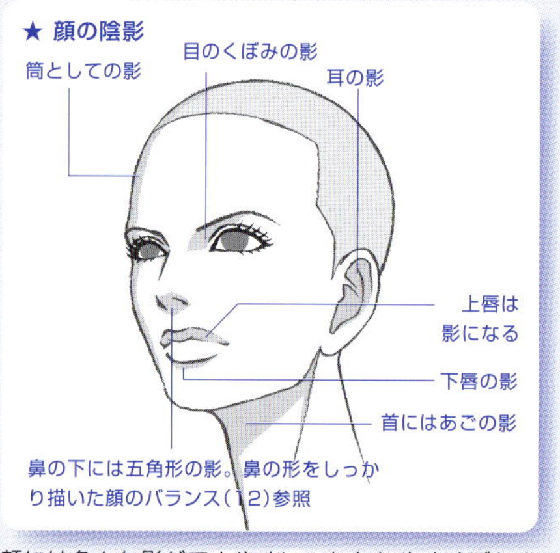
★ 顔の陰影
筒としての影
目のくぼみの影
耳の影
上唇は影になる
下唇の影
首にはあごの影
鼻の下には五角形の影。鼻の形をしっかり描いた顔のバランス(12)参照

19 顔には色々な影ができやすい。わかりやすくぼかさないで入れてみた

斜め下向きの顔の描き方

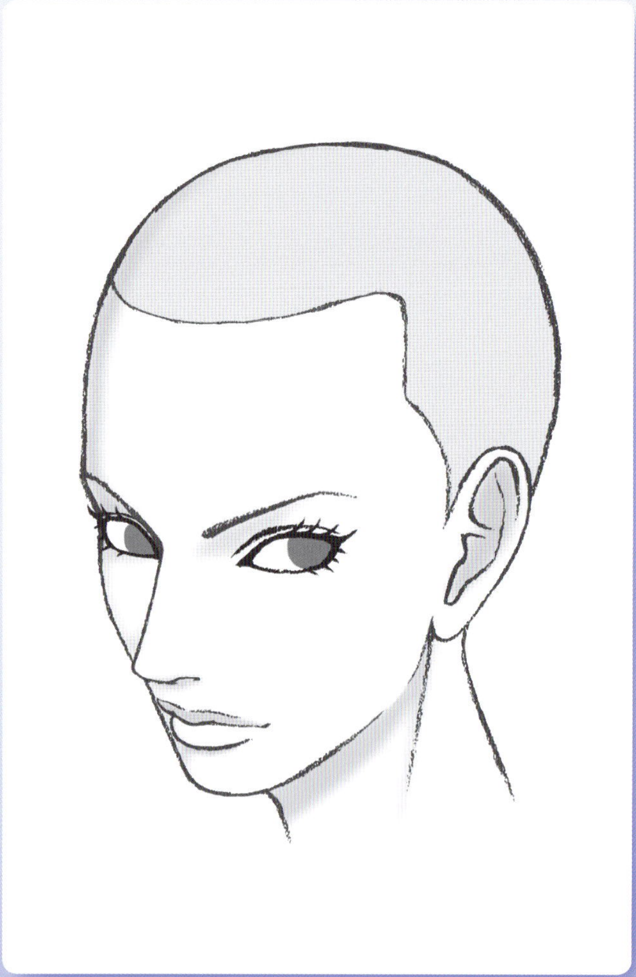

下を向くと目が耳より下になり、あごが短くなるのが特徴

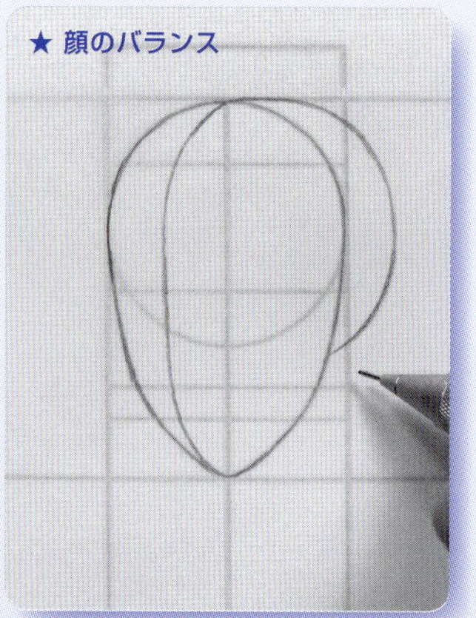
★ 顔のバランス

01 顔の輪郭に後頭部を加える

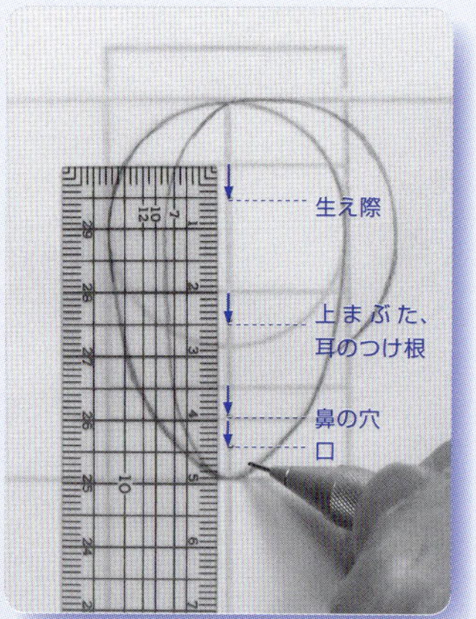
生え際
上まぶた、耳のつけ根
鼻の穴
口

02 下を向くと案内線も下を向く。まず顔の輪郭を描いたら、各パーツの位置を元の位置より3mmずつ下にする

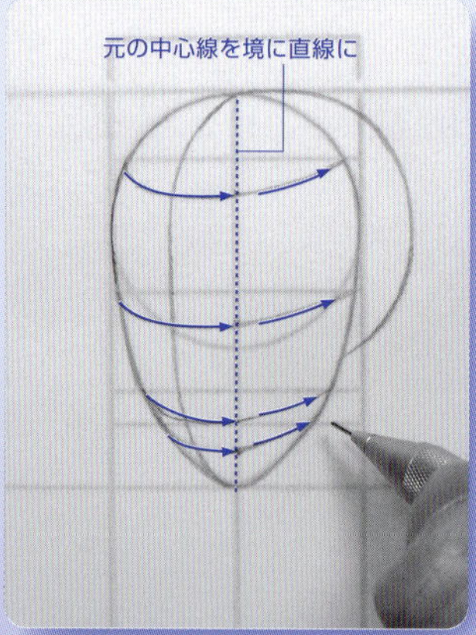
元の中心線を境に直線に

03 案内線を描く

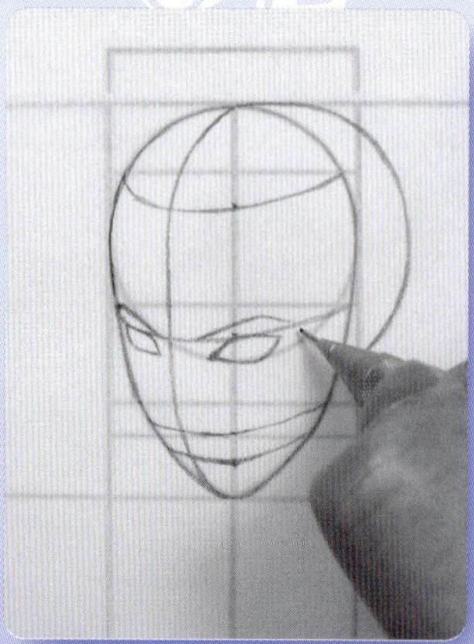

04 まぶたとまゆ毛を描く。手前を大きく

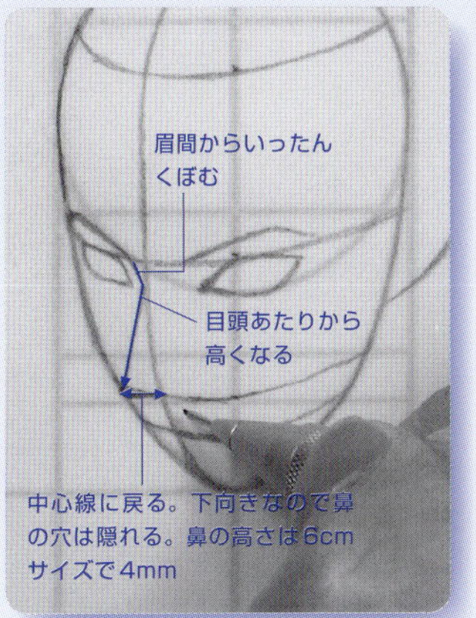
眉間からいったん
くぼむ
目頭あたりから
高くなる
中心線に戻る。下向きなので鼻
の穴は隠れる。鼻の高さは6cm
サイズで4mm

05

鼻の中心線を描く

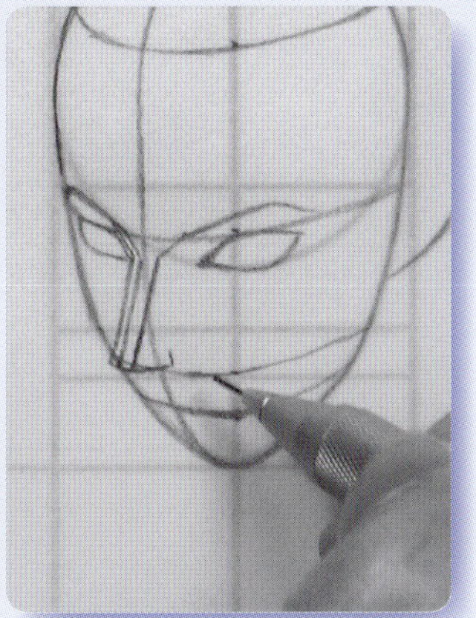

06

中心線を目安に鼻筋を入れる。鼻筋の厚みは6cmサイズで2.5mm

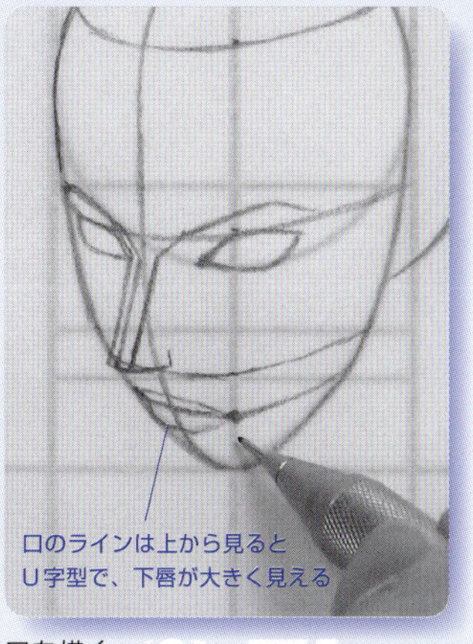
口のラインは上から見ると
U字型で、下唇が大きく見える

07

口を描く

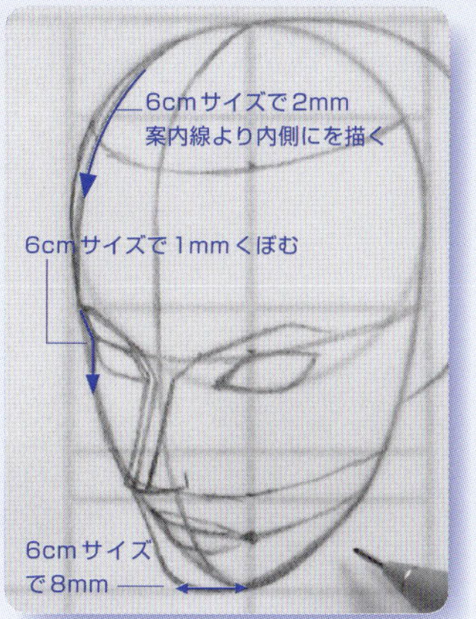
6cmサイズで2mm
案内線より内側にを描く
6cmサイズで1mmくぼむ
6cmサイズ
で8mm

08

おでこ、目のくぼみ、あごを描く

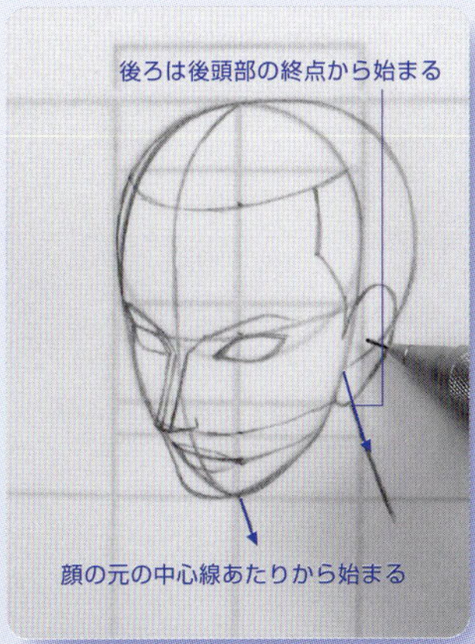
後ろは後頭部の終点から始まる
顔の元の中心線あたりから始まる

09

もみあげ、耳、首を描く

10

顔のバランス完成

★ クリーンアップ

11

顔はメイクするとき必要な線のみを描く。まずは目を描く。利き手側の方がきれいに描けるので、逆に苦手な側から描くと左右の形がそろいやすい

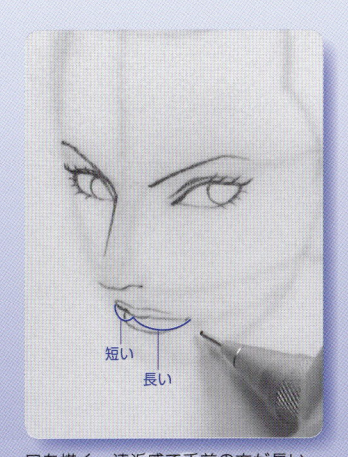

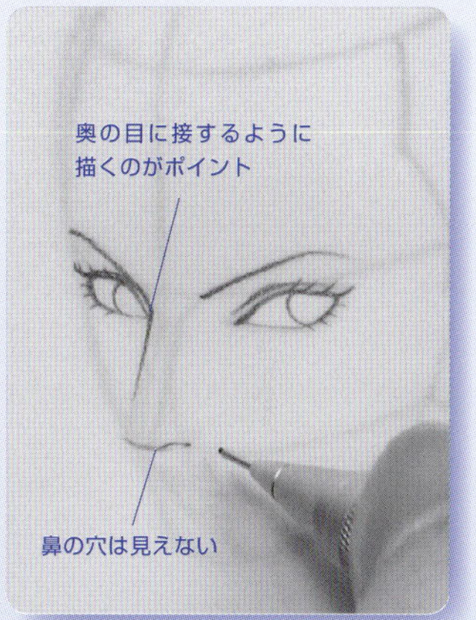
奥の目に接するように
描くのがポイント
鼻の穴は見えない

12

鼻筋を描く

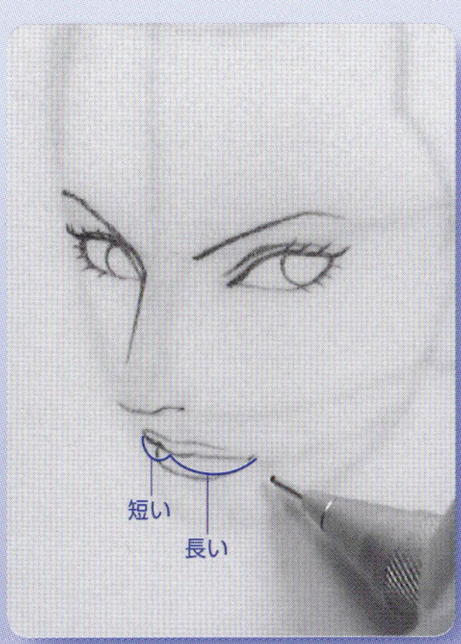
短い
長い

13

口を描く。遠近感で手前の方が長い

14

おでこからあごまでのラインを一気につなぐ

15

耳、生え際、首を描いて完成

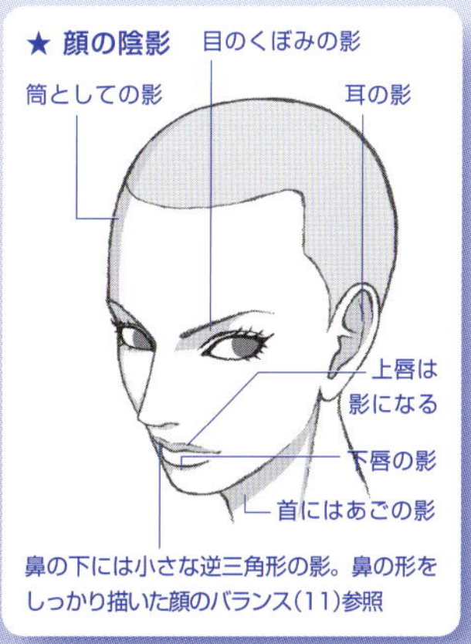
★ 顔の陰影
目のくぼみの影
筒としての影
耳の影
上唇は
影になる
下唇の影
首にはあごの影
鼻の下には小さな逆三角形の影。鼻の形を
しっかり描いた顔のバランス(11)参照

16

顔には色々な影ができやすい。わかりやすくぼかさないで入れてみた

横向きの顔の描き方

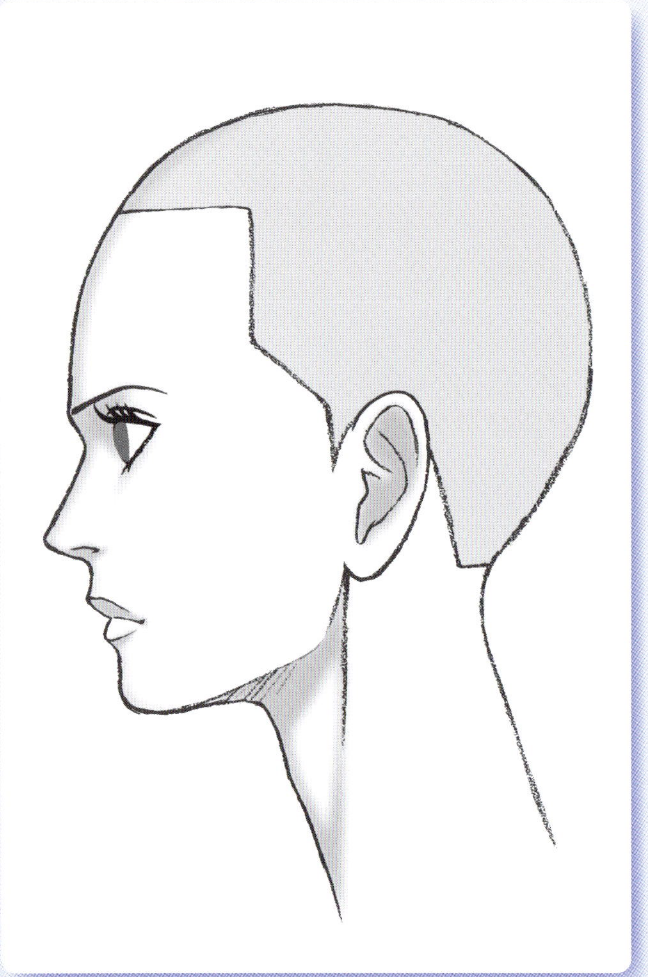

横を向くと鼻、あごのラインが表れ、耳、後頭部がハッキリ見える。逆に目、口は正面向きの半分の大きさになりあまり目立たない

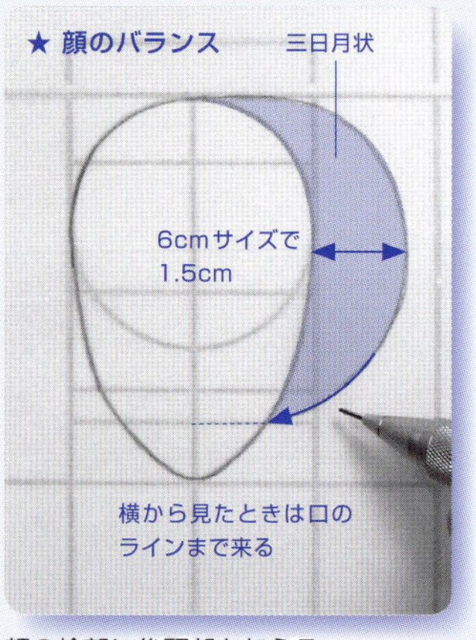

★ 顔のバランス
三日月状
6cmサイズで
1.5cm
横から見たときは口の
ラインまで来る

顔の輪郭に後頭部を加える

01

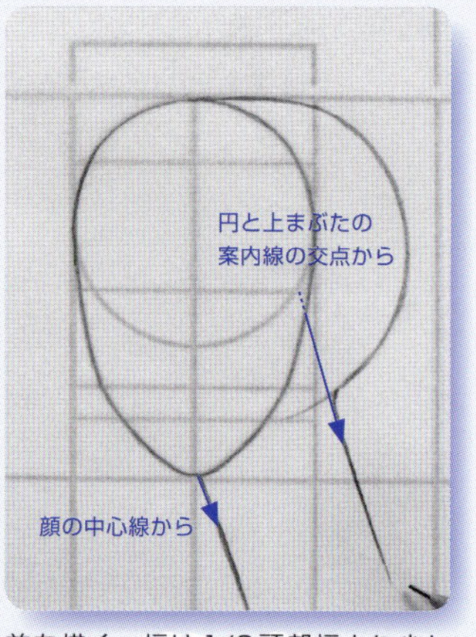

円と上まぶたの
案内線の交点から
顔の中心線から

首を描く。幅は1/2頭部幅より少し太くなる

02

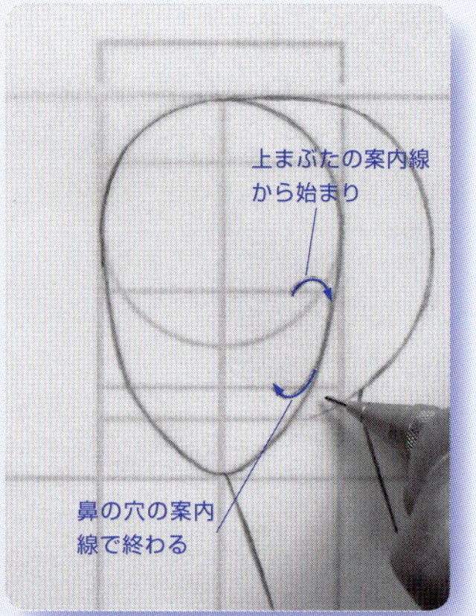

上まぶたの案内線
から始まり
鼻の穴の案内
線で終わる

卵型の中にはいるように耳を描く

03

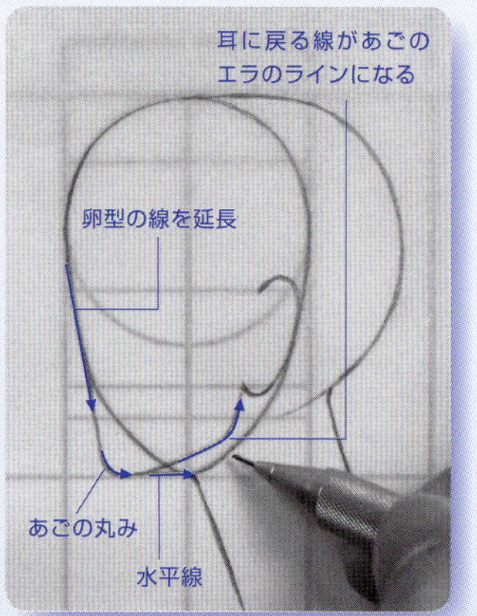

耳に戻る線があごの
エラのラインになる
卵型の線を延長
あごの丸み
水平線

あごを描く

04

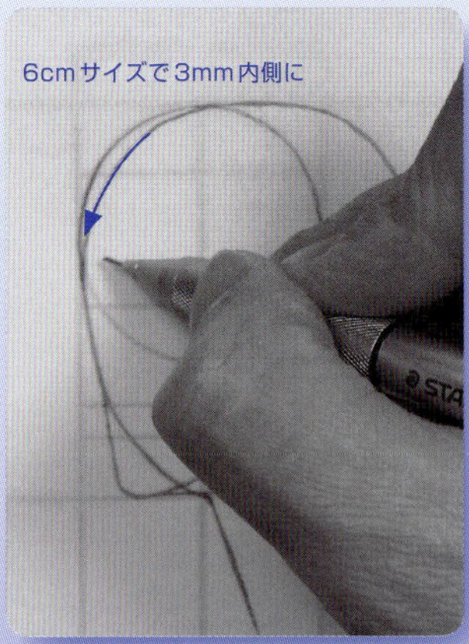

6cmサイズで3mm内側に

おでこを描く

05

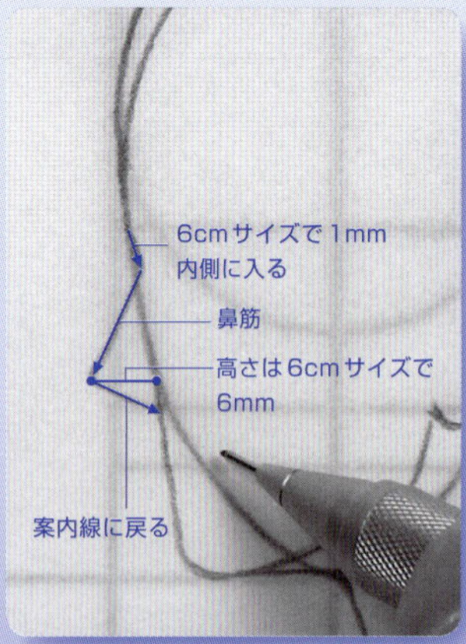

6cmサイズで1mm
内側に入る
鼻筋
高さは6cmサイズで
6mm
案内線に戻る

鼻を描く

06

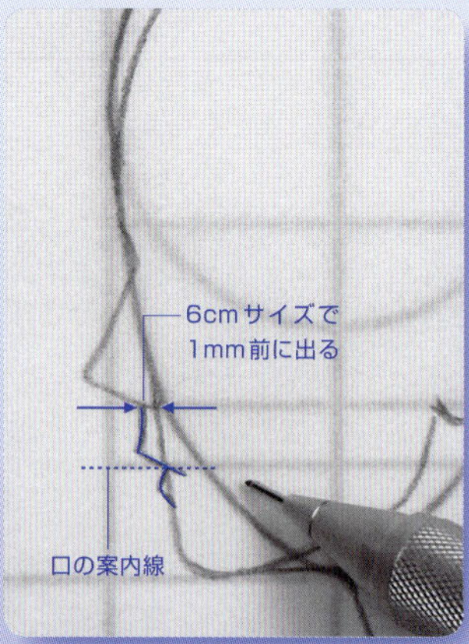

6cmサイズで
1mm前に出る
口の案内線

口を描く

07

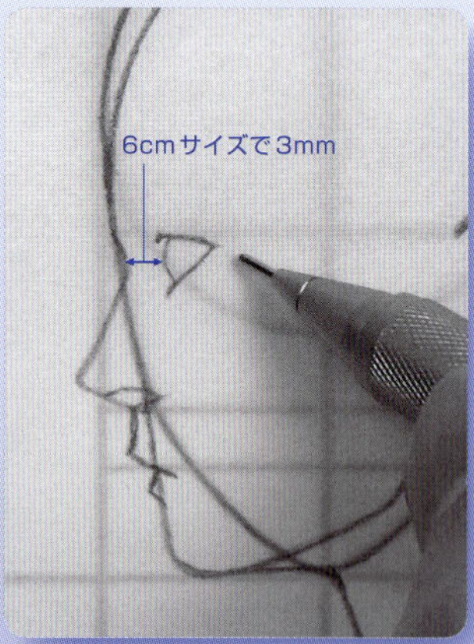

6cmサイズで3mm

目は三角形

08

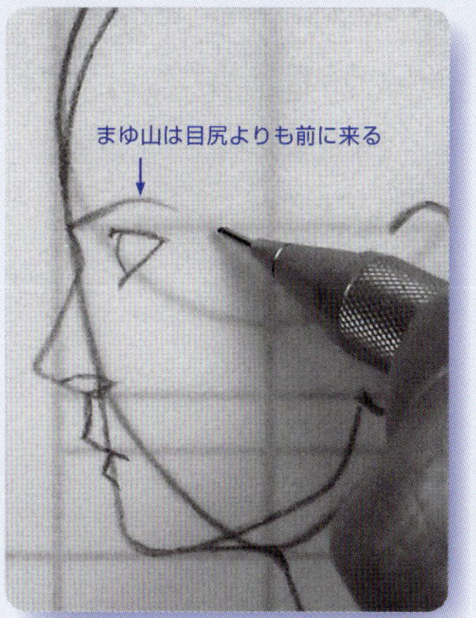
まゆ山は目尻よりも前に来る

まゆ毛を描く
09

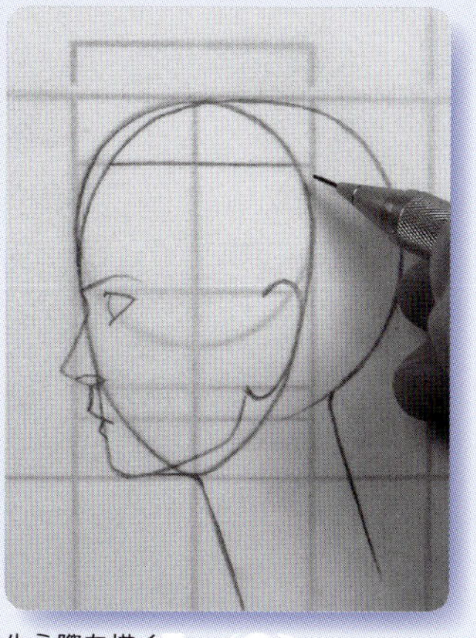

生え際を描く
10

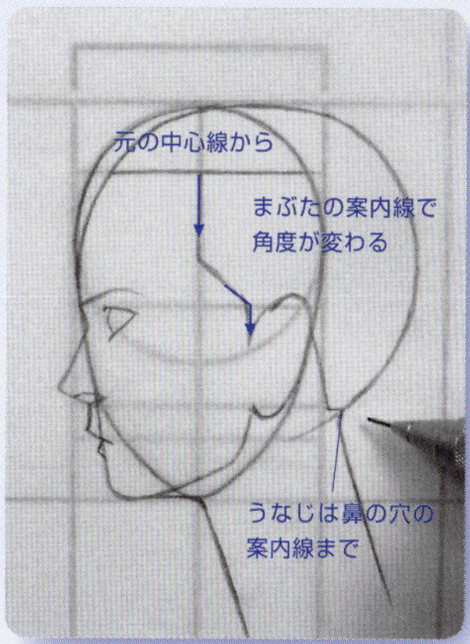
元の中心線から
まぶたの案内線で角度が変わる
うなじは鼻の穴の案内線まで

もみあげ、うなじを描く
11

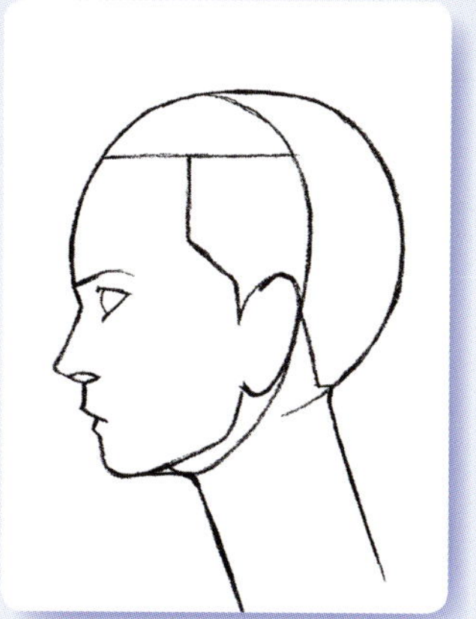

顔のバランス完成
12

★ クリーンアップ

顔はメイクするとき必要な線のみを描く。横向きは顔のラインから描く
13

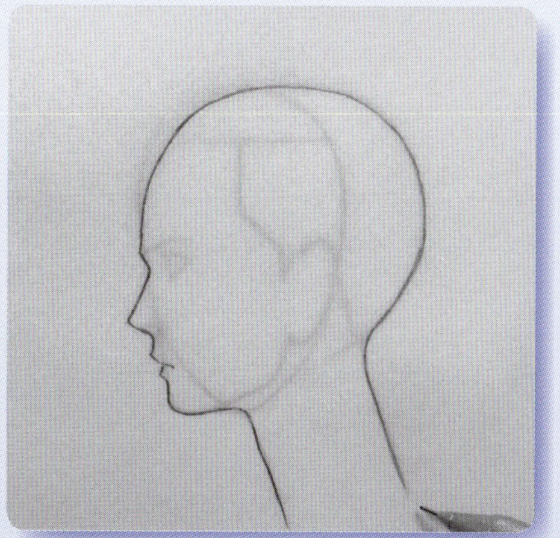

後頭部まで一気に
14

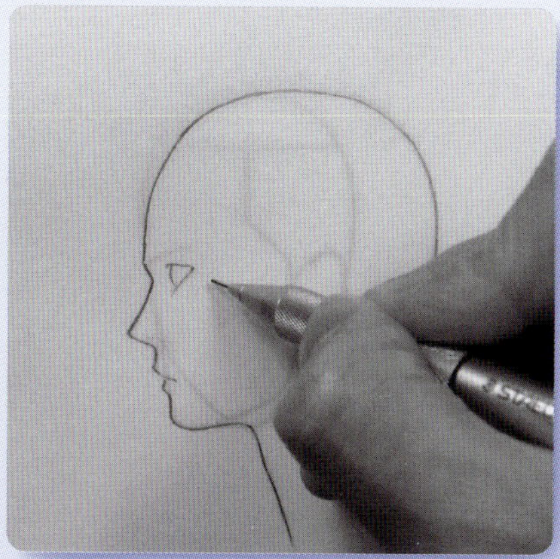

まぶたを描く
15

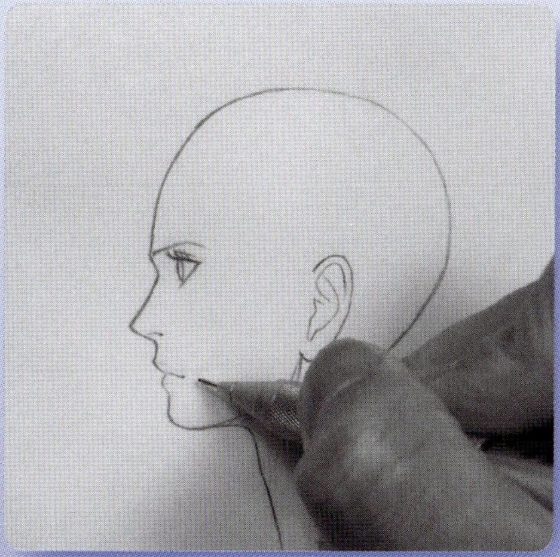

まつげを描き二重に、まゆ毛も描いていく
16

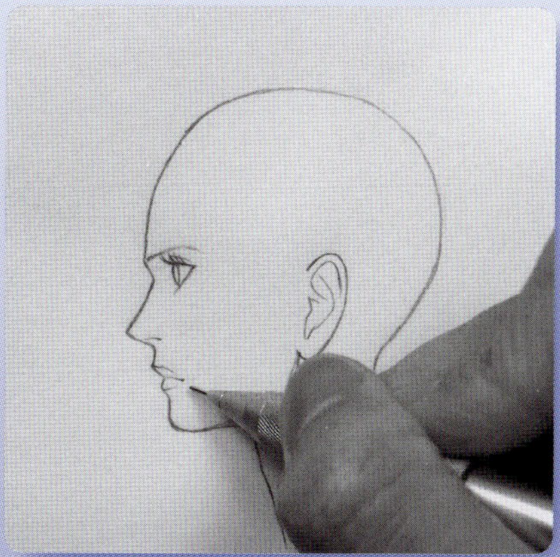

唇を描き、生え際を描けばクリーンアップ完成
17

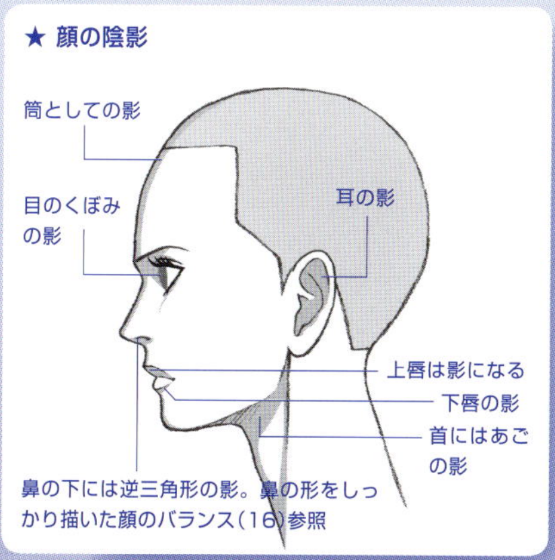
★ 顔の陰影
筒としての影
目のくぼみの影
耳の影
上唇は影になる
下唇の影
首にはあごの影
鼻の下には逆三角形の影。鼻の形をしっかり描いた顔のバランス(16)参照

顔には色々な影ができやすい。わかりやすくぼかさないで入れてみた
18

横上向きの顔の描き方

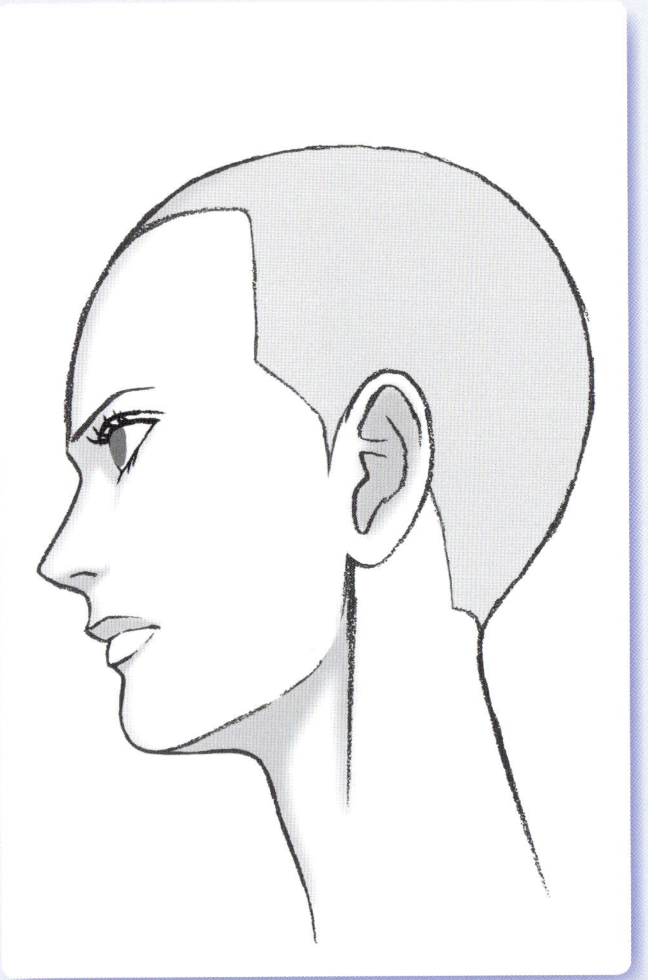

上を向くと目と耳が上になり、鼻骨のくぼみが目より下になるのが特徴

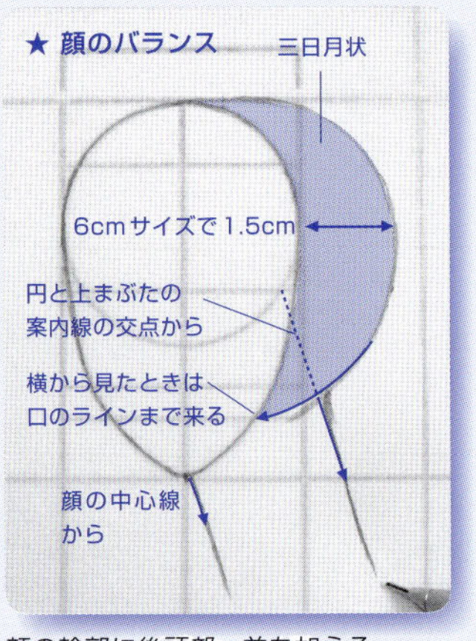
★ 顔のバランス
三日月状
6cmサイズで 1.5cm
円と上まぶたの
案内線の交点から
横から見たときは
口のラインまで来る
顔の中心線
から

顔の輪郭に後頭部、首を加える

01

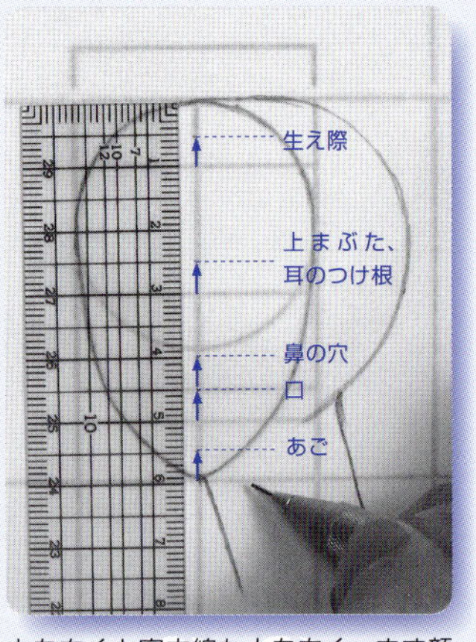
生え際
上まぶた、
耳のつけ根
鼻の穴
口
あご

上を向くと案内線も上を向く。まず顔の輪郭を描いたら、各パーツの位置を元の位置より 3mm ずつ上にする

02

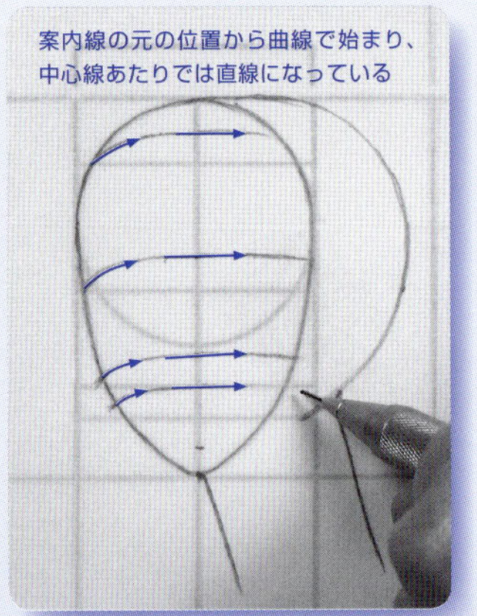
案内線の元の位置から曲線で始まり、
中心線あたりでは直線になっている

案内線を描く

03

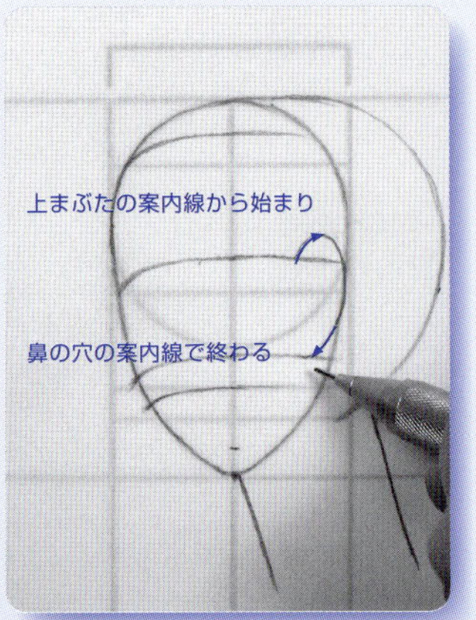
上まぶたの案内線から始まり
鼻の穴の案内線で終わる

卵型の中にはいるように耳を描く

04

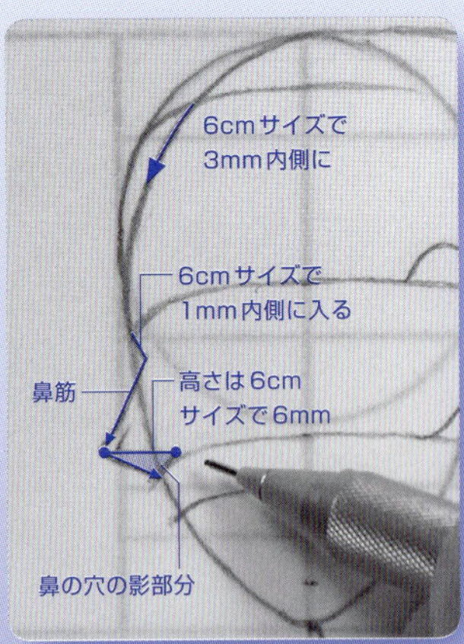
6cmサイズで
3mm内側に
6cmサイズで
1mm内側に入る
鼻筋
高さは6cm
サイズで6mm
鼻の穴の影部分

おでこから鼻までのラインを描く

05

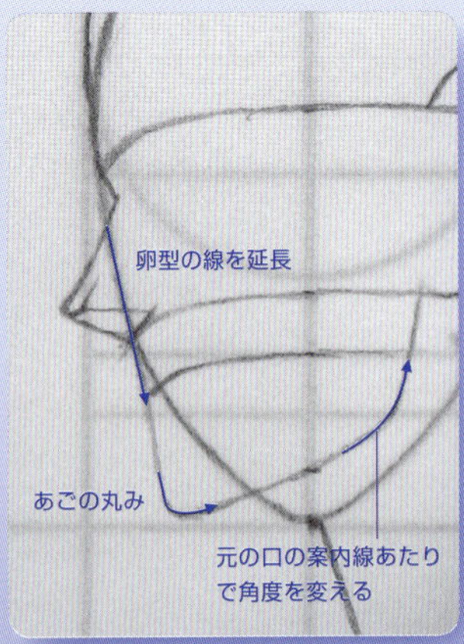
卵型の線を延長
あごの丸み
元の口の案内線あたり
で角度を変える

あごを描く

06

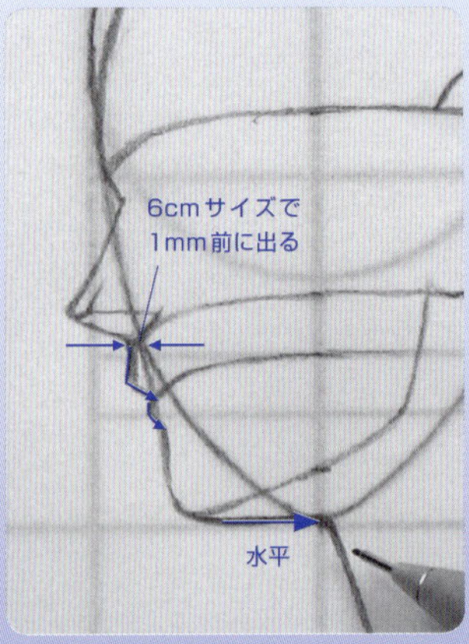
6cmサイズで
1mm前に出る
水平

口、首のラインをつなぐ

07

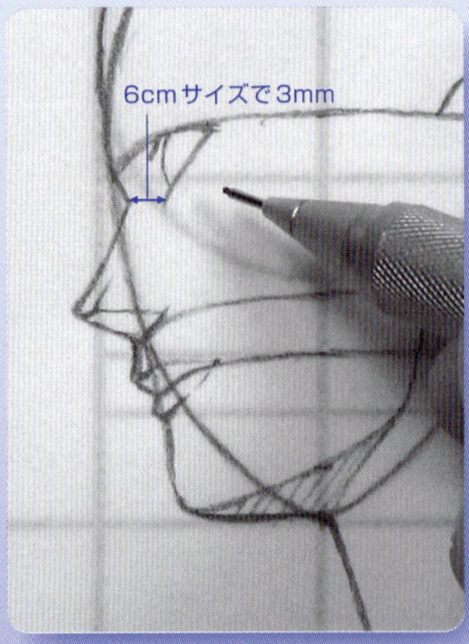
6cmサイズで 3mm

目は三角形

08

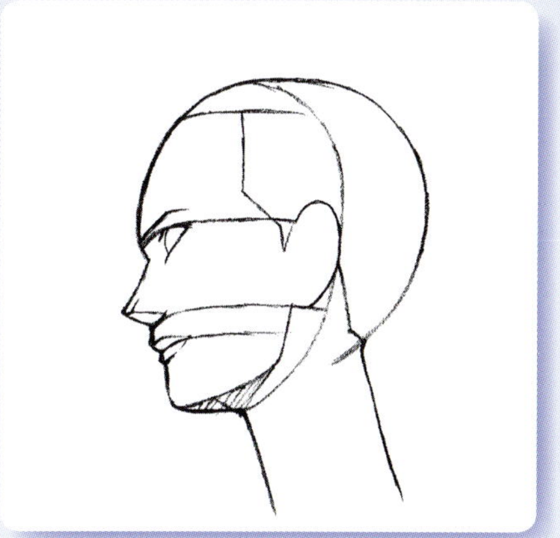

生え際、もみあげ、うなじを描いて顔のバランス完成

09

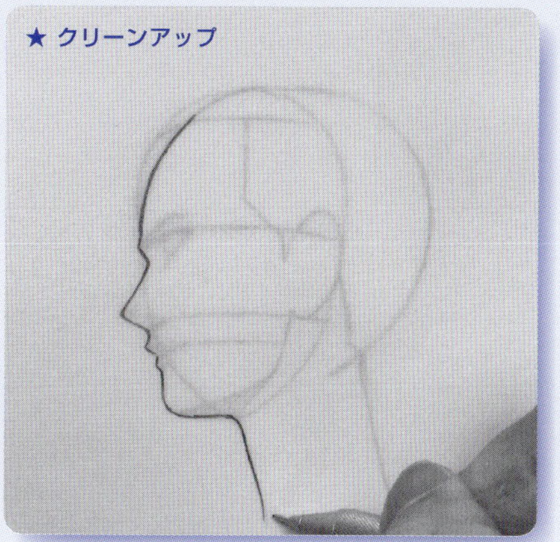
★ クリーンアップ

顔はメイクするとき必要な線のみを描く。横向きは顔のラインから描く

10

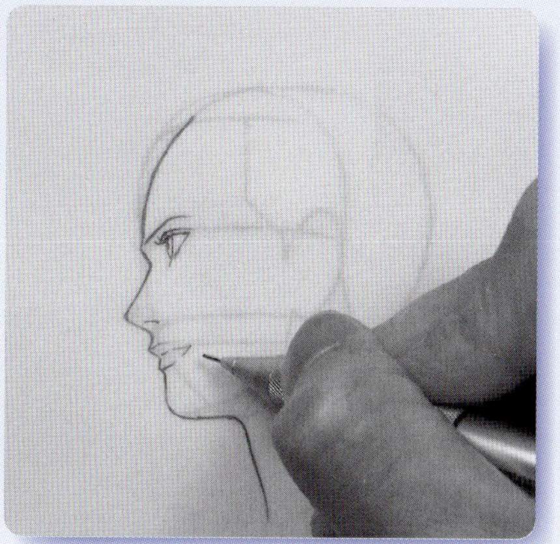

目、口を描く

11

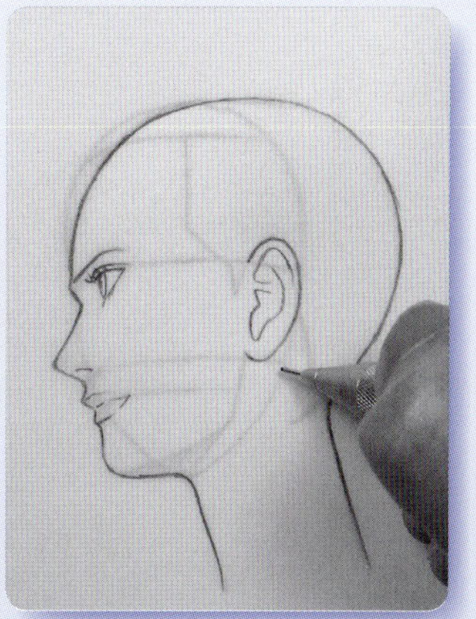

耳、髪の毛を描いてクリーンアップ完成

12

横下向きの顔の描き方

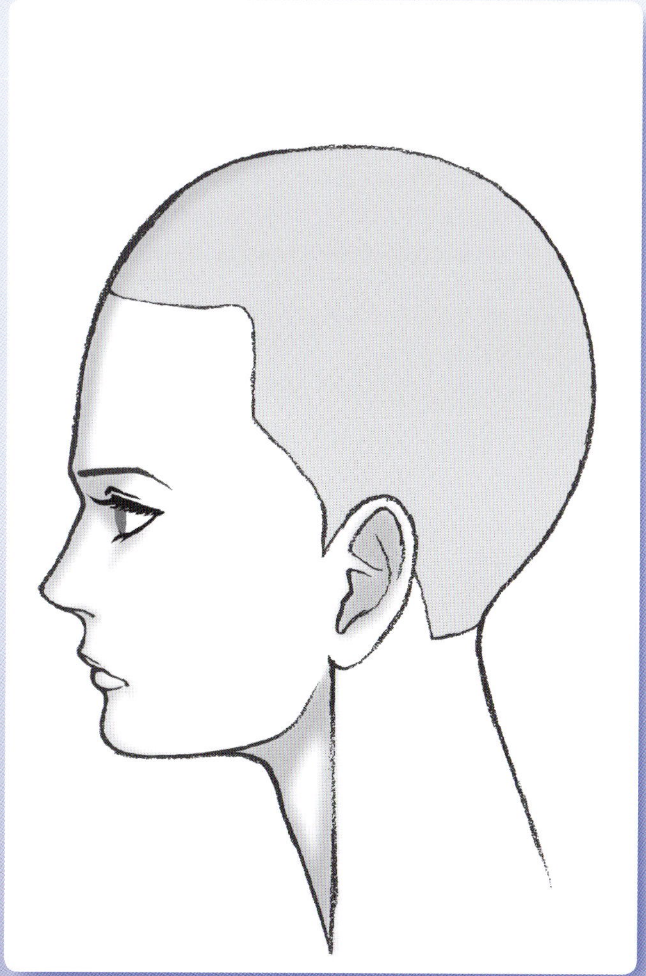

下を向くと目と耳が下になり、鼻骨のくぼみが目より上になるのが特徴

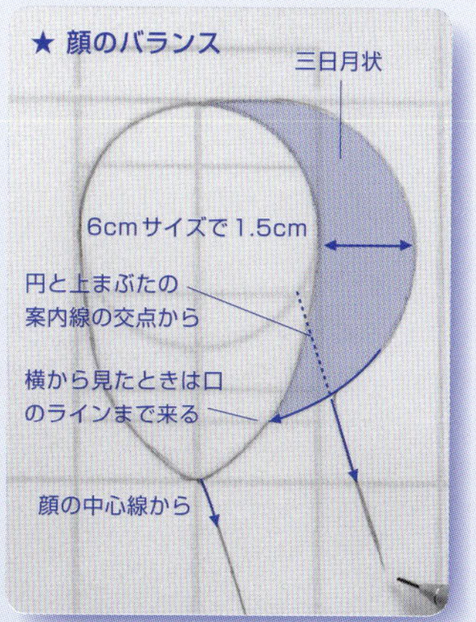
★ 顔のバランス
三日月状
6cmサイズで1.5cm
円と上まぶたの
案内線の交点から
横から見たときは口
のラインまで来る
顔の中心線から

顔の輪郭に後頭部、首を加える

01

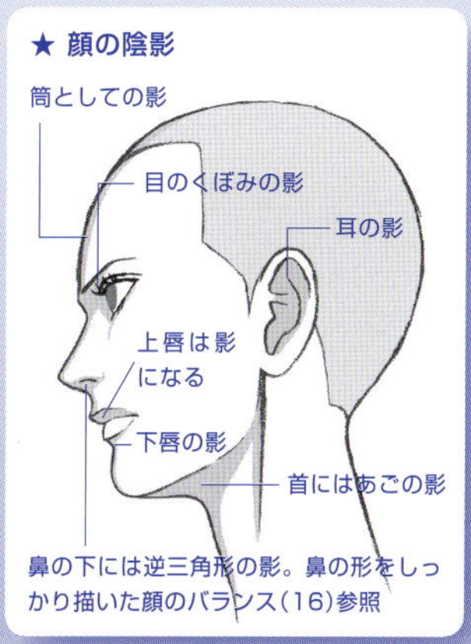
★ 顔の陰影
筒としての影
目のくぼみの影
耳の影
上唇は影
になる
下唇の影
首にはあごの影
鼻の下には逆三角形の影。鼻の形をしっかり描いた顔のバランス(16)参照

顔には色々な影ができやすい。わかりやすくぼかさないで入れてみた

13

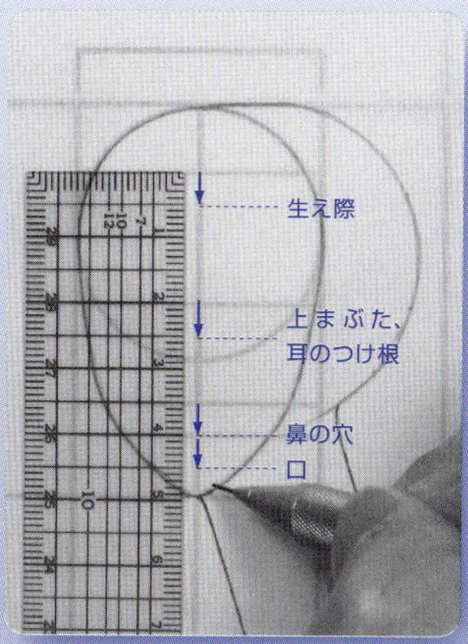
生え際
上まぶた、
耳のつけ根
鼻の穴
口

下を向くと案内線も下を向く。まず顔の輪郭を描いたら、各パーツの位置を元の位置より3mmずつ下にする

02

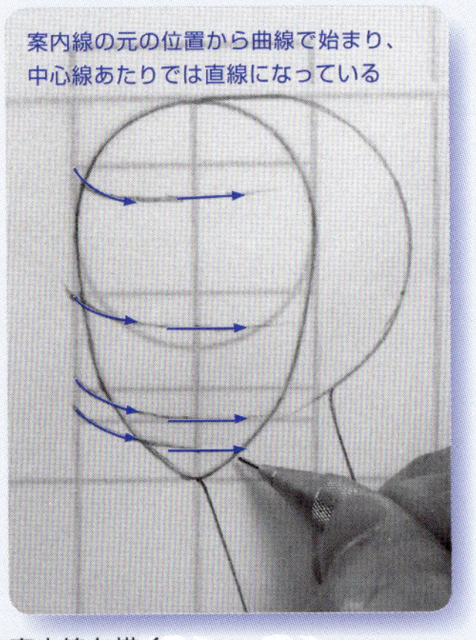
案内線の元の位置から曲線で始まり、
中心線あたりでは直線になっている
案内線を描く

03

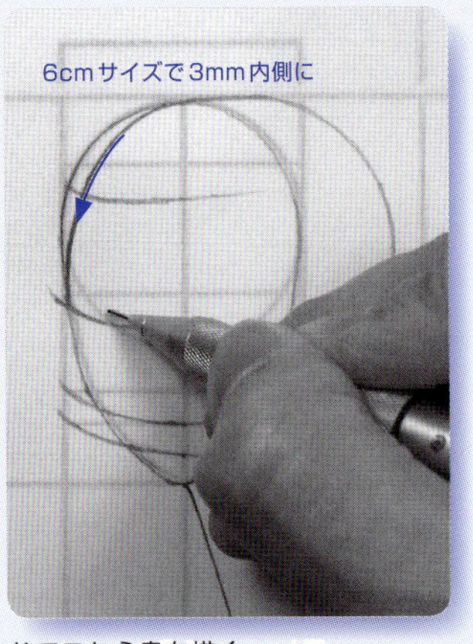
6cmサイズで3mm内側に
おでこから鼻を描く

04

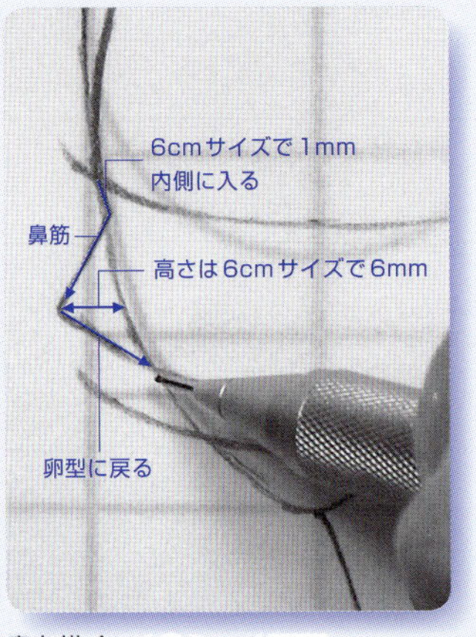
6cmサイズで1mm
内側に入る
鼻筋
高さは6cmサイズで6mm
卵型に戻る
鼻を描く

05

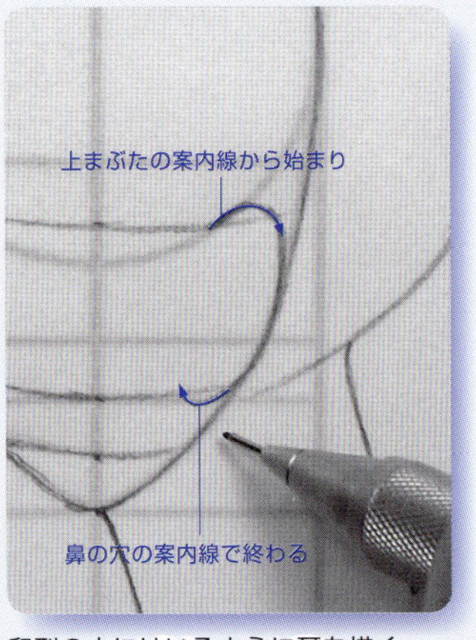
上まぶたの案内線から始まり
鼻の穴の案内線で終わる
卵型の中にはいるように耳を描く

06

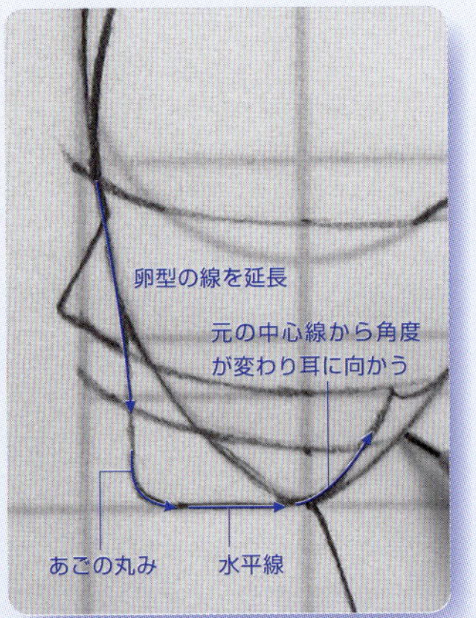
卵型の線を延長
元の中心線から角度
が変わり耳に向かう
あごの丸み
水平線
あごを描く

07

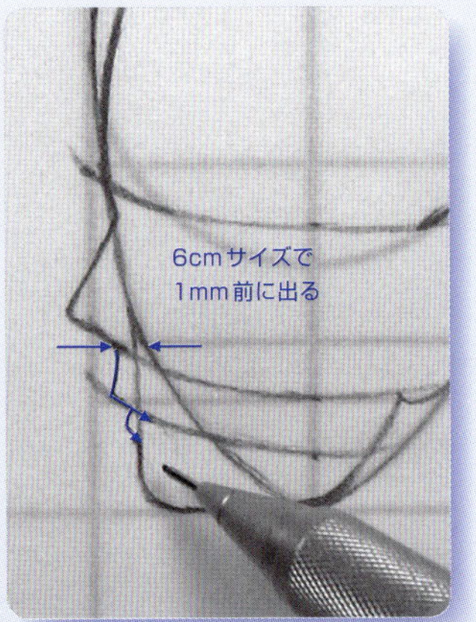
6cmサイズで
1mm前に出る
口を描く

08

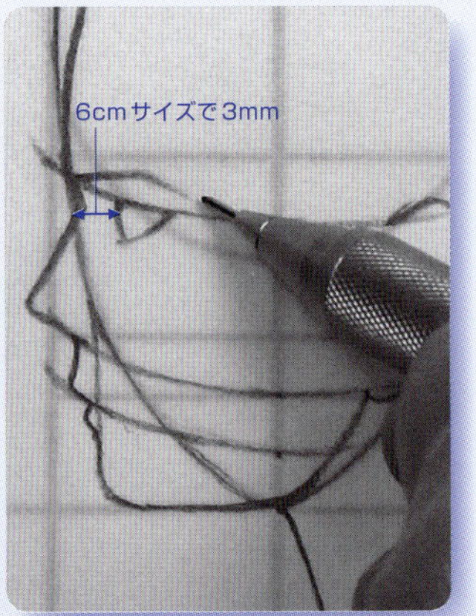
6cmサイズで3mm
目は三角形

09

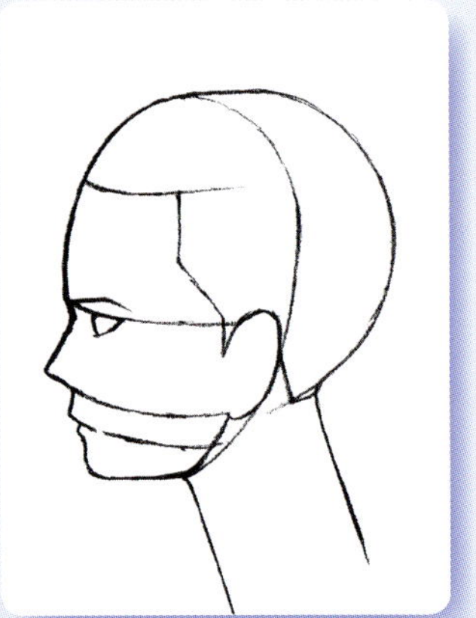
生え際、もみあげ、うなじを描いて顔のバランス完成

10

★ クリーンアップ

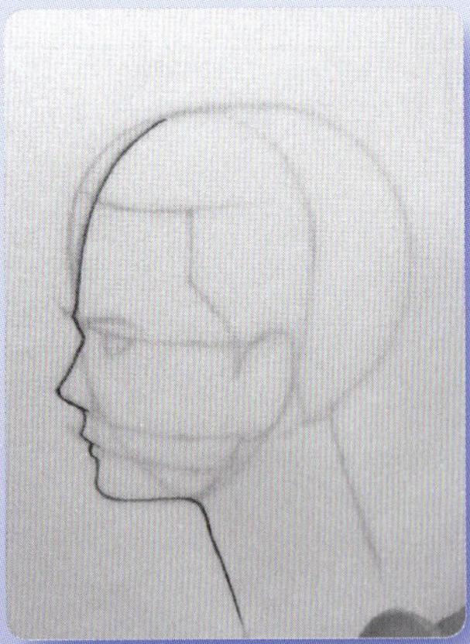
顔はメイクするとき必要な線のみを描く。横向きは顔のラインから描く

11

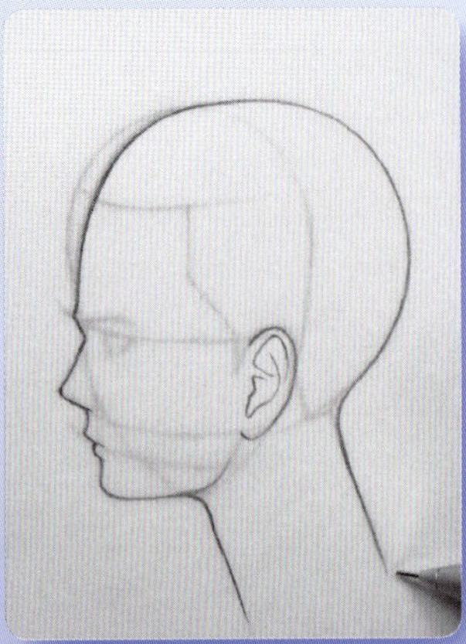
耳、後頭部を描く

12

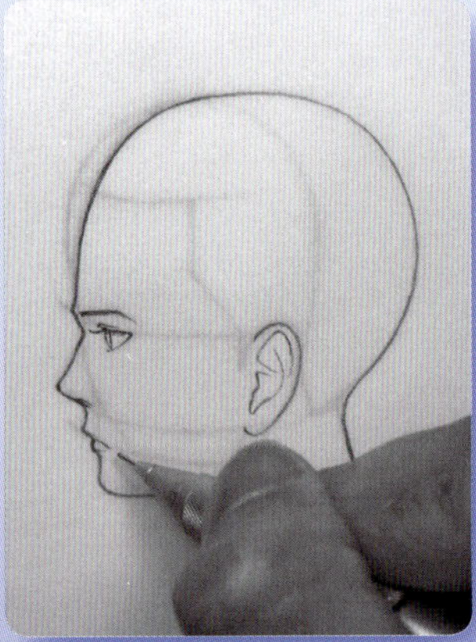
目、口、髪の毛を描いてクリーンアップ完成

13

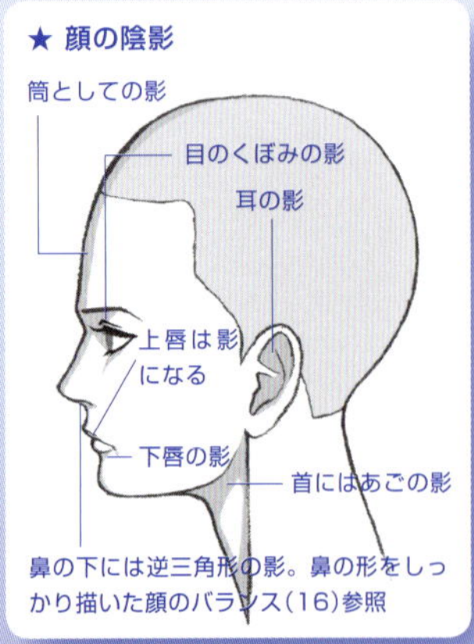
★ 顔の陰影
筒としての影
目のくぼみの影
耳の影
上唇は影
になる
下唇の影
首にはあごの影
鼻の下には逆三角形の影。鼻の形をしっかり描いた顔のバランス(16)参照
顔には色々な影ができやすい。わかりやすくぼかさないで入れてみた

14

ヘアスタイル

顔がかけるようになったら色々なヘアスタイルに挑戦してみましょう。
髪の毛を描くポイントは3つあります。

毛のボリューム(シルエット)：
濡れた髪の毛のように頭皮にピッタリはりつけず、ボリュームを持たせて浮かせるようにシルエットを描く。
毛の流れ：
100本ひと束くらいを目安に毛の流れをシルエットに入れていくと色塗りしやすい。毛を一本一本描いて中を塗りつぶさないこと
毛先：
毛先は先細りで終わること

ヘアを描くポイント

ストレートヘアの描き方

前髪のパッツンがポイント。最も天使の輪がきれいに出るヘアスタイル

一定間隔に弧を描くように入れていく

天使の輪
美しい髪の毛にはツヤがあり、頭部にあるツヤは特に天使の輪と呼ぶ。天使の輪は卵型の頭に沿って弧を描くように入れていく

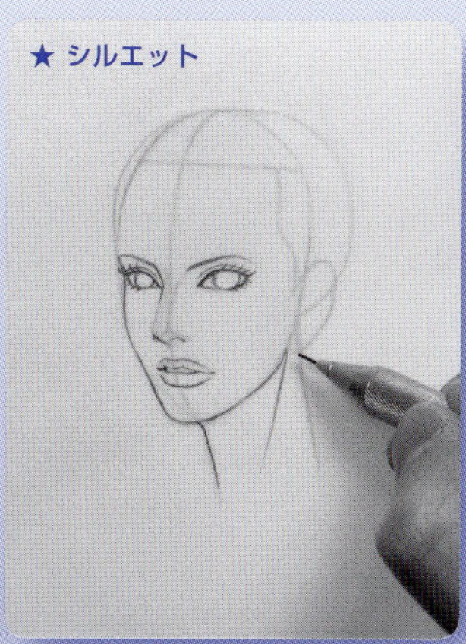
★ シルエット

01
「顔のバランス」を下敷きに顔を描く

02
前髪を描く

髪の毛は頭皮にピッタリはりつけず、ボリュームを出す。風呂上がりヘアにならないように
小さなハネを作ると毛に動きが出る

03
髪のシルエットを描く

髪が少し胸にかかるようにする

04

★ 毛の流れ
少しすきまを入れて動きを出す
まずは毛先に向けて、毛の流れ線を入れる
毛先は先細りにすると動きが出る

前髪の毛の流れを入れていく

05

全体の毛の流れ線を入れて完成

06

前髪は遠近感で上向きの弧を描く

同様に上向きのヘアも描いてみた

07

前髪は遠近感で下向きの弧を描く

同様に下向きのヘアも描いてみた

08

ウエーブヘアの描き方

ウエーブヘア
巻き髪の描き方がポイント。巻髪の山にもツヤを入れてみよう

★ シルエット

「顔のバランス」を下敷きに顔と前髪を描く

01

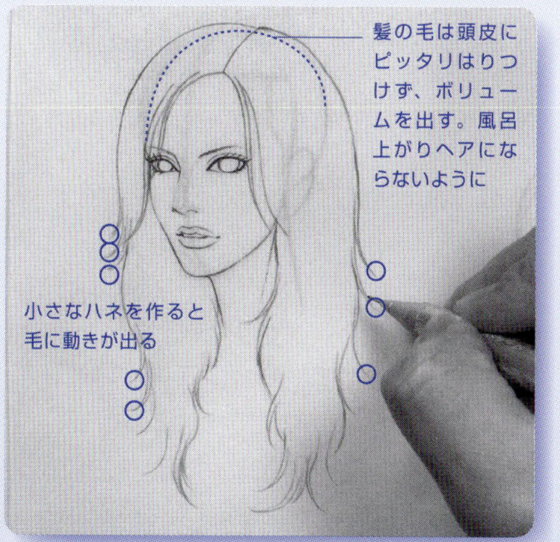
髪の毛は頭皮にピッタリはりつけず、ボリュームを出す。風呂上がりヘアにならないように
小さなハネを作ると毛に動きが出る

髪のシルエットを描く

02

★ 毛の流れ
耳に髪をかける
耳を出してみる

毛の流れを入れていく。まずはウエーブの少ない前髪あたりから

03

ウエーブの大きな流れを作る。一方向でなく左右に散らしながら入れる

04

ウエーブの中にも毛の流れ線を入れる

05

小さなハネを入れて全体を整えて完成

06

ショートヘアの描き方

ショートヘア
もみあげの描き方がポイント

カーリーヘアの描き方

カーリーヘア
極端なボリュームがポイント。髪の毛が色んな方向を向いているので光は乱反射。天使の輪は揺らめくように色んなところに入れる

★ シルエットと毛の流れ

生え際から生えているように、前髪ともみあげを描く

01

毛の流れを描いて完成

02

★ シルエット

「顔のバランス」を下敷きに顔を描く

01

前髪を描く

02

カーリーのボリュームを決める

03

曲線を左、右と交互に
振り分けながら描いていく

チリチリとつなぐ

04

★ 毛の流れ

毛の流れを入れていく。まずはカールの少ない前髪あたりから

05

カールの大きな流れを作る。一方向でなく左右に散らしながら入れる

06

案内線を消す

07

カールの流れを2本線にするように線を増やして全体を充実させて完成

08

顔の表情

目、鼻、口は感情によって動くところです。すまし顔、笑顔等、表情によるパーツの変化を見てみましょう。

黒目(虹彩)の遠近感

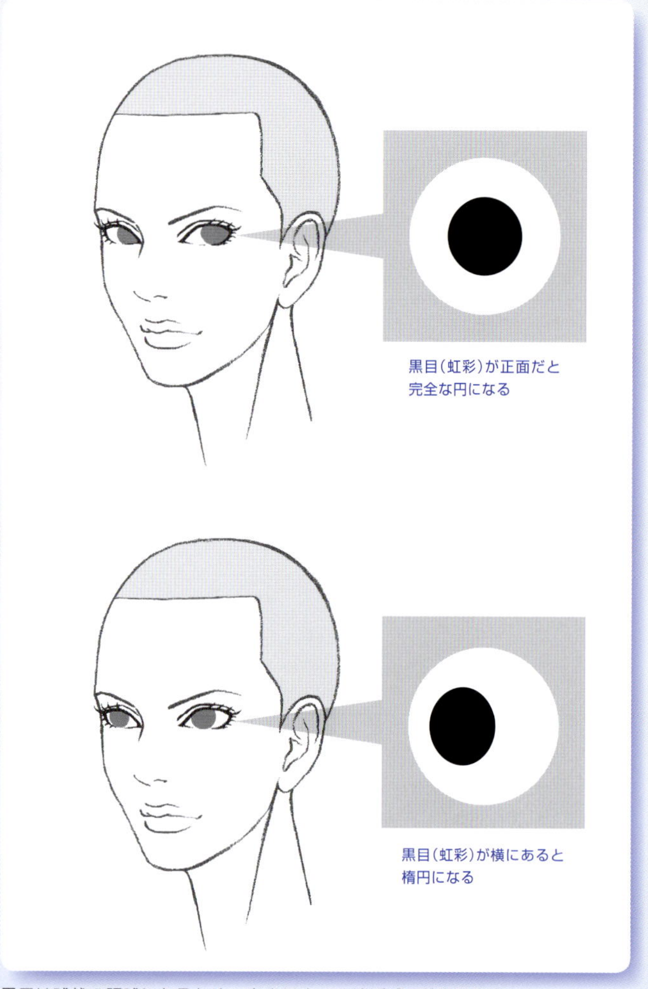
黒目(虹彩)が正面だと
完全な円になる
黒目(虹彩)が横にあると
楕円になる

黒目は球状の眼球になるため、向きによって遠近感で楕円となる

薄目

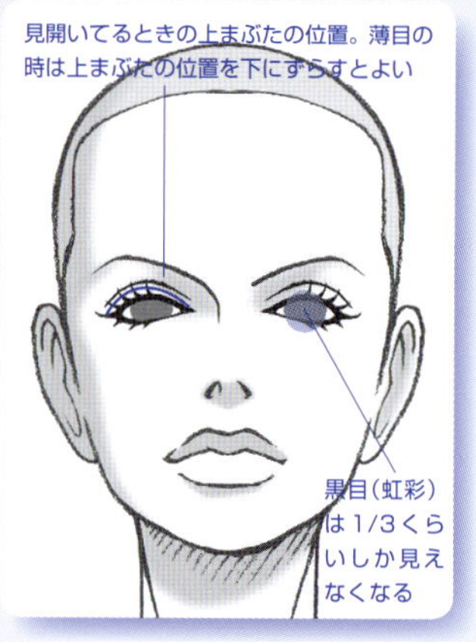
見開いてるときの上まぶたの位置。薄目の
時は上まぶたの位置を下にずらすとよい
黒目(虹彩)
は 1/3 くら
いしか見え
なくなる

目を閉じる

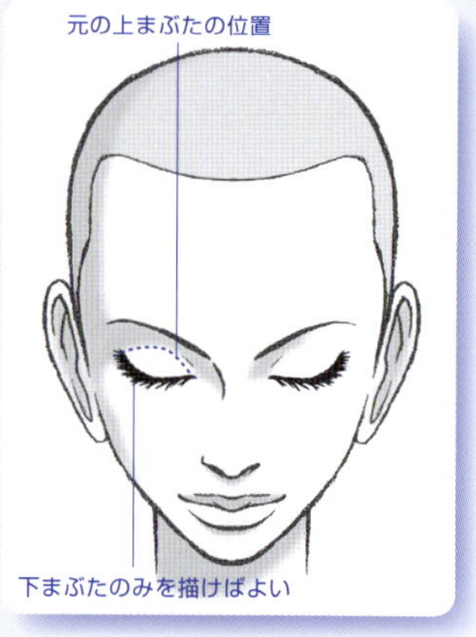
元の上まぶたの位置
下まぶたのみを描けばよい

微笑み

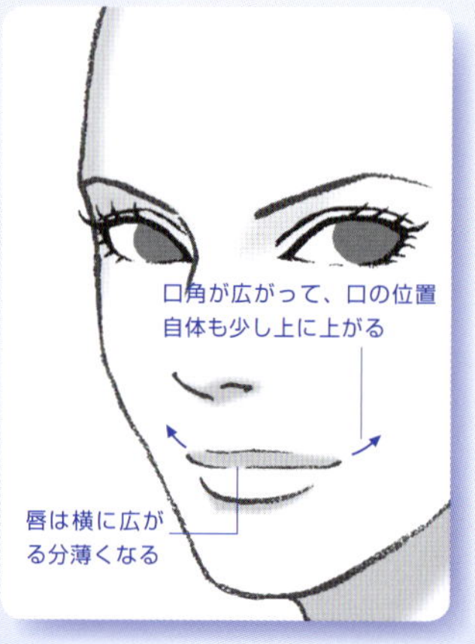
口角が広がって、口の位置
自体も少し上に上がる
唇は横に広が
る分薄くなる

開口

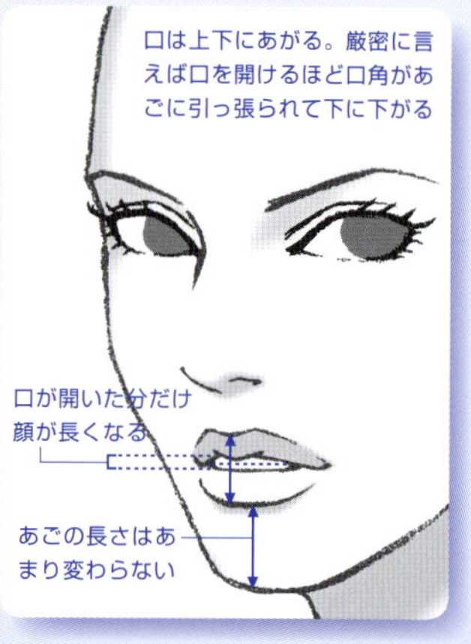
口は上下にあがる。厳密に言
えば口を開けるほど口角があ
ごに引っ張られて下に下がる
口が開いた分だけ
顔が長くなる
あごの長さはあ
まり変わらない

笑顔

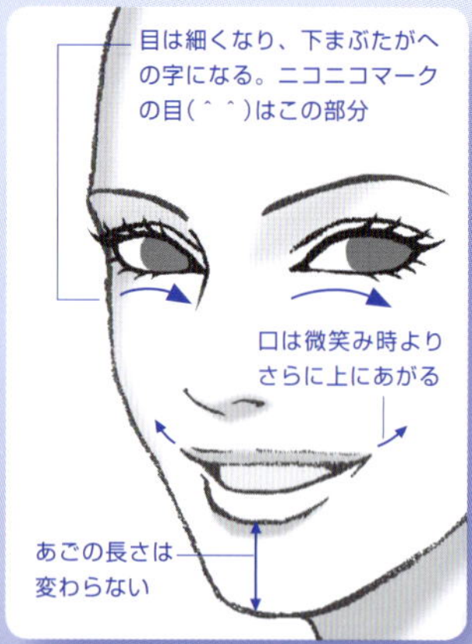
目は細くなり、下まぶたがへ
の字になる。ニコニコマーク
の目(^ ^)はこの部分
口は微笑み時より
さらに上にあがる
あごの長さは
変わらない

おちょぼ口

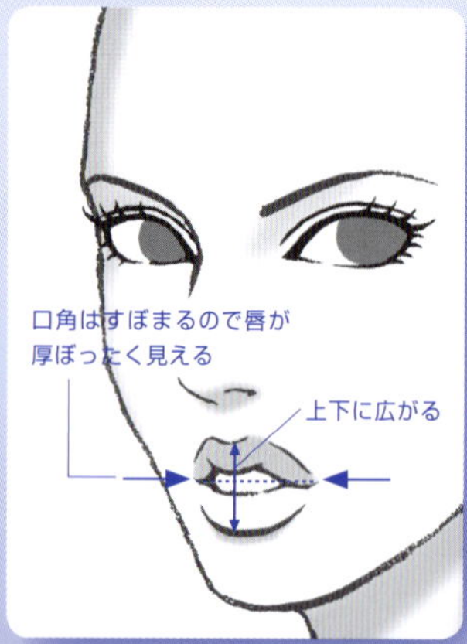
口角はすぼまるので唇が
厚ぼったく見える
上下に広がる

★ phase09の復習 ★

○顔はできるだけシンプルに。メイクするのに必要なパーツや線のみ描けばよい

○基本は卵型。まずは正面向きをしっかり描いてパーツのバランスを覚えよう。

○特に目は個性を主張しやすいところ。たくさん練習して自分好みの目を描けるようにしよう

○顔の表情、ヘアスタイルは無理をせず少しずつでも描けるようにしていこう

next !!

アイテム画を描いていきます。服の構造を観察しましょう！

10 phase

アイテム画1　ボトムスの描き方

アイテム画とは服の形や構造を描いた平面的な絵のことで、基本的にはフロントスタイル（正面向き）とバックスタイル（後ろ向き）を描きます。全体のコーディネートやスタイリングで見せるスタイル画（デザイン画）と違い、服の細かい部分を描くので定規も使ってきれいに描きましょう。

アイテム画を描くときに注意することは以下の４点です。

1：左右対称に描こう→ 対策 →半身を描いて半身を写す

2：着丈とボリューム感の違いにこだわる→ 対策 →常に同じボディのプリントを下敷きにして着装する

3：シワは描かない→ 対策 →服のヨレは表現せず、定規を使い直線的に描く。ただしデザインされたシワ（ギャザー、フレア、ドレープ等）は描くこと

4：アイテムのパーツ構成を明確に→ 対策 →服のディテールをよく観察して描く

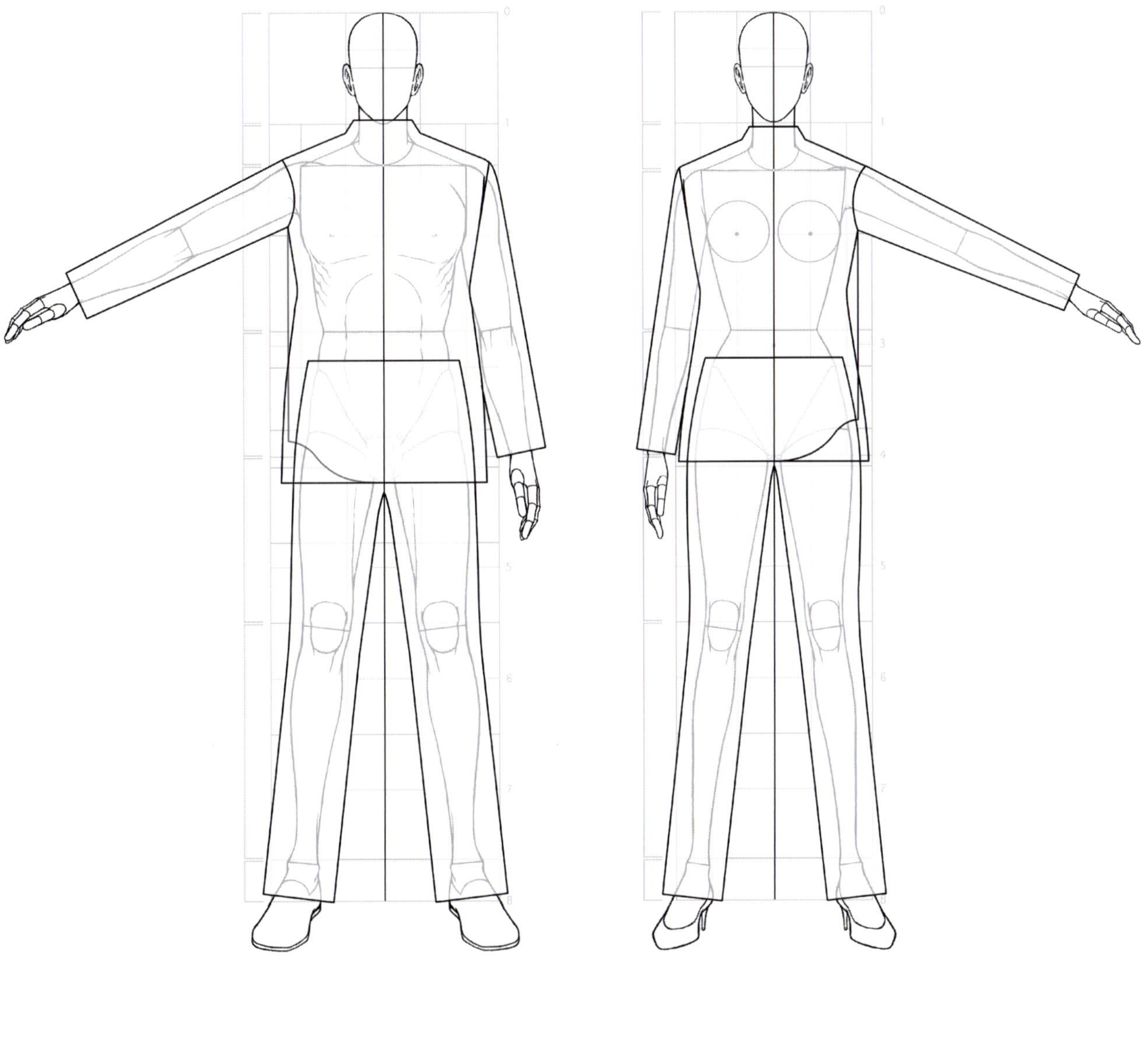

アイテム画のベース
トップスが8cmになるよう、150%に拡大コピーしてアイテム画を描くときの下敷きにしよう

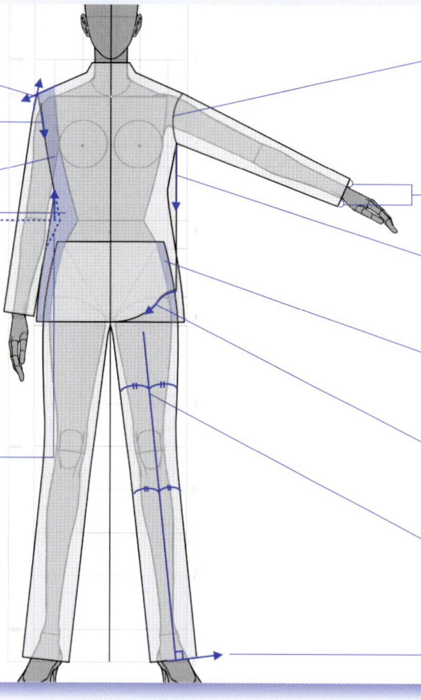
肩と腕の線の交わったところが
SP（ショルダーポイント）
袖が下に落ちた状態では、
アームホールは直線になる
ボディのゆとりは他のどこよりも大きい。
これは腕を動かす運動量を確保するためである。脇線は
ゆとりをしっかり取り、ボディラインに平行に描く
ただし、ウエストのシェイプの位置はウエストラインより
上にあげる。このことで脚長効果が得られる
人体のウエストライン
ボディに平行に沿ったときのライン
パッドの入っていないアイテムなら袖が開
いた状態も描ける。このときアームホール
は弧を描く
ゆとりは左右同じだけ入れると
バランスがよい
反対側はボックスにするので
アームホールから直下
ボトムスも生地の厚みと通気性を
考えてある程度ゆとりを入れる
シャツの裾はテールドボトムにした。
脚が動きやすいカットになっている
パンツの幅の中心を2ヶ所取り、それを
つなぐとパンツの地の目になる
パンツの裾は地の目に直角になるように、
少し斜めになっている

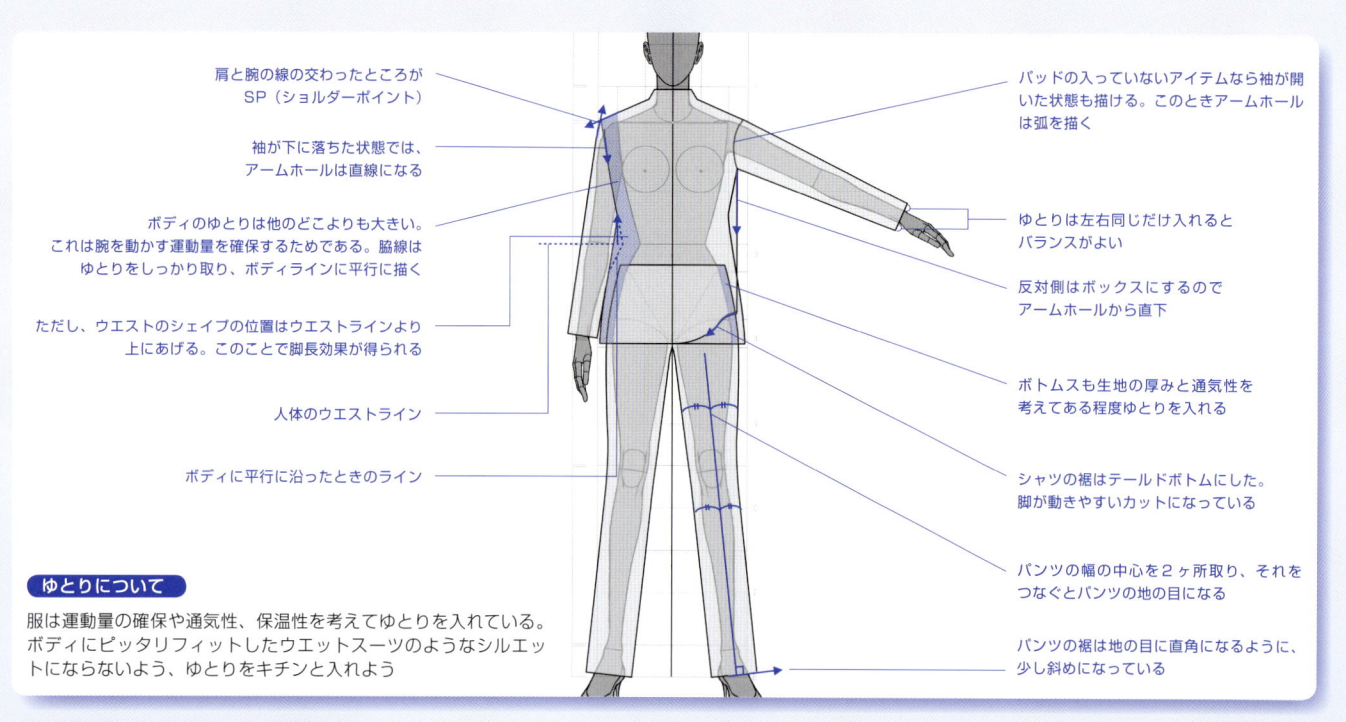

ゆとりについて

服は運動量の確保や通気性、保温性を考えてゆとりを入れている。ボディにピッタリフィットしたウエットスーツのようなシルエットにならないよう、ゆとりをキチンと入れよう

スカートの描き方 1（フレアスカート編）

フレアスカートの「フレア」は太陽の「フレア」が語源。ゆらゆらと揺らめく裾の描き方がポイント

★ 準備

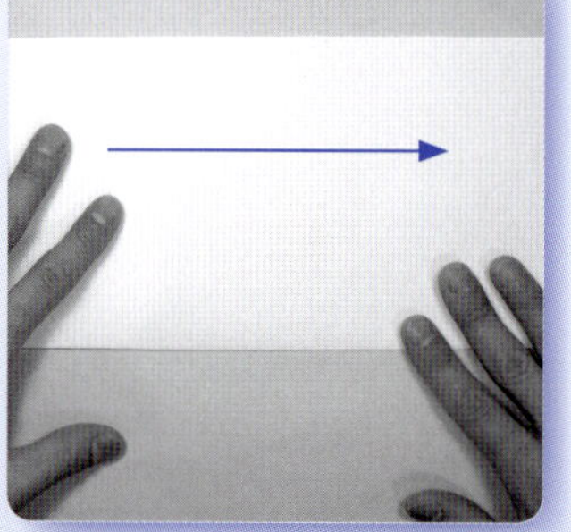

01

レイアウトパッド等、透ける紙を用意。谷折りにする

02

開く

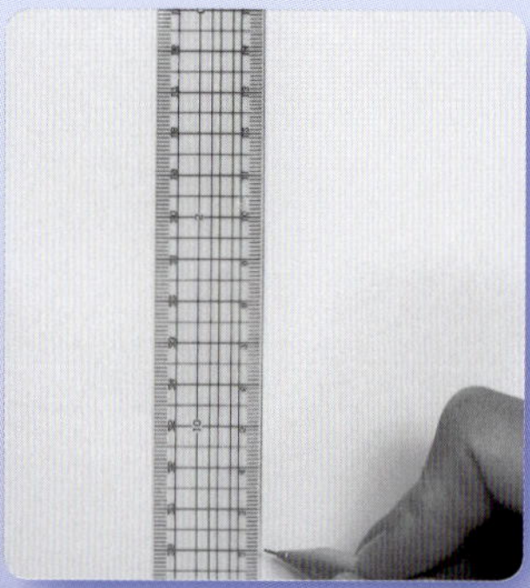

03

折り目に線を入れる。これが前中心となる。鉛筆の芯は必ずB以上の濃いものを使おう

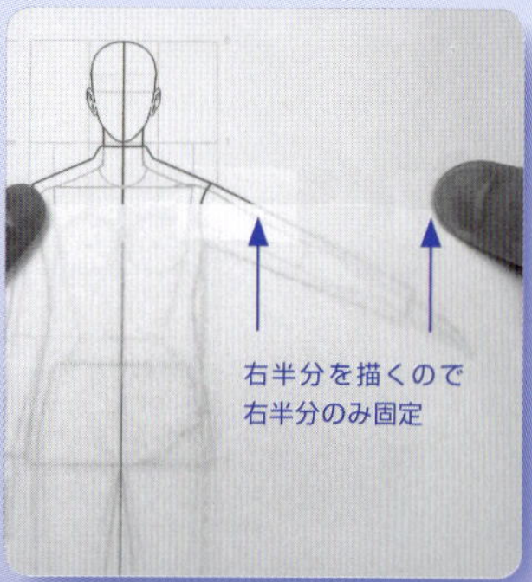
右半分を描くので
右半分のみ固定

04

アイテム画ベースのプリントと用紙の前中心を合わせ、メンディングテープ等で描く側のみを固定する

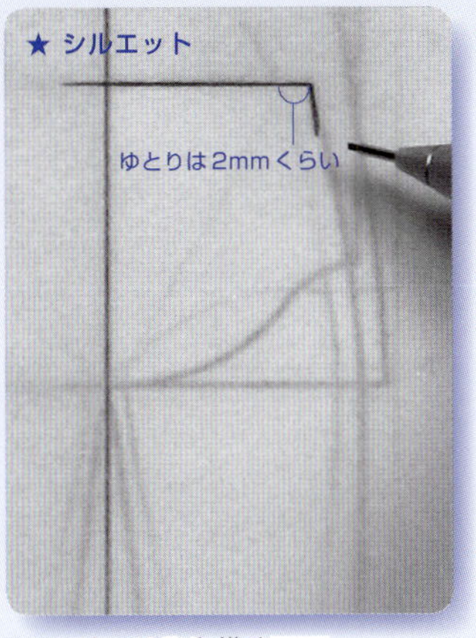
★ シルエット
ゆとりは2mmくらい

ウエストラインを描く

05

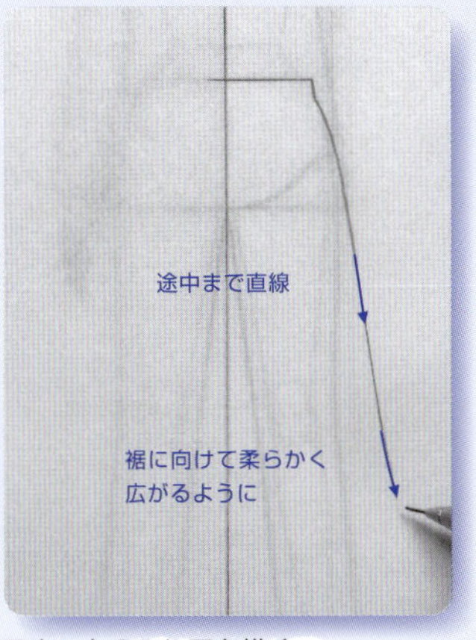
途中まで直線
裾に向けて柔らかく広がるように

スカートのフレアを描く

06

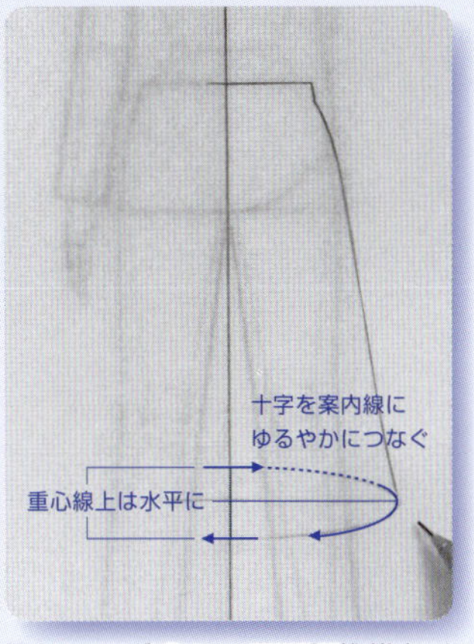
十字を案内線にゆるやかにつなぐ
重心線上は水平に

裾はハンガーにつるした状態をイメージする。まずは楕円を描く

07

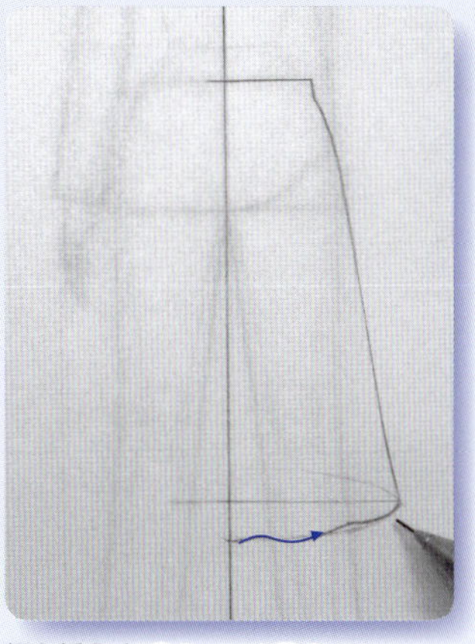

裾を揺らす

08

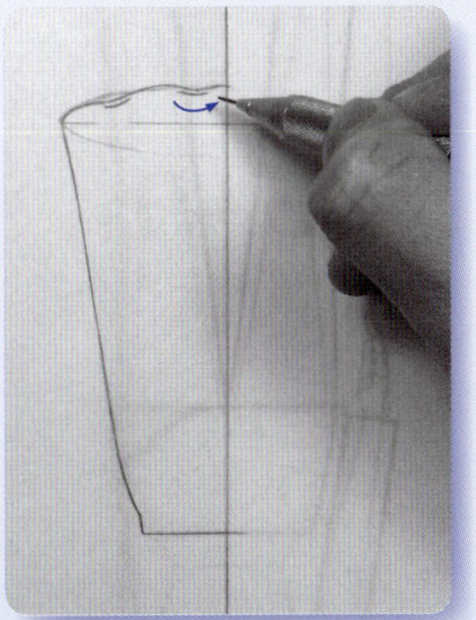

フレアの立体感を出すために2、3ヶ所段差を入れる。ちなみに描きやすいように紙を逆さまにした

09

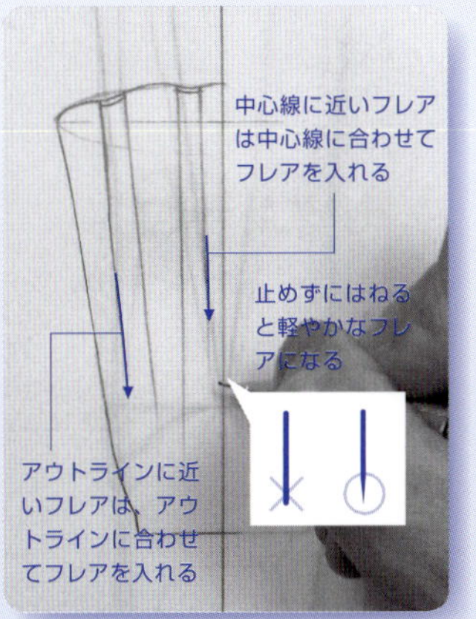
中心線に近いフレアは中心線に合わせてフレアを入れる
止めずにはねると軽やかなフレアになる
アウトラインに近いフレアは、アウトラインに合わせてフレアを入れる

フレアのシワを放射状に描く

10

いらない線を消す

11

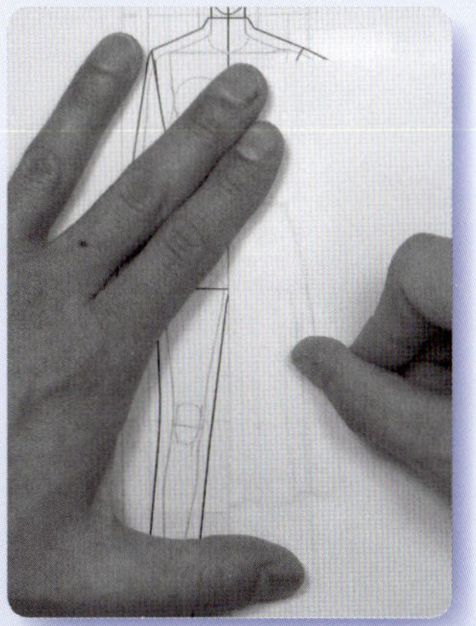

半分に折り、描いた線の裏を爪等でゴシゴシと強くこすって転写する

12

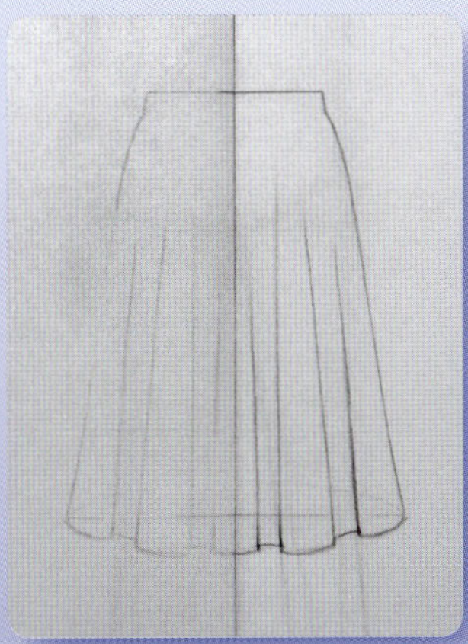

開いてみると写っているのが分かる。鉛筆の芯が薄いと写らないので必ずB以上で下描きしよう

13

左右揃うとシルエットの確認をする。今回は広がりが足りなかったのでもう少し裾広がりにした

14

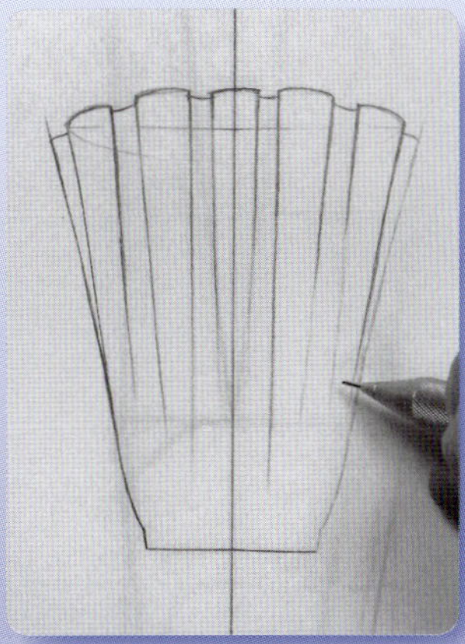

修正したら薄い線を描きおこす

15

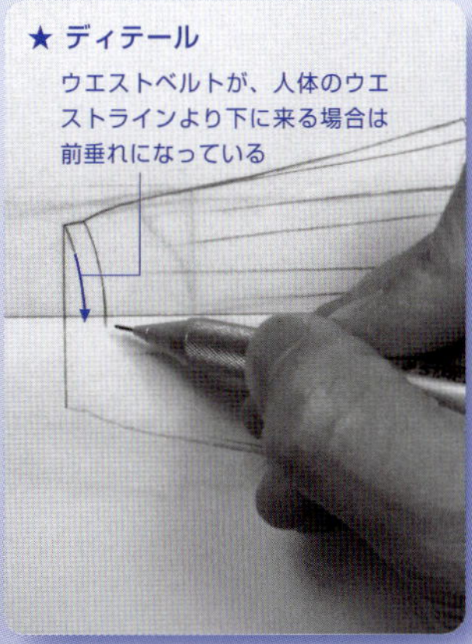
★ ディテール
ウエストベルトが、人体のウエストラインより下に来る場合は前垂れになっている

ウエストベルトを描く

16

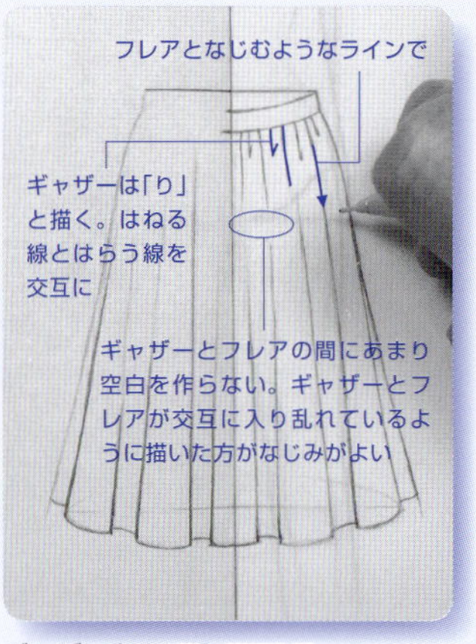
フレアとなじむようなラインで
ギャザーは「り」と描く。はねる線とはらう線を交互に
ギャザーとフレアの間にあまり空白を作らない。ギャザーとフレアが交互に入り乱れているように描いた方がなじみがよい

17
ギャザーを入れる

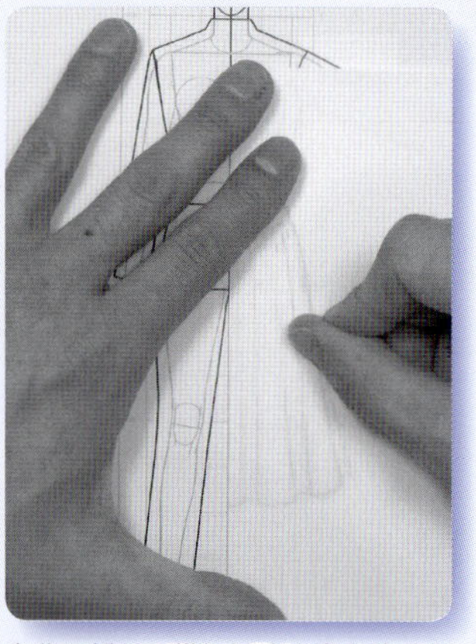

18
半分に折り、描いた線の裏を強くこすってディテールも転写する

19
転写した薄い線を描きおこす

20
最後に左右対称でないディテールを加えて完成

スカートの描き方 2（プリーツスカート編）

プリーツスカートの「プリーツ」はひだ折りのこと

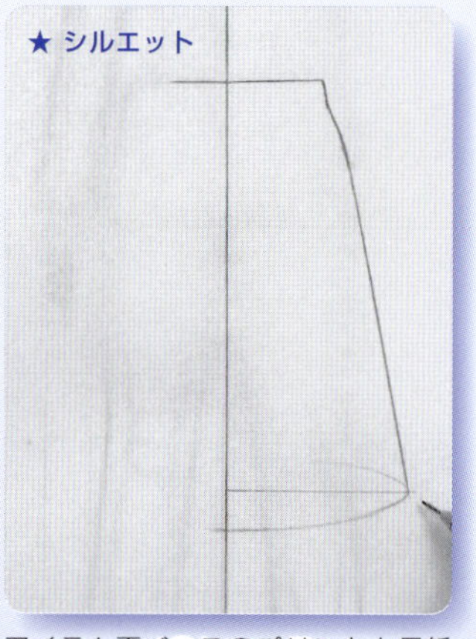
★ シルエット

01
アイテム画ベースのプリントと用紙の前中心（折り目）を合わせ、スカートのシルエットを描く

★ ディテール

02
プリーツを描く。前から見て９枚のプリーツを描くことにしたので、半身で4.5枚。まず裾のプリーツの位置を決める

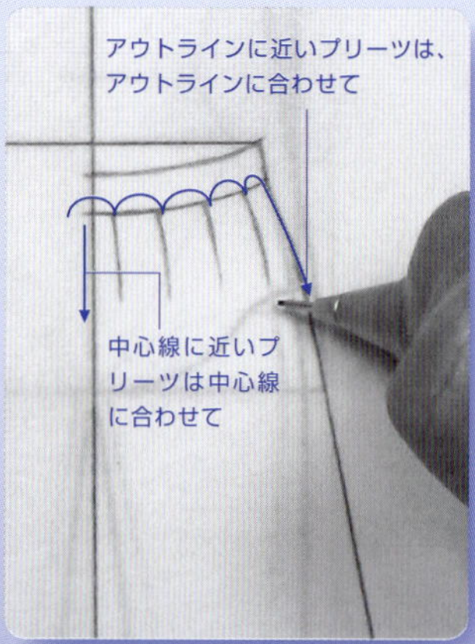
アウトラインに近いプリーツは、アウトラインに合わせて
中心線に近いプリーツは中心線に合わせて

03
ウエスト部分のプリーツを描く

04
上下のプリーツを定規でつなぐ

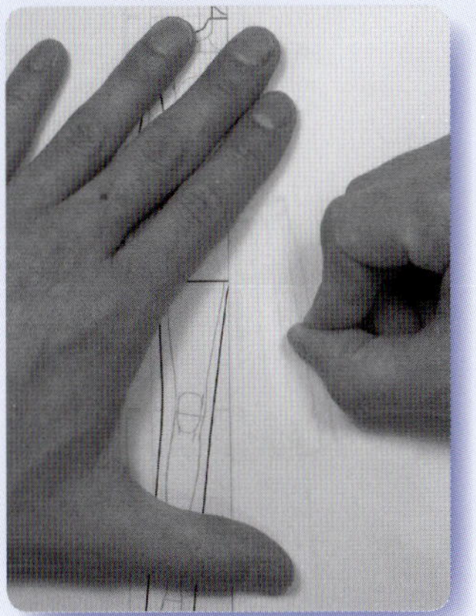

05
半分に折り、描いた線の裏を爪等でゴシゴシと強くこすって転写する

06
開いてみると写っているのが分かる。鉛筆の芯が薄いと写らないので必ずB以上で下描きしよう

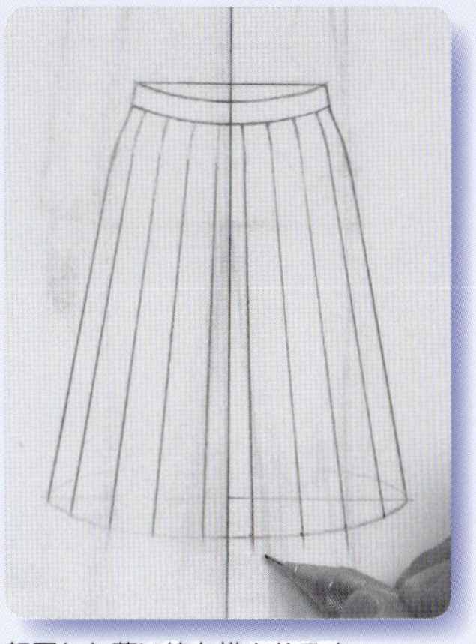

07
転写した薄い線を描きおこす

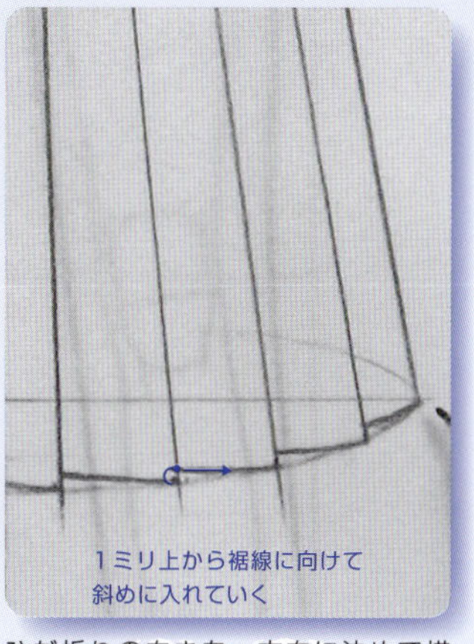
1ミリ上から裾線に向けて
斜めに入れていく

08
ひだ折りの向きを一方向に決めて描くと完成

パンツの描き方

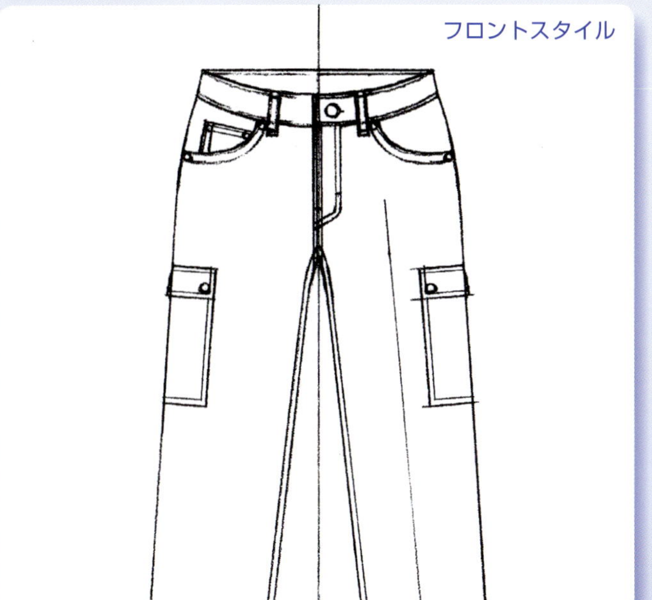
フロントスタイル

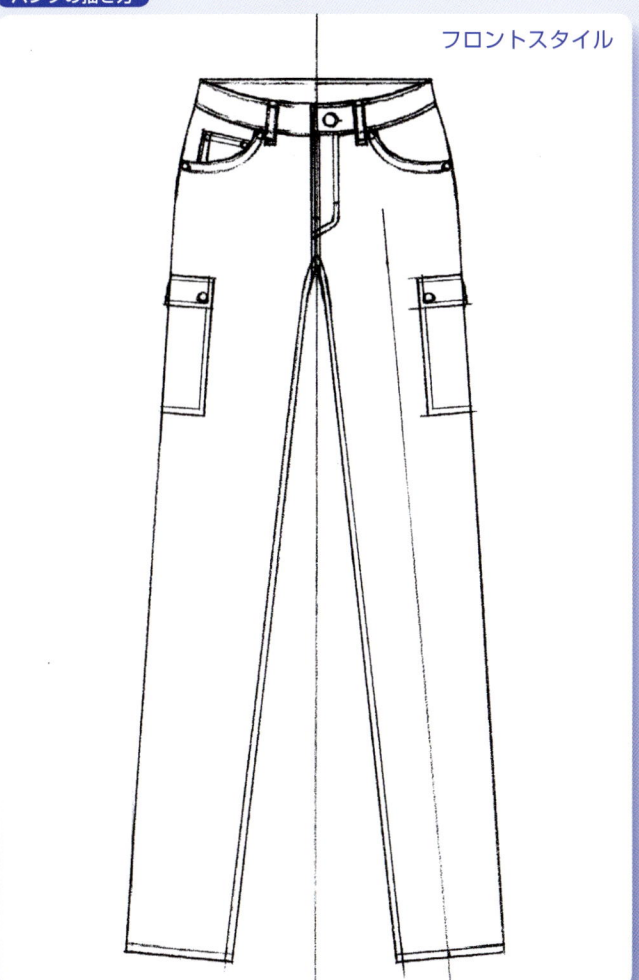

ワークパンツ。脇についているポケットの描き方がポイント。パンツはワーク系は歩幅のスタンスが広く(オープンスタンス)、フォーマル、ビジネス系は歩幅のスタンスが狭い(クローズスタンス)

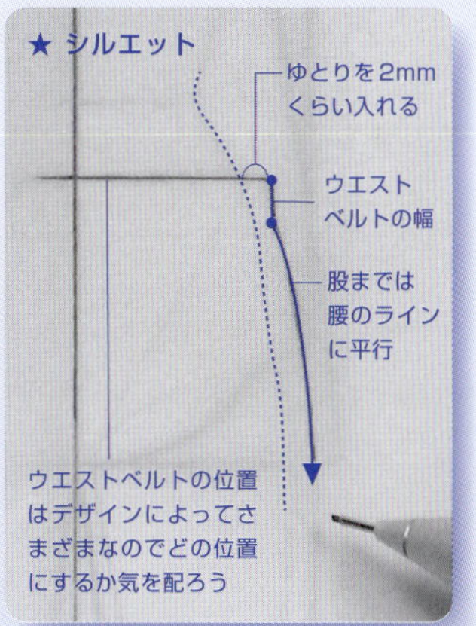
★ シルエット
ゆとりを2mm
くらい入れる
ウエスト
ベルトの幅
股までは
腰のライン
に平行
ウエストベルトの位置
はデザインによってさ
まざまなのでどの位置
にするか気を配ろう

01
アイテム画ベースのプリントと用紙の前中心(折り目)を合わせ、パンツのシルエットを描く

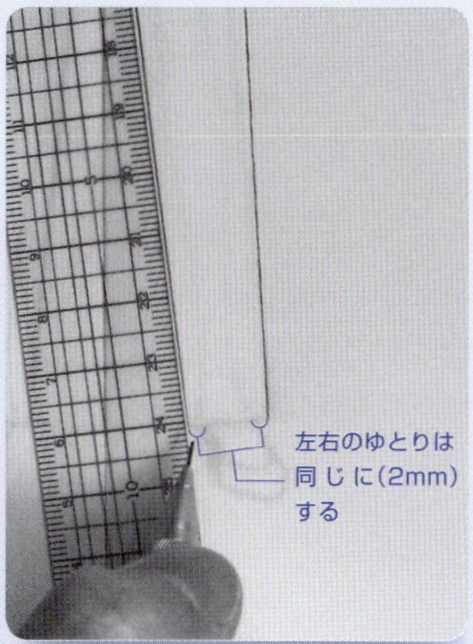
左右のゆとりは
同じに(2mm)
する

02
今回はストレートにしたので、腰から下は一直線で

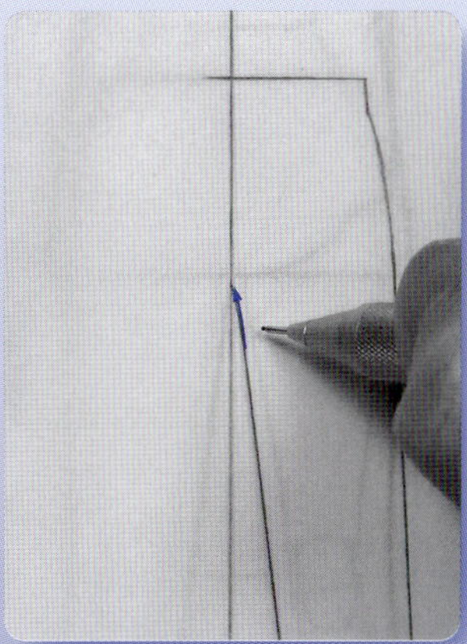

03
股部分は少し曲線にする

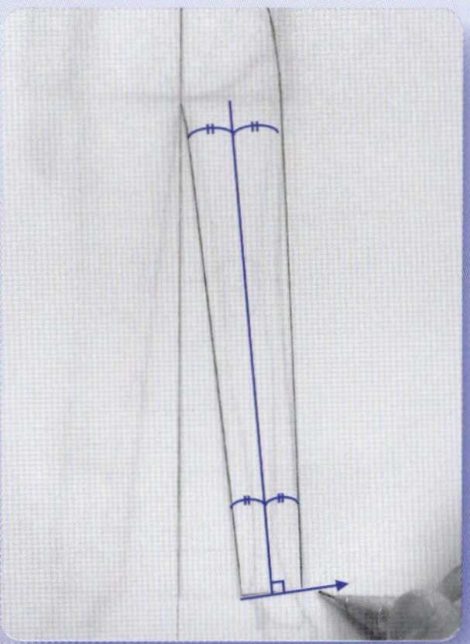

04
裾は地の目と直角になるので少し斜めに

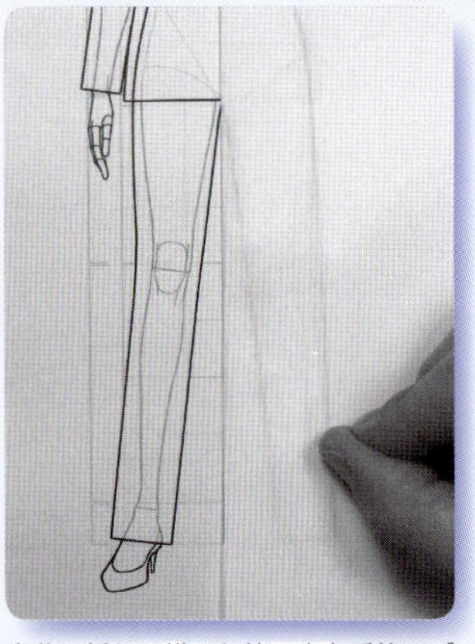

05

半分に折り、描いた線の裏を爪等でゴシゴシと強くこすって転写する

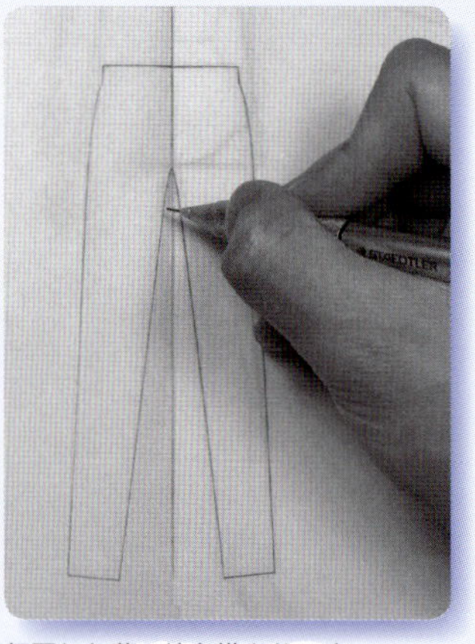

06

転写した薄い線を描きおこす

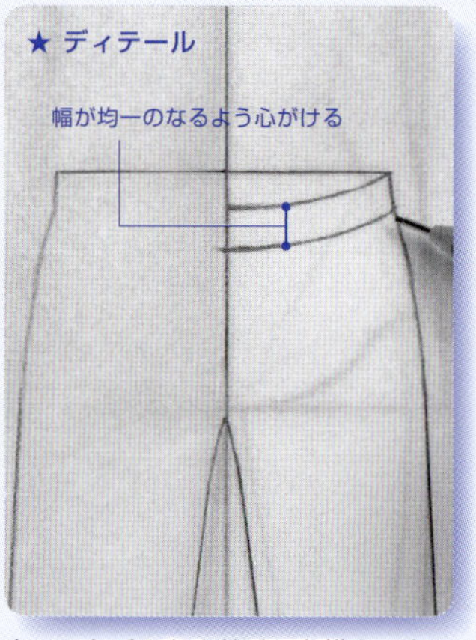
★ ディテール
幅が均一のなるよう心がける

07

ウエストベルトの前垂れを描き、ウエストベルトを描く

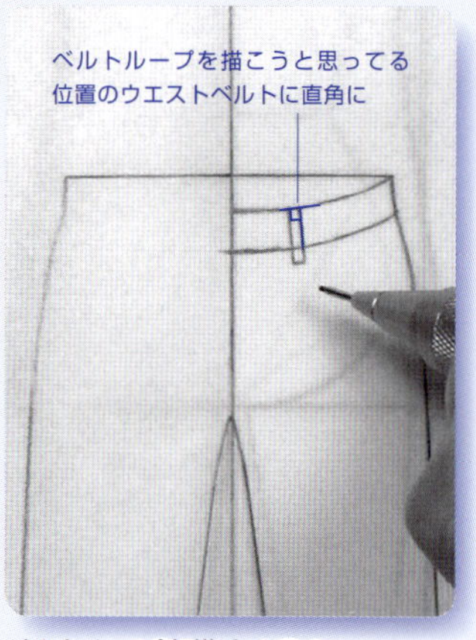
ベルトループを描こうと思ってる
位置のウエストベルトに直角に

08

ベルトループを描く

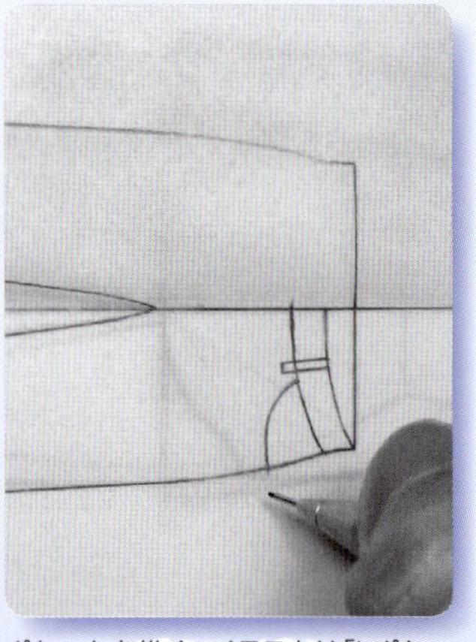

09

ポケットを描く。イラストは「Lポケット」。デニムやワークパンツによく見られる

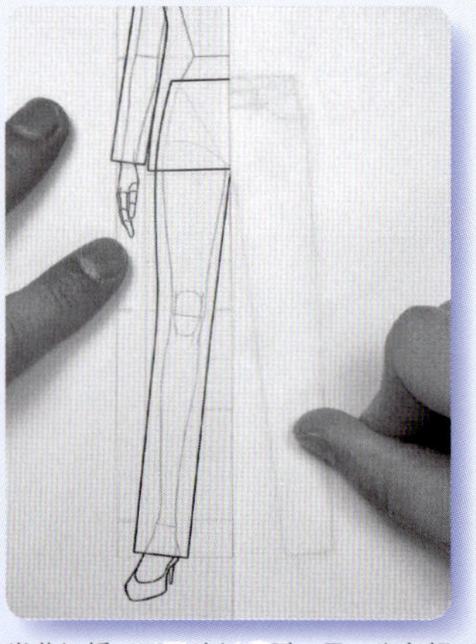

10

半分に折ってこすり、ディテールを転写する

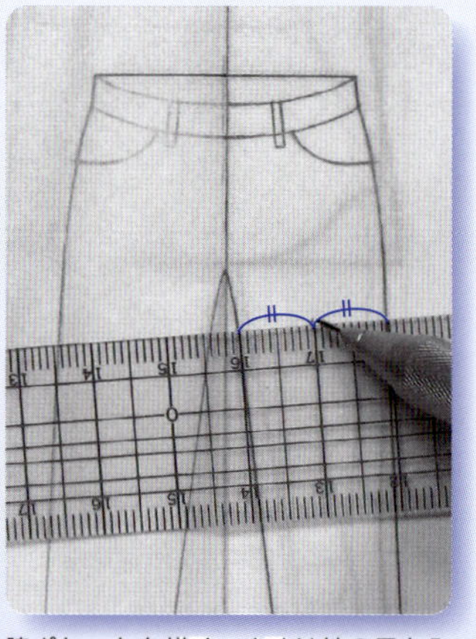

11

脇ポケットを描く。まずは地の目を入れる。左右の幅の中心に点を打つ

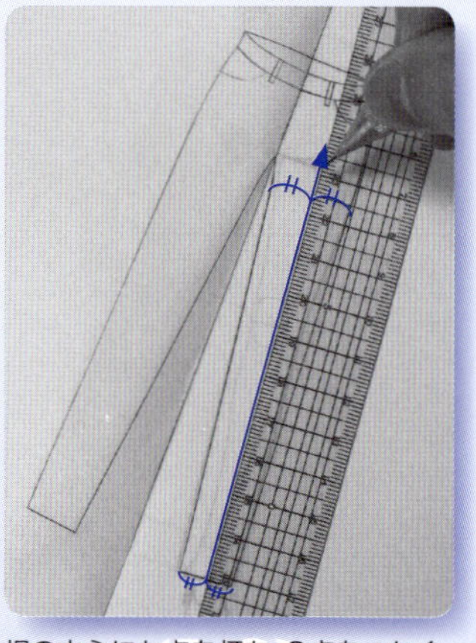

12

裾の中心にも点を打ち、2点をつなぐ。これが地の目になる

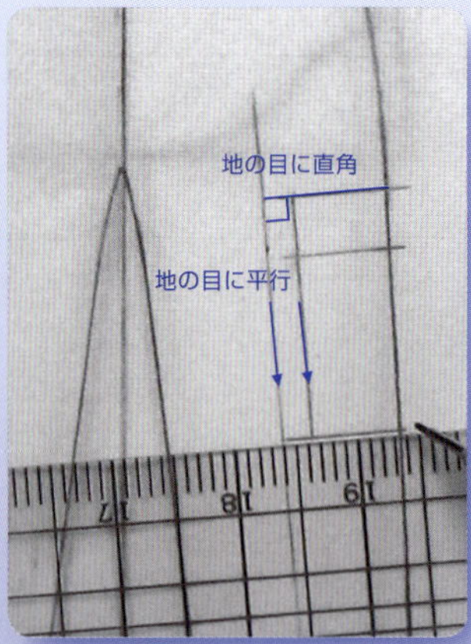
地の目に直角
地の目に平行

13

地の目に直角、平行にポケットを描く

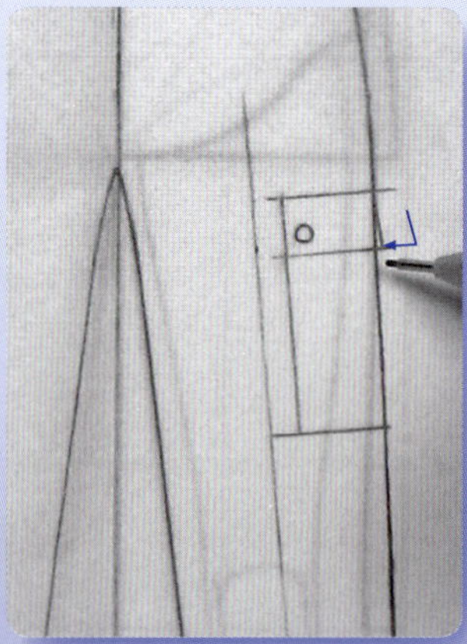

14

フラップポケット(ふたつきのポケット)なので、段差をつける

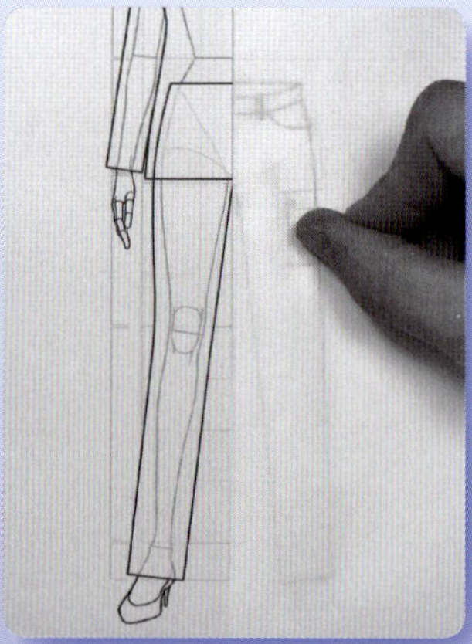

15

半分に折ってこすり、ポケットを転写する

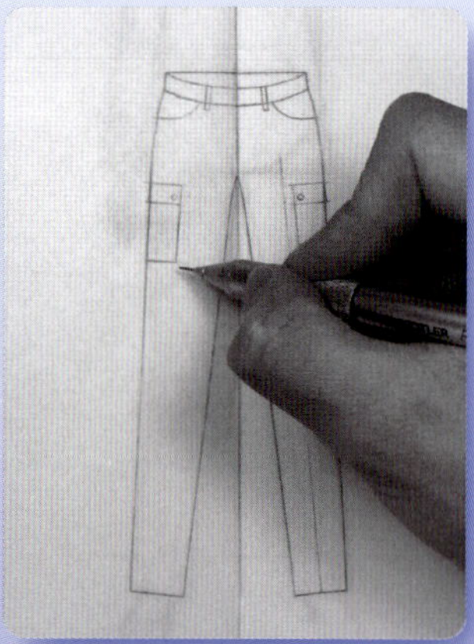

16

転写した線を描きおこす

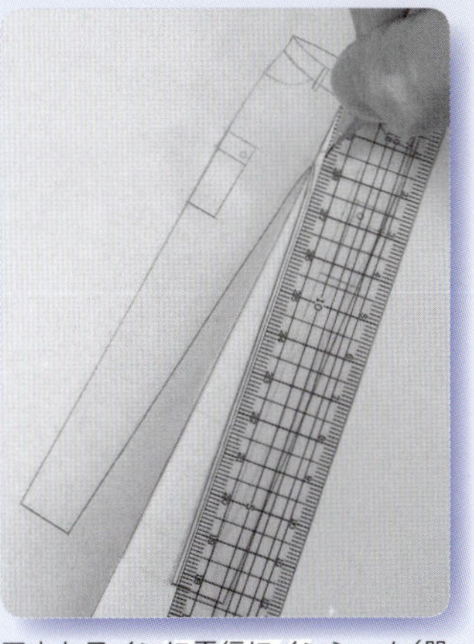

アウトラインに平行にインシーム（股下）を描く

17

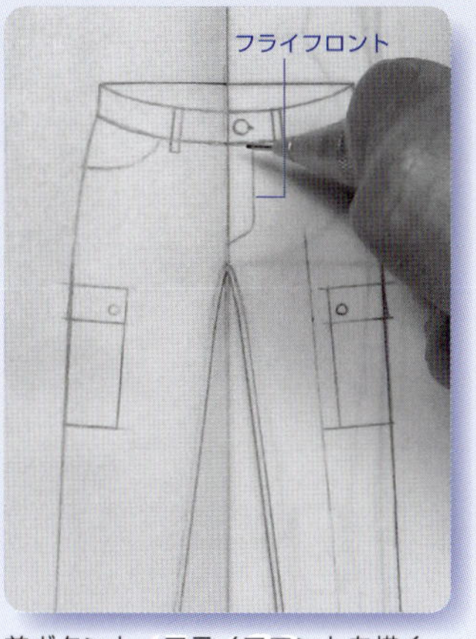
フライフロント

前ボタンと、フライフロントを描く

18

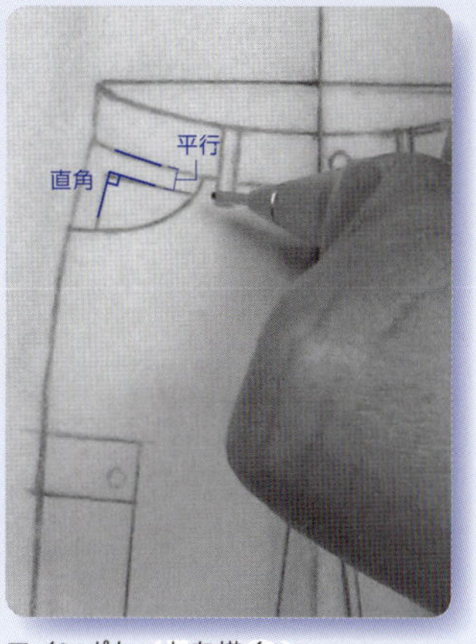
平行
直角

コインポケットを描く

19

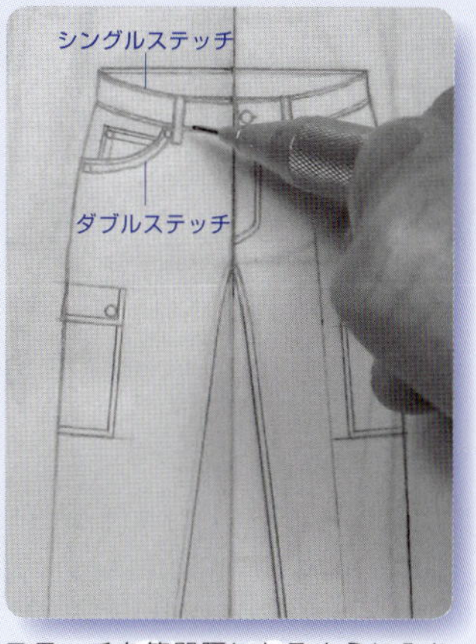
シングルステッチ
ダブルステッチ

ステッチを等間隔になるように入れていく。ステッチはシングル（1本）とダブル（2本）があるので描き分けよう

20

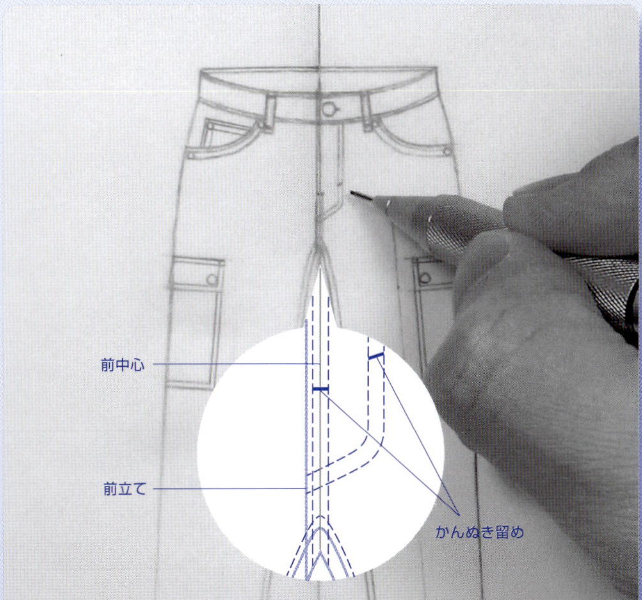
前中心
前立て
かんぬき留め
一般的な前立て。前中心に前立てが来る

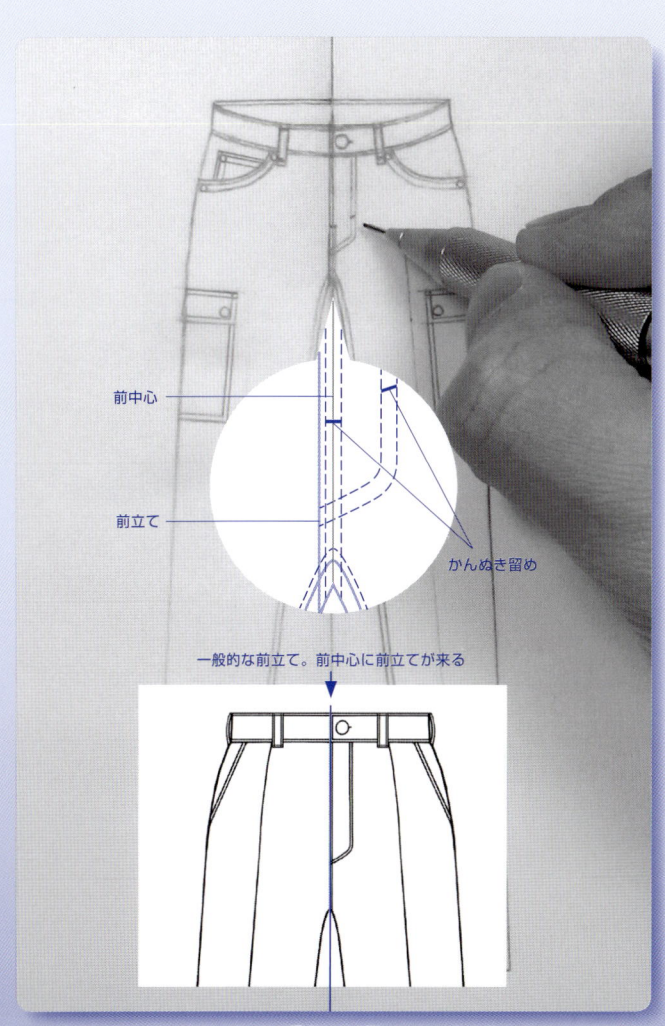

一般的には前中心が前立てなのだが、デニムの場合は強度を確保するために折り伏せ縫いとなり、左右の身頃が前中心で重なり合っている場合が多い

21

バックスタイル

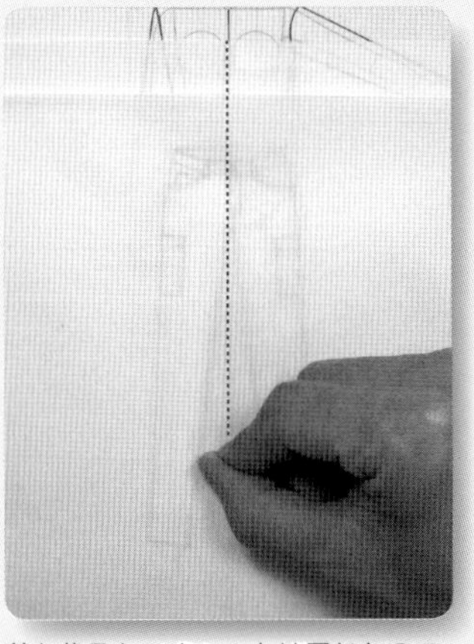

前も後ろもシルエットは同じなので、フロントスタイルの半身を裏からこすって写す

01

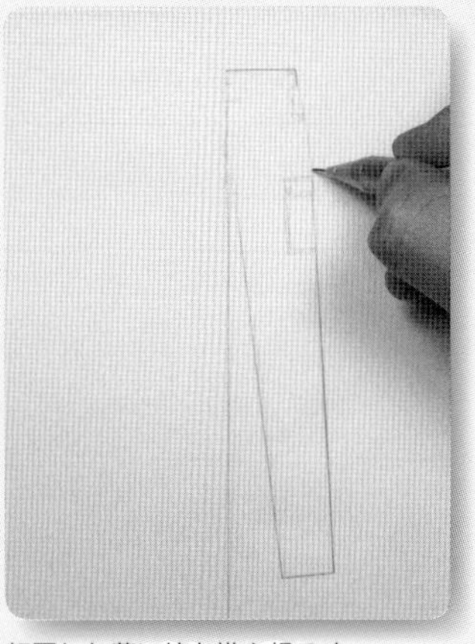

転写した薄い線を描き起こす

02

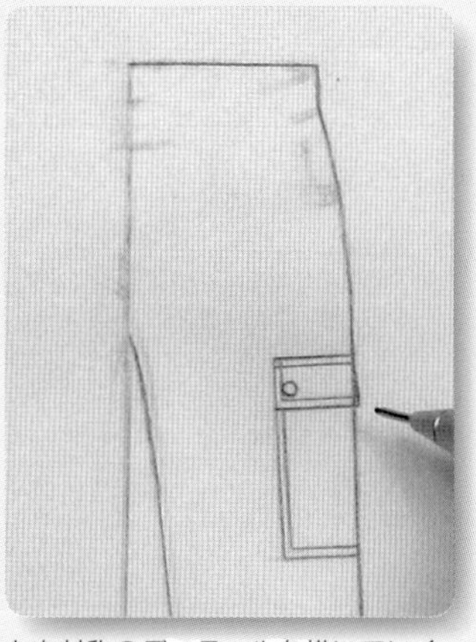

左右対称のディテールを描いていく。まずはポケット

03

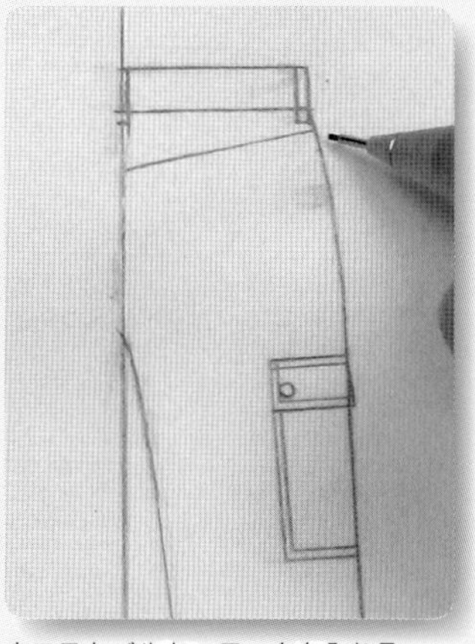

ウエストベルト、ヨークを入れる

04

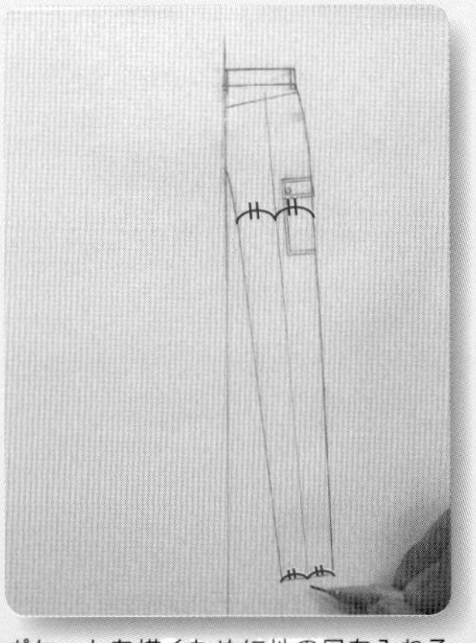

ポケットを描くために地の目を入れる

05

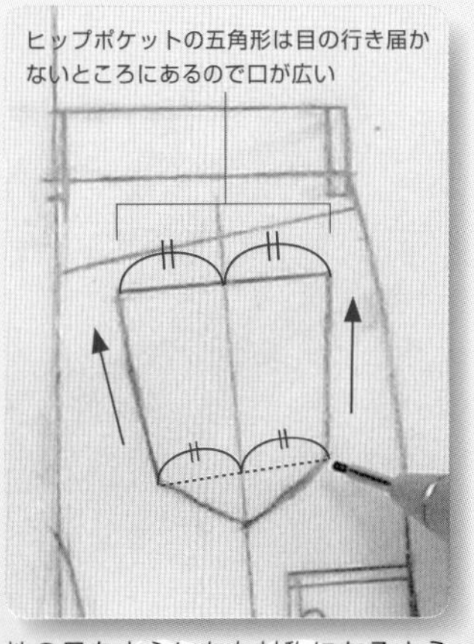
ヒップポケットの五角形は目の行き届かないところにあるので口が広い

地の目を中心に左右対称になるように五角形を描く

06

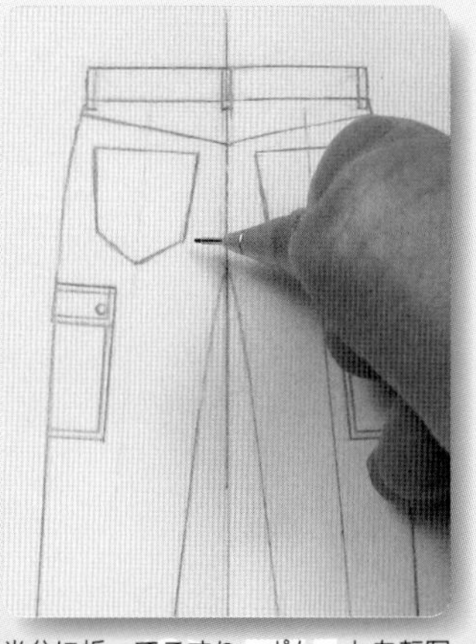

半分に折ってこすり、ポケットを転写する

07

ステッチを入れる

08

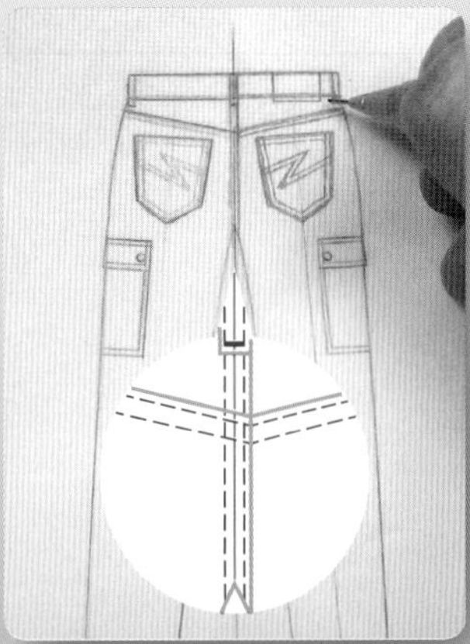

レザーパッチを入れて完成

09

★ phase10の復習 ★

○アイテム画のベースを下敷きにして、微妙な丈やボリュームの変化を表現しよう

○左右対称をしっかり出そう

○実物をよく観察して服の構造を確認しよう

next !! トップスのアイテム画を描いていきます！

phase 11

アイテム画2　トップスの描き方

シャツの描き方

フロントスタイル

シャツはパッドが入っていないので平置きにすると袖が開いた状態になる

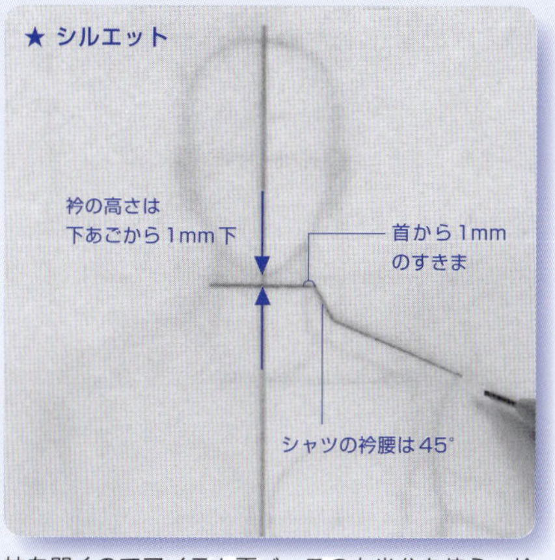
★ シルエット
衿の高さは
下あごから1mm下
首から1mm
のすきま
シャツの衿腰は45°

袖を開くのでアイテム画ベースの右半分を使う。衿の高さ、衿腰、肩のラインを描く

01

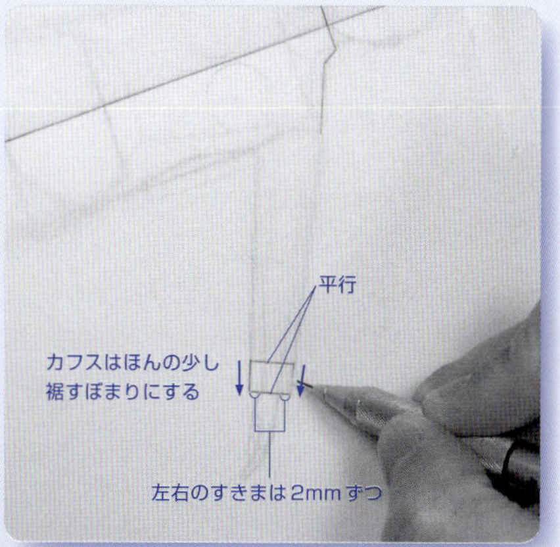
平行
カフスはほんの少し
裾すぼまりにする
左右のすきまは2mmずつ

カフスを描く

02

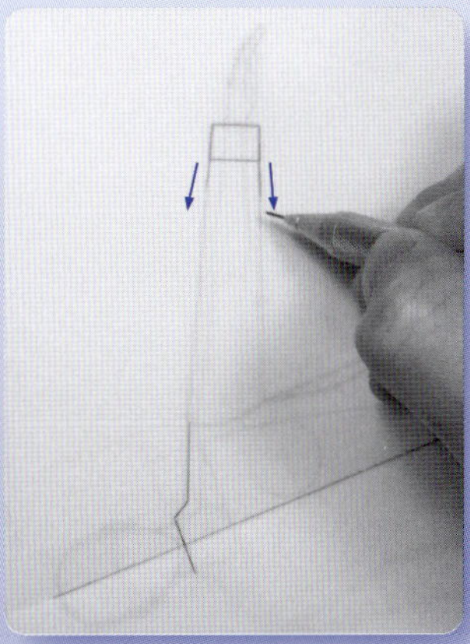

袖にはタックが入っているので緩やかに広げる

03

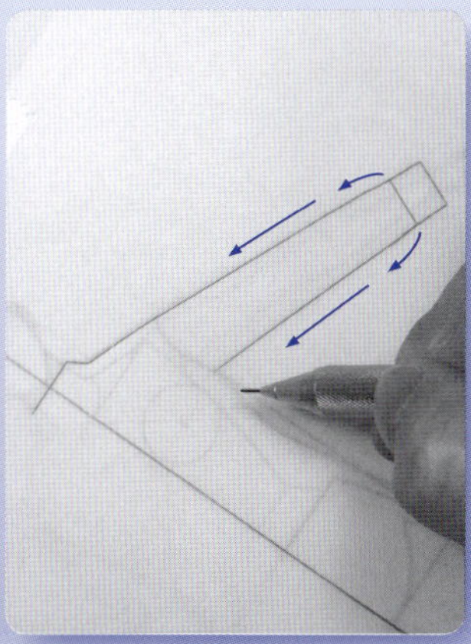

袖を描く。アームホールに向かって少しひろがっている

04

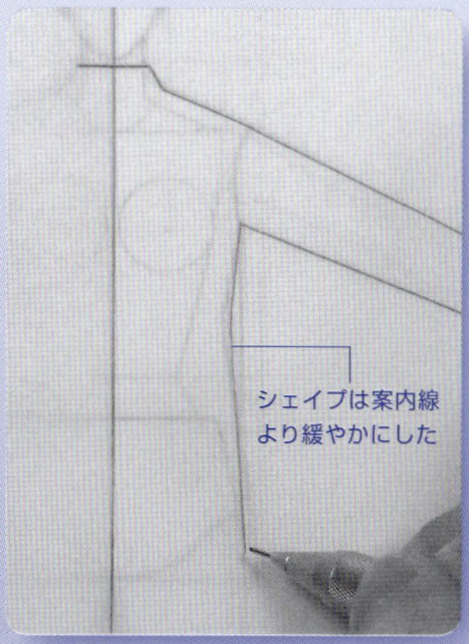
シェイプは案内線
より緩やかにした

脇線を描く。シャツはインナーなので案内線より0.5mmくらい内側をなぞる

05

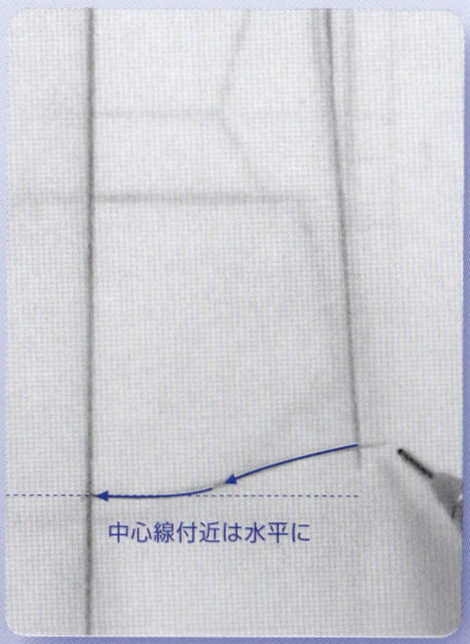
中心線付近は水平に

テールドボトムを描く。これは標準的なシャツの裾で、曲線的な燕尾形の長い裾のこと。シャツテールともいう。これはシャツが下着(パンツ)もかねていた名残り

06

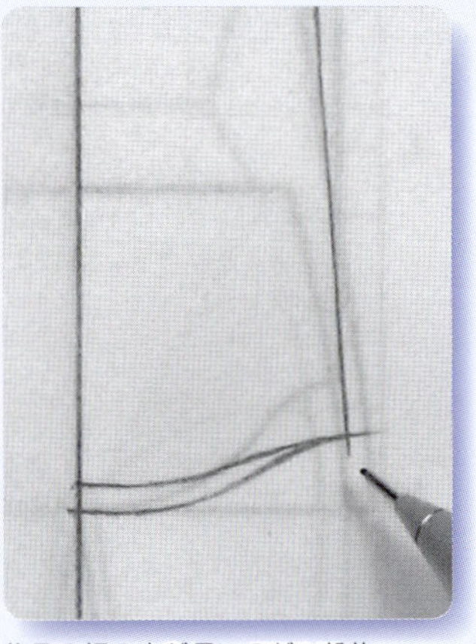

後ろの裾の方が長いのが一般的

07

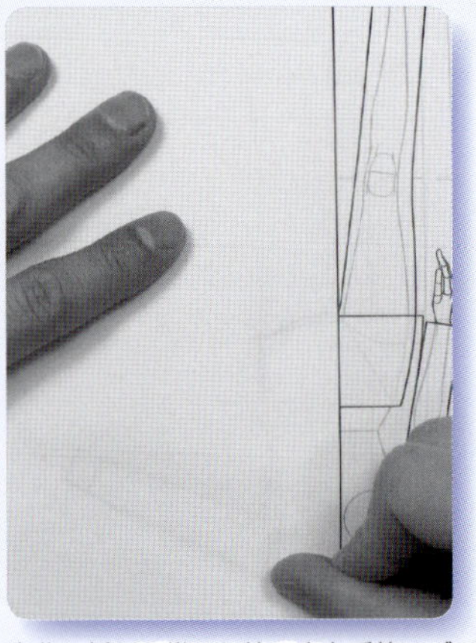

半分に折り、描いた線の裏を爪等でゴシゴシと強くこすって転写する

08

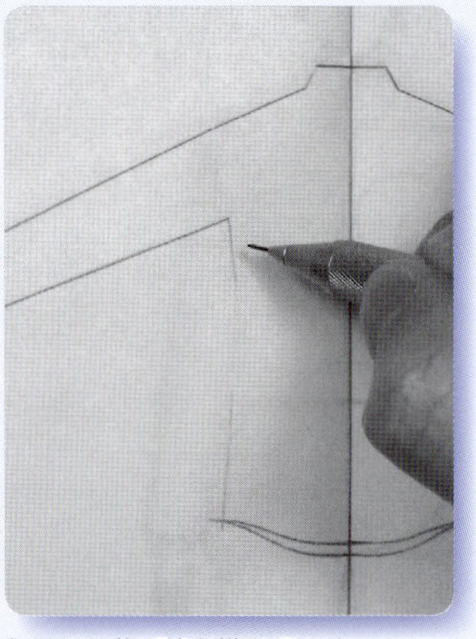

転写した薄い線を描きおこす

09

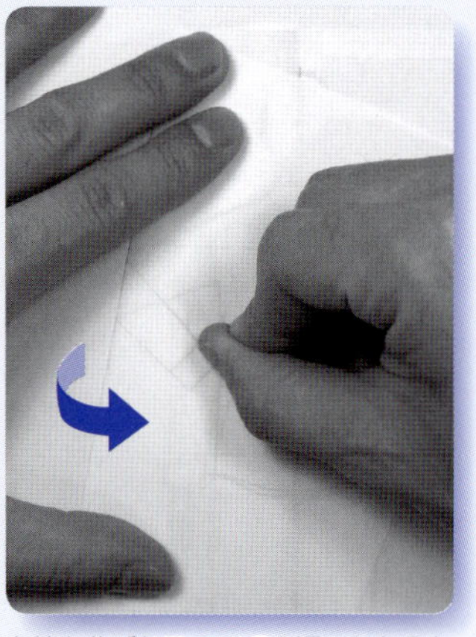

右袖を曲げたいので、身頃にかからないように紙を折り、こすって転写する

10

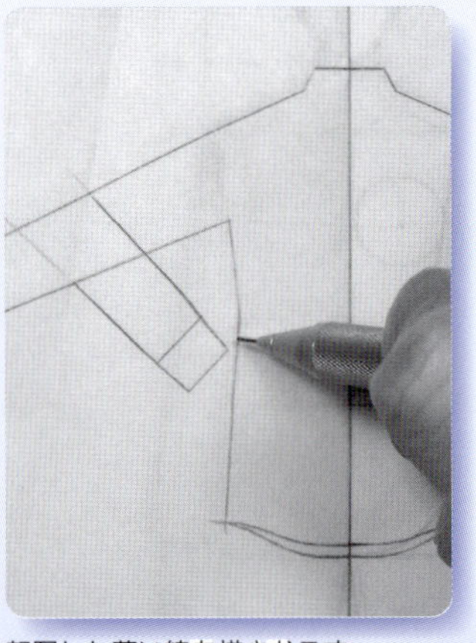

転写した薄い線を描きおこす

11

少し丸みを持たせると、
布の厚みを意識した線になる

ひじの部分をつなぐ

12

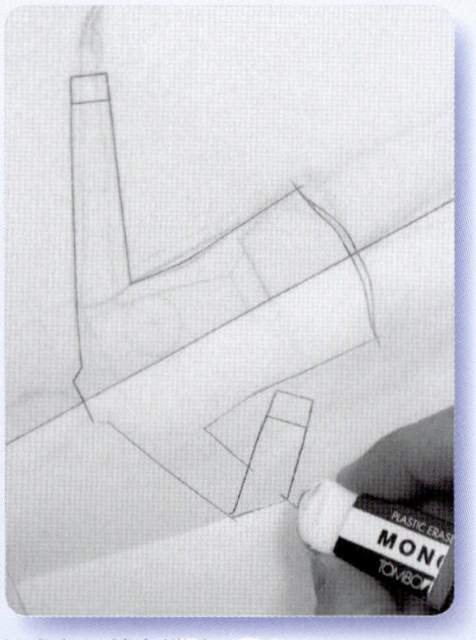

いらない線を消す

13

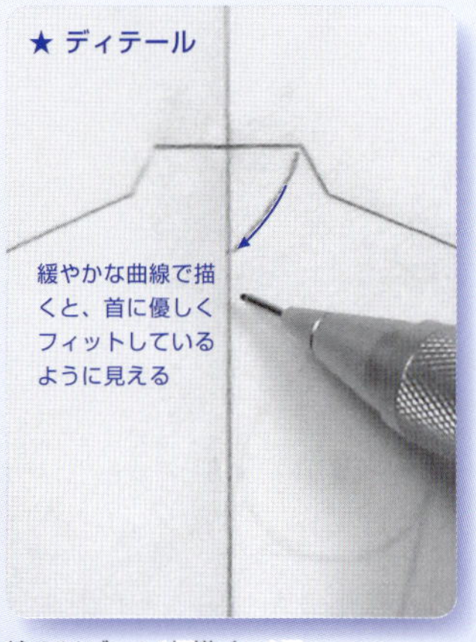
★ ディテール
緩やかな曲線で描くと、首に優しくフィットしているように見える

衿のVゾーンを描く

14

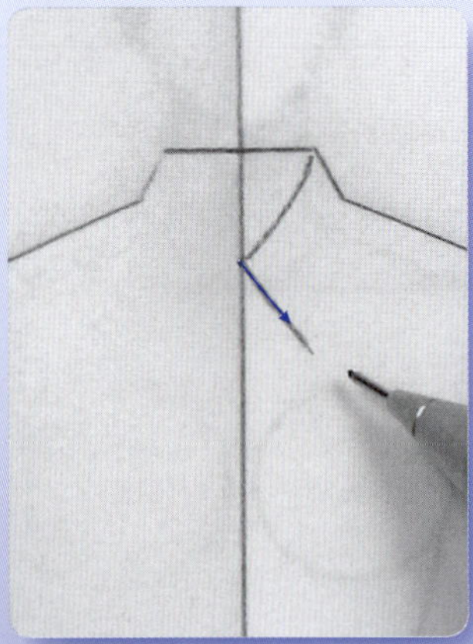

衿の広がりを直線で

15

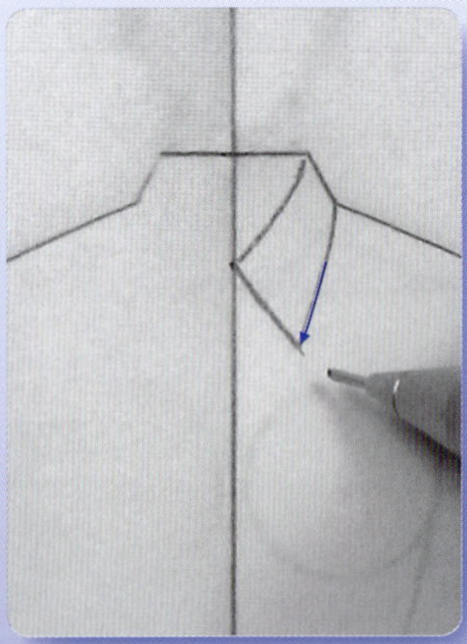

衿の輪郭を緩やかな曲線で

16

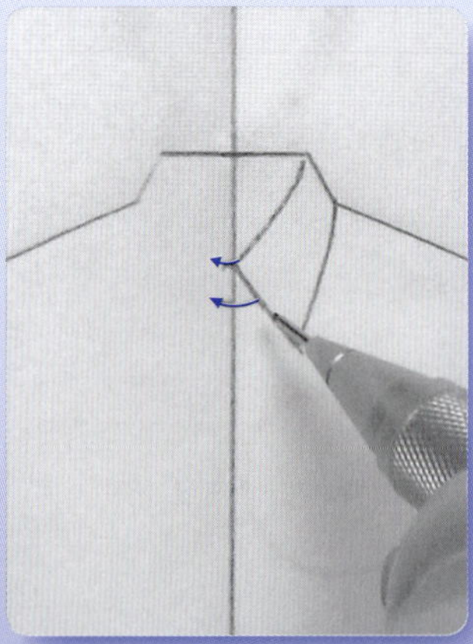

台衿を描く。衿は台衿（スタンドカラー）に縫いつけられている。ブラウス（レディス用シャツ）には台衿のないモノも多い

17

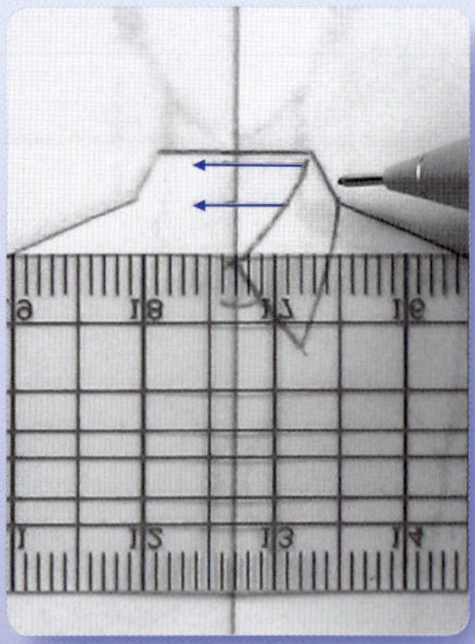

衿腰を描く。衿腰は台衿の後ろ部分。台衿より高くなっているのが一般的

18

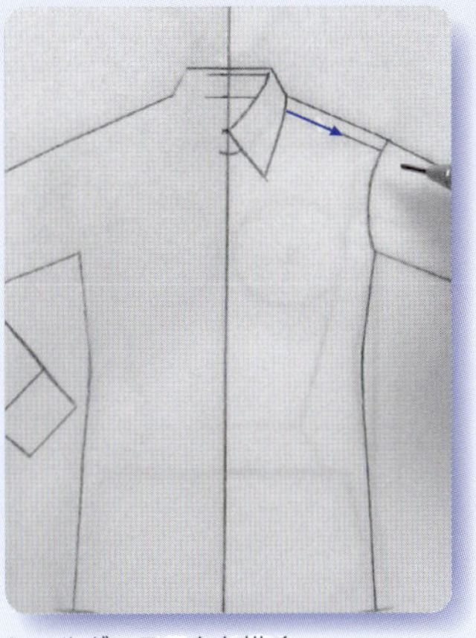

ショルダーヨークを描く

19

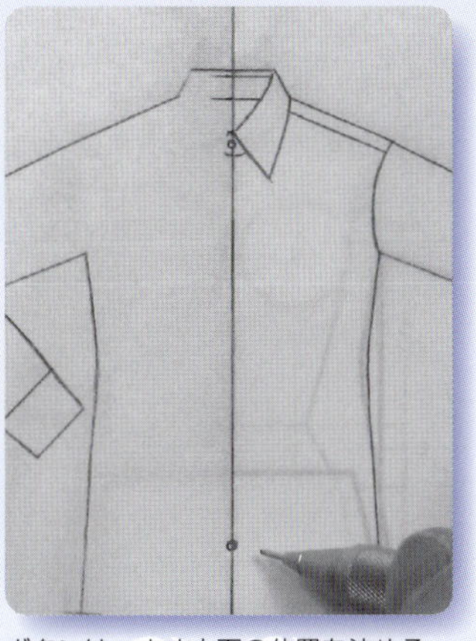

ボタンは、まず上下の位置を決める

20

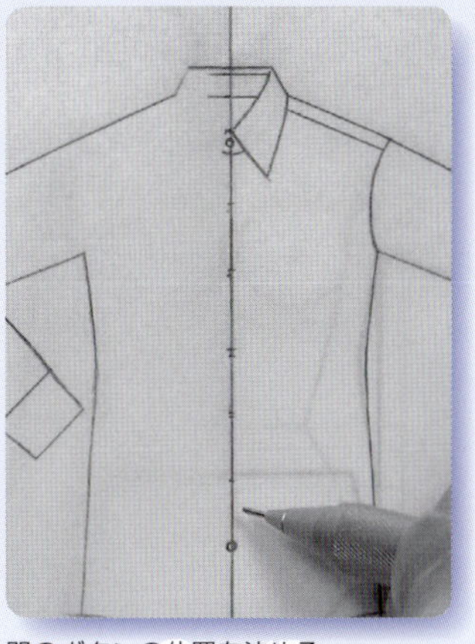

間のボタンの位置を決める

21

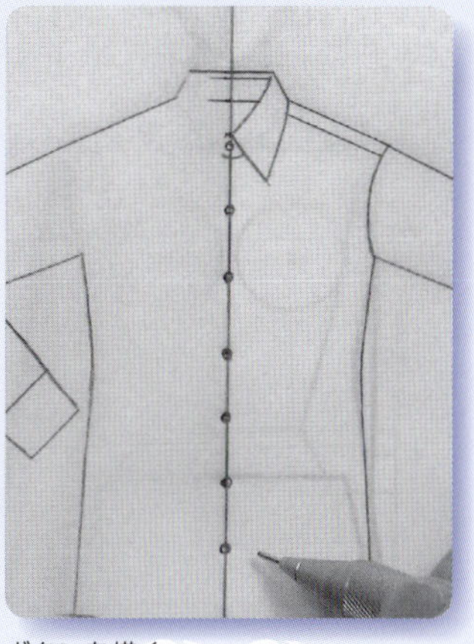

ボタンを描く

22

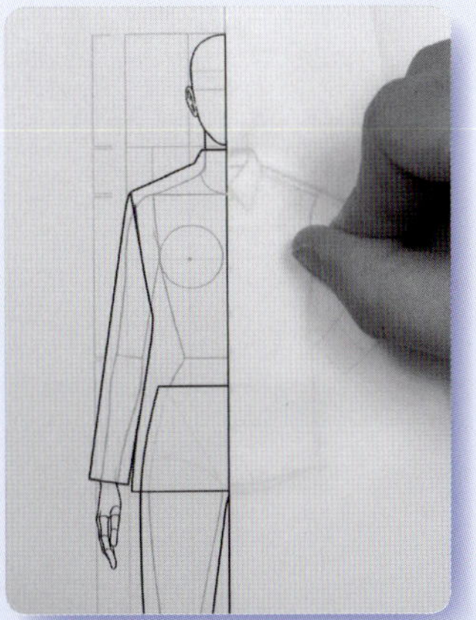

半分に折り、描いた線の裏を爪等でゴシゴシと強くこすって転写する

23

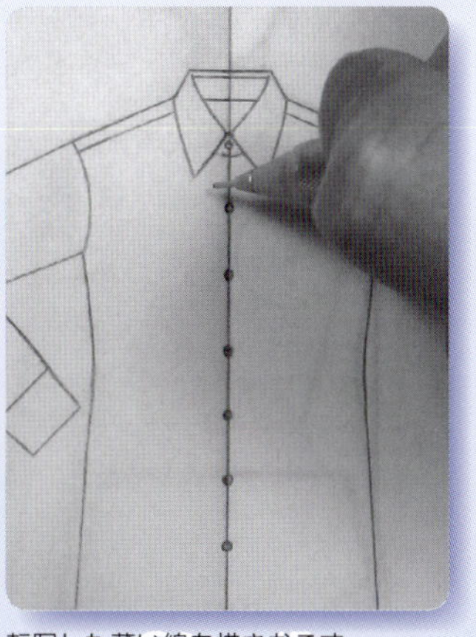

転写した薄い線を描きおこす

24

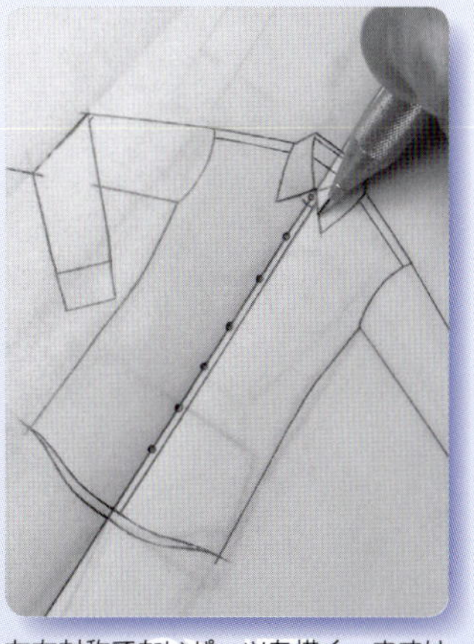

左右対称でないパーツを描く。まずは前立て。前中心に平行に

25

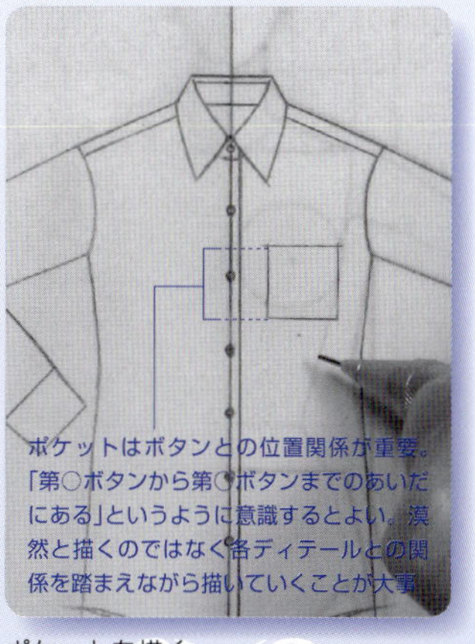
ポケットはボタンとの位置関係が重要。「第○ボタンから第○ボタンまでのあいだにある」というように意識するとよい。漠然と描くのではなく各ディテールとの関係を踏まえながら描いていくことが大事

ポケットを描く

26

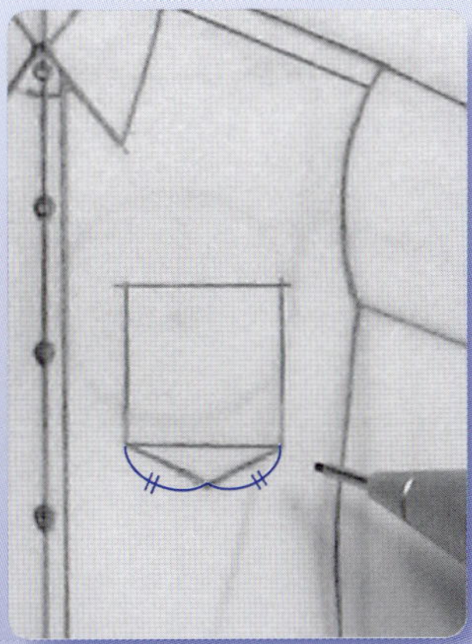

下に二等辺三角形をつけて五角形にするとペンタゴンポケットになる

27

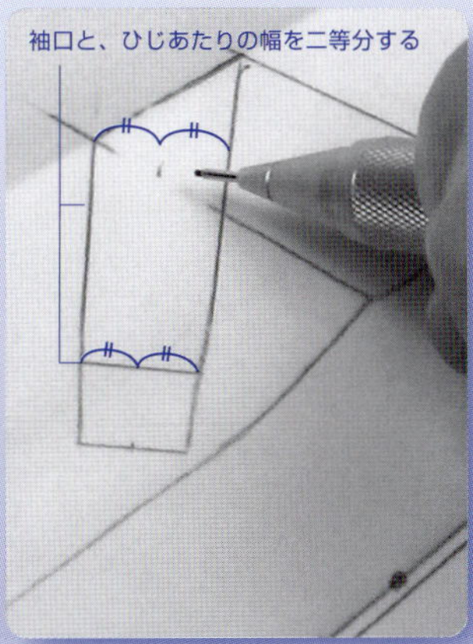
袖口と、ひじあたりの幅を二等分する

剣ボロを描く。まず地の目の確認

28

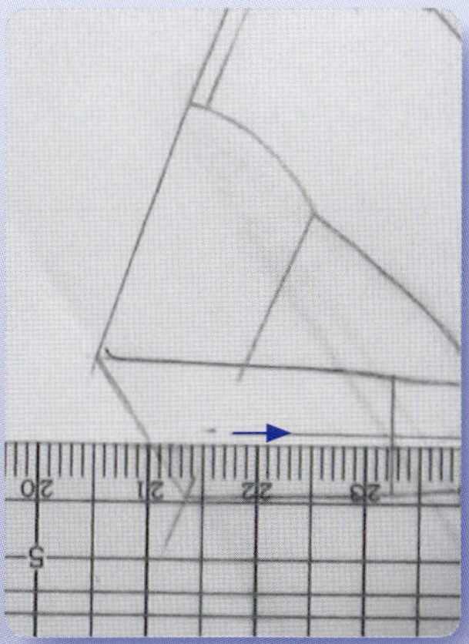

2点を直線でつなぐと縦地の目になる

29

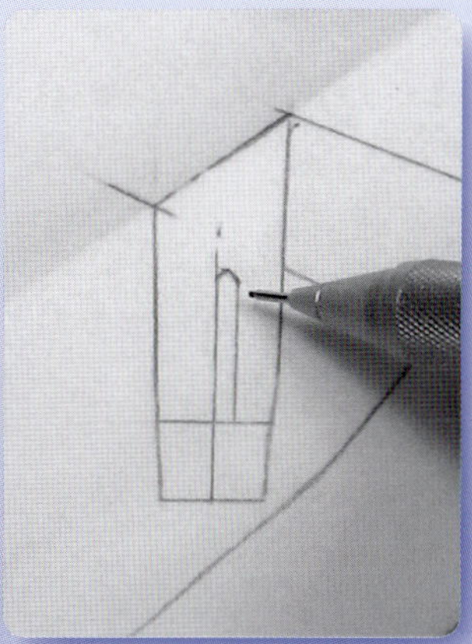

剣ボロを描いていく

30

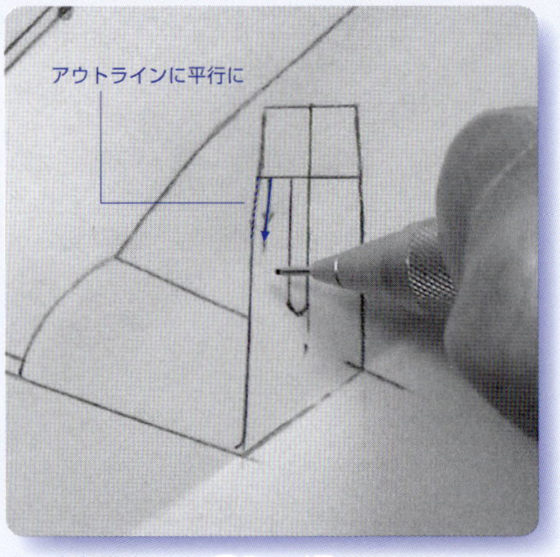
アウトラインに平行に

タックを描く

31

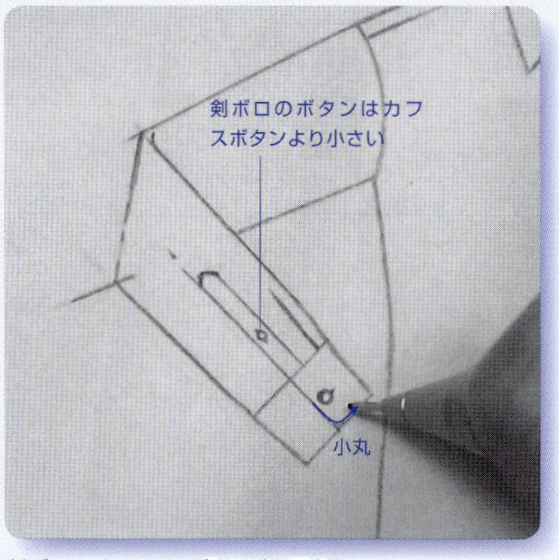
剣ボロのボタンはカフスボタンより小さい
小丸

剣ボロ、カフスにボタンをつける

32

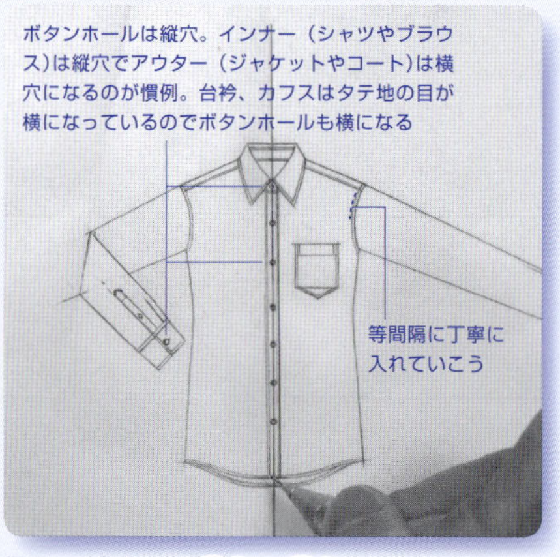
ボタンホールは縦穴。インナー（シャツやブラウス）は縦穴でアウター（ジャケットやコート）は横穴になるのが慣例。台衿、カフスはタテ地の目が横になっているのでボタンホールも横になる
等間隔に丁寧に入れていこう

ステッチを入れて完成

33

バックスタイル

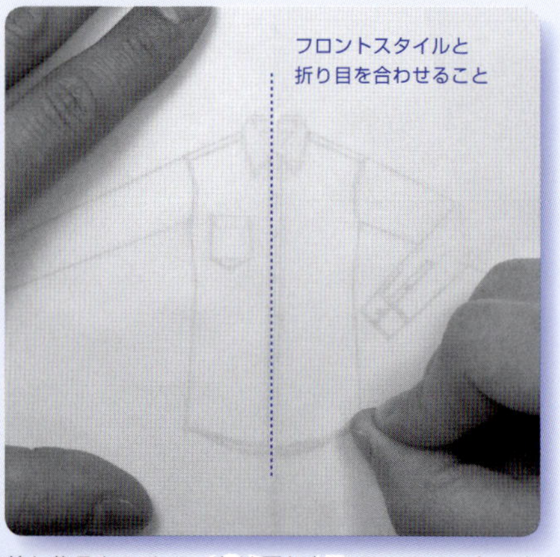
フロントスタイルと折り目を合わせること

前も後ろもシルエットは同じなので、フロントスタイルの半身を裏からこすって転写する

01

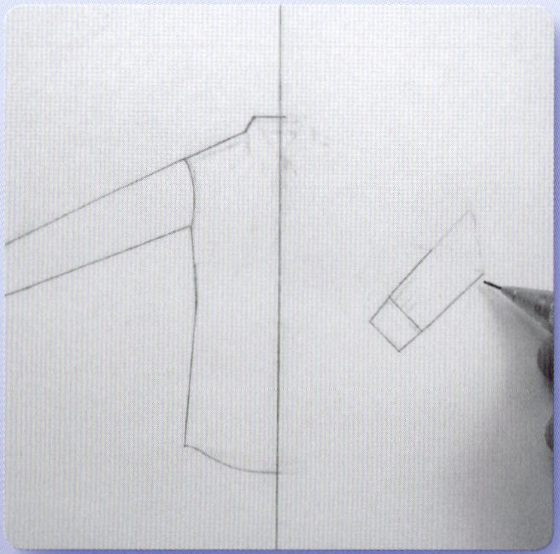

転写した薄い線を描き起こす

02

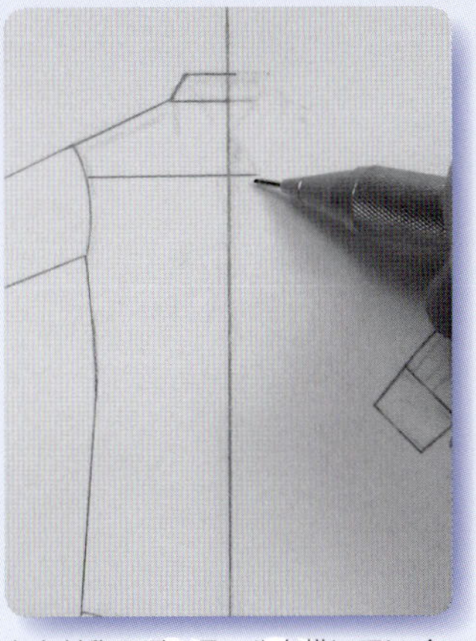

左右対称のディテールを描いていく。まずはヨーク

03

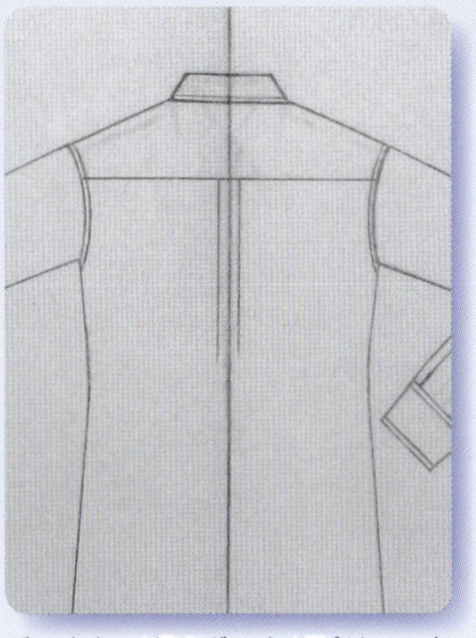

バックセンターボックスプリーツを描く

04

半分に折ってこすり、転写する

05

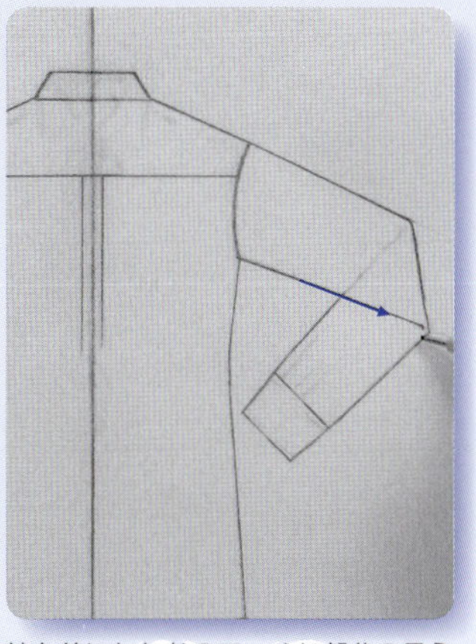

袖を前にたたむので、ひじ部分の見え方は変わってくる

06

剣ボロを描く

07

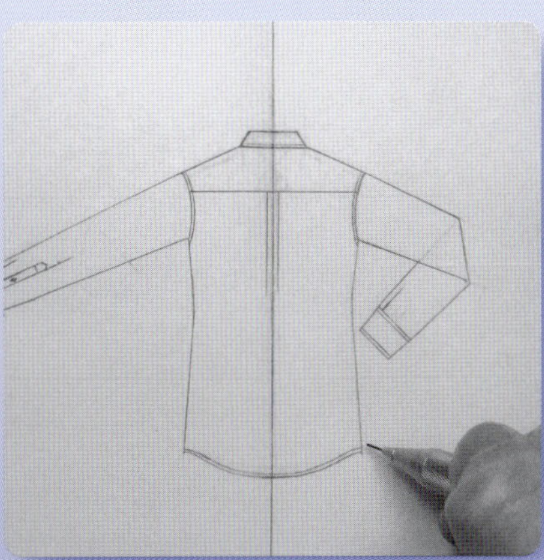

ステッチを入れて完成

08

ジャケット（シングルブレスト）の描き方

フロントスタイル

シングルブレストは打ち合わせのボタンが一列のこと。他にボタンが二列のダブルブレストがある。ジャケットはパッドが入っていて立体的なので、地面に置かずハンガーに吊った状態で描く。
身頃のデザインがわかるように、袖を少し開いて描こう

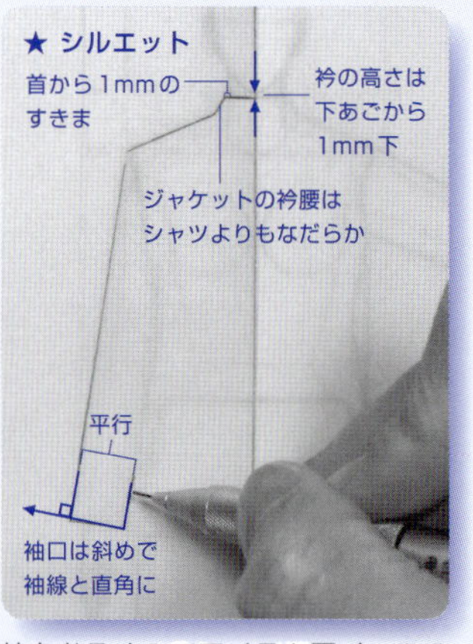
★ シルエット
首から1mmのすきま
衿の高さは下あごから1mm下
ジャケットの衿腰はシャツよりもなだらか
平行
袖口は斜めで袖線と直角に

01

袖をおろすのでアイテム画ベースの左半分を使う。衿の高さ、衿腰、肩、袖のラインを描く

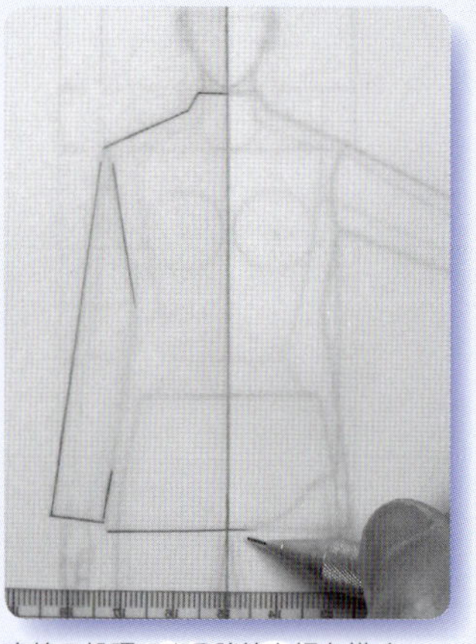

02

直線で処理できる脇線と裾を描く

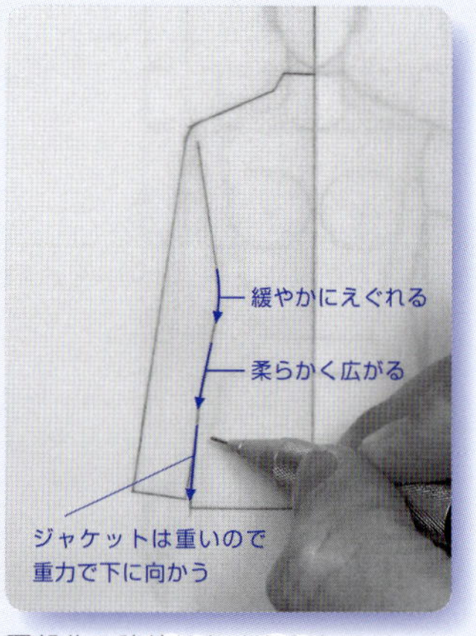
緩やかにえぐれる
柔らかく広がる
ジャケットは重いので重力で下に向かう

03

腰部分の脇線はなめらかなフリーハンドで

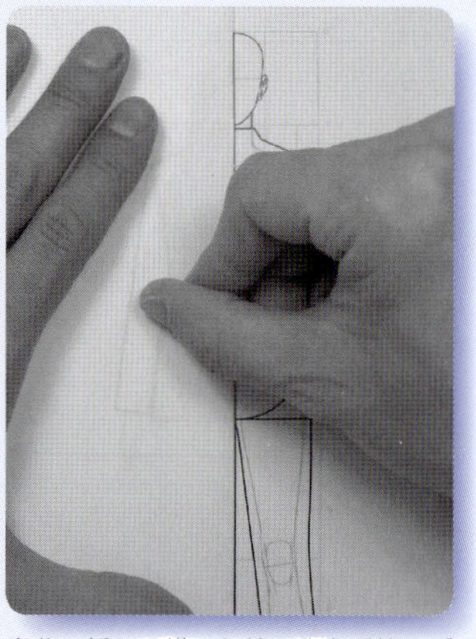

04

半分に折り、描いた線の裏を爪等でゴシゴシと強くこすって転写する

05

紙を開いて、転写した薄い線を描き起こす

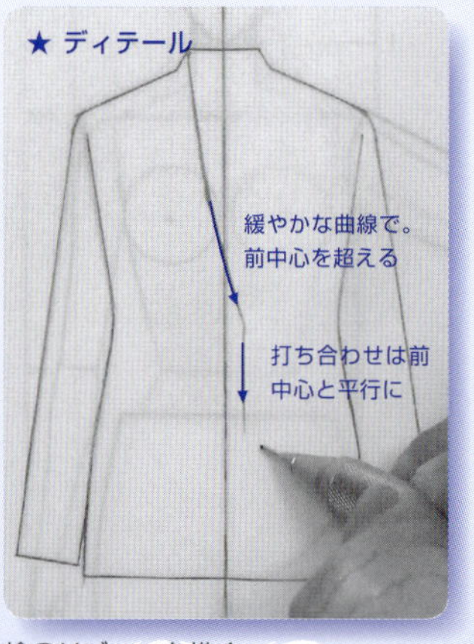
★ ディテール
緩やかな曲線で。前中心を超える
打ち合わせは前中心と平行に

06

衿のVゾーンを描く

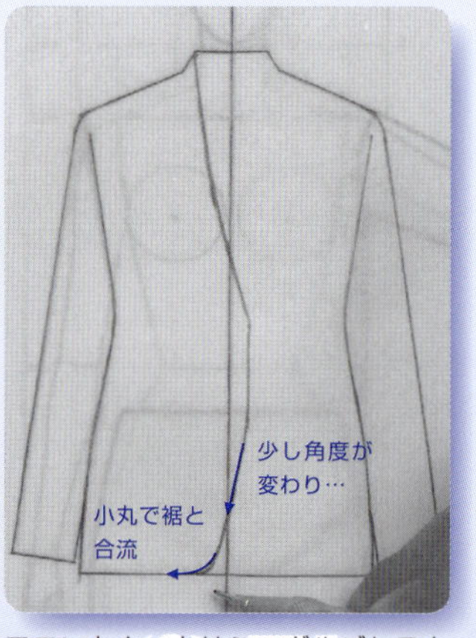
少し角度が変わり…
小丸で裾と合流

07

フロントカットはシングルブレストなので「レギュラーカット」にした。「人」の字のように開く

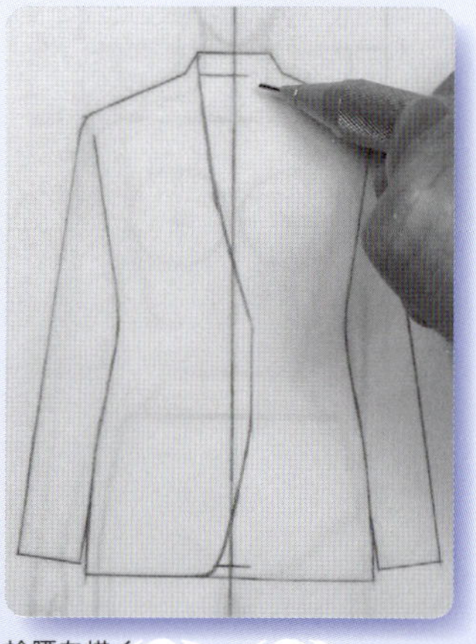

08

衿腰を描く

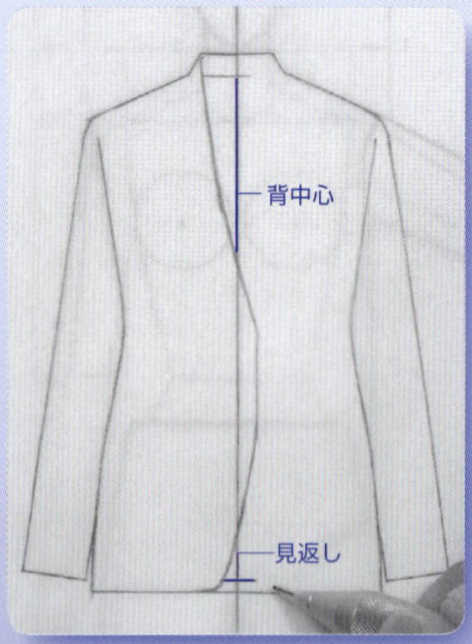
背中心
見返し

09

背中心、見返しを描く

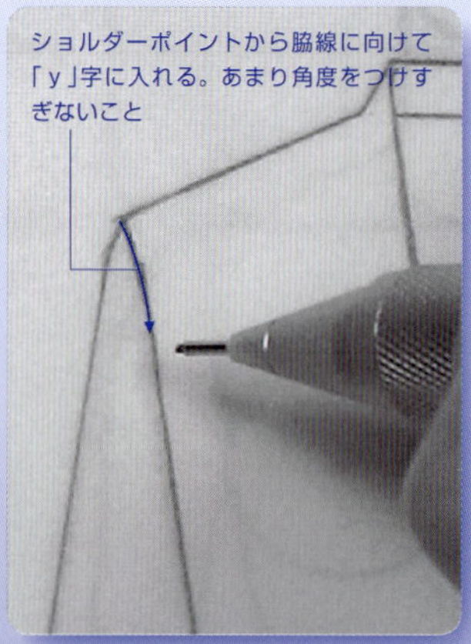
ショルダーポイントから脇線に向けて「y」字に入れる。あまり角度をつけすぎないこと

10

アームホールを描く

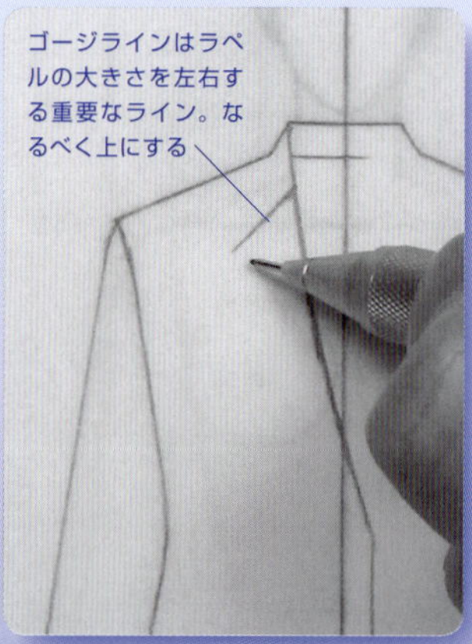
ゴージラインはラペルの大きさを左右する重要なライン。なるべく上にする

11

ラペル(下衿)を描く。ラペルはジャケットのデザインを左右する重要なディテール。まずはゴージライン(衿刻み)から

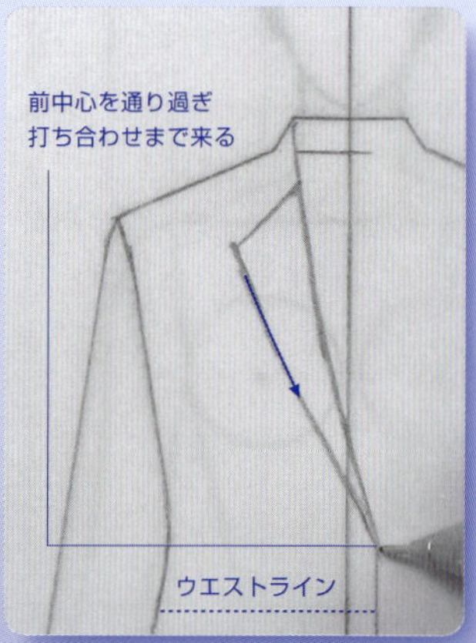
前中心を通り過ぎ打ち合わせまで来る
ウエストライン

12

ラペルはナイフのようにシャープに

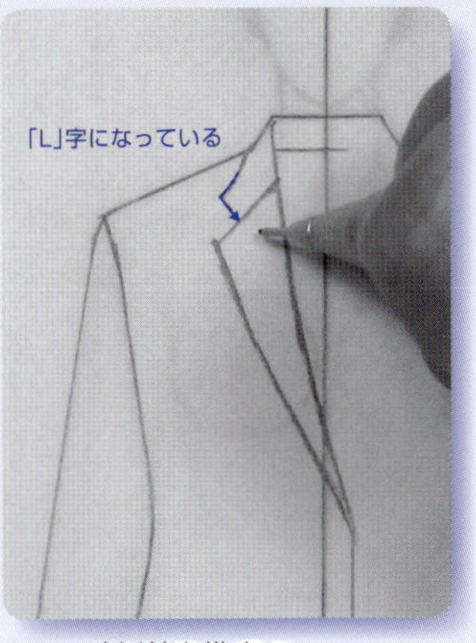
「L」字になっている

13
カラー（上衿）を描く

人体のウエストラインよりも下のボタンはかけないのが慣例

14
ボタンを描く。アウターは、インナー（シャツ等）に比べ生地も厚いのでボタンも大きめになる。ボタンホールは横穴

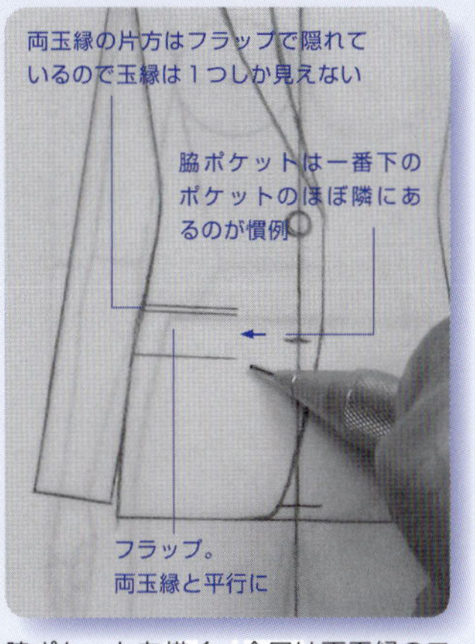
両玉縁の片方はフラップで隠れているので玉縁は１つしか見えない
脇ポケットは一番下のポケットのほぼ隣にあるのが慣例
フラップ。
両玉縁と平行に

15
脇ポケットを描く。今回は両玉縁のフラップつきとした

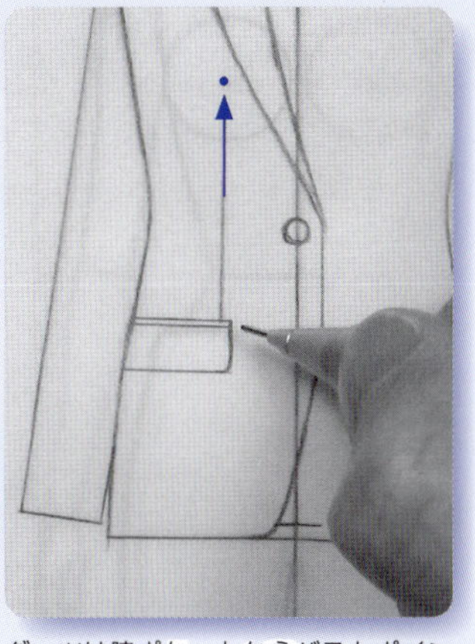

16
ダーツは脇ポケットからバストポイントに向かって

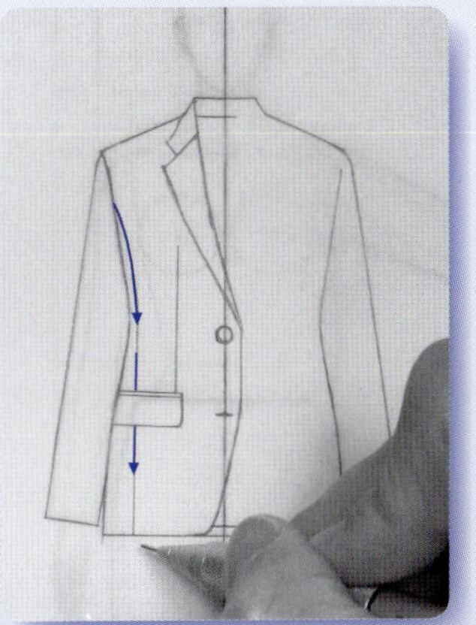

17
パネルラインを描く（デザインによっては見えない場合もある）

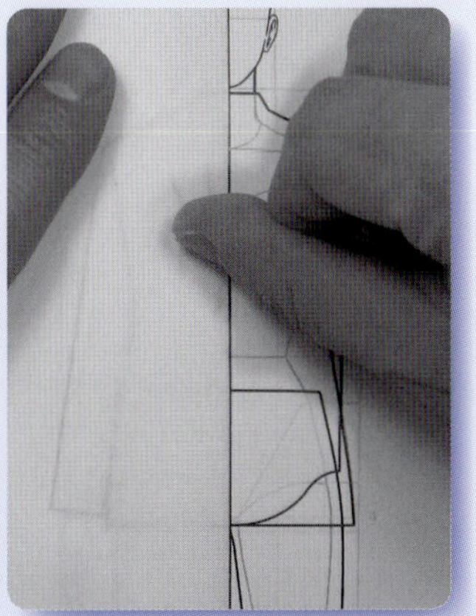

18
半分に折り、描いた線の裏を爪等でゴシゴシと強くこすって転写する

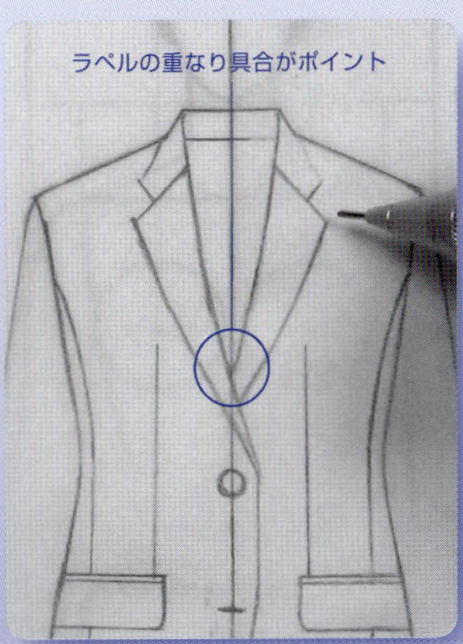
ラペルの重なり具合がポイント

19
転写した薄い線を描き起こす

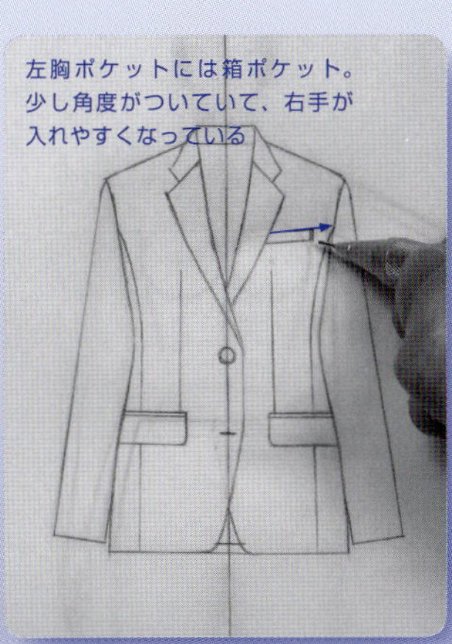
左胸ポケットには箱ポケット。
少し角度がついていて、右手が
入れやすくなっている

20
左右対称でないパーツ（胸ポケット）を描いて完成

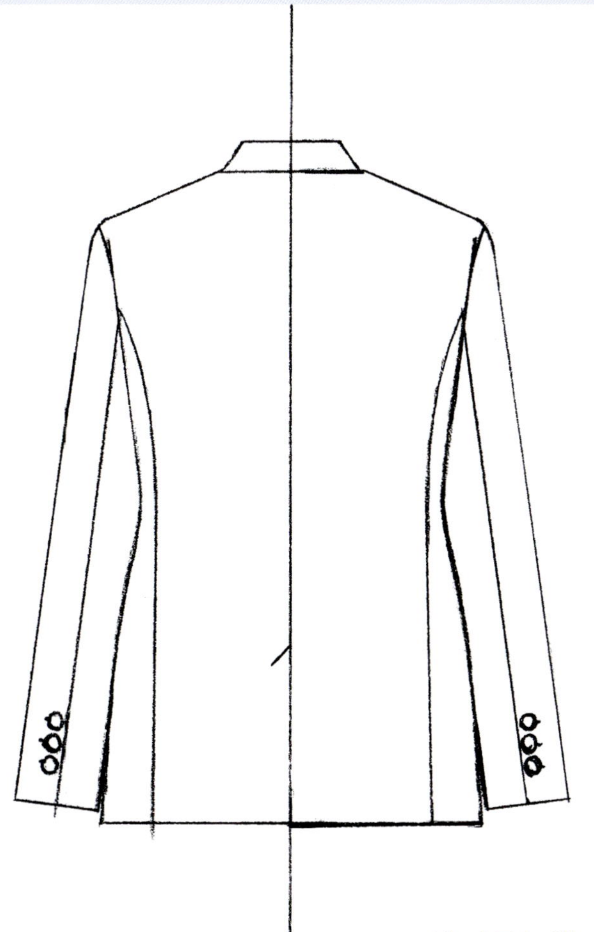

バックスタイル

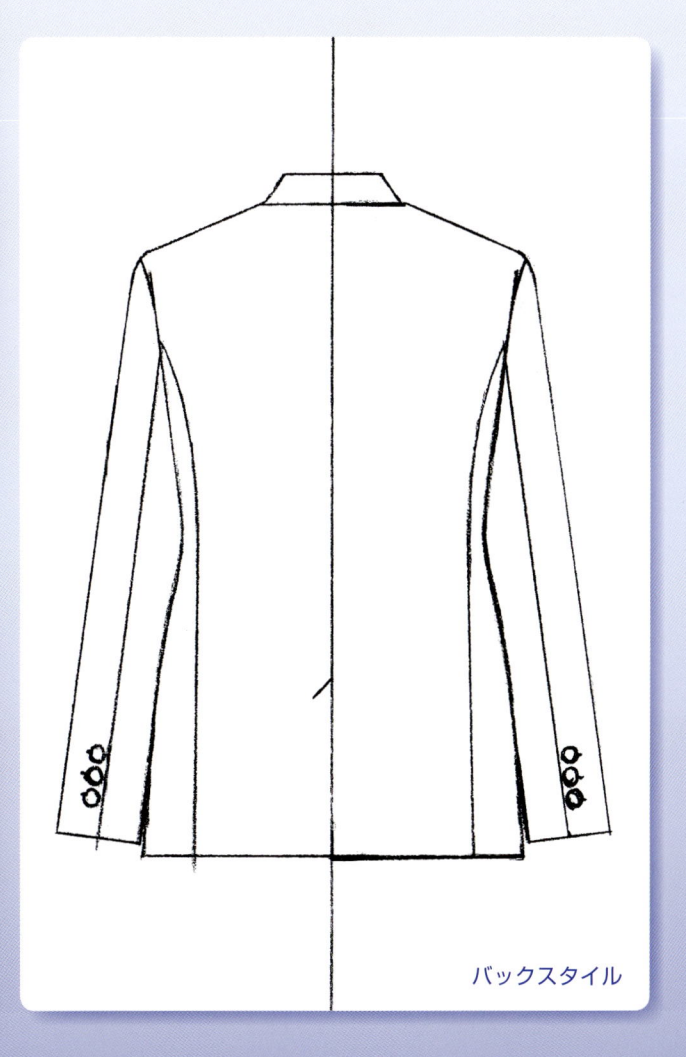

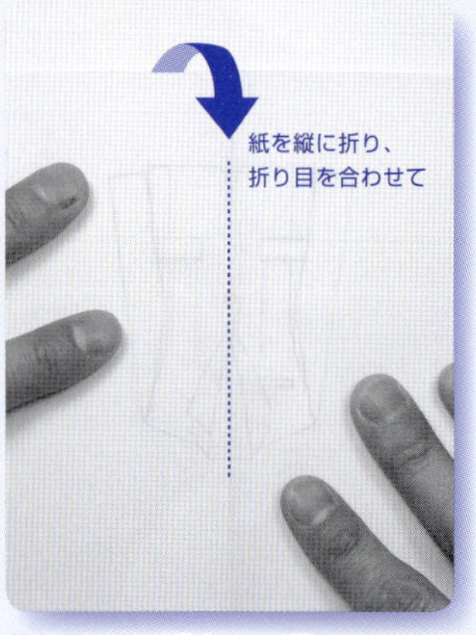

紙を縦に折り、
折り目を合わせて

01

前も後ろもシルエットは同じなので、フロントスタイルの半身を裏からこすって転写する。前後の形の変わらないアームホールやパネルラインも写してみよう

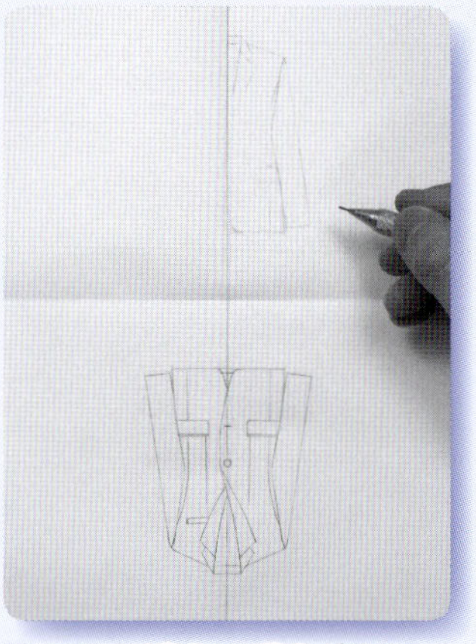

02

開いてみる。写っているのが分かる

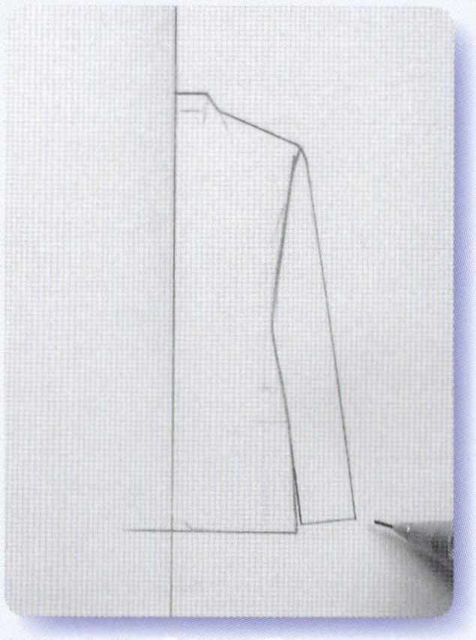

03

転写した薄い線を描き起こす

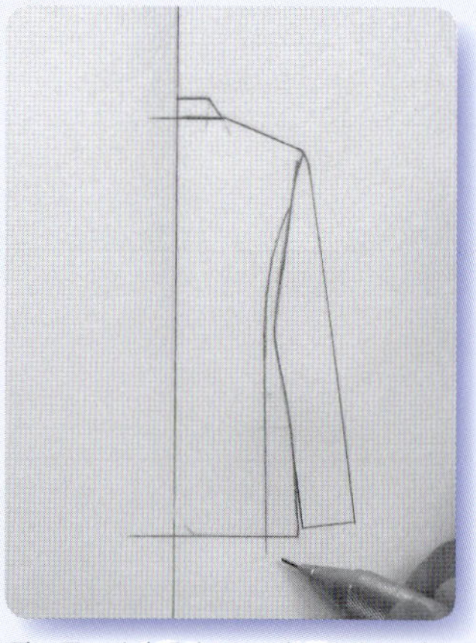

04

ディテールを入れていく。まずはパネルライン

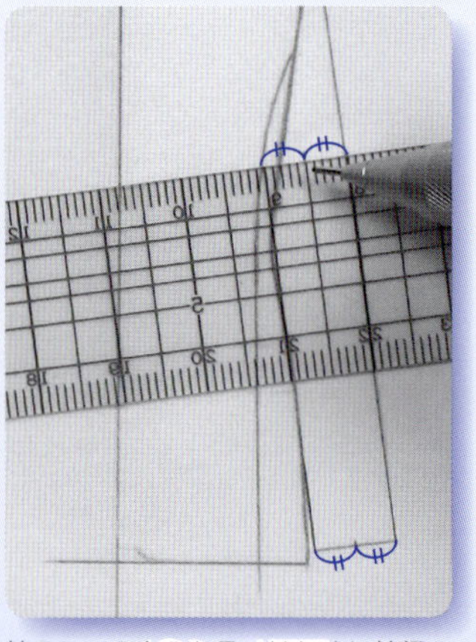

05

袖のシームを入れる。はじめに袖幅の中心を2点取る

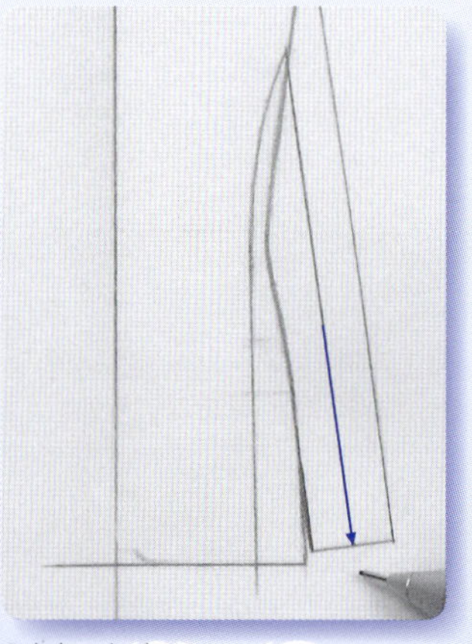

06

2点をつなぐ

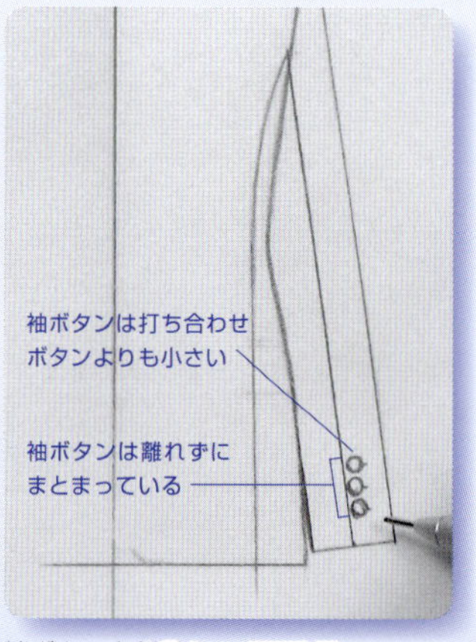

袖ボタンは打ち合わせ
ボタンよりも小さい
袖ボタンは離れずに
まとまっている

07

袖ボタンを描く

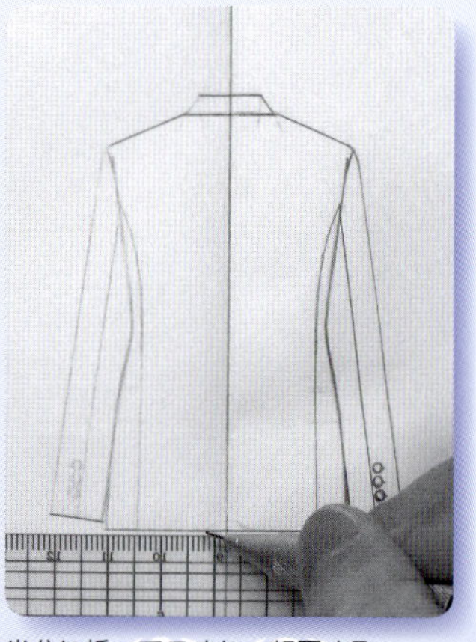

08

半分に折ってこすり、転写する

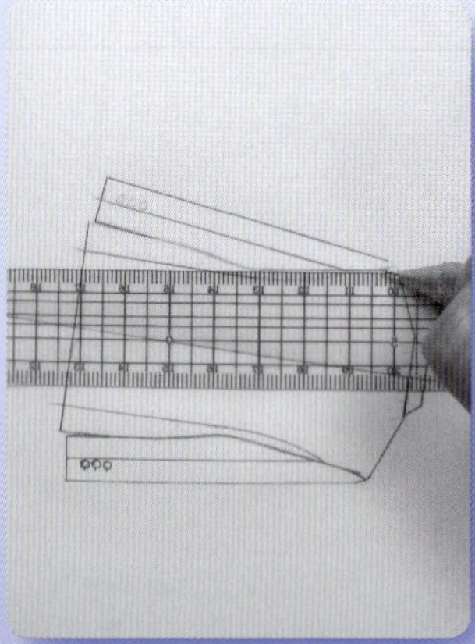

09

転写した薄い線を描き起こす

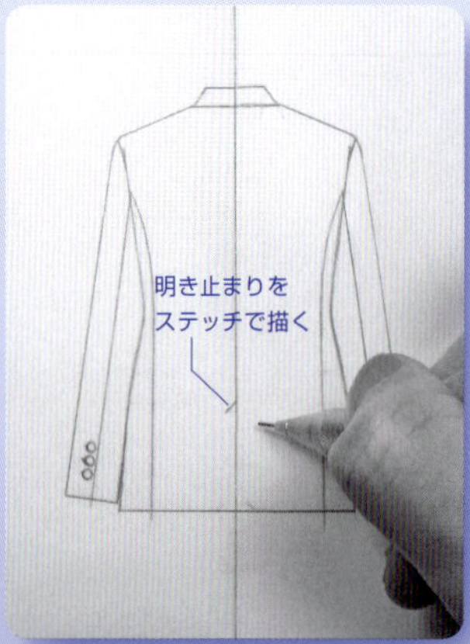

明き止まりを
ステッチで描く

10

ベンツをセンターにつける。本当は単数だとベントなのだが、慣用的に複数形で呼称する。カフ(ス)、ソック(ス)も同様に複数形が慣用化

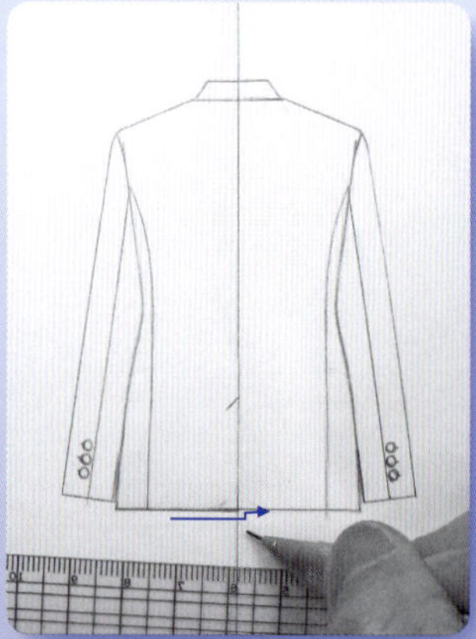

11

上前になっている右後ろ身頃の裾に段差をつけて完成

★phase11の復習★

- アイテム画のベースを下敷きにして、微妙な丈やボリュームの変化を表現しよう
- 左右対称をしっかり出そう
- 実物をよく観察して服の構造を確認しよう

next !!
人体にアイテムを着せていきます!

着装

ボディに服を着せていきます。基本はアイテム画と同じです。
着丈、身頃のボリューム感に十分に気をつけ、ボディに対してゆとりを持って服を着せましょう。
アイテム画と違うところは、以下の２点です。

①向きやポーズ等、ボディに動きがあること→ボディの正中線を頼りに色々な動きに対応できるようにしましょう。

②シワ→ボディから離れたボリュームのあるアイテムは重力による下方向のシワ、ボディにフィットしたアイテムは、関節部分に横方向のシワができます。

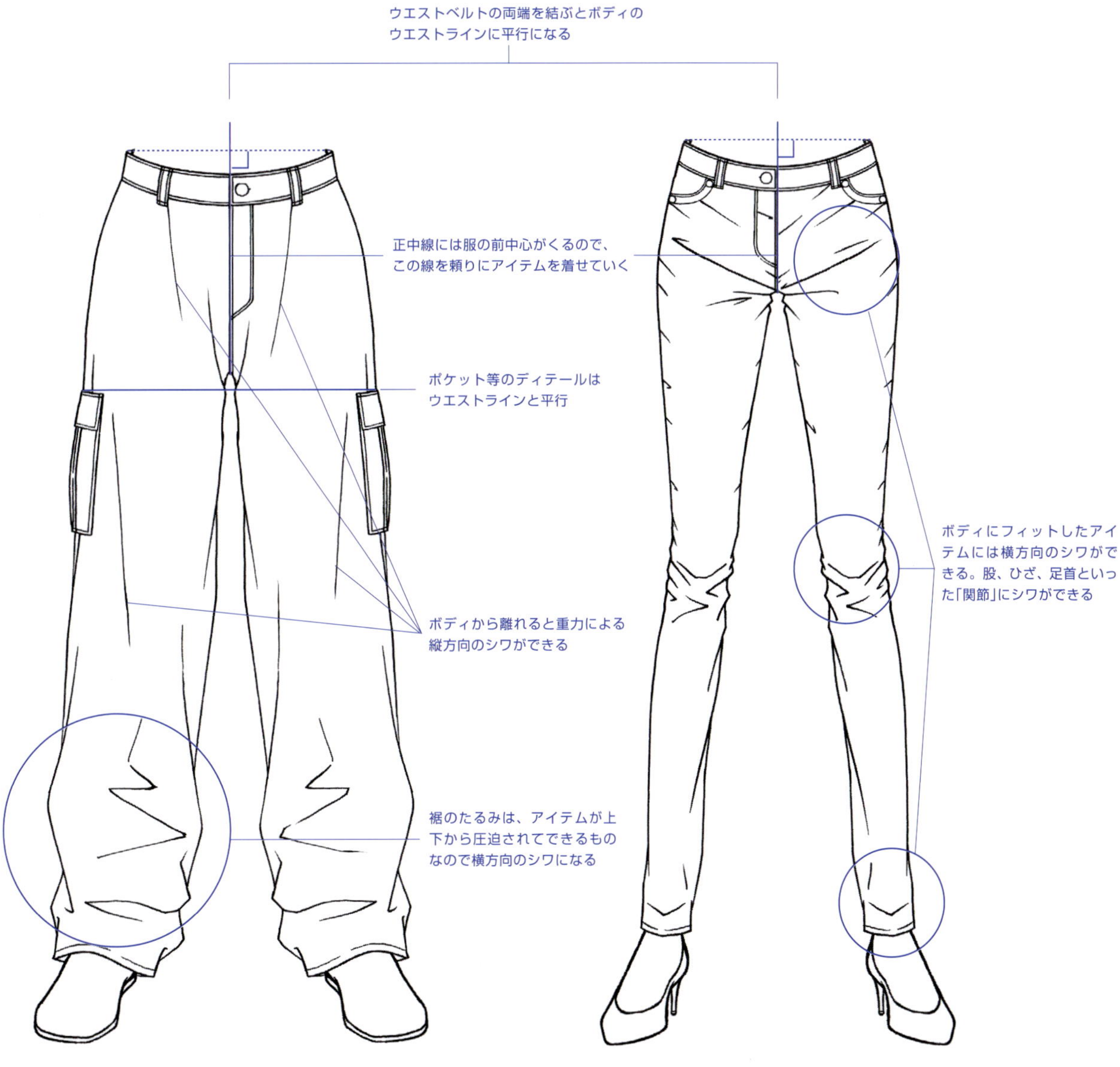

ウエストベルトの両端を結ぶとボディの
ウエストラインに平行になる
正中線には服の前中心がくるので、
この線を頼りにアイテムを着せていく
ポケット等のディテールは
ウエストラインと平行
ボディから離れると重力による
縦方向のシワができる
裾のたるみは、アイテムが上
下から圧迫されてできるもの
なので横方向のシワになる
ボディにフィットしたアイ
テムには横方向のシワがで
きる。股、ひざ、足首といっ
た「関節」にシワができる

ボディからルーズなアイテム　　ボディにフィットしたアイテム

ボリュームの違う二つのアイテムを見比べて着装のポイントを見てみよう

スカートの着装

スカートがウエストラインの動きに合わせて支脚側に傾いているのが分かる。ボディから離れたアイテムなので縦方向の重力によるシワがある

01 スカートのウエストベルトの位置にウエストラインと平行な案内線を入れる

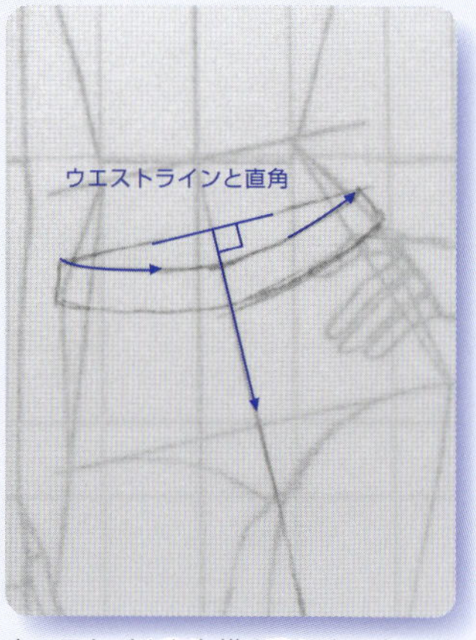
ウエストラインと直角

02 ウエストベルトを描き、スカートの前中心を入れる

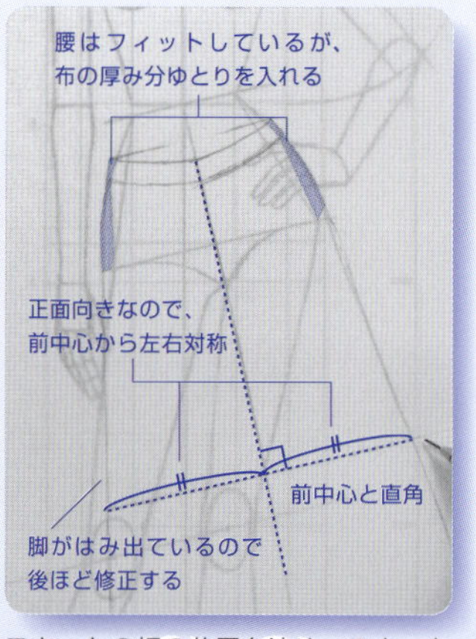
腰はフィットしているが、
布の厚み分ゆとりを入れる
正面向きなので、
前中心から左右対称
前中心と直角
脚がはみ出ているので
後ほど修正する

03 スカートの裾の位置を決め、スカートのシルエットを描く

04 フレアなので、脚の動きに合わせて運動量を増やすことができる。遊脚に合わせてシルエットを修正する

05 裾を立体的に見せるため弧を描く。要は楕円の下半分

06 裾にフレア特有の波を入れる

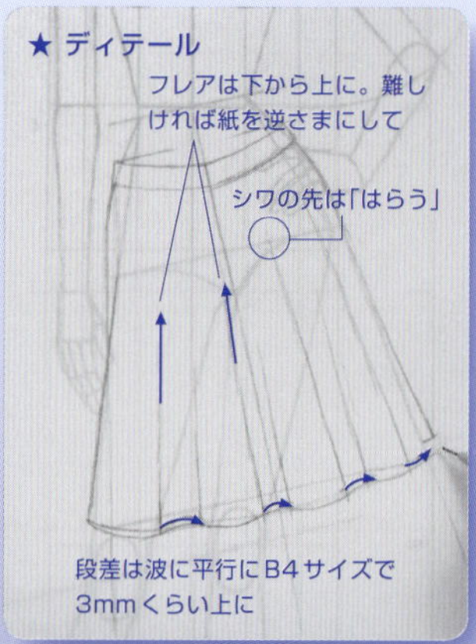
★ ディテール
フレアは下から上に。難しければ紙を逆さまにして
シワの先は「はらう」
段差は波に平行にB4サイズで
3mmくらい上に

07 波に段差をつけ、フレアを入れる。アイテム画と同じ要領

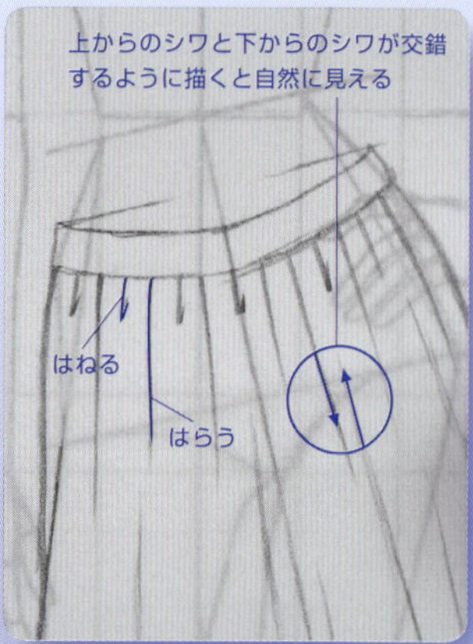
上からのシワと下からのシワが交錯するように描くと自然に見える
はねる
はらう

08 上からギャザーを入れて完成。「り」を基準にフレアとなじむように入れていく

パンツの着装

パンツの腰部分は、ウエストラインの動きに合わせて支脚側に傾いているのが分かる。ボディにフィットしたパンツなので、関節部分にシワができる

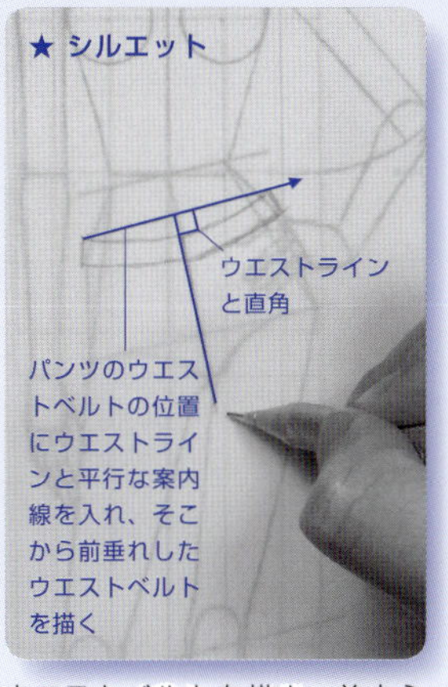
★ シルエット
ウエストラインと直角
パンツのウエストベルトの位置にウエストラインと平行な案内線を入れ、そこから前垂れしたウエストベルトを描く

ウエストベルトを描き、前中心を入れる

01

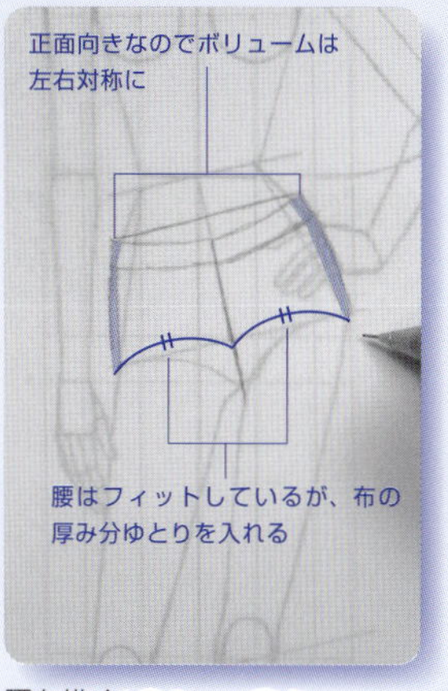
正面向きなのでボリュームは左右対称に
腰はフィットしているが、布の厚み分ゆとりを入れる

腰を描く

02

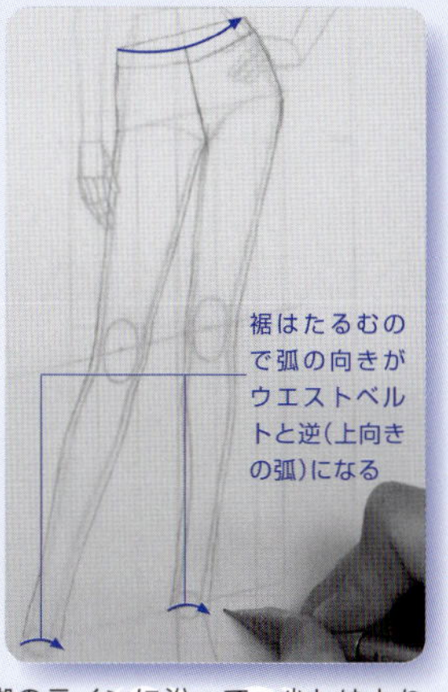
裾はたるむので弧の向きがウエストベルトと逆(上向きの弧)になる

脚のラインに沿って、少しゆとりを入れながらパンツのラインを描く

03

★ ディテール

パンツのディテールを入れる。斜めになっていると描きにくいので用紙を回転し正対させる。こうするとゆがみにくい

04

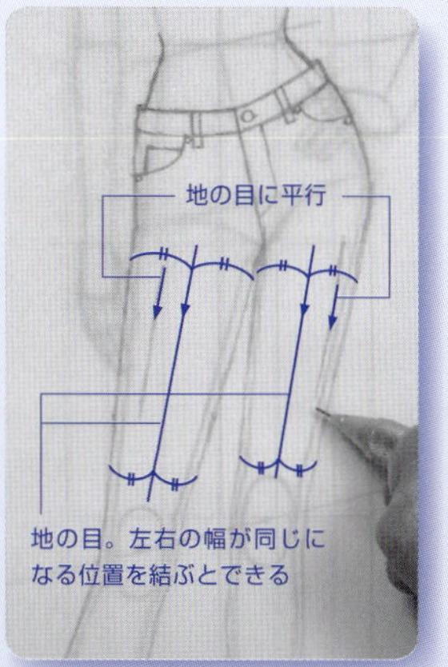
地の目に平行
地の目。左右の幅が同じになる位置を結ぶとできる

ポケットを描く。地の目と平行にポケットの縦のアウトラインを描く

05

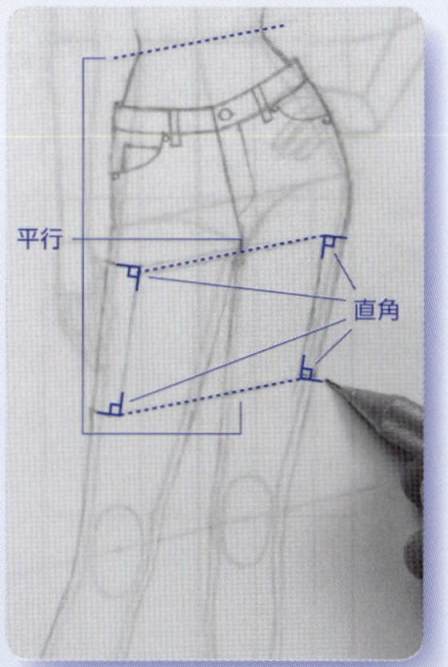
平行
直角

ポケットの横のアウトラインを描く

06

ディテールを入れていく

07

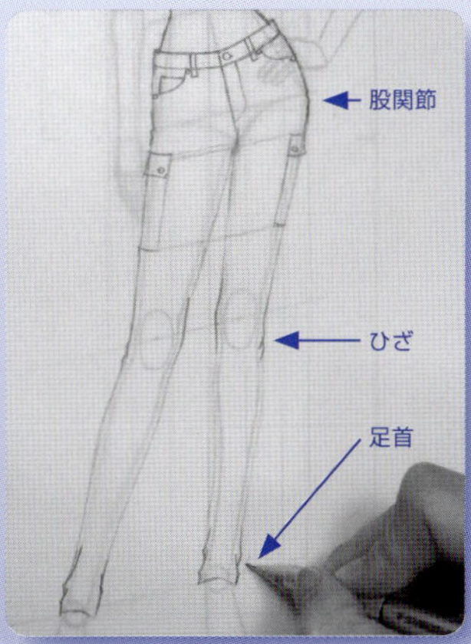
股関節
ひざ
足首

関節部分にはシワができるので、シルエットにヨレを作る

08

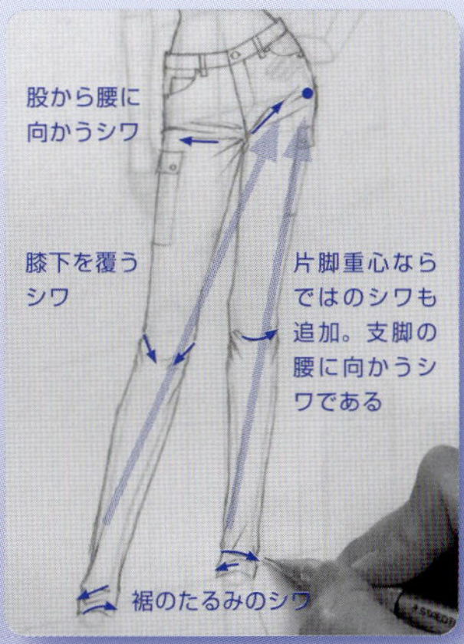
股から腰に向かうシワ
膝下を覆うシワ
片脚重心ならではのシワも追加。支脚の腰に向かうシワである
裾のたるみのシワ

シワを描く。ボディにフィットしたアイテムなので横方向のシワになる。シワは「レ」の字や「Z」字

09

ステッチや、それに伴う細かいシワを入れて完成

10

シャツの着装

シャツは胴と腰両方を包む。つまり、胴と腰の正中線の動きに合わせて前中心を描くことが大切。前中心にはボタンが来る

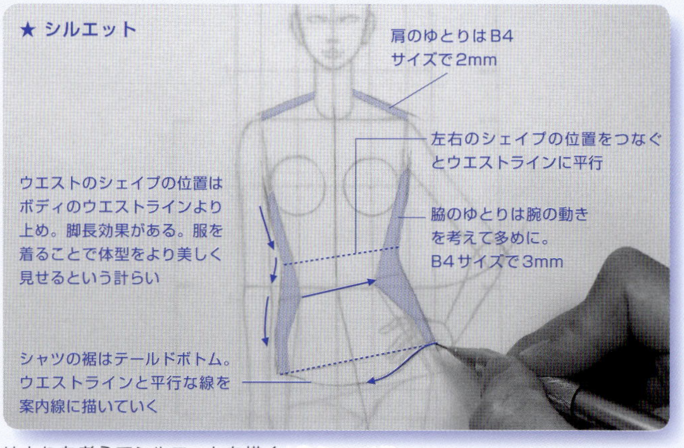

★ シルエット
肩のゆとりはB4
サイズで2mm
左右のシェイプの位置をつなぐ
とウエストラインに平行
ウエストのシェイプの位置は
ボディのウエストラインより
上め。脚長効果がある。服を
着ることで体型をより美しく
見せるという計らい
脇のゆとりは腕の動き
を考えて多めに。
B4サイズで3mm
シャツの裾はテールドボトム。
ウエストラインと平行な線を
案内線に描いていく

ゆとりを考えてシルエットを描く

01

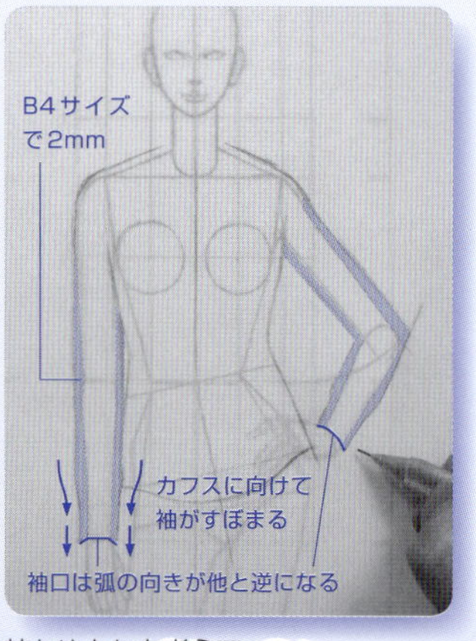

B4サイズ
で2mm
カフスに向けて
袖がすぼまる
袖口は弧の向きが他と逆になる

袖もゆとりを考えて

02

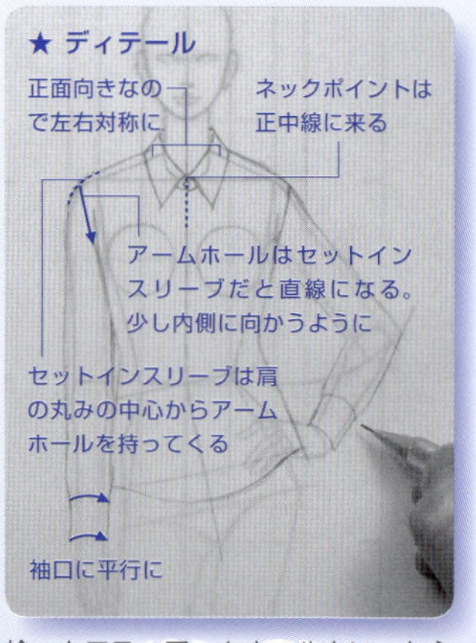

★ ディテール
正面向きなの
で左右対称に
ネックポイントは
正中線に来る
アームホールはセットイン
スリーブだと直線になる。
少し内側に向かうように
セットインスリーブは肩
の丸みの中心からアーム
ホールを持ってくる
袖口に平行に

衿、カフス、アームホールといった主要なディテールを入れていく

03

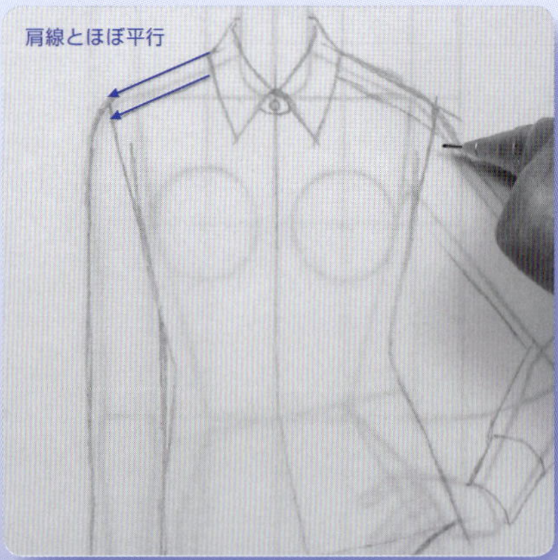

肩線とほぼ平行

ヨークを描く

04

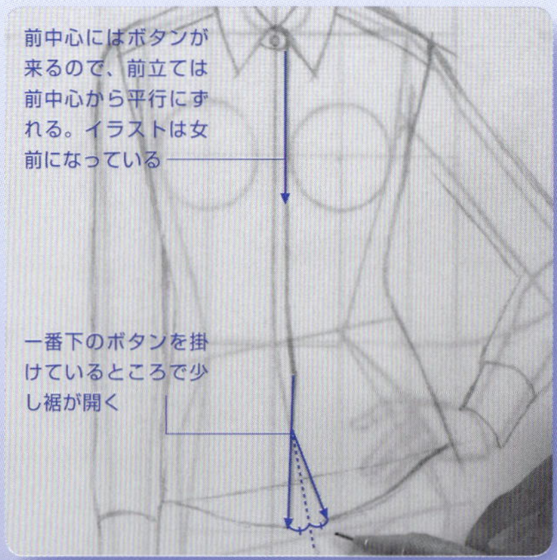

前中心にはボタンが
来るので、前立ては
前中心から平行にず
れる。イラストは女
前になっている
一番下のボタンを掛
けているところで少
し裾が開く

前立てを描く

05

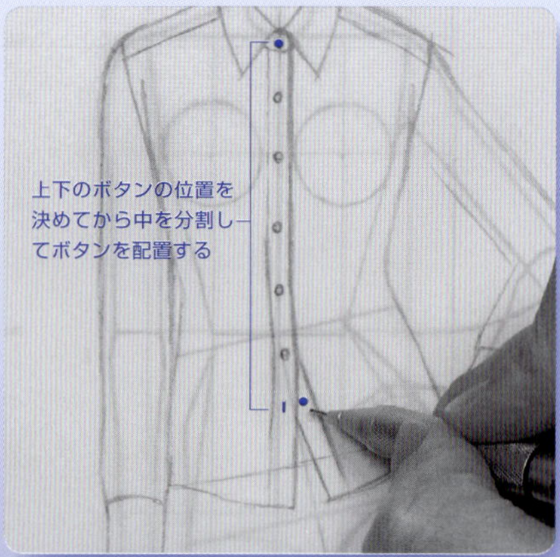

上下のボタンの位置を
決めてから中を分割し
てボタンを配置する

ボタンを前中心に描く

06

ゆとりがあるとはいえ、わりとボディにフィットしているので、ひじ、ウエストといった関節にシワができ、シルエットがヨレる

シワを入れていく 07

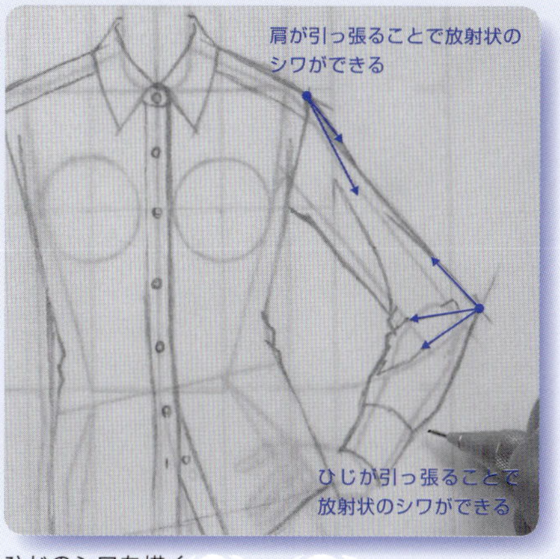
肩が引っ張ることで放射状のシワができる
ひじが引っ張ることで放射状のシワができる

ひじのシワを描く 08

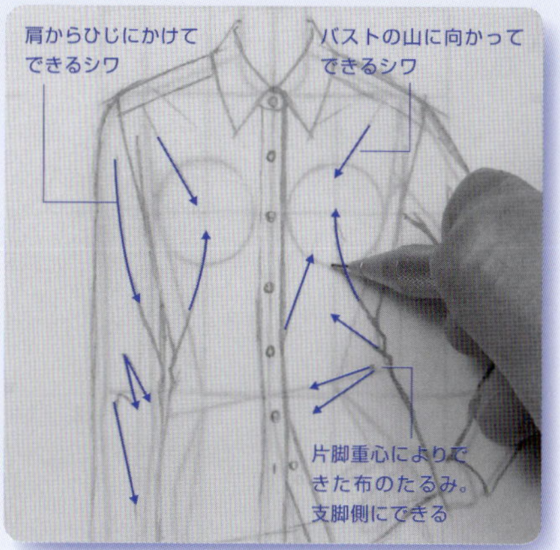
肩からひじにかけてできるシワ
バストの山に向かってできるシワ
片脚重心によりできた布のたるみ。支脚側にできる

その他のシワも描いて完成 09

ジャケットの着装

ジャケットも胴と腰両方を包む。つまり、胴と腰の正中線の動きに合わせて前中心を描くことが大切。前中心にはボタンが来るが前を開けることも多い。素材がシャツよりも厚いのでシワもシャツよりできにくい

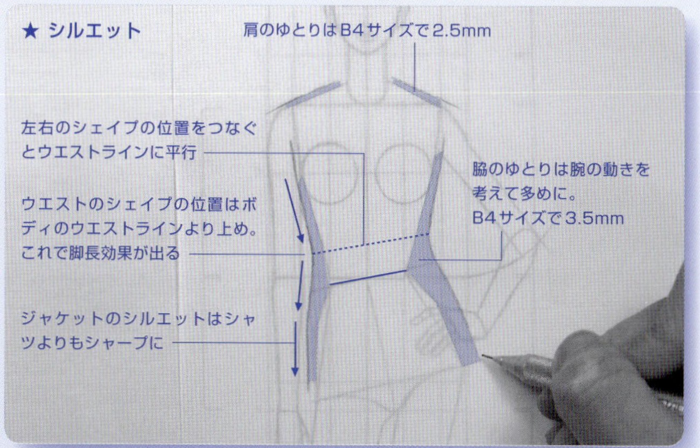
★ シルエット
肩のゆとりはB4サイズで2.5mm
左右のシェイプの位置をつなぐとウエストラインに平行
ウエストのシェイプの位置はボディのウエストラインより上め。これで脚長効果が出る
ジャケットのシルエットはシャツよりもシャープに
脇のゆとりは腕の動きを考えて多めに。B4サイズで3.5mm

ゆとりを考えてシルエットを描く。ジャケットはシャツの上に着るものなので、シャツよりも少しゆとりがある 01

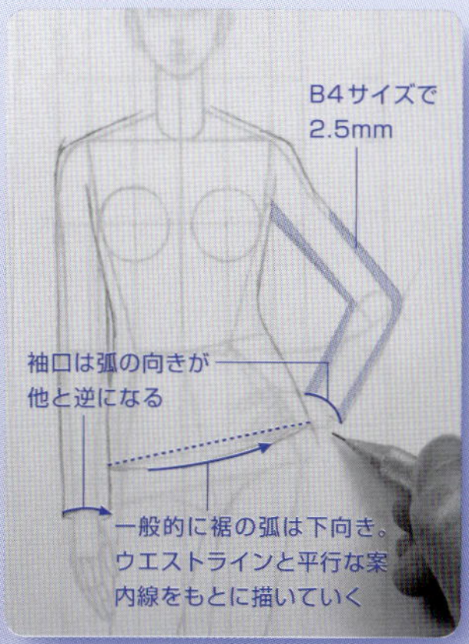
B4サイズで2.5mm
袖口は弧の向きが他と逆になる
一般的に裾の弧は下向き。ウエストラインと平行な案内線をもとに描いていく

袖もゆとりを考えて 02

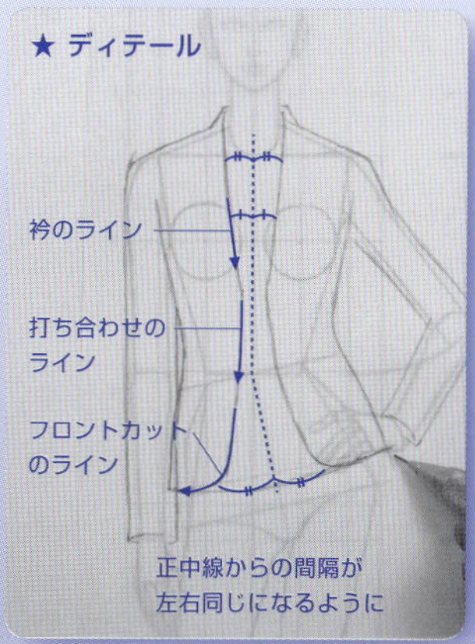
★ ディテール
衿のライン
打ち合わせのライン
フロントカットのライン
正中線からの間隔が左右同じになるように

ジャケットの打ち合わせを描く。衿、打ち合わせ、フロントカットの順に描いていく 03

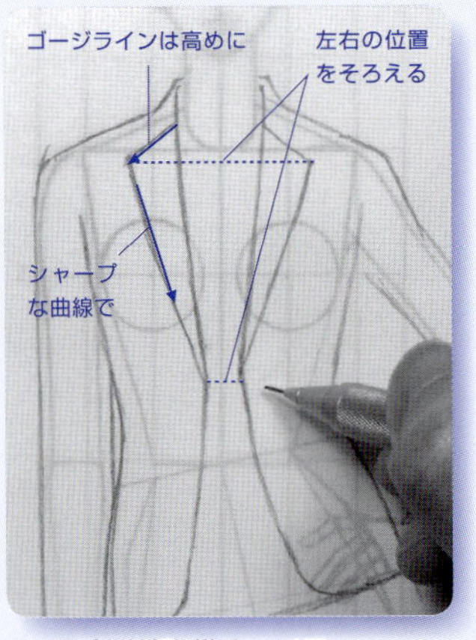
ゴージラインは高めに
左右の位置
をそろえる
シャープ
な曲線で

ラペル（下衿）を描く

04

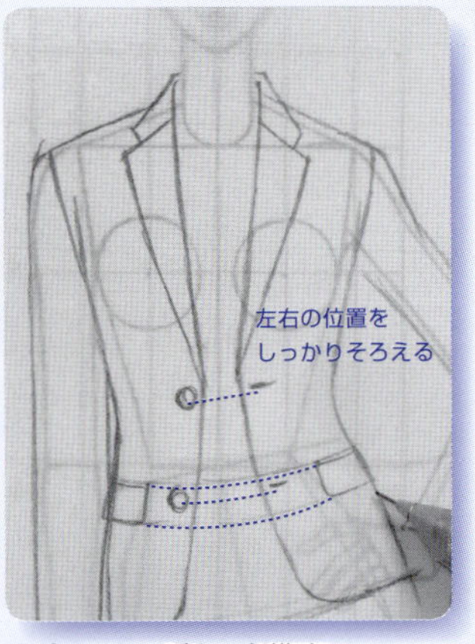
左右の位置を
しっかりそろえる

脇ポケット、ボタンを描く

05

ダーツ、胸ポケットを描く

06

わりとボディにフィットしているので
肩、ひじ、ウエストといった関節にシワ
ができ、シルエットがヨレる

シワを入れていく

07

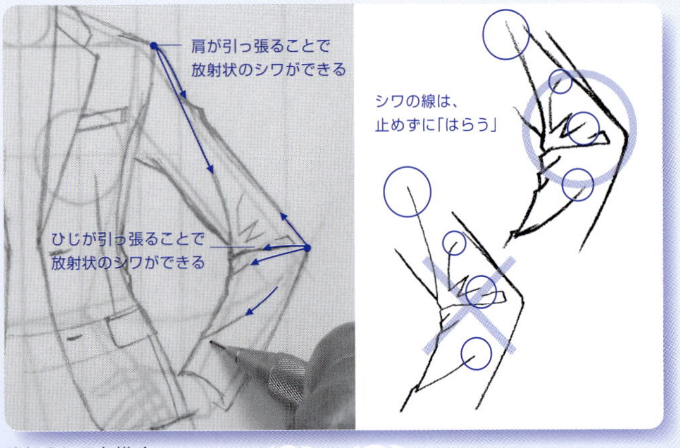
肩が引っ張ることで
放射状のシワができる
ひじが引っ張ることで
放射状のシワができる
シワの線は、
止めずに「はらう」

ひじのシワを描く

08

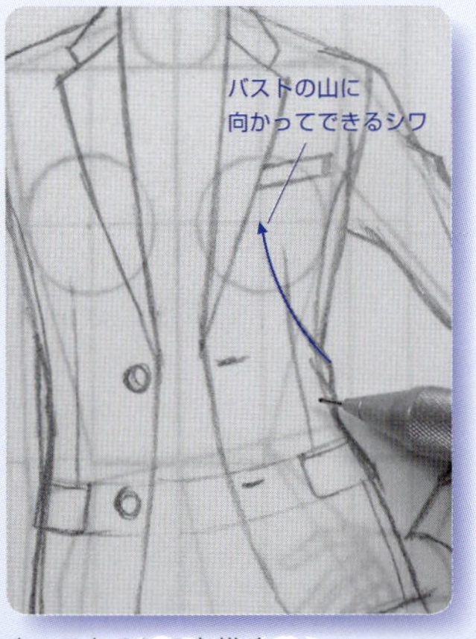
バストの山に
向かってできるシワ

ウエストのシワを描く

09

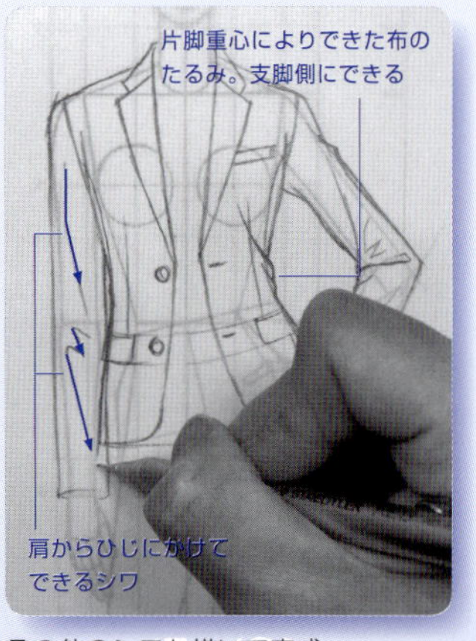
片脚重心によりできた布の
たるみ。支脚側にできる
肩からひじにかけて
できるシワ

その他のシワも描いて完成

10

パンプスの着装

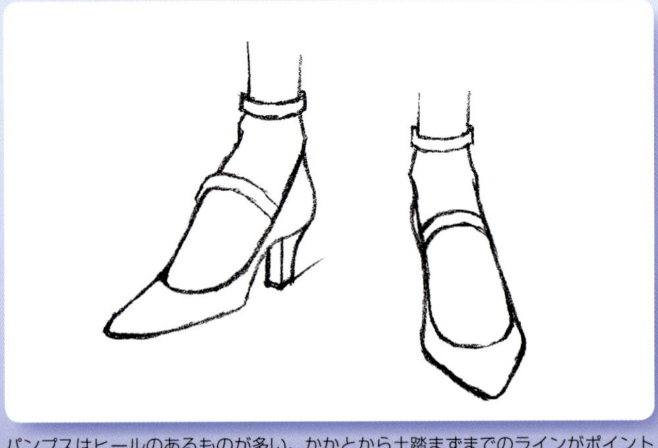

パンプスはヒールのあるものが多い。かかとから土踏まずまでのラインがポイント

★ シルエット

まずはワク図を下敷きにして脚を描く。今回は斜め向きの脚にして、左右違った向きの靴を描いてみることにした。斜め向きの足の描き方はP41を参照

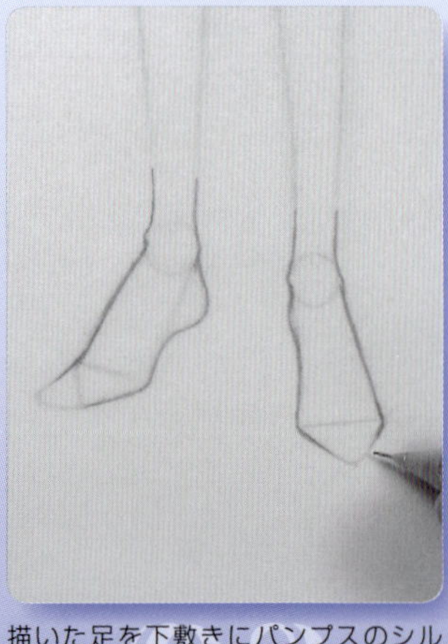

描いた足を下敷きにパンプスのシルエットを描いていく

02

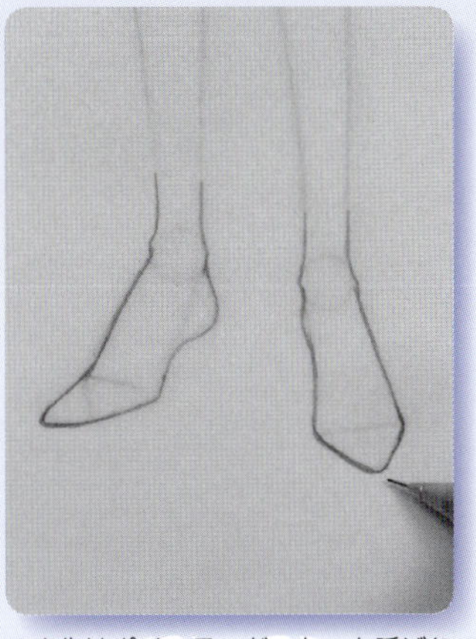

つま先はポインテッド・トゥと呼ばれる尖ったタイプにした

03

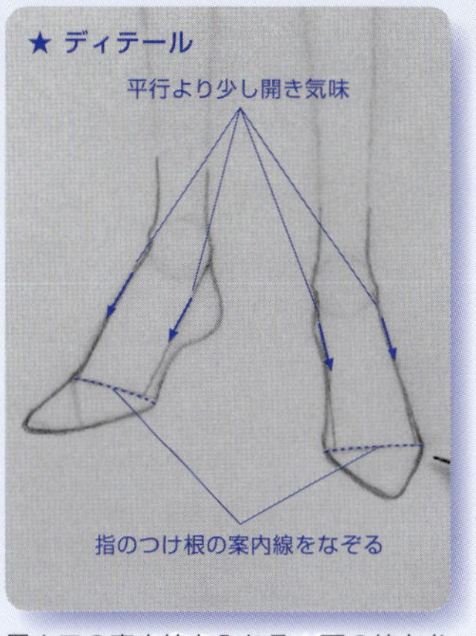
★ ディテール
平行より少し開き気味
指のつけ根の案内線をなぞる

履き口の案内線を入れる。下の線を参考に

04

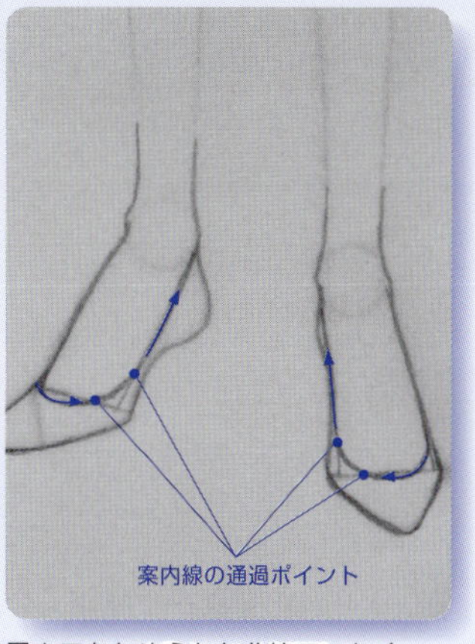
案内線の通過ポイント

履き口をなめらかな曲線でつなぐ

05

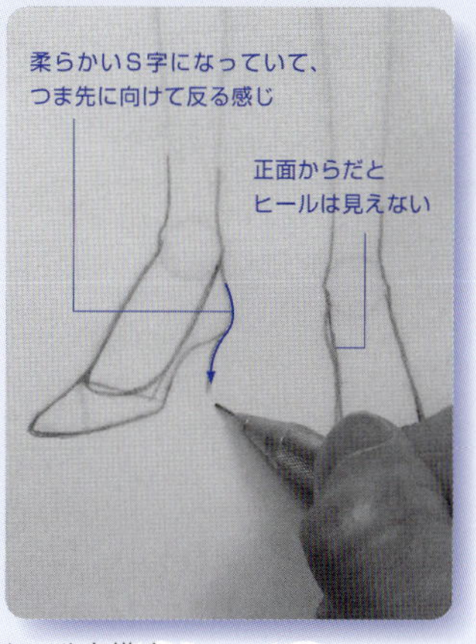
柔らかいS字になっていて、
つま先に向けて反る感じ
正面からだと
ヒールは見えない

ヒールを描く

06

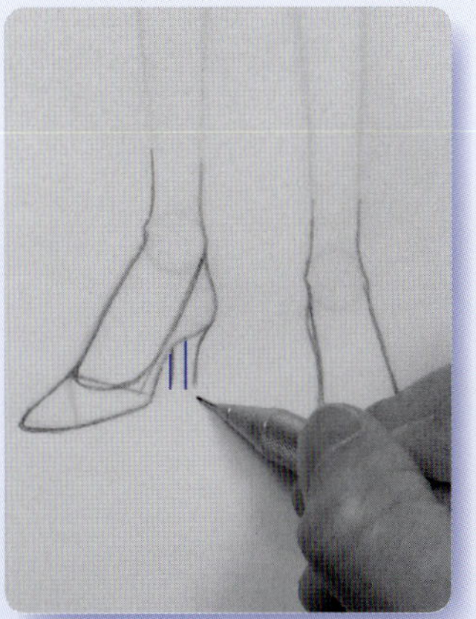

ヒールのボリュームを描く

07

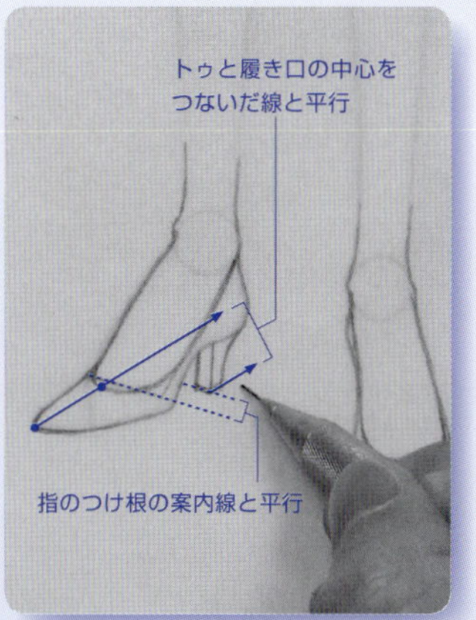
トゥと履き口の中心を
つないだ線と平行
指のつけ根の案内線と平行

かかとを描く

08

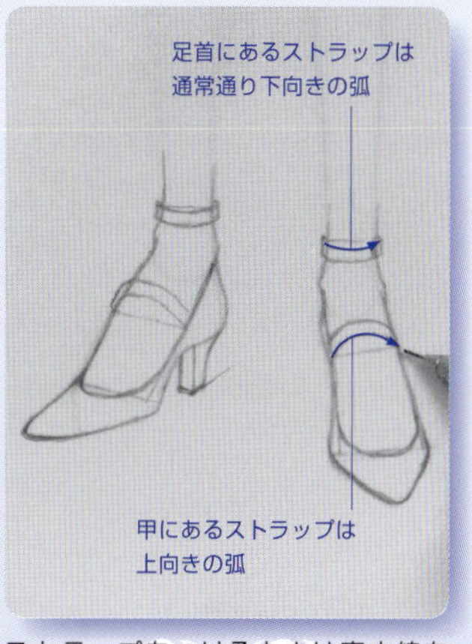
足首にあるストラップは
通常通り下向きの弧
甲にあるストラップは
上向きの弧

ストラップをつけるときは案内線を描いたあと、弧を描く

09

サンダルの着装

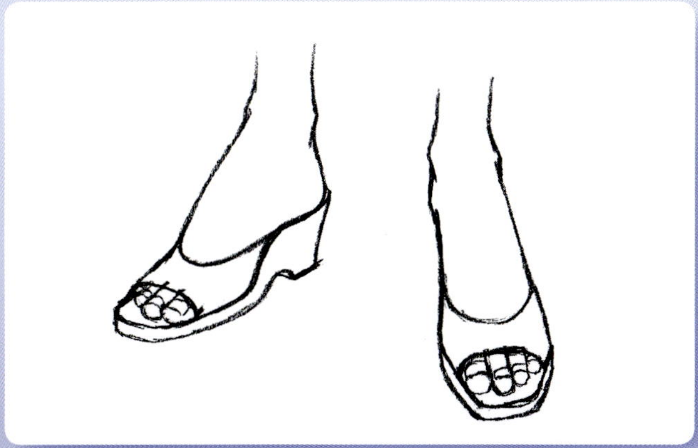

サンダルは足の露出が多い。指や甲をきれいに描こう

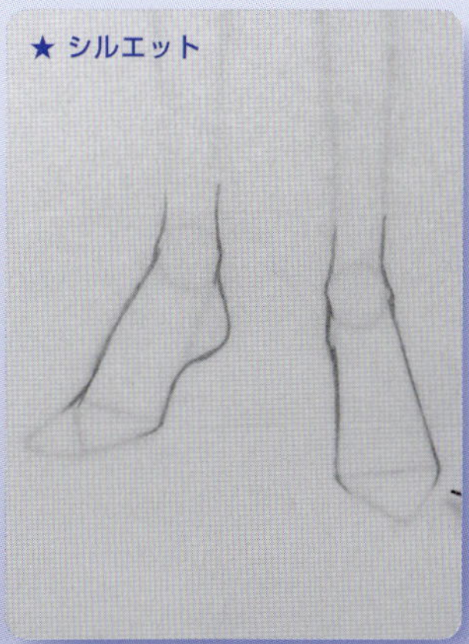
★ シルエット

描いた足を下敷きにパンプスのシルエットを描いていく

01

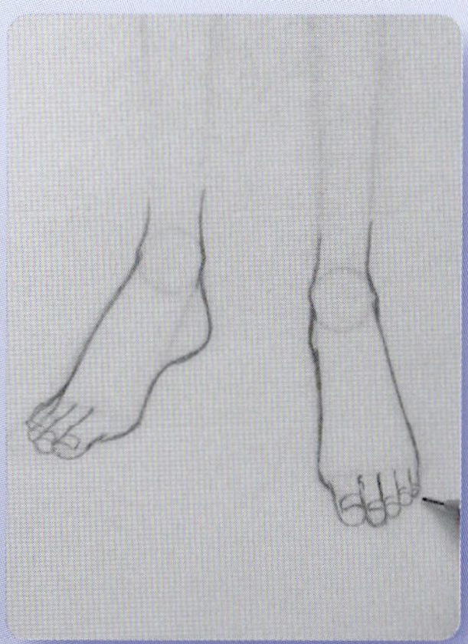

サンダルは指が出ているので描いておく

02

★ ディテール

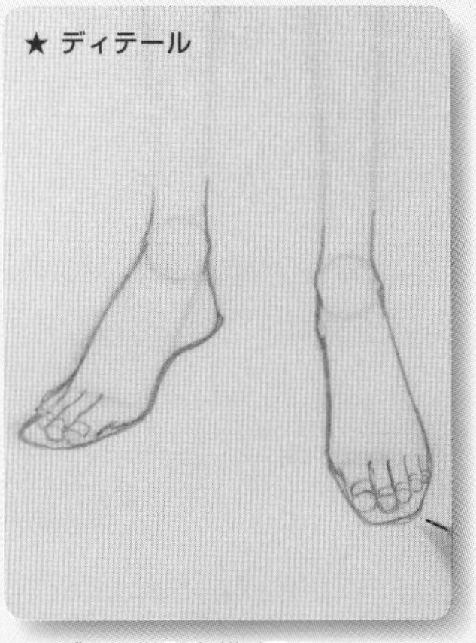

サンダルの靴底を描く
03

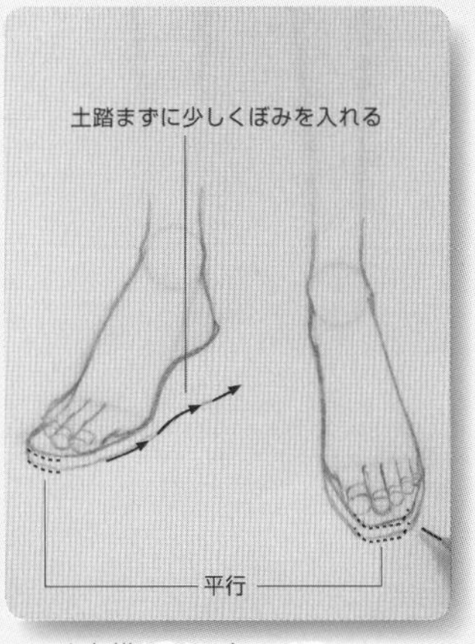
土踏まずに少しくぼみを入れる
平行

ソールを描いていく
04

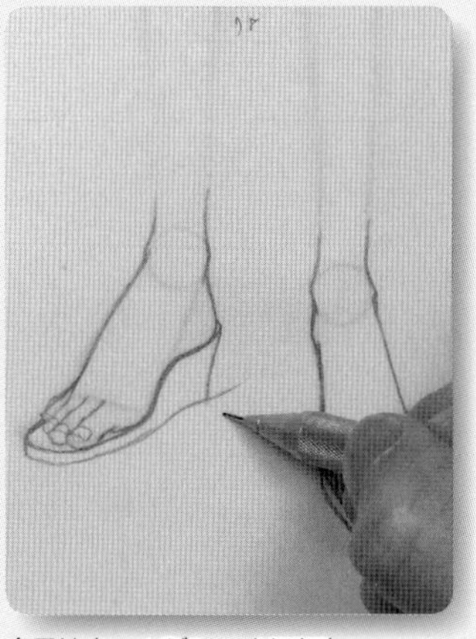

今回はウエッジソールにした
05

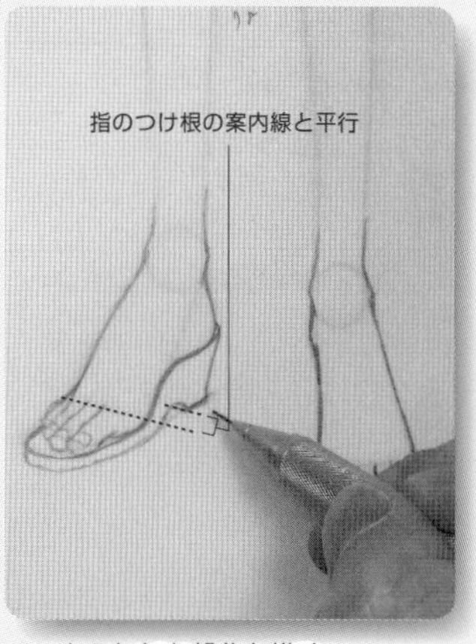
指のつけ根の案内線と平行

ソールのかかと部分を描く
06

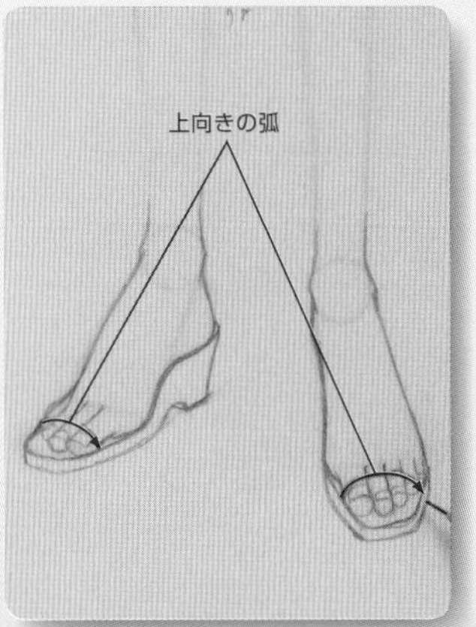
上向きの弧

サンダルの指のあきを描く
07

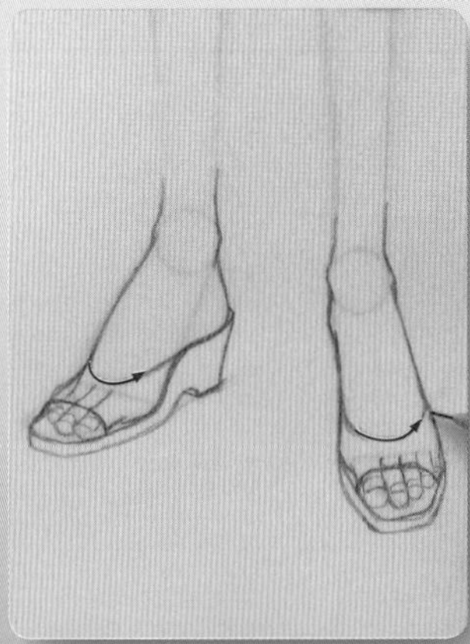

パンプス同様の履き口を描いて完成
08

ブーツの着装

基本的には足のラインに沿ったシルエット。関節（足首）にシワができるのがポイント

シルエット

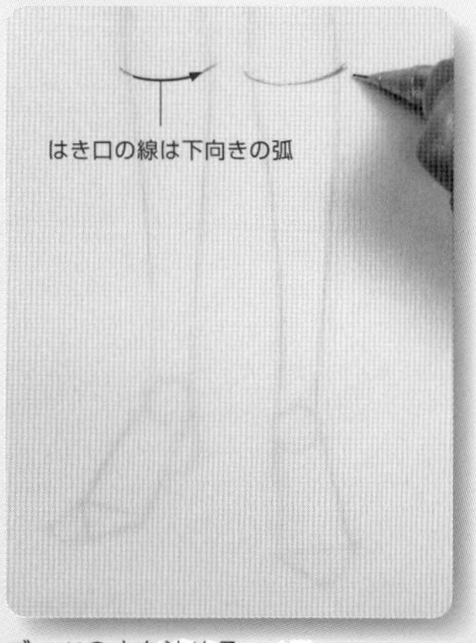
はき口の線は下向きの弧

ブーツの丈を決める
01

生地の厚みと通気性を考えてゆとりを入れ、足のラインに平行にラインを描く
足首にはシワがあるのでシルエットがヨレる。ヨレは山ふたつくらい

シルエットを描く
02

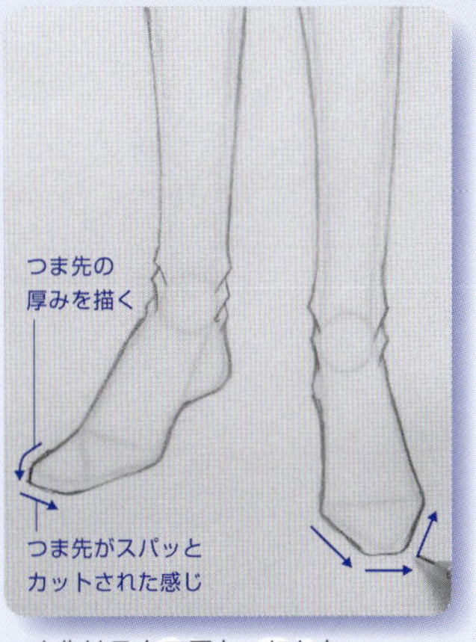
つま先の
厚みを描く
つま先がスパッと
カットされた感じ

つま先はスクエアトゥにした

03

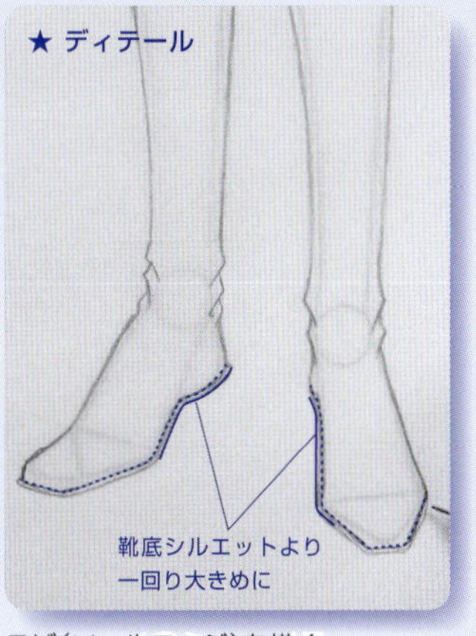
★ ディテール
靴底シルエットより
一回り大きめに

こば(ソールエッジ)を描く

04

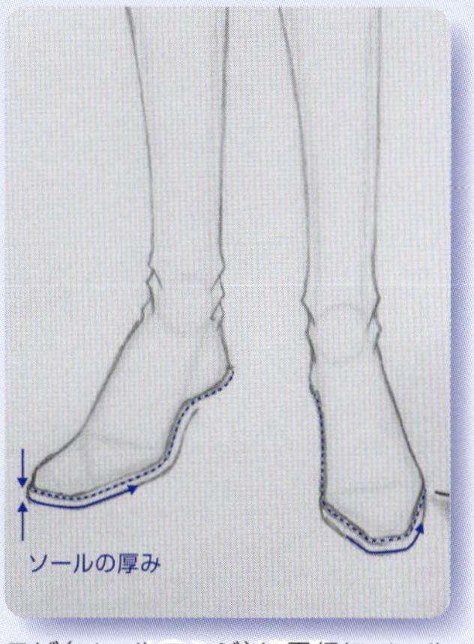
ソールの厚み

こば(ソールエッジ)に平行にソールを描く

05

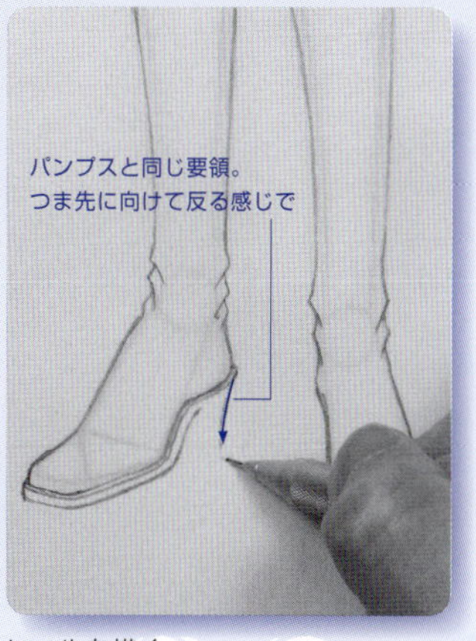
パンプスと同じ要領。
つま先に向けて反る感じで

ヒールを描く

06

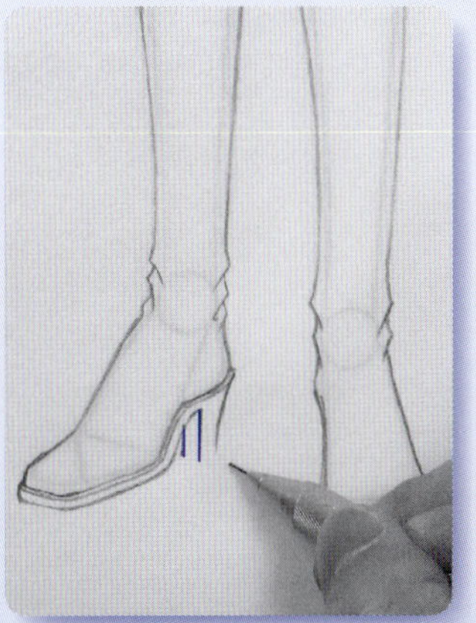

ヒールの厚みを描く

07

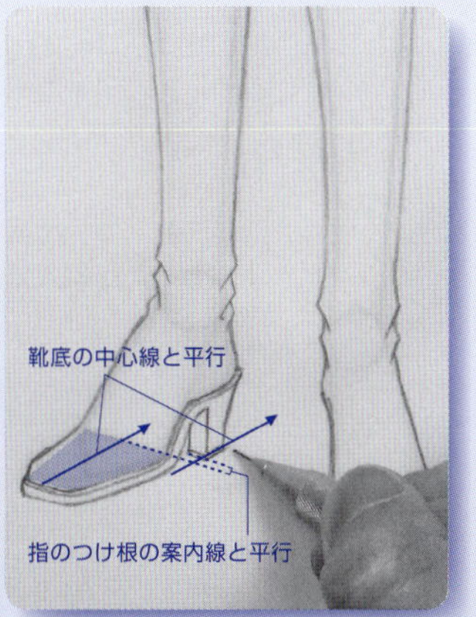
靴底の中心線と平行
指のつけ根の案内線と平行

かかとを描く

08

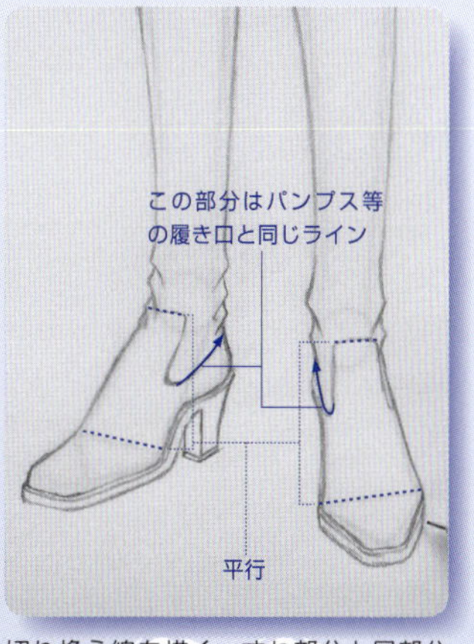
この部分はパンプス等
の履き口と同じライン
平行

切り換え線を描く。すね部分と足部分に分かれている

09

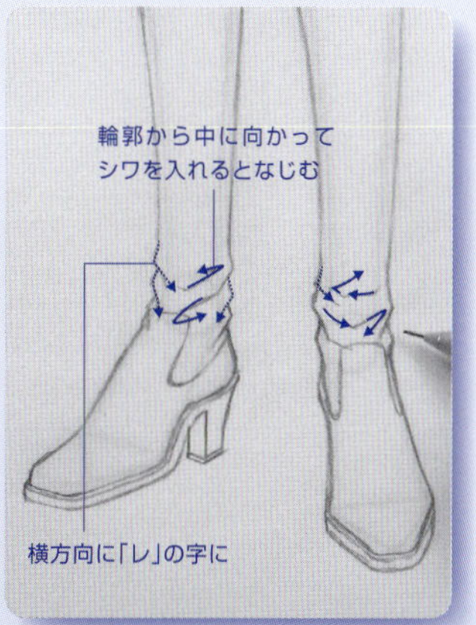
輪郭から中に向かって
シワを入れるとなじむ
横方向に「レ」の字に

足首にシワを入れる

10

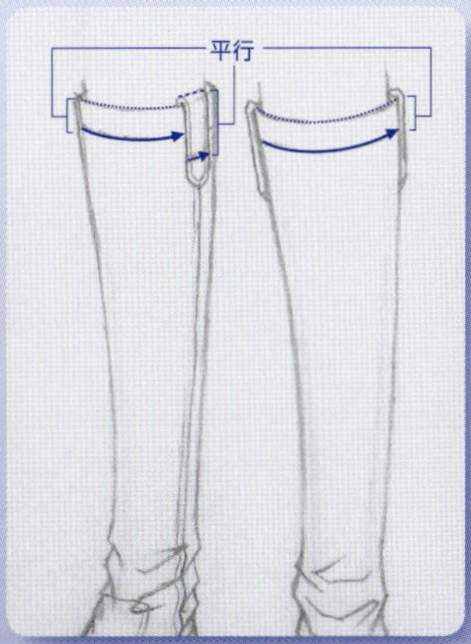
平行

さらにディテールを描きこんで完成。履き口にストラップを描き、切り換え、ステッチと入れていく

11

スニーカーの着装

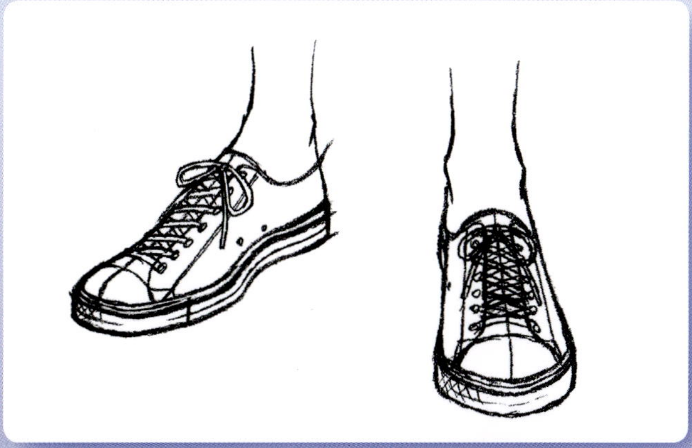

靴ひも、シェル等色々なディテールのパースをいかにキチンと描くかがポイント

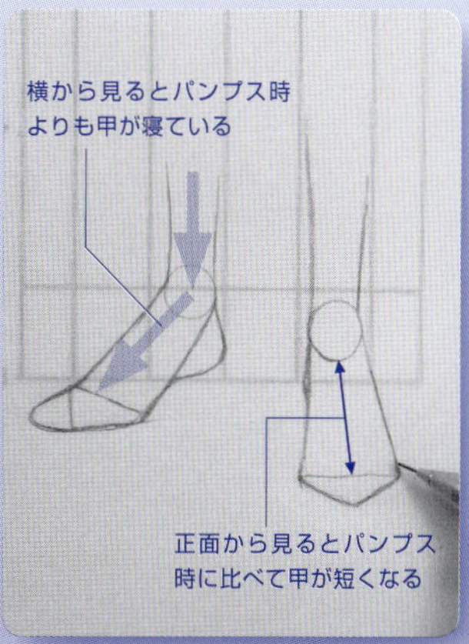
横から見るとパンプス時
よりも甲が寝ている
正面から見るとパンプス
時に比べて甲が短くなる

まずはワク図を下敷きにして脚を描く。今回はヒールが高くない。斜め向きの足の描き方はP40-P41を参照

01

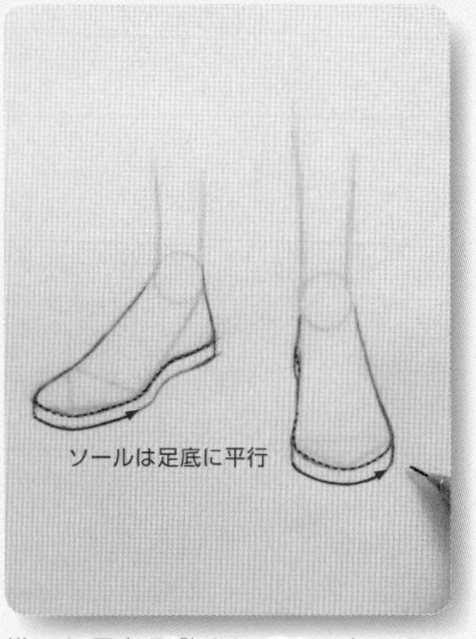
ソールは足底に平行

02 描いた足を下敷きにスニーカーのシルエット、ソールを描く

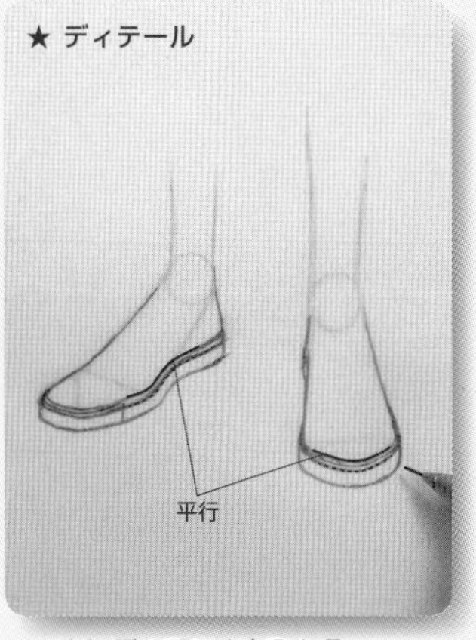
★ ディテール
平行

03 ソールにディテールを入れる

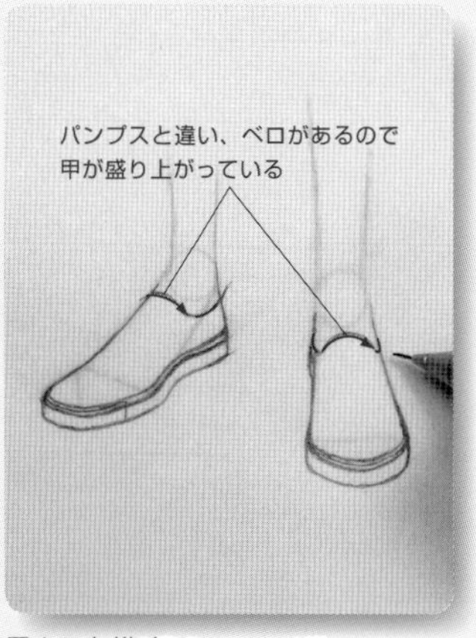
パンプスと違い、ベロがあるので
甲が盛り上がっている

04 履き口を描く

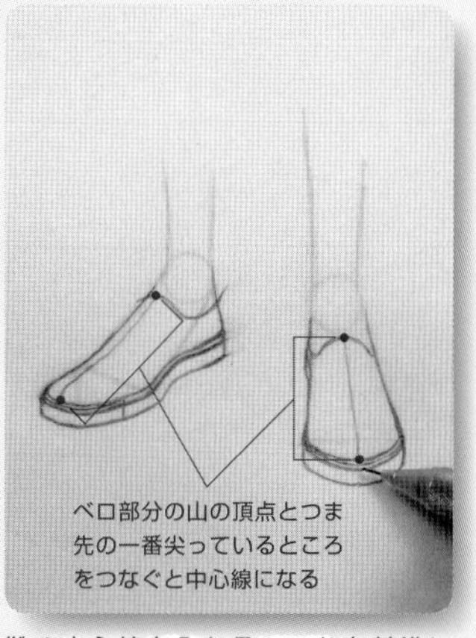
ベロ部分の山の頂点とつま
先の一番尖っているところ
をつなぐと中心線になる

05 靴の中心線を入れる。これを基準にディテールを入れていく

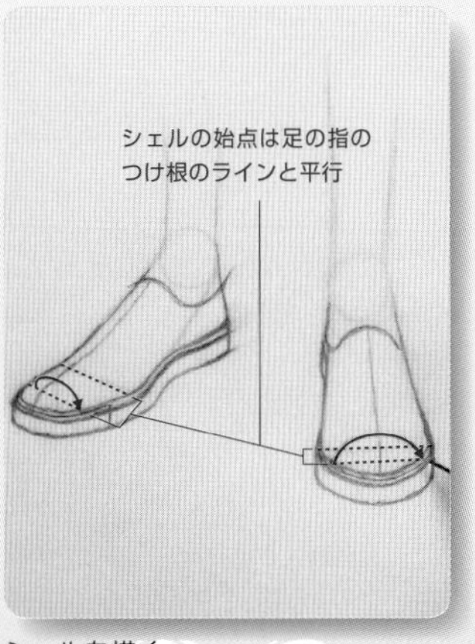
シェルの始点は足の指の
つけ根のラインと平行

06 シェルを描く

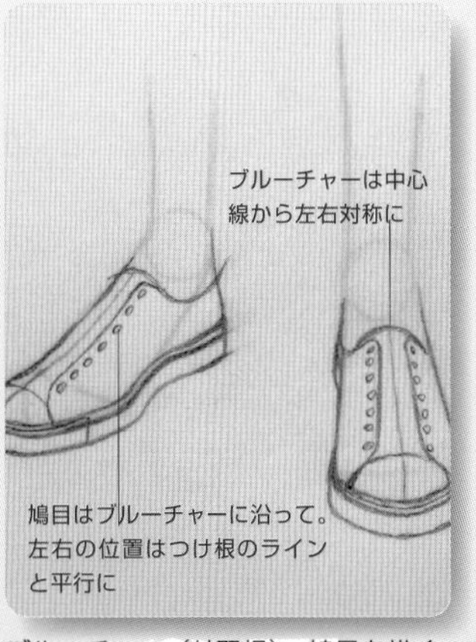
ブルーチャーは中心
線から左右対称に
鳩目はブルーチャーに沿って。
左右の位置はつけ根のライン
と平行に

07 ブルーチャー（外羽根）、鳩目を描く

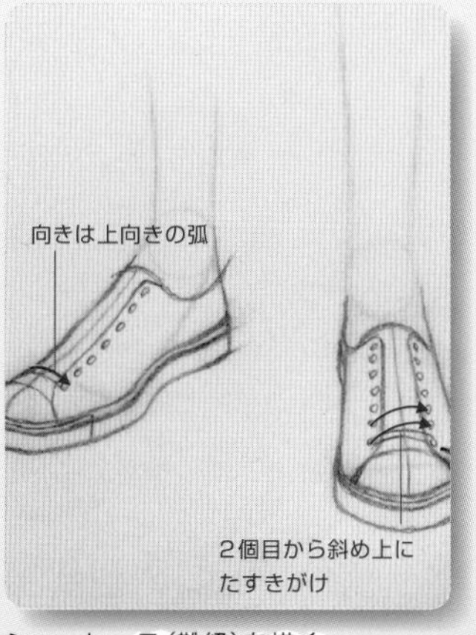
向きは上向きの弧
2個目から斜め上に
たすきがけ

08 シューレース（靴紐）を描く

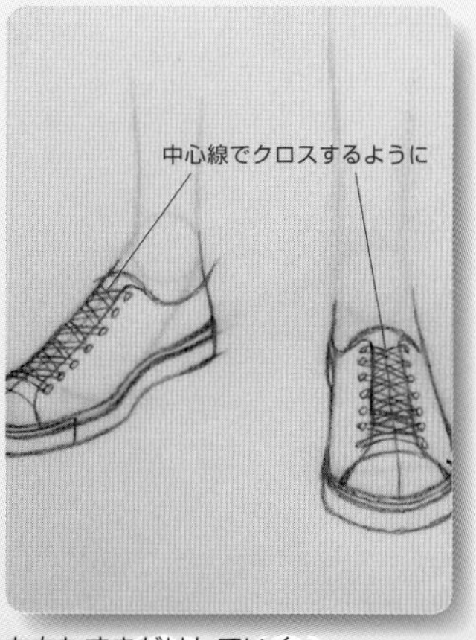
中心線でクロスするように

09 左右たすきがけしていく

輪の部分から描く。
少し垂れ気味に
輪の下をつないだ線は一番
下のシューレースと平行

10 蝶結びを描く

11 残りのシューレース、ステッチ、トゥのディテールを描いて完成

★ phase12の復習 ★

○着装はまずボディのバランスから。ボディのポーズをしっかり描こう

○着装はゆとりの入れ方でバランスが変わる。アイテムごとのゆとりを考えて描こう

○正中線が、ディテールを描くときに最も頼れる案内線となる

next !! 下描きをペン入れします！

phase 13 ペン入れ

下書きした線には曖昧な線が多く残っています。また、鉛筆のまま着色すると、鉛筆が溶け出してきて濁ってしまいます。そのため、にじまない画材で、下描きを着色用紙(ケント紙、画用紙、水彩紙)に転写するのです。これがペン入れです。ペン入れにはドローイングペンを使うのが一般的です。

ペン入れの目安

色んな太さがあるので、どこにどのペンを使えばよいか目安を描いておく

0.05	(超極細)	目、鼻、口、ステッチ
0.1	(極細)	髪の毛の流れ、浅いシワ、構造線(切り換え線、ダーツ、アームホール等)、ディテール
0.3	(細)	肌、髪の毛の輪郭。深いシワ、パーツの分かれ目(触ってみて段差になっているところ。たとえば衿と身頃の境目の線)
0.5	(中太)	輪郭。(薄い素材、柔らかい素材)
0.8	(太)	輪郭。(厚手の素材、かたい素材)
ブラシ	(極太)	強調したい輪郭全般

◎ドローイングペン◎

代表的なものを並べてみた。ペン先のサイズは0.05から極太のブラシサイズまで。色もクロのみならず、茶、青、赤、緑等…とデザイン画からアイテム画まで幅広く対応している

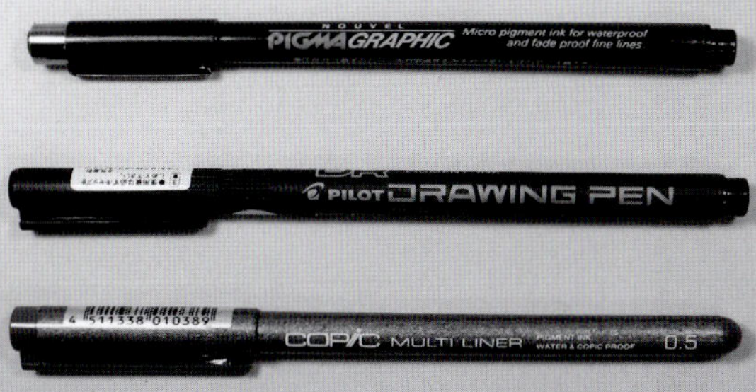
PIGMA GRAPHIC
PILOT DRAWING PEN
COPIC MULTI LINER
0.5

NOUVEL PIGMA GRAPHIC
(ヌーベル・ピグマグラフィック)

PILOT DRAWING PEN
(パイロット・ドローイングペン)

COPIC MULTI LINER
(コピック・マルチライナー)

アイテム画のペン入れ

転写

濃ければ濃いほど写りがよくなるのでB以上で力強く

下書きの裏面を黒く塗りつぶす

01

ずれないようにメンディングテープで留める

ペン入れしたい用紙の上に敷く

02

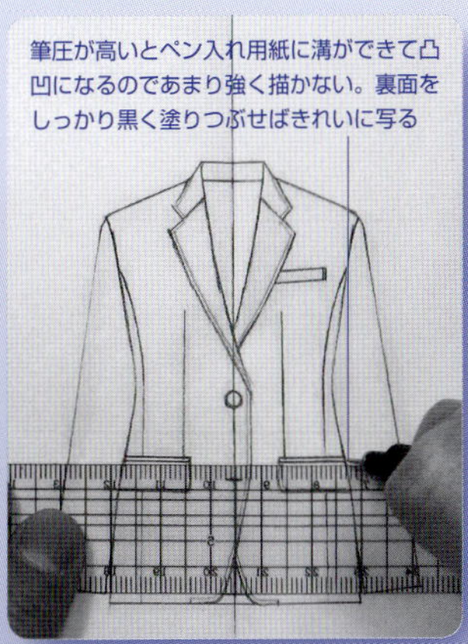
筆圧が高いとペン入れ用紙に溝ができて凸凹になるのであまり強く描かない。裏面をしっかり黒く塗りつぶせばきれいに写る

転写する

03

描き忘れがないか写った状態を確認する

04

輪郭のペン入れ

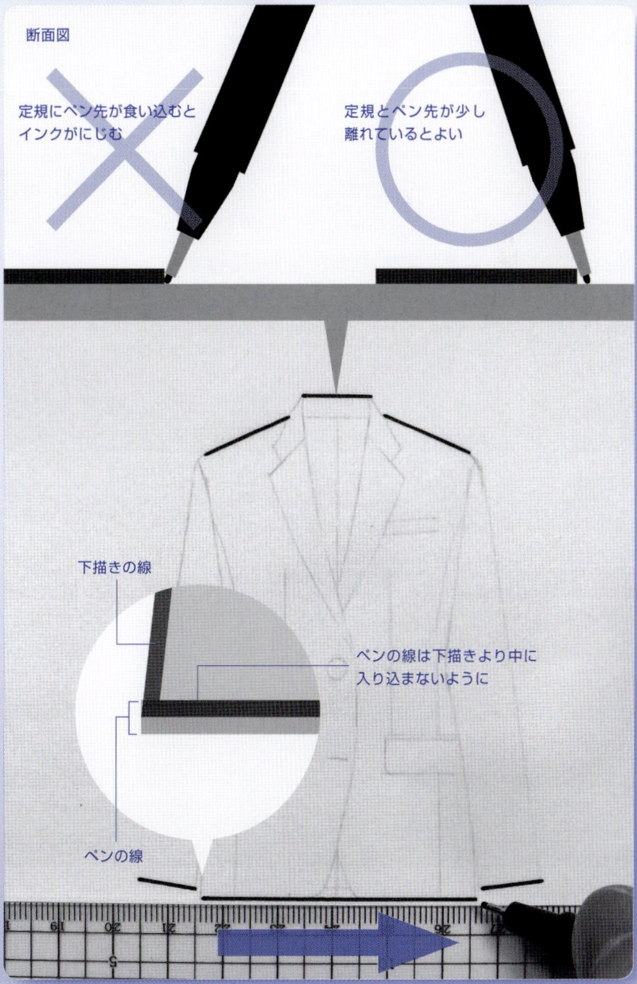
断面図
定規にペン先が食い込むとインクがにじむ
定規とペン先が少し離れているとよい
下描きの線
ペンの線は下描きより中に入り込まないように
ペンの線

太いペン(0.8)で輪郭から描いていく。線は水平に引いた方が定規とペン先と離れるのでインクがにじまない

05

06

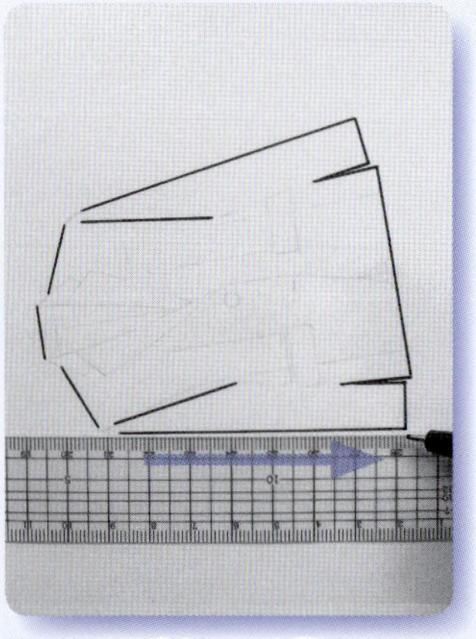

縦の線も、紙を横にして水平に線を入れる

07

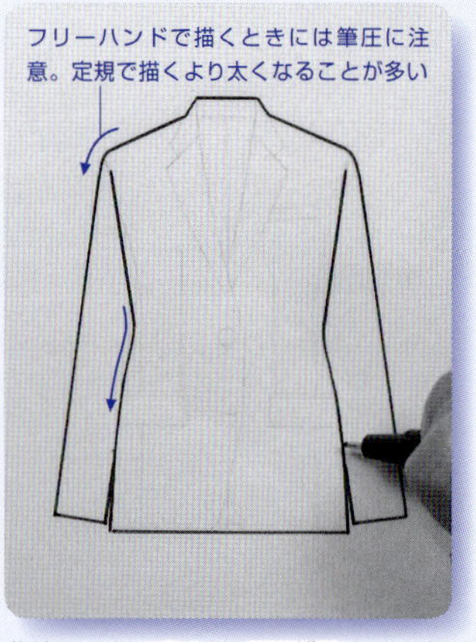
フリーハンドで描くときには筆圧に注意。定規で描くより太くなることが多い

曲線はフリーハンドでも構わない。慣れてなければ雲形定規を使おう

08

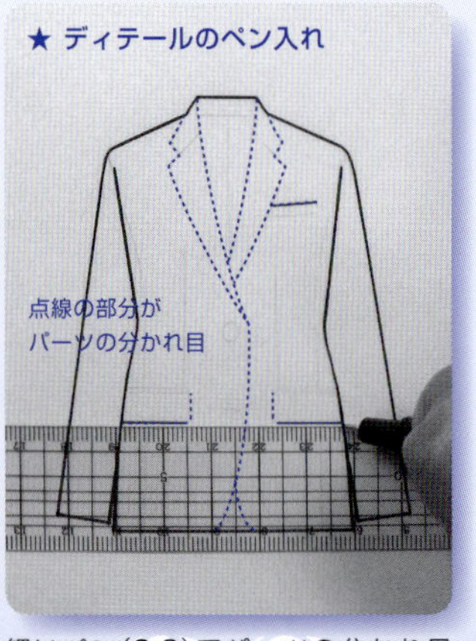
★ ディテールのペン入れ
点線の部分がパーツの分かれ目

細いペン(0.3)でパーツの分かれ目(触ってみて段差になっているところ)を描く

09

ラペルは長い曲線なので無理せず雲形定規を使おう

縦の線は紙を横にして定規を使って、曲線はフリーハンドで描いてみよう

10

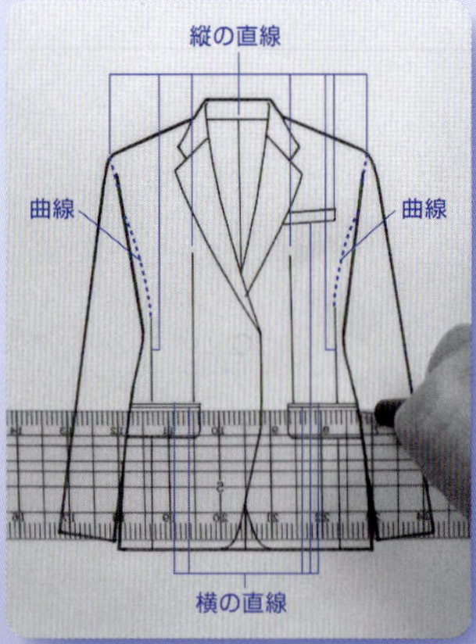
縦の直線
曲線
曲線
横の直線

極細のペン(0.1)でディテールを描いて完成。ステッチが入っていればこのあと超極細のペン(0.05)で入れていく。線は横、縦の直線、曲線と分けて描こう

11

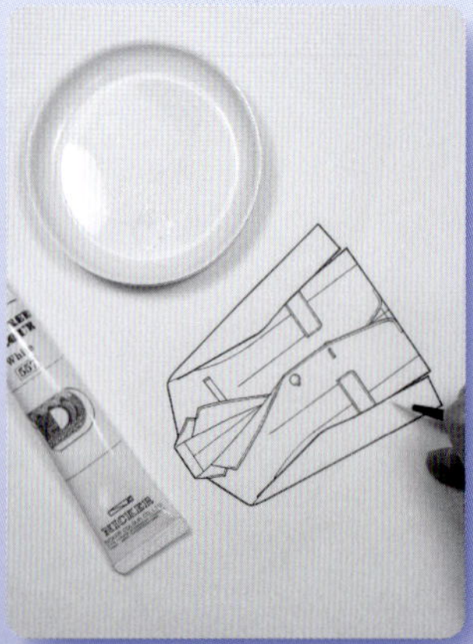

修正は白の不透明水彩(ポスターカラー等)で。修正液を使う場合は盛り上がらないよう注意

アイテム画のペン入れ

フロントスタイル

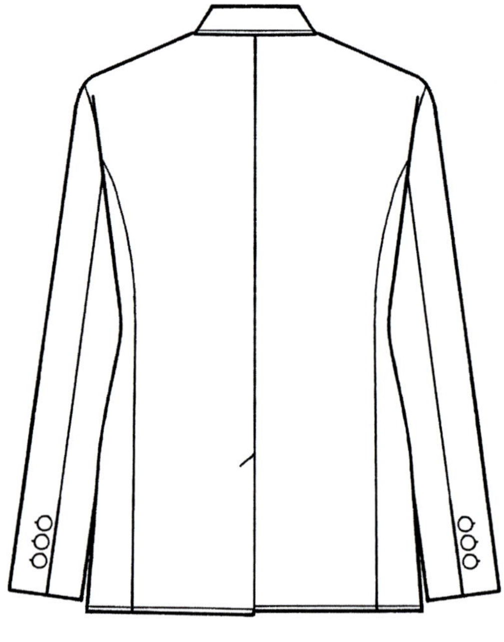

バックスタイル

ジャケットと同様に下描きをペン入れした

フロントスタイル

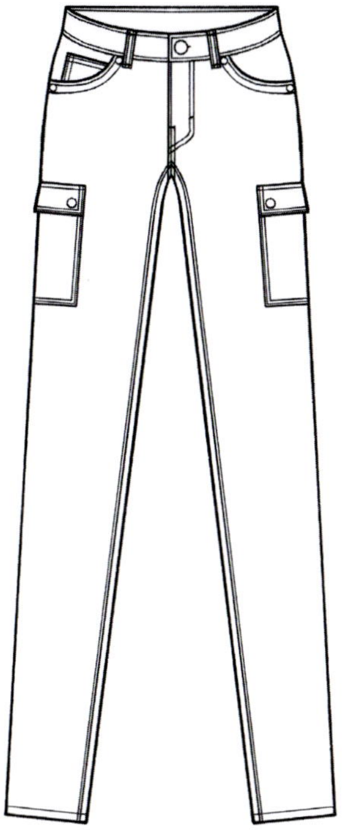

フロントスタイル

ステッチは実線でも点線でも構わない。点線の場合はすき間がほとんどないように描くこと

バックスタイル

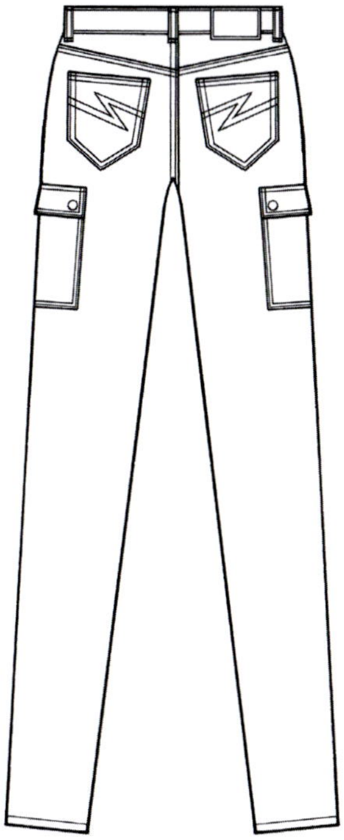

バックスタイル

フロントスタイル

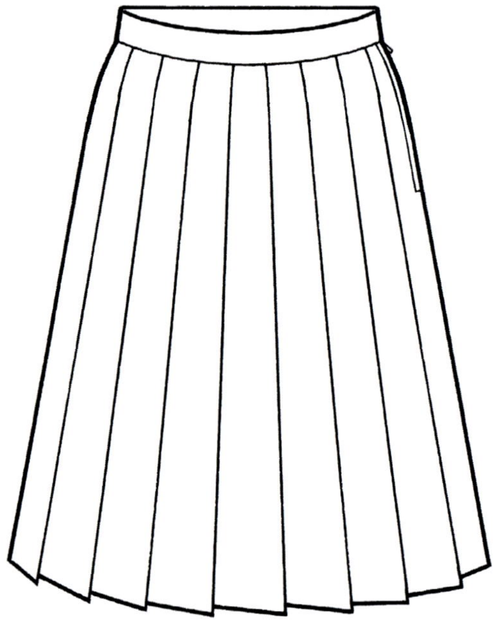

フロントスタイル

バックスタイル

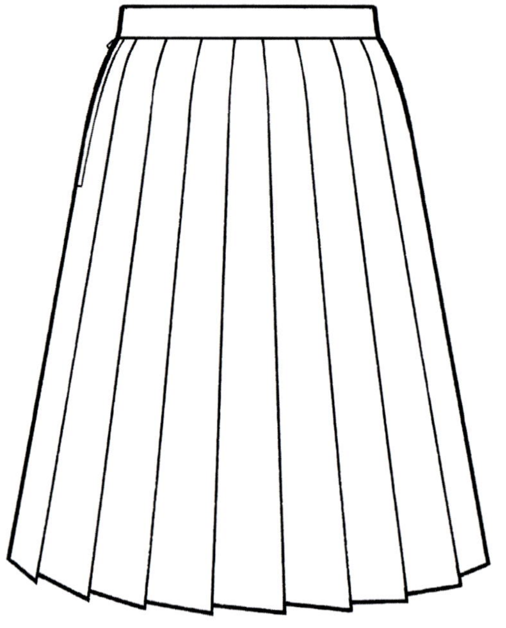

バックスタイル

着装画のペン入れ

練習 1（筒のペン入れ）

服は色んな大きさの筒の集まりといえる。
線のみで立体感やメリハリをつけるには筆圧の強弱が大切になってくる

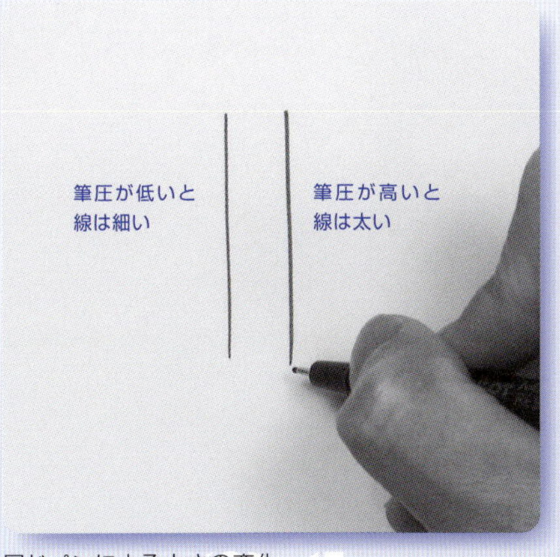
筆圧が低いと
線は細い
筆圧が高いと
線は太い

01
同じペンによる太さの変化

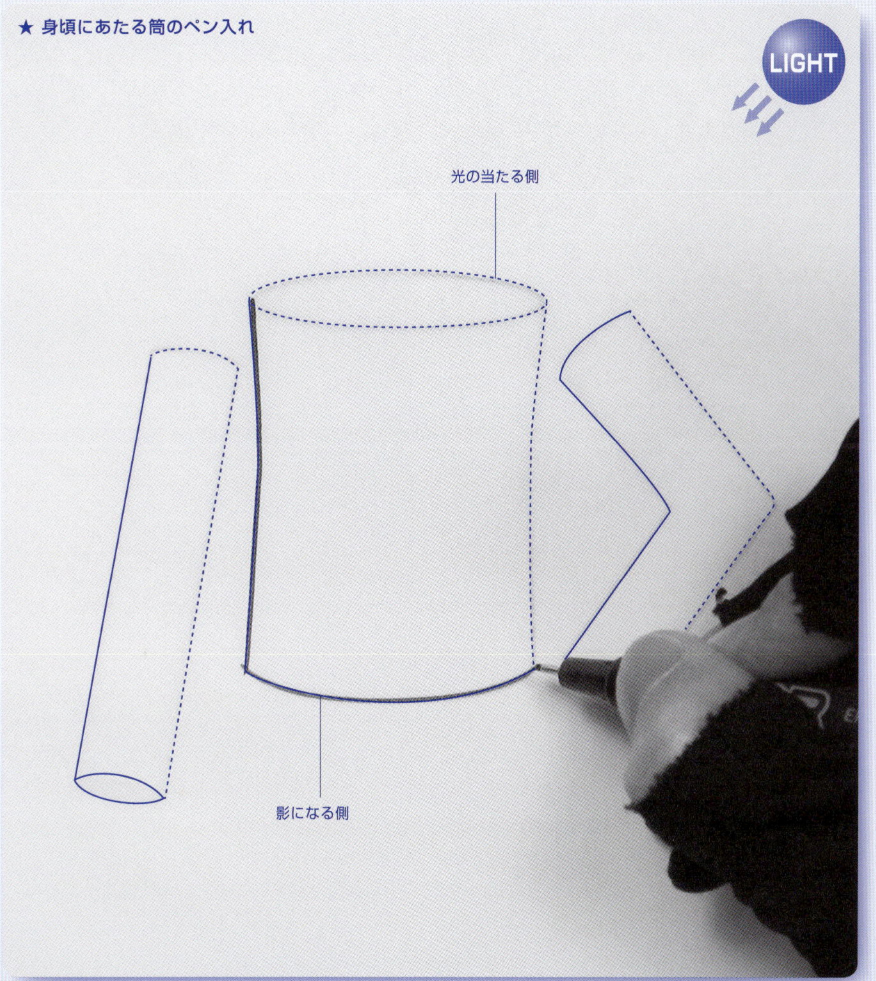
★ 身頃にあたる筒のペン入れ
LIGHT
光の当たる側
影になる側

02
光の方向を設定し、太いペン(0.8)で影になる側に筆圧の高い線(太い線)を入れる

03
光の当たる側に、同じ太いペン(0.8)で筆圧の低い線(細い線)を入れる。単なる筒でもメリハリが出るのが分かる

★ 袖にあたる筒のペン入れ

04
同様に袖にあたる部分もペン入れをする

練習2(シンプルなトップスのペン入れ)

★ 輪郭のペン入れ
LIGHT

01
光の方向を設定し、影になる側に太いペン(0.8)で筆圧の高い線(太い線)を入れる

02
光の当たる側に太いペン(0.8)で筆圧の低い線(細い線)を入れる

★ ディテールのペン入れ

極細のペン(0.1)でアームホールを入れていく

03

練習３（重ね着したトップスのペン入れ）

★ 輪郭のペン入れ
LIGHT

光の方向を設定し、影になる側に太いペン(0.8)で筆圧の高い線(太い線)を入れる

01

光の当たる側に太いペン(0.8)で筆圧の低い線(細い線)を入れる

02

★ パーツ分割線のペン入れ

細いペン(0.3)でパーツの分かれ目を描く。輪郭と同様に影になる側に筆圧の高い線(太い線)を入れる

03

光の当たる側に細いペン(0.3)で筆圧の低い線(細い線)線を入れる

04

★ディテールのペン入れ

極細のペン(0.1)でアームホールやダーツを入れていく

05

ジャケットのペン入れ

ここからが本番。線の強弱のルールが分かったら着装したアイテムをペン入れしてみよう。今回はライトテーブルで透かしながら下描きの線を転写してみた。ライトテーブルがなければP107のように裏側を黒く塗りつぶしてなぞればよい

★ 輪郭のペン入れ
LIGHT

光の方向を設定し、影になる側に太いペン(0.8)で筆圧の高い線(太い線)を入れる

01

光の当たる側に太いペン(0.8)で筆圧の低い線(細い線)を入れる

02

★ パーツ分割線のペン入れ

細いペン(0.3)でパーツの分かれ目を描く。輪郭と同様に影になる側に筆圧の高い線(太い線)を入れる

03

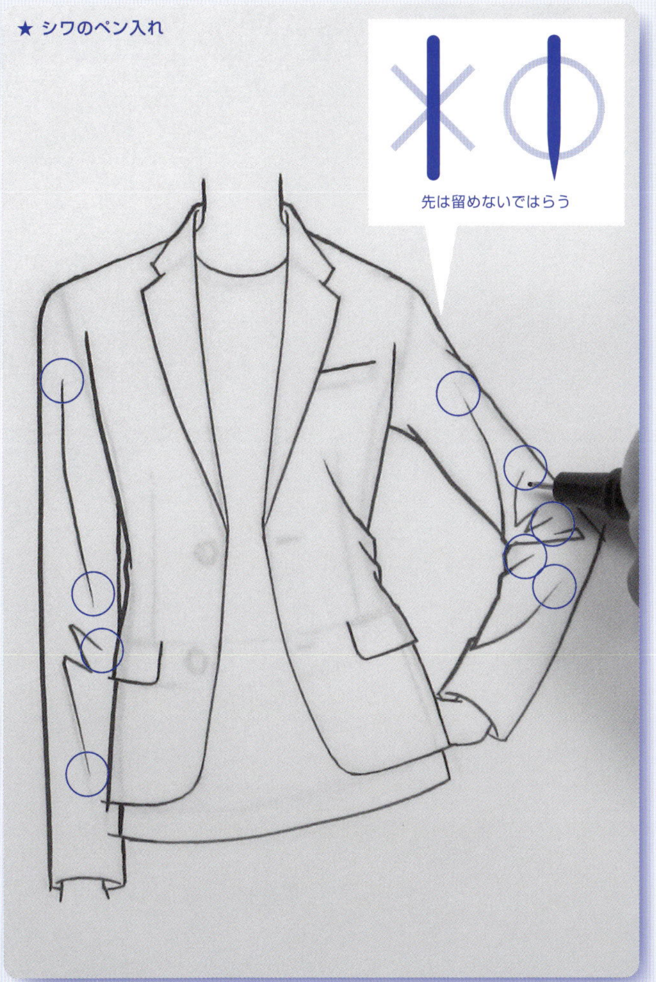
★ シワのペン入れ
先は留めないではらう

ジャケットのシワは深いので細いペン(0.3)で入れる

04

★ ディテールのペン入れ

極細のペン(0.1)でアームホールやダーツを入れていく

05

超極細のペン(0.05)でステッチを入れていく。ステッチは実線でも点線でも構わない。点線の場合はすき間があまりないように

06

完成

07

ジャケットと同様にそれぞれの下描きをペン入れした

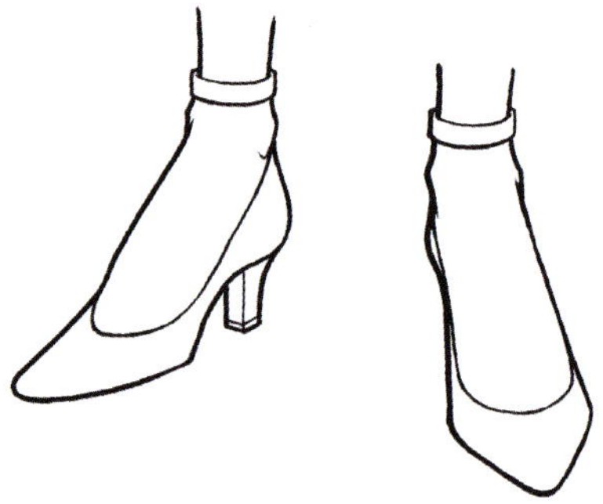

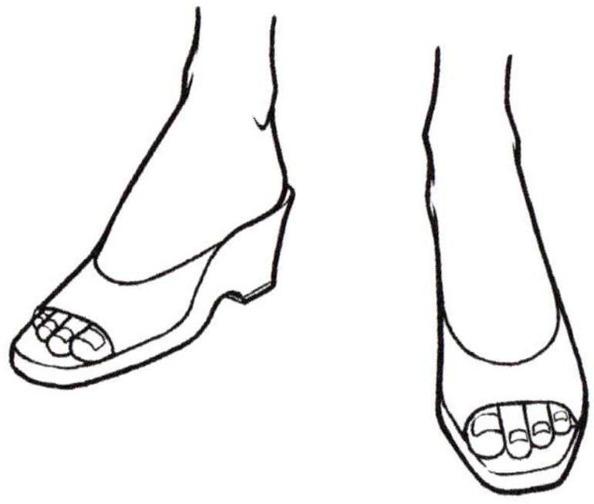

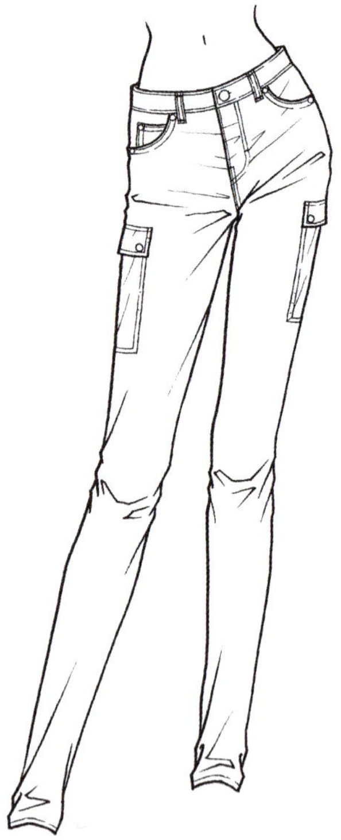

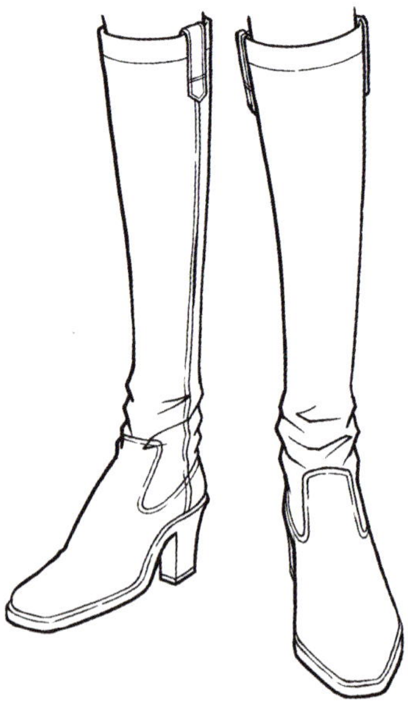

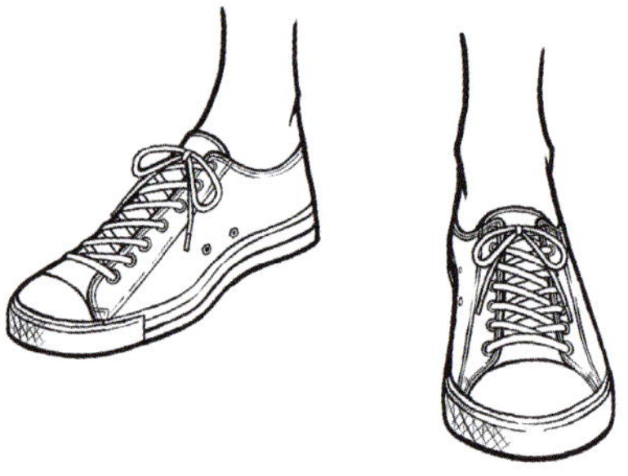

★ phase13の復習 ★

○ペン入れはアイテムの立体感を考える
○影になる側は筆圧の高い線(太い線)を
○光の当たる側は筆圧の低い線(細い線)を
○ペンの太さは輪郭は太く、ディテールは細く

next !! 色を作っていきます!

14 phase

色の作り方

使用画材

いよいよ画材を使って色を塗っていきます。
今回使う画材は不透明水彩絵の具(ガッシュ)と色鉛筆です。この2種類での着色が最もベーシックな技法となります。
不透明水彩絵の具は、下地の色が透けない絵の具ですが、水の量を多めにすると透明水彩絵の具(ウォーターカラー)同様、下地を透かせることもできるという汎用性の高い画材です。今回はホルベインのアーティスト・ガッシュを使います。
絵の具は、小学校、中学校で9年間使っているにもかかわらず、学生の苦手意識の高い画材ですので少しずつ丁寧に進めていきます。
色鉛筆は補助画材として柄、素材感、陰影の表現に使います。
今回は絵の具の上に描いても発色のよいサンフォードのプリズマカラーを使います。

水入れ

3層に別れているのが便利。ひとつは洗い用、ひとつはすすぎ用、ひとつは希釈用として使う

筆

毛先の細長い2種類の筆を使う。使い始めは、糊気がなくなるまで水やぬるま湯を含ませては拭き取る作業を繰り返すとよい

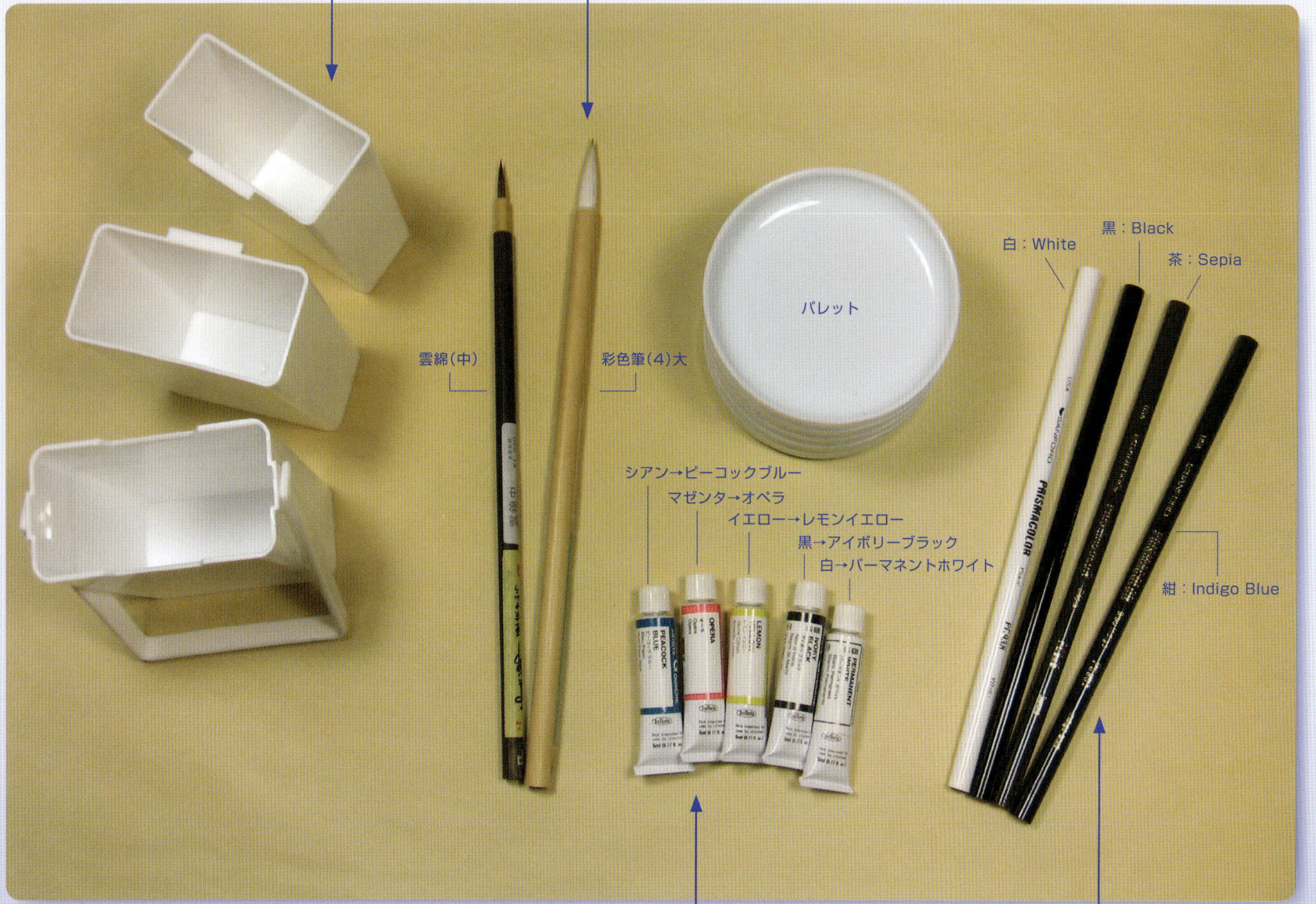

雲綿(中)
彩色筆(4)大
パレット
白：White
黒：Black
茶：Sepia
紺：Indigo Blue
シアン→ピーコックブルー
マゼンタ→オペラ
イエロー→レモンイエロー
黒→アイボリーブラック
白→パーマネントホワイト
PEACOCK BLUE
OPERA
LEMON
IVORY BLACK
PERMANENT WHITE
PRISMACOLOR

道具

不透明水彩絵の具

全ての色はC(シアン：青緑)、M(マゼンタ：赤紫)、Y(イエロー：黄)にK(ブラック：黒)を加えた4色の組み合わせで作られているので、まずはその4色に白を入れた5色を揃える。一般的なインクジェット式のカラープリンタのインクもCMYKの組み合わせ。
写真は「ホルベイン」の不透明水彩絵の具

色鉛筆

絵の具の上に重ね塗りする。まずは陰影の色として白、黒、こげ茶(赤、黄色系の影)、紺(青、緑系の影)を揃える。写真はサンフォードのプリズマカラー

着色用紙。
ケント紙、画用紙、水彩紙等
水入れ、筆、パレットの
トライアングルが小さい
ほどトラブルが少ない
水入れ。水は容器の
80%くらいまで入れる
ティッシュ。筆先の水分を調
整したり、筆の汚れを拭き
取ったりと大活躍の必需品。
4つ折りにして使うと机に絵
の具が染みこまなくてよい
パレット
筆
絵の具
試し紙。着色用紙と同じ紙がよい。パレット上
の色と、実際に塗ってみたときの色は微妙に
違っているので、必ず試色してみてから塗って
いこう。実際に塗ってみると色が少し黄ばむ

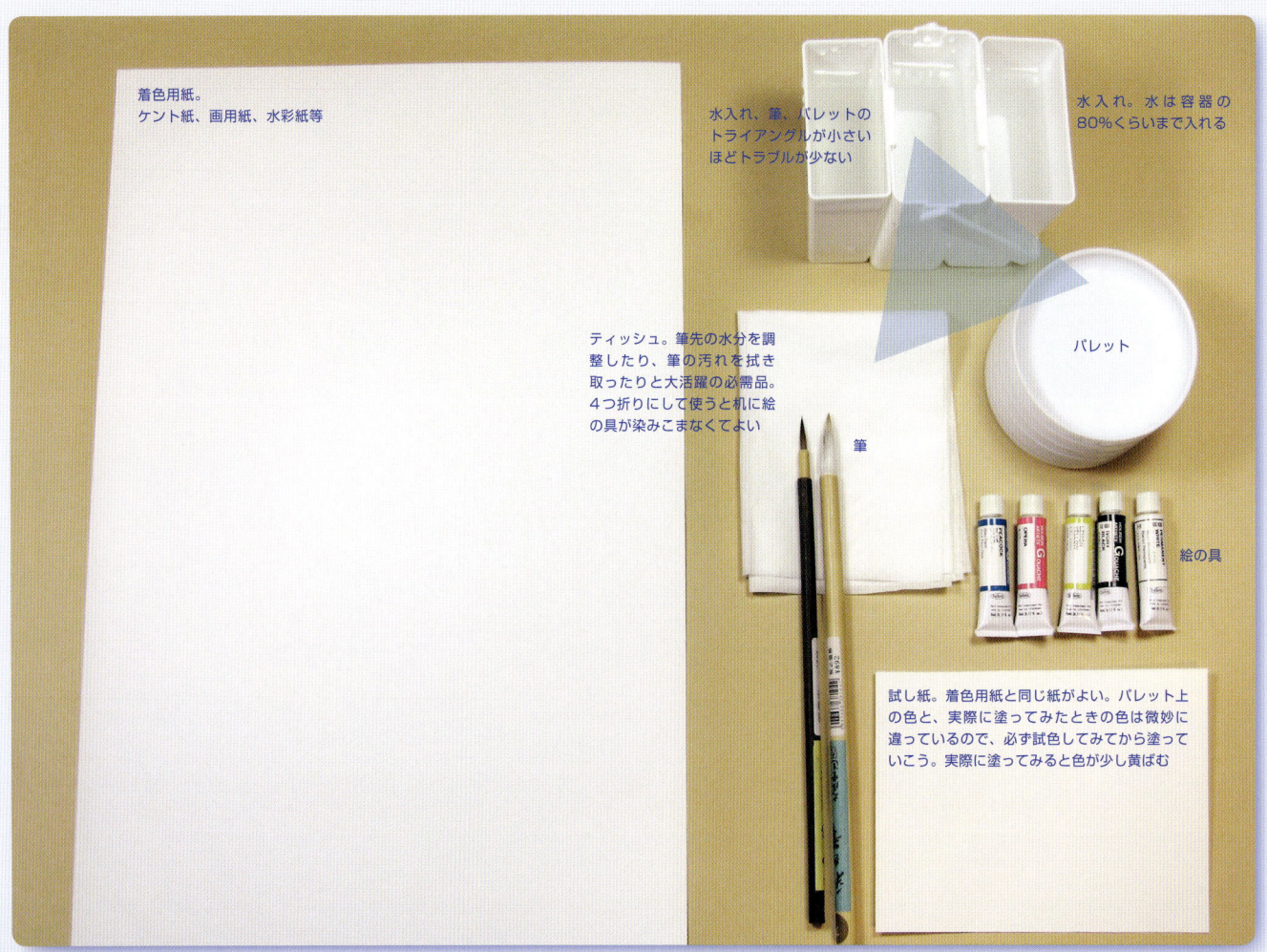

セッティング
机の上は整理して効率化を図ろう。右利きの方は利き手側に水入れ、パレット、筆をトライアングル状に置いておくとよい。絵の具を含んだ筆が紙の上を通過すると、ポタッと絵の具が落ちて思わぬトラブルになるので注意

色相環を作ってみよう

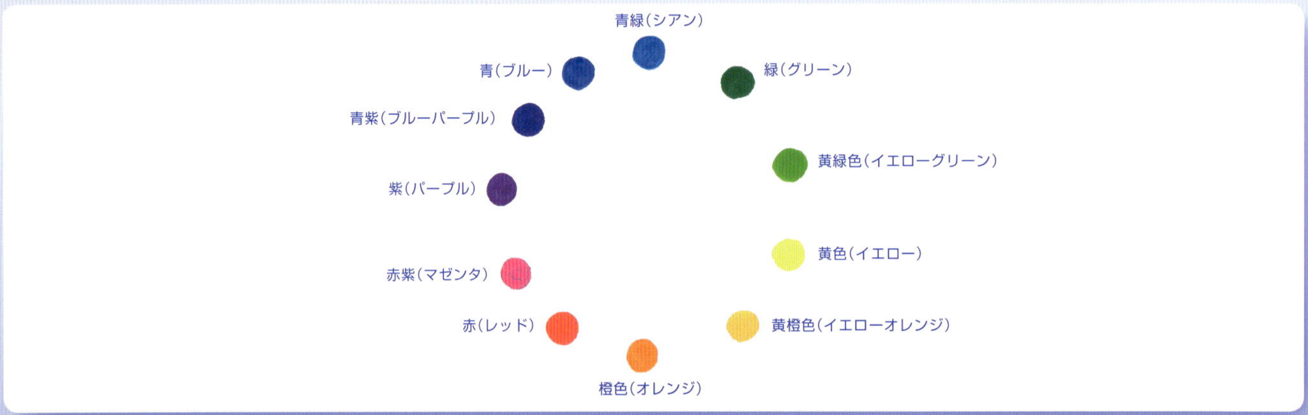
青緑（シアン）
青（ブルー）
緑（グリーン）
青紫（ブルーパープル）
黄緑色（イエローグリーン）
紫（パープル）
黄色（イエロー）
赤紫（マゼンタ）
赤（レッド）
黄橙色（イエローオレンジ）
橙色（オレンジ）

色相環は色相（色味、色合い）の輪のこと

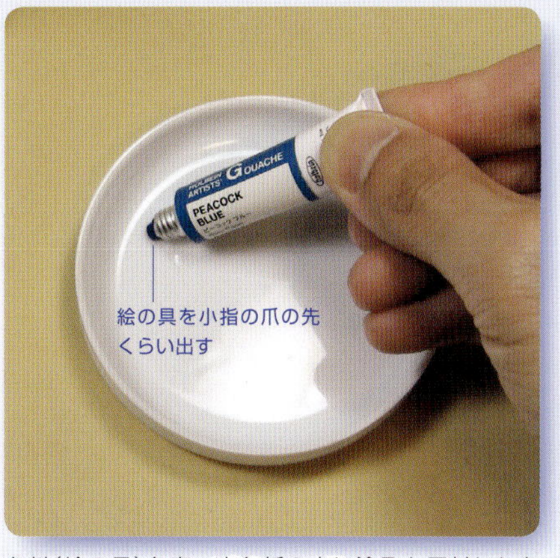
ARTISTS' GOUACHE
PEACOCK BLUE
絵の具を小指の爪の先
くらい出す

色料（絵の具）を真っ白な紙の上に塗ると反射した色が発色し、CMYの三原色全てを均等に混ぜると黒になる。絵の具は色を混ぜるほど色が暗く「光のない状態＝黒」になるので「減法混色」という。

パレットにCMYKと白を出す。ちなみに色料に対し光の色は「色光」といいR（赤）、G（緑）、B（青）の組み合わせで作られる。色光は「真っ暗な闇」の状態から色を加えていくため「加法混色」といい、RGB全て混ぜると無色になる

水の量によって色が濃くなったり薄くなったりと変わるので、すぐに本番用の紙に塗らないで、試し紙でどんな色になるか水分量を確認してみよう

筆に水をつけ、絵の具をすくい取る。まずはシアンを塗ってみる

03

いつまでも塗りたくるとムラになってしまうのでサラッと。もしムラになったら、乾くまで待ってからもう一度塗り重ねてみよう。乾かないうちに塗り重ねていると紙が傷むことがある

水分が適切で納得できる発色になったら塗っていこう

04

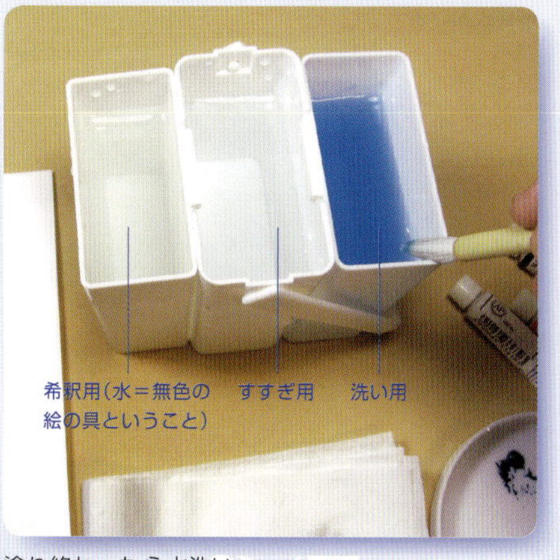
希釈用（水＝無色の絵の具ということ）
すすぎ用
洗い用

塗り終わったら水洗い

05

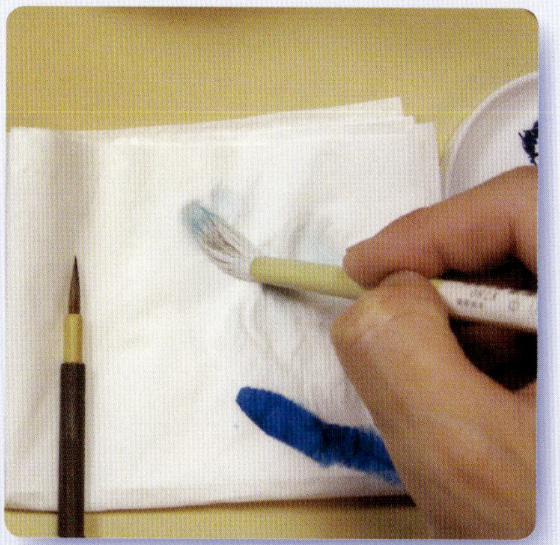

筆の奥に残った絵の具もティッシュに押しつけてしぼり出す

06

03-06を繰り返す。次はマゼンタ

07

次はイエロー

08

間を埋めていく。シアンからマゼンタへ移行するには、シアンとマゼンタを加える時に少しずつマゼンタの比率を高くしていく。同様にマゼンタ→イエロー。イエロー→シアンについても混色しながらグラデーションを完成させる

09

混色してみよう

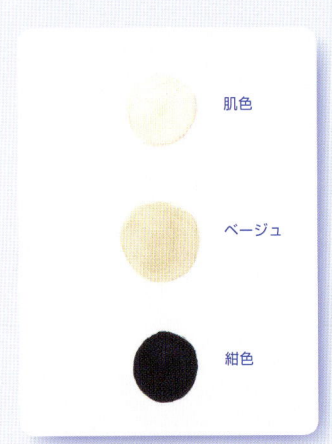

肌色
ベージュ
紺色

理論上はCMYKのみで全ての色が作れる。用紙の色を生かすので、何も塗らない状態が「白」となる

肌色

マゼンタ（血の色）
80%
イエロー
（メラニン色素の色）
20%
水は少々
（絵の具が混ざる程度）

まず三原色を混ぜるところから。マゼンタとイエローでサーモンピンクを作る。血色のよい肌はマゼンタが多め。イエローが多いと血の気のない人になる

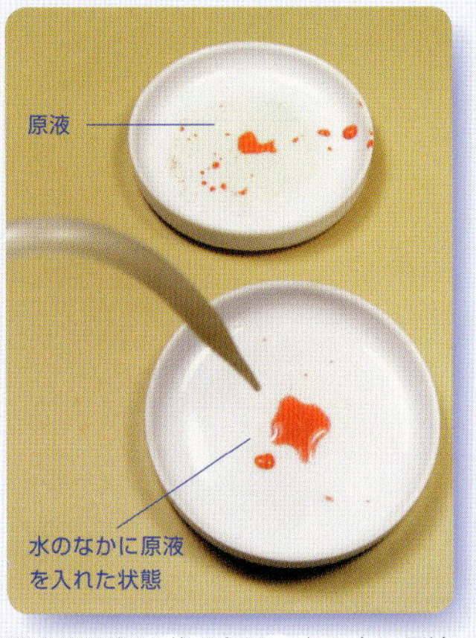

原液
水のなかに原液
を入れた状態

肌色のように薄い色は、水の中に原液を入れて作る。サーモンピンクの原液に水を入れて希釈してもなかなか色が薄くならないので注意。

水：絵の具＝95：5。
これが肌色
水：絵の具＝80：20。
色が濃い

水と絵の具の比率で色はこんなに変わる

03

紺

濃い色もまず三原色を混ぜるところから。シアンにマゼンタを少々加え、青紫を作る

04

原液に黒を少しずつ混ぜながら濃くしていく

05

ベージュ

まず三原色を混ぜるところから。マゼンタとイエローでオレンジを作る

06

ベージュはくすんでいるので、水に黒を混ぜたものを作る

07

そこにオレンジを混ぜる

08

水と絵の具の比率を変えながら好みのベージュを導き出していく

09

★ phase14の復習 ★

- ○絵の具と色鉛筆が着色の基本
- ○色はCMYKで作っていく
- ○色の濃淡は水と絵の具の比率で。水が多いと薄い色、水が少ないと濃い色になる

next !! 色を塗っていきます！

The 3rd week

色を塗ってみよう

phase 15 色の塗り方(基本編)

練習１（筒の着色）

着色のポイントは３つあります。
１：ムラなく塗ること→筆先の水分量を多めに。塗るスピードは早めに
２：立体感を考えたメリハリ→光源を設定し、影になる側に塗り重ねる
３：陰影は「筒全体の影」、「パーツの重なり部分」、「シワ」の３カ所にできる

色塗りの基本は「重ね塗り」です。影になる部分に同色を何重にも塗り重ねることで色の差をつけ、グラデーションにしていく技法です。これには絵の具と水の比率が大事になってきます。

服は色んな大きさの筒の集まり。筒の輪郭のどちらかに沿って色を重ねていくと陰影ができる

筒全体の影

水

まず色を作る。作ったら、別のパレットに用意した水にその原液を入れて希釈する。かなり薄い状態から始めるのが重ね塗りの基本

絵の具は、まわりから乾いていく。乾き始めた部分をすくい取って塗ると色が濃いので、二度塗り目以降はこの部分の絵の具を使ってみよう。そうすると重ね塗りにメリハリが出る

絵の具が分離しないよう十分に混ぜ合わせる

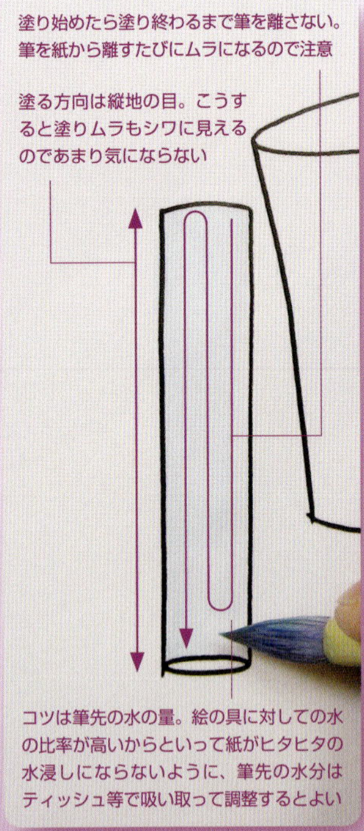

塗り始めたら塗り終わるまで筆を離さない。筆を紙から離すたびにムラになるので注意
塗る方向は縦地の目。こうすると塗りムラもシワに見えるのであまり気にならない
コツは筆先の水の量。絵の具に対しての水の比率が高いからといって紙がヒタヒタの水浸しにならないように、筆先の水分はティッシュ等で吸い取って調整するとよい

一度塗り（ベタ塗り）
水分を塗りたい部分全体に行き渡らせるように塗る。そうすると、絵の具の粒子が濡れた部分全体にまんべんなく広がってムラにならない。もちろん水が少なすぎてかすれないように

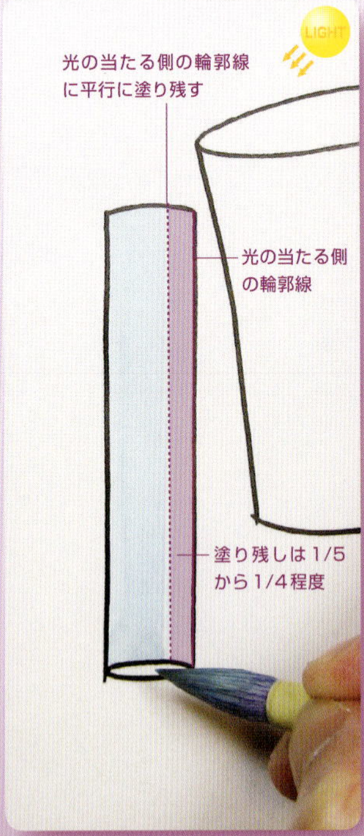

LIGHT
光の当たる側の輪郭線に平行に塗り残す
光の当たる側の輪郭線
塗り残しは1/5から1/4程度

二度塗り（抜き塗り）
グラデーションを入れていく。影に向けて塗り重ねることで陰影を表現

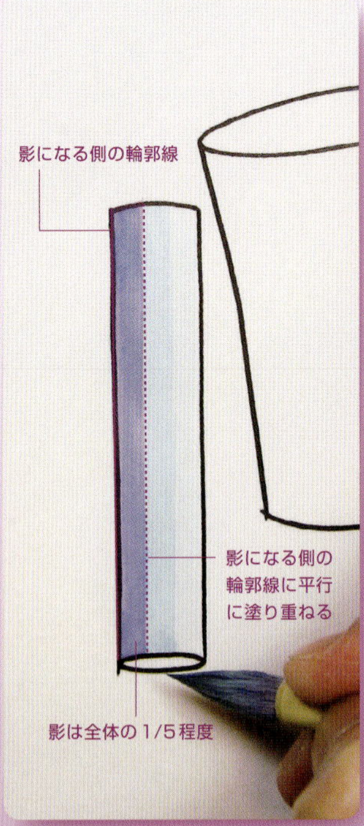

影になる側の輪郭線
影になる側の輪郭線に平行に塗り重ねる
影は全体の1/5程度

三度塗り（影塗り）
影になる部分に更に塗り重ねていく。ここの色が自分の求めている色になるとよい

四度塗り（ぼかし）
3段階のグラデーションができたが、色の段差が気になるので、水だけ含ませた筆で全体をサッとなでて境目をぼかす

その他の筒も同様に。実際には筒ごとに03-05のプロセスをやるのではなく、同色は同時に03-05のプロセスをやる

07

はみだしの修正

ちなみに、ついはみ出してしまったら・・・

08

すぐに水だけ含ませた筆で絵の具を溶かし・・・

09

ティッシュでグーッとしっかり押さえて吸収する

10

かすれの修正

もしかすれてムラになってしまったら・・・

11

水だけ含ませた筆で溶かし・・・

12

ティッシュでグーッとしっかり押さえて吸収する

13

色が取れたのがわかる

14

もう一度ムラなく塗っていく。今度は水分を多めにしよう

15

練習２（シンプルなトップスの色塗り）

Tシャツは、身頃の筒と袖の筒２本という考えで着色する

筒全体の影

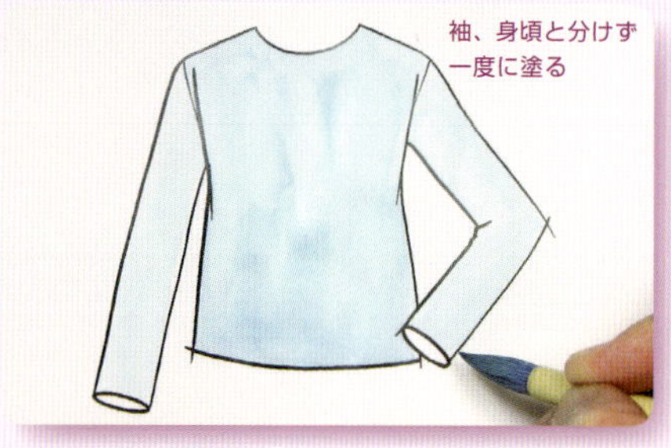
袖、身頃と分けず
一度に塗る

一度塗り（ベタ塗り）
水分を塗りたい部分全体に行き渡らせるように塗る

光の当たる側
の輪郭線に平
行に塗り残す
LIGHT
塗り残しは
1/5から
1/4程度
光の当たる側の輪郭線

二度塗り（抜き塗り）
グラデーションを入れていく。影に向けて塗り重ねることで陰影を表現

練習３（重ね着したトップスの色塗り）

影になる側の輪郭線に
平行に塗り重ねる
影になる側の
輪郭線
影は全体の
1/5程度

三度塗り（影塗り）から四度塗り（ぼかし）
影になる部分に更に塗り重ねていく。ここの色が自分の求めている色になるとよい。３段階のグラデーションができたら、水だけ含ませた筆で全体をサッとなでて境目をぼかす

何枚重ねても、身頃というひとつの筒と考えて陰影をつける

★ 筒全体の影
光の当たる側の輪郭線に平行に塗り残す
光の当たる側の輪郭線
塗り残しは1/5から1/4程度

01

一度塗り（ベタ塗り）から二度塗り（抜き塗り）
ベタ塗り後、グラデーションを入れていく。影に向けて塗り重ねることで陰影を表現

影になる側の輪郭線

02

三度塗り（影塗り）から四度塗り（ぼかし）
影になる部分に更に塗り重ねていく。ここの色が自分の求めている色になるとよい。３段階のグラデーションができたら、水だけ含ませた筆で全体をサッとなでて境目をぼかす

★ パーツの重なりの影
LIGHT
パーツの分かれ目
光源を右上に設定しているので、パーツの分かれ目の左下に影ができる

03

パーツが重なると、下になっているアイテムに影ができる

ジャケットの色塗り

ここからが本番。陰影のルールが分かったらアイテムを色塗りしてみよう。ジャケットには色んなディテールが入っているが、基本は色んな大きさの筒の集まり。「筒全体の影」、「パーツの分かれ目」、「シワ」の３カ所にできる陰影をしっかり表現しよう

★ 筒全体の影
塗る方向は縦地の目。同色はディテールを気にせず一気に塗る。ディテールごとに塗り分けたりしなくてもよい
どうしても地の目の方向に塗りにくければ横に塗っても構わない
塗り始めたら塗り終わるまで筆を離さない。離すたびにムラになるので注意

01

一度塗り（ベタ塗り）
水分を塗りたい部分全体に行き渡らせるように塗る。そうすると、絵の具の粒子が濡れた部分全体にまんべんなく広がってムラにならない

光の当たる側の輪郭線
塗り残しは1/5
から1/4程度
光の当たる側の輪郭線に
平行に塗り残す

二度塗り（抜き塗り）
グラデーションを入れていく。影に向けて塗り重ねることで陰影を表現

02

影になる側の輪郭線に平行に塗り重ねる
影は全体の
1/5程度
影になる側の輪郭線

三度塗り（影塗り）
影になる部分に更に塗り重ねていく。ここの色が自分の求めている色になるとよい

03

★ パーツの重なりの影
LIGHT
パーツの分かれ目
光源を右上に設定しているので、
パーツの分かれ目の左下に影ができる

パーツが重なると、下になっている部分に影ができる

04

★ シワの影
LIGHT
影側（写真ではシワ線
の左下）に入れるのが
最も一般的
シワの厚み
場合によってはシワの
厚み分を考えて光源側
に入れることもある
シワ線がなくても実物を見ながら入れてみても
よいが、あまりうるさくならないように

シワの線の左右どちらかに影を入れる

05

パーツの分かれ目。線の影側（写
真では左下）に色を重ねて陰影
を出す入れるのが最も一般的
LIGHT
ジャケットは3段階の
グラデーションができ
たので、水だけ含ませ
た筆で全体をサッとな
でて境目をぼかす

インナーもジャケット同様、重なり部分に陰影を入れていく

06

シャツの色塗り

シャツは白が多い。白いシャツは陰影のみで表現するとよい。あくまでも下地の白を生かす

筒全体の影

黒を限りなく水で薄める。絵の具：水＝5：95くらいの比率

01

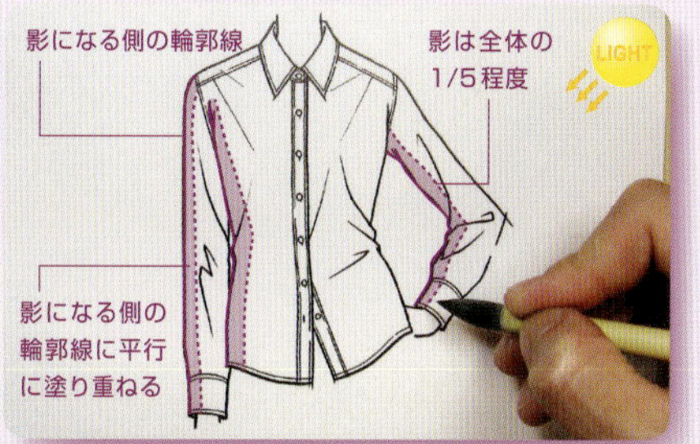
影になる側の輪郭線
影は全体の
1/5程度
LIGHT
影になる側の
輪郭線に平行
に塗り重ねる

影塗り
影になる部分に黒を入れていく

02

パーツの重なりの影

LIGHT
パーツの分かれ目。光源を右上に
設定しているので、パーツの分か
れ目の左下に影ができる

パーツが重なると、下になっている部分に影ができる

03

シワの影

影側（写真ではシワ線の左下）に
入れるのが最も一般的
場合によっては光源側に
入れることもある

シワの線の左右どちらかに影を入れる

04

ぼかし

水だけ含ませた筆で全体をサッとなでて境目をぼかすと全体がマイルドになる

05

パンツの色塗り

パンツは股上がひとつの筒で、股下から二つの筒に分かれている。股下は2本とも陰影が入るので注意しよう

筒全体の影

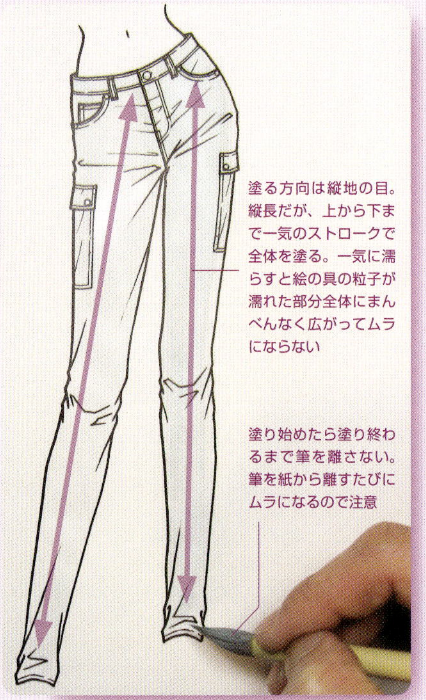
塗る方向は縦地の目。縦長だが、上から下まで一気のストロークで全体を塗る。一気に濡らすと絵の具の粒子が濡れた部分全体にまんべんなく広がってムラにならない
塗り始めたら塗り終わるまで筆を離さない。筆を紙から離すたびにムラになるので注意

01
一度塗り（ベタ塗り）
水分を全体に行き渡らせるように塗る

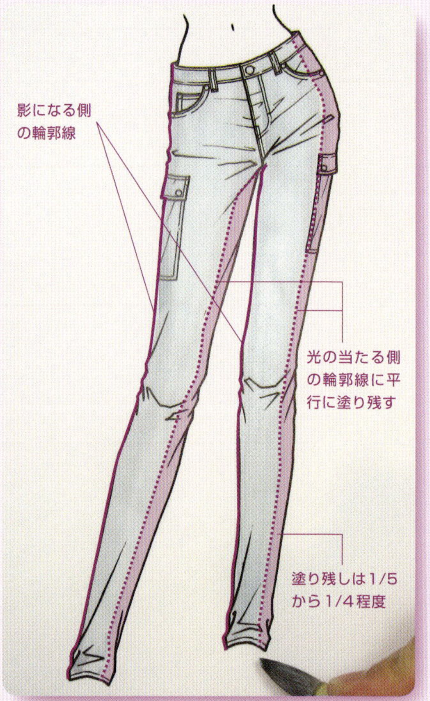
影になる側の輪郭線
光の当たる側の輪郭線に平行に塗り残す
塗り残しは1/5から1/4程度

02
二度塗り（抜き塗り）
グラデーションを入れていく。影に向けて塗り重ねることで陰影を表現

陰影（「筒全体の影」、「パーツの重なり部分」、「シワ」）

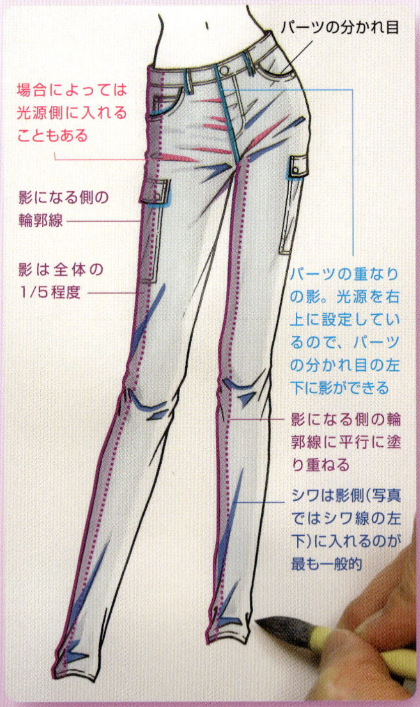
パーツの分かれ目
場合によっては光源側に入れることもある
影になる側の輪郭線
影は全体の1/5程度
パーツの重なりの影。光源を右上に設定しているので、パーツの分かれ目の左下に影ができる
影になる側の輪郭線に平行に塗り重ねる
シワは影側（写真ではシワ線の左下）に入れるのが最も一般的

03
三度塗り（影塗り）
影になる部分に更に塗り重ねていく。ここの色が自分の求めている色になるとよい

04
四度塗り（ぼかし）
水だけ含ませた筆で全体をサッとなでて境目をぼかすと全体がマイルドになる

★phase15の復習★
○絵の具は薄く溶いて、塗り重ねて濃くするのが基本
○影は「筒全体の影」、「パーツの重なり」、「シワ」の3種類
○下地が白なら、白は塗らないで陰影のみでよい

next !!
色々な塗り方を試してみます！

16 phase

色の塗り方(応用編)

前回学んだ塗り方は、薄く何度も塗り重ねることで陰影を出す方法でしたが、
実際にはもっと発色のよい着色が望まれることがあります。
今回は、濃く、発色よく塗りながら、いかに陰影を出すかを考えていきます。

濃い重ね塗り

下地の色を濃くするには、ベタ塗りを二回行う

筒全体の影

塗る方向は縦地の目。同色はディテールを気にせず一気に塗る。ディテールごとに塗り分けたりしなくてもよい
塗り始めたら塗り終わるまで筆を離さない。離すたびにムラになるので注意

一度塗り(ベタ塗り)
水分を塗りたい部分全体に行き渡らせるように塗る。そうすると、絵の具の粒子が濡れた部分全体にまんべんなく広がってムラにならない

二度塗り(ベタ塗り)
再びベタ塗り。これにより下地の色が濃くなり発色がよくなる。ただし、この時点で濃すぎるとこれ以上色が濃くならないので注意。あくまでも薄塗りを2度繰り返すことがポイント

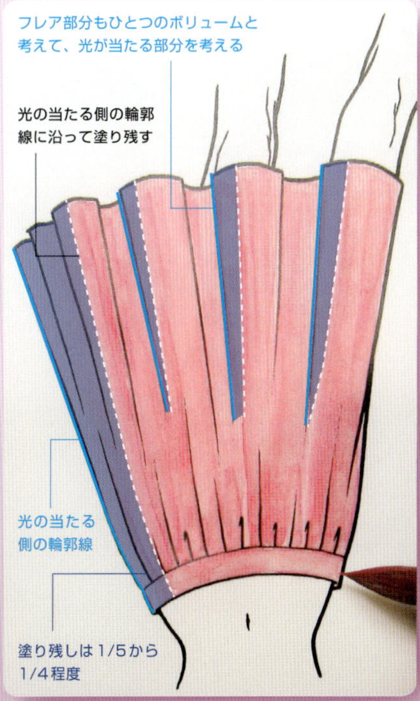

フレア部分もひとつのボリュームと考えて、光が当たる部分を考える
光の当たる側の輪郭線に沿って塗り残す
光の当たる側の輪郭線
塗り残しは1/5から1/4程度

三度塗り(抜き塗り)
グラデーションを入れていく。影に向けて塗り重ねることで陰影を表現

陰影

影になる側の輪郭線。フレア部分もひとつのボリュームと考えて、影になる部分を考える
LIGHT
影になる側の輪郭線に沿って塗り重ねる
影は全体の1/5程度
シワは影側(写真ではシワ線の左下)に入れるのが最も一般的
場合によっては光源側に入れることもある

四度塗り(影塗り)
影になる部分(筒全体の影と、シワの影)に色を塗り重ねていく。ここの色が自分の求めている色になるとよい

五度塗り(ぼかし)
水だけ含ませた筆で全体をサッとなでて境目をぼかすと全体がマイルドになる

抜き塗りの練習

黒のように濃い色は重ね塗りではいつまでたってもまっ黒にならない。そこで発想を逆転。どんどん濃くするのではなく、どんどん薄く塗っていく。これが抜き塗りである

水分は重ね塗りより少なめで、比率は絵の具：水＝１：２くらいだが、かすれないように注意

01

LIGHT
光の当たる側の輪郭線に平行に塗り残す
光の当たる側の輪郭線
塗り残しは 1/5 から 1/4 程度

光の当たる部分を塗り残しながら、下地が透けないようにしっかりと塗る

02

境目の色を溶かしながら、
塗り残した部分に伸ばしていく

水だけ含ませた筆で境目をぼかしてなじませる

03

抜き塗り

実際にジャケットを塗ってみよう。ディテールは多くともやり方は筒の時と同じ

水分は重ね塗りより少なめで、比率は絵の具：水＝1：1くらいだが、かすれないように注意

01

前を開けたときは少し色を抜いておくとよい
光の当たる側の輪郭線に平行に塗り残す
光の当たる側の輪郭線
塗り残しは1/5から1/4程度

光の当たる部分を塗り残しながら、下地が透けないようにしっかりと塗る

02

境目の色を溶かしながら、塗っていない部分に伸ばしていく

水だけ含ませた筆で境目をぼかしてなじませる

03

消えた線は白の色鉛筆で描きおこす

04

光沢塗り

光沢のあるアイテムは色の差が大きい。明るいところは白になり、暗いところは黒になる。
この色の差をグラデーションで塗っていくのがポイント

★ 筒全体の陰
パーツの浮いている部分
シワの山として
光る部分
筒として光る部分

一度塗り（抜き塗り）
光る部分を抜きながら薄塗りしていく

01

二度塗り（重ね塗り）
淡い色の部分を少し残しながら塗り重ねていく

02

水だけ含ませた筆で全体をサッとなでて境目をぼかす。全体的にマイルドになる

03

パーツの重なり
部分の影
筒全体の影
シワの影

影になる部分に黒を入れてメリハリを出す

04

★ phase16の復習 ★

○重ね塗りの発色をよくしたければ、下地の色を濃くする
○抜き塗りは重ね塗りと逆の発想。濃く塗ったあとで薄くぼかしていく
○光沢塗りは光と影の差を明確に。光は白、影は黒になる

next !! 柄を描いていきます！

17 phase 素材表現1　地の目を考えた柄表現

今回から生地の素材感を描いていきます。生地は大きく分けると織って作られる「布帛（ふはく）」と、編んで作られる「ニット」があります。
これらの素材には、生地特有の素材感を持ったものと、色々な柄がほどこされたものの2種類があります。
今回は地の目に沿ってほどこされた柄を描いていきます。
生地には地の目があります。
地の目（布目）は生地のたて方向とよこ方向の織り目のことです。
地の目を正しく通して裁断しないと形くずれするので、裾は基本的に地の目に直角、平行になります。つまり地の目に沿ってほどこされた柄もアイテムの裾や縁に直角、平行になるのです。
素材感は、下地塗りした絵の具の上に柄を入れることで表現します。
B4サイズで表現する場合、実寸の約1/5となるので、生地を間近でマジマジと見て描くのではなく、2mくらい距離を置いて、その雰囲気を表現するようにしましょう。

縞柄

縞柄は、筋の連続で構成された柄のことで、縦縞をストライプ、横縞をボーダー、縦と横が交差した格子縞柄をチェックといいます。

ストライプ（縦縞）の描き方

★ 練習1（筒のストライプ）

服は色んな大きさの筒の集まりといえるので、筒にストライプを入れてみよう

左右からの幅が常に同じになるように線を引くのがポイント

まず筒の中心に線を入れる

01

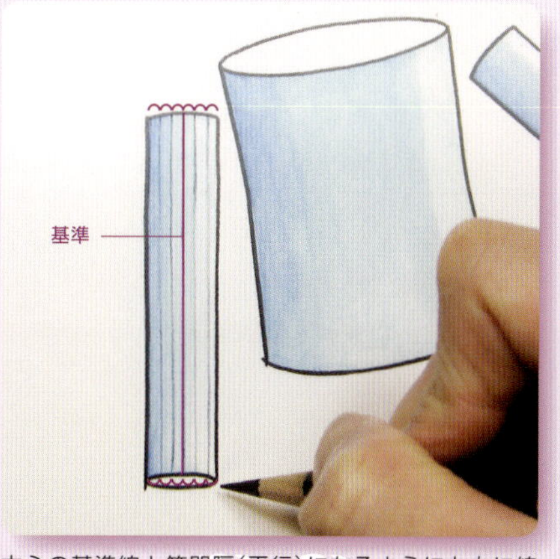
基準

中心の基準線と等間隔（平行）になるように左右に線を引く

02

いきなり線を引くと失敗するので、線の始点と終点にアタリを打って目安にするとよい

中央の筒も同様に。まずは筒の中心に線を入れる

03

基準

中心の基準線と等間隔（平行）になるように左右に線を引く

04

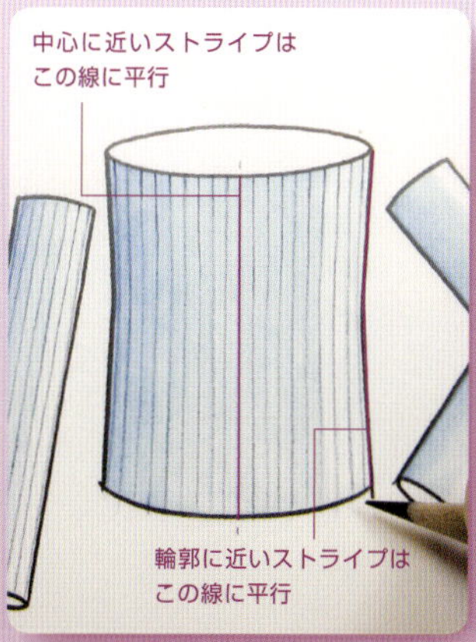
中心に近いストライプはこの線に平行
輪郭に近いストライプはこの線に平行

少しくびれのある筒の場合は、少しずつ輪郭のラインに近づけていく

05

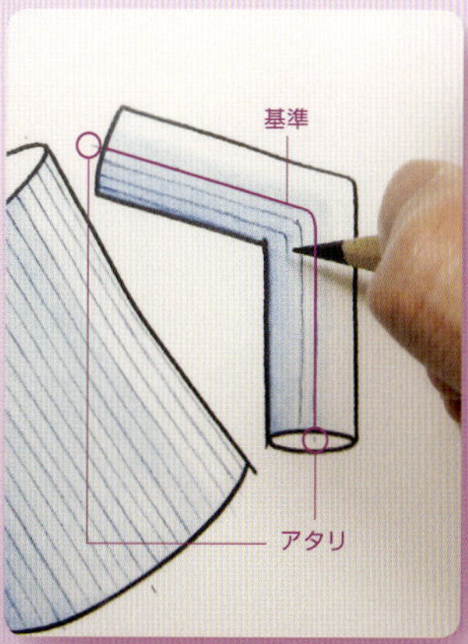
基準
アタリ

曲がった筒も、基本は中心から

06

等間隔に線を入れて完成

07

★ 練習2（シンプルなトップスのストライプ）

左右からの幅が常に同じになるように
線を引くのがポイント

01

トップスは2つの袖の筒と身頃の筒からできている。まず筒の中心に線を入れる

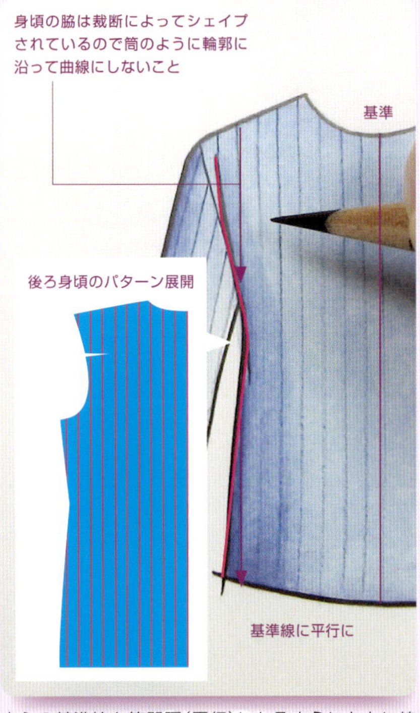
身頃の脇は裁断によってシェイプ
されているので筒のように輪郭に
沿って曲線にしないこと
基準
後ろ身頃のパターン展開
基準線に平行に

02

中心の基準線と等間隔（平行）になるように左右に線を引く

03

脇に平行にしない

★ 練習3（重ね着したトップスのストライプ）

ここを基準に等間隔に

01

前あきのトップスの基準は前打ち合わせ

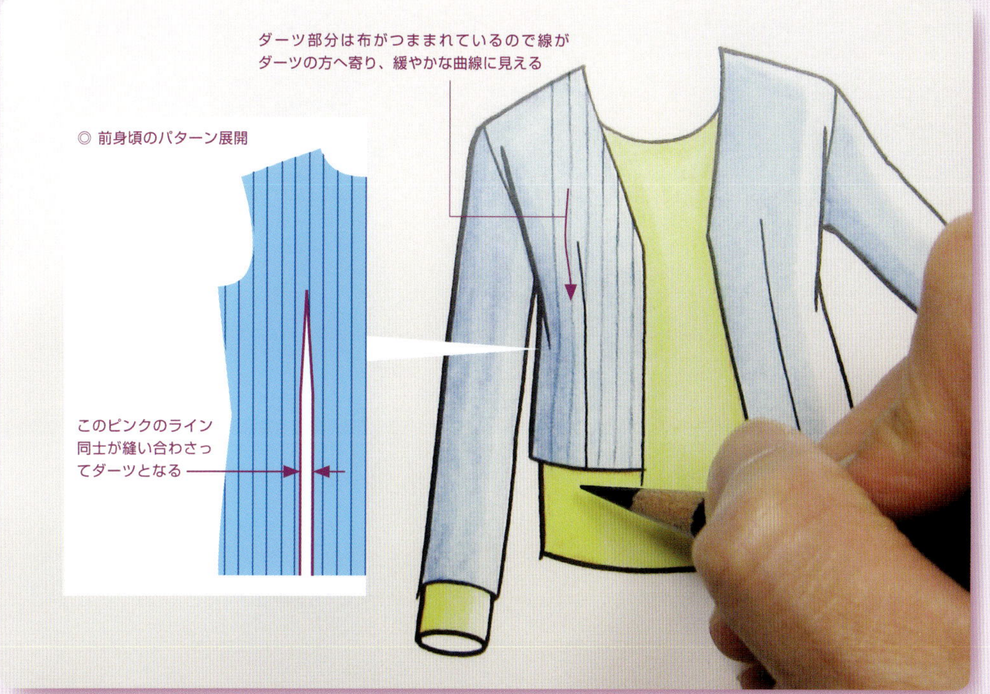
ダーツ部分は布がつままれているので線が
ダーツの方へ寄り、緩やかな曲線に見える
◎ 前身頃のパターン展開
このピンクのライン
同士が縫い合わさっ
てダーツとなる

ダーツの地の目
平面的な布を立体的な身体にフィットさせるため「つまみ」を作る。これをダーツという。トップスはバストを中心としたダーツが入る

02

光のあたる部分は線も薄く

左前身頃を同様に

03

★ ジャケットのストライプ

ここからが本番。筒のストライプの入れ方と、ダーツにより、布がつままれてストライプが曲線になる様子をしっかり表現していく

基準。
シワがあっても気
にしない。デザイ
ン画においては、
生地のヨレを表現
して精密な立体感
を出すよりも、柄
の規則性を表現す
る方が大事

ストライプは袖の中心から入れる

01

裾は少し開き気味
この直線を基準に
等間隔に

前あきのトップスの基準は前打ち合わせ

02

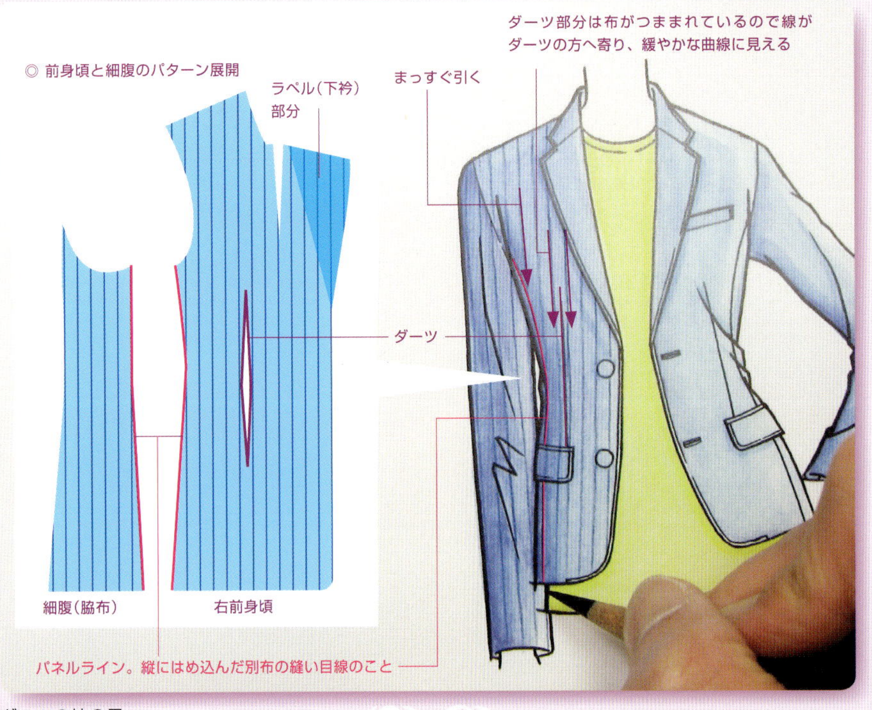
◎ 前身頃と細腹のパターン展開
ラベル（下衿）
部分
ダーツ
細腹（脇布）
右前身頃
パネルライン。縦にはめ込んだ別布の縫い目線のこと
まっすぐ引く
ダーツ部分は布がつままれているので線が
ダーツの方へ寄り、緩やかな曲線に見える

ダーツの地の目

03

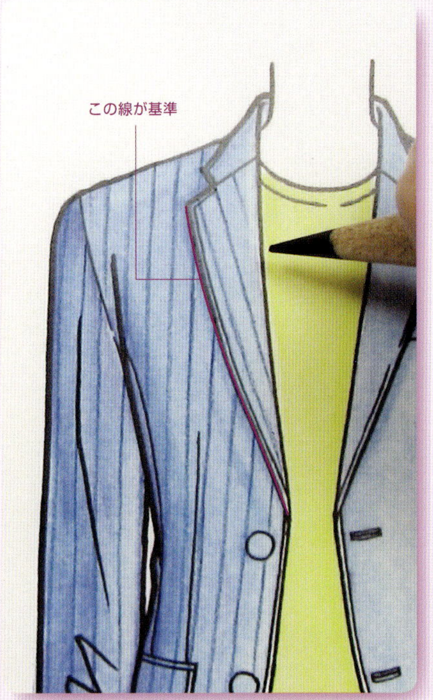
この線が基準

ラペル（下衿）のストライプは縁にほぼ平行

04

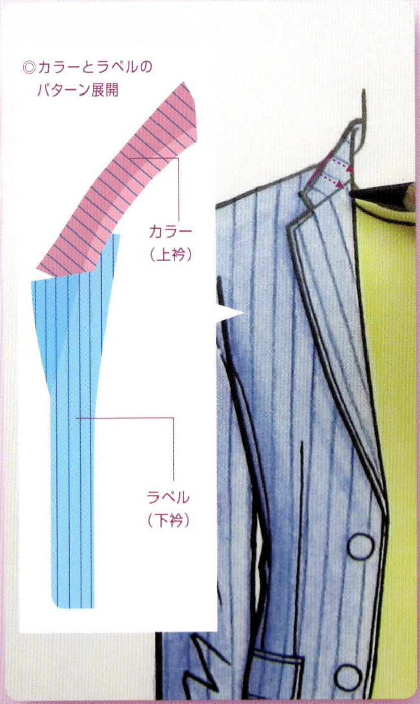
◎カラーとラペルの
パターン展開
カラー
（上衿）
ラペル
（下衿）

カラー（上衿）は縁にほぼ直角

05

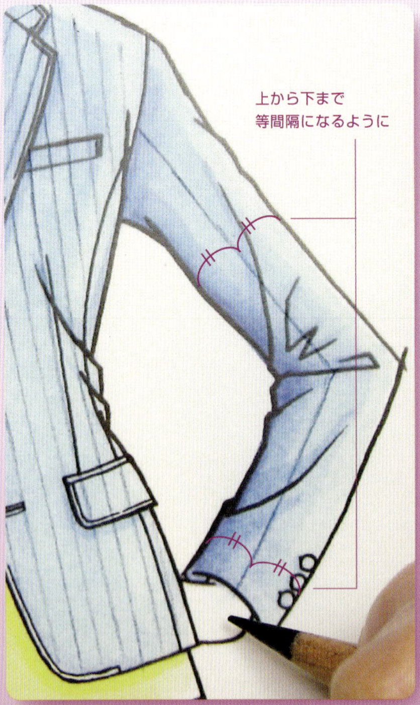
上から下まで
等間隔になるように

曲がった袖も中心の基準線から

06

中心の基準線と等間隔（平行）になるように左右に線を引いて完成

07

★ パンツのストライプ

左右の脚ごとに、脚の動きに合わせて地の目を考えることがポイント

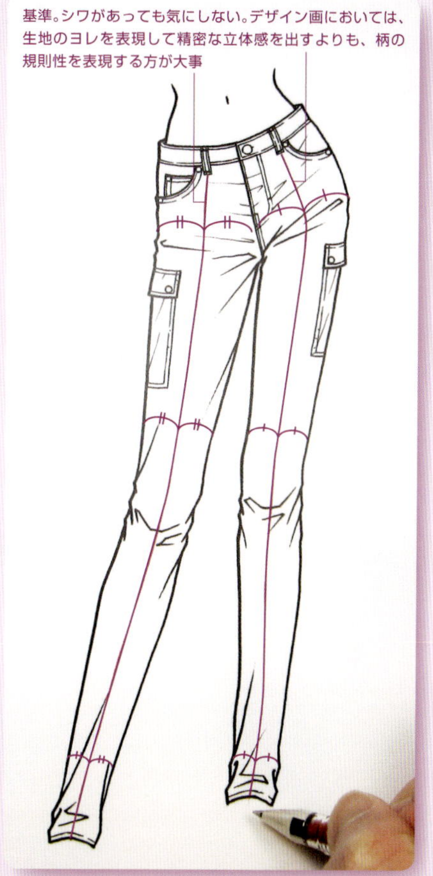
基準。シワがあっても気にしない。デザイン画においては、生地のヨレを表現して精密な立体感を出すよりも、柄の規則性を表現する方が大事

01

ストライプはパンツのセンタープレス（中央の折り目部分）から入れる。脚の動きに合わせて幅の中央に入れる

ウエストベルト。地の目は横なので
ベルトのラインに平行に入れる
◎パンツ（前）のパターン展開
前中心から斜めに出ている。
左右合わせると逆V字型に
なるのがポイント
脇のストライプは脇線に平行ではなく、
あくまでも基準線から等間隔に

02

基準線をもとにストライプを等間隔で入れていく

★ ギャザースカートのストライプ

ベルト部分のギャザーとフレアの表現がポイント。ギャザーは「集める」、フレアは「ゆらめく炎」の意

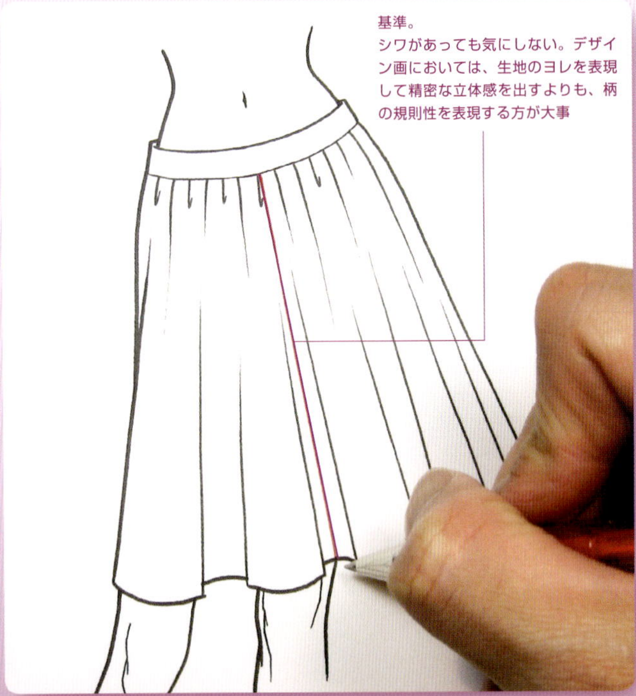
基準。
シワがあっても気にしない。デザイン画においては、生地のヨレを表現して精密な立体感を出すよりも、柄の規則性を表現する方が大事

ストライプはスカートの前中心から入れる

01

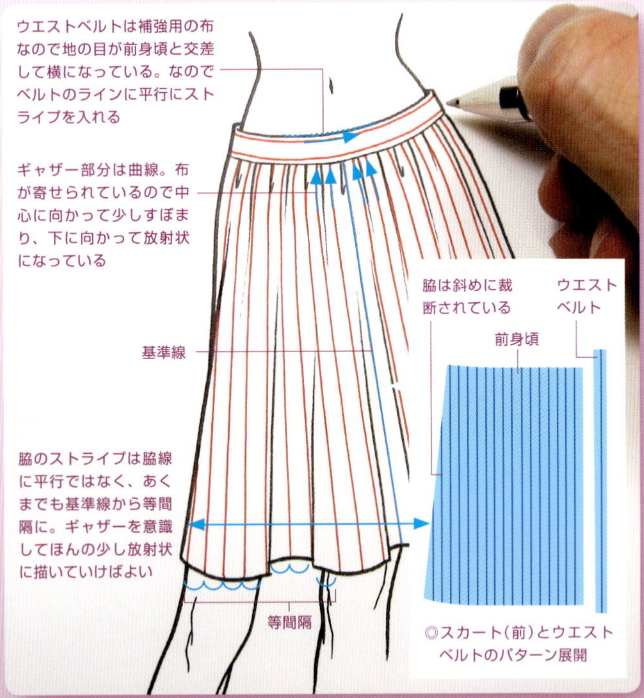
ウエストベルトは補強用の布なので地の目が前身頃と交差して横になっている。なのでベルトのラインに平行にストライプを入れる
ギャザー部分は曲線。布が寄せられているので中心に向かって少しすぼまり、下に向かって放射状になっている
基準線
脇のストライプは脇線に平行ではなく、あくまでも基準線から等間隔に。ギャザーを意識してほんの少し放射状に描いていけばよい
等間隔
脇は斜めに裁断されている
ウエストベルト
前身頃
◎スカート(前)とウエストベルトのパターン展開

基準線をもとにストライプを等間隔で入れていく。ギャザー部分は立体感で曲線になるので注意

02

ボーダー（横縞）の描き方

★ 練習1（筒のボーダー）

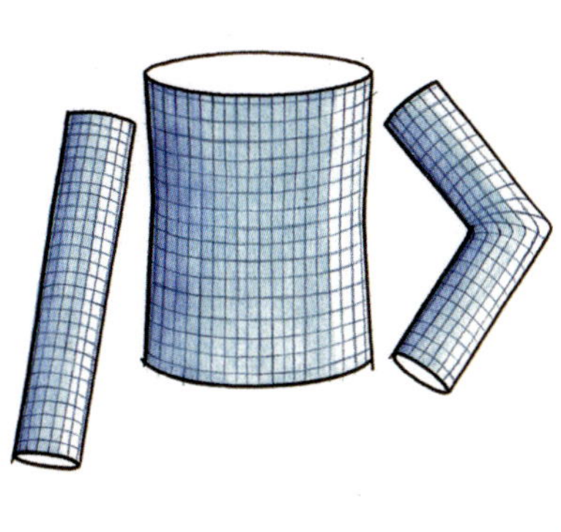

服は色んな大きさの筒の集まりといえるので、まずは筒にボーダーを入れてみよう。立体感で曲線になることが多いのがポイント。先ほどストライプを入れたので、縦と横を合わせてチェック（格子）になる

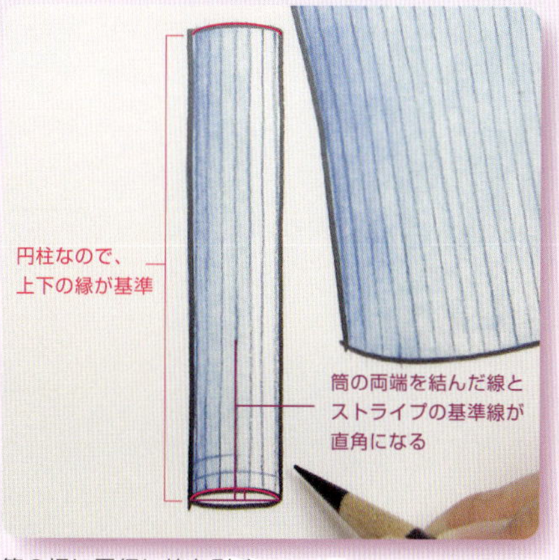
円柱なので、
上下の縁が基準
筒の両端を結んだ線と
ストライプの基準線が
直角になる

01

筒の裾に平行に線を引く

02

等間隔（平行）になるように上に線を重ねる

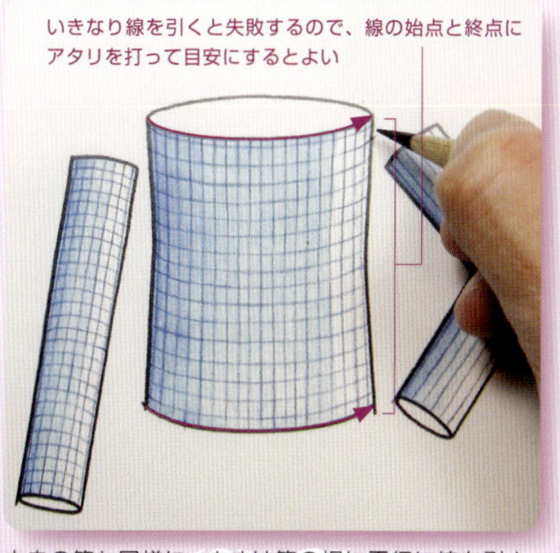
いきなり線を引くと失敗するので、線の始点と終点に
アタリを打って目安にするとよい

03

中央の筒も同様に。まずは筒の裾に平行に線を引き、等間隔（平行）になるように上に線を重ねる

基準

04

曲がった筒は基本は同じ。まずは筒の裾に平行に線を引き、等間隔（平行）になるように上に線を重ねる

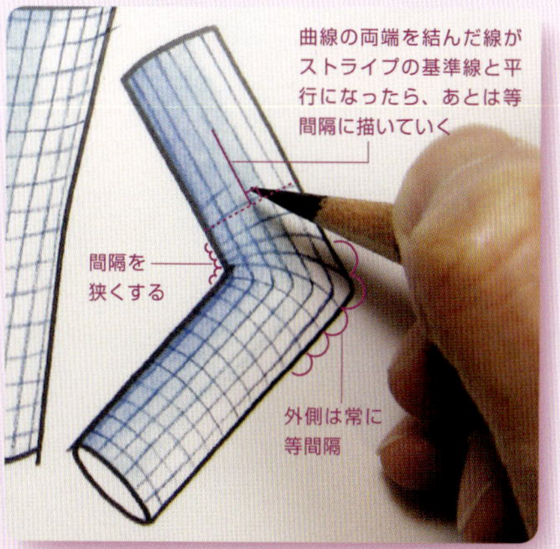
曲線の両端を結んだ線が
ストライプの基準線と平
行になったら、あとは等
間隔に描いていく
間隔を
狭くする
外側は常に
等間隔

05

曲がり角は内側の線の幅を狭く取って調整

★ 練習2（シンプルなトップスのボーダー）

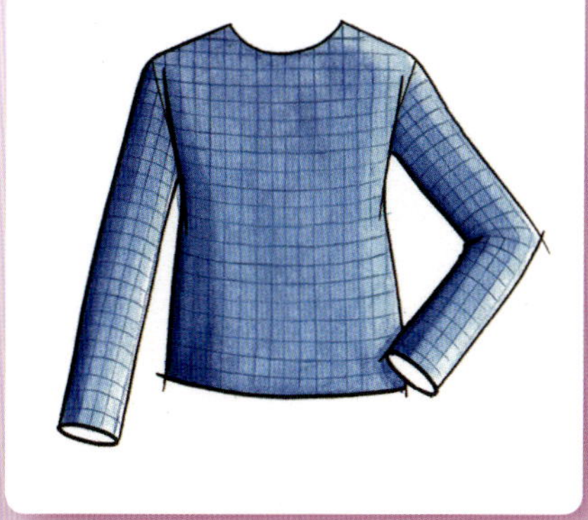

◎袖のパターン展開
袖山。この部分が身
頃と縫い合わさり
アームホールになる

01

トップスは2つの袖の筒と身頃の筒からできている。まずは筒の裾に平行に線を引き、等間隔（平行）になるように線を重ねる

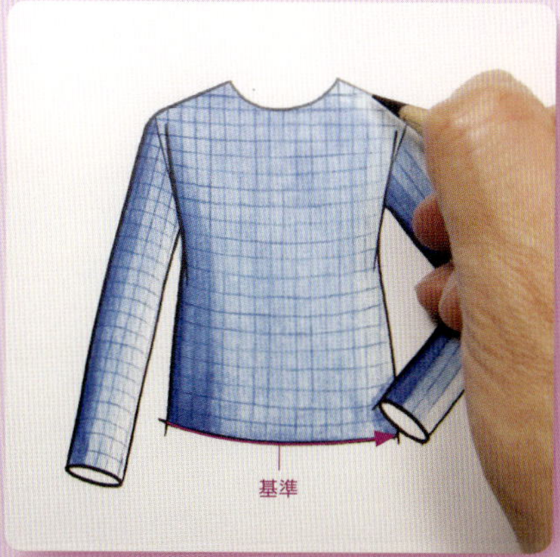
基準

02

身頃も同様。筒の裾に平行に線を引き、等間隔（平行）になるように線を重ねる

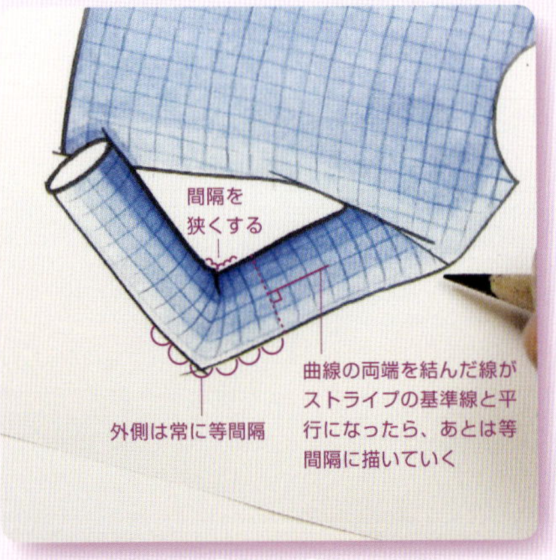
間隔を
狭くする
曲線の両端を結んだ線が
ストライプの基準線と平
行になったら、あとは等
間隔に描いていく
外側は常に等間隔
曲がり角は内側の線の幅を狭く取って調整

03

★ 練習３（重ね着したトップスのボーダー）

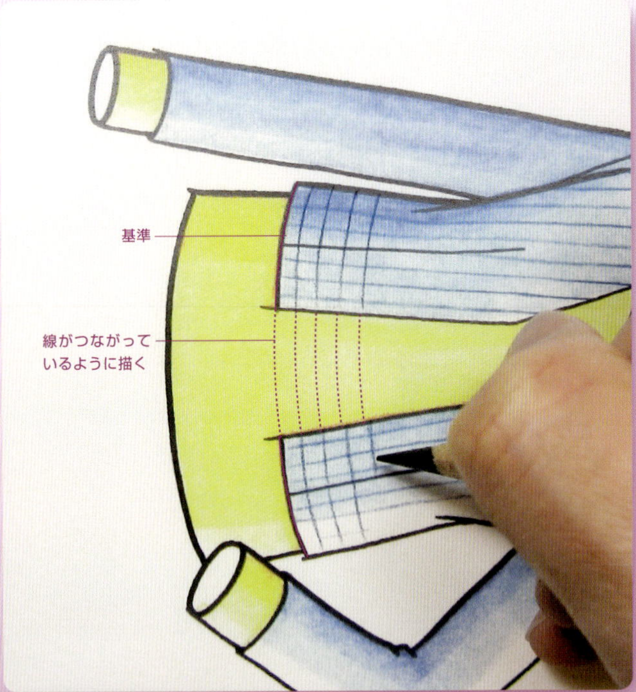
基準
線がつながって
いるように描く
前あきになっていても線がつながっているように描く

01

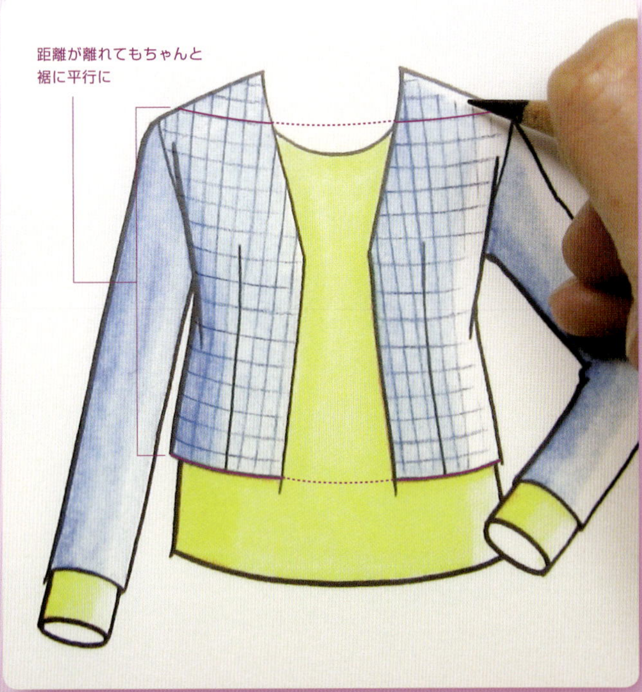
距離が離れてもちゃんと
裾に平行に
等間隔（平行）になるように上に線を重ねる

02

★ ジャケットのボーダー

ここからが本番。筒のボーダーの入れ方を応用して表現していく

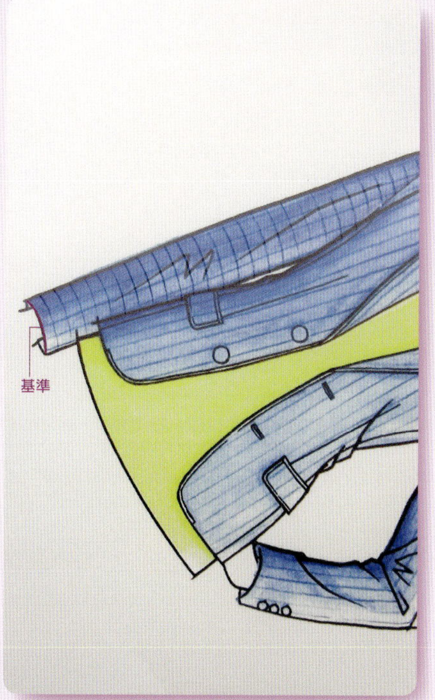
基準

01

トップスは2つの袖の筒と身頃の筒からできている。まずは筒の裾に平行に線を引き、等間隔（平行）になるように線を重ねる

線がつながって
いるように描く
基準

02

前あきになっていても線がつながっているように描く

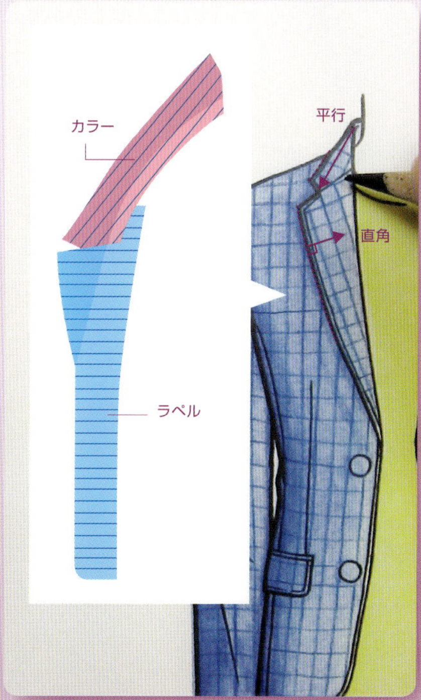
カラー
平行
直角
ラベル

03

ラベル（下衿）は縁にほぼ直角で、カラー（上衿）は縁にほぼ平行

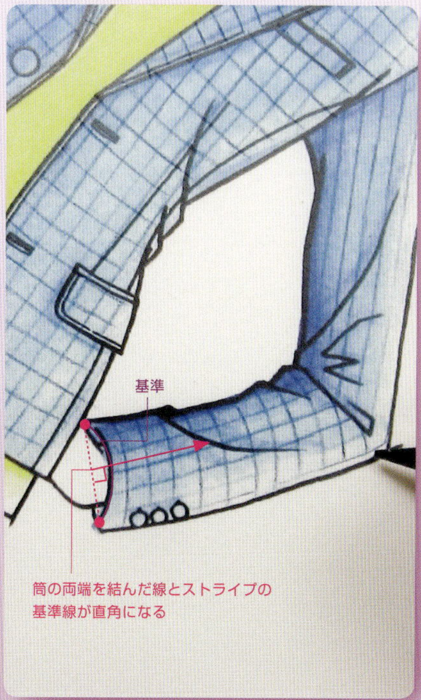
基準
筒の両端を結んだ線とストライプの
基準線が直角になる

04

曲がった袖も裾から

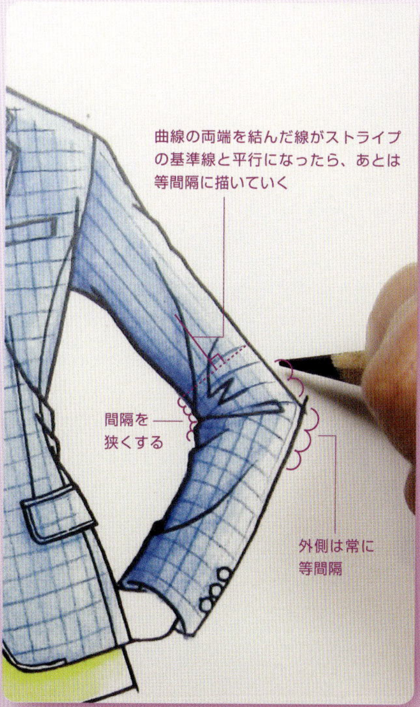
曲線の両端を結んだ線がストライプ
の基準線と平行になったら、あとは
等間隔に描いていく
間隔を
狭くする
外側は常に
等間隔

05

曲がり角は内側の線の幅を狭く取って調整

★ パンツのボーダー

左右の脚ごとに、脚の動きに合わせて地の目を考えることがポイント

二股に分かれてから２本目でポケットのフラップに重なる。左右同じになるように
基準

ボーダーは腰の部分と二股に分かれた脚の部分に分けて考える。まずは腰部分。ウエストベルトに平行に等間隔に入れていく

01

ウエストベルトは地の目が横なのでボーダーが縦になる。ストライプの要領で等間隔に
パンツの裾は足の甲があるために裾の弧の向きが逆になる。上に行くに従って下向きの弧になるように調整すること

等間隔に線を入れていく

02

★ ギャザースカートのボーダー

ベルト部分のギャザーとフレアの表現がポイント

◎ギャザースカートのパターン展開
裾は脇あたりで緩いカーブになっているが、ほぼ水平になっていると考えてよい
◎サーキュラースカートのパターン展開
ボリュームのあるサーキュラースカートは裾が完全に弧を描くことになるので地の目に注意。パターンをよく観察してみよう

ボーダーはスカートの裾に平行に入れていく

01

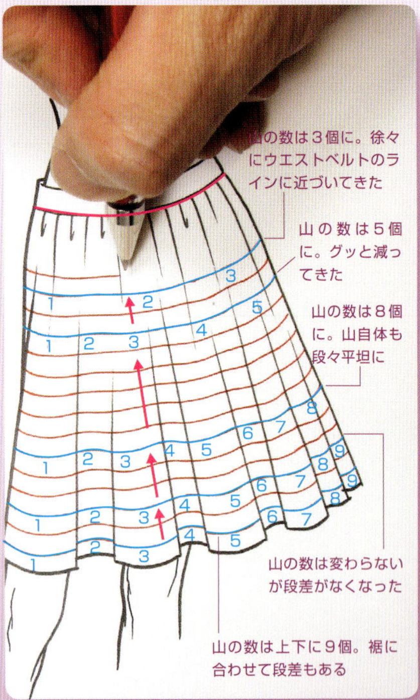

山の数は３個に。徐々にウエストベルトのラインに近づいてきた
山の数は５個に。グッと減ってきた
山の数は８個に。山自体も段々平坦に
山の数は変わらないが段差がなくなった
山の数は上下に９個。裾に合わせて段差もある

上に向けて少しずつ波の数を減らしながら、ウエストベルトに近づけていく

02

色々な地の目柄の描き方

ストライプとボーダーを組み合わせるとチェックができるが、チェックの中でも最も複雑なのがタータンチェック。色数も多いし太さもさまざま。しかし順を追って描けばちゃんと描ける

01

まずはスワッチ（生地の小見本）の状態を描いてみる。ドローイングペンで四角く囲う

02

下地塗り。赤でムラなく塗る。スワッチなので陰影はいらない

03

何色も柄が入っている場合は、目安になる太い色（キーカラー）から描いていく。今回は濃緑色がそれにあたる。観察してみると2本のセットになっている。細い筆を使って描いていこう

04

重なったところは色が鮮やかになるので上から緑で塗り重ねる

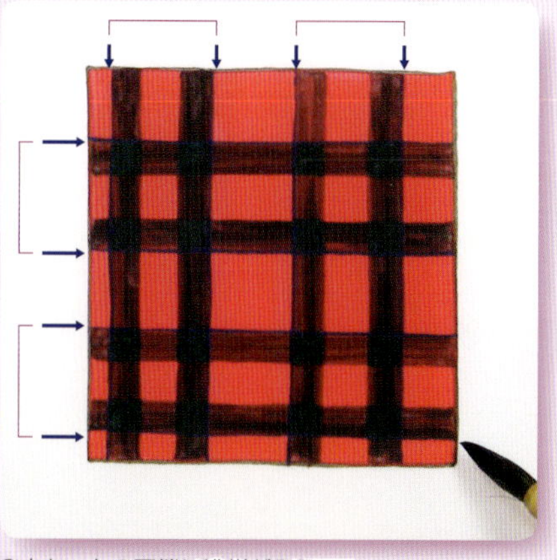

05

2本セットの両端に濃紺が入る

06

2本セットの中央の赤部分に黒のライン。黒はドローイングペンの0.05で

07

キーカラーの濃緑色の上には黄色と白がはいる。黄色は2本セットの外側、白は2本セットの内側に入る

08

白はさらに2本セットの中心にも入る

★ ギャザースカートのタータンチェック

タータンチェックの構成が理解できたらスカートに乗せてみよう

等間隔
LIGHT
光源は右上に設定。立体感を考えて「重ね塗り」で濃淡をしっかり出す
ギャザーで生地を寄せてあるので、脇に行くにつれ少しストライプが放射状になる

01

赤で下地塗り。キーカラーの濃緑色をたて地の目に入れる

縦と同じ太さになるように

02

横地の目は裾から入れる

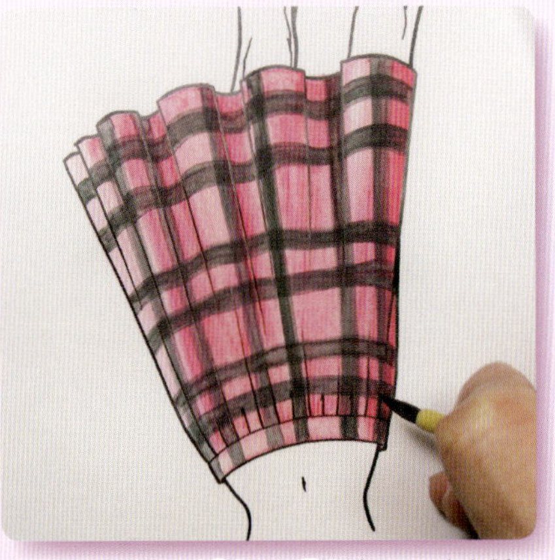

03

上に行くに従って、凸凹な波線がフラットな弧になっていく

04

重なったところは色が鮮やかになるので上から緑で塗り重ねる

05

2本セットの両端に濃紺が入る

06

2本セットの中央の赤部分に黒のライン、キーカラーの濃緑色の上には黄色と白がはいる。黄色は2本セットの外側、白は2本セットの内側に

07

白はさらに2本セットの中心にもはいる

08

色鉛筆で影を強調しメリハリをつけて完成

★ ウール＆ニット

ウール地の柔らかさは色鉛筆で表現。紙の表面をザラッとさせ、起毛感を出すとよい。
ステッチ（編み目）は、遠くから見るとストライプに見える。ニットには色々なファンシーステッチ（変わり編み）があるが今回はケーブル編みを描いてみる。縄状の模様が特徴

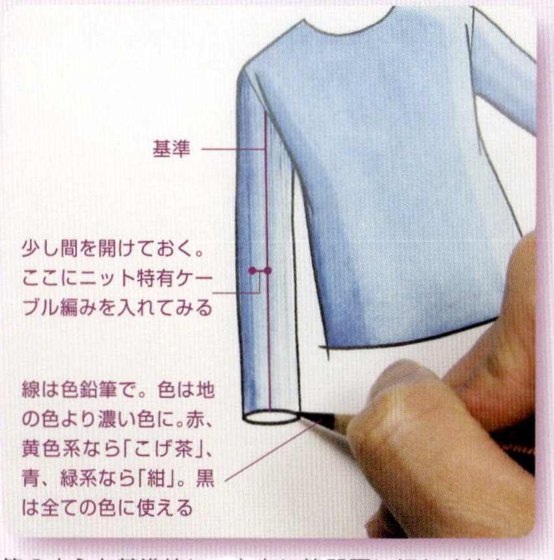
基準
少し間を開けておく。ここにニット特有ケーブル編みを入れてみる
線は色鉛筆で。色は地の色より濃い色に。赤、黄色系なら「こげ茶」、青、緑系なら「紺」。黒は全ての色に使える

01

筒の中心を基準線に、左右に等間隔に細かく線を入れて編み地を表現

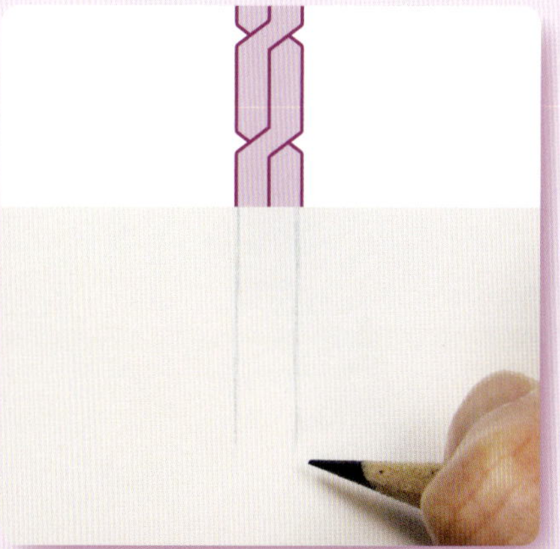

02

ケーブル編みの練習。まずケーブル編みの太さを決める

03

ケーブルはそのまま描くと少し面倒なので工夫して省略する。まず「J」を2本平行に描く

04

半歩ずらして向かい合わせに「J」を2本平行に描く。これを繰り返す

05

ケーブルの大きさが同じになるよう心がけながら描く

06

実際にケーブルを入れてみる

ケーブルの大きさが同じになるように

07

影になる線を濃くなぞってメリハリをつける

08

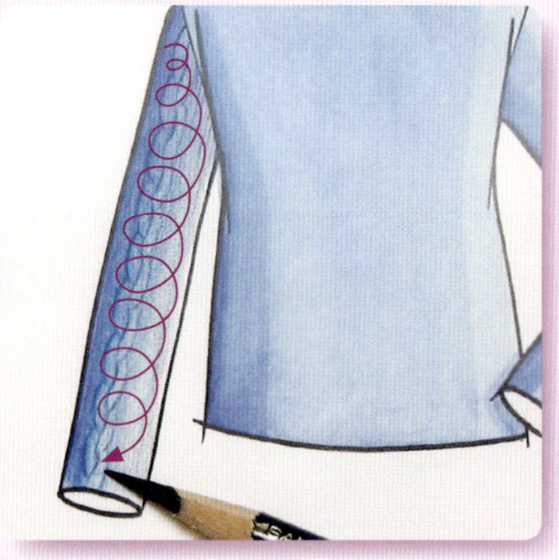

地の色より濃い色（今回は紺）の色鉛筆の腹で表面をなでてざらつかせ、ウールの起毛感を表現して完成。色鉛筆の線が出ないように柔らかく回すようになでること

09

★ コーデュロイ

3mm前後の細かなたて方向の畝（うね）が特徴。表面が凸凹しているので実際に溝を作ってやる

シャーペンの芯を出さない状態で、表面をけがく。まずは基準線から

01

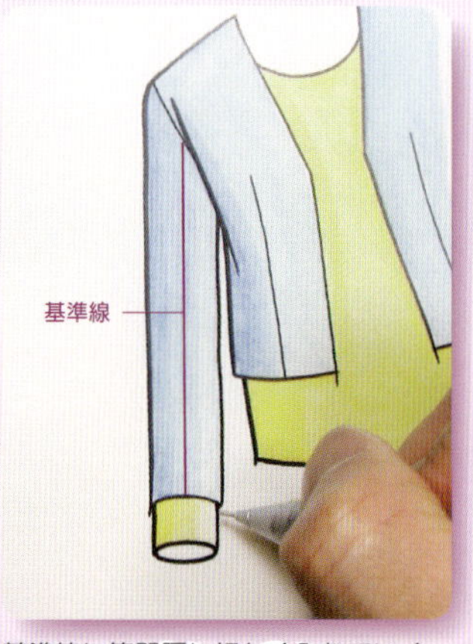

基準線に等間隔に細かく入れていく

02

地の色より濃い色（今回は紺）の色鉛筆の腹で表面をなでてざらつかせ、ウールの起毛感を表現して完成。色鉛筆の線が出ないように柔らかく回すようになでること

03

★ ドット

ドットはアタリに取った格子に、１個とばしに入れるのがポイント

格子を描く
01

ドットの色を作る。水を少なめにして下地が透けないように
02

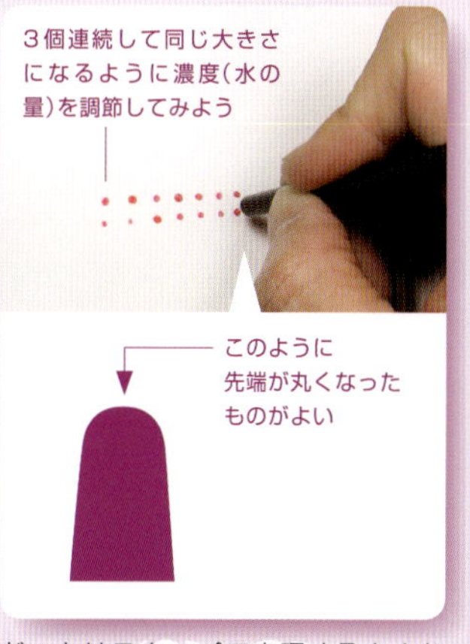
３個連続して同じ大きさになるように濃度(水の量)を調節してみよう
このように先端が丸くなったものがよい

ドットはスタンプで表現するときれいな丸になりやすい。身の回りの半球状の突起を探してスタンプしてみよう
03

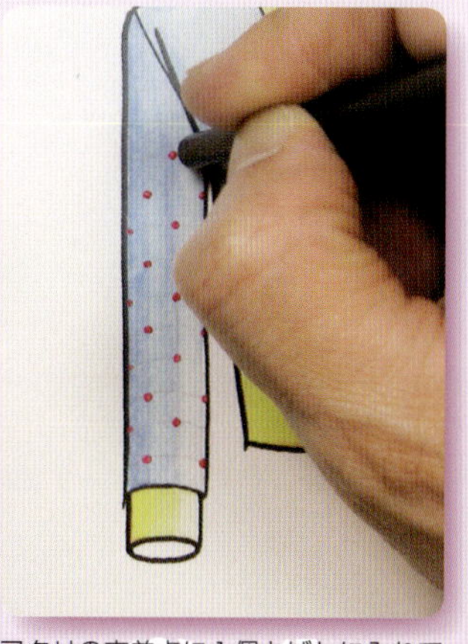

アタリの交差点に１個とばしに入れていく
04

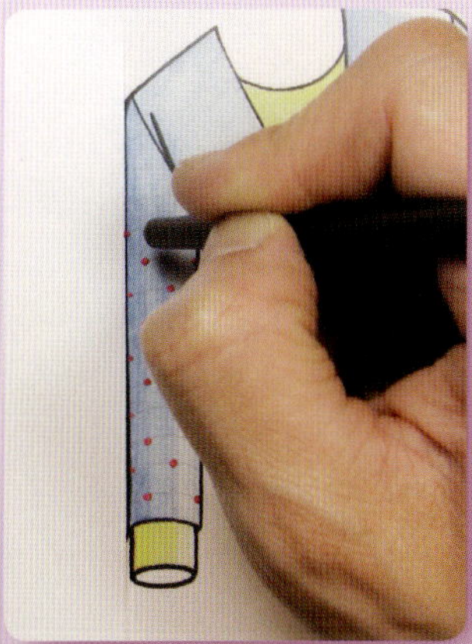

半円しか必要ないときは紙を当てるとよい
05

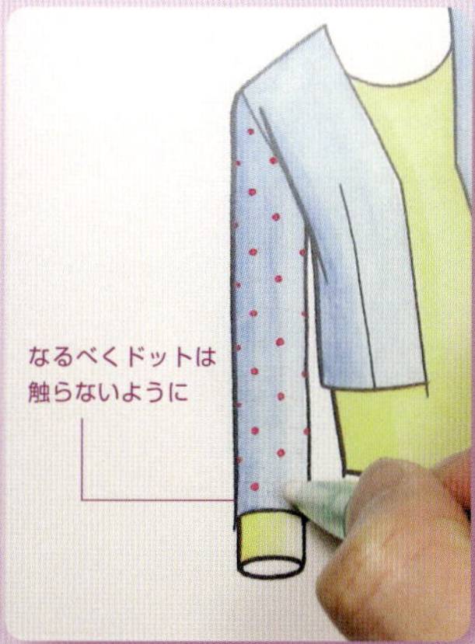
なるべくドットは触らないように

十分乾かしたのち、消しゴムを掛けて完成
06

★ phase17の復習 ★

○ストライプはパーツの中央にまず基準線を入れ、その後左右に等間隔に入れていく
○ボーダーは一般的に裾に平行
○複雑なチェックも、ひもといてみると単純な格子の集まり。キーになる太い線を見つけよう
○実物を観察したり、パターン展開を見て、地の目を理解しよう

next !! さらに柄を描いていきます！

18 phase

素材表現2　色々な素材、柄の表現

今回は生地特有の素材感や柄について描いていきます。
素材感は、下地塗りした絵の具の上に柄を入れることで表現します。上塗りする場合は、下地塗りより水分量を少なめにするとよいでしょう。B4サイズで表現する場合、実寸の約1/5となるので、生地を間近でマジマジと見て描くのではなく、2mくらい距離を置いて、その雰囲気を表現するようにしましょう。

デニムの描き方

フランス語のserge de nimes(サージ・ド・ニーム)がなまったもの。サージは綾角度が45°前後の綾織りのこと。ニームはフランスの地方の名前。つまりニーム地方で作られたサージのこと

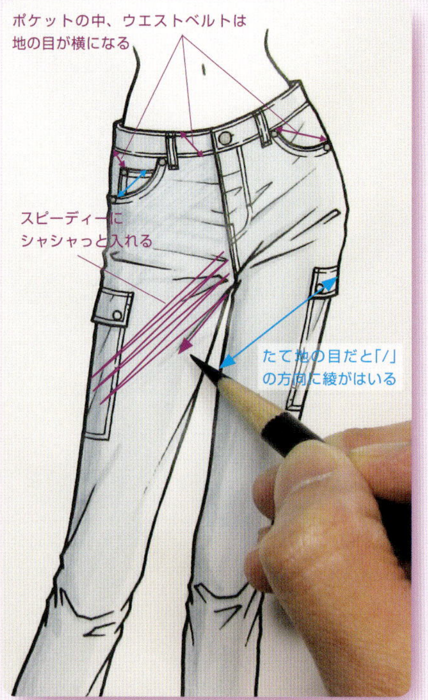

ポケットの中、ウエストベルトは
地の目が横になる
スピーディーに
シャシャっと入れる
たて地の目だと「/」
の方向に綾がはいる

重ね塗りで下地の色を塗ったら、地の色より濃い色(今回は紺)の色鉛筆で細く綾を入れる。角度は45°前後

01

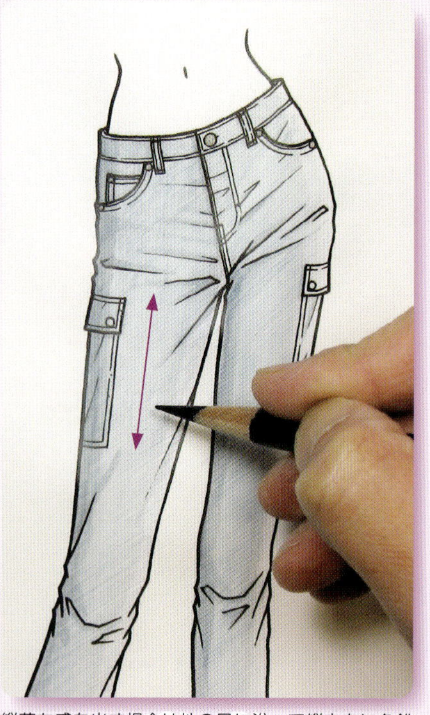

縦落ち感を出す場合は地の目に沿って縦方向に色鉛筆を入れていく。デニムは縦糸にインディゴブルー、横糸に晒し、もしくは未晒し糸を使う。色落ちによって味がでるのがポイント

02

色が薄くなっているところは白の色鉛筆も加えていく

03

シワに深みを出すと縦落ち感が
グッと引き立つ

さらに地の色より濃い色(今回は紺)の色鉛筆で陰影を入れ、全体にメリハリを出す

04

はみ出た部分を消しゴムで消して完成

05

ネップツイードの描き方

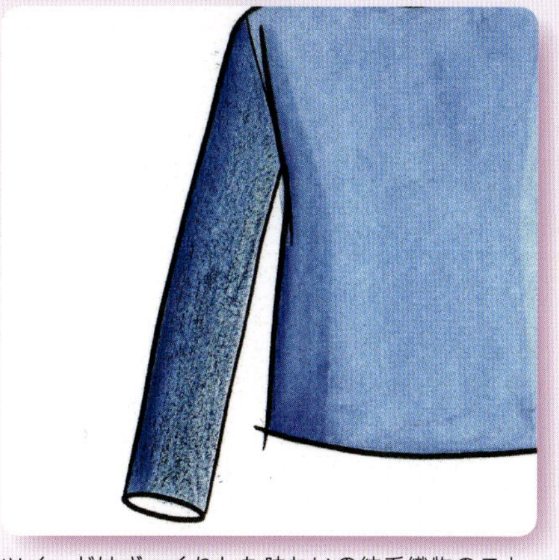

ツイードはざっくりした味わいの紡毛織物のこと。ネップは斑点のことで、生地の表面にさまざまな色が施されているのが特徴

01

筆をつぶし放射状にする

筆先がばらけると一度に多くの点が描ける

02

筆先が開きすぎた場合は調整して少しすぼめる

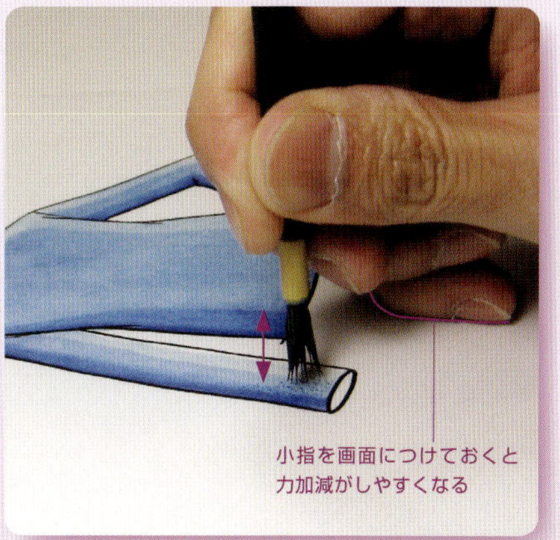
小指を画面につけておくと
力加減がしやすくなる

03

筆をトントンと画面に優しく触れるように叩く

04

色んな色を入れて深みを出す

05

地の色より濃い色(今回は紺)の色鉛筆の腹で表面をなでてざらつかせ、ウールの起毛感を表現して完成。色鉛筆の線が出ないように柔らかく回すようになでること

ファーの描き方

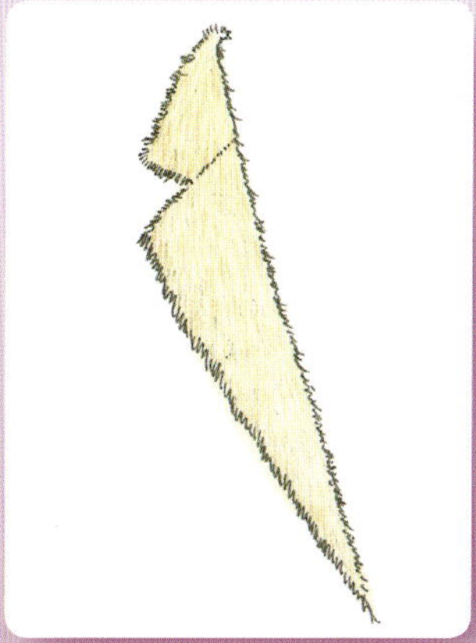

毛皮のこと。毛のついたままの動物の皮をなめして作る。人類が最も始めに手にした素材

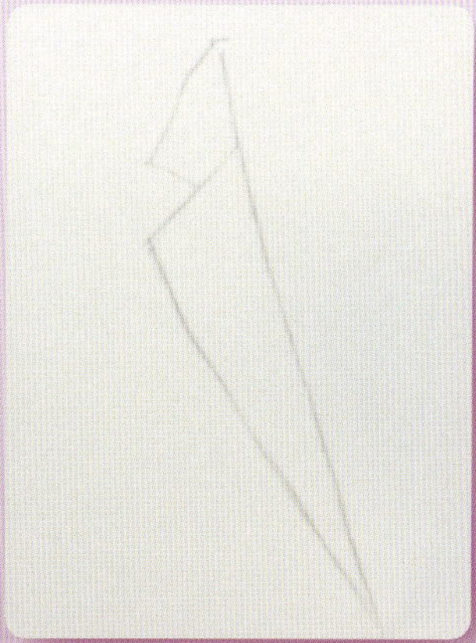

01

鉛筆で下書きするときは普通に線で表現

鉛筆の線
鉛筆のから毛足を生やすように描いていく。太さは0.05
毛は「I」ではなく、「V」で描く

02

ペン入れの時点でファーにしていく

03

インクを乾かして(2分後くらい)消しゴムをかける

04

下地の色を薄く塗る。水が少ないと、このあと毛足を描いても見えなくなるので注意

05

水分量少なめの同色で、上から毛足を描く

LIGHT
影になるところは
少し筆圧を上げて
濃くし、ファーの
厚みを出す

06

下地の色より濃い色(今回は茶)の色鉛筆でさらに毛足を描いていく

地の色より濃い色(今回は茶)の色鉛筆の腹で表面をなでてざらつかせ、ウールの起毛感を表現して完成。色鉛筆の線が出ないように柔らかく回すようになでること

豹柄の描き方

ファーの柄は、動物によってさまざま。その中でも最も有名なのが豹(レオパード)柄だろう。豹柄はリング状の黒い斑点が特徴

半分しか見えない斑点も
描くと、充実してリアル
に見える

01

まず、薄いベージュのファーを描き、黒の斑点を入れる。斑点は「O」や「C」の形

02

斑点の中を栗色で塗って完成

花柄(フローラル・プリント)の描き方

花をモチーフにした柄はさまざまで、リアルなものからデザイン的なものまで色々ある

01

少し歪み気味の円を描いて花びらにする。下が透けないように水少なめで塗ること

渦巻きを描くように
よれた渦巻きにする
とちょうど花びらの
ようになる

02

下地より濃い色で花びらを描く

同様に色と大きさを変えてもう１種類描いてみる

03

葉っぱを描く

04

白で光沢を出して完成

05

透ける素材の描き方

軽くて薄地の透き通った平織り。シルクが基本だが、レーヨン等の合織もある

下地の色を塗り、じゅうぶんに乾いたら透ける素材部分のペン入れをする

01

シフォンの色を作る。上塗りのときは、薄い色は白を混ぜて作る

02

水分量を多めにしてサッと塗る。グズグズしてると下地が溶けてくるので注意

03

影部分に同色を塗り重ねる

04

水だけ含ませた筆でなじませる。ここもサラッと塗らないと下地が溶けてくるので注意

05

輪郭が見えなくなったので、白の色鉛筆で輪郭を描きおこして完成。このように、下が黒い場合は輪郭線の色も変えていく

06

★ レース

透かしの多い生地に模様を施したもの。絵の具でレースの輪郭を描く。レースの色がドローイングペンの種類の中にあればドローイングペンを積極的に使おう。その方が細かくてきれいなレースが描ける

01

編み地を描く。細かく入れるほどよい

02

バラの花の練習。バラの基本は渦巻き

03

ヨレヨレさせながら渦巻きを描くとバラの花になる。「●」は、ぶつかっているポイント

04

葉っぱを描いて完成

05

さっそく絵の具で描いてみる

06

描き終えたら完成

07

★ レーシーニット

レースのように透かしの多い編み地のこと。和製英語。編み地をひとつひとつ描いていく。形は丸みのある四角

01

2列、3列と同じ大きさになるように描いていく

02

地の色より濃い色（今回は紺）の色鉛筆の腹で表面をなでてざらつかせ、ウールの起毛感を表現して完成。色鉛筆の線が出ないように柔らかく回すようになでること

03

★ phase18の復習 ★

○素材表現は色鉛筆を中心に
○絵の具で上塗りする場合は、水分量を少なめにしないと下が透けるので注意
○絵の具で上塗りする場合は、薄い色を作るときは白を使う

next !! 写真を見てデザイン画を描いていきます！

写真を見てデザイン画を描く１

見本(写真)のポーズやスタイリングを参考に８頭身のデザイン画を描いていきます。
雑誌等を参考にデザイン画を描く場合、その写真がデザイン画を描くのに適しているかを見極めることが大切です。
ポイントは今まで学んだポーズの原理を満たしたポーズを選ぶことです。

デザイン画のプロセスは、下記の通りです

下描き

・ボディ：服のイメージに合わせてポーズを考え、８頭身でバランスよく描く
・着装：アイテムの着丈、ボリューム感、構造を考えて服を着せる。服のディテールもしっかりと。ここまでが鉛筆

着色

・ペン入れ：下描きを着色用紙に転写する。イメージに合わせて色んな画材で線を描こう
・着色：下地塗りから素材感、柄まで丁寧に描いていこう

仕上げ

・ヘアメイク：服のイメージに合わせて色々なヘアメイクを楽しもう
・消えた線の描きおこし：描いていくうちに見えなくなった線もしっかり描きおこしておこう
・輪郭のメリハリ：最後に全体を引き締めるべく輪郭の線に強弱をつけてみることもある

それぞれのステップで大事なことを再確認しながら進めていきましょう。

ワンピース・スタイルのポーズ分析

★ 写真の分析

写真のポーズがどのようなものかを見極めるには、足の位置、ウエストラインの傾き、正中線の３つのポイントを見ることが大切

★ フロントネックポイント

01

左右のショルダーポイントに点を打つ

02

2点を結ぶ

少し長い
少し短い

03

フロントネックポイントに点を打つ。少し斜め向きなので2点の真ん中より少し奥寄りになる

★ 立ちポーズの分析
重心線
ちゃんと立っている写真なら水平線に直角になる

04

フロントネックポイントからまっすぐ下に線をおろす。これが重心線になる

ちゃんと立っている写真なら水ポーズにおいて重要な支脚は◎にする

05

足首に○をつける。重心線に近い方が支脚になる。左脚が支脚の片脚重心ポーズだと言うことが分かった

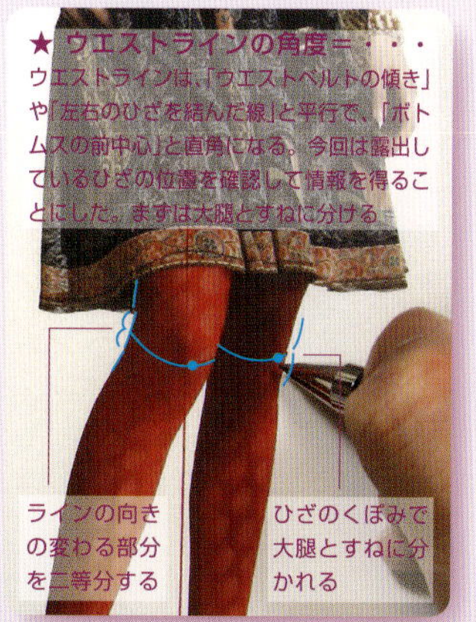
★ ウエストラインの角度＝・・・
ウエストラインは、「ウエストベルトの傾き」や「左右のひざを結んだ線」と平行で、「ボトムスの前中心」と直角になる。今回は露出しているひざの位置を確認して情報を得ることにした。まずは大腿とすねに分ける
ラインの向きの変わる部分を二等分する
ひざのくぼみで大腿とすねに分かれる

06

ウエストラインの傾きを知りたいが、腰は服に隠れていて見えない…。そんな場合はウエストラインの傾きの影響を受ける他の線から導き出せばよい

07

ひざの皿を描く。大きさは顔の半分くらい

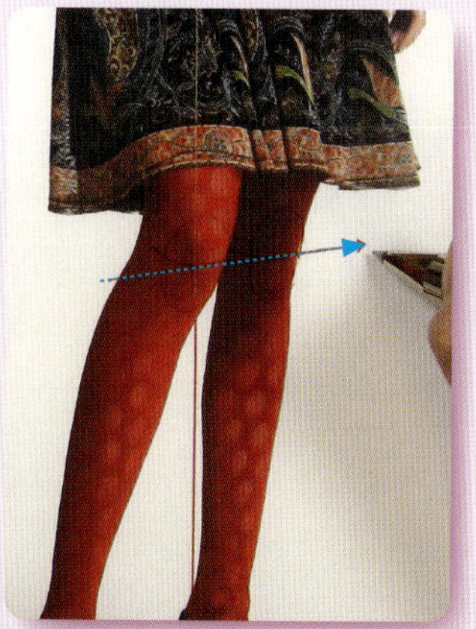

08

左右のひざの中心を結ぶ

09

ワンピースの裾の傾きも見てみよう。裾の両端に点を打つ

10

裾の両端を結んでみる。ワンピースはウエスト部分がフリーなのでウエストラインほど傾かない

11

左右の足首も結んでみよう。全て同じ方向に傾いているのが分かる

ウエストラインは、おろした腕のひじの位置と同じなので目安にする
平行

12

左右のひざを結んだ線と平行にウエストラインを作る

★ 正中線
正中線は服の前中心になる線なので、Vゾーンのくぼみもくる
服のボリュームを取り除き、ボディのラインを描いてみる
ウエストラインは、手前が長い
奥は少し短くなる

ウエストポイントを見つけフロントネックポイントと結ぶ

13

少し斜め向きなので正中線は山なりになる

14

少し斜め向きなので股に向けて少しだけ「J」になる
W.L
直角

ウエストポイントから、ウエストラインに直角に線をおろせば腰の正中線になる

15

顔に向けてなめらかにつながる角度を見つけるために、実際に首を描いてみよう

首の正中線を描く

16

W.L

分析完了

17

スカート・スタイルのポーズ分析

★ フロントネックポイント

左右のショルダーポイントに点を打ち、2点を結ぶ

01

フロントネックポイントに点を打つ。正面向きなので2点の真ん中になる

02

★ 立ちポーズの分析
重心線
ちゃんと立っている写真なら水平線に直角になる

フロントネックポイントからまっすぐ下に線をおろす。これが重心線になる

03

ポーズにおいて重要な支脚は◎にする

足首に○をつける。重心線に近い方が支脚になる。右脚が支脚の片脚重心ポーズだと言うことが分かった

04

★ ウエストラインの角度＝・・・

ウエストラインは、「ウエストベルトの傾き」や「左右のひざを結んだ線」と平行で、「ボトムスの前中心」と直角になる。今回はウエストベルトが見えるので、その線をウエストラインの傾きとした

05

ウエストラインは、おろした腕のひじの位置と同じなので目安にする
W.L.
平行

左右のひざを結んだ線と平行にウエストラインを作る

06

★ 正中線
W.L.
直角

正中線はスカートの前あきの位置にあり、ウエストラインに直角になる。正中線は正面向きなので直線

07

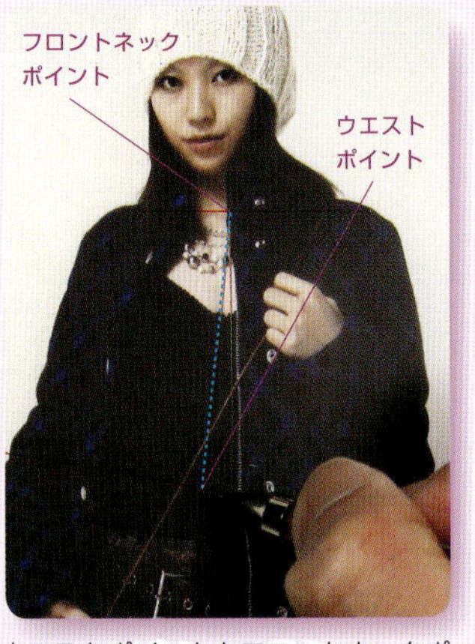
フロントネック
ポイント
ウエスト
ポイント

ウエストポイントとフロントネックポイントをつないで胴の正中線を描く。正面向きなので直線

08

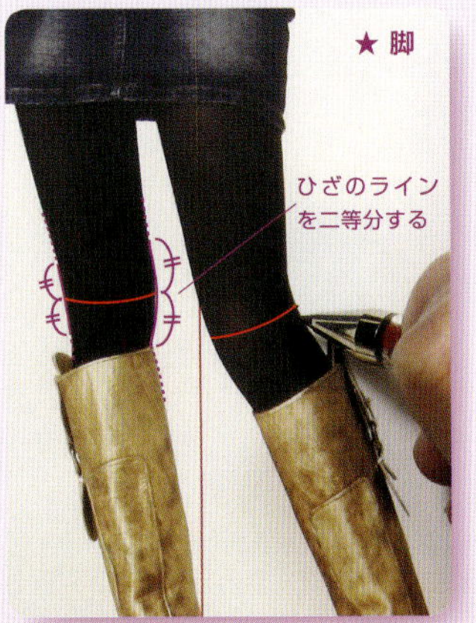
★ 脚
ひざのライン
を二等分する

脚を大腿とすねに分ける

09

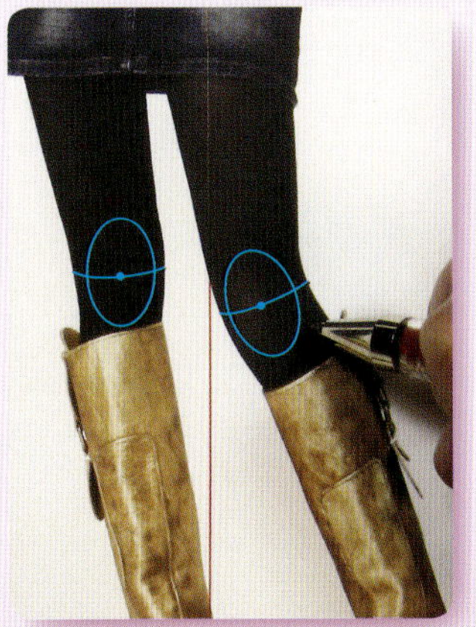

ひざの皿を描く。大きさは顔の半分くらい

10

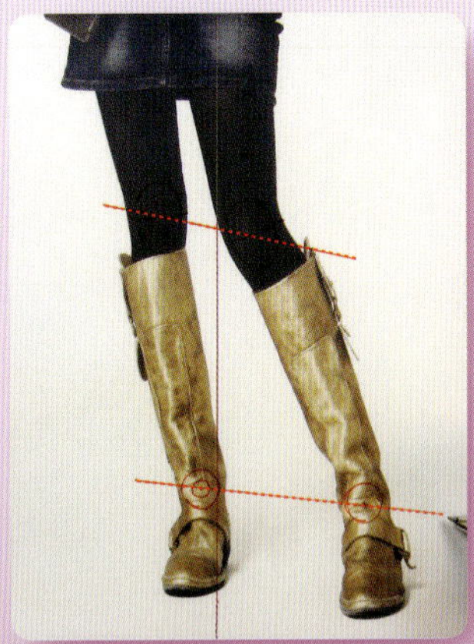

左右のひざの中心、足首の中心を結ぶ。両方ともウエストラインと同じ方向に傾いているのが分かる

11

顔に向けてなめらかにつながる角
度を見つけるために、実際に首を
描いてみよう

首の正中線を描く

12

W.L.

分析完了

13

パンツ・スタイルのポーズ分析

★ 立ちポーズの分析
フロントネックポイント。少し斜め向きなので2点の真ん中より少し奥寄りになる
左右のショルダーポイントに点を打ち、2点を結ぶ
少し短い
少し長い
重心線
足首に○をつける。重心線に近い方が支脚になる。支脚は◎にしておこう
ちゃんと立っている写真なら水平線に直角になる

フロントネックポイントからまっすぐ下に線をおろし、どちらの脚に体重がかかっているのか調べる

01

★ ウエストラインの角度＝・・・
ウエストラインは、「ウエストベルトの傾き」や「左右のひざを結んだ線」と平行で、「ボトムスの前中心」と直角になる。今回はベルトの下の部分が見えるので、なぞってみる

ベルト下部分の両端を直線でつなぐ。これがウエストラインの傾きになる

02

ウエストラインは、おろした腕のひじの位置と同じなので目安にする
平行

ベルトの傾きと平行にウエストラインを作る

03

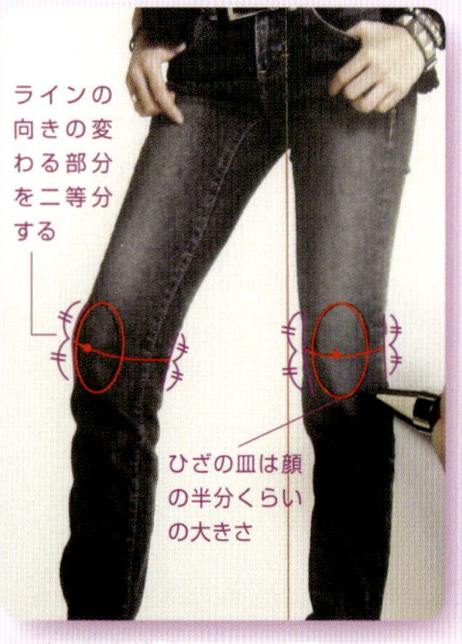
ラインの向きの変わる部分を二等分する
ひざの皿は顔の半分くらいの大きさ

ひざの皿を描く

04

水平

左右のひざ、足首の中心を結ぶ。支脚が手前にあるときは、遊脚は前に一歩踏み出すのではなく水平に横へスライドするので、左右の足首を結んだ線は水平になる(P60参照)

05

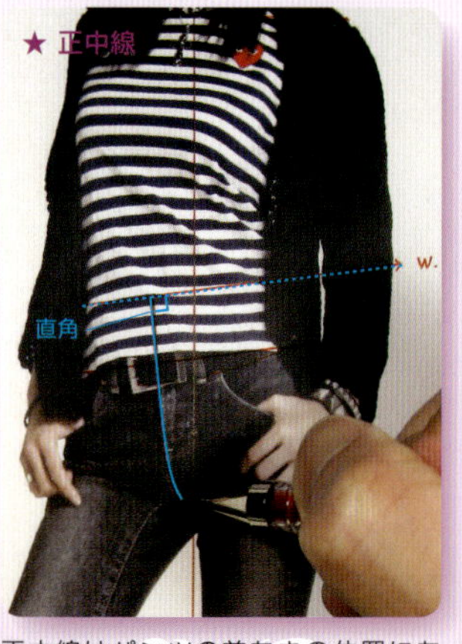
★ 正中線
直角

正中線はパンツの前あきの位置にあり、ウエストラインに直角になる。正中線は斜め向きなので途中から曲がって「J」になる

06

フロントネックポイント
ウエストポイント

ウエストポイントとフロントネックポイントをつないで胴の正中線を描く。正中線は、斜め向きなのでバストが頂点の山なりになる

07

顔に向けてなめらかにつながる角度を見つけるために、実際に首を描いてみよう

首の正中線を描く

08

分析完了

09

★ phase19の復習 ★

- ○写真のポーズ分析は、足の位置、ウエストラインの傾き、正中線の3つのポイントを見ることが大切
- ○服を着て見えない部分は、見える部分(服の裾や前中心)を観察して考えてみよう
- ○服の前中心は、正中線と同じなのでとても重要
- ○正中線は正面向きのときのみ直線になっている

next !! 写真分析をもとにポーズを描いていきます！

20 phase

写真を見てデザイン画を描く２ ー ボディ ー

phase19でのポーズ分析をもとにボディを描いていきます。
写真の模写でなく、写真と同じポーズを８頭身で描いていくことがポイントです。（寸法はB4サイズの時のもの）

ワンピース・スタイルのボディ

★ バランスチェックはしっかりと

付録のワク図を下敷きにして重心線とボディのバランスポイントを写す

01

★ 顔は首の位置を決めてから

フロントネックポイントに点を打ち、写真と同じ角度になるよう首の正中線を描く

02

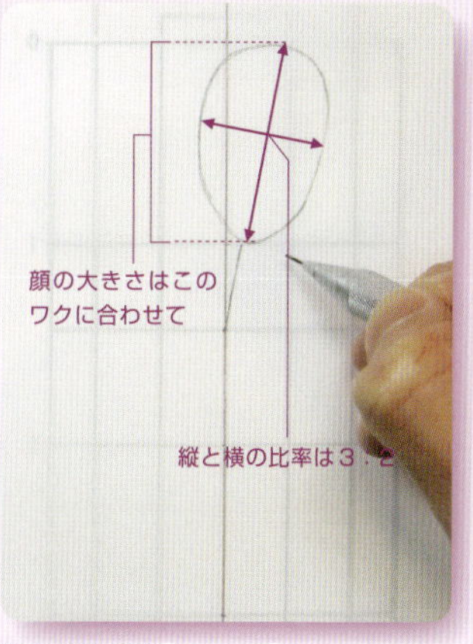
顔の大きさはこの
ワクに合わせて
縦と横の比率は3：2

顔の輪郭を描く

03

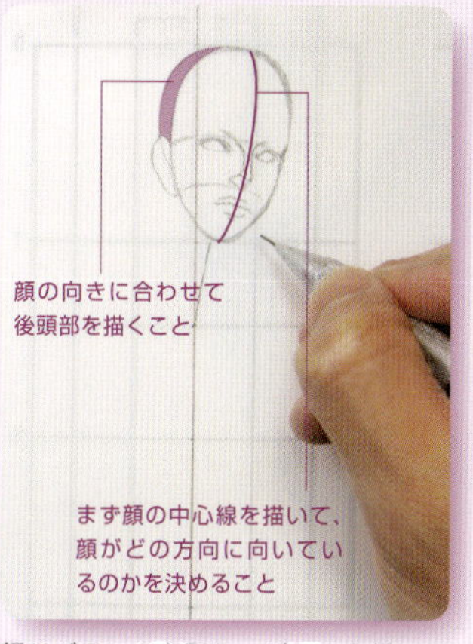
顔の向きに合わせて
後頭部を描くこと
まず顔の中心線を描いて、
顔がどの方向に向いてい
るのかを決めること

顔のバランスを取り、パーツを描いていく

04

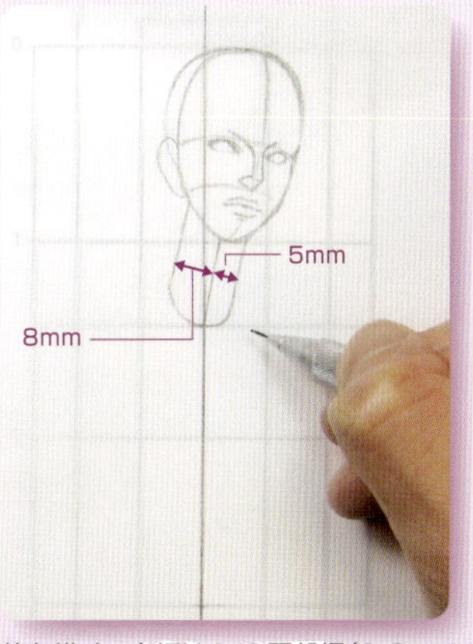
5mm
8mm

首を描く。全幅は1/2頭部幅（1.3cm）少し斜めを向いているので、遠近感で左右の幅が違って手前が少し大きくなる

05

★ 少し斜め向きの胴
胴の大きさはこの
ワクに合わせて
少し斜めを向いているので、バス
トポイントを頂点にした山になっ
ている。山は1mm

写真と同じ角度になるように胴の正中線を描く

06

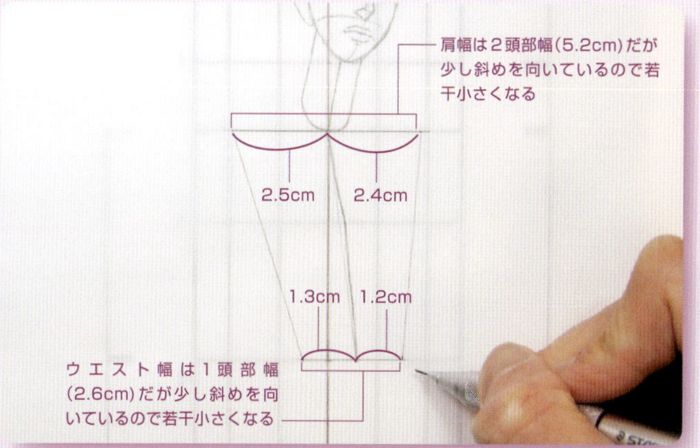
肩幅は２頭部幅（5.2cm）だが
少し斜めを向いているので若
干小さくなる
2.5cm
2.4cm
1.3cm
1.2cm
ウエスト幅は１頭部幅
（2.6cm）だが少し斜めを向
いているので若干小さくなる

胴を描く。少し斜めを向いているので、遠近感で左右の幅が違って手前が少し大きくなる

07

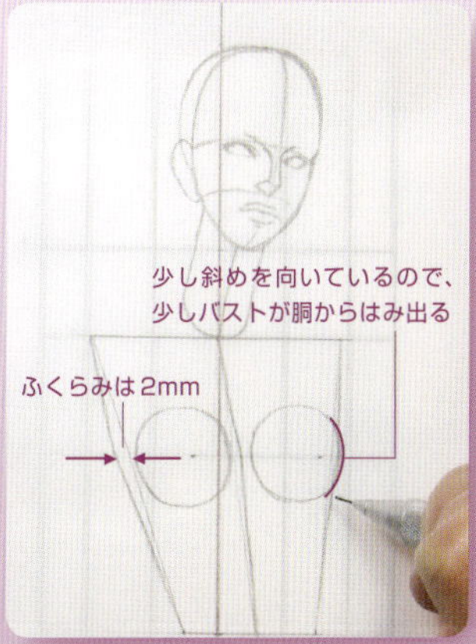
少し斜めを向いているので、
少しバストが胴からはみ出る
ふくらみは2mm

胴のふくらみとバストを描く

08

★ 少し斜め向きの腰
ウエストポイント。
ここで交わる

写真と同じ角度になるようにウエストラインを描く

09

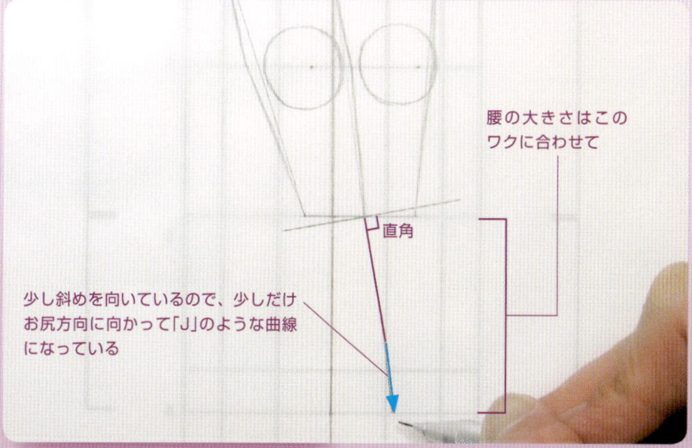
腰の大きさはこの
ワクに合わせて
直角
少し斜めを向いているので、少しだけ
お尻方向に向かって「J」のような曲線
になっている

ウエストラインと直角に腰の正中線を描く

10

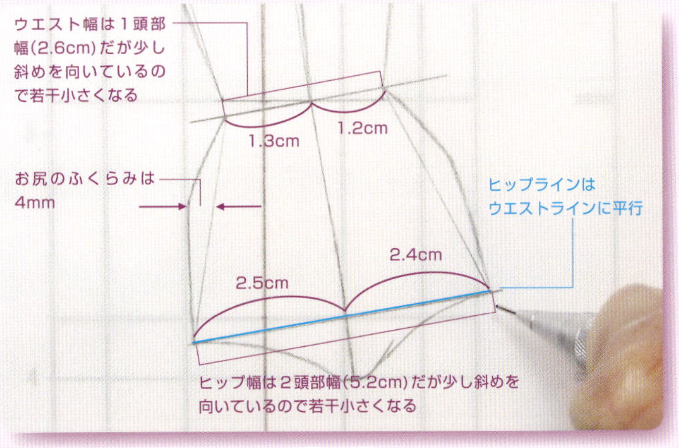
ウエスト幅は１頭部幅(2.6cm)だが少し斜めを向いているので若干小さくなる
1.3cm
1.2cm
お尻のふくらみは4mm
ヒップラインはウエストラインに平行
2.5cm
2.4cm
ヒップ幅は２頭部幅(5.2cm)だが少し斜めを向いているので若干小さくなる

腰のパーツを描く

11

★ 脚は支脚から
支脚なので重心線付近に来る
重心線

支脚の足首を描く

12

股関節（厳密には大転子＝大腿骨のつけ根）と足首を直線でつなぐ

13

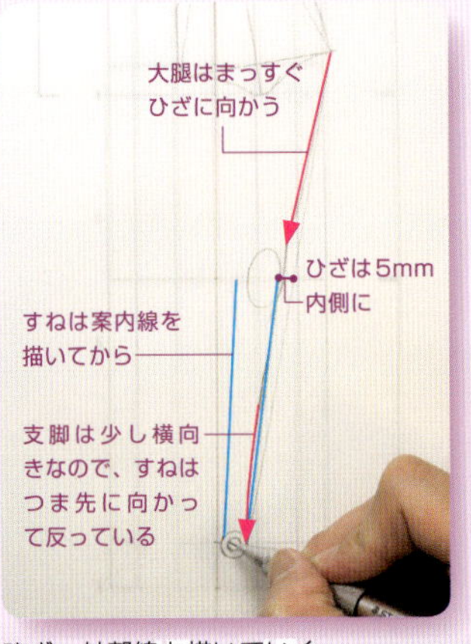
大腿はまっすぐひざに向かう
ひざは5mm内側に
すねは案内線を描いてから
支脚は少し横向きなので、すねはつま先に向かって反っている

ひざ、外郭線と描いていく

14

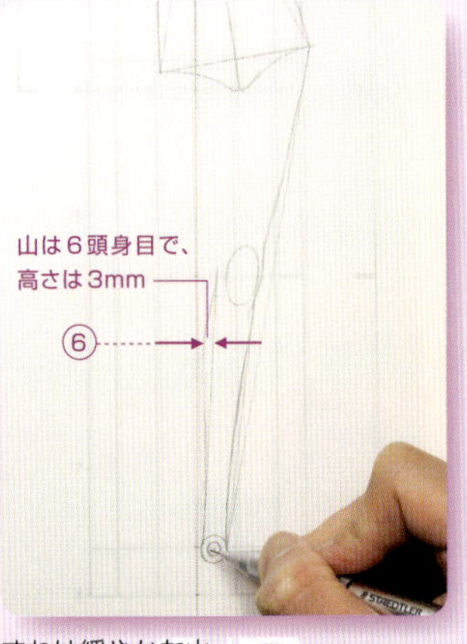
山は６頭身目で、高さは3mm
⑥

すねは緩やかな山

15

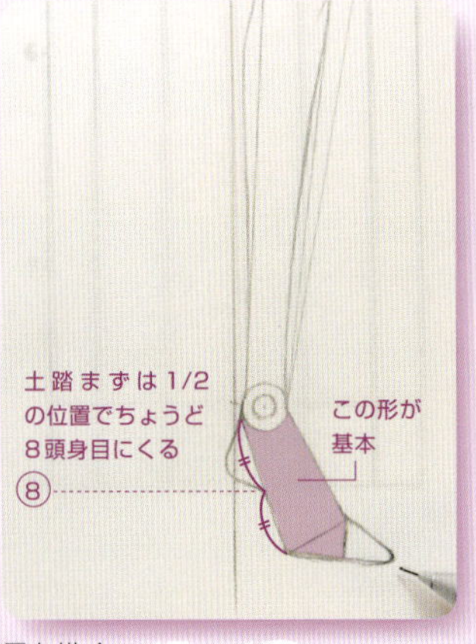
土踏まずは1/2の位置でちょうど８頭身目にくる
⑧
この形が基本

足を描く

16

足首の位置は写真で見ると肩関節あたり

左右のひざ、足首を結んだ線を描き、ひざ、足首を位置を決める

17

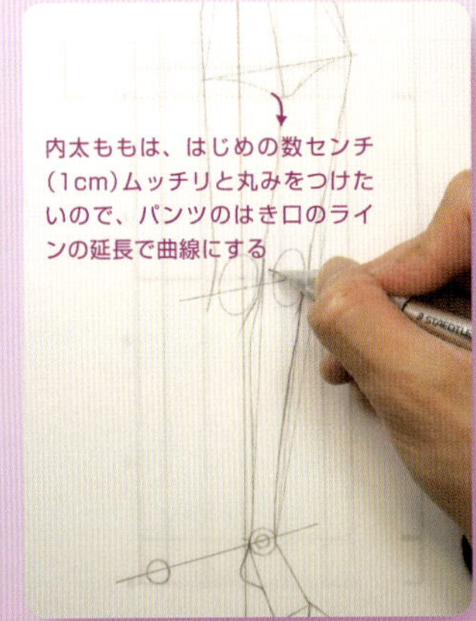
内太ももは、はじめの数センチ(1cm)ムッチリと丸みをつけたいので、パンツのはき口のラインの延長で曲線にする

体重を支えていない脚は自由に動かせるので、腕と同じように「パーツごと」、つまり「大腿」と「すね」を別々に描いてよい

18

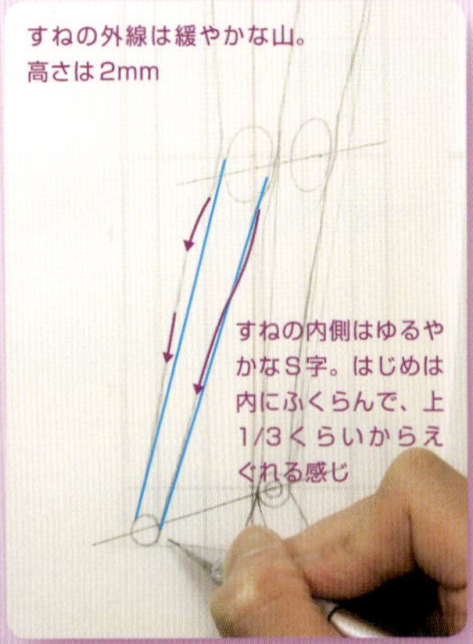
すねの外線は緩やかな山。高さは2mm
すねの内側はゆるやかなS字。はじめは内にふくらんで、上1/3くらいからえぐれる感じ

ひざから足首にかけて直線でつなぎ、案内線にする

19

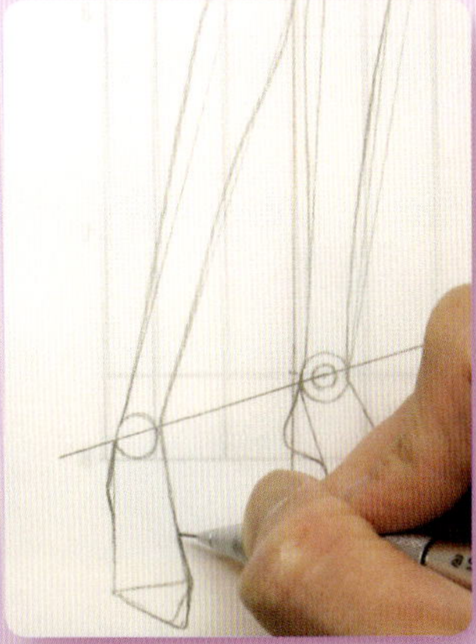

遊脚の足は支脚より手前にあるので、遠近感で少し大きめに描くとよい

20

★ 肩は独立可動
必ずフロントネックポイントを通るように

肩線の動きを入れる

21

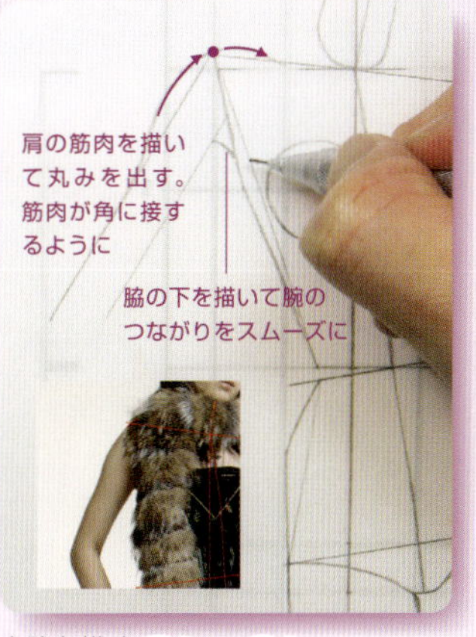
肩の筋肉を描いて丸みを出す。筋肉が角に接するように
脇の下を描いて腕のつながりをスムーズに

上腕を描く

22

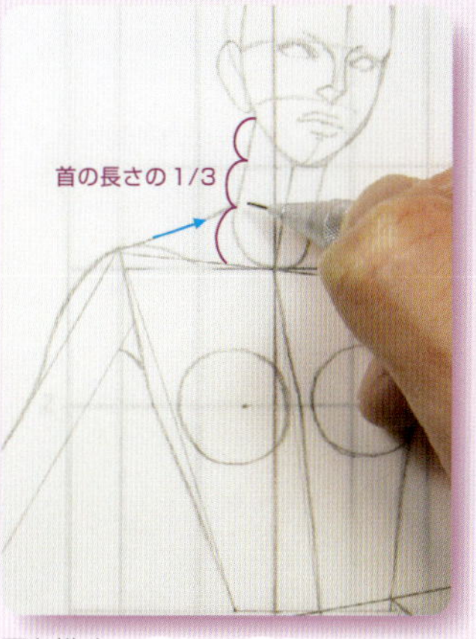
首の長さの1/3

肩を描く

23

斜め下向きの甲を描く。平行四辺形のような形

前腕は遠近感で長さの変わりやすいところ。前腕のゴール地点である「手」を先に描くとバランスを崩しにくい

24

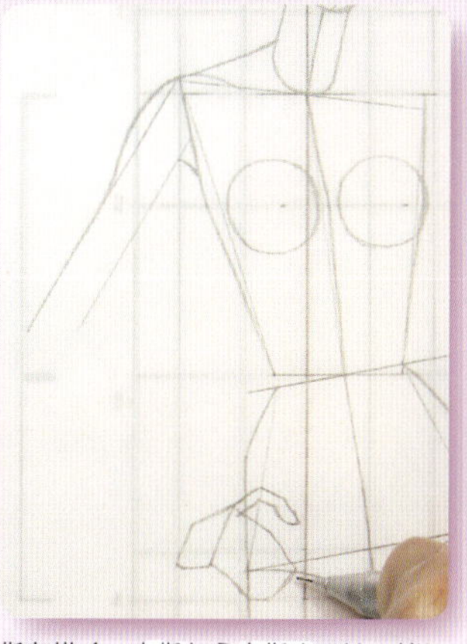

指を描く。中指から小指までは一緒に動くことが多いのでまとめる

25

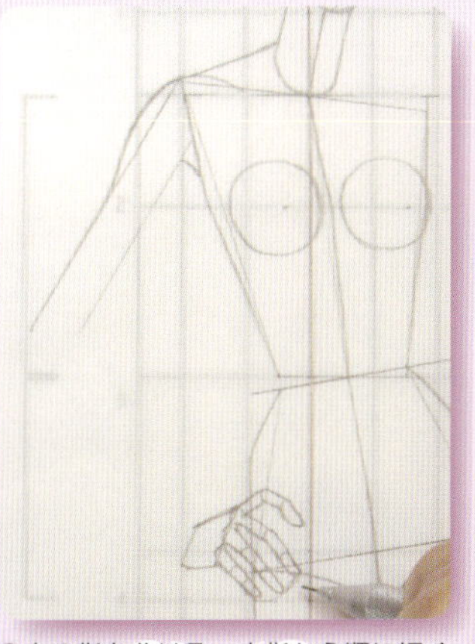

3本の指を分ける。中指から順に短くする

26

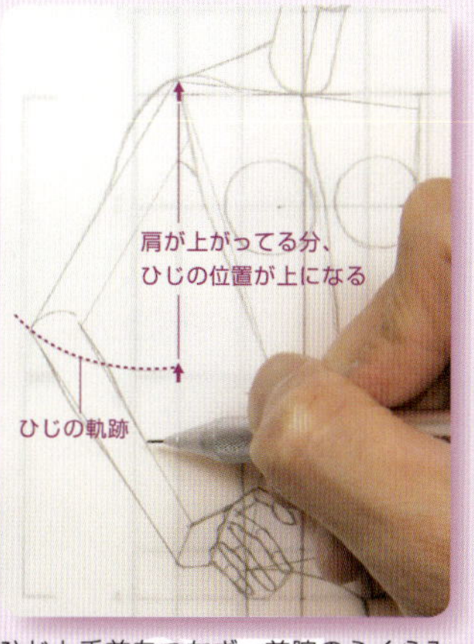
肩が上がってる分、ひじの位置が上になる
ひじの軌跡

ひじと手首をつなぎ、前腕のふくらみを入れる

27

肩の筋肉を描いて丸みを出す。筋肉が角に接するように

上腕を描く

28

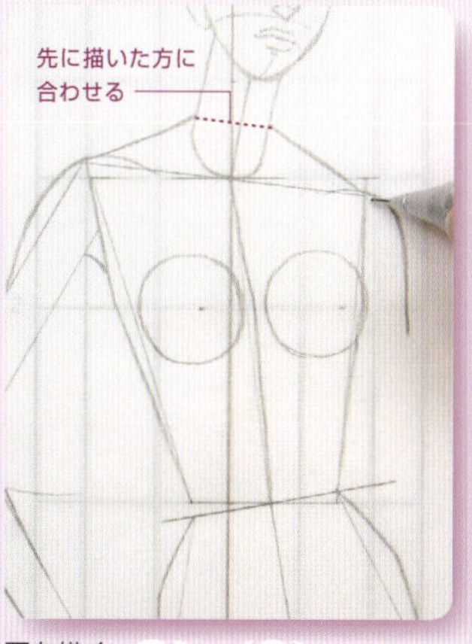
先に描いた方に合わせる

肩を描く

29

W.L
肩が下がってる分、ひじの位置が下になる

上腕を描く

30

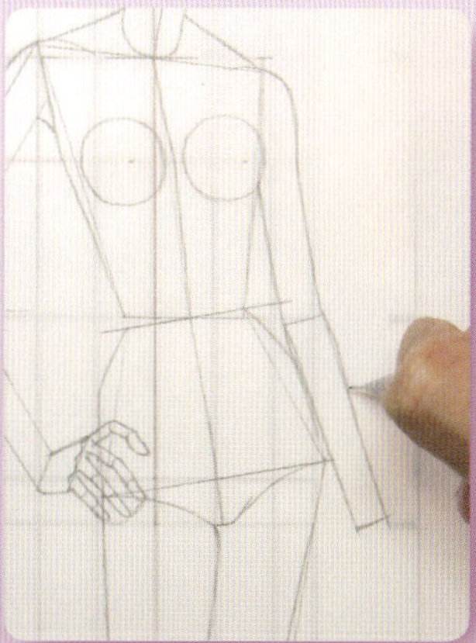

前腕を描く

31

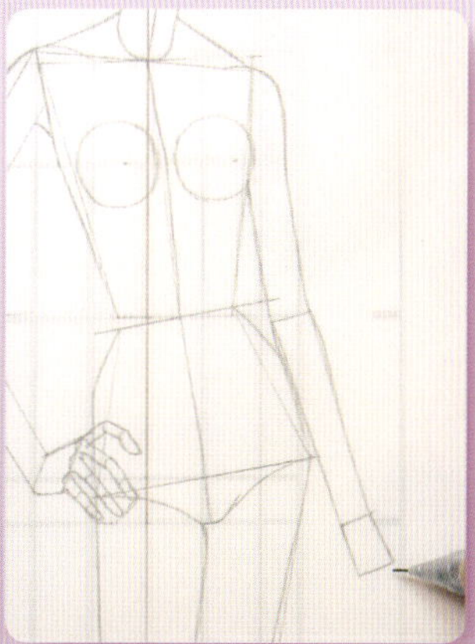

手の甲を描く

32

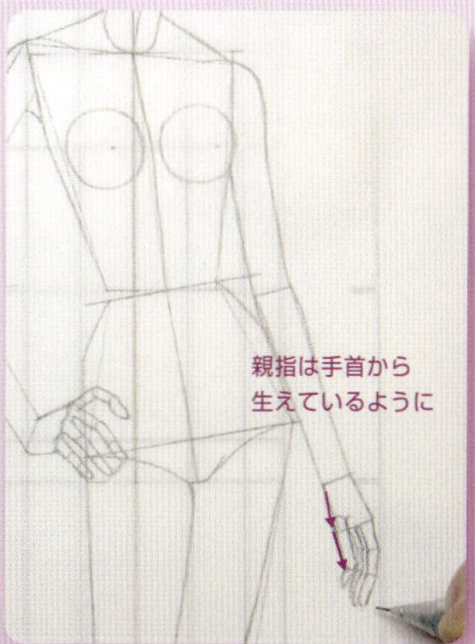
親指は手首から生えているように

指を描く

33

完成

34

スカート・スタイルのボディ

★ 顔は首の位置を決めてから
あらかじめ付録のワク図を下敷きにして重心線とボディのバランスポイントを写すこと

フロントネックポイントに点を打ち、写真と同じ角度になるよう首の正中線を描く

01

まず顔の中心線を描いて、顔がどの方向に向いているのかを決めること
顔の大きさはこのワクに合わせて
顔の向きに合わせて後頭部を描くこと

顔の輪郭を描き、バランスを取る

02

首を描く。全幅は1/2頭部幅(B4サイズで1.3cm)。ほぼ正面向きなので左右の幅は同じ

03

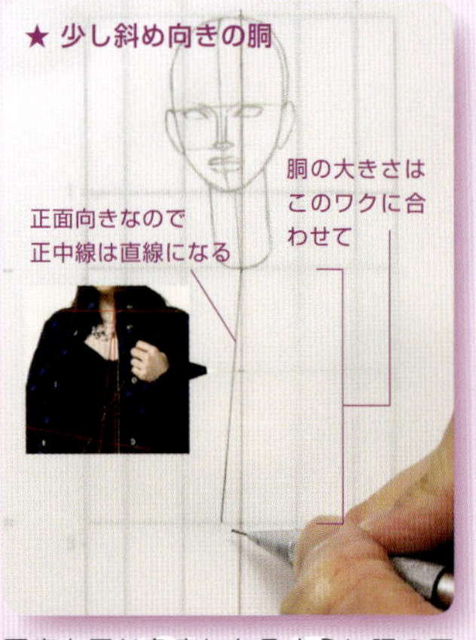
★ 少し斜め向きの胴
胴の大きさはこのワクに合わせて
正面向きなので正中線は直線になる

写真と同じ角度になるように胴の正中線を描く

04

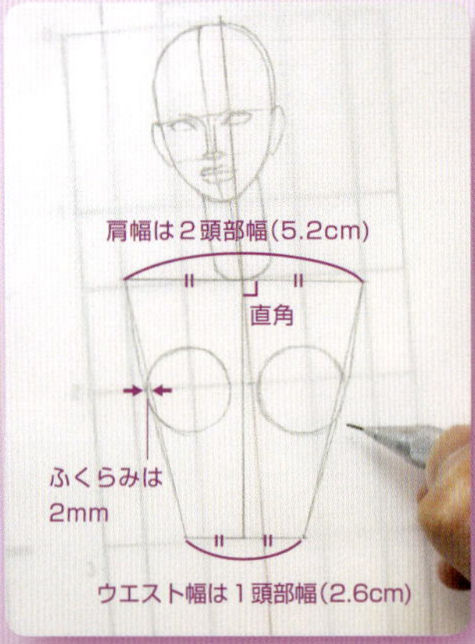
肩幅は2頭部幅(5.2cm)
直角
ふくらみは2mm
ウエスト幅は1頭部幅(2.6cm)

胴を描く

05

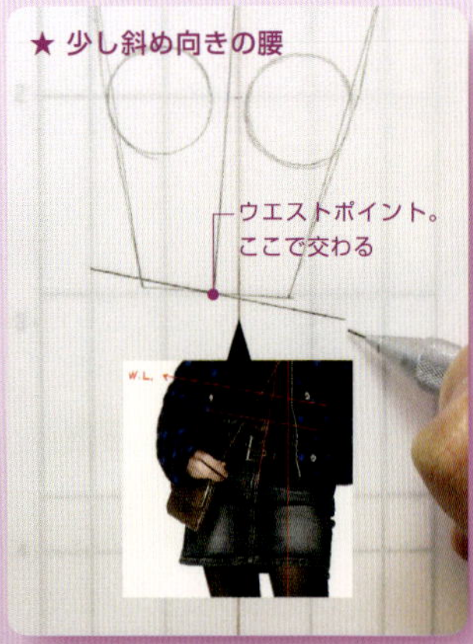
★ 少し斜め向きの腰
ウエストポイント。ここで交わる

写真と同じ角度になるようにウエストラインを描く

06

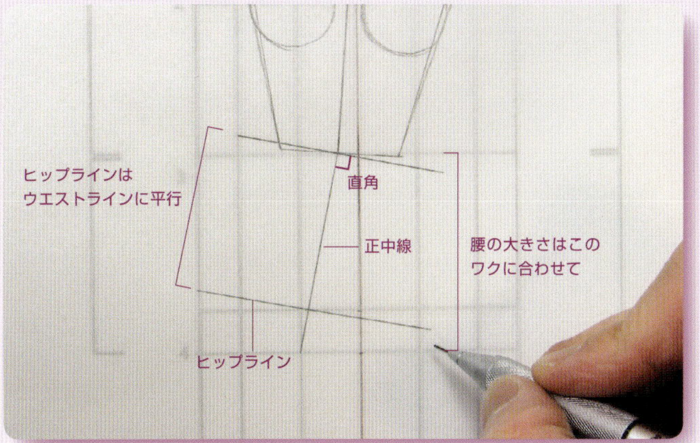
ヒップラインは
ウエストラインに平行
直角
正中線
腰の大きさはこの
ワクに合わせて
ヒップライン

腰の正中線とヒップラインを描く

07

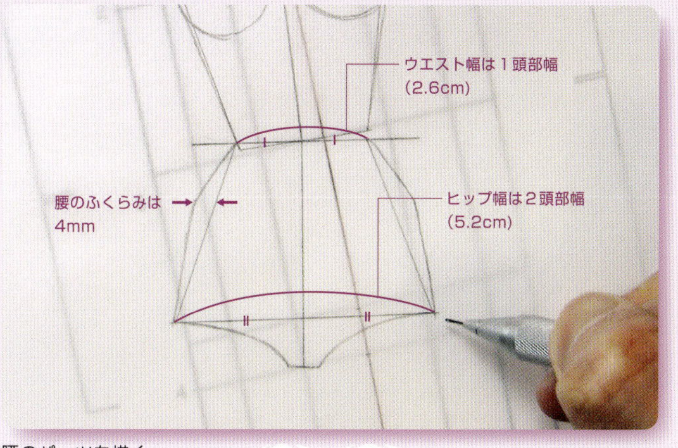
ウエスト幅は１頭部幅
（2.6cm）
腰のふくらみは
4mm
ヒップ幅は２頭部幅
（5.2cm）

腰のパーツを描く

08

★ 脚は支脚から
支脚なので重心線
付近に来る
重心線

支脚の足首を描く

09

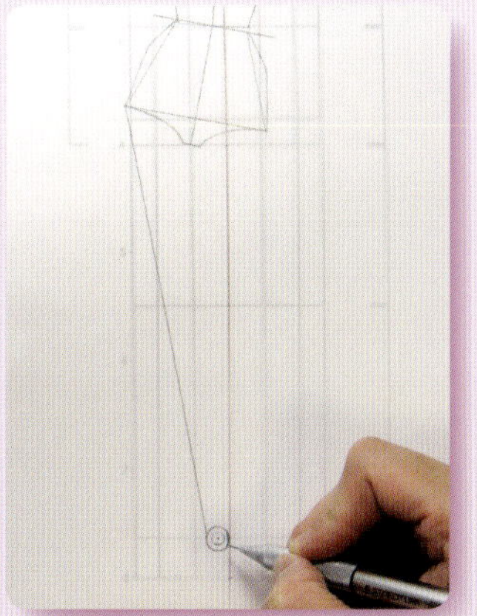

股関節（厳密には大転子＝大腿骨のつけ根）と足首を直線でつなぐ

10

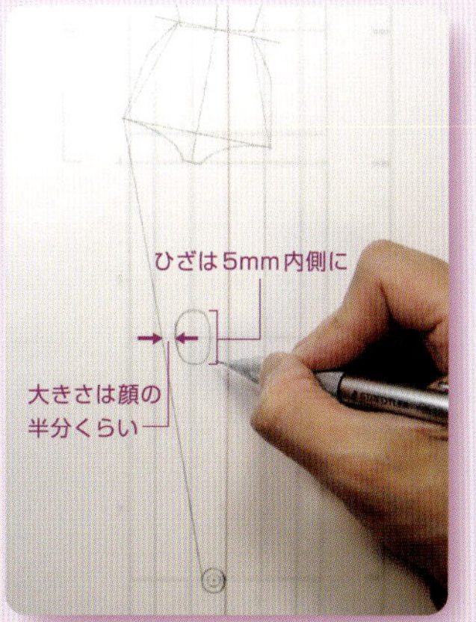
ひざは5mm内側に
大きさは顔の
半分くらい

ひざを描く

11

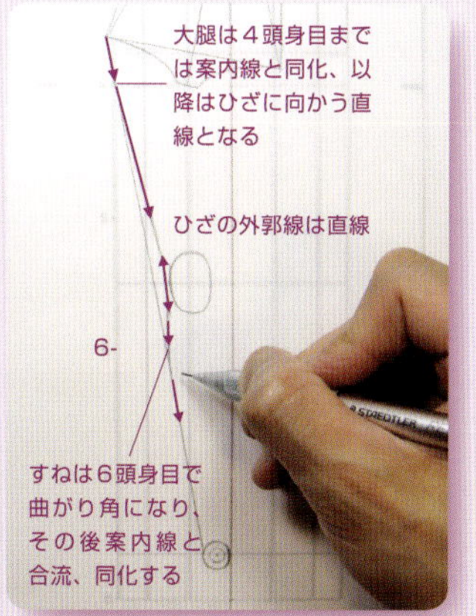
大腿は４頭身目まで
は案内線と同化、以
降はひざに向かう直
線となる
ひざの外郭線は直線
6-
すねは6頭身目で
曲がり角になり、
その後案内線と
合流、同化する

外郭線を描いていく

12

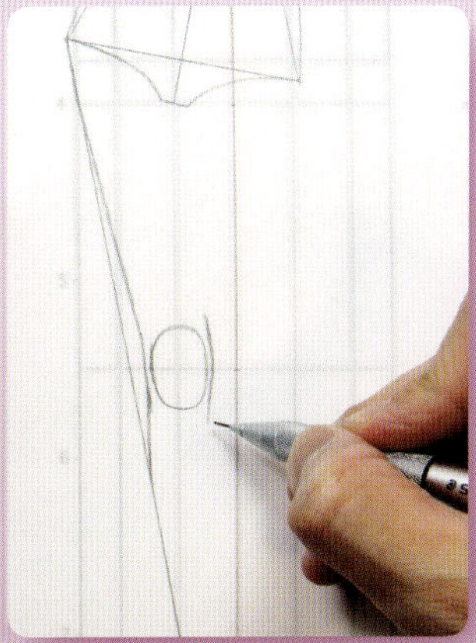

ひざの内郭線はひざのふくらみをなぞるように丸みをつける

13

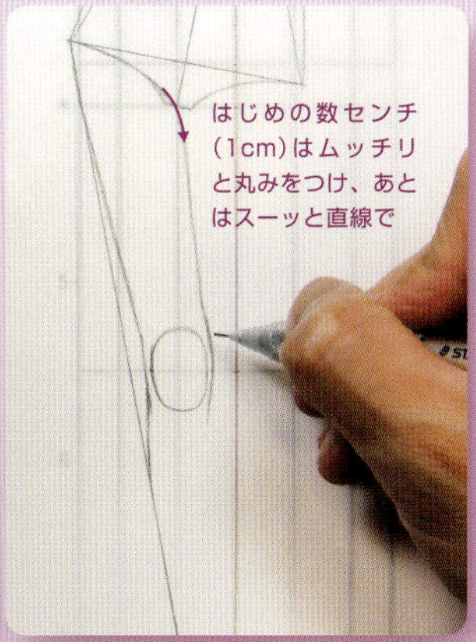
はじめの数センチ
（1cm）はムッチリ
と丸みをつけ、あと
はスーッと直線で

内太ももの線は、ひざと股をなめらかにつなぐ

14

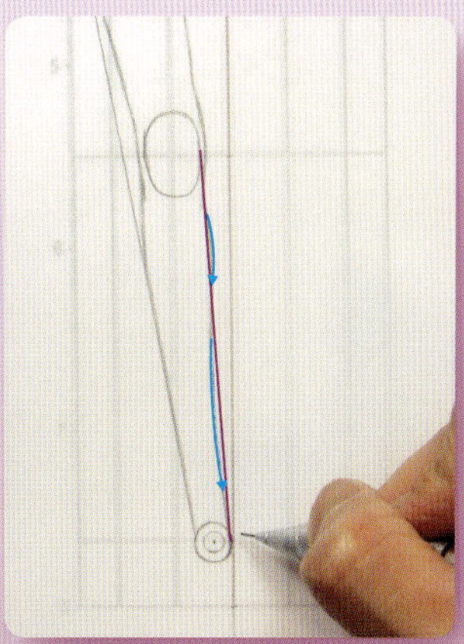

すねの内郭線は、案内線を基準になめらかなＳ字になる

15

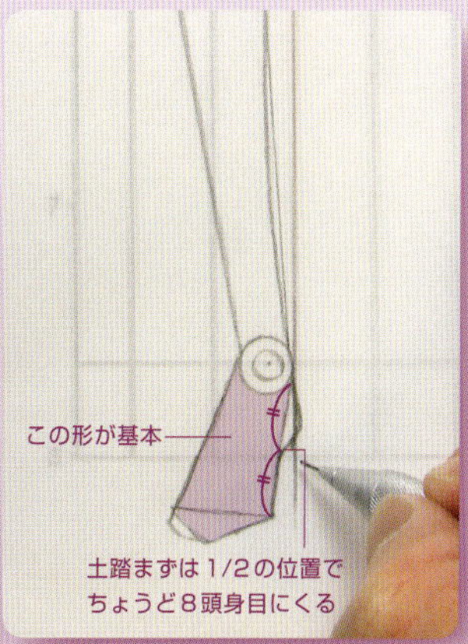
この形が基本
土踏まずは1/2の位置で
ちょうど８頭身目にくる

足を描く

16

足首の位置は
写真で見ると
ひじの外側

17

左右のひざ、足首を結んだ線を描き、ひざ、足首を位置を決める

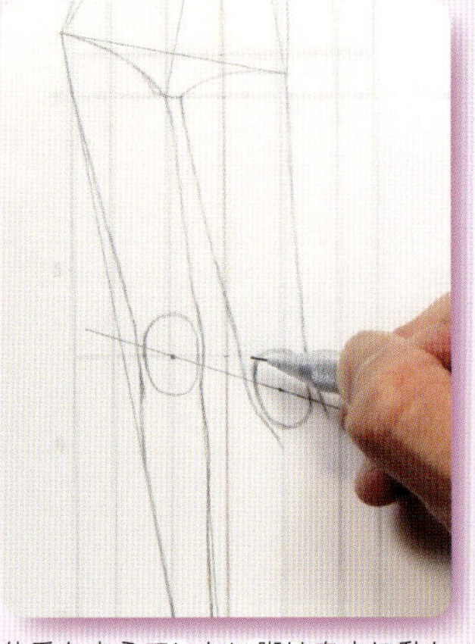

18

体重を支えていない脚は自由に動かせるので、腕と同じように「パーツごと」、つまり「大腿」と「すね」を別々に描いてよい

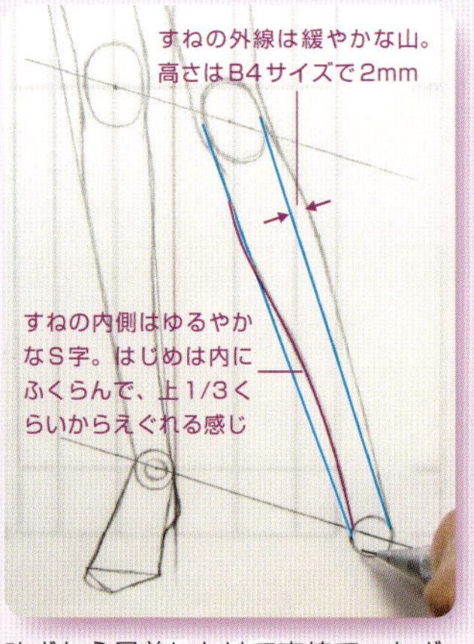
すねの外線は緩やかな山。
高さはB4サイズで2mm
すねの内側はゆるやかなS字。はじめは内にふくらんで、上1/3くらいからえぐれる感じ

19

ひざから足首にかけて直線でつなぎ、案内線にする

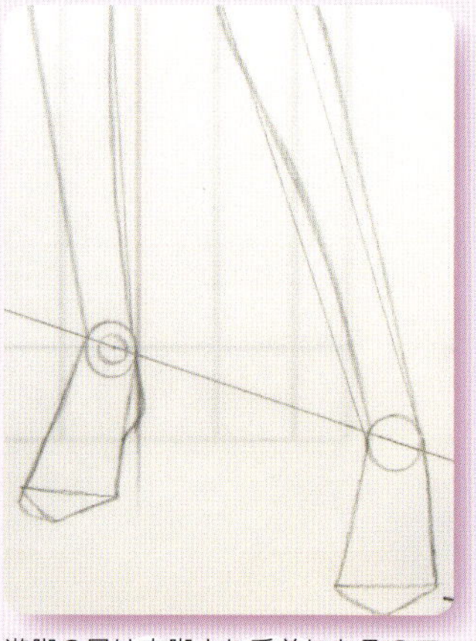

20

遊脚の足は支脚より手前にあるので、遠近感で少し大きめに描くとよい

★ 肩は独立可動
必ずフロントネックポイントを通るように

21

肩線の動きを入れる

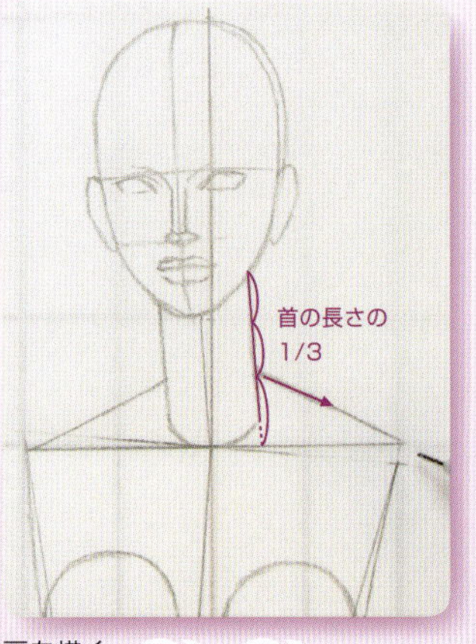
首の長さの
1/3

22

肩を描く

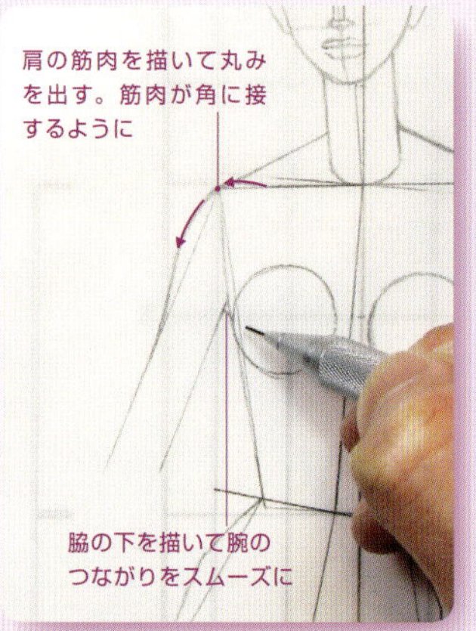
肩の筋肉を描いて丸みを出す。筋肉が角に接するように
脇の下を描いて腕のつながりをスムーズに

23

上腕を描く

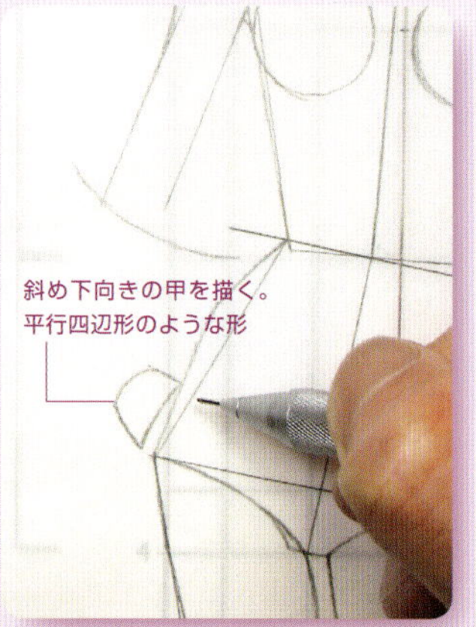
斜め下向きの甲を描く。
平行四辺形のような形

24

前腕は遠近感で長さの変わりやすいところ。前腕のゴール地点である「手」を先に描くとバランスを崩しにくい

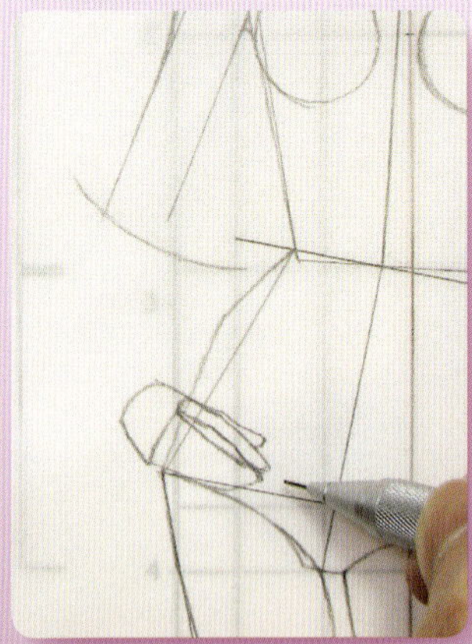

25

指を描く。中指から小指までは一緒に動くことが多いのでまとめる

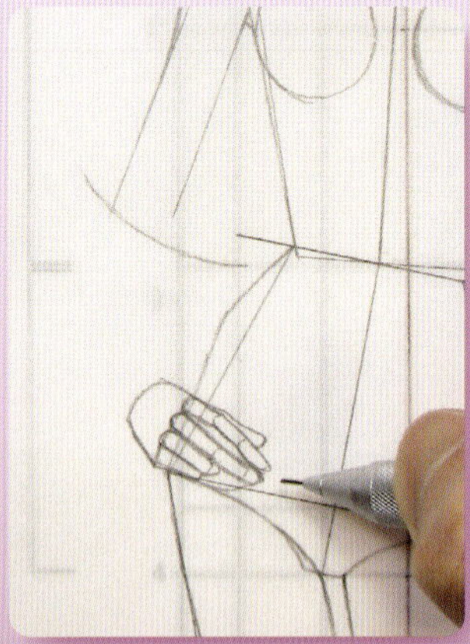

26

3本の指を分ける。中指から順に短くする

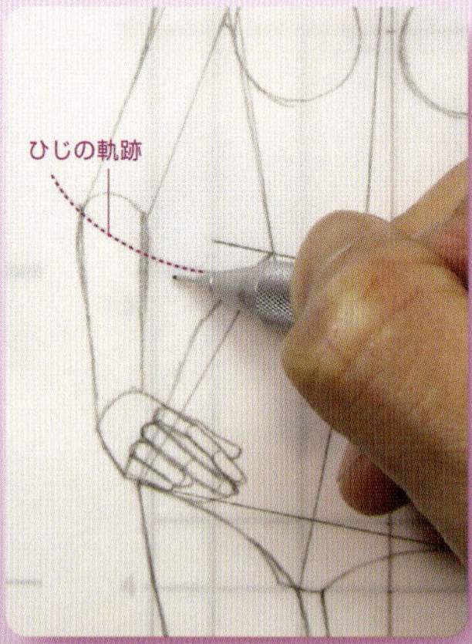
ひじの軌跡

27

ひじと手首をつなぎ、前腕のふくらみを入れる

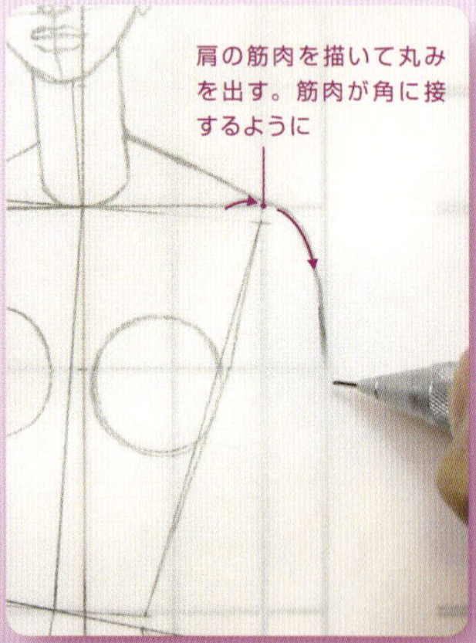
肩の筋肉を描いて丸みを出す。筋肉が角に接するように

28

上腕を描く

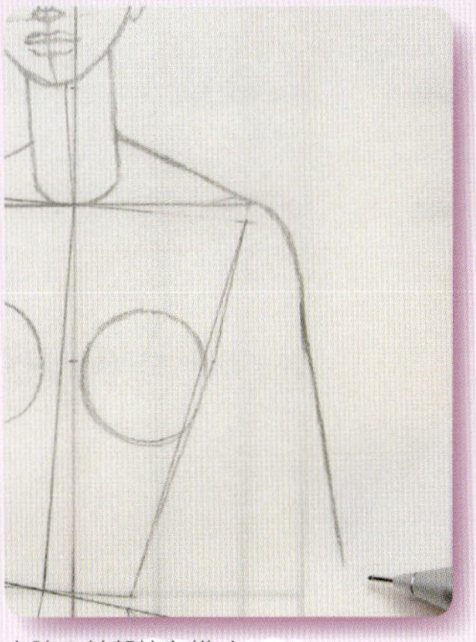

上腕の外郭線を描く

29

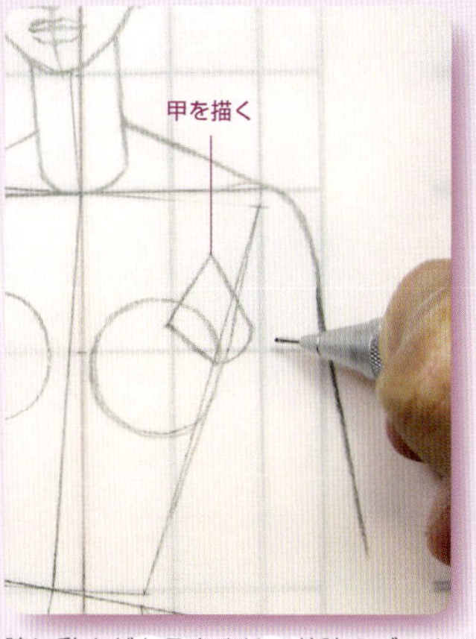

腕に動きがあるときは、前腕のゴール地点である「手」を先に描くとバランスを崩しにくい

30

指のボリュームを描く

31

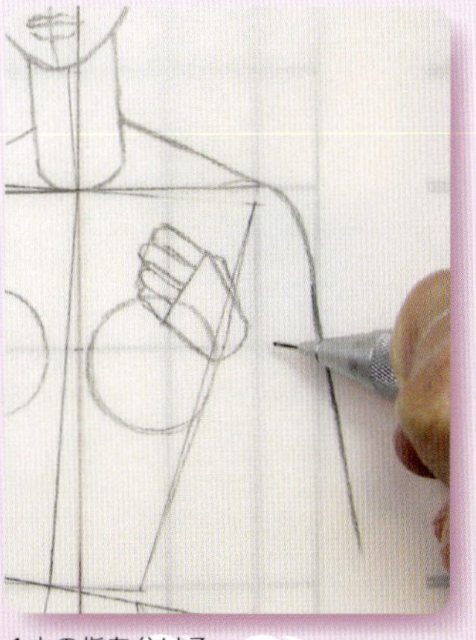

4本の指を分ける

32

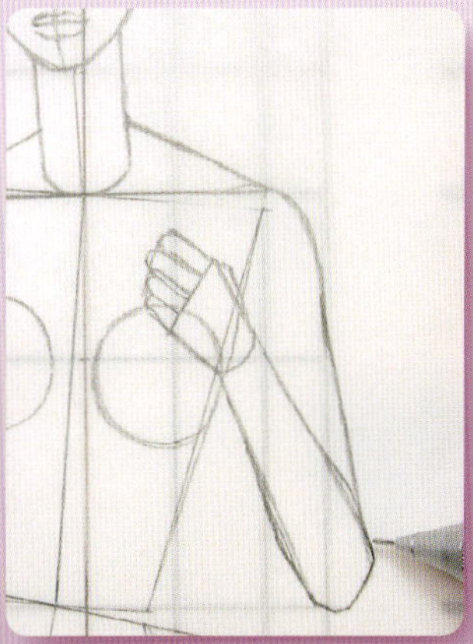

ひじと手首をつなぎ、前腕のふくらみを入れる

33

完成

34

パンツ・スタイルのボディ

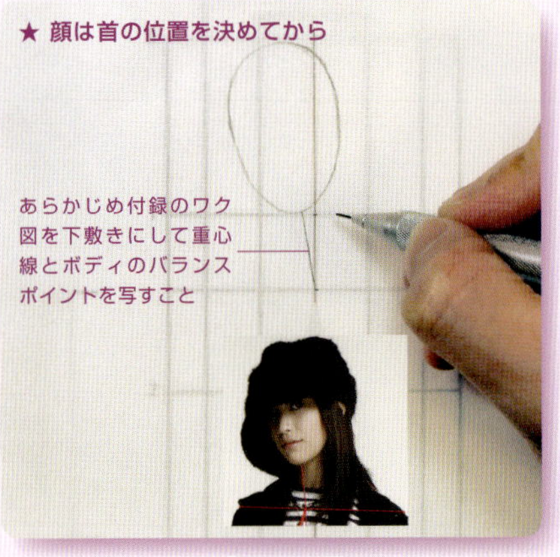
★ 顔は首の位置を決めてから
あらかじめ付録のワク図を下敷きにして重心線とボディのバランスポイントを写すこと

フロントネックポイントに点を打ち、写真と同じ角度になるよう首の正中線を描く

01

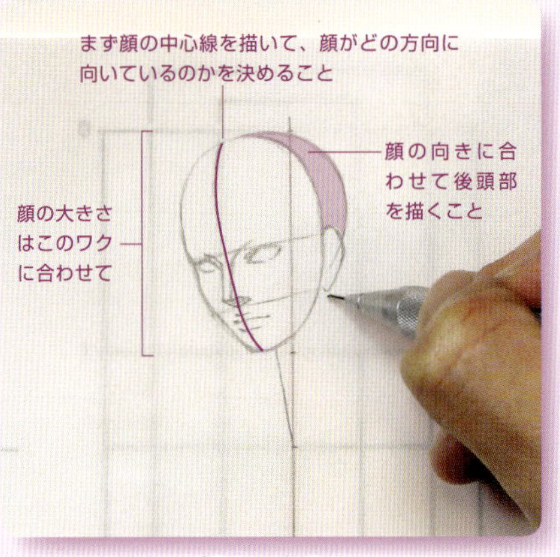
まず顔の中心線を描いて、顔がどの方向に向いているのかを決めること
顔の向きに合わせて後頭部を描くこと
顔の大きさはこのワクに合わせて

顔の輪郭を描き、バランスを取る

02

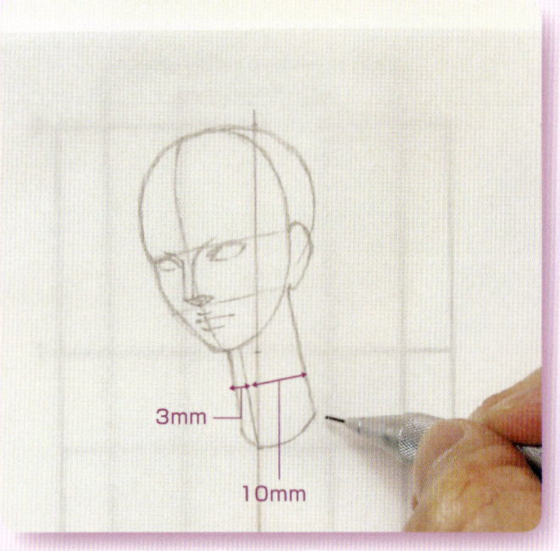
3mm
10mm

首を描く。全幅は1/2頭部幅(1.3cm)。斜めを向いているので、遠近感で左右の幅が違って手前が少し大きくなる

03

★ 斜め向きの胴
少し斜めを向いているので、バストポイントを頂点にした山になっている。山は3mm
胴の大きさはこのワクに合わせて

写真と同じ角度になるように胴の正中線を描く

04

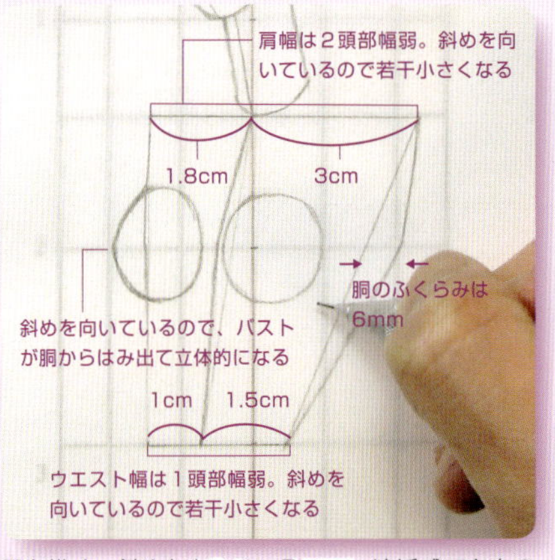
肩幅は2頭部幅弱。斜めを向いているので若干小さくなる
1.8cm
3cm
胴のふくらみは6mm
斜めを向いているので、バストが胴からはみ出て立体的になる
1cm
1.5cm
ウエスト幅は1頭部幅弱。斜めを向いているので若干小さくなる

胴を描く。斜めを向いているので、遠近感で左右の幅が違って手前が少し大きくなる

05

★ 斜め向きの腰
ウエストポイント。ここで交わる

写真と同じ角度になるようにウエストラインを描く

06

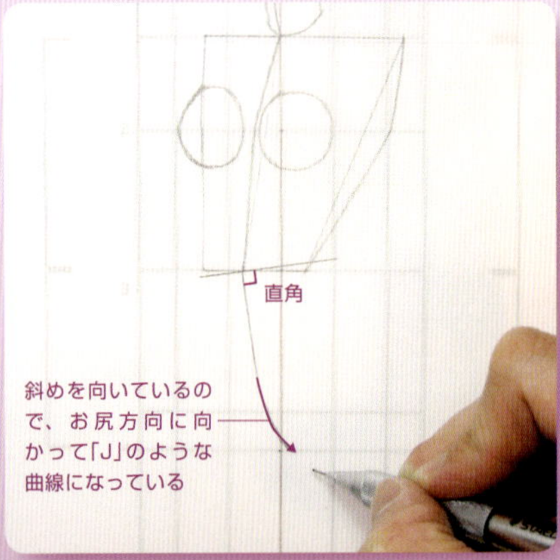
直角
斜めを向いているので、お尻方向に向かって「J」のような曲線になっている

ウエストラインと直角に腰の正中線を描く

07

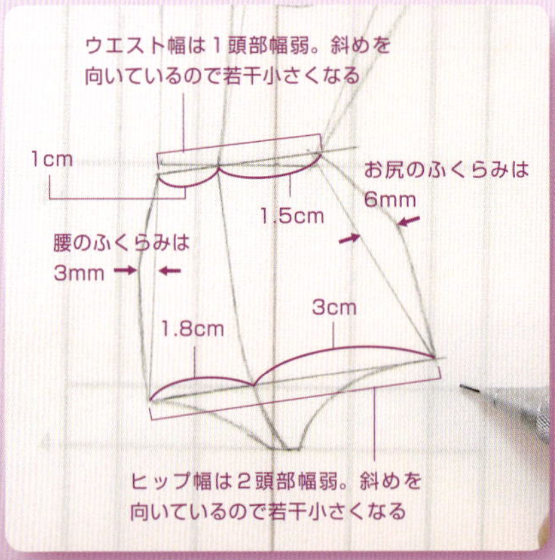
ウエスト幅は1頭部幅弱。斜めを向いているので若干小さくなる
1cm
お尻のふくらみは6mm
1.5cm
腰のふくらみは3mm
3cm
1.8cm
ヒップ幅は2頭部幅弱。斜めを向いているので若干小さくなる

腰のパーツを描く

08

★ 脚は支脚から
重心線
支脚なので重心線付近に来る

支脚の足首を描く

09

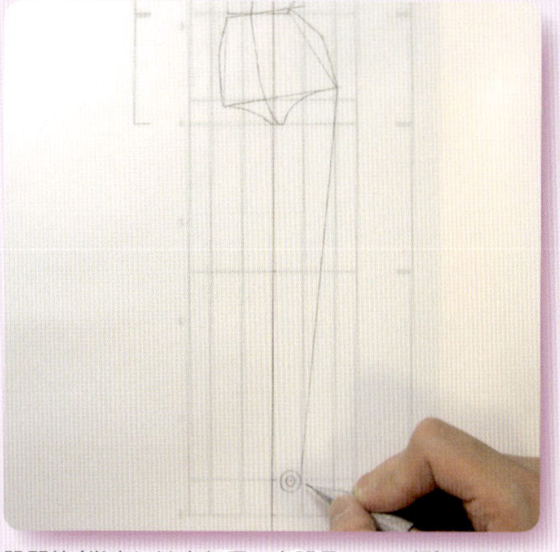

股関節（厳密には大転子＝大腿骨のつけ根）と足首を直線でつなぐ

10

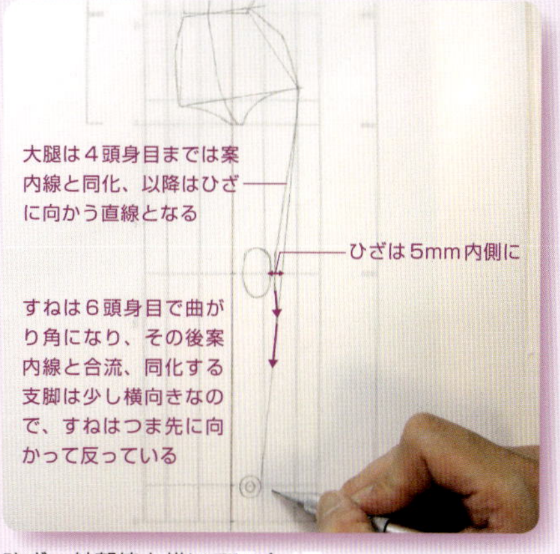
大腿は４頭身目までは案内線と同化、以降はひざに向かう直線となる
ひざは5mm内側に
すねは６頭身目で曲がり角になり、その後案内線と合流、同化する支脚は少し横向きなので、すねはつま先に向かって反っている

ひざ、外郭線と描いていく

11

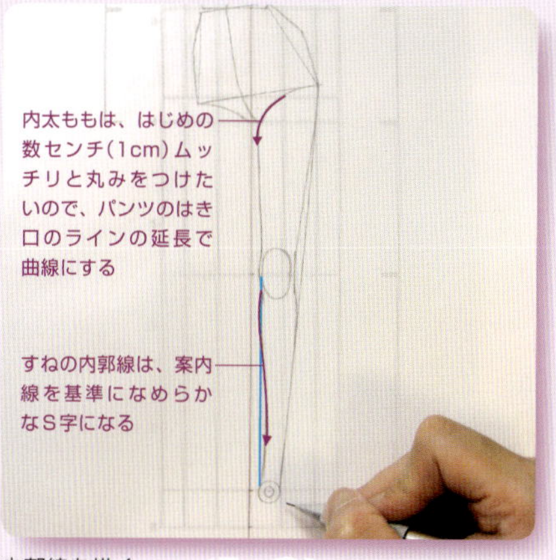
内太ももは、はじめの数センチ（1cm）ムッチリと丸みをつけたいので、パンツのはき口のラインの延長で曲線にする
すねの内郭線は、案内線を基準になめらかなS字になる

内郭線を描く

12

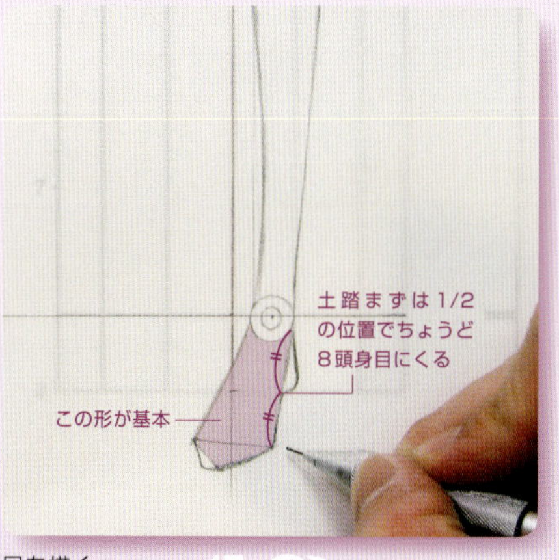
土踏まずは1/2の位置でちょうど８頭身目にくる
この形が基本

足を描く

13

左右のひざ、足首を結んだ線を描き、ひざ、足首を位置を決める

14

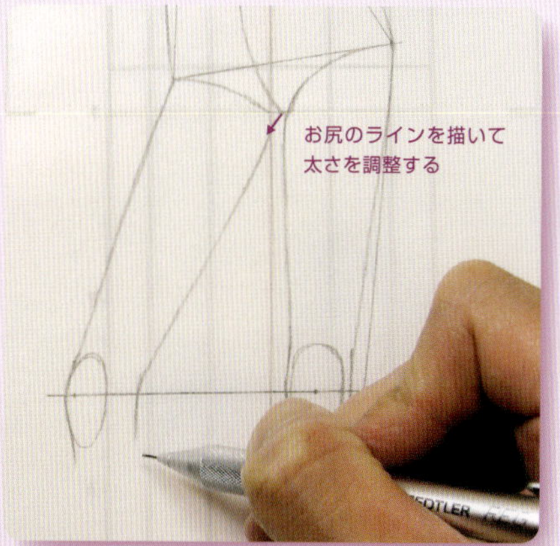
お尻のラインを描いて太さを調整する

体重を支えていない脚は自由に動かせるので、腕と同じように「パーツごと」、つまり「大腿」と「すね」を別々に描いてよい

15

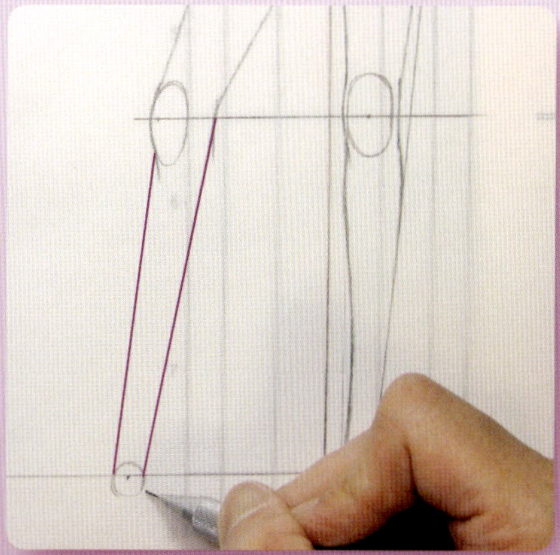

ひざから足首にかけて直線でつなぎ、案内線にする

16

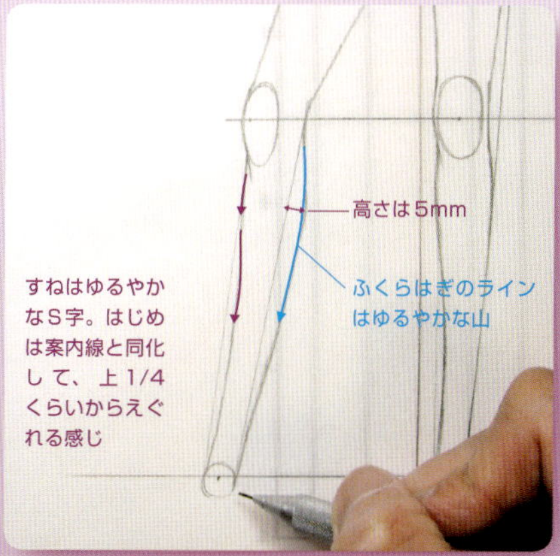
高さは5mm
すねはゆるやかなS字。はじめは案内線と同化して、上1/4くらいからえぐれる感じ
ふくらはぎのラインはゆるやかな山

直線を案内線にすねの反った感じを出していく

17

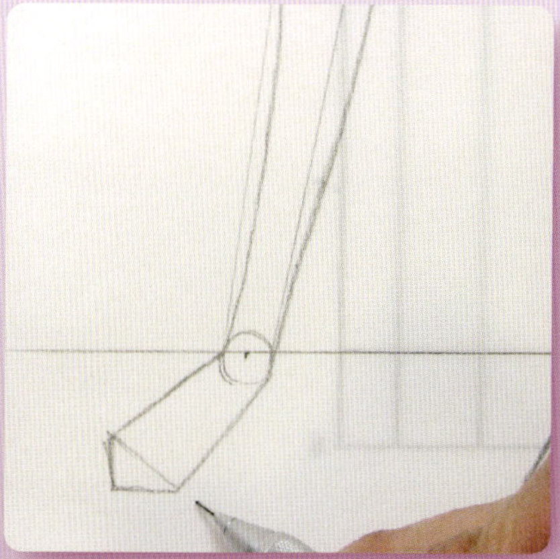

遊脚の足は横向きなので、剣先はかなり寝ている

18

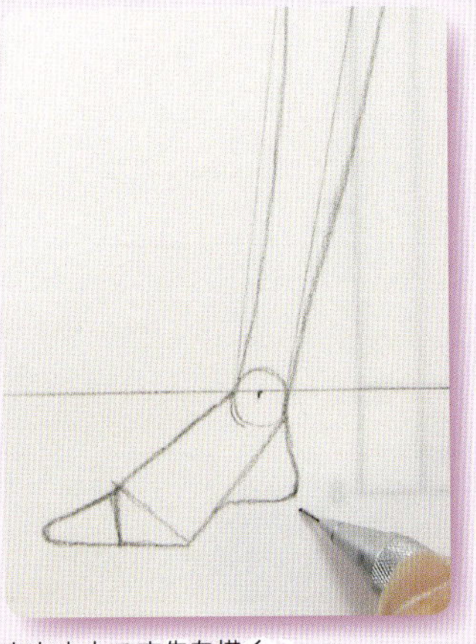

かかととつま先を描く

19

★ 肩は独立可動
必ずフロントネックポイント
を通るように

肩線の動きを入れる

20

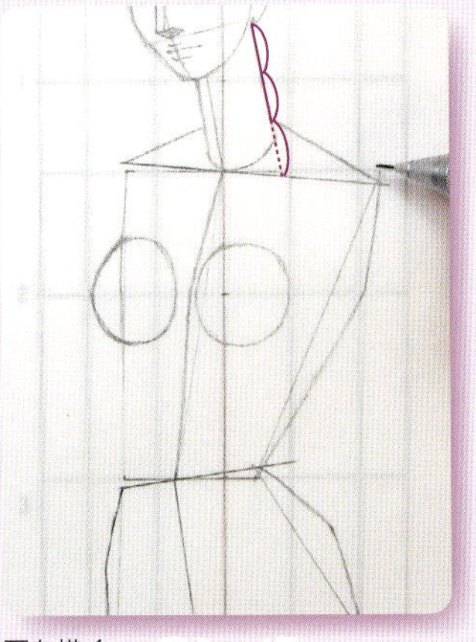

肩を描く

21

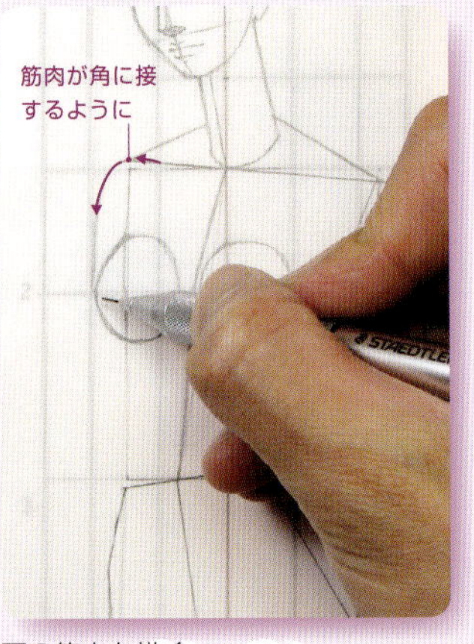

筋肉が角に接
するように

肩の筋肉を描く

22

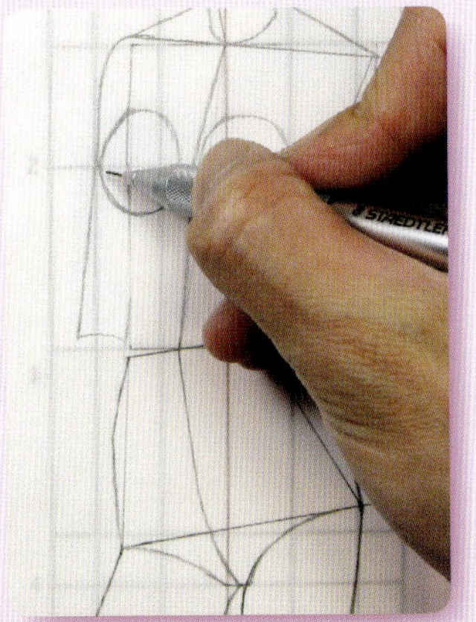

上腕を描く

23

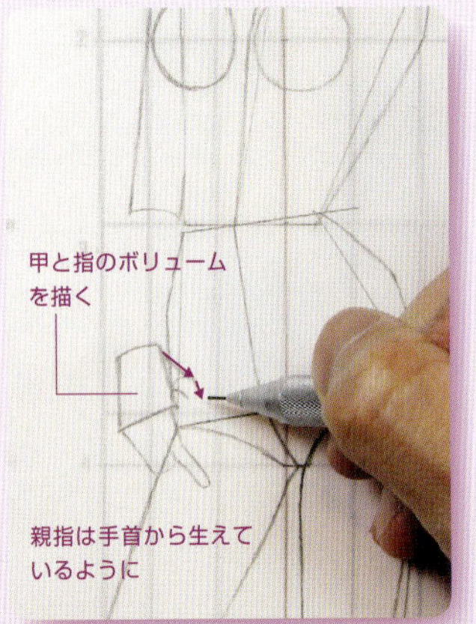

甲と指のボリューム
を描く
親指は手首から生えて
いるように

前腕は遠近感で長さの変わりやすいところ。前腕のゴール地点である「手」を先に描くとバランスを崩しにくい

24

4本の指を分ける

25

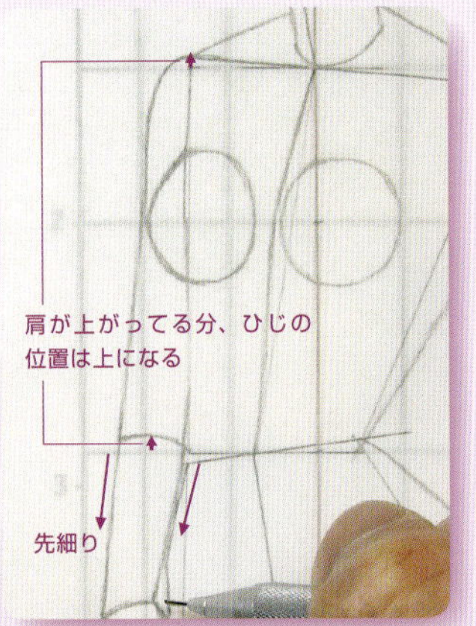

肩が上がってる分、ひじの
位置は上になる
先細り

ひじと手首をつなぎ前腕を描く

26

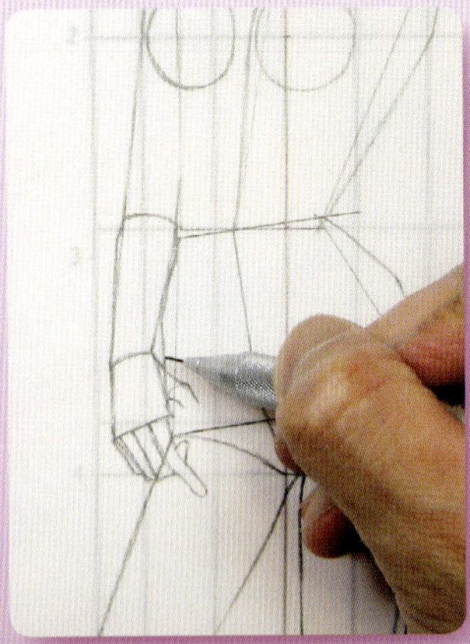

前腕のふくらみを入れる

27

肩の筋肉を描いて丸み
を出す。筋肉が角に接
するように

上腕を描く

28

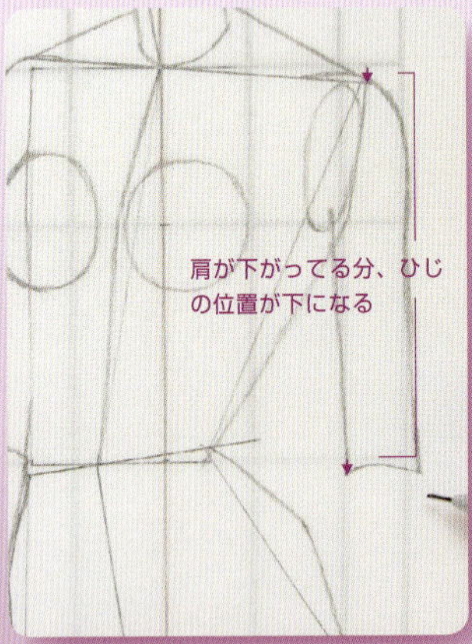

肩が下がってる分、ひじ
の位置が下になる

上腕を描く

29

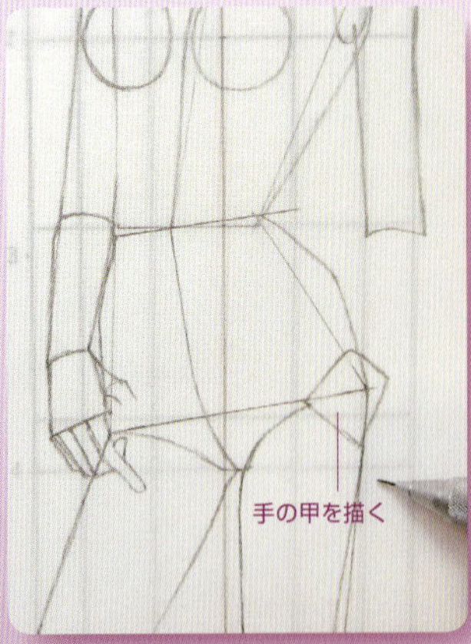

手の甲を描く

こちらの腕も前腕に遠近感があるので、手から描いていく

30

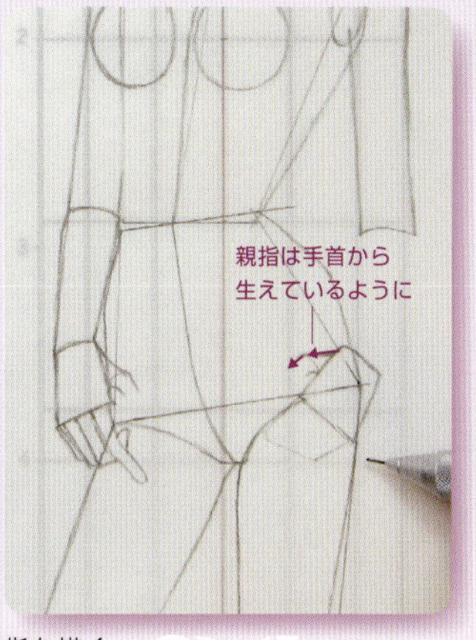
親指は手首から
生えているように

指を描く
31

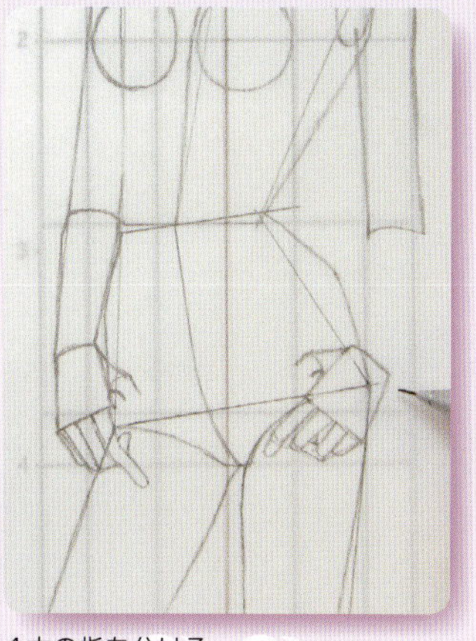

４本の指を分ける
32

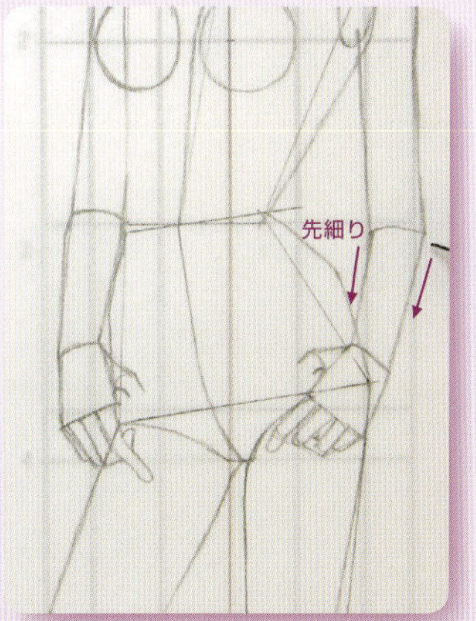
先細り

ひじと手首をつなぎ前腕を描く
33

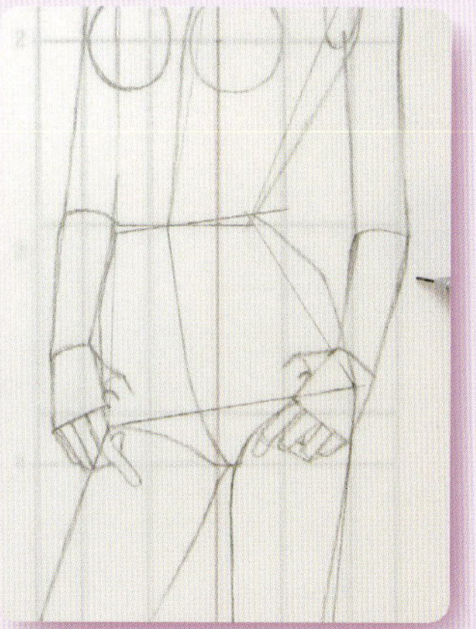

前腕のふくらみを入れる
34

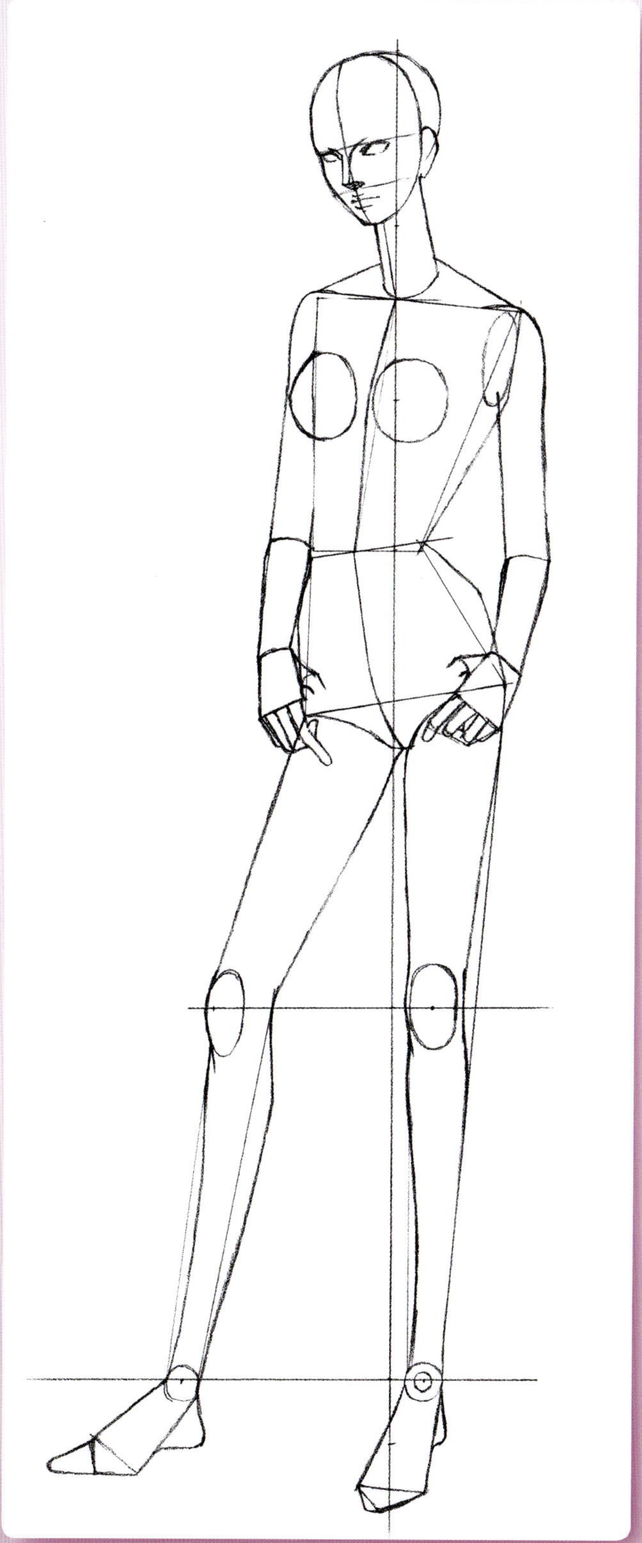

完成
35

★ phase20の復習 ★

○分析した写真をしっかり見て描けば必ず描ける

○8頭身で描くためにワク図を下敷きにしよう

○色んな写真を参考にさまざまな向きのポーズにも挑戦してみよう

next !! ボディに服を着せて下描きを完成させていきます！

phase 21

写真を見てデザイン画を描く3

phase20で描いたボディに服を着せていきます。服のゆとりをしっかり入れることがポイントです。

ワンピース・スタイルの着装

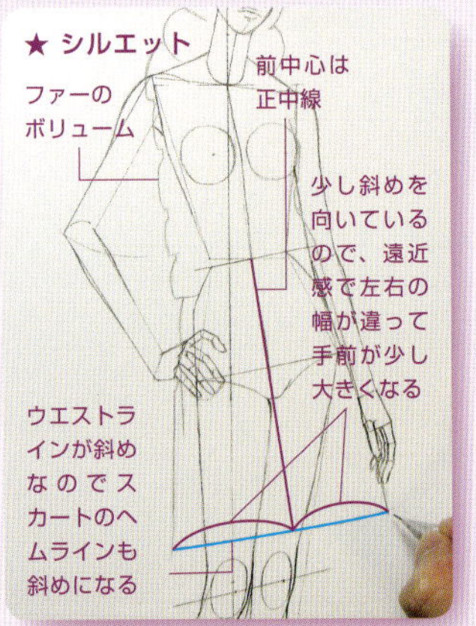
★ シルエット
前中心は正中線
ファーのボリューム
少し斜めを向いているので、遠近感で左右の幅が違って手前が少し大きくなる
ウエストラインが斜めなのでスカートのヘムラインも斜めになる

01 服のボリュームを描く。シワ等の細かなヨレはあとから入れるので、なるべくシンプルな直線、曲線で

★ 分割
それぞれのアイテムの分量をよく観察してみよう
スカートの裾も立体的にしていく

02 まずはアイテムごとにザクッと分け、その後ディテール等の細かい部分を入れていく

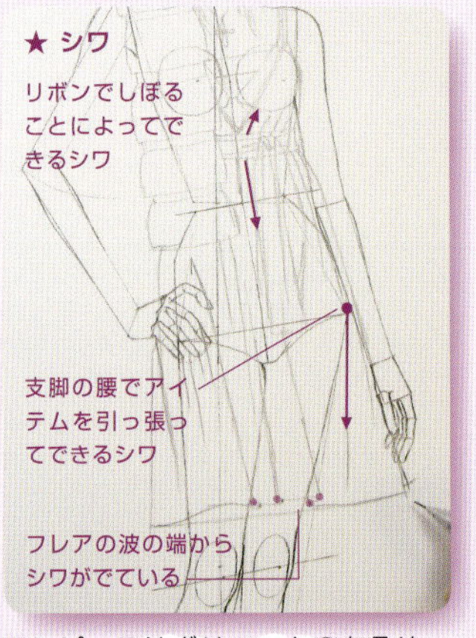
★ シワ
リボンでしぼることによってできるシワ
支脚の腰でアイテムを引っ張ってできるシワ
フレアの波の端からシワがでている

03 ワンピースはボリュームのあるゆったりしたシルエットなので、重力による縦方向のシワが多い

04 靴も同様に

05 着装画の下描き完成

★ 着装画

06 上に一枚紙を敷き必要な線をなぞっていく

07 細かいところも丁寧に

08 シワはシャッと勢いよく

09 ひざ、足首と言った関節もなめらかにつなぐ

スカート・スタイルの着装

着装画完成

10

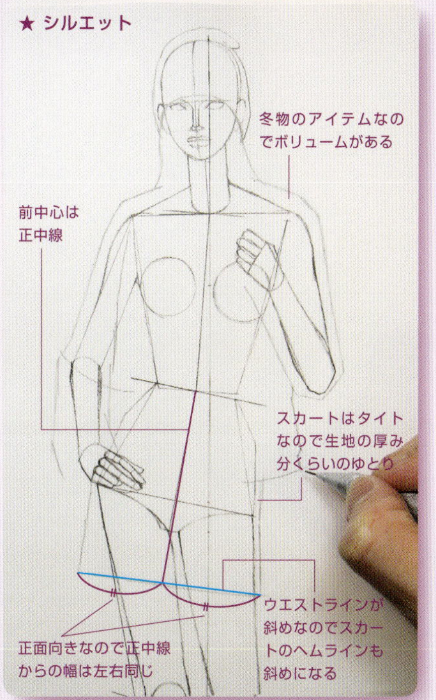
★ シルエット
冬物のアイテムなのでボリュームがある
前中心は正中線
スカートはタイトなので生地の厚み分くらいのゆとり
ウエストラインが斜めなのでスカートのヘムラインも斜めになる
正面向きなので正中線からの幅は左右同じ

服のボリュームを描く。シワ等の細かなヨレはあとから入れるので、なるべくシンプルな直線、曲線で

01

★ 分割

まずはアイテムごとにザクッと分け、その後ディテール等の細かい部分を入れていく

02

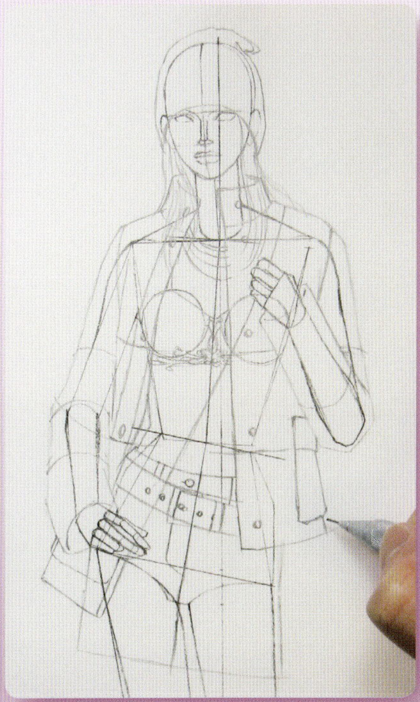

ポケット等細かい部分も入れていく

03

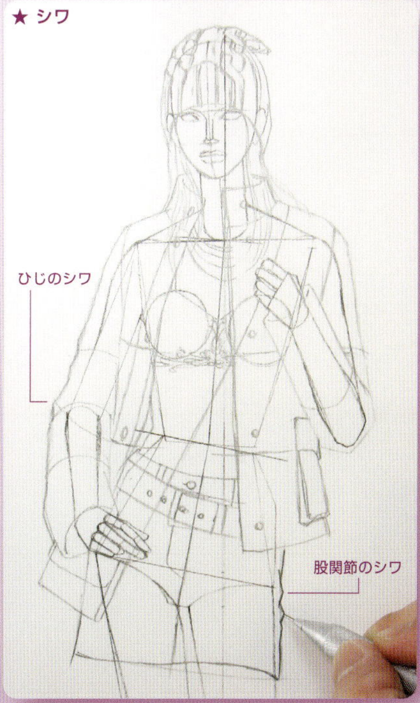
★ シワ
ひじのシワ
股関節のシワ

シワの入る関節部分の輪郭にヨレを入れる

04

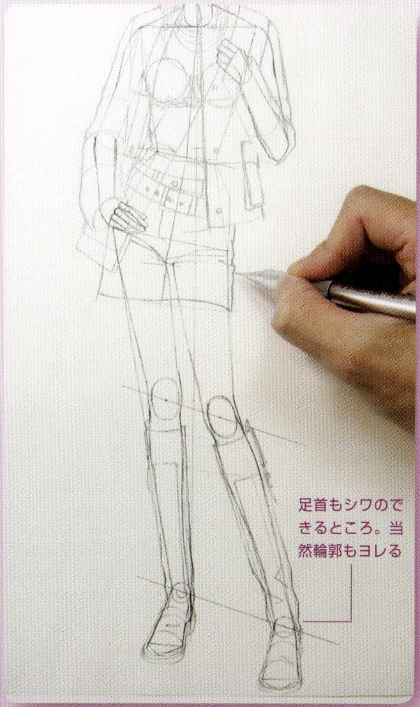
足首もシワのできるところ。当然輪郭もヨレる

服の中にもシワを入れていく

05

★ 着装画

着装画の下描き完成

06

上に一枚紙を敷き必要な線をなぞっていく

07

ひざ、足首と言った関節もなめらかにつなぐ

08

ディテールの多いブーツも丁寧に

09

着装画完成

10

パンツ・スタイルの着装

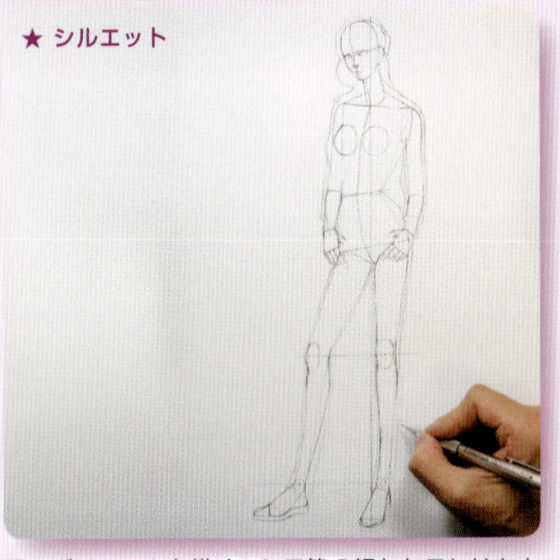
★ シルエット

服のボリュームを描く。シワ等の細かなヨレはあとから入れるので、なるべくシンプルな直線、曲線で

01

★ 分割

まずはアイテムごとにザクッと分け、その後ディテール等の細かい部分を入れていく

02

★ シワ
バストからウエストに向かうシワ
ウエストのシワ
ひじのシワ
股関節のシワ

シワの入る関節部分の輪郭にヨレを入れる

03

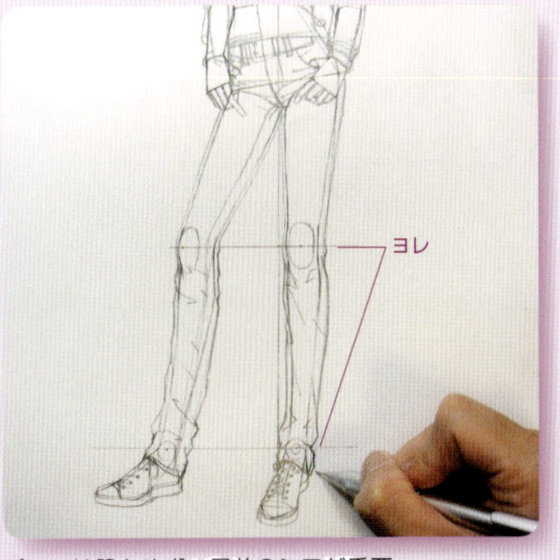
ヨレ

パンツは股とひざ、足首のシワが重要

04

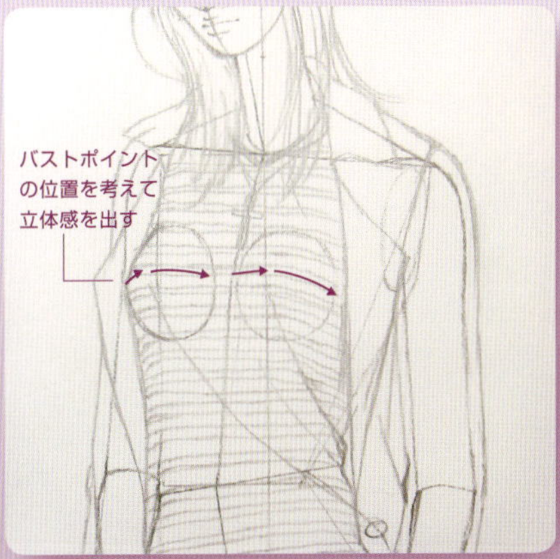
バストポイントの位置を考えて立体感を出す

ボーダーはボディのラインを意識しながら入れる

05

着装画の下描き完成

06

★ 着装画

上に一枚紙を敷き必要な線をなぞっていく

07

ボーダーはラインの変わる３ヶ所くらいを描いてから間を埋める

08

どちらが黒か分からなくなるので少し塗ってみよう

09

着装画完成

10

★ phase21 の復習 ★

○着装はシルエット→アイテム分割→アイテムのディテール→輪郭のヨレ→シワの順で描く
○通気性、保温性、生地の厚みを考えてボディにゆとりのある着装を心がける
○この時点で顔もしっかり描いておこう

next !! ワンピース・スタイルを着色していきます！

The 4th week

デザイン画を完成させ、
オリジナルデザインに挑戦しよう

phase 22

写真を見てデザイン画を描く4

─ 着色（ワンピース・スタイル） ─

これから完成に向けて着色していきます。プロセスは、着装画を着色用の紙（ケント紙、画用紙等の厚手の紙）にペン入れ→下地塗り→素材柄→ヘアメイク→仕上げとなります。今回の着色のポイントはなんと言ってもワンピースの柄とファー。ペン入れしたものを何枚かコピーして練習し、自信がついてから本番に望むとプレッシャーもかからず楽しめるでしょう。

ペン入れ

★ 転写はやさしく

「着装画」と「ペン入れ」は別々の紙に分けた方が失敗に対応しやすくプレッシャーも少なくてよい。まずB以上の濃いめの鉛筆で着装画の裏を真っ黒にする。濃く、真っ黒に塗るほど線がきれいに写る

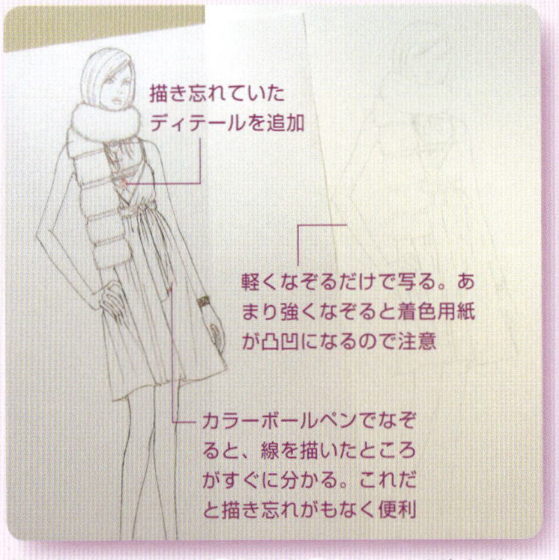
描き忘れていた
ディテールを追加
軽くなぞるだけで写る。あまり強くなぞると着色用紙が凸凹になるので注意
カラーボールペンでなぞると、線を描いたところがすぐに分かる。これだと描き忘れがもなく便利

着装画の下に着色用の紙（今回はケント紙）を敷き、クリップやテープで固定。0.3くらいの細いカラーボールペン等でなぞって転写する

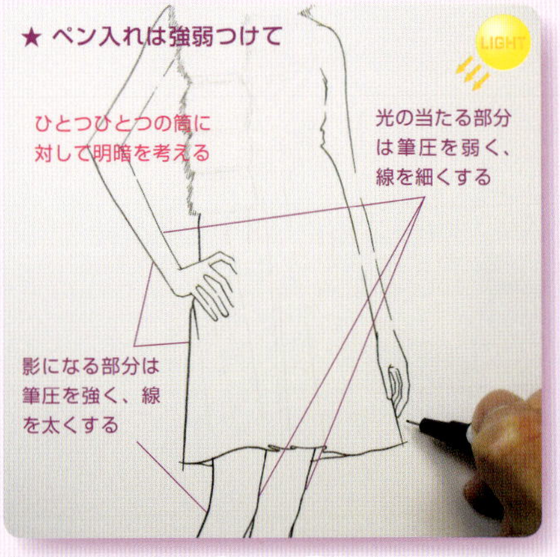
★ ペン入れは強弱つけて
LIGHT
ひとつひとつの筒に対して明暗を考える
光の当たる部分は筆圧を弱く、線を細くする
影になる部分は筆圧を強く、線を太くする

輪郭からペン入れしていく。ペンの太さはP125、着装画のペン入れはP129参照。太いペン（0.8）で筆圧を変えて強弱をつけてみよう

細いペン（0.3）でパーツごとに分けていく

04

細いペン（0.3）でシワを入れていく

05

極細のペン（0.1）で、ディテールを入れていく

06

2、3分してインクが乾いたら消しゴムをかける。あまり強く描けるとインクが薄くなるので優しくかけること

07

ペン入れ完成

08

着色

主画材に不透明水彩、補助画材として色鉛筆を使う。
不透明水彩は
C(シアン)→ピーコックブルー
M(マゼンタ)→オペラ
Y(イエロー)→レモンイエロー
K(黒)→アイボリーブラック
W(白)→パーマネントホワイトの5色で全ての色を作っていく。
全ての色をCMYKで混色することで色の配合の研究ができ、配色に対する感性が鋭くなるのでがんばってみよう。色鉛筆は白、黒、茶、紺を使う

★ 肌色塗り
着色用に水でじゅうぶんに薄めたもの。「重ね塗り」は色を薄く何度も重ねて発色させる
水少なめ
水多め
原液
パレット上の色は少し黄ばんで見えて、紙の上に塗った色とは発色が違うので必ず紙に試し塗りしよう

09

絵の具で肌色を作る(マゼンタ70%、イエロー30%が目安、水かなり多め)

LIGHT

10

一度塗り(ベタ塗り)
水分を塗りたい部分全体に行き渡らせるように塗る。そうすると、絵の具の粒子が濡れた部分全体にまんべんなく広がってムラにならない

LIGHT

11

二度塗り(影塗り)
影になる部分に塗り重ねていく。ここの色が自分の求めている色になるとよい。影は全体の1/5程度

12

三度塗り(ぼかし)
色の段差が気になるので、水だけ含ませた筆で全体をサッとなでて境目をぼかす

★ ストッキングの下地塗り

13

ハッキリした色なので「抜き塗り」で塗る(マゼンタ80%、イエロー15%、ブラック5%が目安)。光の当たる部分を1/5くらい塗り残す。下地が透けないようにしっかりと

14

水だけ含ませた筆で境目をぼかしてなじませる

★ ワンピース

15

色の塗り分け部分を鉛筆で薄くアタリをつけておく

16

濃い色は「抜き塗り」で塗る(ブラック100%)。下地が透けないようにしっかりと

筆先の水分をティッシュで調整しながらぼかしていく

17

水だけ含ませた筆で境目をぼかしてなじませる

細い筆で大きな柄の位置から決めていく(マゼンタ50%、イエロー40%、ブラック10%が目安)。上塗りなので水分量を少なめにして透けないようにする

18

失敗したら落ち込みそうなワンピースの柄は、他に手をつける前にやっておく。こうすれば、たとえ失敗してもダメージが少ない。他が完璧にできていて最後に柄を失敗してしまったらとてもせつない

大きな柄の位置を基準に次に大きな柄を入れていく（マゼンタ60%、イエロー 30%、ブラック10%が目安）

19

緑の柄を入れていく（シアン45%、イエロー 35%、ホワイト20%が目安）。よく見ると鶏の柄が繰り返されているのが分かる

20

緑の小さな柄を入れていく

21

ベージュの小さな柄を入れていく（マゼンタ15%、イエロー 20%、ホワイト65%が目安）

22

黒の小さな柄はドローイングペンの0.05で

23

インナーも塗っていく（ブラック100%）

24

レースの編み地をドローイングペンの0.05で、その後0.1で花柄を描く

25

★ ファー

毛を描けば描くほど厚みがでて味わい深くなる。まずは下地塗り

26

せっかく完成したワンピースが汚れないように紙を当てておく

毛を描いていく。はじめは太めの毛でも構わない

27

はじめの頃の毛
上塗りの毛。徐々に細くしていく

少しずつ毛を細く、色もさまざま加えてさらに描きこむ

28

濃い色を入れて立体感を出す

29

茶色のファーを入れていく

30

白やグレーのファーを入れていく

31

地の色より濃い色（今回は茶）の色鉛筆の腹でファー全体をなでてザラつかせ、ウール特有の起毛感を出す

32

色鉛筆で細い毛を入れて最後の調整

33

★ 靴

靴も「抜き塗り」で塗る（ブラック100%）。光の当たる部分を塗り残し、水だけ含ませた筆で境目をぼかしてなじませる

34

★ ストッキングの柄
地の目

ストッキングのドットは白の色鉛筆で

35

★ 細かい部分

アクセサリー等の小物を塗っていく

36

ワンピースの陰影を黒の色鉛筆で入れていく

37

ドローイングペンで消えた線を描きおこす

38

★ ヘアメイク

髪の毛を「濃い重ね塗り」で塗る（マゼンタ70%、イエロー20%、ブラック10%）

39

2度目もベタ塗り

40

天使の輪は頭に包
帯を巻くように色
を塗り残すとよい

三度目は天使の輪を意識してグラデーションを入れていく

41

チーク
リップ。
上唇の方が立
体感で色が濃
くなる

リップとチークを入れていく

42

こげ茶の色鉛筆で目玉、まつげ、まゆ毛、髪の毛の陰影を。さらにアイライン、アイシャドウを入れてアイメイクをする

43

★ phase22の復習 ★

○ペン入れは同じ太さでも筆圧でメリハリが出せる

○着色はいきなり塗らないで、必ず試し塗りをしてみよう

○複雑な柄は先にやってしまった方が気が楽

next !!

スカート・スタイルを着色していきます！

完成

44

phase 23

写真を見てデザイン画を描く5

―着色(スカート・スタイル)―

ペン入れ

01

B以上の濃いめの鉛筆で着装画の裏を真っ黒にする。濃く、真っ黒に塗るほど線がきれいに写る

02

カラーボールペンでなぞると、線を描いたところがすぐに分かる。これだと描き忘れもなく便利
軽くなぞるだけで写る。あまり強くなぞると着色用紙が凸凹になるので注意

着装画の下に着色用の紙(今回はケント紙)を敷き、クリップやテープで固定。0.3くらいの細いカラーボールペン等でなぞって転写する

03

ペン入れの色はイメージによって描き分けると楽しい。今回はCOPIC MULTI LINERの「セピア」を使って柔らかく仕上げた

着色

04

★ 肌色塗り

LIGHT

一度塗り(ベタ塗り)
肌色を作り(マゼンタ70%、イエロー 30%が目安、水かなり多め)、塗りたい部分全体に行き渡らせるように塗る。そうすると、絵の具の粒子が濡れた部分全体にまんべんなく広がってムラにならない

05

LIGHT

二度塗り(影塗り)
影になる部分に塗り重ねていく。ここの色が自分の求めている色になるとよい。影は全体の1/5程度

06

三度塗り(ぼかし)
色の段差が気になるので、水だけ含ませた筆で全体をサッとなでて境目をぼかす

07

★下地塗り

ブルゾンは厚手の生地で、柄も入っているのでベタッと塗る(シアン60%、マゼンタ30%、ブラック10%が目安)。下地が透けないようにしっかりと

08

インナーは濃い色なので「抜き塗り」で塗る(ブラック100%)。光の当たる部分を1/5くらい塗り残す。下地が透けないようにしっかりと

デニムはメリハリが欲しいので陰影をしっかり入れられる「重ね塗り」で塗る（シアン70%、マゼンタ20%、ブラック10%が目安）

9

ストッキングもメリハリが欲しいので陰影をしっかり入れられる「重ね塗り」で塗る（ブラック100%）

10

全体を水だけ含ませた筆でサッと塗って色の段差をなじませる

11

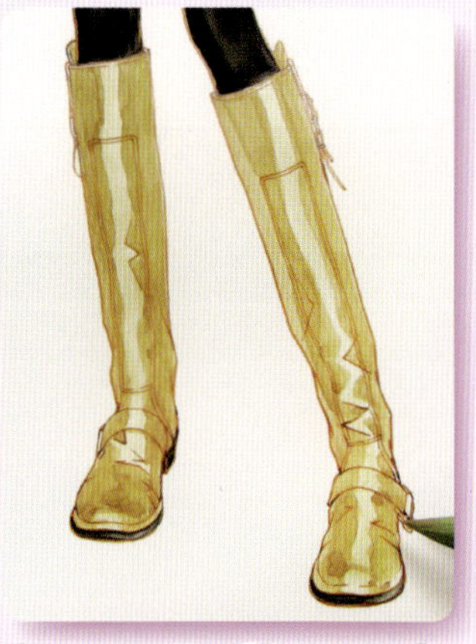

ブーツは光沢感を表現したいので「光沢塗り」で（イエロー50%、マゼンタ40%、ブラック10%が目安）。まず光る部分を抜きながら重ね塗りしていく

12

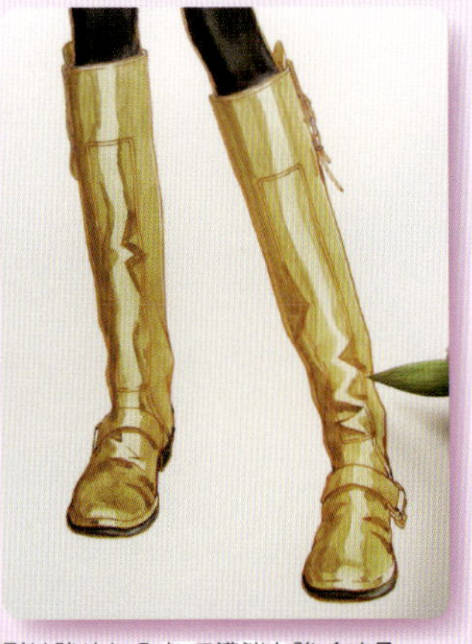

影は強めに入れて濃淡を強くする

13

全体を水だけ含ませた筆でサッと塗って色の段差をなじませる

14

アクセサリーは肌色が透けないように濃く塗る。シルバーはブラック30%、ホワイト70%、ゴールドはイエロー50%、マゼンタ30%、ホワイト10%、ブラック10%が目安

15

ニットキャップを塗る（イエロー80%、ブラック20%が目安）。水で極薄にして塗るとオフ白になる

16

影は黒を極薄にして入れる

17

★ ブルゾンのチェック
色鉛筆。ウール感がでていていい感じなのでこちらに決定
絵の具。柄がハッキリ出すぎてプリント柄っぽい

ペン入れのコピーに絵の具、色鉛筆の両方で柄を試してみる

18

バイアスは斜め地のこと。地の目に対し斜めの方向に入っている
地の目

茶の色鉛筆でチェックの太いラインを入れる。バイアスに入っているので注意

19

柄を交錯させる

20

茶色の柄の縁を黒の色鉛筆で囲む

21

黒の色鉛筆で陰影を入れる

22

最後に紺の色鉛筆で全体にザラ感を出し、ウールの起毛感を表現

23

★ ニットのウール感

地の色より濃い色(今回は茶)の色鉛筆でニットのゲージを薄く入れていく

24

色鉛筆で陰影を入れてメリハリを出す

25

最後に色鉛筆で全体にザラ感を出し、ウールの起毛感を表現

26

★ デニムの縦落ち感

地の色より濃い色(今回は紺)の色鉛筆でデニムの綾を、薄く細く入れていく。地の目に対し「/」の方向

27

デニムの縦落ち感を表現するため、縦方向に色鉛筆を入れる

28

陰影を強調
しておく

横方向にも色鉛筆を入れるとさらに色落ちした感じに

29

さらに白の色鉛筆で色落ちを表現

30

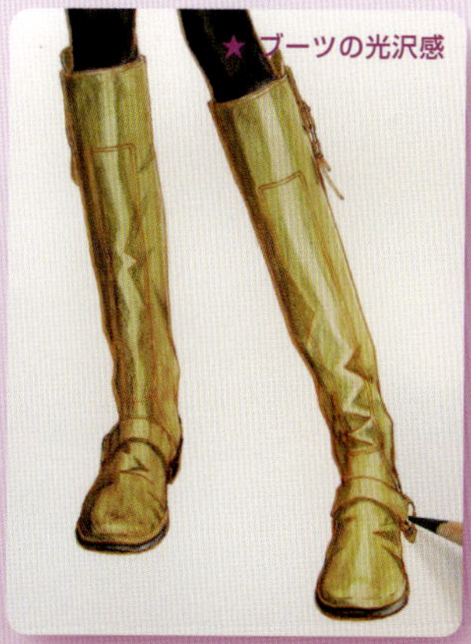
★ ブーツの光沢感

地の色より濃い色(今回は茶)の色鉛筆で陰影を強くする

31

白の色鉛筆で光沢を強調する

32

33

絵の具の白で点を散らしキラキラした感じを出す

★ ポシェットのスパンコール

34

地の色(マゼンタ60％、イエロー10％、ブラック30％が目安)に白を加えた色で規則正しく濃密に点を入れる

35

さらに白を加えた薄い色で先ほどより小さな点を入れていく

36

光の当たる側に白い点を入れて光沢を表現する

37

黒の色鉛筆でポシェットの陰影を入れる

★ 仕上げ

38

ドローイングペンで消えた線を描きおこす

★ ヘアメイク

39

髪の毛の色を薄く塗る(マゼンタ70％、イエロー20％、ブラック10％)

天使の輪は頭に包帯を巻くように色を塗り残すとよい

40

2度目は天使の輪の部分を抜いて塗る

41

色の段差が気になるので、水だけ含ませた筆で全体をサッとなでて境目をぼかす

リップ。
上唇の方が立体感で色が濃くなる
チーク

42

リップとチークを入れていく

「×」を入れると光沢感になる

43

こげ茶の色鉛筆で目玉、まつげ、まゆ毛を。さらにアイライン、アイシャドウを入れてアイメイクをし、さらに白の絵の具でアクセサリーを輝かせる

44

白の色鉛筆でキャミソールの柄を描く

完成

45

★ phase23の復習 ★

○ペン入れは黒でなくても構わない。自分に合った色を探してみよう

○デニムは色々なユーズド感があり、風合いもさまざまなので色々描いてみよう

○悩んだら必ず試し塗りをし、確信を持って作業しよう

next !!

パンツ・スタイルを着色していきます！

24 phase

写真を見てデザイン画を描く6

―着色(パンツ・スタイル)―

転写

01

B以上の濃いめの鉛筆で着装画の裏を真っ黒にする。濃く、真っ黒に塗るほど線がきれいに写る

カラーボールペンでなぞると、線を描いたところがすぐに分かる。これだと描き忘れがもなく便利

02

着装画の下に着色用の紙(今回はケント紙)を敷き、クリップやテープで固定。0.3くらいの細いカラーボールペン等でなぞって転写する

軽くなぞるだけで写る。あまり強くなぞると着色用紙が凸凹になるので注意

03

転写した状態

04

気に入らない線は着色前に修正する

着色

★ 肌色塗り
LIGHT

05

今回はあとからペン入れをするのでさっそく絵の具で肌色を作り(マゼンタ70%、イエロー 30%、水かなり多め)、水分を塗りたい部分全体に行き渡らせるように塗る

LIGHT

06

二度塗り(影塗り)
影になる部分に塗り重ねていく。ここの色が自分の求めている色になるとよい。影は全体の1/5程度

07

三度塗り(ぼかし)
色の段差が気になるので、水だけ含ませた筆で全体をサッとなでて境目をぼかす

★ 下地塗り

08

Tシャツの下地は白なので、黒を水で極薄にしてグレーとし、陰影を入れていく

09

キャスケット、カーディガンを黒で「重ね塗り」する。水分を塗りたい部分全体に行き渡らせるように塗る。そうすると、絵の具の粒子が濡れた部分全体にまんべんなく広がってムラにならない

10

影になる部分に塗り重ねていく。ここの色が自分の求めている色になるとよい。影は全体の1/5程度

11

色の段差が気になるので、水だけ含ませた筆で全体をサッとなでて境目をぼかす

試し塗りをして確実な色を作ろう

12

デニムの色を作る（シアン40%、マゼンタ10%、ブラック50%）。デニムには意外にもマゼンタが入っているので注意

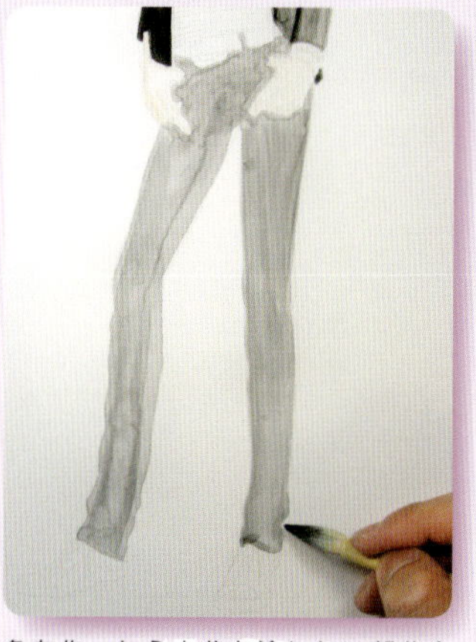

13

色を作ったら水分を塗りたい部分全体に行き渡らせるように塗る。そうすると、絵の具の粒子が濡れた部分全体にまんべんなく広がってムラにならない

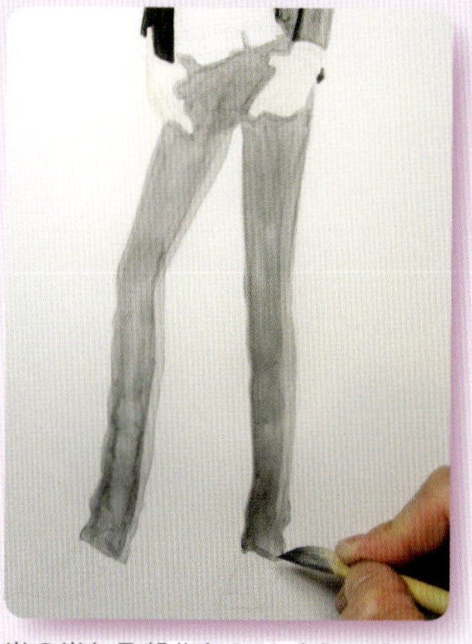

14

光の当たる部分を1/4くらい残して塗り重ねていく

15

影になる部分に塗り重ねていく。ここの色が自分の求めている色になるとよい。影は全体の1/5程度

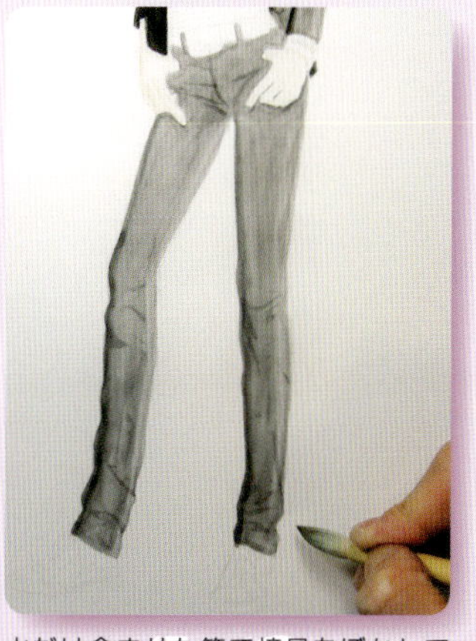

16

水だけ含ませた筆で境目をぼかしてなじませる

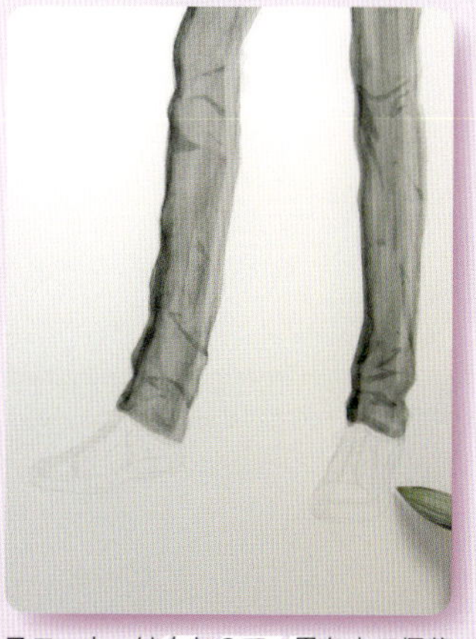

17

スニーカーは白なので、黒を水で極薄にしてグレーとし、陰影を入れていく

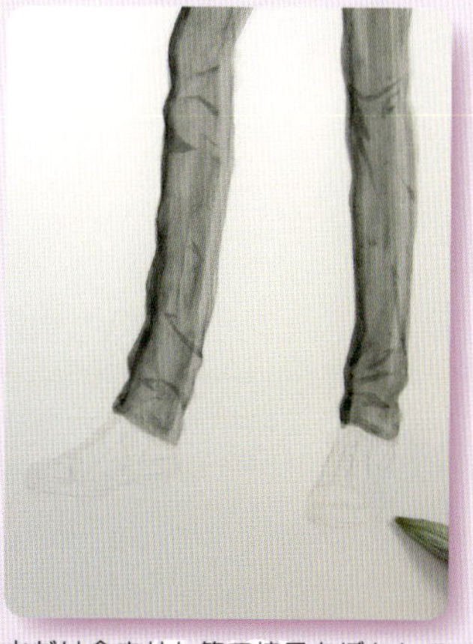

18

水だけ含ませた筆で境目をぼかしてなじませる

★ キャスケットの素材感

19

ネップツイードのように起毛立っていたので、同様にやってみる。まずは筆を押しつぶして放射状にする

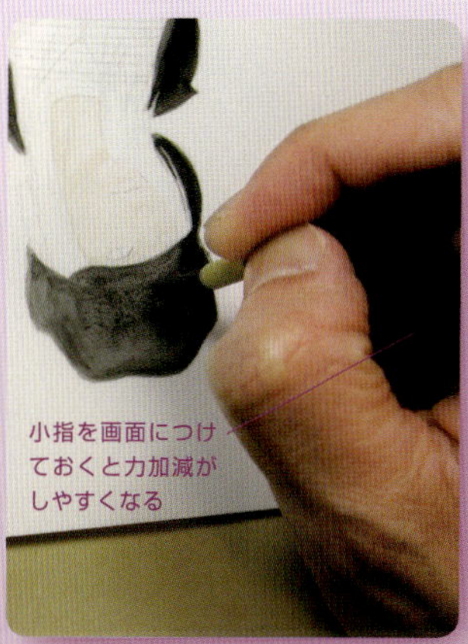
小指を画面につけておくと力加減がしやすくなる

20

筆をチッチッチと画面に優しく触れるように叩く

21

黒のみならず，同系色（グレー）を何色か入れて生地の深みを出す

22

地の色より濃い色（今回は黒）の色鉛筆の腹で表面をなでてざらつかせ、ウールの起毛感を表現して完成。色鉛筆の線が出ないように柔らかく回すようになでること

★ ニットジャケットの素材感

23

地の色より濃い色（今回は黒）でディテールを描きおこし、柄描きに備える

少しヨレを入れながらバイアスにすると雰囲気がでるようだ

24

編み地を遠くから見るとバイアスに見えたので色鉛筆で入れていく

細かく線を入れる

25

ヘムはリブ編み

地の色より濃い色(今回は黒)の色鉛筆の腹で表面をなでてざらつかせ、ウールの起毛感を表現して完成。色鉛筆の線が出ないように柔らかく回すようになでること

27

完成したニットジャケットに使った色鉛筆がこすれて画面を汚さないように紙をあてておく

★ 細かい部分

28

ボーダーを「抜き塗り」で塗る(シアン70%、マゼンタ20%、ブラック10%)

29

水だけ含ませた筆で境目をぼかしてなじませる

30

ベルトを「抜き塗り」で塗る

デニムの縦落ち感

31

地の色より濃い色(今回は黒)の色鉛筆でデニムの綾を、薄く細く入れていく。地の目に対し「/」の方向

32

デニムの縦落ち感を表現するため、縦方向に細かく色鉛筆を入れる

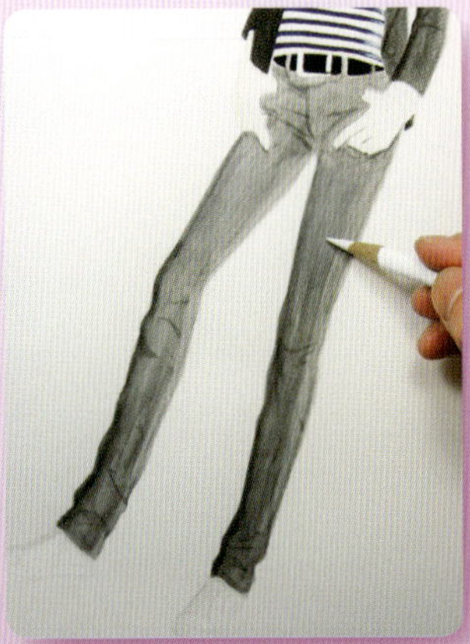

33

白の色鉛筆を入れてさらに色落ちした感じに

34

地の色より濃い色(今回は黒)の色鉛筆で影を入れてメリハリを出す

★ヘアメイク
天使の輪は頭に包帯を巻くように色を塗り残すとよい

35

アクセサリーは柄の上に塗るので、黒とシルバー(ブラック60%、ホワイト40%)でベタッと塗る。髪の毛は「重ね塗り」で塗る(マゼンタ70%、イエロー20%、ブラック10%)

36
2度塗りして濃くしていく

37
水だけ含ませた筆で境目をぼかしてなじませる

リップ。
上唇の方が立体感で色が濃くなる
チーク

38
リップとチークを入れていく

39
目玉を茶色(マゼンタ70%、イエロー20%、ブラック10%)で塗る

★ ペン入れ
まつげ、まゆ毛、アイライン、アイシャドウを入れてアイメイクもする

40
今回は色鉛筆でペン入れする。色鉛筆で仕上げるととても柔らかい印象を受ける。肌を茶色でペン入れした。芯が細いときはディテールを描き、太くなってきた頃にアウトラインを描く

41
アクセサリーはドローイングペンでメタリックなメリハリをつける

42
消えたディテールの描きおこし。黒いアイテムに黒い線は見えないので白の色鉛筆で入れる

43
アイテムは黒でペン入れし、肌の色と分けてみた

44
デニムのステッチは茶色で

45
スニーカーのディテールもしっかりと

完成

46

★ phase24の復習 ★

○ペン入れを色鉛筆ですると柔らかい印象に
○色鉛筆でのペン入れは最後にする。これで着色中の線のこすれを防ぐ
○同じ「黒」でも、素材感や陰影の深さを変えると色々な表現ができる

next !!

オリジナルデザインをしていきます！

25 オリジナルデザインのアイデアスケッチ

デザイナーが服をデザインするとき、どんなことに注意しているのでしょうか。
彼らはアイデアの思いつくままに、好き勝手にデザインしているのでありません。
彼らは自分の担当しているブランドの企画コンセプト（ターゲット、デザインのテーマ、アイテム構成、色、素材、柄、価格帯等）を踏まえ、時代背景や流行にのっとって自らのアイデアを服に落とし込んでいるのです。
自らの美意識と、商品として人気のあるものがイコールでないこともしばしばあります。
彼らはそのギャップに悩みながらも、いかに自分ならではのデザインを生み出していくかという、精神的に高いレベルでのクリエイトを追求しているのです。

社会に出て、そのような環境下で常によいデザインを提供していくには、学生時代にどのような準備が必要なのでしょうか。
まずは自分がどんな人間なのかを知ることです。
自分はどんなものが好きなのか、自分は何をやりたいのか、自分は何者なのかを服を通じて伝えることができるよう、絵を描いたりプレゼンテーションしたりして練習することが大切なのです。
自分を知ることで、ようやくまわりが見えてきて、何をすればいいのか、何が求められているのかを理解することができるのです。

デザイン画は、自分だけが分かる絵ではなく、マーチャンダイザーやパタンナーといった自分が仕事で関わる人々がパッと見て理解できるものになるよう心がけましょう。

アイデアスケッチ：デザインをするときには以下のことに気をつけてみよう

【 テーマを決めよう 】

オリジナルデザインを考えるときは漠然と考えるのでなく目的にのっとって考えるトレーニングをするとよいだろう

例えば…
1：「モッズ」、「パンク」…といった過去のスタイルに着目し、今の時代にあった形にリニューアルしてみる
2：「ジャケット」、「スカート」…といった「アイテム」に着目し、そのアイテムを今の時代に合うように解体、再構築し、リニューアルしてみる
3：「ふわふわ」、「キラキラ」といった「イメージ」からデザインしてみる
4：「セレブ」、「ギャル」…といったターゲット（人種、年齢層、職種等）をしぼり、彼らのためにデザインしてみる
5：「レ・ミゼラブルの舞台公演」、「ローリング・ストーンズの日本公演」、「映画ロミオとジュリエット」「エール・フランスの客室乗務員」…といった特定の目的を設定し、その目的、役柄にあった衣装（コスチューム）をデザインしてみる

等々、「スタイルキーワード」を決め、イメージをふくらませてみよう
「何故そのようなデザインなのか。」
「何故今の時代にそのデザインが必要なのか。」
「新しくデザインすることで世の中にどのような刺激があるのか。」
を説明できるようコンセプトを考えてみましょう
この「スタイルキーワード」をもとにデザインしていく

【 デザインポイントを考えよう 】

デザインする上でこだわる部分のこと

● シルエット
「着丈」と「ボリューム感」のこと
全体のバランスは最も大事
袖丈、着丈を色々工夫して色んなシルエットを考えよう
例えばスカートのデザインをするとき、ついつい「ひざ丈」とか「フレア」とか…自分で慣れ親しんでいる形になってしまい、デザインが固定化されてしまっている場合がよくある
アイテムは、5cm 長さが違うと名前が変わってしまうくらいデリケートなもの
ひざ上丈スカートも 5cm 長さが変わるとミニスカートになるのだ
1cm の違いもデザインし分けられるようにトレーニングしてみよう

同じAラインのシルエットでもボリューム、スカート丈が違うと印象も変わる

● スタイリング

アイテムの着こなしのこと。コーディネート（着回し）した服をどのように着るのかはとても重要。前あきで着るのかボタンをするのか。帽子を斜めにかぶるのがまっすぐかぶるのか。それによって印象は全く異なってくる
パッと見のシルエットが同じでもそのシルエットを構成するアイテムが違えば配色バランスも変わってきてずいぶん印象が変わるのだ

同じAラインでもワンピースでスタイリングする場合とキャミ、カーディガン、スカート、レギンスでスタイリングしたのではずいぶん印象が違う。
同じシルエットから10のスタイリングを考えるトレーニングをしてみよう

● ディテール

同じシルエットのアイテムでも細かいディテールが変われば印象がずいぶん変わる

シングルジャケットとダブルジャケットでは同じシルエットでもずいぶん印象が違う

● 素材と柄

同じデザインのアイテムでも素材や柄が違えばまた印象が変わる

ツイードと花柄では、同色デザインでも風合い、柔らかさ、厚さが違うため、印象が全く変わる

● 色

同じデザイン、柄でも色が違えば印象がずいぶん違う

同じストライプのクレリックシャツでも色合いが違うと別の印象を受ける。黒シャツ方が、白い衿とのコントラストもあって引き締まって見える

以上を踏まえてデザインすればデザインの幅は無限に広がる。あとはテーマに合わせて取捨選択すればよい。
デザインとは無限に広がるアイデアの中から、いらないものをそぎ落とし、捨て去って、必要なもののみでまとめる作業なのだ

● テーマ

今回のテーマは「バイカーズ（bikers）」にした。

「バイカーズは（bikers）」はストリートスタイルの原点で、第二次世界大戦が終わって間もない1947年から1950年代にかけて南カリフォルニア（アメリカ）で生まれた。

彼らは第二次世界大戦の帰還兵を中心とした暴走族で、マーロン・ブランド主演の映画「乱暴者（あばれもの）THE WILD ONE」（1953）で見ることができる。爆撃機のかわりにハーレー・ダヴィッドソンにまたがり、革ジャンにジーンズ、ブーツ、Tシャツといった不滅のストリートスタイルを生みだし、世界中に浸透させた。

その後イギリスに渡り、ロックと結びつき「ロッカーズ」へ。さらに70年代にはいるとパンクに組み込まれ「パンクロッカーズ」へと、ストリートシーンのメインストリームになっていく。

男の子のスタイルが中心だったストリートスタイルも、現在では女性も巻き込み、さまざまに多様化している。その原点に立ち返ることで、「ファッションとはなんなのか？着るものを選ぶということはどういうことなのか？」をもう一度考え直す機会になればという想いを込めてこのようなテーマを設定した。

デザイン的には、「バイカーズ」の男らしさあふれるスタイルに、モード感あふれる配色や素材をあわせてキュートにリミックスすることを心がけ、ストリートスタイルのユニセックス化を強調してみる

● 素材

革ジャンには柔らかめのシープスキン（羊皮）を。これにシルクシフォンやレースを組み合わせてデザインしてみる

● カラー

白、黒、ベージュを中心にシックでモダンな配色を考えてみる。バイカーズ＝モノトーンというイメージは壊したい

● アイテムとデザインポイント

ライダースジャケット、スタッズ、ワンピース、ティアードスカート、リボン、花柄等を中心に考えてみる

● ターゲット

パワフルなロック魂を持ちながら、大人になるにつれモード感もあわせ持ちたいと考えている好奇心豊かな20代前半の女性をコアユーザーに設定

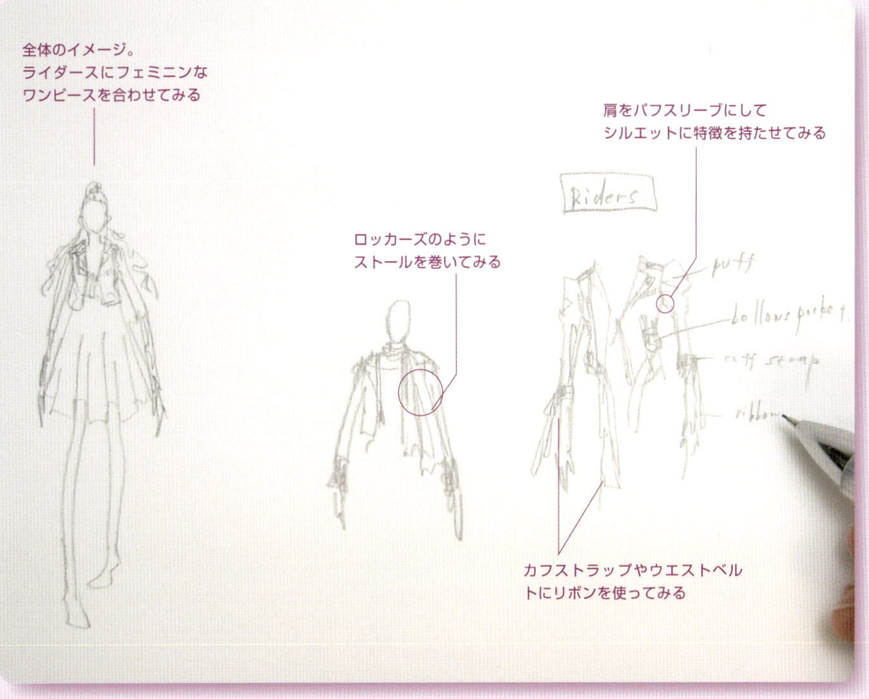
全体のイメージ。
ライダースにフェミニンなワンピースを合わせてみる
肩をパフスリーブにしてシルエットに特徴を持たせてみる
Riders
ロッカーズのように
ストールを巻いてみる
カフストラップやウエストベルトにリボンを使ってみる

アイデアスケッチ

特にボディバランスとかは意識せず、色々とアイデアを巡らせてみる。きちんと描いた絵でなくとも、落書きの中にいいアイデアがあることはたくさんある

インナーはシフトドレスにした。シフトはシミーズに似た下着のことで、ウエストに切り替えがなく、肩からまっすぐに垂れた細身のシルエットのドレス。スカート部はティアード(段々)に
Theme Bikers +Rock +feminine
バイカーズなのでヘルメットをイメージしてニットキャップをかぶせる
ライダースにまち付きのポケットをつけてみた。パイピングがポイント
Riders
ティアードの感じをスケッチ。イレギュラーにしてみたりした
ベロつきのブーツをデザイン。靴底はペタッとしたウエッジソールにした(結果的にはブーツでなく普通の靴に靴下をはかせることに)
ゴーグルタイプのゴテッとしたサングラスをデザイン。結果的にはサングラスでなくゴーグルに
ライダースは袖丈をいくつか考えてみた。7分袖、半袖、ノースリーブ…結果的にはカフストラップのリボンが決め手で7分袖にしてみた

だいたいイメージが固まってきたのでまとめてみる

26 phase

アイテム画の下描き

デザインが決まったら服の構造を考えるためにもアイテム画を描いてみましょう

ライダースジャケット

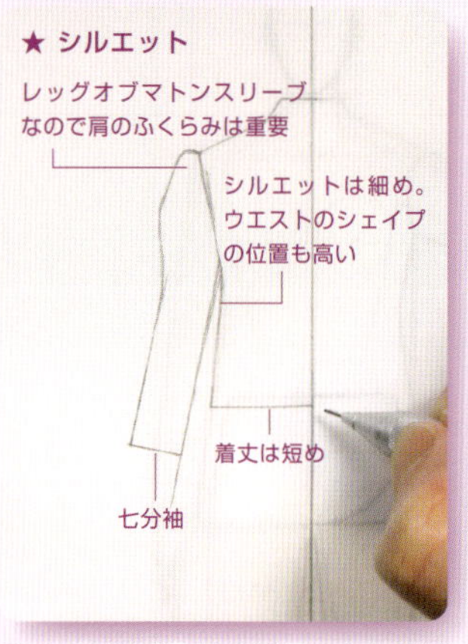

★ シルエット
レッグオブマトンスリーブなので肩のふくらみは重要
シルエットは細め。ウエストのシェイプの位置も高い
着丈は短め
七分袖

アイテム画ベースのプリントと用紙の前中心を合わせ、メンディングテープ等で描く側のみを固定、半身を描いていく。身頃のボリューム、着丈、袖丈等にこだわろう

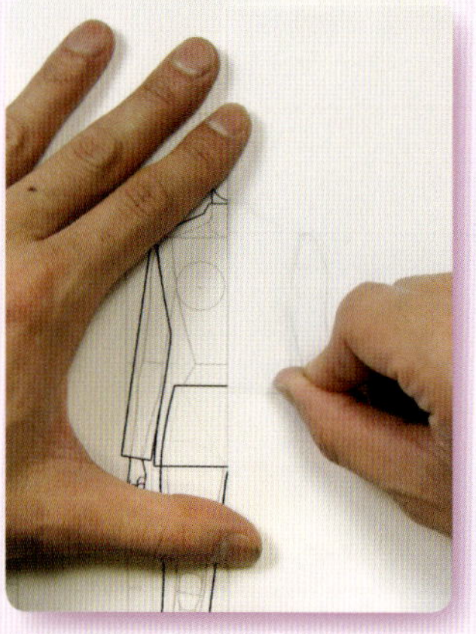

半分に折り、描いた線の裏を爪等でゴシゴシと強くこすって転写する

02

★ ディテール
衿腰
Vゾーンは緩やかな曲線で
ジップフロントは斜めに

衿、前の打ち合わせを描く

03

転写して衿の感じを見てみる

04

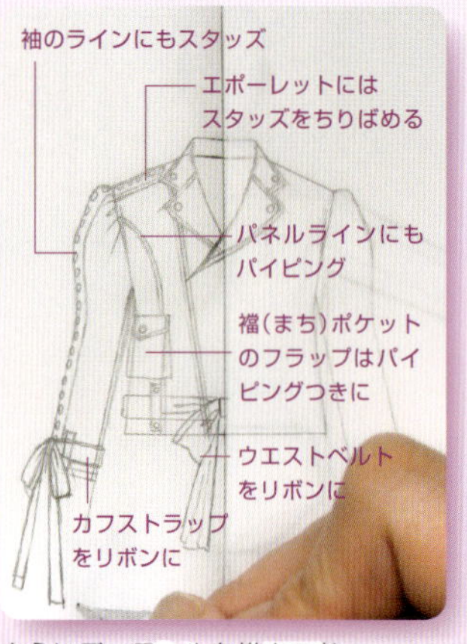

袖のラインにもスタッズ
エポーレットにはスタッズをちりばめる
パネルラインにもパイピング
襠（まち）ポケットのフラップはパイピングつきに
ウエストベルトをリボンに
カフストラップをリボンに

さらにディテールを描きこむ

05

転写してバランスを見る

06

ポケットを真ん中に寄せた
前の打ち合わせを中心寄りに

バランスが悪かったので一部修正した

07

転写した線を描きおこす

08

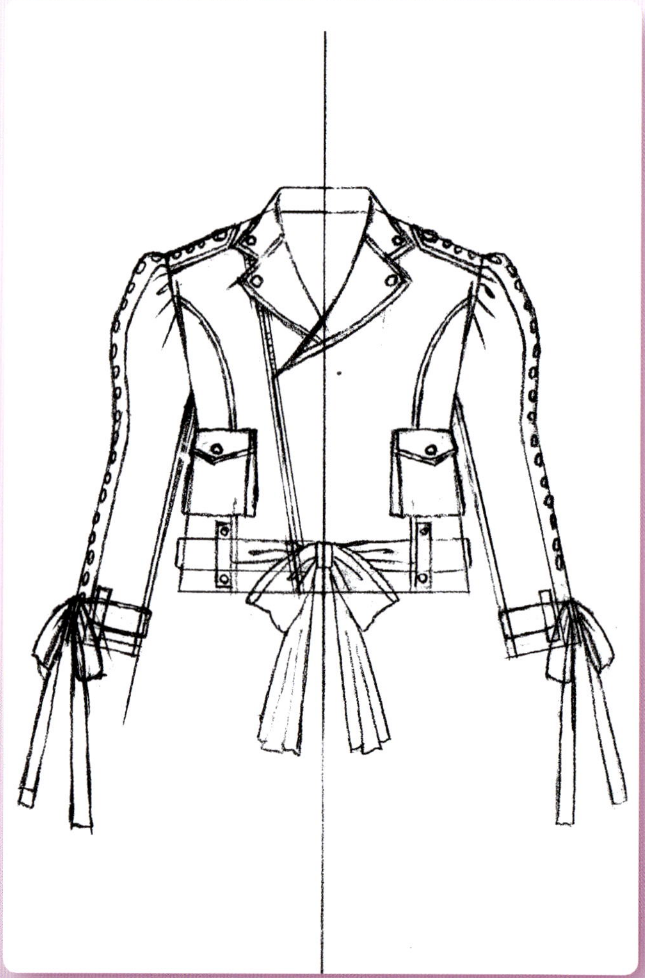

フロントスタイルの下描き完成

09

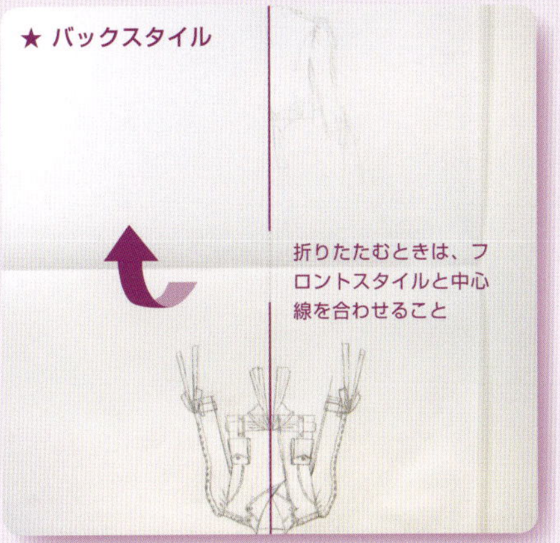
★ バックスタイル
折りたたむときは、フロントスタイルと中心線を合わせること

前も後ろもシルエットは同じなので、フロントスタイルの半身を裏からこすって転写する。前後の形の変わらないアームホール等も写してみよう

10

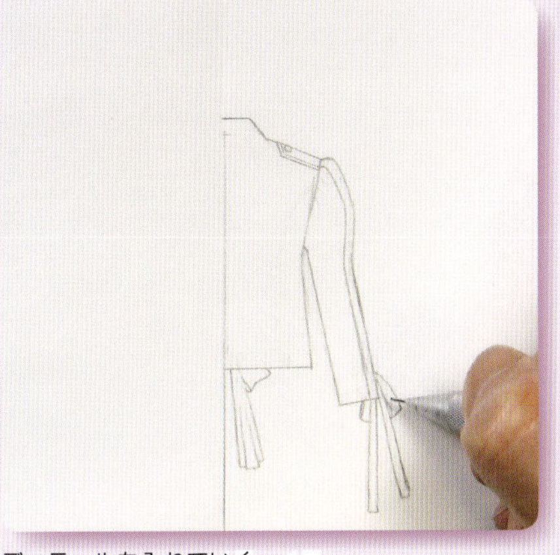

ディテールを入れていく

11

さらに描きこんでいく

12

半分に折ってこすり、転写して全体のバランスを確認

13

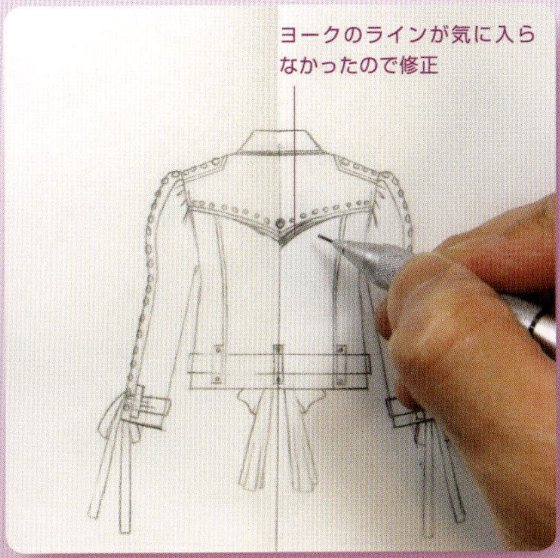
ヨークのラインが気に入らなかったので修正

細かい部分の修正

14

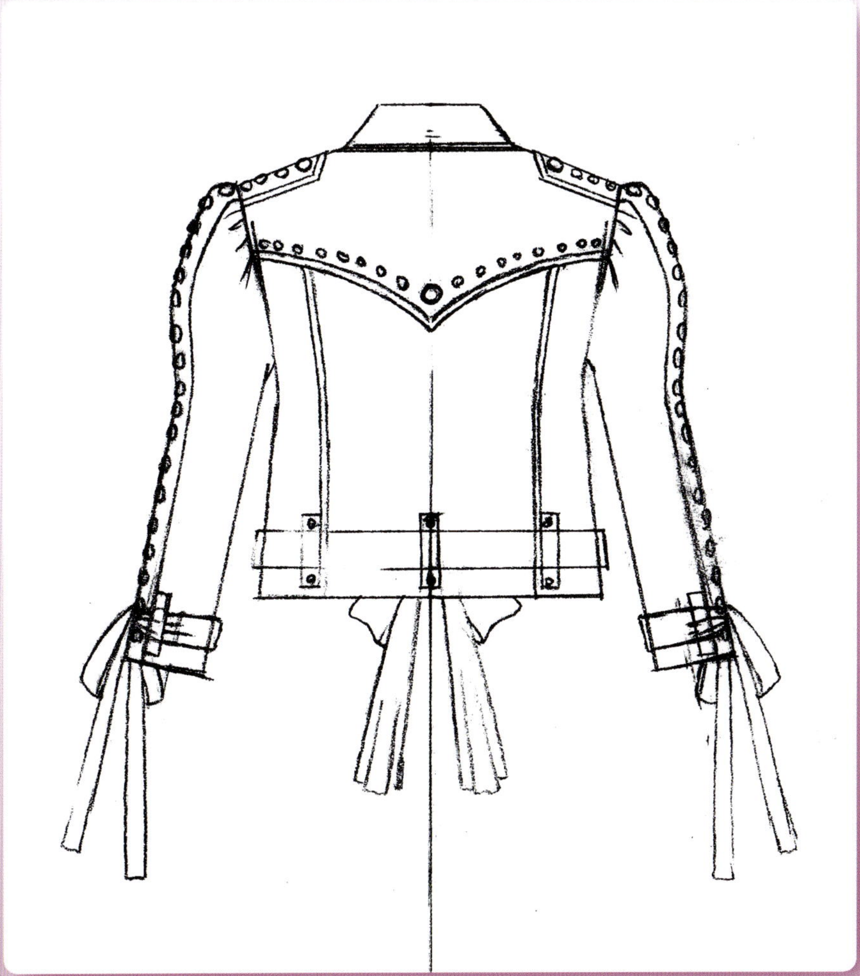

バックスタイルの下描き完成

15

シフトドレス

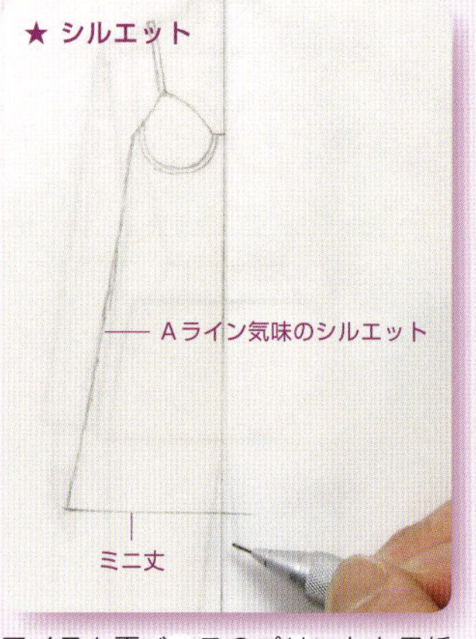
★ シルエット
Aライン気味のシルエット
ミニ丈

アイテム画ベースのプリントと用紙の前中心を合わせ、メンディングテープ等で描く側のみを固定、半身を描いていく。身頃のボリューム、着丈、袖丈等にこだわろう

ティアードを描く

02

半分に折って転写する

03

★ ディテール
切り換えを波状にして
フレアな感じを出す
案内線を目安に上に
行ったり下に行ったり

フレアの「波」を入れる

04

ギャザー、フリル、リボンといった細かいディテールを入れていく

05

フレアは放射状に

06

転写して、線を描きおこす

07

背中のあき部分

今回は前も後ろもデザインは同じなので、背中のあきの線を追加して前後の下描きを兼ねることにした

08

下描き完成

09

phase 27

デザイン画の下描き

デザインが決まったらポーズを描いていきましょう。
デザインポイントが明確になるようなポーズを考えます。
今回はティアードなので、片脚重心にしてスカート部分が揺れている感じを出せるよう心がけます。

9頭身のボディ

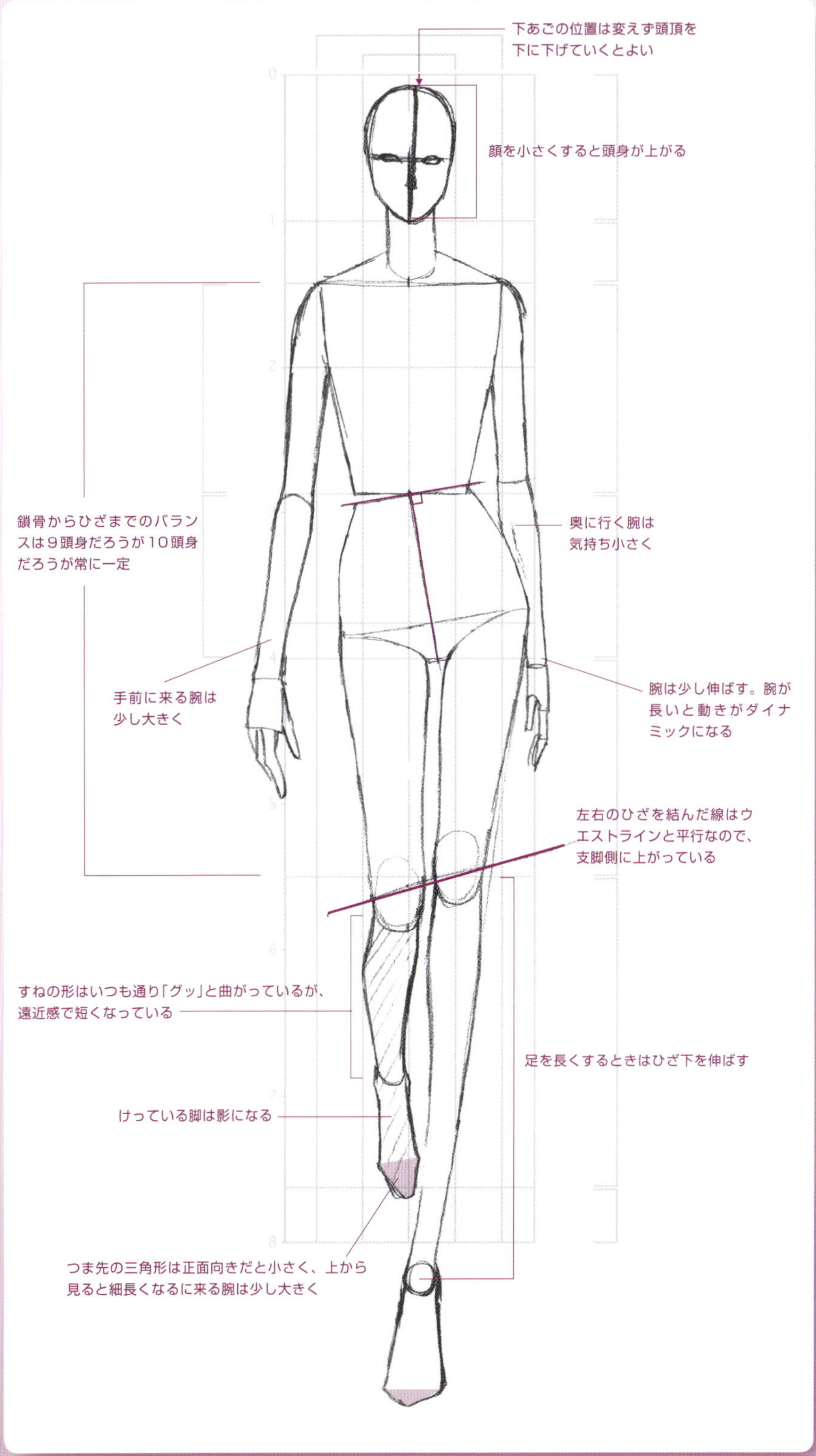

下あごの位置は変えず頭頂を下に下げていくとよい
顔を小さくすると頭身が上がる
鎖骨からひざまでのバランスは9頭身だろうが10頭身だろうが常に一定
奥に行く腕は気持ち小さく
手前に来る腕は少し大きく
腕は少し伸ばす。腕が長いと動きがダイナミックになる
左右のひざを結んだ線はウエストラインと平行なので、支脚側に上がっている
すねの形はいつも通り「グッ」と曲がっているが、遠近感で短くなっている
足を長くするときはひざ下を伸ばす
けっている脚は影になる
つま先の三角形は正面向きだと小さく、上から見ると細長くなるに来る腕は少し大きく

目的に応じて頭身を変化させてもよい。今回はより服を目立たせたいので、顔を少し小さくし、9頭身にしてみた。ポイントは9頭身にする場合も、胴からひざまでの身体のバランスは変えないこと。そうすると全体のバランスを崩さなくてすむ

着装

ボディの上に1枚紙をかぶせて着装すると服のデザインがよく見える。まずは全体のシルエットから。着丈とボリューム感をしっかり意識して

帽子、ゴーグルをかぶせる。髪の毛のボリューム感は全体のシルエットに影響するのでとても大切。顔はまだ軽くアタリ程度でいい

左右の位置が
揃うように
動きを出すためにストールを巻いて
みた。ストール等、一番上にまとっ
ているアイテムは、あとで描いた方
が下のアイテムを描きやすい

シルエットが決まったらディテールを入れていく

04

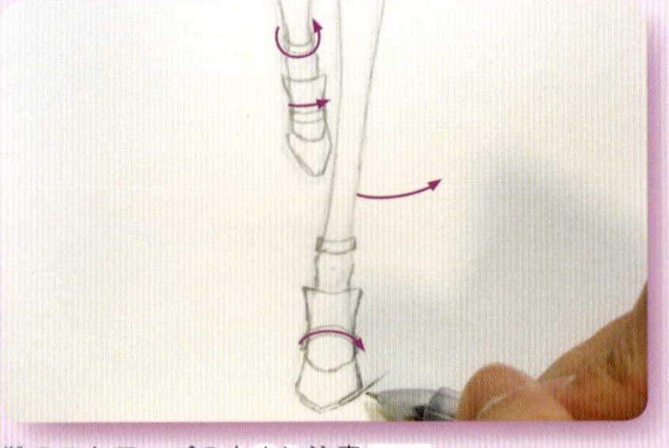

靴のストラップの向きに注意

05

肩のライン、ティアードを描きこんでいく。
シワは、筆をはらうように線を先細りさせる

06

着装画完成

07

ペン入れ

着装画を着色用紙に転写する。転写はライトテーブルがあれば一番てっとりばやい。着装画の上に着色用紙を置き、ライトテーブルで透かせばケント紙のような厚手の紙でもなんなく写すことができる。
今回は色鉛筆で直接ペン入れしてみた

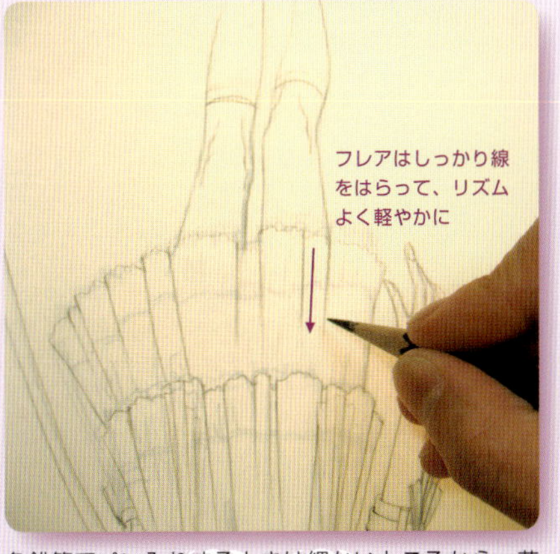
フレアはしっかり線
をはらって、リズム
よく軽やかに

色鉛筆でペン入れするときは細かいところから。芯が細いときはディテールを描き、太くなってきた頃にアウトラインを描く

LIGHT

ペン入れ完成。
光源を右上に設定。各パーツの左側の線が影になるので筆圧を上げて太くした

28 phase

着色

ペン入れができたら、色んな配色を考えてみよう。コアユーザーを20代前半に設定したので、大人っぽさを表現するために肌に似合う色(無彩色、ベージュ、茶、紺)を中心に配色することにした。

カラーコーディネート

★ 試し塗り

ペン入れをB5サイズに数枚コピーし色々試してみる

01

素材感や柄も色々試してみよう

02

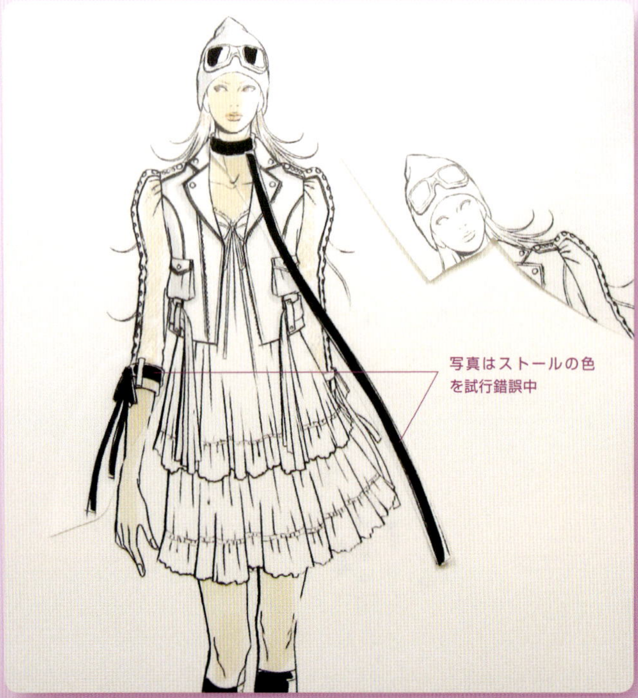
写真はストールの色を試行錯誤中

部分的に色を悩んでいるときは、色んな色に塗ったコピーを切り抜いて、上に重ねてみよう

03

悩んでいるときは横に並べてみたりする

04

カラーバリエーション

全身黒でモード感

01

パイピングの入った白いライダースがポイント

02

全身白で妖精のよう

03

ピンクの花柄にレギンスがストリート的

04

黒い手袋と白い靴下のコントラストがポイント

05

全身微妙に違うベージュでコーディネート。これに決めた。ライダースにはパイピングを施す

06

マーカー

今回はマーカーで着色する。マーカーは発色もよく、便利で使いやすいのでアパレルメーカーの企画室には必ず置いてある画材。
しかし、ある程度本数が揃ってないと使いにくい割に一本が高価なので個人で揃えるのは大変。
よく使う肌色やグレーマーカーから揃え、その後 CMY のグラデーションを揃えていくという具合に、少しずつ揃えていくのがよいでしょう
今回使用するのは COPIC Sketch（コピックスケッチ）

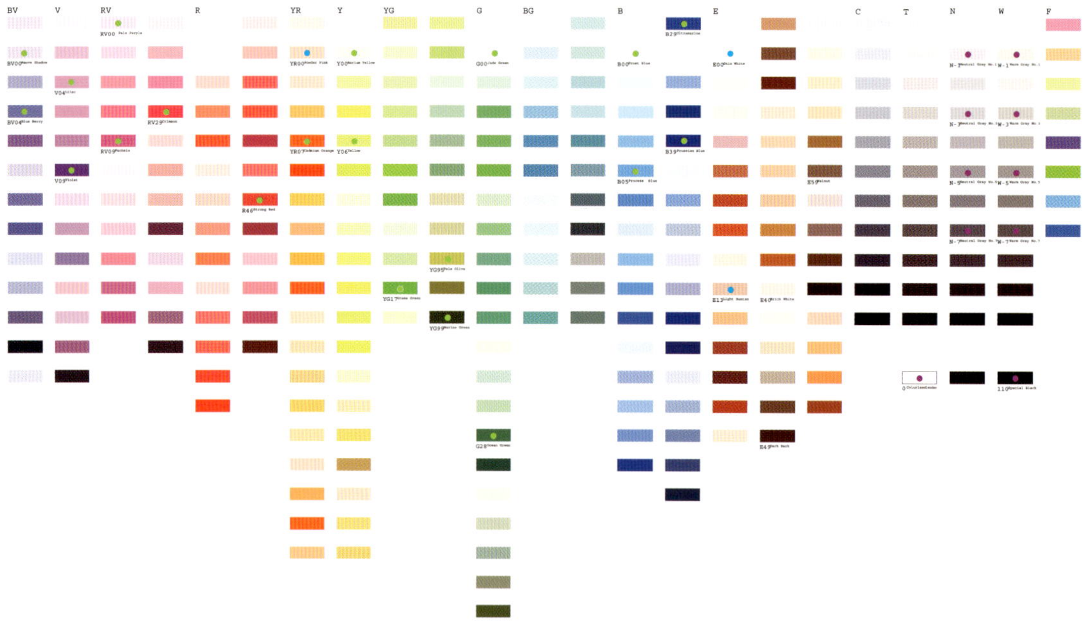

BV
V
RV
R
YR
Y
YG
G
BG
B
E
C
T
N
W
F

●第 1 段階：肌色系
E00 YR00（肌色）
E13（肌色の影）

まずは頻度の高い肌色を購入。
マーカーに慣れてみる

●第 2 段階：グレー系（陰影をつけるのに使う）
N1 N3 N5 N7（ニュートラルグレー：一般的なグレー）
W1 W3 W5 W7（ウォームグレー：赤味のあるグレー）
110（黒）
0（ブレンダー：溶剤。水彩絵の具でいう水の役割）

絵の具と併用するならこれくらいで十分

●第 3 段階：CMY 系
E40 E49 E59（茶系）
B00 B05 B29 B39（青系）
BV00 BV04（青紫系）
V04 V09（紫系）
RV00 RV09 RV29（赤紫系）
R46（赤）
YR07（オレンジ）
Y00 Y06（黄色系）
YG17 YG95 YG99（黄緑系）
G00 G28（緑系）

ここまであればひと通りマーカーで着色できる

コピックスケッチの揃え方

01
コピックスケッチ

スペアニブ。
古くなったら交換できる
スーパーブラシ
楕円型ボディ
ミディアムブロード
COPIC
VARIOUS INK
コピック・バリオスインク：補充液

02
構造
両端にニブのついたツインタイプ

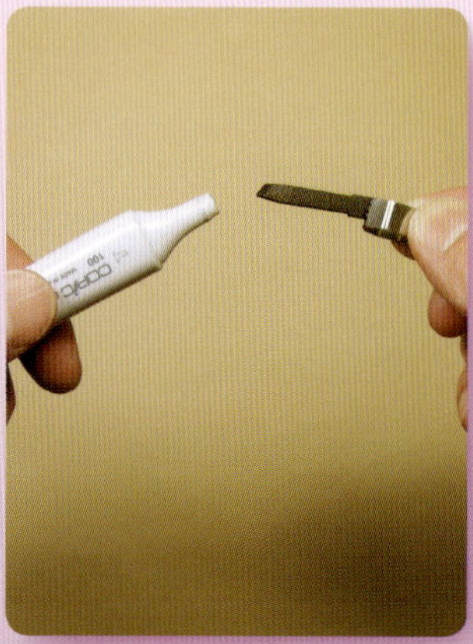

03
ニブの交換
トゥイーザー（ニブを交換するときのピンセット）で取り出す。トゥイーザーは先端がギザっているのでニブをしっかりくわえこむ

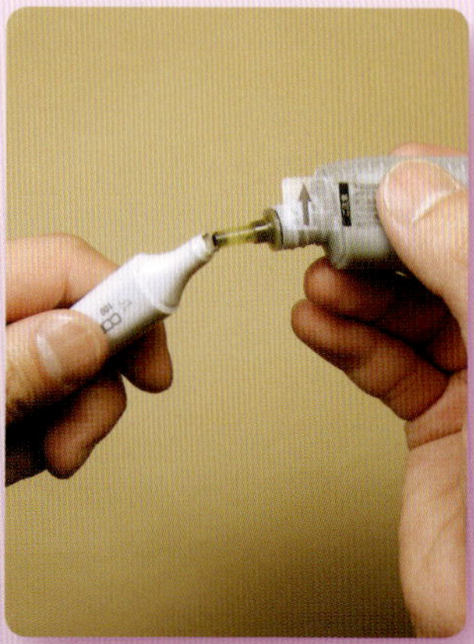

04
インクの補充
ニブを取り出したらバリオスインクを本体に注入。バリオスインクの先に「ブースター」を装着するとこぼしにくいが、慎重にやればなくても大丈夫

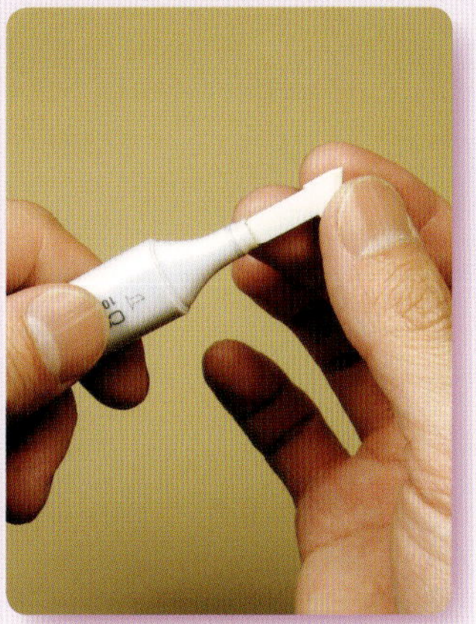

スペアニブの交換はとても簡単。押し込めばスッと入る

★ マーカーの着色は「重ね塗り」

透明度の高いマーカーの塗り方の基本は「重ね塗り」。さっそく実際にやってみよう。まずは一度塗り。肌色はE00で。光源を右上に設定したので、右側は白く塗り残す

二度塗り目は陰影。影はE00より一段濃い色のYR00。マーカーは水で色を薄めたりできないのでグラデーションで揃えておくとよい。袖は透けるので肌色を入れておく

始めに使ったE00で全体をなじませる。絵の具の「全体を水筆でなじませる」のと同じ要領

ベージュの
下から肌色
が透ける

04

ライダースの色塗り。一度塗り目は全体にムラなく。ただし、光源を右上に設定したので、右側は白く塗り残す

05

ライダースの二度塗り目は「影」。細かい部分なので筆状の「スーパーブラシ」で

グラデーション用のマーカー選びはとても大事。必ず試し塗りをして無理のない色を選ぶこと
薄い色
濃い色
試し塗りは着色用紙と同じ紙の端を使って

06

全体に一度塗り目のベージュをかけてなじませる

07

シフトドレスはライダースよりほんの少し赤みのあるベージュ。
ベージュはよく使う色なので色々持っておくと頼りになる

08

ニットキャップはグレーに近いベージュ

09

ゴーグルは黒とグレーでグラデーションをつける

けっている脚はすねから下が影になるので色を濃くする

10

靴はワンピースと、靴はニットキャップ下と同色にした

★ 素材感、柄

11

袖はレース。編み地と花柄を茶の色鉛筆で入れていく

花柄は大小織りまぜてメリハリつける

12

ストライプを描く要領で薄く細かく入れていく

ニットキャップはニット特有の編み地を描く

13

靴下にも編み地を入れる

14

シルバーは銀のボールペンを使ってみた。パイピングは一段階濃い色で

15

天使の輪は頭に包帯を巻くように色を塗り残すとよい

髪の毛は、天使の輪の部分を塗り残して光沢感を出す

16

一段薄い色でなじませる。白い部分を残すとツヤっぽく見える

17

眉毛、目玉は小さい部分なので色鉛筆を使う。市販のセットで買うと、原色ばかりで使いにくいので、肌色、茶系を中心に少しずつ自分で増やした方がよい

18

アイライン、マスカラ、アイシャドウも色鉛筆が最適

19

リップも色鉛筆で。下唇の方が光を受けて明るいので上唇より薄く塗る

20

チークも色鉛筆。優しく重ねる

21

綿棒でこすって色を肌になじませる。自分好みのメイクを楽しもう

22

裏から見たところ。マーカーのインクがしっかりしみこんでいるのがわかる

23

アイテム画もペン入れして完成

24

あとがき

いかがだったでしょうか？
本書は初心者に向けて、できるだけ細かくプロセスを追って説明しました。
何度も繰り返し練習して自分のものにしてください。
しっかり気持ちを込めて、10枚のデザイン画を描けば必ず何か成長の兆しが見えます。
逆にたとえ100枚描いたとしても適当に描いたのであればなんの成長もないでしょう。
気持ちを込めて作業するということはそれほど大事なことなのです。
長年仕事している方にとっては、今までやってきたことを振り返るいい機会にしていただければと思います。
「ああ、そうだったな。」とか、「ああ、こういう意味だったのか。」とか。
日頃、仕事をする上で何気なく行っているいることの意味を再確認していただければ、仕事を通じていつの間にか成長した皆さんの、現在の立ち位置も分かることでしょう。
何が成長して、何が変わらず、何を失ったか……。

ファッション業界はパッと見の印象は華やかですが、やっていることはものすごく地味だったりします。
でもその地味な作業の中に真の「創造性」や「意匠」や「技」や「達成感」があるのですから侮れません。
業界の上澄みだけを求めて、おいしいとこ取りをしようとしても、内面的な部分で努力をしない人にはなかなかチャンスは回ってきません。
チャンスを手にする人々の傾向を見てみると、「あ、この人と一緒に仕事がしたい。」と思わせるポジティブなキャラクターと、仕事に対する丁寧で、誠実な姿勢を持ち合わせている人に多いようです。

チャンスが自分以外の人に渡ったとき、その人をうらやんだり、ねたんだり、才能がないと卑下したりすることもあるでしょうが、これは防衛本能ですからなかなか逃れられません。
自我が壊れないように、心を平静に保つためにみんなが持っているものなのです。
しかしいつまでもそこにとどまっている訳にはいきません。
前に向かって進んでいくためにも、色んなことに興味を持ち、感動したり、好奇心を抱き続けたいものです。
そして、その「感性」は、高いレベルの精神力がなければ持ち続けることができないのです。
「いつも心をニュートラルにして物事に接すること。」
これが「才能」なのです。

いい仕事をしている人はよく「仕事を楽しもう。」と言いますが、仕事を楽しむことも「才能」だと思います。
「楽しむ」ということは、ただ単に楽をして笑顔でいることではありません。
どんなに忙しくても、その仕事のために時間を費やすことができるくらい夢中になれることだと僕は思っています。
そして、時間をかけた作品は気持ちのこもったものとなり人々の心を動かすことでしょう。
たとえもし誰の心も動かさなかったとしても、必ず何か「学び」があり、次回に生かせることでしょう。
是非、今目の前にある課題や仕事の中から楽しめる部分を見つけ出し、有意義な時間を過ごしてください。
どうせやらなくてはいけないのなら……楽しみましょう。

最後になりましたが、企画から3年……脱稿まで暖かく見守って下さった奥田政喜氏、本書をデザインして下さったBBI STUDIOの鈴木善博氏、平井亜希氏、そしてこの仕事を通じて出会った多くの方々に心よりお礼と感謝の気持ちをお伝えいたします。
ありがとうございました。

高村是州　（2007年5月）

著者略歴

高村　是州（タカムラ　ゼシュウ）。本名同じ

ファッションイラストレーター、ファッションスタイル研究家
文化学園大学 教授
大学院生活環境学研究科アドバンストファッションデザイン専修担当
服飾学部ファッション画研究室 室長
東京工業大学 「ファッション論」非常勤講師
アトリエ・キュビス 主宰

東京学芸大学教育学部卒
桑沢デザイン研究所ドレスデザイン科卒
文化服装学院、東京モード学園、バンタンデザイン研究所等の社会人講師を経て2007年より文化学園大学（旧・文化女子大学）に着任

著書に『ザ・ストリートスタイル』『ファッションデザインテクニック』『ファッションデザイン・アーカイブ』（以上グラフィック社）『ファッション・ライフのはじめ方』『ファッション・ライフの楽しみ方』（岩波書店）『高村是州式　スーパーファッションデッサン　基本ポーズ編』（ホビージャパン）等がある

メールアドレス　z-takamura@bunka.ac.jp
ウェブ　http://www.zeshu.com

Assistant
Joe Ueda(Chief assistant/CG operator)
Shigure(photographer)
Ayaka Sugino(CG operator)
Thang Ah（model)
Yuma Koga(stylist/wardrobe coordinator)
Jun Sato(wardrobe coordinator)

Special thanks
Mr.Imai(photographer)

ファッションデザイン画
ビギナーズ超速マスター

2007年6月25日　初版第1刷発行
2022年4月25日　初版第13刷発行

著　者　高村是州
発行者　長瀬 聡
印刷・製本　錦明印刷株式会社
発行所　株式会社グラフィック社
〒102-0073　東京都千代田区九段北1-14-17
TEL 03-3263-4318　FAX 03-3263-5297

http://www.graphicsha.co.jp/

振替 00130-6-114345
落丁・乱丁はお取り替え致します。

ISBN978-4-7661-1805-6 C3071

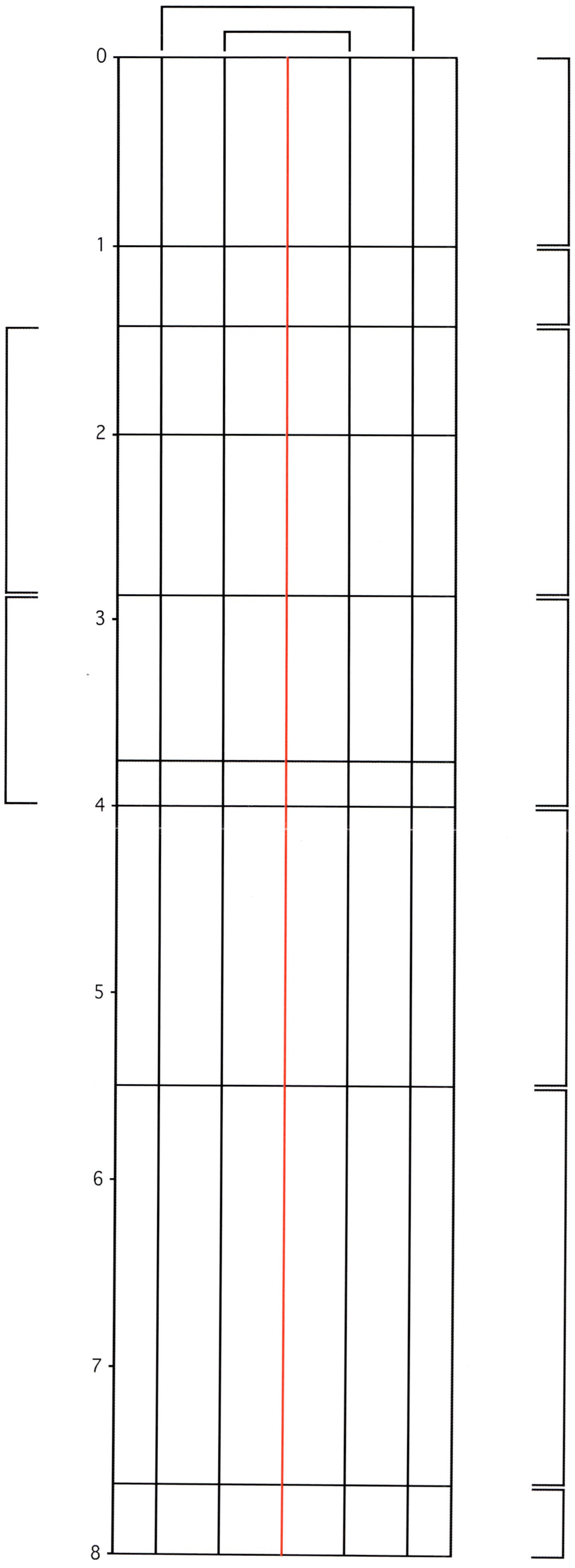
0
1
2
3
4
5
6
7
8